JN273118

事例解説

簡裁民事訴訟Q&A

梶村太市
石田賢一
西村博一
〔編〕

青林書院

はしがき

　本書は，簡易裁判所に提起される民事訴訟事件のうち，頻度の高い紛争類型を設例化して，これを現役の簡易裁判所判事が実務的な視点から分析・解説を加えるというものである。

　かつては，簡易裁判所の民事事件について，本人訴訟が大部分を占めており，弁護士が訴訟代理人となって訴訟を追行するという事案は少なかったのであるが，昨今，法曹人口の増加にともなって，簡易裁判所の民事訴訟事件であっても，弁護士や簡易裁判所における訴訟代理権を有する認定司法書士が，当事者の委任を受けてその訴訟代理人となることが数多く見受けられるようになった。こうしたことから，簡易裁判所の民事事件を担当する訴訟代理人のために，簡易裁判所においてはどのような事件類型が多いのか，その紛争解決に関してどのような実務・実践が重視されているのかを知ってもらうことは，簡易裁判所はもとより訴訟代理人にとっても非常に有益なことであると考える。そこで，これを具体化するため，現実の紛争事案を素材とする設例を用意し，その設例を分析する中で，訴訟代理人に要求される民事紛争に対する実務上の考え方と理論を解説するという体裁を採用した。そして，わかりやすさの観点から，「第1章　民法」，「第2章　民事訴訟法」，「第3章　民事執行法」，「第4章　利息制限法」，「第5章　消費者契約法」，「第6章　労働基準法」，「第7章　破産法・民事再生法」，「第8章　会社更生法」，「第9章　建物の区分所有等に関する法律」，「第10章　電子消費者契約及び電子承諾通知に関する民法の特例に関する法律」に区分して，それぞれの章にふさわしい設例を配置した。その上で，第一線で活躍されている簡易裁判所判事，裁判所書記官及び弁護士等が各設例について分析を加えるものであり，本書1冊で簡易裁判所における民事訴訟全体の論点を展望・理解できるよう構成した。このように，全問設例方式によって構成した類書は他に見当たらないと自負している。また，「第11章　民事訴訟Q＆A100」を設け，事件の受付，管轄移送，既判力，訴えの変更，中断及び中止，口頭弁論，証拠，判決，控訴，再審などに関して知っておくと便利な民事訴訟法上の論点について，判例の立場から簡潔な回答を加えるという試みをした。

本書が，簡易裁判所をめぐる法的紛争に巻き込まれた当事者の方々はもちろんのこと，簡易裁判所における民事訴訟の第一線で活躍される弁護士・認定司法書士，裁判実務を担当される簡易裁判所判事・裁判所書記官・民事調停委員・司法委員等の一助となれば幸甚である。

　末尾ながら，多忙な中を本書の執筆に参加していただいた執筆者の方々に深甚の謝意を表するとともに，懇切丁寧かつ精緻な編集の労をとってくださった株式会社青林書院編集部宮根茂樹氏，及び本書中の設例収集にご尽力いただいた井手良彦簡易裁判所判事にも厚くお礼申し上げたい。

　　2013（平成25）年3月

梶　村　太　市
石　田　賢　一
西　村　博　一

凡　例

(1) 叙述は，原文引用の場合を除いて，原則として常用漢字，現代仮名遣いによった。ただし，数字は原文引用中においても算用数字を用いた。
(2) カッコ内を除く地の文における法令名の表記は，原則として，正式名称によった。
(3) カッコ内における法令名は，原文引用の場合を除き，原則として，次のように表した。
　(a) 主要な法令名は，後掲の「法令名略語例」により，それ以外のものはフルネームで表した。
　(b) 複数の法令条項を引用する際，同一法令の場合は「・」で，異なる法令の場合は「，」で併記した。それぞれ条・項・号を付し，原則として，「第」の文字は省略した。
(4) 主要な判例集や雑誌等の名称は，後掲の「判例集等略語例」により，それ以外のものはフルネームで表した。

■法令名略語例

会更	会社更生法	特商規	特定商取引に関する法律施行規則
貸金業	貸金業法	破	破産法
貸金業規	貸金業法施行規則	不登	不動産登記法
区分所有	建物の区分所有等に関する法律	民	民法
憲	憲法	民再	民事再生法
裁	裁判所法	民執	民事執行法
借地借家	借地借家法	民訴	民事訴訟法
借家	借家法	民訴規	民事訴訟規則
商	商法	民訴費	民事訴訟費用等に関する法律
消契	消費者契約法	民調	民事調停法
賃確	賃金の支払の確保等に関する法律	労基	労働基準法
手	手形法	労基則	労働基準法施行規則
特商	特定商取引に関する法律		

凡例

■判例等略語例

大	大審院	下民集	下級裁判所民事裁判例集
最	最高裁判所		
高	高等裁判所	裁時	裁判所時報
地	地方裁判所		
簡	簡易裁判所	金判	金融・商事判例
支	支部	金法	金融法務事情
判	判決	交民集	交通事故民事裁判例集
決	決定		
民録	大審院民事判決録	ジュリ	ジュリスト
民集	最高裁判所（または大審院）民事判例集	曹時	法曹時報
		判時	判例時報
裁判集民事	最高裁判所裁判集民事	判タ	判例タイムズ
		判評	判例評論
高民集	高等裁判所民事判例集	民商	民商法雑誌
		民訴雑誌	民事訴訟雑誌
東高民時報	東京高等裁判所民事判決時報	労判	労働判例

編者・執筆者一覧

編　者

梶村　太市（常葉大学法学部教授・弁護士）
石田　賢一（元小樽簡易裁判所判事・法律事務所特別顧問）
西村　博一（宇治簡易裁判所判事）

執筆者（執筆順）

西村　博一（上　掲）
増田　輝夫（大阪簡易裁判所判事）
山崎　秀司（東京簡易裁判所判事）
藤岡　謙三（東京簡易裁判所判事）
井手　良彦（甲府簡易裁判所判事）
野藤　直文（四国中央簡易裁判所判事兼西条簡易裁判所判事）
脇山　靖幸（京都簡易裁判所判事）
千矢　邦夫（高松簡易裁判所判事）
柏森　正雄（奈良簡易裁判所判事）
笹本　　昇（常陸太田簡易裁判所判事）
大石　喜代一（室蘭簡易裁判所判事）
餅井　亨一（札幌家庭裁判所室蘭支部裁判所書記官）
丸尾　敏也（東京簡易裁判所判事）
西村　　彬（弁護士）
梶村　太市（上　掲）
石田　賢一（上　掲）

目　次

はしがき
凡　例
編者・執筆者一覧

第1章　民　法

Q1 ◇職権で公序良俗違反と判断することの当否 ……………〔西村　博一〕…… 3

　XのYに対する貸金140万円の返還請求訴訟において、Yは「140万円の交付を受けたことは認めるが，その返還の合意は否認する」と答弁した。原・被告本人尋問の結果，その140万円は双方間の愛人契約により交付されたものと判明した。そこでXは，「Yにおいて契約どおりの履行を怠ったため，双方間において，XのYに対する140万円の不当利得返還請求権を消費貸借の目的とする準消費貸借契約（返済期限及び利息の定めなし）が成立したものである」と予備的に140万円の返還請求を追加主張し，その際の借用書を提出した。
　裁判所は，上記愛人契約について，当事者の主張がなくても，職権で公序良俗違反の判断をすることができるかについて説明しなさい。なお，Yは本人訴訟であって訴訟代理人弁護士が付いていない。

Q2 ◇期限の利益喪失を主張することの信義則違反 ……………〔増田　輝夫〕…… 10

　Xは，Y社（貸金業者）に対して，（注1）の約定による金銭消費貸借契約に基づく返済について，平成18年法律第115号による改正前の利息制限法1条1項所定利率の制限額を超えて支払ったから，当該過払部分を元本に充当し，なお生じている過払金についての不当利得返還請求を求めて提訴した。
　Y社は，この訴訟において「Xが第5回目の返済期日の支払を遅滞したので期限の利益を喪失し，その後はすべて遅延損害金となっているから，過払金の元本充当もこれによって計算すべきである」と主張した。
　本訴訟において（注2）の事実が認められ，Xは「Xが第5回目の返済期日に遅滞したが，Y社は，その後6年間にわたり残元本全額の返済及び遅延損害金の一括返済も求めず，Xからの返済金を受領し続けてきた」と述べ，Y社の本訴訟における期限の利益喪失の主張は信義則に反すると主張した。Xの主張は認められるか説明しなさい。

　　（注1）消費貸借契約の内容

平成11年○月○日，Xは，Y社（貸金業者）から400万円の融資（利息年29.8％，遅延損害金年36.5％，返済は平成11年○月から同○○年○月まで毎月15日限り6万6000円ずつを支払期日の前日までの利息を併せて支払う。ただし，期限の利益喪失後は毎月15日までに支払われた遅延損害金については一部を免除して，その利率を年29.8％とするが，この扱いは期限を猶予するものではないとの特約あり）を受けた。

（注2）審理の結果認められた事実関係

Xは，第4回目の返済期日までは約定どおり毎月15日限り6万6000円と約定返済期限の前日までの経過利息金を支払った。ところが，次の事情が認められる。①第5回目の返済期日に支払をしなかったがその前に，Y社の担当社員Zから「15万円くらい払っておけばよい」と言われ，その約定返済期日の翌16日に15万円を払った。②その際Y社からは，15万円を利息及び元本の一部に充当したのみの記載がある領収書兼利用明細書が送付された（1日遅れたことによる遅延損害金への充当に関する記載はない）。③その後Xは，9回目の返済が困難になり，Zに対して1日遅れる旨の相談をしたところ「返済額として毎月の約定返済額に1日分の金利（年29.88％の利率）を加算して支払うよう言われ，結局，約定返済期日の翌日の返済総額は賦払金と29.8％の割合で計算した元利の合計額を支払うとよい」旨を告げられた。④そこで，Xは，Y社に対して，約定返済期限の翌日にZから告げられた金額より多めの15万8000円を支払った。⑤もともとY社は，Xが6回目の約定返済期日以降の返済をしばしば遅滞したときでも，その返済金について，残元本全額に対する前回の返済日から約定返済期日までの29.8％の利率による遅延損害金及び残元本全額に対する約定返済期日の翌日から当該返済日の前日まで36.5％の割合で計算した遅延損害金に充当し，残余があるときは残元本の一部に充当することとし，残元本全額の一括請求をする扱いにしなかった。⑥そのためXは，賦払金と経過利息の支払と誤信して返済を続け，途中で約定の返済期日より遅れた場合でも，その遅れた日数分のみ年36.5％の割合による遅延損害金を付加して支払っていたという経緯がある。

Q3◇土地利用をめぐる近隣紛争訴訟 ………………………〔山崎　秀司〕…… *19*

XとYは，隣接する土地をそれぞれ所有し，その上に各自の建物を建ててそれぞれ居住している。Yは，自己所有地のうちX所有地との境界に沿って5本ほどの樹木を植えていた。ところが，夏には，この樹木に集まってくる蜂などがX宅の中に入ってき，秋には，この樹木の落ち葉がX所有地に大量に積もり，Xは大変困っていた。そこで，Xは，Yに対し，蜂などの防除，樹木の枝の剪定，落ち葉がX所有地

に舞い込むことを防ぐネットの設置，今後，年1回，舞い込む落ち葉を除去することを求める訴えを提起した。Xの請求は認められるか。

Q4◇物権変動の対抗要件（権利移転の付記登記）……………〔西村　博一〕…… *31*

　Xは，平成22年10月16日に父Aが死亡したため，相続によって，Aが所有していた土地（以下「本件土地」という）の所有権を取得したところ，本件土地にはYのために所有権移転請求権仮登記が経由されているとして，Yに対し，所有権に基づいて，本件土地についてなされた上記所有権移転請求権仮登記の抹消登記手続を求める訴えを提起した。これに対して，Yは，上記所有権移転請求権仮登記については，○○法務局平成23年5月19日受付第○○号をもって，平成17年1月8日売買を原因とするYからZへの権利移転の付記登記が経由されているから，Yはすでに上記抹消登記手続請求訴訟の目的たる登記の名義人ではないとして，本件訴えは訴訟要件（当事者適格）を欠き不適法であると主張した。Yの主張は認められるかについて説明しなさい。

Q5◇不動産の付合………………………………………………〔藤岡　謙三〕…… *39*

　LPガスの販売業者X株式会社は，平成6年，建物（以下「本件建物」という）所有者Yとの間でLPガス供給契約を締結し，LPガスを供給するために本件建物にガス配管設備等を設置した。Yは，平成16年，Zに対し，ガス配管設備等が設置されたままの本件建物を売った。そこで，X社は，ガス配管設備等は撤去不能であって本件建物に付合していて，その所有権を失ったことによってX社において損失を被ったが，その一方で，Yは，Zに対し，ガス配管設備等が設置された本件建物を売り，売却代金として利得を得たとして，Yに対し，民法248条に基づいて，利得金の返還を求める訴えを提起した。なお，X社が設置したガス配管設備等には，配管，ガスメーター，ガスボンベ庫，給湯器などが含まれていて，その設置工事費用は40万円であった。この場合，①ガス配管設備等は本件建物に付合したといえるか，②付合したといえる場合，Yに利得があるといえるか，③Yに利得があるといえる場合，どの時点でのガス配管設備等の価値を基準に，どのように利得金額を算定すべきかについて説明しなさい。

Q6◇保証(1)──保証における主たる債務者と保証人の責任①
　………………………………………………………………………〔井手　良彦〕…… *47*

　次の事例に関して，それぞれの請求等について説明しなさい。
(1)　Xは，平成12年4月1日Yに対してX所有自動車を代金60万円，その支払は同年6月1日として売り渡した。なお，A及びZがその支払につき保証人となったが，Yは約定の期日に支払わない。Xは，Zに対して保証債務の履行を求めたところ，Zから「まずYに対して請求すべきだ」とか，「Yは資産家であり自分に請求するより解決が早い」などと言われた。この場合のXの請求について。

(2) 上記(1)のZが，連帯保証人であった場合のXの請求について。
(3) 上記(1)のZが「保証人になるとき，Yから絶対迷惑をかけないとの約束があった」と主張した場合のXの請求について。
(4) 上記(1)のZが「自分以外にも保証人がいるから，自分だけに請求するのはおかしい」と主張した場合のXの請求について。
(5) 上記(1)の事例に関して，X・Y間に「当該代金の支払日を平成17年6月3日に延ばす」旨の合意があった場合の，Zの主張方法について。
(6) YがXに対して，別途50万円の貸金債権（返済日は平成12年6月30日）があった場合の上記(1)の事例におけるZの主張方法について。

Q7◇保証(2)——保証における主たる債務者と保証人の責任②
……………………………………………………………〔井手　良彦〕……*56*

Q6の(1)の事例に関して，それぞれの請求等について説明しなさい。

(1) Zは，Xに対して，70万円の貸金債権があり，その返済日が平成12年6月30日であったので，Xの同年7月1日付け請求に対して，自らの貸金債権によって対当額による相殺の意思表示をした。その後，Xは，同年8月1日にYに対して自動車代金の請求をした場合のXの請求について。
(2) Xが，YやA及びZに対する請求をせず放置していた。ところが，Zは同18年6月1日付けでXに対して上記代金の一部5万円を自ら支払った。この場合において，Xが同22年10月1日にYに対して，残代金の請求をした場合のYの主張について。
(3) 上記(2)のZの支払が，Xの請求に基づいたものであり，しかも，Zが連帯保証人であった場合のYの主張について。

Q8◇保証(3)——主債務及び保証債務の時効完成 ………〔井手　良彦〕……*62*

(1) X株式会社は，平成17年11月1日に，Aに対し，連帯保証人Yを立てさせ，Aの商売の運転資金として100万円を，利息年6％，遅延損害金年12％，返済日同18年10月31日という約定で貸し渡した。ところが，X社は，AやYに対して請求をしたり，それぞれの債務の承認を求めたりすることもなく放置していた。Yは，同20年11月1日になって，自らX社に対して保証債務の存在を認めた。その後，同23年12月1日になり，X社はAに対し貸金債務を請求したところ，Aは5万円を支払った。X社は，支払を受けた5万円を遅延損害金の一部に充当した上で，同月15日にYに対して連帯保証債務の履行を求め，元本100万円，利息6万円，遅延損害金34万円（遅延損害金の一部をカット）の合計140万円を請求した。この場合に，X社の請求は認められるか。Yはどのような主張をなしうるか。
(2) X社は平成23年11月30日まではAやYに対し請求等をすることもなく放置して

おり，AやYも支払や承認をしなかったが，翌12月1日になって，X社はAとYに支払を請求したところ，Aは支払わなかったが，Yは5万円を支払った。この場合において，X社がYに対して上記のような請求をしたときはどうか。
(3) また，平成23年12月1日になって，AがX社に対して貸金債務を承認し，それを知ったYが，同月10日にX社に対し保証債務を承認した場合において，X社がYに対して上記のような請求をしたときはどうか。
(4) さらに，Aは，平成20年8月1日に自己破産による免責を受け（確定），他方，Yは，同23年12月1日になって，X社に対し保証債務を承認したような場合において，X社がYに対して上記のような請求をしたときはどうか。

Q9 ◇**賃貸借契約更新前の保証人の責任** ……………………〔西村　博一〕…… *71*
　Yは，X・A間の賃貸借契約（賃貸期間2年）における賃借人Aの債務を連帯保証したところ，賃貸人Xは，Aが上記賃貸借契約法定更新後の5ヵ月分の賃料の支払を怠ったとして，Yに対し，上記保証契約に基づいて，その支払を求める訴えを提起した。これに対して，Yは，上記法定更新はYの承諾なく行われたものであり，法定更新後に生じた債務については保証責任を負わないと主張した。Yの主張は認められるかについて説明しなさい。

Q10 ◇**債権譲渡と特例法による債務者対抗要件** ………………〔西村　博一〕…… *76*
　貸金業者A株式会社は，借主Yに対する貸金債権を有していたが，その後，債権回収会社X株式会社にその貸金債権を譲渡した。その後，X社は，約定支払日の支払を数回怠って期限の利益を喪失したYに対し，貸金の返還を求める訴えを提起した。これに対して，Yは，Yへの債権譲渡の通知があるまではX社を債権者として認めないと主張した。そこで，X社は，上記貸金債権については，動産及び債権の譲渡の対抗要件に関する民法の特例等に関する法律4条に基づいて債権譲渡登記ファイルに譲渡の登記がなされているから，X社が債権者であることは明白であると主張するとともに，その登記事項証明書を提出した。X社の主張は認められるかについて説明しなさい。

Q11 ◇**相殺(1)——消滅時効の完成した過払金を自働債権とする相殺**
　　　　　　　　　　　　　　　　　　　　……………………〔増田　輝夫〕…… *82*
　Xは，貸金業者Y株式会社との間の金銭消費貸借契約に基づいてした弁済について，平成18年法律第115号による改正前の利息制限法1条1項所定の利息の制限額を超えて利息として支払われた部分を元本に充当すると過払金が発生しており，かつ，Y社は過払金の取得が法律上の原因を欠くものであることを知っていたとして，Y社に対し，不当利得返還請求権に基づいて，過払金の返還と利息の支払を求める訴えを提起した。X・Y社間の取引は，第1基本契約による取引（昭和60年5月15日から平成8年5月15日まで）と第2基本契約による取引（平成13年10月15日か

ら平成23年2月26日まで）からなり，両取引が別個の取引であることはX・Y社間に争いがないが，証拠調べの結果，第1基本契約による取引の終了時である平成8年5月15日時点でXのY社に対する過払金100万円が発生している一方で，第2基本契約による取引における平成23年1月18日（期限の利益喪失日）時点でY社のXに対する貸金50万円が残存していることが認められた。そして，第1基本契約による取引から生じた過払金100万円については消滅時効が成立したため，Xの過払金返還請求は棄却された。その後，Y社は，Xに対し，第2基本契約による貸金残50万円の支払を求める訴えを提起した。これに対して，Xは，消滅時効の成立した過払金100万円を自働債権とする相殺の抗弁を主張した（相殺の意思表示は平成23年9月26日である）。Xの主張は認められるかについて説明しなさい。

Q12 ◇**相殺(2)**──**過払金債権と貸金債権の相殺**……………〔野藤　直文〕…… *88*

Xは，貸金業者Y株式会社に対する過払金返還請求訴訟において，Y社との間の取引開始から終了時までの取引が一連一体のものであり，その間に140万円の過払金が発生していると主張するところ，証拠調べの結果，X主張の上記取引は，第1基本契約による取引（昭和60年6月10日から平成10年11月15日まで）と第2基本契約による取引（平成16年10月10日から平成18年11月26日まで）に分断され，第1基本契約におけるXのY社に対する過払金が115万円，第2基本契約における平成18年8月27日（期限の利益喪失日）時点でのY社のXに対する貸金が42万5667円（残元金42万円，利息5667円）であることが明らかになった。そこで，Xは，平成23年2月15日午前10時の口頭弁論期日で，過払金115万円と貸金42万5667円とをその対当額において相殺するとの意思表示をした。この場合，自働債権と受働債権の範囲はどのようになるかについて説明しなさい。なお，第1基本契約及び第2基本契約における取引は，基本契約の下で，借入限度額の範囲内で借入れと返済を繰り返すことを予定して行われる継続的金銭消費貸借取引で，その返済方式が，全貸付けの残元利金について，毎月の返済期日に最低返済額を支払えば足りるとする，いわゆるリボルビング方式の貸付取引とし，また，Y社は悪意の受益者とする。

Q13 ◇**売買(1)**──**同時履行の抗弁**………………………………〔井手　良彦〕…… *93*

Yは，平成23年6月1日，Xとの間で，Y所有の中古バイクを5万円で売却する，引渡しは6月3日午前10時にXのアパート前で行い，代金5万円もその時に支払うという合意をした。Yは，6月3日午前10時にそのバイクを持ってXのアパートへ行ったが，Xは不在であった。そのため，バイクを持って帰った。その後，Yは，Xに対し，6月13日到着の内容証明郵便で，この郵便到着後2日以内に5万円とこれに対する6月4日から支払済まで年5分の割合による遅延損害金の支払を請求し，支払がないときには契約を解除すると通告して，6月30日まで待ったが支払がないので，7月2日に売買契約を解除した。そして，7月10日にこのバイクを

5万円でAに売却した。ところが，Xは，7月20日に，Yに対して，自分は同時履行の抗弁権を有しており，郵便での催告があった際に支払をしなかったのはバイクの引渡しがなかったからであって，X・Y間の契約は未だ有効であるとして，5万円を提供の上，バイクの引渡しを請求してきた。その上，その引渡しができないなら，慰謝料10万円を支払うように請求した。このようなXの請求は認められるか。Yはどのような反論をなしうるか。

Q14 ◇売買(2)——債務不履行 ……………………………〔井手 良彦〕…… *98*

(1) Xは，平成22年9月30日に，チケット販売会社Y社に，電話で，有名歌手○○○○の平成23年正月公演チケットの有無について照会したところ，6枚残っているとのことで，1枚の購入を申し込んだ。Y社の担当者Aはその申込みを了解し，チケット料金1万3000円と手数料1000円を振り込んでもらえれば，入金を確認次第，チケットを発送すると説明した。そこで，Xは，翌日の10月1日に，Y社の銀行口座へ1万4000円を振り込んだ（同月2日にY社銀行口座に入金済み）。ところが，同年11月20日になっても，そのチケットの送付がなかったところから，Xは，Y社へ同月24日到着の内容証明郵便で，「この郵便到着後10日以内に，Xへチケット1枚を送付せよ。その送付がない場合には，Xは，Y社との売買契約を直ちに解除するので，支払済みの1万4000円とこれに対する平成22年10月3日から支払済みまで年6分の割合による遅延損害金を支払え。」と通告した。12月10日になっても，Yからチケットの送付がない場合，Xの請求は認められるか。

(2) XのY社銀行口座への振込みが10月10日になり（同月11日にY社銀行口座に入金済み），その時には，すでに正月公演チケットはすべて売り切れ，他の顧客へ発送済みであった場合はどうか。また，XのY社銀行口座への振込みが10月1日（同月2日にY社銀行口座に入金済み）であったが，Y社担当者AがXについて事務処理を忘れてしまい，Xにつき事務処理を再開した同月11日には，すでに正月公演チケットはすべて売り切れ，他の顧客へ発送済みであった場合はどうか。

Q15 ◇売買(3)——目的物の瑕疵 ……………………………〔井手 良彦〕…… *105*

(1) Xは，平成22年10月5日に，若者に人気があり，現在売れている○○社製NE5型バイク（50cc）を購入しようと，バイク販売会社のY株式会社に在庫の有無を照会したところ，8台の在庫があり，同月20日までのキャンペーン期間中なら，新車販売価格13万5000円のところ12万円で販売できるという回答を得た。そこで，同月10日にY社に出向き，Y社担当者が倉庫から出してきた○○社製NE5型バイク1台を購入して，その場で代金12万円を支払った。Xはそのバイクに乗って帰宅し，通勤に使用していたが，当初からエンジンの調子が悪く，同月20日には，ついにエンジンが掛からなくなってしまった。Y社に修理を依頼したところ，エンジン内部の部品の一部が欠落していることがわかった。このような場合，

XはY社に対しどのような請求をなしうるか。そのときの法律構成はどのようなものか。

(2) XがY社から購入したバイクは，○○社がハンドル，シート，マフラーなどに特別の部品を用いて製作した特別仕様車（販売価格22万円）5台のうちの1台であり，しかも，特別仕様車5台については塗装の色がそれぞれ異なるところ，Xは，そのような特別仕様という点と塗装の色を気に入り，当該バイクを購入していた場合はどうか。

Q16 ◇金貨の売買に仮託した金銭消費貸借契約.................〔脇山 靖幸〕......*111*

金銭に窮したYが，平成23年5月1日，スポーツ新聞に掲載された「お金が必要な方，当日即現金化します」とのXの広告を見て，金銭を借りる目的でXの店舗を訪れた。Yは，Xに対し，5万円が必要である旨を告げると，Xは，「金貨2枚を6万5600円で購入すれば，これを4万2400円で買い取ってくれる人がいる」と説明した。そこで，Yは，代金支払期日を平成23年5月10日と約して，金貨2枚を代金6万5600円で購入した。すると，Xは，Yに対し，買取先としてZを紹介し，その携帯電話番号を教えた。Yは，その場でZに電話をかけ，金貨の買取場所について打ち合わせを行った。その後，Yは，Xの店舗付近まで自動車で来たZと落ち合い，その車内において上記金貨を換金してZから4万2400円の交付を受けた。その後，上記金貨の代金支払期日から数ヵ月が経過したのに，Yが金貨の売買代金を支払わなかったため，Xは，Yに対し，その代金6万5600円の支払を求める訴えを提起した。これに対して，Yは，金貨の売買契約は，Zから平成23年5月1日に4万2400円を換金取得し，Xに対して同月10日に6万5600円を支払うというものであって，その差額2万3200円の実質は年1996％にも上る利息契約にほかならないから，暴利契約となり公序良俗に違反すると主張した。Yの主張は認められるかについて説明しなさい。

Q17 ◇共有者が共同賃貸した賃料債権の性質.................〔西村 博一〕......*117*

A・B・Cは，共同でYに対し，A・B・Cの共有する建物を，賃料月9万円と約して賃貸し，これを引き渡した。しかし，Yが3ヵ月分の賃料の支払を怠ったため，A・B・Cは，Yに対し，その支払を求める訴えを提起した。この場合，上記賃料債権の性質に触れつつ，認容判決主文がどのようなものになるかについて説明しなさい。

Q18 ◇居住権の承継.................〔西村 博一〕......*121*

Xは，乙に対し，X所有建物を賃貸し，これを引き渡した。その後，乙は，その妻丙が死亡したことから，丁と同居するようになった。乙と丁は，内縁関係となって長年同居していたが，投資信託に失敗した乙は，約1年分の賃料の支払を怠ったまま死亡した。その後，①Xは，丁に対し，乙の死亡前の滞納賃料及び死亡後の滞

納賃料の支払を求める訴えを提起した。Xの請求は認められるかについて説明しなさい。また、②乙と丙の間の子A・Bは、乙の相続人として丁に対し、上記建物の明渡しを求める訴えを提起した。これに対して、丁は、A・Bの請求は権利の濫用であって許されないと主張した。丁の主張は認められるかについて説明しなさい。そして、③Xは、A・Bに対し、乙の死亡前の滞納賃料及び死亡後の滞納賃料の支払を求める訴えを提起した。Xの請求は認められるかについて説明しなさい。

Q19 ◇**建物明渡請求(1)——無断改装，賃借権の無断譲渡**……〔井手　良彦〕……*127*

(1) Xは，平成20年8月1日，Yとの間で賃料10万円（月額，共益費込み），敷金2ヵ月，毎月末日に翌月分の賃料支払，賃貸期間2年，住居用，改装する場合にはXの了解を得なければならないという内容でX所有マンション一室の賃貸借契約を締結し，Yに対してマンション一室を貸し渡した。平成22年8月に更新したが，Xは，同年10月1日に，Yが当該マンションを勝手にネールサロン用に改装し，ネールサロンに使用しているとして，無断改装・無断用途変更を理由に，賃貸借契約の解約を主張し，明渡しを請求してきた。このようなXの請求は認められるか。他方，Yは，改装といっても，可動式の仕切りパネル1台を入れ，テーブルとしても使える可動式の受付カウンター1台を設置しただけで，しかも，顧客もYの友人とその紹介により来た者だけで，1日3人以上来ることはなく，看板も掲げておらず，また，Yの住居としても使っていると主張している。このような場合はどうか。

(2) 上記(1)の事例で，「賃借人が賃借権を他に譲渡する場合には賃貸人（X）の了解を得なければならない」という特約が付いていた場合において，Xは，同年10月1日に，勝手に賃借人がYからZに変わっているとして，賃借権の無断譲渡を理由に，賃貸借契約の解約を主張し，明渡しを請求してきた。このようなXの請求は認められるか。他方，Yは，妊娠を機会にそれまで同棲していたZと正式に結婚し，仕事を退職して，夫のZを賃借人としたもので，賃貸借契約を結ぶ際にZを同居人として届けており，居住の実態に変更はないと主張している。このような場合はどうか。

Q20 ◇**建物明渡請求(2)——期間満了，正当事由**……………〔井手　良彦〕……*134*

(1) Xは，平成18年9月1日に，Yに対して，X所有家屋（一戸建て，以下「甲家屋」という）を家賃12万円（月額），敷金2ヵ月，賃貸期間2年，自動更新規定ありの約定で貸し渡し，平成20年9月の段階で1回更新した。平成21年4月のころ，Xが自宅として使用していたX所有家屋（一戸建て，以下「乙家屋」という）が道路用地にかかるとして，買収の対象になるという話が持ち上がり，具体化したので，Xは平成22年1月の時点で，Yに対し，同年9月以降に甲家屋をXの自宅として使用する必要が生じたとして，その9月段階での更新はしないので，

明け渡してほしいと請求した。Xは、年齢75歳、無職で、妻と2人の年金暮らし、所有家屋は甲家屋と乙家屋しかなく、甲、乙家屋以外の住居用家屋を購入する経済的余力はないと主張している。このような場合に、Xの請求は認められるか。
(2) また、Xは、Yが立退料を要するというのなら、Yの引越費用程度なら支払ってもかまわないと考えている。このように立退料を支払う場合はどうか。
(3) さらに、Yが調べたところ、Xの立退きが必要になるのは、5年先であることがわかった。このような場合はどうか。

Q21 ◇敷金返還請求(1)——通常損耗補修特約、ハウスクリーニング特約
....〔井手　良彦〕……143

(1) Xは、平成19年5月1日に、Yから、Y所有マンションの一室を賃料10万円（月額、共益費1万円込み）、敷金2ヵ月（18万円）、賃借期間2年、自動更新規定ありの約定で賃借した。この賃貸借契約には、「賃借人が本件部屋を明け渡すときには、賃貸後に生じた汚損や傷については、賃借人の負担で補修・修理をして原状に復するものとする。」、また、「全体のハウスクリーニング（専門業者による）の費用については、賃借人の負担とする。」という特約が設けられていた。そして、平成21年5月の段階で1回更新したが、Xは、平成23年3月20日に、同年4月30日に賃貸借契約を解除すると通知し、同月29日にはマンション一室の明渡しを行い、敷金18万円の返還を請求した。これに対し、Yは原状回復費用10万円、専門業者によるハウスクリーニング費用5万円が必要として、残りの3万円しか返還できないと主張している。Xの請求は認められるか。
(2) ハウスクリーニング費用につき、「全体のハウスクリーニング（専門業者による）の費用については、5万円の限度で、賃借人の負担とする。」という特約が設けられていた場合はどうか。

Q22 ◇敷金返還請求(2)——オフィスビルにおける通常損耗補修特約
....〔井手　良彦〕……158

(1) X株式会社は、平成20年7月1日に、Yから、Y所有オフィスビルの一室を賃料10万円（月額、共益費込み）、敷金6ヵ月、賃借期間2年、自動更新規定ありの約定で賃借した。この賃貸借契約には、「賃借人が本件部屋を明け渡すときには、賃借人の負担で原状に復するものとする。」との特約が設けられていた。そして、同22年7月の段階で1回更新したが、X社は、同23年1月20日に、同年4月1日に賃貸借契約を解除すると通知し、同年3月27日にはオフィスビル一室の明渡しを行い、敷金60万円の返還を請求した。これに対し、Yは原状回復費用40万円がかかったとして、残りの20万円しか返還できないと主張している。X社の請求は認められるか。
(2) 上記(1)の事例で、Yは平成22年8月1日に上記オフィスビル1棟をZに譲渡

し，その旨をX社に通知した。譲渡の段階で，X社は賃料1ヵ月分を滞納しており，Yは敷金で清算した。この場合，X社はZに対して敷金の返還を請求しうるか。請求しうるとして，いくら請求しうるか。

Q23◇更新料請求 ....〔井手　良彦〕......*166*

(1) Xは，平成16年7月1日に，Yから，Y所有マンションの一室を賃料7万8000円（月額，共益費込み），敷金2ヵ月，賃借期間1年，自動更新規定あり，更新料2ヵ月の約定で賃借した。Xは1年ごとに更新（合意更新）を繰り返し，2ヵ月分の更新料を支払っていたが，賃料が近隣の同程度の物件と比べて特に安いわけでもないのに，更新料が高すぎると考えるに至り，更新料特約は無効であると主張して，平成22年の更新時から更新料の支払を拒んでいる。このようなXの主張は認められるか。

(2) 上記(1)の事例で，賃借期間が2年である場合において，Xは2年ごとに更新（合意更新）を2回行ったが，平成22年の更新時にYから賃料を8万8000円にしたいと通告されたことからトラブルになり，賃貸借契約を合意更新せず，賃料（月額）7万8000円を供託するようになり，現在（平成23年8月）に至っている。このような法定更新の場合にも，Xは更新料2ヵ月分を支払わなければならないか。

Q24◇賃貸借における原状回復請求（ペット飼育承認特約）...〔山崎　秀司〕......*172*

Xは，Yとの間で，建物賃貸借契約を締結し，アパート1室を貸し渡した。その際，ペット（犬1匹）を飼育することを承諾するが，本件建物の明渡時には，当然，原状回復に要する補修費，消毒料などを負担する旨が記載された誓約書が取り交わされた。契約期間が経過しYが退去した後，Xが建物を点検してみると，畳の下の床板のいたるところに糞尿のシミがつき，悪臭があまりにも酷かった。Xは，Yに対し，どのような請求をすることができるか。

Q25◇請負代金請求——瑕疵担保責任 ....〔井手　良彦〕......*179*

(1) Xは，Yから，Yの駐車場に設置されていた古いシャッターの撤去，新たなシャッターの設置を20万円で請け負い，新たなシャッターを設置して，Yに20万円を請求した。しかし，新たなシャッターについては，上下に開閉する動きに"引っかかり"があり，スムーズな開閉ができず，そのため，Yは，新たなシャッターの設置という仕事が未だ完成していないと主張している。Xの請求は認められるか。

(2) また，"引っかかり"はわずかでシャッターの開閉に支障はなく，"引っかかり"を直すためには，別の新たなシャッターに取り替える必要があるような場合はどうか。

(3) さらに，上記(1)の場合で，設置したシャッターはYが用意したものであり，

"引っかかり"はYの用意したシャッターに原因がある場合はどうか。

Q26 ◇最高裁平成18年1月13日判決を踏まえた期限の利益喪失特約下におけるみなし弁済の成否 ………………………………………………………〔増田　輝夫〕……185

　Xは，貸金業者Y株式会社との間の金銭消費貸借契約に基づいてした弁済について，平成18年法律第115号による改正前の利息制限法1条1項所定の利息の制限額を超えて利息として支払われた部分を元本に充当すると過払金が発生しており，かつ，Y社は過払金の取得が法律上の原因を欠くものであることを知っていたとして，Y社に対し，不当利得返還請求権に基づいて，過払金の返還と利息の支払を求める訴えを提起した。これに対して，Y社は，Xの返済については平成18年法律第115号による改正前の貸金業の規制等に関する法律（以下「旧貸金業法」という）43条1項の規定（みなし弁済）が適用されると主張した。下記事実関係の下，XがY社に対し，利息の制限額を超える金銭を支払っていた場合，その制限超過部分の支払は旧貸金業法43条1項所定の「利息として任意に支払った」といえるかについて説明しなさい。

［事実関係］

　①X・Y社間の金銭消費貸借契約は，最高裁平成18年1月13日判決言渡日以後に締結されたものである，②その契約書面には，「各返済日の元本又は利息制限法(注)所定の制限利息の支払を遅滞したときは，催告を要せずして債務者（X）は期限の利益を失い，直ちに元利金を一括して支払う」との特約がある。その一方で，「弁済金は，約定利息・損害金・元本の順に充当する」との特約がある。なお，Y社は，Xに対し，支払期日における約定元本の額と約定利息の額のみが記載された償還表を交付している。

　　（注）上記②でいう利息制限法とは，平成18年法律第115号による改正前のものである。

Q27 ◇悪意の受益者 ………………………………………………………〔野藤　直文〕……194

　過払金返還請求訴訟において，貸金業者が悪意の受益者と認められるのはどのような場合かについて説明しなさい。また，貸金業者が悪意の受益者と認められる場合，原告訴訟代理人の弁護士費用が，民法704条後段の損害にあたるかについても説明しなさい。

Q28 ◇悪意の受益性を覆す特段の事情の考慮事情 ……………〔野藤　直文〕……201

　Xの貸金業者Y株式会社に対する過払金返還請求訴訟において，XはY社が悪意の受益者であると主張しているところ，Y社は，平成18年法律第115号による改正前の貸金業の規制等に関する法律（以下「旧貸金業法」という）43条1項（みなし弁済）の適用があるとの認識を有しており，かつ，そのような認識を有するに至ったことについてやむを得ないといえる特段の事情があったとして，これを立証する

ため，サンプル書面として当該Ｘのものではなく一般にその当時このような17条書面及び18条書面（旧貸金業法17条及び18条所定の書面）の交付をしていたとして，ＡＴＭ伝票（領収書兼取引明細書）を提出した。裁判所は，このＡＴＭ伝票をもって，上記特段の事情の存在を認めることができるかについて説明しなさい。

なお，17条書面及び18条書面として復元書面（コンピュータの中のデータを復元したもの）を提出した場合やジャーナルを提出した場合にはどうなるかについても説明しなさい。

Q29 ◇**和解無効と過払金返還請求** ……………………………〔千矢　邦夫〕……*205*

多重債務者Ｘから任意整理を受任した弁護士は，貸金業者Ｙ株式会社との間で，「①Ｘは，Ｙ社に対し，ＸがＹ社との間の金銭消費貸借基本契約に基づいて平成10年２月18日から平成19年４月１日までの間に借り受けた金員の残債務として50万円の支払義務があることを認める，②Ｘは，Ｙ社に対し，前項の金員を平成〇〇年〇月から平成〇〇年〇月まで毎月末日限り〇万円ずつ分割して〇〇銀行〇支店のＹ社名義の普通預金口座（口座番号〇〇〇〇〇〇〇）に振り込む方法で支払う」という趣旨の和解契約を締結した。Ｘは，平成23年に，貸金業者は信義則上保存している業務帳簿に基づいて取引履歴を開示する義務を負うとする最高裁平成17年７月19日判決を知るに至り，Ｙ社に対し，Ｘの取引履歴の開示請求をしたところ，Ｘ・Ｙ社間の上記金銭消費貸借基本契約による取引は，実際には平成５年２月18日に遡って始まっていて，同日から平成19年４月１日までの取引は一連一体の取引であることが判明した。そこで，Ｘは，その取引における弁済について，平成18年法律第115号による改正前の利息制限法１条１項所定の利息の制限額を超えて利息として支払われた部分を元本に充当すると過払金60万円が発生しているとして，Ｙ社に対し，その返還を求める訴えを提起した。Ｘの請求は認められるかについて説明しなさい。

Q30 ◇**貸金債権の一括譲渡と過払金返還債務の承継** ……………〔千矢　邦夫〕……*214*

貸金業者Ｚ株式会社との間の金銭消費貸借基本契約に基づいて借入れと弁済を繰り返したＸは，Ｚ社からローン事業に係る貸金債権等の資産を譲り受けたＹ株式会社に対し，Ｚ社の下における弁済について，平成18年法律第115号による改正前の利息制限法１条１項所定の制限利率による引き直し計算をすると過払金が生じており，これをＹ社が承継したと主張して，Ｙ社に対する過払金返還請求の訴えを提起した。これに対して，Ｙ社は，上記営業譲渡の契約書第〇条には，過払金返還債務は承継しない旨が記載されているから，Ｚ社の下で生じた過払金の返還債務を負わないと主張した。Ｙ社の主張は認められるかについて説明しなさい。

Q31 ◇**併存的債務引受と過払金返還債務の承継** ………………〔千矢　邦夫〕……*222*

Ｙ株式会社の100％子会社であったＡ株式会社が，貸金業登録を廃止するにあたって，Ｙ社がＡ社の顧客であるＸに対し，ＸがＡ社に負っている借入金債務と同額

の金員を新たに貸し付け，Ｘは，この金員をもってＡ社に対する債務を弁済し，その後，ＸがＹ社に対して新たな借入金の弁済をするという切替え処理を行った。この切替えによってＹ社がＡ社の契約上の地位を承継した，あるいは，Ｙ社が併存的債務引受をしてＡ社の過払金返還債務を承継した（Ａ社・Ｙ社間の業務提携契約の契約書面第○条には，Ａ社が契約顧客に対して負担する利息返還債務及び当該利息返還債務に付帯して発生する経過利息の支払債務その他Ａ社が契約顧客に対して負担する一切の債務について，Ｙ社とＡ社双方が連帯してその責めを負うとの併存的債務引受の合意がある）として，Ｘは，Ｙ社に対し，過払金の返還を求める訴えを提起した。Ｘの請求は認められるかについて説明しなさい。また，後日，上記債務引受の合意が取り消されていた場合には，どうなるかについても説明しなさい。

Q32◇**冒頭ゼロ計算による過払金返還請求** ……………………〔柏森　正雄〕……*230*

貸金業者Ｙ株式会社は，取引履歴の全部開示を求めるＸに対し，当初貸付けの約定残高から始まる取引履歴を開示したのみで当初貸付けから始まる取引履歴を開示しない。過去10年を超える取引履歴については廃棄処分したというのがその理由である。そこで，Ｘは，冒頭残額０円からスタートして，平成18年法律第155号による改正前の利息制限法１条１項所定の制限利率に基づく引直し計算をすると過払金140万円が発生しているとして，Ｙに対し，その金額の返還を求める訴えを提起した。Ｘの請求は認められるかについて説明しなさい。

Q33◇**制限超過利息の支払請求による不法行為の成否**…………〔柏森　正雄〕……*237*

Ｘは，貸金業者Ｙ株式会社に対し，平成18年法律第155号による改正前の利息制限法１条１項所定の制限額を超えて利息として支払われた部分を元本に充当すると過払いが生じているとして過払金の返還を求める訴えを提起した。Ｘは，上記訴訟において，Ｙ社の制限超過利息の受領行為が不法行為を構成するとして，その損害賠償も求めている。Ｘの不法行為に基づく損害賠償請求の主張は認められかについて説明しなさい。

Q34◇**使用者の被用者に対する損害賠償請求** ………………………〔藤岡　謙三〕……*243*

ピザ宅配業者Ｘ株式会社の被用者であるＹは，Ｘ社の自動車を運転してピザ配達業務の執行中に交通事故を起こし，Ｘ社の自動車に損傷を生じさせた。Ｙの退職後，Ｘ社は，Ｙに対し，上記交通事故によるＸ社の自動車の修理費用45万円の損害賠償を求める訴えを提起した。Ｙは，Ｘ社の請求に対して何らかの制約を加えることができないか，その法律構成について説明しなさい。

Q35◇**動物占有者の責任** ……………………………………………………〔西村　博一〕……*253*

Ｘは，公園を散歩中に通りすがりのＹの飼犬に噛みつかれ，全治２週間を要する傷害を負ったとして，Ｙに対し，その損害賠償を求める訴えを提起した。これに対して，Ｙは，当時海外旅行中であって飼犬を散歩させることができないため，「何

でも引き受けます」とのキャッチフレーズで商売をしているAに飼犬を散歩させることを委託していたのであり、Xの受けた上記傷害は、その委託に基づいてAがYの飼犬を散歩させている最中に発生した事故であるから、Yにはまったく責任がないと主張した。Yの主張は認められるかについて説明しなさい。

Q36◇物損交通事故(1)──経済的全損，慰謝料請求……………〔井手　良彦〕……*259*

　Yは，自動車を運転中，前方不注視のため，交差点の手前で赤信号により停車していたX運転の自動車（X車）に追突した。幸い，Xに負傷はなかったが，X車に大きな物的損害を与えた。

　Xは，Yに対して，①上記の物的損害を修理するのに40万円がかかるとして，修理会社の見積書を添付しその40万円を請求し，②XはX車を新車として購入後14年間大切に乗ってきており（X車の新車としての車体価格は200万円であった），愛着があり，上記損害によってXは多大の精神的損害を被ったとして慰謝料50万円を請求し，それに，③上記交差点から修理会社までのレッカー代として2万円がかかったとして，それらの合計92万円を請求している。このようなXの請求は，認められるか。

Q37◇物損交通事故(2)──評価損，代車損，休車損……………〔井手　良彦〕……*268*

　Yは，自動車（Y車）を運転中，ぼんやりと考え事をしていたため，交差点の赤信号を見過ごし交差点に進入し，折から交差点における交差道路を青信号に従って交差点に進入してきたX運転の自動車（X車）の側面にY車をぶつけ，幸い，Xに負傷はなかったが，X車に大きな物的損害を与えた。Xは，Yに対して，①上記の物的損害を修理するのに40万円がかかるとして，修理費40万円を請求し，②X車は購入後3ヵ月しか経過していない新車であり，この事故の結果修理しても査定価格が下がるとしてその下落額20万円を請求し，③修理完了までの代車使用料10万円が必要として，これらの合計70万円を請求している。このようなXの請求は，認められるか。この事例で，④X車は商用車であり，この事故の結果営業に使えず，修理完了までの休車損5万円も必要として，休車損を請求しているが，このような請求は認められるか。

Q38◇人身交通事故──休業損害，慰謝料の計算方法……………〔井手　良彦〕……*282*

(1)　Yは，平成22年9月1日午前8時10分ころ，自動車を運転して，交通整理の行われていない交差点に，一時停止の標識に従わず，時速10キロメートルに減速しただけ進入したため，折から，一時停止の標識に従っていったん停車しその後発進して上記交差点における交差道路に左方から右方に向けて進入してきたX運転の自動車に衝突させて，Xに傷害を負わせた。Xは，交差点手前で標識に従わず一時停止をしなかったYに全面的な過失があるとして，Yに対して，医療費22万5000円[注1]，通院のための交通費1万7570円[注2]，休業損害1万9239円[注3]，

慰謝料113万8191円の合計140万円を請求している。Xの主張は認められるか。入院はなく，実通院日数は25日であるが，通院期間が平成22年9月1日から同年10月18日までの場合はどうか。
(2) また，平成22年9月1日から同23年9月23日までの場合はどうか。
(3) さらに，Xの負傷がいわゆるむち打ち症で他覚所見がない場合はどうか（なお，物損については，ここでは検討しない）。

（注1）22万5000円について，病院の領収書がある。

（注2）平成22年9月1日（病院から自宅までの片道，病院までの往路は救急車であった）と同月2日（自宅・病院間の往復）のタクシー代合計6300円については，タクシー会社の領収書があり，勤務先会社（最寄駅）から病院（最寄駅）までの電車代210円×23日分と病院（最寄駅）から自宅（最寄駅）までの電車代280円×23日分については，領収書はないが，路程表と運賃表がある。

（注3）Xは，1ヵ月に，基本給25万円，交通費1万円，住宅手当3万5000円を支給されている。9月1日と同月2日に会社を休んだが，有給休暇をとっている。

***Q39*◇ペット飼育をめぐる近隣訴訟** ………………………………〔山崎　秀司〕……*294*

Xは，隣人Yが飼っている犬の鳴き声と糞尿の悪臭に悩まされ，体調不良の症状も現れてきた。そこで，Xは，Yに対し，その犬の飼育差止めと損害賠償の支払を求めて提訴した。Xの請求は認められるか。

***Q40*◇騒音をめぐる近隣紛争訴訟** ………………………………〔山崎　秀司〕……*303*

XとYは，マンションの隣同士として居住していた。Yは，毎晩，遅いときには午後12時ころまで楽器の練習をしていた。Xは，その音がうるさくて不眠が続いたため健康を害してしまった。Xは，Yに対し，遅い時間の楽器演奏の禁止と慰謝料の支払を求めて提訴した。Xの請求は認められるか。

***Q41*◇遺産に属する普通預金について共同相続人の1人がする法定相続分の払戻請求の可否** ……………………………………………………〔西村　博一〕……*309*

Y銀行に普通預金を保有していたAが死亡したため，その共同相続人の1人であるX（法定相続分は4分の1）は，Aの相続人として，Y銀行に対し，亡Aの預金のうち法定相続分の払戻しを求める訴えを提起した。これに対して，Y銀行は，①普通預金債権は可分債権ではあるが，共同相続人全員の合意によって不可分債権に転化し，遺産分割協議の対象となる可能性があるから，その間は上記預金債権の帰属が未確定である，②遺産分割協議成立前においては，金融機関の実務として，共同相続人全員の同意に基づいてその全員に対して一括して預金の払戻しを行うことが事実たる慣習となっており，これは，一般の預金者をも含めて公知の事実となっ

ているから，亡Aとの間においてもこの慣習によるという合意が成立していたのであり，預金債権の払戻請求を拒絶することができると主張した。Y銀行の主張は認められるかについて説明しなさい。

第2章　民事訴訟法

Q42 ◇合意管轄と移送(1)——過払金返還請求訴訟……………〔笹本　昇〕……*317*

　Xの貸金業者Y株式会社に対する過払金返還請求訴訟において，Y社（貸主）は，X（借主）との間で締結した金銭消費貸借契約の契約書面第○条には，「この金銭消費貸借に関する訴訟の必要が生じた場合には，貸主の本店所在地を管轄する裁判所を管轄裁判所とすることに合意します」との合意条項があるとして，民事訴訟法16条1項に基づいて上記訴訟をY社の本店所在地を管轄する○○簡易裁判所に移送するとの申立てをした。この移送の申立ては認められるかについて説明しなさい。

Q43 ◇合意管轄と移送(2)——建物明渡請求訴訟……………〔大石　喜代一〕……*324*

　X（元はS市に居住していたが，現在はM市に居住している）は，自己の所有するS市内のマンションの一室（以下「本件建物」という）をYに賃貸したところ，その契約書面には，「Yが賃料の支払を1回でも怠ったときには本件賃貸借契約は当然に解除となる」，「本件賃貸借契約に関して裁判手続の必要が生じた場合には，本件建物の所在地を管轄する簡易裁判所を管轄裁判所とすることに合意します」との条項があった。

　Xは，Yに対し，Yが1ヵ月分の賃料の支払を遅滞したとして上記賃貸借契約を解除した上，賃料の支払及び本件建物の明渡しを求める訴えをM市に所在するM簡易裁判所に提起した（S市からM市までの距離は約80キロメートルであり，S市を管轄する簡易裁判所はS簡易裁判所である）。

　Yは，S簡易裁判所への出頭であれば半日の休暇取得で済むためS簡易裁判所で審理してもらいたい旨及びX主張の賃料遅滞は認めるがそれは6ヵ月前の出来事である旨を記載した答弁書をM簡易裁判所に提出した。M簡易裁判所は，どのような訴訟進行を図ればよいかについて説明しなさい。

Q44 ◇共同被告の1人による地方裁判所への移送の申立て……〔笹本　昇〕……*333*

　被告Y・Zに対する不動産関係訴訟が○○簡易裁判所に提起されたところ，被告Yのみが，民事訴訟法19条2項に基づいて，上記訴訟をその不動産所在地を管轄する○○地方裁判所に移送するとの申立てをした。裁判所は，この移送の申立てについてどのような処理をすべきか，上記訴訟が，①通常共同訴訟である場合と，②必要的共同訴訟である場合とに分けて説明しなさい。

Q45 ◇営業所等の統廃合に伴う合意管轄の効力………………〔山崎　秀司〕……*340*

Y（A市在住）は，クレジットカード会社Xとの間で，同社のA営業所（A市所在）の窓口にてクレジットカード契約を締結した。同契約の約款中には，「会員は，会員と甲（クレジットカード会社X）との間で訴訟が生じた場合，その訴額のいかんにかかわらず，会員の住所地，甲の営業所を管轄する簡易裁判所及び地方裁判所を管轄裁判所とすることに合意するものとする」との条項があった。その後，Yは，同社のクレジットカードを利用して，ショッピングやキャッシングを繰り返してきた。他方，X社は，A営業所を廃止して，その事業をB支社（B市所在）に集約した。ところが，Yの返済が滞ったため，X社は，Yに対する貸金等支払請求訴訟をB簡易裁判所（B市所在）に提起した。B簡易裁判所に管轄は認められるか。なお，A市とB市は，簡易裁判所の管轄を異にするものとする。

Q46 ◇**固有必要的共同訴訟の判断基準** ……………………………〔山崎　秀司〕……*347*
　Xは，本件土地を，20年以上の間，所有の意思をもって平穏かつ公然に占有してきた。ところが，本件土地はAの所有名義となっており，かつ，Aはすでに死亡しており，AにはY₁ないしY₅の相続人がいた。Xは，本件土地を時効によって取得したと主張して所有権移転登記手続請求をしたいと考えている。これに対し，Y₅は，登記手続に快く協力すると言ってくれている。この場合，Xは，誰を相手に，所有権移転登記手続請求の訴えを提訴すべきか。

Q47 ◇**訴状送達の瑕疵** ………………………………………………〔餅井　亨一〕……*354*
　貸金請求訴訟の訴状及び第1回口頭弁論期日呼出状（平成23年11月8日午前10時）が，平成23年10月18日午前10時30分に，被告の同居者である妻に対し送達された。同月28日になって，被告の妻が代筆した書簡がその事件を担当する裁判所書記官宛に送付されてきた。その書簡には，被告が平成23年8月ころに脳梗塞を発症し，現在○○脳神経外科病院に通院して○○医師の治療を受けている旨が記載されているとともに，平成23年9月30日時点において，被告の短期記憶については「問題あり」，日常の意思決定を行うための認知能力ついては「いくらか困難」，自己の意思伝達能力については「伝えられない」，自己財産の管理処分能力は「管理処分能力なし」，同日における長谷川式簡易知能評価の点数は6点（高度の認知症の疑いがあるとされる点数）であったとする診断書が添付されていた。この場合，裁判所書記官は，どのような訴訟進行管理を行うべきか説明しなさい。

Q48 ◇**清算が結了し清算人も死亡した会社に対する訴訟** ………〔丸尾　敏也〕……*360*
　消滅時効を理由とする抵当権設定登記の抹消登記手続請求訴訟において，抵当権者が株式会社で清算結了し，清算人もすでに死亡している場合に，裁判所は特別代理人を選任することができるかについて説明しなさい。

Q49 ◇**遺留分減殺請求に対する価額弁償の主張** …………………〔山崎　秀司〕……*363*
　X・Y・Zは，Aの相続人である。死亡した被相続人Aの遺言（Yへの遺贈）が

Xの遺留分を侵害しているとして，Xは，Yに対して遺留分減殺請求をした。これに対し，Yは，価額弁償をする旨の意思表示をしたが，弁償すべき額につき，XとYとの間で，話し合いがまとまらなかった。そこで，次の各訴えが提起された。小問(1)及び小問(2)の訴えは適法か。小問(3)の場合，それ以後の訴訟進行はどうなるか。価額弁償額はどのように算定すべきか。
(1) XがYに対し，価額弁償相当額の金員の支払を求める旨の訴えを提起した場合
(2) YがXに対し，価額弁償すべき額の確定を求める意図で，XがYに対して有する遺留分減殺請求に対して価額弁償すべき額は〇〇万円を超えて存在しないことを確認する訴えを提起した場合
(3) XがYに対し，遺留分減殺請求に基づく特定目的物引渡しを求める訴えを提起したところ，その訴訟中で，Yが価額弁償をする旨の抗弁を主張した場合

Q50 ◇共有・共用の印章で押印された私文書と二段の推定 ……〔西村　博一〕……375

XのYに対する貸金返還請求訴訟において，Yが金銭消費貸借契約の成立を争ったため，Xは，その契約書を書証として提出した。これに対して，Yは，その契約書の成立を否認するとともに，「Y名下の印影がYの家族間で共有・共用している印章によって顕出されたものであることは認める」と陳述した。この場合，私文書の真正の推定（民訴228条4項）は働くかについて説明しなさい。なお，第3号様式（書証目録）の「成立」欄の記載方法についても触れなさい。

Q51 ◇過失についての自白の拘束力 ……〔笹本　昇〕……380

XのYに対する交通事故（物損）による損害賠償請求訴訟において，Xは，Yに10割の過失があると主張して，Xの自動車の修理費相当額40万円の支払を請求している。Yは，第1回口頭弁論期日に出頭せず，答弁書その他の準備書面を提出しない。しかし，裁判所としては，請求原因に記載された事故態様によると，Xにも2割の過失があると判断せざるを得ない。この場合，裁判所は，Xの請求のうち32万円を認容し，その余の請求を棄却することができるかについて説明しなさい。

なお，本設例については，次の（注）のような前提事実があったものとする。

（注）Xが裁判所に提出した訴状の当事者，請求の趣旨，請求の原因欄の各記載自体に誤りや不足はない。訴状の請求の原因欄中の「事故態様」の具体的記載内容は不明であるが，道路上において，Xが運転するX所有の普通乗用自動車に，Yが運転する普通乗用自動車が衝突した事例であり，事故態様は詳細に記載され，Yの過失を基礎づける事実とともにXの過失を基礎づける事実も明確に記載されているものとする。Xは，この衝突で生じた損害の賠償として自車の修理代金相当額40万円の支払を求め，不法行為損害賠償請求訴訟を提起したものである。Yに対する訴状及び第1回口頭弁論期日呼出状は公示送達以外の方法で適法に送達されてい

る。Xは第1回口頭弁論期日に出頭した（以下，本文中に引用する場合は「前記前提」という）。

Q52 ◇証拠調べ(1)――文字データ ………………………………〔丸尾　敏也〕……*387*

XのYに対する売掛代金請求訴訟において，Yがその契約の成立を争ったため，Xは，コンピュータによって管理されているYに関する売掛台帳（複数の入力者によって入力されていた）を出力印字した上，これを証拠として提出した。この書面の証拠調べ方法について説明しなさい（判例・学説にも触れること）。

Q53 ◇証拠調べ(2)――音声データ ………………………………〔丸尾　敏也〕……*394*

Xは，主債務者Aの債務を連帯保証したYに対し，保証債務の履行を求める訴えを提起した。これに対し，Yは，「保証した覚えはない。保証契約書にあるY名はAが無断で書いたものであり，名下の印影も私の印章ではない」と主張した。そこで，Xは，電話でYの保証意思を確認した際のやりとりを録音したICレコーダーの記録媒体（SDカード，USBメモリーなど）を証拠として提出した。この記録媒体の証拠調べ方法について説明しなさい。

Q54 ◇手形の白地部分を補充した後における再訴 ………〔西村　博一〕……*398*

約束手形の所持人Xは，振出人Yに対し，振出日欄白地のまま手形金140万円の支払を求める訴えを提起したが，裁判所は，振出日欄が白地であるため，この手形によって手形上の権利を行使し得ないとして，Xの請求を棄却したところ，その判決は確定した。その後，Xは，上記手形の白地部分である振出日欄を「平成〇〇年〇月〇日」と補充したうえ，Yに対し，再度手形金140万円の支払を求める訴えを提起した。Xのこの後訴は許されるかについて説明しなさい。

Q55 ◇調停調書の既判力 ……………………………………………〔藤岡　謙三〕……*404*

Xは，平成20年7月4日，Y株式会社に雇用され，その業務に従事してきたが，業務上の疾病に罹り，平成22年9月24日から平成22年10月10日まで療養のため休業した。その後，Xは，就労を求めたにもかかわらずY社がXの就労すべき業務を指示しなかったとして，Y社に対し，平成22年11月16日から平成22年12月15日までの休業手当，平成22年12月16日から平成23年1月15日までの休業手当及び平成23年1月16日から平成23年2月15日までの休業手当の合計10万8648円の支払を求める訴えを提起した。これに対して，Y社は，①平成22年12月3日，XとY社との間で，〇〇簡易裁判所において，末尾記載の調停（以下，「本件調停」という）が成立していて，Xの上記主張は，本件調停の調停調書の既判力に抵触するから却下されるべきである，②平成22年12月4日以降の休業手当の請求については，仮に，本件調停の調停調書の既判力に抵触しないとしても，本件調停において上記のとおり合意が成立しているにもかかわらず，直後にこれと相反する請求に及ぶもので権利の濫用といわざるを得ないから却下されるべきであると主張した。Y社の主張は

認められるかについて説明しなさい。
［本件調停の要旨］
　①Xは，平成22年12月3日，Y社と合意の上でY社を円満に任意退職する，②Y社は，Xに対し，未払給料26万0758円及び本件解決金15万円の合計41万0758円の支払義務があることを認め，これを，本日，調停委員会の席上で支払い，Xはこれを受領した，③XとY社は，この調停条項に定めるもののほかに何らの債権債務がないことを相互に確認する。

Q56 ◇書面尋問の可否 ……………………………………〔柏森　正雄〕……415

　信号機による交通整理の行われている交差点における出会い頭の交通事故訴訟（物損）において，原告と被告のいずれも，信号機が青色表示の時に交差点に進入したと主張して争っているところ，原告から，事故状況の目撃者を証拠方法とする証拠の申出があった。その証拠申出書には，目撃証人が遠隔地に居住しているため書面尋問によられたいとの付記がされていた。この場合，裁判所はどのように対処すべきか。書面尋問採否の基準や書面尋問の方法などにも触れつつ説明しなさい。

Q57 ◇消滅時効の抗弁と請求原因についての判断の省略……〔大石　喜代一〕……425

　Xは，以前，Y株式会社で季節労働者として働いていたが，上司から執拗な嫌がらせを受けたため辞職した。その後，Xは，上記嫌がらせについてY社も使用者としての責任を負うとして，Y社に対し，慰謝料100万円の支払を求める訴えを提起した。Y社の訴訟代理人弁護士は，「原告（X）の請求を棄却する。請求原因事実は全部否認する。仮に被告（Y社）が使用者責任を負うとしても，上記嫌がらせのときからすでに3年が経過しており，原告の被告に対する損害賠償請求権はすでに消滅しているので，被告は，この消滅時効を援用する」との答弁書を提出しただけで，第1回口頭弁論期日には出頭しなかった。この場合，裁判所は，請求原因事実について審理することなく判決することができるかについて説明しなさい。

Q58 ◇賃貸借終了に伴う建物明渡請求訴訟における和解条項
……………………………………………………………〔山崎　秀司〕……433

　Xは，Yに対し，Yの賃料不払いを理由とする建物賃貸借契約の解除に基づき建物明渡しと，未払賃料（5ヵ月分）及び賃料相当損害金の支払を求めて提訴した。これに対し，Yは，請求原因事実をすべて認めたうえで，建物明渡しの猶予と未払賃料等の分割払いを求めた。そこで，訴訟上の和解が行われたところ，Xから，本件建物明渡しを2ヵ月間猶予すること，未払賃料には敷金を充当した上で残額を6回の分割払いとすることで了承を得るとともに，期限までに必ず本件建物を明け渡し，かつ，未払賃料を約束どおりに分割払いしてくれるのなら，契約解除日から建物明渡猶予期限までの賃料相当損害金については，支払を免除してもかまわないとの申入れがあった。この場合，どのような和解条項にするのが相当か。

第3章　民事執行法

Q59 ◇取立訴訟(1)——土地管轄，取立訴訟の要件事実，和解の可否
 ....〔井手　良彦〕......449

　XはZに対して売買代金債権（30万円）を有していたが，Zが支払わないので，債務名義を得た上で，Zに支払を催告した。Zは，自らがYに対して有している貸金債権（30万5000円）につき，その弁済日（平成23年7月20日）経過後にYから取り立てて支払うから待ってほしいと主張した。そこで，Xは待っていたが，Zはいっこうに支払わない。そこで，Xは，上記のZのYに対する貸金債権について差押命令を得，この命令はY（第三債務者）に対して同年9月1日に，Z（差押債務者）に対して同月7日に，それぞれ送達されたので，Xは，Zに対する送達後1週間の経過により，被差押債権（ZのYに対する貸金債権）につき取立権を取得した。その後，Xは，Yに対して支払を求めたが支払がなかったので，上記取立権に基づき，Yに対して取立訴訟を提起した。
　この場合，①Xの住所地が東京都千代田区，Yの住所地が横浜市，Zの住所地がさいたま市である場合，上記の取立訴訟の管轄裁判所はどこになるか。ちなみにXは自らの売買代金債権の義務履行地は東京都であるし，Xにとって便利であるとして，東京簡裁に提起したいと考えている。
　また，②上記①の事例で，X，Y，Zの住所地は東京都内であり，Xが東京簡裁に上記の取立訴訟を提起した場合において，Yは，第1回口頭弁論期日で，Zは平成23年7月31日にXに対して上記の売買代金（30万円）の返済をしたはずで，XがZに交付した領収書もZから預かっており，このような取立訴訟は，その前提条件が失われているために許されないと主張した。このようなYの主張は認められるか。
　さらに，③上記②の取立訴訟の第2回口頭弁論期日において，Yは，10万円をまけてくれれば，残りについて2回の分割で支払いたいので，和解を希望すると主張した。このような和解は可能か。

Q60 ◇取立訴訟(2)——相殺，債権譲渡の抗弁......................〔井手　良彦〕......457

　Q59と同じ事例で，取立訴訟の第1回口頭弁論期日において，①Yが，自らに対するZの貸金債権（30万5000円）については，Aからも差押えを受けており，Xに支払うわけにはいかないと主張している。Yの主張は認められるか。
　また，②Yは，自らもZに対して請負に基づく報酬請求権（40万円）を有しており，相殺をしたので，Xに支払うわけにはいかないと主張した。Yの主張は認められるか。その報酬請求権は，平成23年9月10日に，Bから譲り受けたものであった場合はどうか。また，その報酬請求権は，平成21年にYがZのために自動車修理を

行ったことによるものであったが，Zの懇願に基づき，弁済期を平成23年9月20日にしていた場合はどうか。

　さらに，③Yが，自らに対するZの貸金債権（30万5000円）については，Cへ譲渡されており，Cへ譲渡した旨のZからの内容証明郵便も届いており，Xに支払うわけにはいかないと主張した。Yの主張は認められるか。

第4章　利息制限法

Q61◇ヤミ金融訴訟 ……………………………………〔山崎　秀司〕……*465*

　Xは，自宅で洋服の小売業を営む傍ら，無登録で，お金の貸付けを行っていた。Yは，Xから50万円を借り受けたが，その際，利率は年47％とされた。その後，Yが返済を遅滞することが重なったため，Xは，Yに対し，貸金支払請求の訴えを提起したが，その訴状には，利率は年18％と記載されていた。しかし，審理の中で，Yから，利率が年47％であったとの主張があった。以後，どのように審理を進めるべきか。

第5章　消費者契約法

Q62◇消費者契約における媒介者 ……………………………〔西村　博一〕……*475*

　80歳の独居生活者Yは，Aから，X株式会社の販売する健康食品を購入するよう勧誘を受けた。その際Aは，Yに対し，X社・Y間の売買契約成立をサポートするのが自分の仕事であると告げた。Yは，Aに対し，「すでに他社から健康食品を定期的に購入しているので必要ないです。帰ってください」と断ったが，Aは帰る様子をまったく見せず，いつまでも居座って動こうとはしなかった。時刻も午後9時30分を過ぎたことから，Yは，徐々に恐ろしさと不安が募り始め，Aに帰ってもらうために仕方なく売買契約書に署名した。後日，X社は，Yに対し，上記売買代金の支払を求める訴えを提起した。これに対して，Yは，Aの不退去を理由として，上記売買契約を取り消すと主張した。すると，X社は，当社はAに対して売買契約の媒介を委託しているだけであって，Aの勧誘行為方法についてまで責任をとれないから，上記売買契約の取消しは認められないと主張した。X社の主張は認められるかについて説明しなさい。

Q63◇消費者契約取消後における第三者 ………………………〔西村　博一〕……*480*

　Xは，音楽大学入試の合格祝として，ガルネリ・デル・ジュス作のヴァイオリンを実業家の叔父から贈られた。Xは，音楽大学卒業後，金銭に窮したことから，上記ヴァイオリンを弦楽器専門店〇〇に買い取ってもらうことにした。Xが上記ヴ

ァイオリンを同店に持参すると，店主のYは，Xが金銭に窮しているのを奇貨として，Xに対し，「これはガルネリ・デル・ジェス作のヴァイオリンではないので高額な買取りはできません」と告げた。Xは，弦楽器専門店の店主の言うことだから間違いないだろうと思い，仕方なく安い額で買い取らせた。なお，上記ヴァイオリンの胴体内部には，「IHS」という文字が印刷されたラベルが貼られていた（ガルネリ・デル・ジェスは，自作のヴァイオリンに「救い主」を意味する「IHS」という印刷文字のあるラベルを貼るのを常としていた）。その後，Xは，ガルネリ・デル・ジェス作であるとの権威筋の鑑定書を叔父から見せられたので，慌てて，Yに対し，不実告知を理由として上記売買契約を取り消し，その引渡しを求める訴えを提起した。これに対して，Yは，すでにZに対して上記ヴァイオリンを売ってしまったと主張した。X・Y・Z間の法律関係について説明しなさい。

Q64◇消費者契約における約款の効力……………………〔西村　博一〕……486

Y株式会社が経営する○○スポーツクラブの会員であるXは，エアロビクスの練習中に床の凸凹に足を取られて転倒し，2週間の治療を要する足首捻挫の傷害を負った。そこで，Xは，Y社に対し，治療費相当額の損害賠償を求める訴えを提起した。これに対して，Y社は，○○スポーツクラブの会則○条には，「当社は，施設における事故について一切責任を負わないものとする」と明記されているので，Xに対する損害賠償義務を負わないと主張した。Y社の主張は認められるかについて説明しなさい。

Q65◇敷金返還請求──敷引特約……………………〔井手　良彦〕……489

Xは，平成19年4月10日に，Yから，Y所有マンションの一室を賃料9万円（月額，共益費込み），敷金3ヵ月（1.5ヵ月分の敷引特約付き），賃借期間2年，自動更新規定ありの約定で賃借し，平成21年4月の段階で1回更新し，平成23年4月の段階でも更新を希望している。ところが，Xは平成22年6月ごろから賃料を滞納し始め，平成23年3月の段階では，2ヵ月分の賃料を滞納していた。そこで，Yは，Xに対し，2ヵ月分の滞納賃料の支払を請求し，その支払と平成23年4月以降は賃料2ヵ月分の滞納が生じた段階でYが賃貸借契約を解除できる旨の特約を締結しない限り更新しないと通告した。すると，Xは，敷金3ヵ月分を差し入れているので，その2ヵ月分を滞納賃料に充当することを求め，そうすれば滞納分は解消するから，賃貸借契約の更新は可能であると主張し，もし，それが認められないなら，賃貸借契約の解消（更新なし）と敷引特約は消費者契約法10条に違反し無効であるとして，敷金3ヵ月分の返還を請求した。このようなXの滞納賃料への敷金充当の主張や敷金3ヵ月分返還の請求は認められるか。

Q66◇マンション管理費等請求──管理組合・管理者・管理会社の意義，管理費・修繕積立金請求の要件事実……………………〔井手　良彦〕……497

Aマンション管理組合は100人の区分所有者からなる団体であり（法人格は有しない），その管理規約には，管理者にX管理会社が就任するとあり，また，区分所有者は1ヵ月の管理費1万円，修繕積立金3000円を当月末日までに支払わなければならず，遅延した場合には年18％の割合による遅延損害金を合わせて支払わなければならないと規定されている。X社は，区分所有者の1人Yが管理費と修繕積立金を3年にわたって支払っていないとして，46万8000円（＝（1万円＋3000円）×12月×3年）と年18％の割合による遅延損害金の支払を求めて提訴した。これに対して，Yは，①管理費等の支払を求めて提訴するには，管理組合の集会議決が必要なところそのような議決がない，また，②遅延損害金の利率年18％については，消費者契約法9条2号に違反するもので無効であると主張している。なお，A管理組合の管理規約には，①の提訴に関して管理組合の集会議決が必要であるといった規定はない。このような場合，X社の請求は認められるか，また，Yの主張をどのように考えるべきか。

Q67 ◇賃貸借契約における中途解約違約金特約の有効性………〔山崎　秀司〕……508

XとYは，契約期間を2年間とする建物賃貸借契約を締結し，Yは，Xから，その建物の引渡しを受けた。ところが，Yは，契約期間の途中に，都合により本件賃貸借契約を解約したい旨の申入れをした。これに対し，Xは，本件賃貸借契約には，中途解約の場合には違約金として3ヵ月分の家賃相当額を支払うことが定められているとして，Yに対し，違約金の支払を求めて提訴した。本件中途解約違約金特約は有効か。

第6章　労働基準法

Q68 ◇給与前払金の性質と受講費用返還条項の有効性…………〔西村　博一〕……515

X交通株式会社は，元従業員（タクシー運転手）であったYに対し，下記誓約書中の受講費用返還条項に基づいて18万円の支払を求める訴えを提起した。なお，X交通株式会社は，Yに対し，平成23年6月分の給与を前払いし，この分を本来の給与から控除していた。

上記給与前払金は，Yが生活費の援助として事前交付金の支払を求めたものであり，署名した出金伝票には貸付金という記載がなく，給与明細書の「貸付け」欄には記載されずに「前払金」欄に記載されていた。上記受講費用は，Yの普通2種免許取得の教習の受講費用で，X社がこれを立替払いしたものである。その誓約書中には，「私は貴社の従業員となるべく普通2種免許を取得するため，○○モータースクールにおいて9日間の教習を受講します。つきましては，受講費18万円を貴社の乗務員として就業することを条件に，借用することを承諾します。返済につい

ては貴社，養成乗務員規定の免責事項によるものとし，満期を待たず退職する際には受講費全額を返済することを誓約します」との記載があった。この免責事項とは，X社の従業員として選任され，その後2年間就業すれば，受講費全額の支払義務が免除されるというものであった。しかし，Yは，上記受講後2年を経過せずに退職した。

X社の請求に対して，Yは，①X社主張の給与前払金はYに対する貸金であるから，平成23年6月分の給与残として10万円を受領する権限を有していて，X社がYの本来の給与額から10万円を控除したことは労働基準法17条に違反する，②上記受講費用返還条項は，労働基準法16条に違反して無効であると主張した。Yの主張は認められるかについて説明しなさい。

Q69 ◇賃金・時間外手当請求(1)——相殺の可否，管理職の時間外手当
……………………………………………………………〔井手　良彦〕……522

Xは，Y社が○○駅前に設置した携帯電話販売店○○駅前店の店長をしていたが，Y社の販売方針に従えなくなったとして，平成22年8月31日付けで退職した。Xは最終1ヵ月分の賃金（8月分）41万1050円と時間外手当7万2184円の合計48万3234円及びこれらに対する退職日の翌日である平成22年9月1日から年14.6%の割合による遅延損害金の支払を請求している。これに対し，Y社は，Xは会社の備品を勝手に処分し20万円の損害を与えており，また，Y社の計算ミスにより7月分の給与の支払に3万円の過払いが生じており（この過払いについてはXも認めている），それらの合計金額23万円は当然に差し引かれるべきであって，さらに，Xは管理職であり，管理職手当を支給しており，時間外手当の請求は認められず，しかも，時間外手当における時間計算において，販売店でY社支給の制服を着用したり，その制服から私服に着替えたりするための時間（毎日20分間×22日間）が含まれており，時間外手当の計算方法に間違いがあると主張している。このような場合，Xの請求は認められるか。

なお，Xの8月分の賃金41万1050円の内訳は，①基本給30万円，②管理職手当1万5000円，③通勤手当3万4550円，④家族手当2万4000円（妻1万円，子供1人目8000円，子供2人目6000円），⑤住宅手当3万7500円である。また，Xの主張する時間外勤務時間は，30.25時間であり，さらに，Y社の1ヵ月当たりの所定労働時間は165時間であって，出退勤時間はタイムカードで管理されている。

Q70 ◇賃金・時間外手当請求(2)——定額残業制の可否…………〔井手　良彦〕……532

Xは，Y社が経営している学習塾の講師をしていたが，Y社の教育・指導方針に従うことができなくなったとして，平成22年8月31日付けで退職した。Xは最終1ヵ月分の賃金（8月分）と8月に行った20時間の時間外勤務についての時間外手当を請求したいと考えている。ところで，XとY社との雇用契約には，①「賃金

──月収23万5000円（残業10時間を含む）」，②「契約日以外の就業及び1日8時間を超える就業は時間外割増賃金を支払う」，③「時間外労働──時間外手当時給1400円」と定められており，また，Y社は，④所定労働時間は1ヵ月165時間であり，⑤賃金欄の「（残業10時間を含む）」とは，賃金（月収）の中に残業10時間分1万4000円（＝時間外手当時給1400円×10時間）を含む趣旨であると主張している。さらに，Y社は，平成22年8月については，Xに対し残業を一切命じなかったし，また，退勤時間経過後は，Xは他の塾講師と雑談をして過ごしており，残業をまったく行っておらず，時間外手当は認められないと主張している。これに対し，Xは，退勤時間経過後も塾講師としての職務を行っており，そのことはY社も認識していたはずであり，また，他の塾講師と話をしていたのは，退職の前の引継ぎのためであったと主張している。なお，Xの出退勤時間はタイムカードで管理されている。このような状況の下で，Xの時間外手当の請求は認められるか。

Q71◇退職金請求 ……………………………………………〔井手　良彦〕……538

(1) Xは，10年と6ヵ月間勤めたY社を，平成23年6月30日付けで退職した。XはY社に退職金を請求しようと考えている。Y社の就業規則の退職金規程には，退職金について，①「勤務期間＝a年b月（1月未満の期間は切り捨て）の場合，退職金＝退職時の基本給×（a×0.5＋b/12×0.5）を支給する。」，②「懲戒解雇の場合には退職金を支給しない。」と定められている。Y社は，退職後にXに懲戒解雇事由が判明したとして，退職金の支給を拒んでいる。Xによる退職金の請求は認められるか。なお，Xの退職時の基本給は，35万円であった。

(2) また，退職金規程に，③「懲戒解雇事由が判明した場合にも退職金を支給しない。」と定められている場合はどうか。

(3) さらに，上記の②とか③の規定がなかった場合はどうか。

Q72◇解雇予告手当 …………………………………………〔井手　良彦〕……543

Xは，Y社に平成22年5月10日から勤め始めたが，同23年5月25日に，Y社の代表者から業績悪化による事業の縮小を理由に5月末日付けでの解雇を申しつけられた。その当時，Xの基本給は30万円，通勤手当3万4550円，家族手当2万4000円（妻1万円，子供1人目8000円，子供2人目6000円），住宅手当3万7500円であり，毎月10日締め，当月20日払いの方法がとられていた。Xは突然の解雇であり，納得できないとして，解雇予告手当，その遅延損害金，さらには，労働基準法114条の付加金を請求しようと考えている。Xはどのような請求をなしうるか。他方，Y社はXには会社の窮状を十分に訴えたところ，事業縮小の方針を理解してくれ，平成23年5月末日付けで辞職する旨の申出がなされたものであって，任意退社であると主張している。

第7章　破産法・民事再生法

Q73 ◇訴訟継続中における破産・再生手続開始決定 ……………〔藤岡　謙三〕……*555*

　Xが貸金業者Y株式会社に対し，過払金の返還を求める訴えを提起したところ，その訴訟係属中に，①Y社が○○地方裁判所から破産手続開始決定又は再生手続開始決定を受けた場合，また，これとは反対に，②Xが○○地方裁判所から破産手続開始決定又は再生手続開始決定を受けた場合，上記訴訟手続はそれぞれどうなるかについて説明しなさい。

Q74 ◇請負人の破産 ……………………………………………〔西村　　彬〕……*566*

　Xは，A建設株式会社との間で，Xの住宅を代金2100万円で建設する旨の請負契約を締結した。ところが，建設途中にA社は，○○地方裁判所から破産手続開始決定を受け，その破産管財人としてZが選任された。この時点までに，Xは，工事代金として1600万円を支払っていたが，A社による建築工事のほうは6割の完成度（出来高1260万円分）であった。Xは，Zに対し，破産法53条2項に基づいて，請負契約の解除をするか，又は債務の履行を請求する（すなわち請負契約を維持する）かの選択を求めたが，Zは確答しなかった。そこで，Xは，同項によってZが請負契約の解除をしたものとみなして，過払金340万円の返還について同法54条2項の財団債権として請求する訴えを提起した。Xの請求は認められるかについて説明しなさい。

Q75 ◇賃貸人の破産と管財人の解除権 ………………………〔西村　　彬〕……*572*

　A株式会社は，その所有土地をYに対し，建物所有を目的とする約定で賃貸した。なお，上記借地権について地上権・土地賃借権の登記はなく，また，上記建物には借地借家法10条1項でいう登記がなされておらず，未登記のままであった。その後A社は，○○地方裁判所から破産手続開始決定を受け，その破産管財人としてXが選任された。そこで，Xは，Yに対し，破産法53条1項に基づいて上記賃貸借契約を解除したうえで，上記建物収去・土地明渡しを求める訴えを提起した。Xの請求は認められるかについて説明しなさい。

第8章　会社更生法

Q76 ◇会社更生法による失権の効果 …………………………〔西村　博一〕……*581*

　貸金業者Y株式会社は，平成12年5月19日，○○地方裁判所に会社更生手続開始の申立てをし，平成12年6月30日に更生手続開始決定を，平成13年1月31日に更生計画認可決定を受けていたところ，Xは，Y社に対し，Y社との間の金銭消費貸借契約に基づいてした弁済（その取引期間は平成8年1月31日から平成19年9月30

日までであった）について，平成18年法律第155号による改正前の利息制限法1条1項所定の利息の制限額を超えて利息として支払われた部分を元本に充当すると過払いが生じているとして過払金140万円の返還を求める訴えを提起した。これに対して，Y社は，X主張の過払金返還請求権のうち平成12年6月30日以前に生じた過払金の返還請求権は，Y社の更生手続開始前の原因に基づいて生じた財産上の債権であるから更生債権にあたり，上記更生計画認可決定によって失権したと主張した。そこで，Xは，Y社の上記失権の主張は信義則に反して許されないと主張した。Xの主張は認められるかについて説明しなさい。

第9章　建物の区分所有等に関する法律

Q77 ◇ペット飼育禁止請求等……………………………〔西村　博一〕……589

　建物の区分所有等に関する法律3条所定のX管理組合は，その規約において，小鳥及び魚類以外の動物を飼育することを禁止していた。にもかかわらず，これに反して，住宅及び共用部分において犬猫を飼育する者が存在していたことから，X管理組合は，総会において，当時犬猫を飼育中の者によって構成されるペットクラブを設立させ，そのクラブの自主管理の下で，当時飼育中の犬猫一代に限ってその飼育を認める規約（以下「本件規約」という）を設定しこれを決議した。しかるに，上記決議に基づくペットクラブの発足後，その構成員ではないYらがそれぞれの自宅内で犬を飼育し始めた。X管理組合は，Yらに対し，犬の飼育を中止するよう申し入れたが，Yらはこの要請を拒否し，その後も犬の飼育を継続している。

　そこで，X管理組合は，Yらに対し，犬の飼育の禁止を求めるとともに，Yらがその要請を拒否して犬の飼育を継続したため，X管理組合が弁護士に依頼して調停の申立てをせざるを得なかったことがX管理組合に対する不法行為を構成するとして，60万円の損害賠償（着手金27万円，諸費用3万円，成功報酬金30万円）を求める調停の申立てをした。これに対し，Yらは，本件規約の効力はペットクラブの構成員に及ばないのであるから，ペットクラブの構成員とそれ以外の者とを区別する合理的根拠がない以上，平等原則に反し，その効力は認められないと主張した。Yらの主張は認められるかについて説明しなさい。

Q78 ◇マンション管理費等請求(1)──許可代理人の可否，管理費等請求権の消滅時効，滞納管理費の相続……………………………〔井手　良彦〕……595

　Xマンション管理組合は100人の区分所有者からなる団体であり（法人格は有しない），その管理規約には，管理費1ヵ月1万円，修繕積立金1ヵ月3000円で，区分所有者は，当月分を毎月末日までに支払わなければならず，遅延した場合には年5％の割合による遅延損害金も合わせて支払わなければならないと規定されている。

X組合は，区分所有者の1人Yが管理費と修繕積立金を6年にわたって滞納しているとして，93万6000円（＝（1万円＋3000円）×12月×6年）と年5％の割合による遅延損害金の支払を求めて○○簡易裁判所に提訴した。その際，X組合は，委託している管理会社の社員Aが最も事情に精通しているとしてこのAをX組合の代理人として許可されたい旨の代理人許可申請もしている。これに対して，Yは，①X組合の請求については消滅時効が完成しているので，これを援用する，また，②Yは競売により当該マンションを落札したもので，滞納部分のうち5年8ヵ月分（88万4000円）は前の区分所有者が滞納したものであって，Yがこの部分を支払ういわれはない，あるいは，③当該マンションは被相続人から相続したもので，滞納部分のうち5年8ヵ月分（88万4000円）は被相続人の下での滞納であり，また，相続人としてYのほかZ（相続分は各1／2）もいるので，Zに対しても全体の半分は請求してもらいたいと主張している。このような場合，X組合の請求は認められるか。Yの主張をどのように考えるべきか。

Q79 ◇マンション管理費等請求(2)──管理組合の管理不十分を理由とする支払拒絶の可否 ……………………………………………………〔井手　良彦〕……603

Xマンション管理組合は100人の区分所有者からなる団体であり（法人格は有しない），その管理規約には，管理費1ヵ月1万円，修繕積立金1ヵ月3000円で，区分所有者は，当月分を毎月末日までに支払わなければならず，遅延した場合には年5％の割合による遅延損害金と違約金として滞納分回収に要した弁護士費用も合わせて支払わなければならないと規定されている。区分所有者の1人Yは管理費と修繕積立金を3年にわたって滞納していたところ，X組合は，弁護士に依頼して，このYに対し管理費等の滞納分46万8000円（＝（1万円＋3000円）×12月×3年）と年5％の割合による遅延損害金及び弁護士費用5万円の支払を求めて提訴した。これに対して，Yは，①X組合は，階段，廊下，エレベーターなどの共用部分の清掃を十分に行わないし，階段等の電灯が切れてもそのままにしていることが多く，Yが善処を求めてもいっこうに改善されず，マンション管理の義務を全うしていないから，管理費の支払には応じられない，あるいは，②マンションの壁や天井部分から染み込んできた水分によって，Yのマンション一室が水浸しになり，その補修工事に45万円かかったので，この45万円のX組合に対する補修工事費返還請求権を自働債権とし管理費等の滞納分46万8000円の債務を受働債権とする相殺を行ったと主張している。このような場合，X組合の請求は認められるか。Yの主張をどのように考えるべきか。

第10章　電子消費者契約及び電子承諾通知に関する民法の特例に関する法律

Q80 ◇電子消費者契約における意思表示の錯誤………………〔山崎　秀司〕……*615*

　　Yは，衣服をインターネットネット販売するウェブサイト（X社が運営）を閲覧していた際，パソコンの操作を誤って「注文」ボタンをクリックしてしまった。後日，X社から，商品が送付されてきた上，代金請求をされたので，Yは，これを拒否した。そこで，X社は，Yに対し，売買代金の支払を求めて提訴した。X社の請求は認められるか。

第11章　民事訴訟Q＆A100

Q 1～5 ………………………………………	〔梶村　太市〕	……*627*
Q 6～10 ……………………………………	〔石田　賢一〕	…*628*～
Q11～89 ……………………………………	〔西村　博一〕	…*631*～
Q90～100 …………………………………	〔西村　　彬〕	…*651*～

事項索引

第1章

民　　法

[*Q1~41*]

Q1 職権で公序良俗違反と判断することの当否

　XのYに対する貸金140万円の返還請求訴訟において，Yは「140万円の交付を受けたことは認めるが，その返還の合意は否認する」と答弁した。原・被告本人尋問の結果，その140万円は双方間の愛人契約により交付されたものと判明した。そこでXは，「Yにおいて契約どおりの履行を怠ったため，双方間において，XのYに対する140万円の不当利得返還請求権を消費貸借の目的とする準消費貸借契約（返済期限及び利息の定めなし）が成立したものである」と予備的に140万円の返還請求を追加主張し，その際の借用書を提出した。
　裁判所は，上記愛人契約について，当事者の主張がなくても，職権で公序良俗違反の判断をすることができるかについて説明しなさい。なお，Yは本人訴訟であって訴訟代理人弁護士が付いていない。

[1] 問題の所在

　Yに訴訟代理人弁護士が付いている場合であれば，Xから予備的に準消費貸借契約に基づく140万円の返還請求が追加されるとともに，その借用書が書証として提出された時点で，Yの訴訟代理人弁護士は，「仮に，借用書によって準消費貸借契約の締結の事実が認められたとしても，その原因関係が愛人契約という公序良俗に反する無効なものである以上，X主張の準消費貸借契約が有効に成立したということはあり得ない」と主張するであろう。
　この点，本人訴訟のYにとって公序良俗違反について，上記のように主張をすることは容易ではないとしても，Yからの主張がないとして公序良俗違反の事実を斟酌することができないのであれば，法適用に係る裁判官の職責と相容れないこととなり，ひいては妥当な結論を導くことができないおそれがある。しかも，公序良俗違反の場合には，当事者間の利益考量を行う余地はなく，両

当事者の意思に関わりなく裁判所として法的効力を否定し、国家として法的保護を一切与えないという性格のものであり、その評価は高度の公益性を含むものである。とすると、Yからの主張がない場合であっても、裁判所は、職権で公序良俗違反の認定をすることができないか、弁論主義との関係で問題となる。

[2] 弁論主義

民事訴訟では、裁判の基礎となる事実と証拠の収集、提出を当事者の責任とする建前である弁論主義がとられている。

弁論主義の具体的内容としては、次の3つのテーゼを挙げることができる。すなわち、①第1テーゼは、争われている法律効果の判断に直接必要な主要事実は、当事者のいずれかが主張して口頭弁論に現れない限り、裁判の基礎とすることができないというものである。

例えば、原告の被告に対する売買契約に基づく代金の支払請求訴訟で、被告がその売買契約は錯誤によって無効であると主張しているという事案を設定したうえで説明すると、証拠調べの結果、錯誤ではなく詐欺の事実が判明したとしても、被告から、詐欺による売買契約の取消しの主張がないのに、詐欺による売買契約の取消しを認定したうえで原告の請求を棄却することができるかという問題である。②第2テーゼは、当事者間に争いのない事実（自白事実）をそのまま判決の基礎としなければならないというものである。③第3テーゼは、証拠の提出は当事者側の権能と責任であり、裁判所は、当事者の提出した証拠に基づいて証拠調べをしなければならないというものである。

なお、主要事実とは、法規が法律効果を結びつける法律要件に直接該当する事実をいう。

本設問において、裁判所が愛人契約について公序良俗違反との心証を得ているのに対してYがその主張をしていない場合には、弁論主義の第1テーゼからすると、公序良俗違反の事実を判決の基礎とすることは許されないことになる。

しかし、X・Y本人尋問の結果、Yが受領した140万円は、XがYに対し、愛人契約の対価として交付したものであることが明らかになっているのに、これについてYの主張がないからといって、一切斟酌することができないということになれば、当事者間の公平を害することはもちろん、ひいては妥当な結論

を導くことができないおそれも生ずる。

そこで，公序良俗違反のような不特定概念が用いられている一般条項についても，弁論主義の第1テーゼが適用されるのかが問題となる。

ここに，不特定概念とは，「過失」，「正当の事由」というように抽象的概念を用いて表現された実体法上の規定であって，裁判官による価値充填を必要とする概念をいう。

一般条項とは，広義では，不特定概念を用いて裁判官の拘束を緩和した法規を意味し，民法110条の「正当の理由」，民法709条の「過失」，借地借家法6条の「正当の事由」などが含まれ，狭義の一般条項とは，民法1条2項の「信義誠実」，同条3項の「権利の濫用」，民法90条の「公序良俗違反」のように，多くの条項の中にあって王者のごとく君臨する条項のみをいう。

[3] 不特定概念の主要事実は何か

不特定概念が用いられている構成要件の場合，その主要事実は，不特定概念それ自体なのか，あるいは，不特定概念を理由づける事実なのかが問題となる。そこで，この問題に関する学説・判例を概観すると，以下のとおりとなる。

(1) 学　　説

(a) a 説（通説）　この説は，不特定概念を基礎づける具体的事実が主要事実であり，不特定概念自体はその具体的事実に対する法的評価であって，主要事実ではないとする見解である。

この見解によると，「過失」や「権利の濫用」などの不特定概念の主張がなくても，裁判所は，これを認めることができる反面，不特定概念を基礎づける具体的事実については，当事者の主張がなければ，その事実を判決の基礎とすることができないことになる。

(b) b 説　この説は，「過失」などの不特定概念自体が主要事実であって，その価値判断の対象となる具体的事実は間接事実であるとする見解（旧通説）を是認しつつ，訴訟の勝敗に直接影響するような重要な主要事実・間接事実については当事者の主張を必要とし，重要でない主要事実・間接事実については当事者の主張を要しないとする見解である。

この見解によると，「過失」を基礎づける具体的事実の主張は，重要な事実

として，当事者の事実主張が必要となる。
 (2) 判　例
　判例は，以下のとおり，基本的立場を異にするものが混在しているといえる。
　(a)　大審院昭和19年10月5日判決（民集23巻579頁）　　金員関係が破綻に瀕している夫婦間における契約取消権が認められるか否かが問題となった事案について，「右取消力正当ナル権利行使ナリヤ又ハ其ノ濫用ナリヤハ，原審ニ於テ当事者ノ主張ヲ俟タスシテ自由ニ判断シ得ルハ当然ナルヲ以テ此ノ点ニ於テ当事者ノ主張セス又ハ申立テサル事項ニ付判断シタルモノト謂フヲ得ス」と判示して権利の濫用の主張は不要としている。
　(b)　最高裁判所昭和33年3月6日判決（民集12巻3号414頁）　　「原審が適法に確定した事実につき，当事者の主張を待たず民法第754条を適用すべからざる旨判示したことも正当というべきである。なお原審は本件贈与の取消は権利の濫用であって許されない旨判示しているが，右は単に本件につき民法第754条を適用すべからざるゆえんを補足的に説明したものにすぎない」として，夫婦間契約取消権の行使の許容性の問題について，権利濫用の法理を持ち出すことを避けた。
　(c)　最高裁判所昭和36年4月27日判決（民集15巻4号901頁）　　甲が乙から山林を買い受けその引渡しを受けて20数年を経た後に，この事実を熟知していた丙が，甲の所有権移転登記が未了なのに乗じ，甲に対する別の紛争について復讐しようとし，乙の相続人丁にその意図を打ち明けてその山林の売却方を懇請し，低廉な価格でこれを同人から買い受けてその登記をしたという事案について，「裁判所は当事者が特に民法90条による無効の主張をしなくとも同条違反に該当する事実の陳述さえあれば，その有効無効の判断をなしうるものと解するのを相当とする。そして，原告甲（被控訴人，被上告人）は，一審以来丁と被告丙は共謀の上本件不動産を横領して刑事訴追をうけその他原判示のごとき仮処分に関する不法行為をした旨の主張をしていることが明らかであるから，原審が判示事実認定の下にこれを公の秩序，善良の風俗に反し無効であると判断したからといって，所論の違法（筆者注：当事者の主張しない事実を認定し，これに基づいて請求の当否を判断した違法）あるということはできない」と判示した。
　(d)　最高裁判所昭和56年2月16日判決（民集35巻1号56頁）　　国の安全配慮

義務違反を理由とする損害賠償請求の事案について，国の国家公務員に対する安全配慮義務違反を理由として国に対し損害賠償を請求する訴訟においては，原告が，右義務の内容を特定し，かつ，義務違反に該当する事実を主張・立証する責任を負うと判示した。

(e) 最高裁判所昭和43年11月19日判決（民集22巻12号2692頁）　弁論主義と法律効果の判断との関係について，「弁論主義のもとにおいては，権利の発生，その障害，消滅の法律効果の判断に直接必要な主要事実は，当事者の弁論にあらわれないかぎり裁判所が判決の基礎とすることは許されないけれども，当事者の弁論にあらわれた場合には，その事実について主張責任を負う当事者から陳述されたものであるかどうかは問うところでなく，また，主張された事実についての法律効果の判断は裁判所の職権事項に属するから，主張された主要事実を確定した以上，裁判所は，当事者の法律効果に関する主張がなくてもその法律効果を判断して請求の当否を決することができる」と判示した。

(3) 検　　討

当事者から，「過失」や「権利の濫用」を基礎づける具体的事実が主張されなければ，相手方にとって不意打ちとなり，その防御活動を害することになる。とすると，上記[3](1)のa説，同(2)の(c)ないし(e)の判例に従い，不特定概念については，「過失」や「権利の濫用」という不特定概念自体が主要事実となるのではなく，これを基礎づける具体的事実が主要事実と解するのが相当であり，実務もこれに沿う扱いをしているのが一般である。そこで，この見解を前提として，以下論述する。

[4]　一般条項と弁論主義の第1テーゼ

上記[3](1)・(2)の学説と判例のうち，不特定概念を基礎づける具体的事実が主要事実であるとの見解に立ち，主要事実については，当事者からの主張がなければこれを判決の基礎とすることができないという上記[2]の弁論主義の第1テーゼをそのまま適用すると，当事者からその具体的事実について主張がない場合には，証拠調べの結果，その事実が判明しても，裁判所はこれを訴訟資料として利用できないことになる。

そこで，弁論主義の第1テーゼの適用を緩和することはできないかについて，

主に当事者の利益保護を目的とする法理の場合と，公益性を有する法理の場合とに分けて，以下検討する。

(1) **主に当事者の利益保護を目的とする法理の場合**

一般条項のうち，信義誠実の原則（民1条2項）や権利の濫用の禁止（民1条3項）は，主に当事者の利益保護を目的とする法理であるがゆえに，その評価の前提となる具体的事実については弁論主義の第1テーゼが適用されるといえる。

(2) **公益性を有する法理の場合**

公序良俗違反の法律行為の無効（民90条）も一般条項ではあるが，当事者の意思に関わりなく，国家として法的保護を一切与えないという強力な性格を有するものである。すなわち，信義誠実の原則（民1条2項）や権利の濫用の禁止（民1条3項）の場合には，個別事案ごとに当事者間の利益考量という思考を経たうえでその判断がされるが，公序良俗違反の法律行為の無効の場合には，当事者間の利益考量という思考を経る余地はなく，裁判所としてその法的効力を否定し，法定保護を一切与えないという公益性の極めて強い性格を有するものである。

このように，公序良俗違反の法律行為の無効は，法秩序の維持及び当事者の権利保護の観点からしても，裁判所としては法的効力を是認することができない究極の拠り所として機能しており，それは民事紛争処理における最高度の法理念である。とすると，裁判所は，当事者が公序良俗違反の法律行為の無効の事実について主張しなくとも，証拠調べの結果，その事実が明らかになった場合には，これを判決の基礎とすることができると解すべきである。

[5] **本設問へのあてはめ**

Xは，証拠調べの後，Yが愛人契約の対価として受領した140万円を不当利得しているとして，この不当利得返還請求権を消費貸借の目的とし，かつ，返済期限の定めなく無利息で貸し渡す旨の準消費貸借契約を締結したとして，Yに対し，予備的に，準消費貸借契約に基づく140万円の返還を請求している。

しかし，そもそも，愛人契約とは，男女間の関係を維持強化するための対価の交付を内容するものであって，法秩序の維持の観点からも是認できないから，

公序良俗に反し無効となる。そして，公序良俗違反は，上記［4］(2)のとおり，極めて公益性の高い法理である。とすると，Yが公序良俗違反を基礎づける事実について主張しなくとも，証拠調べの結果，その事実が判明したのであるから，裁判所は，職権で，公序良俗違反の判断をすることができることになる。

　なお，裁判所の職権発動が許されるとしても，それは当事者の主張しない事実を斟酌しても違法でないことを意味するにとどまるため，相手に対する不意打ち防止の観点から，Yに釈明して，その主張立証を尽くさせるのが妥当な措置であることはいうまでもない。

　しかし，本人訴訟のYがその釈明に対して十分な訴訟活動をすることは期待できないから，裁判所は，職権で公序良俗違反と判断することになろう。

〔西村　博一〕

Q2 期限の利益喪失を主張することの信義則違反

　Xは、Y社（貸金業者）に対して、（注1）の約定による金銭消費貸借契約に基づく返済について、平成18年法律第115号による改正前の利息制限法1条1項所定利率の制限額を超えて支払ったから、当該過払部分を元本に充当し、なお生じている過払金についての不当利得返還請求を求めて提訴した。

　Y社は、この訴訟において「Xが第5回目の返済期日の支払を遅滞したので期限の利益を喪失し、その後はすべて遅延損害金となっているから、過払金の元本充当もこれによって計算すべきである」と主張した。

　本訴訟において（注2）の事実が認められ、Xは「Xが第5回目の返済期日に遅滞したが、Y社は、その後6年間にわたり残元本全額の返済及び遅延損害金の一括返済も求めず、Xからの返済金を受領し続けてきた」と述べ、Y社の本訴訟における期限の利益喪失の主張は信義則に反すると主張した。Xの主張は認められるか説明しなさい。

　　（注1）　消費貸借契約の内容
　　　　　平成11年○月○日、Xは、Y社（貸金業者）から400万円の融資（利息年29.8％、遅延損害金年36.5％、返済は平成11年○月から同○○年○月まで毎月15日限り6万6000円ずつを支払期日の前日までの利息を併せて支払う。ただし、期限の利益喪失後は毎月15日までに支払われた遅延損害金については一部を免除して、その利率を年29.8％とするが、この扱いは期限を猶予するものではないとの特約あり）を受けた。
　　（注2）　審理の結果認められた事実関係
　　　　　Xは、第4回目の返済期日までは約定どおり毎月15日限り6万6000円と約定返済期限の前日までの経過利息金を支払った。ところが、次の事情が認められる。①第5回目の返済期日に支払をしなかったがその前に、Y社の担当社員Zから「15万円くらい払っておけばよい」と言われ、その約定返済期日の翌16日に15万円を払った。②その際Y社からは、15万

円を利息及び元本の一部に充当したのみの記載がある領収書兼利用明細書が送付された（1日遅れたことによる遅延損害金への充当に関する記載はない）。③その後Xは，9回目の返済が困難になり，Zに対して1日遅れる旨の相談をしたところ「返済額として毎月の約定返済額に1日分の金利（年29.88％の利率）を加算して支払うよう言われ，結局，約定返済期日の翌日の返済総額は賦払金と29.8％の割合で計算した元利の合計額を支払うとよい」旨を告げられた。④そこで，Xは，Y社に対して，約定返済期限の翌日にZから告げられた金額より多めの15万8000円を支払った。⑤もともとY社は，Xが6回目の約定返済期日以降の返済をしばしば遅滞したときでも，その返済金について，残元本全額に対する前回の返済日から約定返済期日までの29.8％の利率による遅延損害金及び残元本全額に対する約定返済期日の翌日から当該返済日の前日まで36.5％の割合で計算した遅延損害金に充当し，残余があるときは残元本の一部に充当することとし，残元本全額の一括請求をする扱いにしなかった。⑥そのためXは，賦払金と経過利息の支払と誤信して返済を続け，途中で約定の返済期日より遅れた場合でも，その遅れた日数分のみ年36.5％の割合による遅延損害金を付加して支払っていたという経緯がある。

[1] 問題の所在

　貸金業者（貸主）と債務者（借主）との間で行われる継続的な金銭消費貸借取引においては，借主が1回でも分割金（元金又は利息制限法1条1項所定の利息の制限額）の支払を怠れば期限の利益を当然に失い，借主は残債務及び残元本に対する遅延損害金を即時に一括弁済すべき旨の特約（期限の利益喪失特約）が付されているのが通常である。これを形式的に適用すれば，借主が1回でも分割金の支払を怠れば，期限の利益を喪失することにならざるを得ず〔最〔3小〕判平18・1・13（民集60巻1号1頁・判タ1205号99頁・判時1926号17頁・金判1243号20頁〕），弁済金について，利息制限法所定の制限内の遅延損害金にまず充当され，次いでその残額が元本に充当されるという計算方法がとられるとすれば，借入金が

完済されていないという結果になったり，過払金の額が低額になるという結果を招くことになる。そのため，近時，貸金業者の借主に対する貸金返還請求訴訟，あるいは借主の貸金業者に対する過払金返還請求訴訟において，借主から，「貸金業者が，期限の利益喪失後においても残元本全額及びこれに対する遅延損害金の一括弁済を請求することなく弁済金を受領し続けてきたにもかかわらず，借主が期限の利益を喪失していたと主張することは許されない。」との主張がされることが多くみられ，そこでは，当初の支払遅滞の際に貸金業者が積極的に主張しなかった期限の利益の喪失を，その後に改めて主張することが認められるかが争われることとなる。

［2］ 貸金業者による期限の利益の喪失の主張の制限

貸金業者による期限の利益の喪失の主張を制限しようとする理由付けとしては，貸金業者が期限の利益喪失を猶予ないし宥恕した，あるいは期限の利益を再度付与したなど，当事者の意思解釈によるものと，期限の利益の喪失を前提としつつ，貸金業者がかかる主張をすることが信義則に反するか否かを判断するものとに大別することができる（二村浩一「貸金業者が約款に基づいて期限の利益喪失を主張することが信義則に反するか─2件の最二小判平21・9・11を契機として─」金法1894号8頁，小野秀誠「期限の利益喪失条項─宥恕と信義則─（最判平21・4・14，最判平21・9・11，最判平21・9・11）」現代消費者法6号100頁）。

(1) **当事者の意思解釈によるもの**（期限の利益喪失の宥恕，期限の利益の再度付与）

(a) 当事者の意思解釈によって貸金業者による期限の利益の喪失の主張を制限するものとしては，例えば，東京高判平13・1・25（判タ1085号228頁）は，借主が利息の支払を遅滞したが貸金業者が遅延損害金を請求しなかったことや，その後も借主が利息の支払を遅滞することなどがあったが，貸金業者は，遅延損害金を請求するなどしなかったことが認められるとした上で，貸金業者としても借主が利息の支払を怠っても直ちに期限の利益を喪失したとして残元金の返済を求めたり，遅延損害金の請求をしたりする意思を有していなかったものと認められるのであるから，貸金業者は，借主につき，期限の利益を喪失にあたる事由があっても，これを宥恕していたと認めるのが相当であると判示す

る。また，東京高判平19・3・8（消費者法ニュース73号51頁）は，貸金業者は借主が期限の利益を喪失した後において残元利金の一括弁済を請求していないと認めた上で，貸金業者は借主に対して期限を徒過したことによる期限の利益の喪失を宥恕し，再度期限の利益を与えたものと解するのが相当であると判示する。しかし当事者の意思解釈による構成は，学説上，宥恕という感情表現を用いることの曖昧性や，再度付与といった意思表示の擬制（貸金業者の反対の明示の意思表示があった場合に対処できない）という点から，消極的に評価する見解が見られたとの指摘がされていた（鎌野邦樹「最〔3小〕判平21・4・14」金法905号67頁。また，後掲最〔3小〕判平21・4・14登載誌のコメント参照）。

(b) そのような中，前掲東京高判平19・3・8の上告審である最〔3小〕判平21・4・14（裁判集民事230号353頁・判タ1300号99頁・判時2047号118頁・金判1325号42頁・金法1875号61頁）は，貸金業者が多数提出した借主が期限の利益を喪失した後に受領した金員の充当内容が記載された領収書兼利用明細書と題する書面には，受領した金員を借主が期限の利益を喪失した日の翌日以降に発生した損害金又は残元本に充当した旨の記載があるところ，この記載は，残元本全額に対する遅延損害金が発生していることを前提としたものであることが明らかであるとして，貸金業者が，期限の利益を喪失後，借主に対し，期限の利益を喪失したことを前提とする記載がされた書面を交付していたとすれば，貸金業者が，別途同書面の記載内容とは異なる内容の請求をしていたなどの特段の事情のない限り，貸金業者が書面の記載内容と矛盾する宥恕や期限の利益の再度付与の意思表示をしたとは認められないというべきであり，貸金業者が残元利金の一括弁済を請求していないなどの事情は，特段の事情にあたるものではないと判示した。

(2) 信義則の適用によるもの

(a) 貸金業者による期限の利益の喪失の主張を信義則の適用によって制限しようとする構成は，借主が期限の利益を喪失したにもかかわらず，貸金業者が残元本全額及びこれに対する遅延損害金の一括弁済を請求せず，その権利が行使されない状態が継続すると，借主において貸金業者の一括弁済請求の不行使に対する信頼が発生することから，貸金業者がその後改めて期限の利益の喪失を主張することが信義則（民1条2項）に反するとするものである。

(b) 最高裁判所は，借主が期限の利益を喪失した後に，貸金業者が借主に対し元利金の一括弁済を請求することなく，借主からの一部弁済を受領し続け，これを受領する都度，弁済金を遅延損害金と元金の一部に充当した旨記載した領収書兼利用明細書を交付していた場合について，貸金業者において，借主が期限の利益を喪失したと主張することが信義則に違反するといえる場合とそうでない場合があることを明らかにした（ⓐ事件＝最〔２小〕判平21・9・11（裁判集民事231号495頁・判タ1308号99頁・判時2059号35頁・金判1331号34頁），ⓑ事件＝最〔２小〕判平21・9・11（裁判集民事231号531頁・判タ1308号99頁・判時2059号35頁・金判1331号34頁））。

すなわち，上記ⓐ事件においては，①借主が期限の利益を喪失した場合，貸金業者において，借主に対して元利金の一括弁済を求めるか，それとも元利金及び遅延損害金の一部弁済を受領し続けるかは，基本的に貸金業者が自由に決められることであるから，借主が期限の利益を喪失した後も貸金業者が元利金の一括弁済を求めず，借主からの一部弁済を受領し続けたからといって，それだけで貸金業者が借主に対して期限の利益喪失の効果を主張しないものと思わせるような行為をしたということはできない。また，②貸付けにおける約定の利息の利率と約定の遅延損害金の利率が同一ないし近似していることは，貸金業者の対応次第では，借主に対し，期限の利益喪失後の弁済金が，遅延損害金ではなく利息に充当されたのではないかとの誤解を生じさせる可能性があるものであることは否定できないが，貸金業者において，借主が貸付けについて期限の利益を喪失した後は，領収書兼利用明細書に弁済金を遅延損害金のみ又は遅延損害金と元本に充当する旨記載して借主に交付するのは当然のことであるから，そういった記載をしたこと自体については，貸金業者に責められる理由はない。むしろ，これによって，貸金業者は，借主に対して期限の利益喪失の効果を主張するものであることを明らかにしてきたといえ，①，②の事情だけから，貸金業者が領収書兼利用明細書に上記の記載をしたことに利息制限法を潜脱する目的があると即断することはできない。また，③貸金業者が，借主が期限の利益を喪失した後に貸付けを行ったことは，貸金業者が自由に決められることである点では①の事情と似た事情であり，それだけで，貸金業者が期限の利益喪失の効果を主張しないものと思わせるような行為をしたということは

できない。他方，借主は，期限の利益を喪失した後，当初の約定で定められた支払期日までに弁済したことはほとんどなく，1ヵ月以上遅滞したこともあったというのであるから，客観的な弁済の態様は，借主が期限の利益を喪失していないものと誤信して本件各弁済をしたことをうかがわせるものとはいえないとして，貸金業者が期限の利益の喪失を主張することが信義則に反するということはできないと判示した。

　これに対し，上記ⓑ事件においては，①遅延損害金の利率を年36.5％とした上で，期限の利益喪失後，毎月15日までに支払われた遅延損害金については，その利率を利息の利率と同じ年29.8％とするという約定があり，このような約定の下では，借主が期限の利益を喪失しても，支払期日までに支払をする限りにおいては期限の利益喪失前と支払金額に差異がなく，支払期日を経過して年36.5％の割合による遅延損害金を付加して支払うことがあっても，その後の支払において支払期日までに支払えば期限の利益喪失前と同じ支払金額に戻るのであるから，借主としては，貸金業者の対応によっては，期限の利益を喪失したことを認識しないまま支払を継続する可能性が多分にある。②貸金業者は，借主が期限の利益を喪失した後も，約6年間にわたり，残元本全額及びこれに対する遅延損害金の一括弁済を求めることなく，借主から弁済金を受領し続けてきたというだけではなく，(i)借主は，第5回目の支払期日の前に貸金業者の担当者から15万円くらい払っておけばよいと言われていたため，第5回目の支払期日の翌日に15万円を支払ったものであり，(ii)借主が15万円を支払ったのに対し，貸金業者から送付された領収書兼利用明細書には，15万円を利息及び元本の一部に充当したことのみが記載されていて，借主が支払期日における支払を遅滞したことによって発生したはずの1日分の遅延損害金に充当した旨の記載はなく，(iii)借主が，第9回目の支払期日に，貸金業者の担当者に対して支払が翌日になる旨告げた際，担当者からは，1日分の金利を余計に支払うことを求められ，翌日支払う場合の支払金額として賦払金と年29.8％の割合で計算した金利との合計額を告げられた。③上記②のような貸金業者の対応は，第5回目の支払期日の前の貸金業者の担当者の言動，第5回目の支払期日の翌日の支払に係る領収書兼利用明細書の記載，第9回目の支払期日における貸金業者の担当者の対応をも考慮すれば，第6回目の支払期日以降の弁

済について借主が貸金業者から領収書兼利用明細書の送付を受けていたとしても，借主に期限の利益を喪失していないとの誤信を生じさせかねないものであって，借主において，約定の支払期日より支払が遅れることがあっても期限の利益を喪失することはないと誤信したことには無理からぬものがあるというべきである。したがって，貸金業者が，借主が期限の利益を喪失していないと誤信していることを知りながら，誤信を解くことなく，期限の利益を喪失した以降約6年にわたり，借主が利息と誤信して支払った利息制限法所定の利息の制限利率を超える年29.8％の割合による金員等を受領し続けたにもかかわらず，借主から過払金の返還を求められるや，借主はすでに期限の利益を喪失しているとする主張は，誤信を招くような貸金業者の対応のために，期限の利益を喪失していないものと信じて支払を継続してきた借主の信頼を裏切るものであり，信義則に反し許されないと判示した。

(c) 借主が期限の利益を喪失した場合，貸金業者が借主に対して元利金の一括弁済を請求するか，それとも元利金及び遅延損害金の一部弁済を受領し続けるかは，貸金業者の自由であり，元利金の一括弁済を求めずに分割弁済を受領し続けた等の事情だけでは，後日における貸金業者による期限の利益喪失の主張が信義則違反となることはないこと，期限の利益を喪失した後に，貸金業者がその効果を主張する意思を受領証書等における損害金等の記載によって明らかにし，また，他方，借主に期限の利益喪失後は約定期日までに弁済したことがほとんどなく客観的な弁済態様として期限の利益を喪失していないと誤信していたことをうかがわせる事情がない場合には，貸金業者が期限の利益喪失を主張することは，信義則違反にはならないという点はⓐ事件とⓑ事件において共通している。信義則の適用について判断を分けたのは，期限の利益を喪失していないとの借主の誤信に相当の事情が存在していないかどうか，借主の誤信に対して貸金業者の対応が関係していないかどうかという事情であるということができる。すなわち，ⓑ事件においては，貸金業者が期限の利益の喪失を主張しないかのような信頼を借主に惹起するような事情がみられること，これを借主からみれば，期限の利益を喪失していないと誤信したとしても無理からぬ事情が存在することに加え，貸金業者としては，借主が期限の利益を喪失していないと誤信しても無理からぬ言動（先行行為ないし誤信惹起行為）をしながら，

期限の利益を喪失していないものと誤信して支払を継続してきた借主が，過払金の返還請求をすると，突如として借主の期限の利益の喪失を主張するという先行行為と矛盾した対応が，貸金業者が惹起したはずの借主の信頼を裏切るものとして信義則違反にあたると評価されたということができる（石松勉「貸金業者による期限の利益喪失特約の主張と信義則」福岡大学法学論叢55巻1号121頁以下）。

　(d)　さらに，最〔3小〕判平21・11・17（判タ1313号108頁・金判1333号45頁・金法1888号55頁）は，貸金業者が多数提出した借主が期限の利益を喪失した後に受領した金員の充当内容が記載された領収書兼利用明細書と題する書面には，受領した金員を借主が期限の利益を喪失した日の翌日以降に発生した損害金又は残元本に充当した旨の記載があるところ，この記載は，残元本全額に対する遅延損害金が発生していることを前提としたものであることが明らかである。貸金業者が，期限の利益を喪失後，借主に対し，期限の利益を喪失したことを前提とする記載がされた書面を交付していたとすれば，貸金業者が，別途同書面の記載内容とは異なる内容の請求をしていたなどの特段の事情のない限り，貸金業者が書面の記載内容と矛盾する宥恕や期限の利益の再度付与の意思表示をしたとは認められないというべきである。貸金業者が残元利金の一括弁済を請求していないなどの事情は，特段の事情にあたるものではない。貸金業者が，期限の利益の喪失後は，借主に対し，上記のような書面を交付していたのであれば，貸金業者が借主に対し元利金の一括弁済を求めず，借主から一部弁済を受領し続けたというのみで，貸金業者が，借主から過払金の返還を求められ，一転して期限の利益の喪失を主張するようになったということはできず，貸金業者において，借主が期限の利益を喪失していたと主張することが，直ちに信義則に反するということもできないと判示した。前段は，前掲最〔3小〕判平21・4・14と同旨の判断をしたものであり，後段の考え方は，前掲ⓐ事件と共通するものがある。

［3］　設問について

　Xが主張する「Y社は，Xが期限の利益を喪失した後も6年間にわたり残元本全額の返済及び遅延損害金の一括返済も求めず，Xからの返済金を受領し続けてきた」との事情だけからは，Y社の本訴訟における期限の利益喪失の主張

が信義則に反するということはできない。

　しかし，設問においては，XとY社との間の金銭消費貸借契約には，（注1）に記載の約定が存在するというのであるから，Xが期限の利益を喪失しても，支払期日までに支払をする限りにおいては，支払金額は期限の利益喪失前と同じである上に，支払期日を経過して遅延損害金を付加して支払うことがあったとしても，その後の支払において支払期日までに支払えば期限の利益喪失前と同じ支払金額に戻るのであるから，Xとしては，期限の利益を喪失したことを認識しないまま支払を継続する可能性が多分にある。さらに，（注2）に記載の事実，すなわち，Xが第5回目の返済期日の支払を遅滞して期限の利益を喪失した際の状況及びその前のY社の担当社員Zの言動，期限の利益喪失日の翌日の支払に対する領収書兼利用明細書の記載，第9回目の返済期日におけるZの対応，Y社における6回目以降の返済金の受領状況をも総合考慮すれば，Y社の対応は，まさに，Xが期限の利益を喪失していないとの誤信を生じさせたものであって，Xがそのような誤信をしたとしても無理からぬ事情が存在するということができる。Y社が，Xの誤信を知りながら，誤信を解くことなく，期限の利益を喪失した後6年間にわたり残元本全額の返済及び遅延損害金の一括弁済も求めず，Xからの弁済金を受領し続けておきながら，Xから過払金返還請求訴訟を提起されるや，一転して，「第5回目の返済期日の支払を遅滞したので期限の利益を喪失している」と主張することは，Xの誤信を生じさせた先行行為ないし結果惹起行為と矛盾した対応であって，期限の利益を喪失していないものと信じて返済を続けてきたXの信頼を裏切るものであるといえ，Y社の本訴訟における期限の利益喪失の主張は信義則に反するとのXの主張は認められるといえる。

〔増田　輝夫〕

Q3 土地利用をめぐる近隣紛争訴訟

　XとYは，隣接する土地をそれぞれ所有し，その上に各自の建物を建てそれぞれ居住している。Yは，自己所有地のうちX所有地との境界に沿って5本ほどの樹木を植えていた。ところが，夏には，この樹木に集まってくる蜂などがX宅の中に入ってき，秋には，この樹木の落ち葉がX所有地に大量に積もり，Xは大変困っていた。そこで，Xは，Yに対し，蜂などの防除，樹木の枝の剪定，落ち葉がX所有地に舞い込むことを防ぐネットの設置，今後，年1回，舞い込む落ち葉を除去することを求める訴えを提起した。Xの請求は認められるか。

[1] はじめに

　簡易裁判所では，近隣紛争に関する事件の申立ても，相応の件数がある。その中でも，隣接地所有者間での土地利用をめぐる紛争は，多様な事案が提起されている。そこで，その一形態として，樹木に関する紛争を，法律に詳しくない一般市民の方々が求めそうな請求内容で取り上げ，そこに含まれる法律上の論点を検討したい。

[2] 生活妨害型紛争

　近隣紛争には，近隣者が建てた建物や設置した工作物などによって日照・風通が妨げられたとか，近隣者が発する騒音・振動・悪臭・煤煙などによって平穏な生活が害されたという紛争も含まれ，これらは「生活妨害型紛争」と呼ばれる。中でも，近隣者間における土地利用をめぐる衝突と結びついた生活妨害型紛争は，特に「相隣関係的な生活妨害型紛争」と呼ばれたりもする。本設例の紛争は，この類型の1つである。

　この生活妨害型紛争の特徴は，他人に損害を与えている近隣者の行為そのも

のは，同人にとって生活活動の一環としてなされているのであって，本来は，適法な権利行使として行われている点にある。つまり，生活活動のための適法な権利行使同士の衝突なのである。そこをどう調整するかが，生活妨害型紛争の最大の争点である。

［3］ 請求の法的構成

本設例の請求は，あえて一般市民の方々が求めそうな素人的な内容にしてみたが，その法的構成を検討してみると，①蜂などの防除及び樹木の枝の剪定の請求については，所有権に基づく物権的妨害排除請求権に，②落ち葉がX所有地に舞い込むことを防ぐネットの設置及び今後，年1回，舞い込む落ち葉を除去する請求は，所有権に基づく物権的妨害予防請求権に，それぞれ基づいて成り立っているといえよう。

なお，民法233条1項は，「隣地の竹木の枝が境界線を越えるときは，その竹木の所有者に，その枝を切断させることができる。」と定めている。したがって，本設例でも，樹木の枝の剪定の請求が，境界線を越えることを理由とするものであれば，民法233条1項に基づく請求という法的構成もあり得るところである。

［4］ 物権的妨害排除請求権と物権的妨害予防請求権の概説

まず，物権的妨害排除請求権と物権的妨害予防請求権について概説しておきたい。

(1) 物権的妨害排除請求権

物権的妨害排除請求権は，物権の直接支配を部分的に妨げられている場合，すなわち，占有侵奪以外の方法で物権が妨害されている場合に，その妨害の排除を請求できる権利である。

相手方は，現に妨害を生じさせている事実をその支配内におさめている者である。

要件は，物権の行使（直接支配）が占有侵奪以外の方法によって権原なく妨害されていることである。土地上に他人が無権原で自転車を置いているとか，無効な抵当権登記を抹消していないという例がよく挙げられている。そして，

不法行為と異なり，妨害を生じさせている者（相手方）の故意・過失を要しない。ただ，物権的妨害排除請求権は現存する妨害状態の除去に向けられるものであるから，妨害は，物権のあるべき支配状態に抵触する「継続的な」妨害状態でなければならない。

(2) 物権的妨害予防請求権

物権的妨害予防請求権は，物権の直接支配を妨害されるおそれがある場合に，その妨害のおそれの原因を排除して侵害の発生を未然に防ぐことを請求できる権利である。

相手方は，将来，物権を妨害するおそれのある者である。

要件は，物権の直接支配を妨害されるおそれがあることである。妨害が一度でも現実に生ずることを要しない。また，物権的妨害予防請求権も，物権を妨害するおそれのある者（相手方）の故意・過失を要しない。妨害の蓋然性が請求の相手方によって生じたことは必要とされないのである（大判昭12・11・19民集16巻1881頁。土地の前主が行った工事が原因で危険が生じた事案）。

(3) 請求内容——物権的請求権と費用負担者

物権的請求権に基づいて相手方に対しどのような内容の請求をすることができるのかについては，周知のとおり，物権的請求権と費用負担者の論点として，行為請求権説と忍容請求権説の争いがある。

学説の詳細は省略するが，判例は，原則として，行為請求権の立場をとっている。したがって，物権的妨害排除請求権であれば，妨害の積極的な除去行為を請求できるし，物権的妨害予防請求権であれば，妨害のおそれの原因を排除し，妨害を未然に防ぐ措置を講ずることを請求できる。そして，相手方（妨害物件の現在の所有者）自身が妨害行為や妨害のおそれの原因を惹起した場合に限らず，第三者の行為による場合であっても，相手方がそれを除去し得る地位にある場合には，相手方に対して，その費用負担による妨害排除行為や妨害予防措置の請求を認めている（大判昭5・10・31民集9巻1009頁）。ただし，判例は，物権的妨害予防請求権について，妨害のおそれが自然力や不可抗力によって生じた場合には，相手方の費用負担による妨害予防措置の請求を否定している（「自然ニ存在スルモノ」について大判昭7・11・9民集11巻2277頁，「不可抗力ニ基因スル場合」について大判昭12・11・19民集16巻1881頁）。ただし，妨害の危険が隣接土地

所有者の人為的作為に基づくものでないときには、衡平の観点から物権的妨害予防請求はなし得ず、むしろ土地相隣関係の規定（民223条など）を類推し、相隣地所有者が共同の費用をもって予防措置を講ずべきであるとした裁判例もある（東京高判昭51・4・28判タ340号172号、東京高判昭58・3・17判タ497号117頁）。

さらに、最近では、騒音・振動・日照妨害などの生活妨害について、妨害行為の差止請求が、所有権に基づく妨害排除請求権を根拠としてなされる場合もある。騒音・振動・日照妨害などの侵害を、被害者の支配する土地・建物の物権（所有権）に対する侵害とみて、差止請求の根拠を物権的請求権に求めるものである。裁判例としては、カラオケボックスの騒音に対して夜間の使用差止めを認めた札幌地判平3・5・10（判時1403号94頁）がある。もっとも、差止請求の法的構成としては、人格権や不法行為に基づくことのほうが多い。

[5] 自然力・不可抗力と認められる範囲

自然力や不可抗力と認められる範囲については、相隣関係上の相互顧慮義務という観点を主張する有力説がある。すでに第三者によって隣地に崩落のおそれのある状態に工事されている土地を取得した者は、相隣関係上の相互顧慮義務から、他人への現実の侵害の発生を予防すべきことは当然のことであり、隣接地所有者は、崩落のおそれのある土地取得者に対して、その費用で予防措置を請求することができるとするのである。そこでは、不可抗力と評価されるのは、自己も前主も第三者も関与していない、人の手の加わっていない自然状態で、自然力によって侵害が発生したり、侵害のおそれが発生した場合に限られるとの分析もある。この相隣関係上の相互顧慮義務という観点からすれば、隣接地所有者間紛争の場合には、物権的妨害予防請求権に基づく妨害予防措置請求が相手方の費用負担では認められないというケースは、ほとんどないように思われる。

本設例においても、樹木を植えて管理していたのはYであるから、蜂などの飛来や落ち葉の堆積を自然力ないし不可抗力であると認めるのは難しいと考える。

[6] 物権的請求権と受忍限度論

(1) **受忍限度論**

生活妨害型紛争の特徴として，本来は，他人に損害を与えている近隣者の行為そのものは適法な権利行使であって，生活活動のための適法な権利行使同士の衝突なのであることを説明したが，この近隣者相互間の利害の調整基準として受忍限度論を用いるのが判例・通説である。受忍限度論は，適法な権利行使が不法となるのは，生じた結果が社会生活上一般的に被害者において受忍すべき限度を超えたと認められることを要するという考え方であり，主に不法行為の分野，特に差止請求の場面で議論されている。

(2) **受忍限度論の法的位置づけ・内容**

受忍限度論も，細部では学説の争いがある。受忍限度論は，不法行為の成立要件のうち「違法性」の問題として位置づけるのが多数説であろう。しかし，不法行為の成立要件中「故意・過失」，「権利・法益侵害」，「違法性」の関係については，周知のとおり，学説上混迷状態にある。この学説の争いの中にあって，過失を主観的過失（心理的状態）と捉えることを前提に，受忍限度を「違法性」の領域で扱う従来の受忍限度論と，過失を客観的過失（結果回避義務違反）と捉えることを前提に，受忍限度を「過失の認定」で用いる新受忍限度論がある。また，受忍限度論を適用して違法性を導く過程で，権利濫用という中間概念を用いるか否かについても争いがある。

(3) **物権的請求権への受忍限度論の適用**

(a) **不法行為責任と物権的請求権の差異** 確かに，不法行為と物権的請求権は，別個独立の請求権である。物権的請求権は，物権の直接支配の実現，すなわち，物権者が現在以降その物権を妨害なく行使できるようにすることを目的とする。したがって，物権的請求権は，支配「状態」に着目して，現在以降に物権の直接支配に対する妨害が生じないように，その「状態」の改善に向けられる。他方，不法行為は，すでに生じた損害の回復を目的とする。したがって，不法行為は，被害「物」に着目して，その被害物の変化（＝損害）を元の状態に回復させること（民法は損害賠償で代替する）に向けられる。このことから，物権的請求権の責任原理は，「状態責任」であって，「行為責任」ではない，と

説明されたりもしている。

　要件をみても，不法行為は相手方の故意・過失を要するのに対して，物権的請求権はこれを要しない。また，妨害を発生させた者が対象物をもはや支配していない場合には，不法行為は肯定されるが，物権的請求権は否定されることがある。

　(b) 物権的請求権への受忍限度論の適用　しかし，不法行為と物権的請求権とは，ともに物権の保護に役立ち，しかも競合して発生することが多い。本設例でも，XがYに対して不法行為に基づく損害賠償請求を併合請求することもあり得る。また，生活妨害型紛争においては，物権的請求権の行使の場合であっても，適法な権利行使同士の衝突という基本構造に変わりはない。したがって，物権的請求権の行使にあたっても，受忍限度論は適用される。

　もっとも，物権的請求権の分野での受忍限度論については，それほど盛んには議論されていないように思われるし，裁判例も少ない。

　(4) 物権的請求における受忍限度の程度

　不法行為の分野では，損害賠償請求における受忍限度と差止請求における受忍限度とでは程度に差異があり，差止めを行うと相手方の利益を著しく制限することになるから，差止請求が認容されるためには，より高度の違法性の存在が必要とされる傾向にある（違法性段階説又はファクター相違説）。詳細については，**Q39**を参照いただきたい。

　同様に，物権的請求も，相手方に求める行為の種類によってはその及ぶ影響が大きくなるので，物権的請求における受忍限度は，より高度の違法性の存在が必要とされ，慎重に判断される。

[7]　受忍限度に関する要件事実

(1) 不法行為での議論

　(a) 学説の整理　受忍限度に関する要件事実については，不法行為の分野で積極的に議論されていて，おおよそ次のように整理できよう。

　第1は，発生した損害が，「受忍限度を超えたこと」を請求原因事実とする見解，又は「受忍限度内であること」が違法性阻却事由として抗弁に回るとする見解であり，いずれの見解も，受忍限度の諸要素が，それを推認する間接事

実になると位置づける。

第2は、受忍限度を規範的要件と捉え、「受忍限度を超えたこと」を基礎づける事実を請求原因事実とする見解（請求原因説）、又は「受忍限度内であること」を基礎づける事実が違法性阻却事由として抗弁に回るとする見解（抗弁説）である。

第3は、同じく受忍限度を規範的要件と捉え、受忍限度の諸要素を、評価根拠事実と評価障害事実とに分解する見解である。この見解によれば、評価根拠事実とされた事実群が請求原因事実となり、評価障害事実とされた事実群が抗弁になる（ただし、後記で紹介する2つ目の見解〔長秀之〕では、評価根拠事実とされた事実群が抗弁となり、評価障害事実とされた事実群が再抗弁になる場合がある）。

判例は、一般に、利益侵害が「受忍限度を超えること」ないしこれを基礎づける事実が請求原因事実になるとする立場であると評されている（最判昭47・6・27民集26巻5号1067頁など）。

(b) 受忍限度の判断要素　次に、受忍限度の判断要素としてどのようなものが挙げられるのかが問題となる。

判例（最判平6・3・24裁判集民事172号99頁、最判平7・7・7民集49巻7号2599頁〔国道43号線訴訟判決〕など）や学説によって指摘されている要素を整理すると、①被侵害利益の性質と内容・被害の程度、②被侵害利益の公益性・社会的価値、③被害者に対する期待可能性・被害者の過失の有無、④侵害行為の態様・侵害の程度、⑤侵害行為の公共性・社会的価値、⑥公法上の規制との関係（公法上の規制対象になる侵害か）、⑦侵害者に対する防止措置の期待可能性、⑧土地利用の先後関係（「危険への接近」、「先住性」の問題）、⑨地域性（侵害行為の行われている周辺地域の状況）、⑩被侵害利益が、侵害行為を止めることによる被告の損失を上回ること、が挙げられる。

(c) 判断要素の振り分け　前記の第1の両説に立てば、前記の判断要素は、間接事実となることから、主張・立証責任の対象とはならない。

第2のうち請求原因説に立てば、判断要素はすべて請求原因事実となり、原告が主張・立証責任を負い、抗弁説に立てば、判断要素はすべて抗弁となり、被告が主張・立証責任を負うことになろう。

第3の見解に立てば、判断要素が、請求原因事実と抗弁のいずれかに振り分

けられることになる（ただし，後記で紹介する2つ目の見解〔長秀之〕では，抗弁と再抗弁に振り分けられる場合もある）。

(2) **物権的請求権の要件事実についての論争**

ところで，物権的請求権の要件事実については，民法学の物権的請求権の実体法要件の考え方と要件事実論の考え方との間に差異がある。

民法学では，物権的請求権とは，「物権の円満な物支配の状態が妨害され又はそのおそれのある場合に，その相手方に対して，あるべき物支配の状態の回復又は妨害の予防措置を求める請求権」と定義され，実体法上の要件として，「妨害又はそのおそれ」（＝不法状態）が求められている。物権的返還請求権でいえば，「所有権者以外の不法占有」，物権的妨害排除請求権や物権的妨害予防請求権でいえば，「不法に（占有侵奪以外の方法で）妨害されている状態又は妨害されるおそれのある状態」が実体法上の要件とされているのである。この立場は，「三要件説」と呼ばれている。

他方，司法研修所を中心とする要件事実論では，所有権に基づく物権的返還請求ならば，①当該物件の所有権が原告にあること，②当該物件を被告が占有すること，の2つが請求原因事実（＝権利根拠事実）になり，③正当な占有権原があること，が抗弁（＝権利障害事実）になるとされている。また，物権的妨害排除請求及び物権的妨害予防請求も同様で，①当該物件の所有者が原告であること，②当該物件が被告によって部分的に害されている状態又は害されるおそれのある状態が存在すること，の2つが請求原因事実になり，③その状態が正当な権原に基づくこと，が抗弁になるとされている。この立場は，「二要件説」と呼ばれている。

この両者間の差異をどう解消するのか，民法学と要件事実論との間で議論が重ねられているところである（詳細は，大塚直ほか編『要件事実論と民法学との対話』（商事法務）186頁以下〔松岡久和〕，伊藤滋夫編『民事要件事実講座6』（青林書院）127頁以下〔松尾弘〕を参照されたい）。

(3) **物権的請求権の分野における受忍限度の判断要素の振り分けの検討**

このような物権的請求権の要件事実についての論争下において，物権的請求権の分野における受忍限度の判断要素の振り分けをどのように考えるかは非常に難しい問題である。この点について，それほど盛んには議論されていない現

状では, 不法行為の分野での議論を踏まえて考えざるを得ないであろう。

　まず, 違法性 (受忍限度) は, 具体的な事実ではなく, 評価である以上, 第1の両見解のように受忍限度を主要事実と捉えるのではなく, 第2及び第3の各見解のように, これを規範的要件と位置づけ, それを基礎づける事実を主張事実と位置づけるほうが, 相手方の防御の機会の保障という観点からも, 妥当であると考える。

　また, 生活妨害型紛争においては, 第2の抗弁説や二要件説は, 公平の観点から妥当ではないように思われる。生活妨害紛争は, 相手方の物権利用行為も本来適法な権利行使であって, 生活活動のための適法な権利行使同士の衝突の場面なのだから, 妨害行為があったからといって直ちに違法として, 被告に違法性阻却事由に関する主張・立証責任を負わせるという第2の抗弁説にも,「正当 (占有) 権原があることが抗弁に回る」という二要件説にも, 疑問を感じる。二要件説では, 正当占有権原 (＝権利障害事実) の例として, 地上権, 永小作権, 留置権, 質権, 賃借権, 使用借権, 同時履行の抗弁権などが挙げられているが, 生活妨害型紛争の場合は, これらとは想定される場面が異なるように思うのである。

　そこで, 第2の請求原因説か第3の見解かになるのだが, それぞれにつき, 不法行為の分野における注目すべき見解を紹介しておきたい。1つ目は, 第2の請求原因説に関して, 公害のような積極侵害の事案では, 土地所有権や人格権に対する本質的侵害があれば, 権利侵害ないし法益侵害があることが明白であり, 侵害が受忍限度内にあることを基礎づける事実は抗弁事由と考えるべきであるが, 生活妨害のような消極的侵害の事案では, 権利侵害ないし法益侵害が直ちに明白となるわけではないから, むしろ, 受忍限度を超えていることを基礎づける事実を請求原因と解すべきとする見解がある (前掲『要件事実論と民法学との対話』78頁以下〔大塚直〕)。2つ目は, 第3の見解に関して, ①被害侵害利益が, 不法行為法上確立された「権利」である場合 (権利侵害の場合) と, ②被侵害利益が, 不法行為法上確立された「権利」とまでは認められないが, 保護される可能性のある利益である場合 (権利侵害以外の法益侵害の場合) とを区別し, ①の場合は, 権利侵害が主張・立証されれば違法性が推定されるので, 抗弁として受忍限度内であることを基礎づける評価根拠事実が問題とされ, 再抗弁と

して受忍限度外であることを基礎づける評価障害事実が問題とされるが，②の場合は，法益侵害の事実のみでは違法性があるとはいえないから，請求原因において，加害行為が受忍限度外であることを基礎づける事実（評価根拠事実）を併せて主張・立証する必要があるとした上で，現実の紛争では，侵害対象が「権利」に準じた利益といえるかどうかの区別が容易でないものも少なくなく，その場合の実務的な処理は，②の場合で行うことになるとする見解がある（伊藤滋夫編『民事要件事実講座4』192頁以下・198頁以下〔長秀之〕）。生活妨害型紛争は，②の場合に分類されることが多いのではなかろうか。ここに紹介したいずれの見解も，単純に，妨害行為があったからといって直ちに違法になるとは解しておらず，侵害態様や被侵害利益などを基にして類型的に分析している点を指摘しておきたい。

　さて，受忍限度の判断要素を個別にみてみると，当事者と証拠との距離の違いから，その中には，原告にとって主張・立証が容易なものもあれば，難しいものもあるし，むしろ，被告に主張・立証させることが相当であろうと思われる要素もある。そうすると，公平な主張・立証責任の分配の観点からは，第3の見解に基づく取扱いのほうが優れているように思われる。前記で紹介した2つ目の見解〔長秀之〕のように，各判断要素を抗弁と再抗弁又は請求原因事実と抗弁に位置づけるかは別として，各判断要素を個別に原告か被告のいずれかの主張・立証責任に振り分けて，仮に，ある判断要素について主張・立証がなければ，その判断要素の主張・立証責任を負う当事者にとって不利にその判断要素の存否などを認定した上で，その他の判断要素との総合的な判断を行い，最終的に受忍限度を超えたといえるか否かを判断するのが相当ではなかろうか。

　以上から，物権的請求権の分野における受忍限度に関する要件事実については，生活妨害型紛争（消極的侵害）の場面に限っていうと，三要件説を前提にした上で，第3の見解に優位性を感じている。

　もっとも，第3の見解に対しては，①各判断要素が評価根拠事実と評価障害事実にどう分けられるのかが必ずしも明らかでない，②評価根拠事実に分類された判断要素と評価障害事実に分類された判断要素とが別々の範疇で検討されることになるから総合考慮に欠ける，との批判がある。しかし，目的は「受忍限度を超えた」といえるか否かを判断することにあるのだから，判断要素につ

いて，より多くの間接事実に基づいた詳細で総合的な検討がなされることが重要なのである。このことを念頭において，要件事実に過度にとらわれずに，受忍限度の判断が慎重に行われるように，裁判所は訴訟指揮をし，当事者は主張・立証活動をすべきであろう。判例は，前記のとおり，一般には，利益侵害が「受忍限度を超えること」ないしこれを基礎づける事実が請求原因事実になるとする立場であると評されてはいるが，いずれの判例をみても，各判断要素を慎重に認定した上で，判断要素相互の比較考量をし，詳細で総合的な判断を行っている。このような判例の姿勢は，実務的には，合理性があり，かつ現実的であるように思われる。

[8]　参考裁判例

最判昭61・7・14（判タ606号99頁）が判断を是認した原審大阪高判昭58・8・31（訟務月報30巻4号583頁）は，国の管理する一級河川の堤防上に生育するケヤキの木からの落ち葉が建物上に飛来して堆積したことから，当該ケヤキの木の切除等と国家賠償法2条1項に基づく損害賠償を求めた事案において，その被害は未だ受忍限度内であるとして原告の請求をすべて棄却した。

[9]　生活妨害に対する保護の動向

生活妨害に対する保護は，これまでは，被害を被った土地・家屋の所有権ないし占有権の侵害として物権的請求権ないし占有訴権によって保護されるのが一般的であった。しかし，生活妨害は，所有権・占有権の侵害というよりは，精神的・肉体的に快適な生活や生命・身体の完全性などの人格権の侵害であり，近時の判決もその方向へ転換しつつあるようである。

[10]　本設例の解答

本設例では，蜂などの飛来や落ち葉の堆積が受忍限度を超えたと認められるのはなかなか難しいと思われる。物権的妨害排除請求や物権的妨害予防請求の受忍限度は，慎重に判断されるからである。したがって，本設例のXの請求は，棄却される可能性が高いであろう。

もっとも，これでは隣接地所有者間紛争の根本的な解決にならない。そこで，

話し合いによって，何とか当事者双方にとって公平な蜂などや落ち葉への対応策を導き出すことが，実務家としてのあるべき姿ではなかろうか。

〔山崎　秀司〕

Q4 物権変動の対抗要件（権利移転の付記登記）

Xは，平成22年10月16日に父Aが死亡したため，相続によって，Aが所有していた土地（以下「本件土地」という）の所有権を取得したところ，本件土地にはYのために所有権移転請求権仮登記が経由されているとして，Yに対し，所有権に基づいて，本件土地についてなされた上記所有権移転請求権仮登記の抹消登記手続を求める訴えを提起した。これに対して，Yは，上記所有権移転請求権仮登記については，○○法務局平成23年5月19日受付第○○号をもって，平成17年1月8日売買を原因とするYからZへの権利移転の付記登記が経由されているから，Yはすでに上記抹消登記手続請求訴訟の目的たる登記の名義人ではないとして，本件訴えは訴訟要件（当事者適格）を欠き不適法であると主張した。Yの主張は認められるかについて説明しなさい。

［1］ 問題の所在

所有権以外の権利の移転の登記は，付記登記によって行われる（不動産登記規則3条4号）が，その仮登記によって保全されている所有権移転請求権が他に譲渡された場合の移転登記は，その仮登記を主登記とする付記登記によるものとするのが実務の取扱いである（昭36・12・27民事甲1600号法務省民事局長通達・先例集追3巻743頁，昭42・3・1民事甲600号法務省民事局長通達・別冊不動産登記記載例286頁）。

本設問からすると，本件土地について，Aが生前においてYのためにその所有権移転請求権仮登記（主登記）を経由し，その後，YがZに対してその所有権移転請求権を譲渡して権利移転の付記登記を経由したものと思われる。そして，Xが本件土地の所有権に基づいて主登記である所有権移転請求権仮登記の抹消登記手続を求める訴えを提起しているのであるから，その抹消登記手続請

求は，主登記自体の原因関係が不存在若しくは無効又は取消原因の存在によって原始的に登記の実体を欠いていること（以下「主登記の原始的無効」という）を理由とするものであるといえる。このような抹消登記手続を求める訴えを提起しようとする場合，Xは，主登記名義人Yに対して主登記の抹消登記手続請求をすべきなのか，あるいは付記登記名義人Zに対して主登記の抹消登記手続請求をすべきなのかが問題となる。要するに，主登記の抹消登記義務を負うのは，主登記名義人か，あるいは付記登記名義人かという問題である。

そこで，以下，学説・判例を概観したうえ，検討を加える。

[2] 学説・判例

(1) 学　説

主登記の登記原因が当初から無効・不存在であった場合については，かつての主登記名義人に対して主登記の抹消登記手続を求める一方で，現在の付記登記の名義人に対して付記登記の抹消登記手続を求める必要があって，いずれにも勝訴しないと，主登記と付記登記を抹消することができないとする（幾代通「登記請求権における実体法と手続法(6)」民商56巻6号901頁，舟橋諄一＝徳本鎮編『新版注釈民法(6)物権(1)』〔補訂版〕490頁〔石田喜久夫＝石田剛〕）。

その理由は，①付記登記も主登記と別個独立した登記であって，主登記・付記登記の形式をとっていても，それは，順次経由された所有権移転登記の場合と異なるものではなく，所有権の場合における登記名義の回復については，中間の登記名義人に対しても各登記の抹消が求められる以上これと異なる方法をとる理由がない，②主登記名義人の関与なく主登記の抹消登記を認めると，付記登記を抹消して再び権利者として登記記録上の地位を回復することに利害関係を有する主登記名義人の地位を害するおそれがある，という点にある。その一方で，主登記の登記原因が後発的に消滅した場合については，付記登記名義人が有していた権利自体が消滅した場合であることを理由に，付記登記名義人のみに対して主登記そのものの抹消登記手続を求めることができるとする（幾代・前掲907頁）。

(2) 判　例

(a) 最高裁判所昭和44年4月22日判決（民集23巻4号815頁）

【事案の概要】

　昭和33年12月ころ，乙から250万円の融資を受ける約束を得た甲は，その借受金の弁済を担保するため，乙に対し，甲が所有する不動産について抵当権を設定するとともに，250万円の債務を支払期日に弁済しないときはその弁済に代えて上記不動産を乙に移転する旨の代物弁済予約を締結し，同日付の抵当権設定登記及び停止条件付代物弁済契約を原因とする所有権移転請求権保全の仮登記を経由した。しかし，乙は甲に対し，250万円のうち24万2500円しか交付しなかったため，抵当権設定登記についてはその交付額を元本とする被担保債権の限度でのみ有効に存続することになり，所有権移転登記請求権保全の仮登記については，実体の合致しない登記として無効なものとなった。

　昭和34年8月3日，乙は，甲に対する貸金債権を抵当権とともに丙に譲渡し，丙は，抵当権設定登記について付記登記を経由し，また，その際，代物弁済予約上の権利をも譲り受けたものとして，仮登記についても付記登記を経由した。ところが，丙は，昭和38年2月末ころ，甲から100万円の交付を受けることによって，丙が乙から譲り受けた貸金債権の全部を決済済みとすることを承諾したので，甲は，同月28日，丙に対し，100万円を交付した。これによって，丙の甲に対する貸金債権は消滅し，これを被担保債権とする抵当権も消滅した。

　そこで，甲は，丙に対し，主登記である抵当権設定登記及び所有権移転請求権保全の仮登記の各抹消登記手続を求めた。原審は甲の請求を認め，これを不服とする丙が上告した。

【判決の要旨】

　「抵当権設定登記または所有権移転請求権保全の仮登記について，実体上の権利移転の合意に伴い，権利移転の附記登記が経由された場合には，附記登記の名義人が同時に主登記の登記名義人になるものと解すべきであるから，甲が前示各登記の原始的または後発的無効を主張して該登記の抹消登記手続を求めるにあたっては，現在の登記名義人である丙のみを被告として訴求すれば足り，所論のように，主登記たる抵当権設定登記及および所有権移転請求権保全の仮登記については実体上の契約の直接の当事者である訴外乙を，また，その附記登記については丙を，それぞれ被告として訴求しなければならないものではな

い，と解するのが相当である」と判示して，丙の上告を棄却した。

この判決によると，主登記の原始的無効の場合であると，後発的無効の場合であるとを問わず，現在の付記登記名義人のみを被告として主登記の抹消登記手続を請求することができることになる（なお，当該抹消登記手続請求認容の確定判決に基づいて主登記が抹消されるときに登記官の職権で付記登記が抹消されることになる）。

(b) 東京高等裁判所昭和51年12月16日判決（判タ349号213頁・判時844号33頁）
【事案の概要】
X（被控訴人）が本件土地を所有し，Y（控訴人）がXとの売買に基づいて本件土地について所有権移転請求権仮登記（主登記）を経由したところ，その後，YがZに対してその所有権移転請求権を譲渡したことから，Zがその所有権移転請求権仮登記の付記登記を経由していた。Xは，X・Y間の売買契約が無権代理によって無効であるとして，主登記名義人であるYに対し，所有権移転請求権仮登記の抹消登記手続を求めた。第一審は，Xの請求を認め，これを不服とするYが控訴した。

【判決の要旨】
上記(a)の判例の見解に立てば，主登記名義人たる控訴人（Y）のみを被告として，主登記の抹消登記手続を求める訴えは，訴えの利益を欠くものであると解すべきであるかのようにみえるとしながらも，「しかしながら，付記登記の名義人たるZが主登記の名義人たる控訴人（Y）からの譲受けによって取得したのは，前述のように，控訴人（Y）が被控訴人（X）に対して有する所有権移転請求権そのものではなく右所有権移転請求権について更にその移転を求める請求権であって，登記簿上はいぜんとして控訴人（Y）が被控訴人（X）に対して所有権移転請求権を有する旨の表示がなされていることが明らかであるし，仮に，本件のような場合においても，付記登記の名義人たるZのみを相手にして訴求することにより主登記たる本件各仮登記の抹消をはかることが不可能ではないとしても，右抹消登記を命ずる判決の既判力が主登記の名義人たる控訴人（Y）に及ぶ余地はなく，後日控訴人（Y）から抹消回復登記を求める訴を提起される場合もないとはいえないから，主登記の名義人たる控訴人（Y）がその抹消登記手続を求める被控訴人（X）の本訴請求を争っている本件では，主登記たる本件各登記の名義人である控訴人（Y）を相手にしてその

抹消登記手続求める本件訴は，訴の利益がないとはいえないし，その登記原因が存在しないこと前認定のとおりである以上，その請求も正当であるというべきである」と判示した。

この判決によると，主登記の原始的無効の場合において，主記登記名義人を被告とする主登記の抹消登記手続請求訴訟には訴えの利益が認められることになる。

(c) 東京高等裁判所昭和60年10月14日判決（判時1176号95頁）
【事案の概要】

A所有の不動産についてY（控訴人）のためにA持分全部移転請求権仮登記及びA持分の抵当権設定登記が経由され，その後，B・Cのため持分2分の1ずつとする権利移転の付記登記がそれぞれ経由された。Aの債権者Xは，債権者代位権行使によるAの共有持分権に基づいて，主登記名義人Yに対し，A持分全部移転請求権仮登記及びA持分の抵当権設定登記の抹消登記手続を求めた。第一審は，Xの請求を認め，これを不服とするYが控訴した。

【判決の要旨】

「本件のごとく，不動産について所有権（持分）移転請求権仮登記及び抵当権設定登記（以下これらを「主登記」という。）がされた後，右主登記に係る権利につき最初の登記名義人から第三者のため権利移転の付記登記が経由された場合において，当該不動産の所有者が右主登記の登記原因の不存在又は無効を主張して主登記の抹消を求めるには，付記登記を経由した最終の登記名義人を請求の相手方とすべきであって，最初の登記名義人を請求の相手方とすべきものではない」と判示した。

この判決によると，主登記の原始的無効の場合において，付記登記名義人を被告として主登記の抹消登記手続請求をすることができることになる。

(d) 大阪高等裁判所昭和52年3月1日判決（判タ355号287頁・判時855号74頁）
【事案の概要】

甲所有の不動産について乙のためになされた抵当権設定登記及び所有権移転請求権仮登記について，丙に対する権利移転の付記登記が経由された場合に，甲が付記登記名義人丙を被告とする1つの訴えで，主登記の抹消登記手続を求めるとともに付記登記の抹消登記手続を求めた。

【判決の要旨】

　主登記の原因たる契約が虚偽表示によって無効であり，権利移転の付記登記もその権利譲渡の実質関係を具備するに至らなかったと認定したうえで，「本件のように，甲所有の不動産について乙のためなされた抵当権設定登記及び停止条件付代物弁済契約を原因とする所有権移転仮登記（右各登記をＡ登記という）につき，それぞれ丙に対する権利移転の付記登記（Ｂ登記という）が経由された場合，甲が，丙を被告とする１つの訴で，Ａ登記の抹消登記手続請求（Ａ請求）とＢ登記の抹消登記手続請求（Ｂ請求）をし，Ａ請求を認容するときでも，甲はＢ請求につき訴の利益を失わず，Ｂ請求を認容しうると解するのが相当である。けだし，(1)Ａ，Ｂ両請求は，論理的に両立する関係にあるため，単純併合の関係にあり，(2)Ａ請求認容の判決の確定前であるため，Ｂ請求につき訴の利益を否定する理由がない（最高裁昭和44年４月22日判決［著者注：前掲判決(a)］に従えば，丙に対するＡ請求認容の確定判決に基づいてＡ登記が抹消されるとき，Ｂ登記は職権で抹消されることになるが，設例の場合，Ｂ請求につき訴の利益を否定し，Ｂ請求につき訴却下の判決をすると，Ａ請求認容の判決が上訴審で取消・破毀され，Ａ請求棄却の上訴審判決が確定するとき，甲はＢ請求につき新訴提起の必要が生じる。設例の場合，Ｂ請求につき訴の利益を肯定しても不当な結果は生じない。）からである」と判示した。

　この判決は，主登記の原始的無効の場合において，付記登記名義人を被告とする主登記の抹消登記手続請求自体を否定するものではないといえよう。

　(e)　東京高等裁判所昭和58年８月９日判決（判時1092号67頁）

【事案の概要】

　Ａから不動産の贈与を受けたＸは，その旨の所有権移転登記を経由したが，その不動産についてはＢのために抵当権設定登記，停止条件付賃借権設定仮登記及び所有権移転請求権仮登記がそれぞれ経由されており，次いで，その主登記について，Ｙのために権利移転の付記登記が経由されていた。Ｘは，主登記の登記原因となる契約は無効であるとして，付記登記名義人Ｙに対し，付記登記の抹消登記手続のみを求めていたが，Ｙの控訴に乗じて自らも控訴（附帯控訴＝民訴293条）し，本件各登記（抵当権設定登記，停止条件付賃借権設定仮登記及び所有権移転請求権仮登記）の抹消登記手続を求めた。

【判決の要旨】

「被控訴人（X）は，原審においては控訴人（Y）に対して本件各附記登記の抹消登記手続のみを訴求し，当審において附帯控訴により本件各登記の抹消登記手続を求める請求を追加したものであるところ，そもそも本件各附記登記は，不動産登記法第124条〔著者注：平成16年改正前旧法〕の規定により，主登記である本件各登記と一体となって右登記にかかる各権利の控訴人（Y）への移転の登記としてされたものであり，これらの各権利の控訴人（Y）に帰属することを公示するものであって，これらの各権利の登記の抹消を訴求する場合には，これらの各権利の移転の附記登記名義人である控訴人（Y）に対して，本件各附記登記のされている本件各登記の抹消を訴求すれば足り，かかる本件各登記を抹消するときは，本件各附記登記も当然に主登記と一体として併せて一個の抹消登記により抹消されるのであるから，本件各登記の抹消とは別個に，本件各附記登記の抹消を訴求する必要も利益もないものといわなければならない。しかし，本件各登記と本件各附記登記の双方の抹消を求める被控訴人（X）の趣旨とするところは，要するに，控訴人（Y）のために権利移転の本件各附記登記のされた本件各登記の抹消を求めるというにあると解されるから，結局，被控訴人（X）は，原審における本件各附記登記の抹消を求める請求を当審において附帯控訴により本件各登記の抹消を求める請求に交換的に変更したものと解するのが相当である」と判示した。

この判決によると，主登記の原始的無効の場合において，付記登記名義人を被告として主登記の抹消登記手続を請求しなければならず，主登記と付記登記の両方の抹消登記手続を請求することができないことになる。

(3) 上記判例の整理

上記(2)(a)・(c)・(d)・(e)の判例は，付記登記名義人が主登記の抹消登記義務者となるという点では一致しており，他方，上記(b)の判例は，訴えの利益という観点から，主記登記名義人が主登記の抹消登記義務者となることを認めている。

したがって，主登記名義人に対する主登記の抹消登記手続請求の可否について，判例は分かれているといえる。

［3］ 本設問へのあてはめ

Xは，主登記名義人Yに対し，主登記の抹消登記手続を求めているのに対し

て，Yは被告としての当事者適格を欠くとして本案前の抗弁を提出している。上記【2】の(2)(a)・(c)・(d)・(e)の判例からすると，Xは，付記登記名義人Zを被告として主登記の抹消登記手続を求めなければならず，同(b)の判例の見解に立たない限り，「本件訴えは，訴訟要件（当事者適格）を欠き不適法である」とのYの主張は認められることになる。

〔西村　博一〕

Q5 不動産の付合

　LPガスの販売業者X株式会社は，平成6年，建物（以下「本件建物」という）所有者Yとの間でLPガス供給契約を締結し，LPガスを供給するために本件建物にガス配管設備等を設置した。Yは，平成16年，Zに対し，ガス配管設備等が設置されたままの本件建物を売った。そこで，X社は，ガス配管設備等は撤去不能であって本件建物に付合していて，その所有権を失ったことによってX社において損失を被ったが，その一方で，Yは，Zに対し，ガス配管設備等が設置された本件建物を売り，売却代金として利得を得たとして，Yに対し，民法248条に基づいて，利得金の返還を求める訴えを提起した。なお，X社が設置したガス配管設備等には，配管，ガスメーター，ガスボンベ庫，給湯器などが含まれていて，その設置工事費用は40万円であった。この場合，①ガス配管設備等は本件建物に付合したといえるか，②付合したといえる場合，Yに利得があるといえるか，③Yに利得があるといえる場合，どの時点でのガス配管設備等の価値を基準に，どのように利得金額を算定すべきかについて説明しなさい。

[1] 問題の所在

(1) 問題の背景——無償配管の慣行

　都市ガスが整備されていない地域において住宅を建築し，あるいは建売住宅を購入する際には，液化石油（LP）ガス販売事業者XからLPガスの供給を受けるため，当該建物にLPガス供給設備及び消費設備（配管，ガスメーター，ガスボンベ庫，給湯器等。以下「LPガス供給設備等」という）を設置する必要がある。その設置費用は，受益者負担の原則から，本来，ガス供給を受ける者が負担すべきであるが，一般消費者である住宅購入者Yにとっては決して少額の負担とは

いえず，購入時等に住宅価格に上乗せするなどして一度にその負担を求めることはガスの円滑な供給の支障となるおそれがある。そこで，LPガス業界には，ガス販売事業者が建築業者等に対して無償で住宅のLPガス配管工事等を行い，当該建築業者等から住宅購入者等の紹介を受け，その住宅購入者等とLPガス供給契約を締結するという慣行，いわゆる「無償配管の慣行」が存在するとされており（判タ1208号218頁），本設例のような問題はこの無償配管の慣行を背景として発生するものである。

(2) **LPガス供給契約及びこれに付随する契約等**

LPガス供給契約と同時に，LPガス供給設備等の設置費用の負担，LPガス供給設備等の帰属及び利用関係，住宅購入者等がLPガス供給契約を解除した場合の供給設備の処理及び設置費用の清算についての合意もするのが一般である。そして，以上のような契約関係に基づき，①LPガス供給設備等の所有権の帰属（建物への付合），②付合を認める場合の住宅購入者等の利得の有無，③住宅購入者等の利得金額認定の時期・方法の妥当性，清算合意の有効性等が問題となる。

[2] LPガス供給設備等の建物への付合

(1) **動産の不動産への付合（民242条）の意義**

動産の不動産への付合については，独立の所有権の対象であった動産が不動産に付着して独立性を失い，社会経済上不動産の一部とみられ，これを分離復旧することが物理的には困難ではなくとも，事実上不可能又は社会経済上著しく不利益な程度に至っている場合に認められる。この立法趣旨は，物の社会経済的価値の保存にあると解され，この付合の成否に関する規定は，強行規定であると解されている（通説。川島武宜＝川井健編『新版注釈民法(7)物権(2)』394頁以下）。

(2) **本設例へのあてはめ**

(a) LPガス供給設備等は，当該建物の構造，間取りに対応して設置されるものであり，これを分離復旧して他の建物に移設し再利用することは物理的には困難ではなくとも，分離復旧することが事実上不可能又は社会経済上著しく不利益な程度に至っている場合にあたると解され，LPガス供給設備等は，通常当該建物に付合しているものと解される。そうすると，住宅購入者Yは，こ

のLPガス供給設備等を建物と一体のものとして取得していると解される。

　(b)　東京高判平18・4・13判タ1208号218頁は，LPガスの消費設備が，フレキ管，ガス被覆管，片ネジソケット，フレキコック，CD管等からなり，フレキ管は防護のためさや管に入れられて地中に埋設され，地上に出てくると建物の基礎のコンクリートを貫通して建物の床下内に入り，台所のガスレンジのガス栓につながるガスレンジラインと建物の外部に設置されている給湯器のガス栓につながる給湯器ラインとに分岐して敷設され，建物の基礎等に支持金具で固定され，LPガス消費設備の設置状況及びその設置費用が約5万円ないし約12万円であったことを考えると，その撤去，復旧は，物理的には不可能ではないとはいえ，これを行うことは社会経済上相当程度不利益であるというべきであり，LPガスの消費設備は住宅購入者の自宅に付合しているといわざるを得ないから，住宅購入者はすでにその所有権を取得しているとした。

［3］　付合を認める場合の住宅購入者の利得

　付合を認める場合，LPガス供給設備等の所有権は住宅購入者に帰属することになるが，一般消費者である住宅購入者Yとしては，LPガス供給設備等の設置費用はこれを別途負担する明示の特約がない限り，当然建物売買代金ないし建築請負代金に含まれていると考えるのがむしろ通常であろう。しかし，建物売買契約ないし建築請負契約の代金には，LPガス供給設備等の設置費用としては計上されておらず，実際には住宅購入者はその費用を負担していないのが通常である。

　そして，LPガス供給設備等の設置費用は，受益者負担の原則から，本来，ガス供給を受ける者が負担すべきであることは前記のとおりであり，住宅購入者Yは，前記のいわゆる無償配管の慣行により，その費用を負担しないままLPガス供給設備等の所有権を付合により取得しているということになるから，Yには利得があるということになる。

［4］　住宅購入者Yの利得の清算

(1)　**利得の清算についての合意**

(a)　前記の住宅購入者Yの利得を清算することを目的として，LPガス供給

事業者Xと住宅購入者Yの間のLPガス供給契約と同時に，これに付随して，住宅購入者Yの利得の清算について契約が締結されることになる。その内容は，①LPガス供給設備等がガス販売事業者に帰属すること（住宅購入者等がLPガス供給設備等の設置費用を負担していないこと）を確認し，②住宅購入者等が無償でこれを使用することを認め，③住宅購入者等がLPガス供給契約を解除した場合は，経過年数に応じた所定の計算式による価格でガス供給設備等を買い取ることを約するというものである。

(b) 同種の事案について東京高判平18・4・13判タ1208号218頁は，以下のような合意が成立していると認定した。すなわち，①住宅販売業者から依頼を受けたLPガス供給事業者Xが費用を負担してLPガス供給設備及び消費設備を設置し，住宅購入者Yが上記各設備を使用することができるようにする，②各設備の利用関係及びXが負担した設置費用等については，「液化石油ガスの保安の確保及び取引の適正化に関する法律」14条等の関係各法令の規定の趣旨を受け，各設備を企業会計上Xの有形固定資産のうち償却資産に相当するものと位置づけ，これらの設置費用等を取得原価とし，耐用年数を15年間とし，減価償却資産の耐用年数等に関する省令の規定に従って耐用年数経過時点における残存価格を取得原価の10％として，耐用年数の全期間にわたって定率法によって計算した額を費用として配分する，③LPガス供給契約が存続する限りはYは無償で各設備を使用することができることとしてその設置費用等の負担を求めない，④耐用年数の全期間が経過すればYの各設備の設置費用等の負担分は消滅し，Yが事実上設置費用等を負担することなくこれらを取得することとする，⑤耐用年数の全期間が経過する前にLPガス供給契約がYによって解除された場合には，解除の時点における各設備の残存価格相当額をYに負担してもらうこととし，その負担額は，各設備の当初の設置費用等を取得原価とし，経過年数に対応して定率法によって各期の減価償却費を算定してこれらの累積額を取得原価から控除した残存価格をもって算定する，というものである。

(c) 本設例では，このような具体的合意がないことを前提に，民法248条の不当利得の法理に基づいて利得金の返還を求めているが，その場合でも，各設備の当初の設置費用等を取得原価とし，経過年数に対応して定率法等によって減価償却費を算定してこれらを取得原価から控除して残存価格を算定するとい

う方法でYの利得額を算出するのが相当であると思われる（供給設備等の設置から10年しか経過していないので，耐用年数の残存期間があるものと解される）。

(2) 利得の清算合意の有効性

(a) LPガス供給設備等の付合を認める場合は，その所有権は，住宅の所有権が移転した時点で住宅購入者に帰属することになるが，前記の供給設備等についての合意は，減価償却期間の経過によってすでに所有権を取得しているLPガス供給設備等の所有権を停止条件付きで移転するというものであり，契約としては原始的不能ではないかとの疑問が生じ得る（後記さいたま地判平16・10・22金判1205号18頁参照）。

(b) この点について前掲東京高判平18・4・13は，①本件設備合意については，LPガス供給設備及びLPガス消費設備の設置費用の負担，これらの設備の帰属及び利用関係や，所定の耐用年数の全期間が経過する前にLPガス供給契約が住宅購入者Yによって解除された場合におけるLPガス供給事業者XとYとの間の原状回復の内容（LPガス供給設備及びLPガス消費設備の設置費用の負担，これらの設備の帰属）を合理的に定める必要性があることが肯定され得る，②本件設備合意の実質が上記の内容を定めるものであることに照らすと，上記LPガス消費設備のように，上記のような合意が成立した時点ですでに法的には所有権がYに帰属しているとみられることから，その限度でLPガス消費設備の所有権をYに移転するという内容を中心課題とする契約が原始的不能といわざるを得ない場合であっても，LPガス販売供給業者であるXと消費者であるYとの間で上記の減価償却計算を基礎とする利益調整をする必要性とその合理性があることは明らかであり，③契約当事者間に上記のような利益調整の必要性及び合理性があり，したがって，その合意の実質的内容に合理性が認められるにもかかわらず，これが，単に売買契約という法形式を採用していることから，その契約の成立ないし効力を否定することは許されない，④本件設備合意の実質的内容が上記のようなものとすれば，本件設備合意は，上記各設備が建物に付合するか否かにかかわらず（合意の時点において，各設備の所有権が法的にYに帰属しているか否かにかかわらず），利益調整合意として有効に成立しているとみるべきであり，⑤停止条件付売買契約という法形式の外形にこだわることなく，LPガス供給設備及びLPガス消費設備の設置費用の負担，これらの設備

の帰属及び利用関係や，所定の耐用年数の全期間が経過する前にLPガス供給契約がYによって解除された場合におけるXとYとの間の利益を調整することをその実質とする合意がされたものと解するのが相当である，とした。

　この判決は，利益調整合意の内容を認定し，この合意の位置づけ及びその意義を検討した上で，LPガス供給設備及びLPガス消費設備の建物への付合の有無という表面上の争点についての判断にかかわらず，LPガス販売供給業者と消費者との間で減価償却計算を基礎とする利益調整をする必要性とその合理性があるとし，その合意の実質的内容に合理性が認められる場合は，利益調整合意として有効に成立していることを認めたもので，利得の清算について一応の合理的な基準を提示するものと解される。

　(c)　この判決以後の裁判例である東京地判平18・8・30LLI/DB判例秘書登載は，住宅購入者が所有権を取得することになるLPガス供給設備・消費設備等の特定が不十分であり，減価償却による清算方法が一義的に明確でない，などとして清算合意の成立を認めなかった。これは前記の東京高裁判決をふまえたものと解され，LPガス設備等の特定及び清算方法の明確性が，清算合意の有効性を判断するに際して重要な要素となることを指摘するものである。

　(d)　また，前記の東京高裁判決以前の裁判例であるが，福岡高判平17・6・14判タ1191号304頁は，①液化石油ガスの保安の確保及び取引の適正化に関する法律（以下「液石法」という）において，消費設備に係る配管の所有権がLPガス販売事業者にある場合にも，販売契約解除時に一般消費者等において買い取る場合の清算額の計算方法を記載しなければならないとして一般消費者等に合理的な価格で譲渡されるように配慮しているのに対し，供給設備についてはこれに類する規定はなく，消費設備とともに，その所有関係，設置，変更，修繕，及び撤去に要する費用の負担の方法について記載すべきとされているが，②液石法16条2項を受けた同法施行規則16条16号によれば，一般消費者等からLPガス販売契約の解除の申出があった場合において，当該一般消費者等から要求があった場合には，LPガス販売業者はその所有する供給設備を遅滞なく撤去しなければならない義務を負っているが，撤去が著しく困難である場合その他正当な事由がある場合には，LPガス業者がその所有に係る供給設備の撤去義務を免れることが認められ，一定の場合には，LPガス業者が一般消費者等に

当該供給設備の買取りを請求することができる場合もあり得るというべきであり，供給設備については，消費設備と異なり，一般消費者等への譲渡が義務づけられてはいないが，反対に，一般消費者等に買取りを求めることも一律に禁止されているわけでもないから，本件買取条項が公序良俗違反であるとの結論が直ちに導かれるわけではなく，③LPガス販売業者がその負担において本件設備のように高額の費用を要する設備を設置し，しかも，消費者から設備の使用料を徴収しない場合においては，LPガス販売業者としては，できる限り長期にわたり多量のLPガスを販売して，その利益の中から設置に要した費用を回収するほかはないから，LPガス販売業者が一般消費者等との間で，販売契約が解除されたときには，一般消費者等に対して当該設備の買取りを求めることができる旨を約することにより，短期間のうちに販売契約が解除されることを防止するとともに，それでも販売契約が解除された場合には，その設置費用を合理的な範囲で一般消費者等に転嫁することも経済合理性をもつというべきであり，そのような合意をすることが一般的に許されないわけではなく，④このように解したとしても，一般消費者等において，自らその契約内容を検討し，どの程度の設備を設置すべきかを販売業者と協議することは可能であり，本件買取条項の規定とも相俟って，販売契約解除時にどの程度の費用負担を覚悟しておけばよいのかを見極めることができるのであって，一般消費者等が予期しない過大な負担を強いられるということはなく，当該一般消費者等が，およそLPガスの供給を受けなくなったという場合は格別，販売契約解除後も新たな販売業者からLPガスの供給販売は受け続けるというのであれば，当該設備を新たな販売業者に買い取らせることで自己の負担を回避し，あるいは少なくとも相当程度軽減することもできるのであるから，一般消費者等に不当に過酷な結果を押しつけるということにはならない，とした。

　この裁判例も，前記の東京高裁判決と同趣旨の考え方に基づいて，利益調整合意が液石法等との関係で公序に反し無効とならないかについて検討し，その内容を認定し，合意の位置づけ，その意義及び利益調整合意が合理的な内容のものといえるかどうかを検討した上で，LPガス供給設備等の建物への付合の有無という表面上の争点についての判断にかかわらず，利益調整合意としての成立を認めるものと解される。

(e) 一方で，前記の東京高裁判決以前の裁判例であるさいたま地判平16・10・22金判1205号18頁は，LPガス消費設備が建物に付合していることを前提に，住宅に必要不可欠なLPガス設備は，一般消費者との間の住宅供給契約（売買・請負）において，これを取引（売買・請負）の対象から除外するとの明示の特約のない限り，建物と一体のものとして取引の対象とされ，いわゆる無償配管の慣行が一般消費者の常識になっているとは認められないとした。そして，重要事項説明書等には，LPガス設備の所有権が原告に留保されており，LPガス設備に関して売買代金・請負代金以外に何らかの金銭的負担を必要とすることを示す記載はなく，そのような説明がなされたことを認めるに足りる証拠はないとして，停止条件付売買契約の成立を認めることはできないとした。利益調整のための合意であるとする主張についても，住宅購入者は，LPガス設備等の費用を含む売買代金・請負代金を本件不動産業者に支払ったとの認識を有する中で合意されたものであり，LPガス供給事業者がLPガス設備等の費用を負担し，住宅購入者がこれを負担していないとの点につき両者の間に意思の合致があったとは認められないとして，利益調整合意が成立したとの主張を認めなかった。

　この裁判例が指摘する点は，形式論理的にはもっともなものがあるが，この問題がいわゆる無償配管の慣行を背景として発生し，住宅購入者がLPガス設備等の設置費用を負担しないままこれを取得しているという利得がある以上，何らかの基準によってこれを清算するのが経済合理性にかなうと解され，前記東京高裁判決，福岡高裁判決等の考え方は，一応の合理的な基準を提示するものと解するのが相当であろう。

〔藤岡　謙三〕

Q6

保証(1)――保証における主たる債務者と保証人の責任①

次の事例に関して，それぞれの請求等について説明しなさい。

(1) Xは，平成12年4月1日Yに対してX所有自動車を代金60万円，その支払は同年6月1日として売り渡した。なお，A及びZがその支払につき保証人となったが，Yは約定の期日に支払わない。Xは，Zに対して保証債務の履行を求めたところ，Zから「まずYに対して請求すべきだ」とか，「Yは資産家であり自分に請求するより解決が早い」などと言われた。この場合のXの請求について。

(2) 上記(1)のZが，連帯保証人であった場合のXの請求について。

(3) 上記(1)のZが「保証人になるとき，Yから絶対迷惑をかけないとの約束があった」と主張した場合のXの請求について。

(4) 上記(1)のZが「自分以外にも保証人がいるから，自分だけに請求するのはおかしい」と主張した場合のXの請求について。

(5) 上記(1)の事例に関して，X・Y間に「当該代金の支払日を平成17年6月3日に延ばす」旨の合意があった場合の，Zの主張方法について。

(6) YがXに対して，別途50万円の貸金債権（返済日は平成12年6月30日）があった場合の上記(1)の事例におけるZの主張方法について。

[1] はじめに

本問における小問(1)の場合は，債権者が保証人に請求した場合に，保証人が，まず主たる債務者に請求したり，執行したりするべきだと主張した場合であり，小問(2)の場合は，そのように主張した保証人が連帯保証人であった場合である。また，小問(3)の場合は，債権者の請求に対して，保証人が，主たる債務者から迷惑をかけないと言われて保証人になったと主張した場合であり，小問(4)の場

合は，保証人が，ほかにも保証人がいるので，自分だけに請求するのはおかしいと主張した場合である。これらの場合には，保証人のそのような主張が認められるかが問題となる。

さらに，小問(5)の場合は，債権者と主たる債務者が支払時期を延ばす合意をしていた場合であり，小問(6)の場合は，主たる債務者が債権者に債権を有していた場合であるが，これらの場合には，保証人は債権者に対してどのような主張をなしうるかが問題となる。

以下，順次，検討する。

[2] 小問(1)及び(2)について

(1) 保証債務請求の要件事実

本問における小問(1)及び(2)の場合，売主Xが，売買代金債務についての保証人Zに対して，保証債務の履行を請求している。そして，保証債務を請求するための要件事実は，以下のとおりである。

(a) 主たる債務の発生原因事実　ただし，主たる債務については，必ずしも保証契約の成立時に発生していなくてよいとされている。

(b) 保証契約の成立

(c) (b)が書面又は電磁的記録によってされたこと（民446条2項・3項）　平成17年4月1日以降に成立した保証契約については，(c)の要件を充足しなければ保証契約は有効とはならず，よって，保証債務を請求しようとする者（債権者）は，請求原因事実において，この(c)の点を主張しなければならない（改正附則3条）。

(d) 連帯の約定

(イ) ところで，連帯保証とは，保証債務の補充性（後述の＊2参照）を奪って債権者の債権を強化するために，保証人と債権者の間で，主たる債務者と連帯して債務を負担することを特約する場合であり，要するに，連帯保証契約は，保証契約という原則的形態に連帯の特約が付された場合である。そのため，連帯の約定は，催告や検索の抗弁権が主張された場合の再抗弁になるべきものであり，よって，請求原因において主張・立証する必要はない。

(ロ) しかし，複数いる保証人全員に保証債務の履行を求めて，訴えを提起し

た場合のように，保証人が複数いることを請求原因事実に記載した場合には，請求原因事実に共同保証人の存在が現れており，そして，共同保証人には分別の利益が認められているので（民456条），それぞれの保証人に保証債務全額の履行を請求するには，この分別の利益を否定しておかなければならない。そうでないと，請求の一部が主張自体失当に陥ることになる。そこで，この場合には，請求原因において，連帯の約定，つまり，連帯保証の特約や保証連帯[*1]の約定のあることを主張・立証しておかなければならない。なお，主たる債務が不可分債務である場合にも，分別の利益はないが，このような不可分債務であることは，通常，請求原因事実の記載によって明らかになるので，請求原因において，ことさらに主張・立証する必要はない。

[*1] 保証連帯とは，共同保証人の間に全額弁済の特約がある場合である。保証連帯の場合には分別の利益はないが，保証の補充性は失わず，よって，催告の抗弁権や検索の抗弁権を有することになる。

(2) 催告の抗弁権，検索の抗弁権

(a) 保証債務は，主たる債務者がその債務を履行しない場合に履行すべき補充的な債務であり[*2]，この補充性から，保証人は，催告の抗弁権（民452条）と検索の抗弁権（民453条）を有している。

[*2] このような性質を，「保証債務の補充性」という。

すなわち，債権者から保証債務の履行を請求された場合に，保証人は，まず，自分より前に主たる債務者に催告をするように求めることができ，このような権利を催告の抗弁権という（民452条）。しかし，保証人がこの権利を行使するとの権利主張をしても，債権者が裁判上又は裁判外で主たる債務者に催告すれば，たとえその効果がなかったとしても，次の段階では，債権者は，再び保証人に対し，保証債務の履行を請求することができ，この段階に至れば，保証人は，再度催告の抗弁権を行使することはできない。

(b) また，債権者から保証債務の履行を請求された場合に，保証人は，まず，自分より前に主たる債務者の財産について執行するように求めることができ，このような権利を検索の抗弁権という（民453条）。

つまり，保証人が，①主たる債務者に弁済の資力があることと，②執行の容易性を主張・立証し，③検索の抗弁権を行使するとの権利主張をすれば，債権

者は，まず主たる債務者の財産につき執行をしなければならず，それをすることなく，保証人に対して保証債務の履行を請求することはできない。ところで，前記の①と②の立証については，執行の容易な，一部弁済が可能な財産を主たる債務者が有していることを証明すれば十分とされている（大判昭 8・6・13 民集 12 巻 1472 頁参照）。なお，金銭や有価証券などについては，不動産などよりも，一般に，執行が容易といえるであろう。

(c) 催告の抗弁権も検索の抗弁権も，保証債務の補充性に由来する権利であるから，連帯保証の場合には，補充性がなく，したがって，催告の抗弁権も検索の抗弁権も有しない（民 454 条）。

つまり，通常の保証においては，保証人は債権者に対して補充的，二次的に債務を負うにすぎないが，連帯保証の場合には，保証人は債権者に対して主たる債務者と連帯して債務を負い，そこでの債務は一次的債務であるから（補充性がない），催告の抗弁権も検索の抗弁権も有しないのである。

なお，連帯保証の場合には，保証人が複数いる場合にも，通常の保証のような分別の利益（民 456 条・427 条）を有さず，連帯保証人全員が，債務全額について義務を負うことになる。

前記のように，連帯保証のほうが，通常の保証に比べ，(保証される) 債権の強化をもたらすために，実際には，連帯保証の数のほうが通常の保証の数よりも圧倒的に多くなっている。

(3) 小問(1)及び(2)の場合

以上を前提に，小問(1)及び(2)を検討する。

小問(1)の場合において，①Z から「まず Y に対して請求すべきだ」と言われた場合には，Z が催告の抗弁権の権利主張を行ったものと解せられ，X は，まず Y に請求しなければならなくなる。しかし，X がすでに Y に請求していた場合には，Z のこのような催告の抗弁権の主張は認められないことになる。次に，②「Y は資産家であり自分に請求するより解決が早い」と言われた場合には，Z が検索の抗弁権の権利主張を行っているものと解せられる。よって，Z が Y に弁済の資力のあることとその執行の容易性を立証した場合には，X は，まず Y の財産につき執行をしなければならず，それをすることなく，Z に対して保証債務の履行を請求することはできないことになる。しかし，小問(2)の場合の

ように，Zが連帯保証人である場合には，催告の抗弁権も検索の抗弁権も有さず，Zがそのような主張をしても，その主張自体失当ということになる。

ところで，XとYとの間の中古車販売契約が，例えば，Yは運送業を営んでおり，その運送業に使う運送用自動車を購入する場合であるなど，主たる債務者Yにとって商行為である場合には，そのような商行為によって生じたYの債務についてのZの保証は，保証契約上に連帯保証との明示的な合意がなくても，連帯保証とされることになり（商511条2項），よって，この場合には，Zは催告の抗弁権も検索の抗弁権も有さないことになる。

[3] 小問(3)について

(1) 保証人と主たる債務者との合意事項をもって，保証人は債権者に対抗しうるか

本問における小問(3)は，保証人が，主たる債務者から迷惑をかけないと言われて保証人になったと主張する場合であり，簡易裁判所において，保証人に弁護士や認定司法書士が代理人に就かない場合，つまり，保証人が被告本人として訴訟を追行する場合に，時々みられる主張である。この問題は，要するに，保証人と主たる債務者との間の合意事項が，保証債務関係に影響を及ぼすかという問題である。

この点については，保証債務の内容は，債権者と保証人との間の保証契約によって決定され，しかも，保証人と主たる債務者との間の合意事項は保証契約の内容になっていないのが通常であるから[3]，保証人は，債権者に対して，そのような保証人と主たる債務者との間の合意事項を主張できないものと考えるべきである。

  *3　保証人と主たる債務者との合意事項は，保証人が債権者との間で保証契約を締結するについての動機になっているにすぎない。

(2) 小問(3)の場合

小問(3)の場合には，主たる債務者YがZに対して，Zには絶対に迷惑をかけないから保証人になってほしいと依頼し，そのような依頼に応じてZが保証人になったという事情があるようである。しかし，前記(1)によれば，Zは，債権者Xに対し，そのような主たる債務者Yとの間の合意事項を主張し，保証債務

の履行を拒絶するようなことはできないものと解すべきである。

[4] 小問(4)について

(1) 分別の利益

(a) 本問における小問(4)は，保証人が，自分以外にも保証人がいるので，自分だけに請求しないでほしいと主張した場合であり，これも，簡易裁判所において保証人本人が訴訟を追行する場合に時々みられる主張である。

(b) この点について，民法456条は，保証人が複数いる場合には，民法427条の規定，すなわち，分割債務の規定が適用されるとしている。よって，保証人が複数いる場合に，それらの共同保証人は分別の利益を有し，それぞれの保証人は主たる債務の額を保証人の頭数で平等の割合で分割した額についてだけ保証債務を負担することになる。この民法456条は，保証人が複数いる場合に，保証人の責任を軽減し，かつ，そのような保証人相互の関係を簡略に決しようとする趣旨で設けられたものである。

したがって，債権者が複数の者と保証契約を締結している場合に，債権者が複数いる保証人の1人に保証債務の全額を請求してきたような場合には，保証人は分別の利益を有するので，主たる債務の額を保証人の頭数で平等の割合で分割した額についてだけ，支払えばよい。

(c) しかし，保証人が複数いる場合，つまり，共同保証の場合の分別の利益は，債権者の主たる債権の効力を弱めるものである。すなわち，保証人が複数いる場合に，その保証人の1人が無資力である場合には，債権者は，その無資力の保証人の保証部分については担保を有さないことになり，債権者の債権の効力を弱めることになる。そのため，通常，保証契約ではなく，保証契約に連帯の特約が付された連帯保証契約が結ばれるのである。

連帯保証契約の場合は，保証人が債権者との間で，主たる債務者と連帯して債務を負担することを特約する場合であるから，分別の利益を有さないことになる。

(2) 小問(4)の場合

以上によれば，小問(4)の場合に，保証人Zは，分別の利益を主張し，自分以外にも保証人Aがいるので，自分だけに保証債務全額を請求しないでほしいと

主張することが可能となる。そして，Xが，同一の訴訟で保証人A及びZに保証債務の履行を求める場合には，前記のように，請求原因に保証人が2人いることが現れており，この2人は分別の利益を有するので，A及びZに請求しうるのは主たる債務60万円を保証人2人で平等に分割した額，すなわち30万円ずつであり，そのため，もしそれぞれに60万円を請求している場合には，30万円の請求部分は主張自体失当となる。

他方，Zが連帯保証人である場合には，Zは分別の利益を有さない。よって，そのようなZが自分以外にも保証人Aがいるので，自分だけに保証債務全額を請求しないでほしいと主張することは許されないことになる。

[5] 小問(5)について

(1) 債権者と主たる債務者が支払時期を延ばす合意をしていた場合

(a) 本問における小問(5)は，債権者と主たる債務者の合意事項につき，保証人がそのような合意事項をもって債権者に対抗することができるかという問題である。

(b) 保証契約は主債務の履行を確保するという担保権としての性質から，主たる債務に附従するという性質を有している[*4]。すなわち，主たる債務が契約の無効によって成立しなければ，保証債務も成立しない（成立における附従性）。また，主たる債務の内容が変更した場合には，保証債務もそれに応じて変更する（内容における附従性）。ただし，主たる債務の内容が加重されるように変更された場合には，その変更の効力は保証人に及ばない。例えば，保証債務の成立後に，債権者と主たる債務者の合意によって，主たる債務の時効利益が放棄されたり，弁済期が短縮されたりしても，そのような変更を保証人に主張することはできない。なぜならば，保証人の意思によらないで，その債務内容を加重することは妥当でないからでる。しかも，主たる債務が弁済や取消しなどによって消滅した場合には，保証債務も消滅する（消滅における附従性）。さらに，主たる債務者に生じた事由は，原則として，保証人にもその効力が及ぶことになる。例えば，主たる債務者に債権譲渡の通知がなされれば，その効力は保証人にも及ぶことになる。そのほか，保証債務の附従性から，保証人は，主たる債務者の抗弁権を援用しうることになる。

＊4　このような性質を,「保証債務の附従性」という。この「保証債務の附従性」,前記＊2の「保証債務の補充性」のほかに,保証債務には,「保証債務の随伴性」という性質がある。すなわち,主たる債務に対応する債権が移転した場合,つまり,債権者が変わった場合にも,保証債務は随伴して移転し,保証人は主たる債務を担保し続けることになる。そして,これらの保証債務の3つの性質のうち,最も重要な性質は「保証債務の附従性」であるとされている。

(2)　**小問(5)の場合**

　小問(5)の場合,債権者Xと主たる債務者Yとの間で支払日が延ばされており,そのような変更は主たる債務の内容を軽減するものである。したがって,「保証債務の附従性」により,保証債務の債務内容も同様に変更されることになる。そのため,Zは,Xに対して,保証債務の履行を平成17年6月3日まで拒むことができるようになる。

[6]　小問(6)について

(1)　**主たる債務者が債権者に債権を有していた場合**

　(a)　本問における小問(6)は,主たる債務者が債権者に対して債権を有していた場合に,保証人がそのような債権をもって債権者に相殺を主張しうるかという問題である。

　(b)　この点について,民法457条2項は,「保証人は,主たる債務者の債権による相殺をもって債権者に対抗することができる。」と規定している。

　この規定について,保証人が,主たる債務者が債権者に対して有する反対債権について処分権を有するわけではないので,保証人は,相殺まではできず,債権者に対して,相殺によって消滅する限度で,保証債務の履行を拒絶しうるにすぎないという見解もある（抗弁説）。

　しかし,このような抗弁説では,前記のように「保証債務の附従性」によれば,保証人は主たる債務者の有する抗弁権を債権者に対して主張しうるのであるから,民法457条2項は理論上当然のことを確認した規定にすぎないことになってしまう。

　そのため,民法457条2項は,理論上当然のことを確認した規定にすぎないのではなく,保証人を保護し,決済の便宜を図るために,保証人に対し,便宜

上，主たる債務者が債権者に有する反対債権をもって相殺することまでも認めた規定であると解すべきである（相殺説）[*5]。

  *5 判例は，民法436条２項についてであるが，相殺説を採用している（大判昭12・12・11民集16巻1945頁参照）。

(2)　**小問(6)の場合**

 以上によれば，小問(6)の場合，保証人Ｚは，返済日の平成12年６月30日以降は，主たる債務者Ｙの債権者Ｘに対する貸金債権50万円をもって，債権者Ｘの主たる債務者Ｙに対する売買代金60万円を相殺し，対当額である50万円について，主たる債務の消滅，そのため，保証債務も消滅したことを主張して，50万円について保証債務の履行（弁済）を拒絶することができることになる。

〔井手　良彦〕

Q7

保証(2)——保証における主たる債務者と保証人の責任②

　Q6の(1)の事例に関して，それぞれの請求等について説明しなさい。
(1)　Zは，Xに対して，70万円の貸金債権があり，その返済日が平成12年6月30日であったので，Xの同年7月1日付け請求に対して，自らの貸金債権によって対当額による相殺の意思表示をした。その後，Xは，同年8月1日にYに対して自動車代金の請求をした場合のXの請求について。
(2)　Xが，YやA及びZに対する請求をせず放置していた。ところが，Zは同18年6月1日付けでXに対して上記代金の一部5万円を自ら支払った。この場合において，Xが同22年10月1日にYに対して，残代金の請求をした場合のYの主張について。
(3)　上記(2)のZの支払が，Xの請求に基づいたものであり，しかも，Zが連帯保証人であった場合のYの主張について。

[1] はじめに

　本件における小問(1)の場合は，保証人の1人が自らの債権で保証債務について相殺をしている。そこで，このような相殺の結果が，債権者と主たる債務者の関係に影響を及ぼすかが問題となる（⇒[2]）。
　小問(2)の場合は，保証人の1人が保証債務の一部を支払っている。そこで，このような保証債務の一部支払が債権者の主たる債務者に対する債権の時効関係に影響を及ぼすか，つまり，時効中断効を有するかが問題となる（⇒[3]）。
　小問(3)の場合は，連帯保証において，連帯保証人に対して履行を請求した場合である（民458条・434条）。このような連帯保証人に対する履行の請求が，前記と同様に，債権者の主たる債務者に対する債権の時効関係に影響を及ぼすか，つまり，時効中断効を有するかが問題となる（⇒[4]）。

以下，順次，検討する。

[2] 小問(1)について

本問の場合，保証人の1人であるZが，自らの貸金債権で保証債務について相殺をしている。そのため，このような相殺のように，債権者と保証人の間に生じた事由が，債権者と主たる債務者の間に影響を及ぼすかが問題となる。この問題を検討する前提として，最初に，保証債務の場合に，債権者と主たる債務者の間に生じた事由が，債権者と保証者の間に影響を及ぼすかについて，検討する。

(1) 保証債務において，債権者と主たる債務者の間に生じた事由は，債権者と保証者の間に影響を及ぼすか

保証債務の場合，債権者と主たる債務者の間に生じた事由は，債権者と保証者の間に影響を及ぼすのが原則である。なぜならば，保証債務は主たる債務の履行を確保するという担保権としての性質から，主たる債務に附従するという性質を有しており（附従性），よって，①主たる債務が成立しなければ，保証債務も成立せず（成立における附従性），②主たる債務の内容が変更すれば，それに応じて保証債務の内容も変更し（内容における附従性）＊，また，③主たる債務が弁済や取消しなどによって消滅した場合には，保証債務も消滅することになるからである（消滅における附従性）。

> ＊ ただし，内容における附従性があるといっても，保証債務の成立後に，債権者と主たる債務者の合意によって，主たる債務の目的や内容が重くなった場合，その効力は保証人に及ばない。保証人の意思によらないで，債権者と主たる債務者の合意によって，保証債務の内容等が加重されることは許されないからである。

(2) 保証債務において，債権者と保証人の1人の間に生じた事由は，債権者と主たる債務者の間に影響を及ぼすか

前記(1)の場合と違って，債権者と保証人の1人の間に生じた事由は，債権者と主たる債務者の間に影響を及ぼさないのが原則である。なぜならば，債権者と保証人の間の法律関係（保証契約）は，債権者と主たる債務者の間の法律関係とは，別個独立の法律関係だからである。

しかし，保証債務は主たる債務の履行を確保するという担保権であるから，

債権者と保証人の１人の間に生じた事由のうち，保証人が保証債務を履行するなど，保証人の出捐によって債権者に経済的満足を与えた場合，つまり，担保としての役割を果たした場合には，その分，主たる債務は消滅し，そのような効力は当然に主たる債務者に及ぶことになる。

(3) 本問の場合

小問(1)の場合は，保証人の１人Ｚが債権者Ｘに対して有する70万円の貸金債権をもって，自らの保証債務と対当額で相殺をした場合である。

そして，この相殺の結果，相殺された範囲では，ＸはＺに対する貸金債務の弁済が不要になって，経済的満足を得ることになり，他方，その範囲でＺはＸに対する貸金債権を失うことになるので，Ｚは自らの出捐によってＸに経済的満足を与えたことになる。そのため，Ｘにとって実質的に保証債務の履行が行われた場合となる。

したがって，Ｘの主たる債務者Ｙに対する代金債権は消滅し，ＸがＹに対して行った平成12年８月１日の代金請求は，許されないことになる（Ｙは，Ｘの請求に対して，抗弁として主たる債務の消滅を主張しうることになる）。

［3］ 小問(2)について

本問の場合，保証人の１人であるＺが，保証債務の一部を支払っている。

(1) 保証人による保証債務の一部支払が，債務の承認として債権者の主たる債務者に対する債権に対して時効中断効を有するか

前記のように保証人の１人が保証債務の一部支払を行った場合，それが債務の承認にあたるとして（民147条３号），債権者の主たる債務者に対する債権に対しても時効中断効を有することはないと考えるべきである。なぜならば，債権者と保証人の間の法律関係（保証契約）は，債権者と主たる債務者の間の法律関係とは，別個独立のものであり，よって，債権者と保証人の間に生じた事由は，債権者と主たる債務者の間に影響を及ぼさないのが原則だからである（［2］(2)参照）。

ただし，保証人による保証債務の一部支払は，債権者に経済的（一部）満足を与えており，その分，主たる債務の減少をもたらす。よって，その範囲に限って，債権者と主たる債務者の間の法律関係に影響を及ぼすことになる。

以上については，保証人が連帯保証人である場合であっても同様である。

(2) **主たる債務者による一部支払が，債務の承認として債権者の保証人に対する債権に対して時効中断効を有するか**

ところで，本問の場合と違って，主たる債務者の一部支払（承認）による時効中断効は，保証人に対しても効力を有する（民457条1項）。なぜならば，（債権者と保証人の間の法律関係は，債権者と主たる債務者の間の法律関係とは，別個独立のものであるにしても，）保証債務には附従性があるので，主たる債務が承認によって時効中断すると，保証債務にその中断効が及ぶものと解すべきだからである。

(3) **本問の場合**

小問(2)の場合，XのYに対する売買代金債権は，平成12年4月1日のX所有自動車売買契約によって発生し，その支払期は同年6月1日であったから，XがYに売買代金の支払請求をした平成22年10月1日には，10年間の消滅時効期間（民167条1項）が経過しているものと思われる。ところで，Zは平成18年6月1日にXに対して保証債務の一部（5万円）支払を行っているが，前記のように，それがXのYに対する売買代金債権に対して時効中断効を有することはなく，よって，Xが支払請求をした同22年10月1日の時点では，当該売買代金債権について消滅時効が完成していることになり，そのため，Yがその完成した時効を援用すれば，Xの残代金請求は認められないことになる。

[4] 小問(3)について

本問の場合は，連帯保証人に対して履行を請求している。

(1) **連帯保証人に対する履行の請求は，主たる債務者に対しても時効中断効を有するか**

前記のような連帯保証人に対して請求した場合，連帯保証人のみならず，主たる債務者に対しても時効中断効を有するか，つまり，債権者の主たる債務者に対する債権についても時効の進行を中断することになるかが問題となる。

この点については，民法458条が同法434条を準用している。そのため，連帯保証人に対して請求があれば，主たる債務者に対しても請求があったことになり（請求の絶対効），その結果，連帯保証人に対する請求があれば，主たる債務者に対しても時効中断効を有することになる。

なお，民法458条は，前記の同法434条のみならず，同法434条から440条までを準用している。しかし，このうち連帯保証の場合に準用されるのは，連帯保証人に請求した場合に主たる債務者にも請求の効力が及ぶとする434条と連帯保証人と混同が生じた場合に主たる債務者にも混同の効力が及ぶとする438条だけであると解すべきである。

なぜならば，まず，主たる債務者に生じた事由につき連帯保証人にもその効力が及ぶかに関しては，連帯保証も保証の一形態であるから，保証の附従性が機能し，そのため，保証の附従性に基づき，主たる債務者に生じた事由については，すべて連帯保証人にもその効力が及ぶものと考えるべきであり，この点に関して，民法458条の適用はないと考えるべきであるし，次に，連帯保証人に生じた事由について，主たる債務者にその効力が及ぶかに関しては，①連帯保証においては，連帯債務のような「負担部分」を観念できず，そのため，負担部分を前提としている規定（民436条2項・437条・439条）に準用の余地はなく，また，②連帯保証人と債権者との間の更改や相殺など，債権を満足させる事由については，それは当然に主たる債務者にも効力が及ぶものと考えるべきであり，その点で，民法435条や436条1項については準用の必要はなく，さらに，③保証においては，保証人に生じた事由については原則として主たる債務者にその効力が及ばず，そのため，連帯保証の場合にだけ440条を準用するだけの意義はないからである。

以上のとおり，民法458条によれば，同法434条のほか，同法438条が準用されることになり，そこで，連帯保証人と「混同」（民520条）が生じた場合，例えば，連帯保証人が債権者を相続したり，連帯保証債権を譲り受けたりした場合には，弁済をしたものとみなされ，よって，主たる債務も消滅することになる。

(2) **本問の場合**

小問(3)の場合，Zが平成18年6月1日に5万円を支払ったのがXの請求に基づいたものであり，そして，この場合のXの請求はYに対しても請求したことになり，よって，Yに対しても請求による時効中断効が及ぶことになる。その結果，XのYに対する売買代金債権の時効の進行は中断したことになる。そのため，Xが支払請求をした同22年10月1日の時点では，当該売買代金債権

についての消滅時効は完成しておらず，したがって，XのYに対する残代金請求は認められることになる。

〔井手　良彦〕

Q8

保証(3)——主債務及び保証債務の時効完成

(1) X株式会社は，平成17年11月1日に，Aに対し，連帯保証人Yを立てさせ，Aの商売の運転資金として100万円を，利息年6％，遅延損害金年12％，返済日同18年10月31日という約定で貸し渡した。ところが，X社は，AやYに対して請求をしたり，それぞれの債務の承認を求めたりすることもなく放置していた。Yは，同20年11月1日になって，自らX社に対して保証債務の存在を認めた。その後，同23年12月1日になり，X社はAに対し貸金債務を請求したところ，Aは5万円を支払った。X社は，支払を受けた5万円を遅延損害金の一部に充当した上で，同月15日にYに対して連帯保証債務の履行を求め，元本100万円，利息6万円，遅延損害金34万円（遅延損害金の一部をカット）の合計140万円を請求した。この場合に，X社の請求は認められるか。Yはどのような主張をなしうるか。

(2) X社は平成23年11月30日まではAやYに対し請求等をすることもなく放置しており，AやYも支払や承認をしなかったが，翌12月1日になって，X社はAとYに支払を請求したところ，Aは支払わなかったが，Yは5万円を支払った。この場合において，X社がYに対して上記のような請求をしたときはどうか。

(3) また，平成23年12月1日になって，AがX社に対して貸金債務を承認し，それを知ったYが，同月10日にX社に対し保証債務を承認した場合において，X社がYに対して上記のような請求をしたときはどうか。

(4) さらに，Aは，平成20年8月1日に自己破産による免責を受け（確定），他方，Yは，同23年12月1日になって，X社に対し保証債務を承認したような場合において，X社がYに対して上記のような請求をしたときはどうか。

Q8｜保証(3)——主債務及び保証債務の時効完成

［1］　はじめに

　本問における小問(1)については，主たる債務者が，主たる債務の消滅時効期間（商事債権の場合5年間。商522条）経過後，つまり，時効完成後に一部弁済をしており，そのような時効完成後の一部弁済の法律効果が問題となり，また，そのように主たる債務者が時効完成後に一部弁済をした場合に，連帯保証人（自らの連帯保証債務は承認している）は主たる債務の消滅時効を援用しうるかについても検討しなければならない（⇒[2]）。

　小問(2)については，連帯保証人が，連帯保証債務の消滅時効期間経過後，つまり，時効完成後に一部弁済をした場合において，そのような連帯保証人は，主たる債務につき時効が完成したときに，主たる債務についての消滅時効を援用しうるかが問題になる（⇒[3]）。

　小問(3)については，主たる債務者が主たる債務について消滅時効期間経過後，つまり，時効完成後にその主たる債務を承認した場合に，そのことを知った連帯保証人が，自らの保証債務を承認したときに，この連帯保証人は主たる債務の消滅時効を援用しうるかが問題となる（⇒[4]）。

　小問(4)については，主たる債務者が破産免責を受けた場合に，免責された債務についての連帯保証人は，その債務の消滅時効を援用しうるかが問題となる（⇒[5]）。

　以下，順次，検討する。

［2］　小問(1)について

(1)　消滅時効期間経過後の一部弁済の法律効果

　(a)　消滅時効期間経過前に一部弁済をした場合には，そのような一部弁済は，債務の「承認」に該当する（民147条3号・156条）。すなわち，「承認」とは，時効が完成すれば義務を免れることになる義務者のほうから権利者に対して当該義務を認める行為をいい，一部弁済も，そのような義務を認める行為に該当するからである[*1]。そして，このような「承認」があれば，時効は中断する。時効の中断とは，時効期間の進行が中断して，それまでに進行した時効期間を無意味にすることをいう。したがって，中断事由が終了したり，消滅したりして

も，時効期間としては，それまでに経過した期間を引き継がず，新たな時効期間が開始されることになる[*2]。このような中断が認められるのは，中断事由があれば，その段階において永続する事実状態が断ち切られることになるので，そのような事実状態よりも本来の権利者を保護すべきことになるからである。

* 1 　その他，弁済猶予の申入れ，弁済期の延長の申入れ，担保の供与，利息の支払，代金の減額交渉，債務弁済の委任なども「承認」に該当する。
* 2 　このように，ある時点で時効の中断があると，それまでに経過した期間を引き継がず，新たな時効期間が開始される点が，時効の停止の制度（民158条ないし161条）との相違点である。

(b)　それでは，消滅時効期間経過後，つまり，時効完成後に一部弁済をした場合には，そのような一部弁済は，時効に関してどのような法的効果をもたらすか。

　時効完成後の一部弁済や支払猶予の申入れなど，時効完成後の承認について，かつての判例では，時効利益の放棄（民146条）に該当しうるとしていた。そして，時効利益の放棄は，時効の完成を知っていることを前提とするから，時効完成後に承認をした場合には，債務者は時効の完成を知っていたと推定し，知らないことの立証責任を債務者に負わせることにして，実際には，知らないことの証明を容易に認めなかったことから，時効完成後に承認をした場合には，時効利益を放棄したという結果になった。しかし，消滅時効期間経過後に一部弁済とか支払猶予の申入れなどをするのは，時効の完成を知らなかったからというのが通常であって，時効の完成を知っていたと推定することは相当でない。そのため，判例は，時効完成後に債務の承認をしたという事実から，この承認が時効の完成を知ってなされたものと推定することは許されないとし，その一方で，消滅時効の完成後に，債務者が債務の承認をした以上，時効完成の事実を知らなかったときにでも，以後その完成した消滅時効の援用をすることは信義則上許されないとするに至った（最判昭41・4・20民集20巻4号702頁参照）。これは，消滅時効の完成後に，債務者が債務を承認する行為とそのような承認の後に消滅時効を援用して当該債権の消滅を主張する行為は相矛盾する行為であって，また，消滅時効の完成後に，債務者が債務を承認すれば，債権者としても，もはや消滅時効を援用して当該債権の消滅を主張することはないだろうと信頼

するのが通常であり，そのような信頼は十分に保護に値するから，信義則上，消滅時効の完成後に債務者が債務を承認した場合には，消滅時効の援用をすることは許されない，すなわち，援用権が喪失するとしたのである（時効援用権の喪失）。

(2) 主たる債務者が時効完成後に一部弁済をした場合に，連帯保証人は主たる債務の消滅時効を援用しうるか

連帯保証人の行う時効の援用については，まず，①連帯保証人が，保証債務それ自体の時効を援用する場合がある。次に，②連帯保証人が，主たる債務の時効につき，「当事者」（民145条）として援用する場合がある。すなわち，時効を援用しうる「当事者」については，消滅時効の場合，権利の消滅により直接利益を受ける者に限定されると解すべきであるところ（最判昭48・12・14民集27巻11号1586頁），主たる債務につき消滅時効が完成した場合，保証人は，主たる債務の時効消滅によって自らの保証債務の消滅を主張しうる関係にあり，そのため，主たる債務の時効消滅により直接利益を受ける者にあたると解しうるからである。さらに，③連帯保証人が，主たる債務の時効につき，主たる債務者の時効援用権を援用する場合がある。すなわち，保証債務の附従性に基づき，保証人は主たる債務者の有する抗弁権などを広く援用しうるので，主たる債務者の時効援用権についても援用しうるものと考えるべきだからである。

(3) 小問(1)の場合

以上を前提に，小問(1)について検討する。

小問(1)の場合は，主たる債務者Aが，主たる債務の時効完成後に，一部弁済をしており，よって，前記(1)(b)のように，主たる債務者Aの時効援用権は喪失している場合である。そこで，前記(2)のうち，③の場合は考えられない。なぜならば，主たる債務者Aの一部弁済によって，Aの時効援用権はすでに喪失しており，そのため，連帯保証人YがAの時効援用権を援用しようにも対象となる援用権はすでに喪失しており，援用の余地がないからである。

しかしながら，連帯保証人Yは，前記(2)②のように，主たる債務の消滅時効につき，自らも「当事者」（民145条）として時効援用権を有する。よって，その自らの時効援用権を主張して，主たる債務の時効消滅，よって，自らの連帯保証債務も消滅するものとして，X社からの請求を拒むことができると解すべ

きである。なぜならば，主たる債務につき消滅時効が完成した場合に，前記(2)②のように，連帯保証人は（主たる債務者の時効援用権とは別個に）時効援用権を有するが，その時効援用権は，主たる債務者の時効援用権の喪失によっても，影響を受けないからである。

　さらに，保証人は，前記(2)①のように，保証債務につき時効が完成しておれば，保証債務の時効消滅についての時効援用権を有し，この時効援用権を行使することができる。しかし，小問(1)の場合は，連帯保証人Yは，平成20年11月1日に，X社に対して自らの連帯保証債務を承認し，この時に時効中断効が生じているので，X社がYに請求した平成23年12月15日の段階では，連帯保証債務につき未だ時効は完成しておらず，よって，Yは自らの連帯保証債務についての消滅時効を援用することはできないことになる。

[3]　小問(2)について

(1)　連帯保証人が，連帯保証債務の時効完成後に一部弁済をした場合に，主たる債務についての消滅時効を援用しうるか

　本問における小問(2)においては，連帯保証人Yが，連帯保証債務の消滅時効期間経過後，つまり，時効完成後に一部弁済をしており，そのような場合において，連帯保証人Yは，主たる債務につき消滅時効期間が経過したときに，主たる債務についての消滅時効を援用しうるかが問題になる。

　連帯保証人が，連帯保証債務の時効完成後に，一部弁済をした場合には，前記[2](1)(b)のように，連帯保証人の時効援用権は喪失するものと考えるべきである。なぜならば，そのような連帯保証人の一部弁済と連帯保証債務の時効消滅を主張する行為は相矛盾するものであって，また，債権者の期待を裏切ることになり，よって，連帯保証債務の時効完成後に一部弁済をした連帯保証人は，信義則上，自らの連帯保証債務の時効消滅を主張しえないものと考えるべきだからである。

　しかし，連帯保証人は，前記[2](2)のように，主たる債務につき消滅時効が完成したときには，主たる債務の消滅時効につき時効援用権を有するし，さらに，主たる債務者の時効援用権を援用することも可能である。

(2) 小問(2)の場合

以上によれば，小問(2)の場合にも，連帯保証人Ｙは，Ｘ社の請求に対して，主たる債務につき消滅時効が完成していると主張し，「当事者」（民145条）として主たる債務の消滅時効を援用することによりＸ社の請求を拒むことが可能である。さらに，主たる債務者Ａの時効援用権を保証人として援用することにより，Ｘ社の請求を拒むことも可能である。

なお，この点に関連して，東京高判平7・2・14は，「主債務の時効完成後に保証人が保証債務を履行した場合でも，主債務が時効により消滅するか否かにかかわりなく保証債務を履行するという趣旨に出たものであるときは格別，そうでなければ，保証人は，主債務の時効を援用する権利を失わないと解するのが相当である。」と判示している（判時1526号102頁）。この判例は，連帯保証人が自らの連帯保証債務につき支払を続け，そのため，連帯保証債務については時効の完成はなく，連帯保証債務の時効は主張しえないとしても，主たる債務につき時効が完成した場合には，その後も，連帯保証債務につき支払を続けていたとしても，連帯保証人は原則上主たる債務の時効を援用しうると判断したものである。そこで，この判例の趣旨からすれば，本問における小問(2)の場合のように，連帯保証人が，（連帯保証債務の時効援用権の喪失のため，）連帯保証債務の時効は主張しえないとしても，主たる債務につき時効が完成した場合には，連帯保証人は主たる債務の時効を援用しうることになる。

[4] 小問(3)について

(1) **主たる債務者が主たる債務の時効完成後にその主たる債務を承認した場合に，連帯保証人も自らの保証債務を承認したときに，この連帯保証人は主たる債務の消滅時効を援用しうるか**

本問における小問(3)においては，主たる債務者Ａが主たる債務につき時効完成後にその主たる債務を承認しており，そして，そのことを知った連帯保証人Ｙも，自らの保証債務を承認した場合であって，そのような場合にも，この連帯保証人Ｙは主たる債務の消滅時効を援用しうるかが問題になる。

この場合の連帯保証人の時効の援用については，前記[2](2)のように，①保証債務それ自体の時効を援用する場合があり，②主たる債務の時効につき，

「当事者」(民145条)として援用する場合があり、また、③主たる債務の時効につき、主たる債務者の時効援用権を援用する場合があるものと考えられる。

(2) 小問(3)の場合

以上を前提に、小問(3)について検討する。

小問(3)の場合、主たる債務者Aは主たる債務の時効完成後にその主たる債務を承認しており、そこで、主たる債務者Aの時効援用権は喪失することになる。そのため、前記(1)③の方法について、援用の対象となる主たる債務者Aの時効援用権が喪失により存在しないので、この方法はとりえないことになる。また、連帯保証人Yは、自らの保証債務についても時効完成後に承認しており、よって、保証債務それ自体の時効援用権も喪失することになり、よって、前記(1)①の方法もとりえない。そのため、前記(1)②の方法をとりえないかが問題になるのである。

この点について、判例は、「主債務の消滅時効完成後に、主債務者が当該債務を承認し、保証人が、主債務者の債務承認を知って、保証債務を承認した場合には保証人がその後主債務の消滅時効を援用することは信義則に照らして許されないものと解すべきである。」と判示している（最判昭44・3・20判時557号237頁参照）。

すなわち、この場合は、主債務の消滅時効完成後に、主債務者が当該債務を承認し、保証人が、主債務者の債務承認を知って、保証債務を承認した場合であって、そのように主債務者の債務承認を知って、保証人が自らも保証債務を承認する行為とその後に主債務の消滅時効を援用して主債務の消滅、よって、自らの保証債務も消滅すると主張する行為は相矛盾するものとなり、また、保証人が、主債務者の債務承認を知って、保証債務を承認したような場合には、債権者としては、保証人が保証債務を履行してくれるものと信頼するのが通常であり、そのような債権者の信頼は保護に値するものと考えられる。そのため、保証人が、主債務者の債務承認を知って、保証債務を承認したような場合には、そのような保証人は、信義則上、主たる債務の時効につき、「当事者」(民145条)として援用することはできない、すなわち、「当事者」としての時効援用権は喪失するものと解すべきだからである。

よって、連帯保証人Yは、前記(1)②の方法もとりえず、結局、小問(3)の場合

は，YはX社の請求を拒みえないことになる。

[5] 小問(4)について

(1) 主たる債務者が破産免責を受けた場合に，免責された債務についての連帯保証人は，その債務の消滅時効を援用しうるか

本問における小問(4)については，主たる債務者Aが破産免責を受けた場合に，免責された債務についての連帯保証人Yは，その債務の消滅時効を援用できるかが問題となっている。

この点について，判例は，主たる債務者である破産者が免責決定を受けた場合に，免責決定の効力の及ぶ債務の保証人は，その債権についての消滅時効を援用することはできないとしている（最判平11・11・9民集53巻8号1403頁）。すなわち，「免責決定の効力を受ける債権は，債権者において訴えをもって履行を請求しその強制的実現を図ることができなくなり，右債権については，もはや民法166条1項に定める『権利ヲ行使スルコトヲ得ル時』を起算点とする消滅時効の進行を観念することができないというべきであるから，破産者が免責決定を受けた場合には，右免責決定の効力の及ぶ債務の保証人は，その債権についての消滅時効を援用することはできないと解するのが相当である。」と判示した。

これは，債権について，強制的実現の方法がある場合に，その債権の行使期間を想定し，その期間が経過すれば，債権を行使できなくなるという制度を設ける必要があり，そのような制度こそが消滅時効制度である。したがって，強制的実現の方法のある債権に限って，消滅時効の対象になるとすべきである。要するに，強制的実現の方法がないような債権については，消滅時効制度の適用を受けるべき前提を欠いているといいうる。そして，主たる債権について免責決定を受けた場合，その債権（に対応する債務）は自然債務になる。自然債務（に対応する債権）については，裁判に訴えて，勝訴判決を得て，強制執行によって債権を実現するといった債権の強制的実現の方法がない（裁判外での請求が可能であるにとどまる）。このように強制的実現の方法がない自然債務については，消滅時効制度の適用を受けることはなく，消滅時効の進行を観念することができない。そして，消滅時効の進行を観念することはできない債権についての保

証人についても，その債権についての消滅時効を援用することはできないと解すべきだからである。

(2) 小問(4)の場合

以上によれば，小問(4)の場合に，YはX社の請求に対して，主たる債務者Aの主たる債務の消滅時効を援用することはできない。Yは自らの連帯保証債務の消滅時効が完成しておれば，その消滅時効の援用をなしうるにすぎないが，Yは，平成23年12月1日に，X社に対し保証債務を承認しており，消滅時効は完成していないので，Yは自らの連帯保証債務の消滅時効を援用できないことになる。結局，小問(4)の場合は，YはX社の請求を拒みえないことになる。

〔井手　良彦〕

Q9 賃貸借契約更新前の保証人の責任

Yは、X・A間の賃貸借契約（賃貸期間2年）における賃借人Aの債務を連帯保証したところ、賃貸人Xは、Aが上記賃貸借契約法定更新後の5ヵ月分の賃料の支払を怠ったとして、Yに対し、上記保証契約に基づいて、その支払を求める訴えを提起した。これに対して、Yは、上記法定更新はYの承諾なく行われたものであり、法定更新後に生じた債務については保証責任を負わないと主張した。Yの主張は認められるかについて説明しなさい。

[1] 問題の所在

本設問において、X・A間の賃貸借契約は法定更新されているから、従前の賃貸借契約と同一の条件で契約が更新されたことになる（借地借家26条）。

では、前の賃貸借契約においてAの債務を連帯保証したYの責任は、更新された後の賃貸借契約についても及ぶのかが問題となる。

この点、Yは、Yの承諾なくX・A間の賃貸借契約が法定更新されたとして、法定更新後に生じたAの債務については保証責任を負わないと主張している。仮に、Yの関与なく更新された後においてもYに保証責任が及ぶとすれば、Yの予期した結果に反することになりかねない。

そこで、前述した問題点に触れながら、①更新前の賃貸借契約と更新後の賃貸借契約の同一性の有無、これに係る保証人の責任、②保証人の責任を制限することの可否について、以下検討する。

[2] 更新前の賃貸借契約と更新後の賃貸借契約の同一性の有無、これに係る保証人の責任を制限することの可否

期間の定めのある賃貸借契約が合意又は法定によって更新された場合、更新前の賃貸借契約と更新後の賃貸借契約に同一性があるのか、更新前の賃貸借契

約から生じる賃借人の債務を保証した者の責任が，更新後の賃貸借契約に及ぶのかに関して，判例・学説ともに肯定説と否定説に分かれる。

(1) 学　説

(a) **学説A**　借地借家関係は更新されるのが原則であり，担保提供の際にも，当然それが前提となっていると考えられるから，保証人の債務も存続すると解すべきであるとする見解である（内田貴『民法Ⅱ債権各論』〔第2版〕190頁）。

(b) **学説B**　賃貸借契約の更新の場合，新・旧賃貸借の同一性の有無は，帰納的に判断されるべきであるとして，賃貸人及び賃借人は，旧賃貸借に設定された保証についてその存続を利益とし，その一方で，保証人は，法定更新を覚悟しているはずであるから，更新後も保証人の責任は存続するとする見解である（星野英一『借地・借家法』68頁）。

(c) **学説C**　賃貸借契約の更新の場合，保証人の責任は，保証契約の約定ないし解釈によるが，更新によって生じる債務については，予め又は改めて同意しない限り担保しないとする見解である（三宅正男『契約各論（下）』669頁）。

(2) 判　例

(a) **神戸地方裁判所昭和31年7月31日判決**（下民集7巻7号2078頁）　「更新後の賃貸借契約は更新前の賃貸借契約と別個の契約であって，更新後の賃貸借契約上の債権は公正証書に表示された更新前の賃貸借契約上の債権ではないからである。(中略)更新前の賃貸借契約の条項はこれをすべて更新後の賃貸借契約に適用する旨特に定めかつこれについて執行受諾文言を付すればともかく何等その定めがない場合には当該公正証書は当初の賃貸借契約上の債権についてのみ債務名義となるにすぎないのであって，実体上契約が更新されていることからして直ちに更新後の賃貸借契約上の債権についても債務名義となると速断することはできない」と判示した。

(b) **広島地方裁判所昭和41年6月6日判決**（下民集17巻5＝6号484頁）　「賃貸借更新とは，更新時に実体法上前賃貸借契約と同一の内容の新たな賃貸借契約が成立するものと解すべきである。したがって，更新後の賃料債権あるいは解除による明渡請求権は，更新前の賃貸借契約から生ずるものではなく，別個の契約に基づくものであるから，更新前の賃貸借契約についての和解調書によって強制執行をすることは許されないものというべきである」と判示した。

（c）　大阪地方裁判所昭和46年2月26日判決（判時644号74頁）　「賃貸借の更新とは，更新時に前賃貸借契約と同一条件の新たな賃貸借契約が成立するもので，更新後の賃貸借契約は，更新前の賃貸借契約とは別個の契約であると解すべきである」と判示した。

（d）　東京地方裁判所昭和56年7月28日判決（判タ465号133頁・判時1037号122頁）
「被告は本件建物賃貸借の満了と共に，保証人である被告の責任は終了した旨主張するので判断するに，（中略）借家法の規定を受ける建物賃貸借は期間の更新が原則であり，いわば期間満了と同時に更新の効果が自動的に生じる客観的な制度ともいえるもので，実際においても，賃借権は更新によって存続することは常識化しており，賃貸借の保証債務はほぼ一定のもので，保証人の予想しない多額のものが通常発生しないことからしても，保証人たる第三者といえども，予め，賃貸借が更新により存続することを十分予想でき，また予想すべきであるから，保証人と賃貸人との間で特約がない以上，原則として，賃貸借更新後も賃借人の債務を保証する責任は存続するというべきで，被告の主張は理由がない」と判示した。

（e）　東京地方裁判所昭和62年1月29日判決（判時1259号68頁）　「建物の賃貸借においては，借家法の規定により，期間満了後も賃貸借関係が存続するのが原則であり，かつ更新の前後の契約には同一性が認められること，建物賃貸借契約自体が本来長期間にわたる性格のもので，保証人においても継続的に保証するものであることを認識している筈であること，建物賃貸借の保証人の債務はほぼ一定しており，賃貸借契約の当事者による更新後の債務について保証の効力を認めても，特に保証人に対して酷であるとはいえない」などと判示した。

（f）　最高裁判所平成9年11月13日判決（判タ969号126頁）　「期間の定めのある建物の賃貸借において，賃借人のために保証人が賃貸人との間で保証契約を締結した場合には，反対の趣旨をうかがわせるような特段の事情のない限り，保証人が更新後の賃貸借から生ずる賃借人の債務についても保証の責めを負う趣旨で合意されたものと解するのが相当であり，保証人は，賃貸人において保証債務の履行を請求することが信義則に反すると認められる場合を除き，更新後の賃貸借から生ずる賃借人の債務についても保証の責めを免れないものというべきである」と判示した。

なお，この判決は，更新の前後によって賃貸借契約の同一性は失われないかについては何ら触れていない。

(3) **本問へのあてはめ**

上記(1)の学説C，同(2)(a)ないし(c)の判例によると，X・A間の更新前の賃貸借契約と更新後の賃貸借契約の同一性は否定され，Yの保証責任は，更新後の賃貸借契約には及ばないことになるが，ここでは，同(2)(f)の最高裁判所判例及び同(1)の学説A・Bの見解に従って検討することにする。

X・A間の賃貸借契約は，一時使用の賃貸借契約ではなく，相当長期の期間にわたって存続することが予定された継続的な契約関係であって，更新が原則とされ，期間満了と同時に更新の効果が自動的に生ずる仕組みになっていると考えられる。これを前提にすると，①連帯保証人Yとしても当然，更新によるX・A間の賃貸借契約が継続されることを予期すべきである，②賃借人AのXに対する債務は，定期に支払われる確定額の賃料支払が中心となるから，保証債務額ないし範囲はほぼ一定している，③X・A間の賃貸借契約の期間満了後におけるYの保証責任について特別の約定がされていないことが窺われる。とすると，Yは，更新後のX・A間の賃貸借契約から生ずる債務についても保証責任を負う趣旨で保証契約をしたものといえる。

したがって，Yは，原則として，更新後の本件賃貸借契約についても保証責任を負うことになる。

[3] **保証人の責任を制限することの可否**

X・A間の賃貸借契約更新の後の保証人Yの責任が肯定されるとすれば，更新が繰り返されてその契約が存続する限り，Yは，永続的な保証責任を余儀なくされることになる。

そこで，以下では，賃貸借契約に係る保証人の責任が制限されることを認めた判例を検討し，その理を，X・A間の賃貸借契約更新後の保証人Yの責任について敷衍させることにする。

(1) **判　例**

(a) 大阪地方裁判所昭和39年6月29日判決（判タ170号164頁）　「本件賃貸借に期間の定めのないところ保証契約のときから既に7年4ヶ月余を経過し，昭

和28年8月分賃料以降40ヶ月分の賃料の供託がないまま賃貸人と賃借人の紛争ないし争訟が続きもはや早期にその解決をみる見込もなく，延滞賃料はますます膨大する一方で，賃借人たる訴外人の財産に対する保全執行だけでは確保されず，保証人たる被告に対しても電話，ピアノの仮差押がなされていたのであって，このような事情は保証契約の当初被告の到底予見できなかった事情ということができるから，右事情の変更により被告において解除権を生じたと解するのが相当である」と判示した。

(b) 東京地方裁判所平成6年6月21日判決（判タ853号224頁）　「賃借人の賃料の支払がないまま，保証人に何らの連絡もなしに賃貸借契約が期間2年として2回も合意更新されるとは，社会通念上ありえないことで，被告がかかる場合にも責任を負うとするのは，保証人としての通例の意思に反し，予想外の不利益をおわせるものである。（中略）平成2年4月19日及び平成4年4月19日の2回にわたり本件賃貸借契約が合意更新されているのであるから，平成4年4月19日以降の本件賃貸借に基づく債務について被告は保証人としての責任は負わないものというべきである」と判示した。

(2) **判例のまとめ**

上記(1)(a)・(b)の判例によると，①賃料の延滞が幾度にも重なり，将来もその履行が見込めず，また，賃借人の資産状態が著しく悪化して求償権の行使が困難となる場合，②賃料が延滞しているのに保証人に連絡しないまま2回にわたる更新が行われている場合などには，更新後の賃貸借契約について，保証人の責任が免責されることになる。

(3) **本設問へのあてはめ**

本設問において，Yは，Yの承諾なくX・A間の賃貸借契約が法定更新されたとして，法定更新後に生じたAの債務については保証責任を負わないと主張しているが，これを理由づける事実として上記(2)①・②にあたる事実を主張・立証した場合であれば，Yの上記主張は認められることになる。

〔西村　博一〕

Q 10
債権譲渡と特例法による債務者対抗要件

　貸金業者A株式会社は，借主Yに対する貸金債権を有していたが，その後，債権回収会社X株式会社にその貸金債権を譲渡した。その後，X社は，約定支払日の支払を数回怠って期限の利益を喪失したYに対し，貸金の返還を求める訴えを提起した。これに対して，Yは，Yへの債権譲渡の通知があるまではX社を債権者として認めないと主張した。そこで，X社は，上記貸金債権については，動産及び債権の譲渡の対抗要件に関する民法の特例等に関する法律4条に基づいて債権譲渡登記ファイルに譲渡の登記がなされているから，X社が債権者であることは明白であると主張するとともに，その登記事項証明書を提出した。X社の主張は認められるかについて説明しなさい。

[1] 問題の所在

　本設問において，Yは，債権回収会社X株式会社（以下「X社」という）のYに対する貸金返還請求について，Yへの債権譲渡の通知があるまではX社を債権者として認めないとの権利主張をしている。
　この点，指名債権譲渡の効力は，当事者間（譲渡人と譲受人）では意思表示のみによって生ずるが，その効果を債務者に対抗するためには，債務者への通知又は承諾を要する（民467条1項）。その趣旨は，債務者をして新たな債権者が誰であるかを知らしめ，債務者が二重に弁済することを回避するとともに，通知・承諾によって債権譲渡を債務者に正式に認識させておけば，債権について利害関係を持とうとする第三者が現れた場合に，その者は，債務者に問い合わせて債権の所在等を確認することができるから，これをもって公示の機能を果たさせようとしてしたことにある。
　ここに，指名債権とは，債権者の特定している債権のことをいい，通常の売

買代金債権や貸金債権がこれにあたる。

ところで，X社は，貸金業者A株式会社（以下「A社」という）から譲り受けた貸金債権（以下「本件貸金債権」という）については，動産及び債権の譲渡の対抗要件に関する民法の特例等に関する法律（以下「債権譲渡特例法」という）4条に基づいて債権譲渡登記ファイルに譲渡の登記がなされているから，X社が債権者であることは明白であると主張している。

そこで，本設問においては，債権譲渡特例法が定める，①債権譲渡登記制度，②債権譲渡登記の登記事項，③債務者対抗要件がそれぞれ問題となる。

［2］ 債権譲渡登記制度

債権譲渡特例法所定の債権譲渡登記制度は，法人がする債権（指名債権であって金銭の支払を目的とするものに限る）の譲渡について，民法の特例として，登記によって対抗要件を具備することを可能とする制度である。その趣旨は，法人がする債権の譲渡について登記による対抗要件を認めることで債権の流動化・証券化を図り，これによって企業の資金調達が容易になるということにある。

まず，法人が行う債権譲渡について，債務者以外の第三者に対する民法の対抗要件（第三者対抗要件）の特例として，登記がされたときは，民法467条の規定による確定日付のある証書による通知があったものとみなされる（債権譲渡特例法4条1項）。その趣旨は，債権譲渡登記がされたことに対して，民法467条2項の「確定日付のある証書」による通知があったのと同様の法律効果を与えるということにある。

具体的には，債権譲渡登記がされたときに第三者対抗要件としての確定日付のある証書による通知が到達したものとみなされることを意味する。

ところで，債権が二重に譲渡された場合における譲受人相互間の優劣については，確定日付のある証書による通知が債務者に到達した先後によって決すべきとされている（最判昭49・3・7民集28巻2号174頁）。

そこで，債権が二重に譲渡され，それぞれの譲渡について債権譲渡登記がされた場合には，登記の時間的先後によって譲受人相互間の優劣が決せられることになる。また，債権譲渡登記と民法467条2項の確定日付のある証書による通知とがされた場合には，債権譲渡登記がされた時と通知が債務者に到達した

時の時間的先後によってその優劣が決せられることになる。なお，登記された時が明確になることについては，下記［3］で述べる。

次に，債務者に対する民法の対抗要件（債務者対抗要件）の特例として，債権譲渡登記がされた場合において，当該債権の譲渡及びその譲渡につき債権譲渡登記がされたことについて，譲渡人若しくは譲受人が当該債権の債務者に対して登記事項証明書を交付して通知をし，又は当該債務者が承諾したときは，当該債務者についても確定日付のある証書による通知があったものとみなされる（債権譲渡特例法4条2項）。

［3］　債権譲渡登記の登記事項

債権譲渡登記がされると，債権の譲渡について第三者対抗要件が具備されたことになるという効果が付与される（債権譲渡特例法4条1項）から，対抗力が付与される債権の譲渡を特定するため，下記の事項が必要的登記事項とされている（債権譲渡特例法8条2項）。

①　譲渡人の商号又は名称及び本店又は主たる事務所（債権譲渡特例法8条2項1号・7条2項1号），譲受人の氏名及び住所（法人にあっては，商号又は名称及び本店又は主たる事務所。債権譲渡特例法8条2項1号・7条2項2号），譲渡人又は譲受人の本店又は主たる事務所が外国にあるときは，日本における営業所又は事務所（債権譲渡特例法8条2項1号・7条2項3号）

これらの事項は，債権の譲渡人と譲受人を特定するために必要的登記事項とされている。

②　登記番号（債権譲渡特例法8条2項1号・7条2項7号）

登記番号を特定することによって検索が迅速・容易にできるようになり，利用者の利便や登記所の事務処理の効率化にも資することになることから，必要的登記事項とされている。

③　登記の年月日（債権譲渡特例法8条2項1号・7条2項8号）

債権譲渡登記ファイルに譲渡の登記がされたときに，当該債務者以外の第三者については，民法467条の規定による確定日付のある証書による通知があったものとみなされ（債権譲渡特例法4条1項前段），登記の日付が確定日付とされる（同項後段）ことから，登記の年月日が必要的登記事項とされている。

なお付言すると,「登記の年月日」に加えて「登記の時刻」が債権譲渡ファイルに記録され（動産・債権譲渡登記規則16条1項4号）,登記事項概要証明書や登記事項証明書にもこれらが記載される（動産・債権譲渡登記規則23条1項・2項）ので,登記がされた時は明確になる。さらに,登記申請の受付順序に従って付けられる登記番号が登記される（債権譲渡特例法8条2項1号・7条2項7号,動産・債権譲渡登記規則15条1項）ので,債権が二重に譲渡され,それぞれの譲渡について債権譲渡登記がされた場合であっても,その登記番号の先後によって譲受人相互間の優劣は明らかとなる。

④　債権譲渡登記の登記原因及びその日付（債権譲渡特例法8条2項2号）

これらは,債権の「譲渡」を特定するために必要的登記事項とされている。「登記原因」とは,債権譲渡の原因となる契約をいい,売買,金銭消費貸借,贈与,譲渡担保等がこれにあたる。

⑤　譲渡に係る債権（すでに発生した債権のみを譲渡する場合に限る）の総額（債権譲渡特例法8条2項3号）

⑥　譲渡に係る債権を特定するために必要な事項で法務省令で定めるもの（債権譲渡特例法8条2項4号）

法務省令である動産・債権譲渡登記規則では,譲渡に係る債権を特定するために必要な事項として,次のとおり,定めている。

ⓐ　債権が数個あるときは,一で始まる債権の連続番号（動産・債権譲渡登記規則9条1項1号）

ⓑ　譲渡に係る債権又は質権の目的とされた債権の債務者が特定しているときは,債務者及び債権の発生の時における債権者の数,氏名及び住所（法人にあっては,氏名及び住所に代え商号又は名称及び本店等）（動産・債権譲渡登記規則9条1項2号）

ⓒ　譲渡に係る債権又は質権の目的とされた債権の債務者が特定していないときは,債権の発生原因及び債権の発生の時における債権者の数,氏名及び住所（法人にあっては,氏名及び住所に代え商号又は名称及び本店等）（動産・債権譲渡登記規則9条1項3号）

ⓓ　貸付債権,売掛債権その他の債権の種別（動産・債権譲渡登記規則9条1項4号）

ⓔ　債権の発生年月日（動産・債権譲渡登記規則9条1項5号）
　ⓕ　債権の発生の時及び譲渡又は質権設定の時における債権額（すでに発生した債権のみを譲渡し，又は目的として質権を設定する場合に限る。動産・債権譲渡登記規則9条1項6号）
⑦　債権譲渡登記の存続期間（債権譲渡特例法8条2項5号）
　債権譲渡登記制度においては，譲渡に係る債権の債務者のすべてが特定している場合には原則として50年以内の範囲内で，債務者が特定していない場合には10年以内の範囲内で，当事者が自由に登記の存続期間を定めることができる（債権譲渡特例法8条3項）ことから，債権譲渡登記の存続期間は，債権譲渡登記ごとに異なることになり，しかも，債権譲渡登記の消長にかかわる重要な事項であることから，必要的登記事項とされている。

［4］　債務者対抗要件

　当該債権が譲渡され，その債権譲渡登記がされたことについて，譲渡人若しくは譲受人が債務者に登記事項証明書を交付して通知をし，又は債務者が承諾をしたときは，債務者についても確定日付ある証書による通知があったものとみなされる（債権譲渡特例法4条2項）から，この要件を満たしたときに，債務者対抗要件を具備することになる。
　民法467条1項と異なり，譲渡人だけでなく譲受人からも通知をすることができる点に特色がある。
　債務者は，交付された登記事項証明書に基づいて登記の年月日や譲受人等について確認することができるから，これによって債権譲渡登記がされた時を遡らせた虚偽の内容の通知がされるなどの弊害が防止される。
　通知の方式については債権譲渡特例法上何ら制限されていないので，民法467条1項の通知と同様，口頭によることもできる。また，登記事項証明書の交付の方式についても，通知と同様，何ら制限されていない。

［5］　本設問へのあてはめ

　A社から本件貸金債権を譲り受けたX社が，Yにその返還を求めるためには，その債権譲渡についてYの承諾が得られない限り，本件貸金債権の譲渡がされ，

その債権譲渡登記がされたことについて，Yに登記事項証明書を交付して通知をしなければならない（債権譲渡特例法4条2項）。

しかし，Yは，Yへの債権譲渡の通知があるまではX社を債権者と認めないと主張している。このように，Yは，債務者対抗要件の欠缺を主張することによって，本件貸金債権の譲受人X社の権利行使を阻止することができる。とはいっても，債務者対抗要件の欠缺という消極的事実は，証明の対象とはなり得ないのであるから，Yがその立証責任を負うのではなく，X社が，再抗弁として，本件貸金債権の譲渡がされ，その債権譲渡登記がされたことについて，A社若しくはX社がYに登記事項証明書を交付して通知したことを主張立証しなければならないことになる。

この点，X社は，本件貸金債権については，債権譲特例法4条に基づいて債権譲渡登記ファイルに譲渡の登記がなされているから，X社が債権者であることは明白であると主張するとともに，その登記事項証明書を提出している。

しかし，X社の上記主張立証は，本件貸金債権の譲渡について第三者対抗要件を具備していることについての主張立証であって，債務者対抗要件を具備していることについての主張立証とはなり得ない。

したがって，本件貸金債権については，債権譲渡特例法4条に基づいて債権譲渡登記ファイルに譲渡の登記がなされているから，X社が債権者であることは明白であるとする，X社の主張自体は失当となる。

なお，通知と登記事項証明書の交付は必ずしも同時にされる必要はないと解されているので，Yへの通知と登記事項証明書の交付が別々にされた場合には，Yは，通知と登記事項証明書の交付の両方を受けた時点で，確定日付のある証書による通知を受けたことになる。

〔西村　博一〕

Q11

相殺(1)——消滅時効の完成した過払金を自働債権とする相殺

　　Xは，貸金業者Y株式会社との間の金銭消費貸借契約に基づいてした弁済について，平成18年法律第115号による改正前の利息制限法1条1項所定の利息の制限額を超えて利息として支払われた部分を元本に充当すると過払金が発生しており，かつ，Y社は過払金の取得が法律上の原因を欠くものであることを知っていたとして，Y社に対し，不当利得返還請求権に基づいて，過払金の返還と利息の支払を求める訴えを提起した。X・Y社間の取引は，第1基本契約による取引（昭和60年5月15日から平成8年5月15日まで）と第2基本契約による取引（平成13年10月15日から平成23年2月26日まで）からなり，両取引が別個の取引であることはX・Y社間に争いがないが，証拠調べの結果，第1基本契約による取引の終了時である平成8年5月15日時点でXのY社に対する過払金100万円が発生している一方で，第2基本契約による取引における平成23年1月18日（期限の利益喪失日）時点でY社のXに対する貸金50万円が残存していることが認められた。そして，第1基本契約による取引から生じた過払金100万円については消滅時効が成立したため，Xの過払金返還請求は棄却された。その後，Y社は，Xに対し，第2基本契約による貸金残50万円の支払を求める訴えを提起した。これに対して，Xは，消滅時効の成立した過払金100万円を自働債権とする相殺の抗弁を主張した（相殺の意思表示は平成23年9月26日である）。Xの主張は認められるかについて説明しなさい。

[1] 問題の所在

　過払金返還請求訴訟において，借主が，貸金業者との間の金銭消費貸借契約に基づく取引（第1基本契約による取引。以下「第1取引」という）と第2基本契約に

よる取引（以下「第2取引」という）が開始時から終了時まで一連一体のものであることを前提に過払金の発生を主張したところ，両取引が別個の取引であるとされるとともに，第2取引においては貸金返還債務が存在するような場合，予備的に，第1取引に基づく借主の貸金業者に対する過払金返還請求権を自働債権とし，第2取引に基づく貸金業者の借主に対する貸金返還請求権を受働債権とする相殺の主張がされる場合があり，そこでは，第1取引の終了時に発生していた過払金返還請求権と，その後の第2取引に基づく貸金返還請求権とを対当額で相殺することが認められるかという問題が生ずることとなる。

[2] 相　殺

(1) 相殺の要件（相殺適状）及び効果

(a) 相殺適状　　債務者が債権者に対する債務を相殺によって消滅させるためには，①同一当事者間に債権の対立があること（同一当事者間における債権の対立），②対立債権が同種の目的を有すること（対立債権の同種目的），③対立債権がともに弁済期にあること（対立債権の弁済期の到来）が必要である（民505条1項本文）。問題の所在で掲げた事例の場合，借主と貸金業者との間における第1取引に基づく過払金返還請求権と第2取引に基づく貸金返還請求権といういずれも金銭を目的とする同種の債権であるので，上記①及び②は問題となることはなく，対立債権の弁済期が到来すれば相殺は可能である。

　自働債権については，必ず弁済期が到来していなければならない。過払金返還請求権は，借主の請求により遅滞に陥る期限の定めのない債権であるが，期限の定めのない債権は，成立と同時に弁済期が到来しているものであるから，借主は，いつでもこれを自働債権として相殺をすることができる。受働債権については，期限の利益は原則として債務者にあるが，債務者は期限の利益を放棄することができるから（民136条2項本文），債務者に期限の利益があるときには，受働債権の債務者は，自働債権の弁済期が到来すれば，受働債権の期限の利益を放棄して相殺適状を作り出し，相殺をすることができ，借主は，受働債権である貸金返還請求権について期限の利益を放棄して相殺をすることができることになる。したがって，第1取引に基づく過払金返還請求権を自働債権とし，第2取引に基づく貸金返還請求権を受働債権とする相殺は，本来，第2取

引に基づく貸金返還請求権が発生した時点を相殺適状とするものであると考えることができる。

　(b)　相殺の効果　　相殺の遡及効（民506条2項）については，相殺がされる以前に法律関係に変更が生じたときには，（民法508条の場合を除き）その状態を覆すものではないとされており，いったん相殺適状が生じた場合であっても，受働債権（問題の所在で掲げた事例では，第2取引に基づく貸金返還請求権）において弁済がされた場合には，相殺によっても弁済の効力を覆すことはできない（最〔3小〕判昭54・7・10（民集33巻5号533頁・判タ399号132頁・判時942号42頁）は，「相殺適状は，原則として，相殺の意思表示がされたときに現存することを要するのであるから，いったん相殺適状が生じていたとしても，相殺の意思表示がされる前に一方の債権が弁済，代物弁済，更改，相殺等の事由によって消滅していた場合には相殺は許されない（民法508条はその例外規定である。）と解するのが相当である。」と判示する。これに反対するものとして，横浜地判平20・9・5（判例集未登載）は，「債権が消滅した後になってされた相殺の意思表示の効力を否定すべき理由は当事者の期待を保護するという点にあるが，過払金返還請求訴訟では，利息制限法所定の利率による引き直し計算を行い，いわば過去の弁済の効果を一部覆して計算をし直すものであるから，弁済によって債権が消滅しているという前提そのものが崩れており，過去の弁済により債権が消滅したという事実を維持する必要はないのであるし，また，問題の性質上，消費者金融業者の期待を保護する必要性も否定されるのであって，比喩的にいえば，相殺適状は，引き直し計算によって初めて発生すると考えることもできないものではなく，相殺の意思表示の時点で相殺適状が現に存在しなければならないという原則は，この種訴訟では考慮する必要がないと解する。」と判示し，相殺の遡及効はすでにされた弁済の効力を否定しないとする）。したがって，相殺の意思表示より前にすでに弁済により消滅している貸金返還請求権を受働債権として，自働債権である過払金返還請求権と相殺することはできず，相殺の効果は，相殺の意思表示の時点で弁済によりすでに消滅している部分には及ぶことはなく，残存している債務に対してのみ及ぶものであることになる。

　(2)　貸金返還請求権の残額が変動している場合
　(a)　問題の所在で掲げた事例における第2取引に基づく貸金返還請求権は，貸付けないし貸増しと弁済を繰り返して取引が継続している場合が通常であり，そのため，貸金返還請求権は当初の発生時点からその内容を変動させているこ

Q11｜相殺(1)──消滅時効の完成した過払金を自働債権とする相殺

とから，どの時点をもって相殺適状にあるとすべきかが問題となる。

借主による相殺の意思表示の時点で存在する貸金返還請求権は貸付けないし貸増しの時点で発生しており，そのうちの弁済等により消滅していない部分については，弁済期の定めがない限り，貸付けないし貸増しの時点をもって相殺適状にあるとする考え方（貸付時相殺適状説）もあろう。その立場によれば，借主が，第1取引に基づく過払金返還請求権を自働債権とし，第2取引に基づく貸金返還請求権を受働債権とする相殺の主張をした場合には，第2取引に基づく貸金返還請求権のうち相殺の意思表示の時点以前に弁済等によって消滅していない元金部分を確認してこの部分の貸付時に遡った上で，その時点で第1取引に基づく過払金返還請求権（この時点までの法定利息を含む）と相殺処理をすることになるが，第2取引について貸付けないし貸増しと弁済が繰り返されている場合には，相殺の意思表示の時点に残存している貸金はいつ実行されたものか，それに見合う過払金返還請求権はその当時ですでに存在していたのかなどについて細かく確定していく作業が必要となるなど法律関係が錯綜し，複雑な相殺充当が必要となる。また，第2取引に基づく貸金返還請求権のように，基本契約に基づいて貸付けないし貸増しと弁済とが繰り返される継続的な金銭消費貸借においては，弁済は個々の貸付けないし貸増しに対応してされるものではなく，全体としての貸付金に充当されるものであり，取引の終了までは貸金残額が変動し債権額が確定しない以上，第2取引の継続中は相殺適状にはなく，取引の終了によって第2取引に基づく貸金返還請求権の残額が確定した時点をもってはじめて相殺適状になり，相殺の意思表示の遡及効が生じるのも第2取引の終了時点であると解する（取引終了時相殺適状説）のが相当であろう（澤野芳夫ほか「過払金返還請求訴訟における実務的問題」（初出：判タ1338号15頁）『過払金返還請求訴訟の実務』（別冊判タ33号147頁）参照）。この立場によれば，借主が，第1取引に基づく過払金返還請求権を自働債権とし，第2取引に基づく貸金返還請求権を受働債権とする相殺の主張をした場合，第2取引の終了の時点をもって相殺適状とし，その時点までの貸金返還請求権（元金と法定利息）と第1取引に基づく過払金返還請求権（元金とこの時点までの法定利息）を単純に相殺処理することとなる。

(b) なお，期限の利益の喪失特約が存在する場合においては，取引の終了時

は期限の利益を喪失した日と解されるが、受働債権である第2取引に基づく貸金返還請求権に弁済期がある場合であっても、前記のように、受働債権については債務者は期限の利益を放棄することができること（民136条2項本文）から、貸金返還請求権についての期限の利益を放棄することにより、貸付時ないし貸増時をもって相殺適状を作出することができるとの考え方もあろう。しかし、期限の利益とは期限の到来までに債務者が受ける利益のことであるから、期限が到来した後に相殺を行う場合には期限の利益の放棄を問題とする余地はないと解するのが相当である（東京高判平12・7・24（判タ1071号197頁・判時1747号104頁）は、債務者が相殺の意思表示をすれば、その遡及効によって新たな他の債務が発生した時点まで相殺の効力が遡るとの主張に対し、相殺の効力は相殺適状の時に遡るにすぎないから（民506条2項）、受働債権の弁済期の到来を待たずして相殺の効力が生ずるとすることもできない。すなわち、この場合、新たな貸金債務の弁済期が到来した時点で初めて相殺の効力が生ずることになるとした上で、さらに、「債務者は期限の利益を放棄することができるから相殺の効果は別口の貸金債権発生の時まで遡及すると主張するが、期限の利益とは期限の到来までに債務者が受ける利益のことであるから、本件のように期限到来後にされた相殺について期限の利益の放棄を問題とする余地はない。」と判示する。また、中川善之助ほか編『注釈民法(4)』404頁〔金山正信〕は、また、「期限の利益の放棄は、その性質上、遡及することはない。」とする）。

(3) 時効消滅をした債権を自働債権とする相殺

過払金返還請求権は、取引の終了時から消滅時効期間である10年（民167条。最〔1小〕判昭55・1・24（民集34巻1号61頁・判タ409号73頁・判時965号52頁））が経過すれば、取引終了時に存在した過払金返還請求権は時効消滅するといわざるを得ないが、消滅時効が成立するまでの間に、次の取引に基づく貸金返還請求権との間で相殺適状が生じていれば、民法508条の規定により相殺が可能となる。ところで、民法508条は、相殺の意思表示の時点における同一当事者間における債権の対立の存在を前提とする相殺の要件の例外として、消滅時効が成立する前に相殺適状にあったことを要件として相殺することを認めたものであるから、消滅時効が成立した第1取引に基づく過払金返還請求権を自働債権とし、第2取引に基づく貸金返還請求権を受働債権として相殺をするには、貸金返還請求権が、過払金返還請求権の消滅時効が成立する前に発生し、かつ、弁済期

が到来していなければならない。また，前記のように，相殺適状は，相殺の意思表示の時点において現存することを要し，いったん相殺適状が生じていたとしても，相殺の意思表示がされる前に一方の債権が弁済等の事由によって消滅していた場合には相殺は許されない（前掲最〔3小〕判昭54・7・10）。

したがって，消滅時効が成立した第1取引に基づく過払金返還請求権を自働債権とし，第2取引に基づく貸金返還請求権を受働債権として相殺するには，受働債権である貸金返還請求権が，過払金返還請求権の消滅時効が成立する前に発生し，かつ，貸金返還請求権の弁済期が到来し，しかも，相殺の意思表示をする時点で貸金返還請求権が消滅せずに存在している必要があることになる。

[3] 設問について

設問においては，第1基本契約による取引の終了時は平成8年5月15日であるから，同日時点で発生している過払金返還請求権は，10年が経過した平成18年5月15日に消滅時効が成立するが，Xが相殺の意思表示をしたのは平成23年9月26日であるから，Xは消滅時効が成立した過払金返還請求債権を自働債権として相殺の意思表示をしたことになる。したがって，民法508条の相殺として有効であるためには，受働債権である貸金返還請求権は，自働債権である過払金返還請求債権の消滅時効が成立する平成18年5月15日以前に発生し，かつ，弁済期も同日以前に到来していなければならない。しかし，設問においては，受働債権である貸金返還請求権の弁済期は，期限の利益を喪失した平成23年1月18日であって，自働債権である過払金返還請求債権の消滅時効が成立する平成18年5月15日以後であり，そうすると，自働債権である過払金返還請求債権と受働債権である貸金返還請求権とは，「時効によって消滅した債権がその消滅以前に相殺に適するようになっていた場合」（民508条）との要件を満たさないこととなるのであるから，設問におけるXの相殺の主張は認められないといわざるを得ない。

〔増田　輝夫〕

Q12

相殺(2)——過払金債権と貸金債権の相殺

　Xは，貸金業者Y株式会社に対する過払金返還請求訴訟において，Y社との間の取引開始から終了時までの取引が一連一体のものであり，その間に140万円の過払金が発生していると主張するところ，証拠調べの結果，X主張の上記取引は，第1基本契約による取引（昭和60年6月10日から平成10年11月15日まで）と第2基本契約による取引（平成16年10月10日から平成18年11月26日まで）に分断され，第1基本契約におけるXのY社に対する過払金が115万円，第2基本契約における平成18年8月27日（期限の利益喪失日）時点でのY社のXに対する貸金が42万5667円（残元金42万円，利息5667円）であることが明らかになった。そこで，Xは，平成23年2月15日午前10時の口頭弁論期日で，過払金115万円と貸金42万5667円とをその対当額において相殺するとの意思表示をした。この場合，自働債権と受働債権の範囲はどのようになるかについて説明しなさい。なお，第1基本契約及び第2基本契約における取引は，基本契約の下で，借入限度額の範囲内で借入れと返済を繰り返すことを予定して行われる継続的金銭消費貸借取引で，その返済方式が，全貸付けの残元利金について，毎月の返済期日に最低返済額を支払えば足りるとする，いわゆるリボルビング方式の貸付取引とし，また，Y社は悪意の受益者とする。

[1] 相殺計算の基本原則

　相殺の意思表示は相殺適状時に遡って効力を生じることから（民506条2項），相殺の計算は，双方の債権につき弁済期が到来し，相殺適状となった時期を基準として双方の債権額を定め，その対当額において差引計算をすることになる（最〔2小〕判昭53・7・17判時912号61頁）。しかし，リボルビング方式の貸付けの場合，①限度額の範囲内で借入れと返済が自由に繰り返される，②個々の貸付

けと弁済の対応関係が明らかではないといった特殊性があるため，同取引に係る債権の相殺適状時の解釈にあたって，通常の債権の場合と異なった考慮が必要である。

[2] 自働債権

Xは，第1基本契約に基づく取引（以下「取引①」という）から発生した過払金返還請求権を「自働債権」として相殺の意思表示をしているが，過払金返還請求権（不当利得返還請求権）は，民法703条，同704条により期限の定めのない債権として発生する。期限の定めのない債権を自働債権として相殺する場合は，債務者を遅滞に陥らせる場合（民412条3項・591条1項等）とは異なり，債権者はいつでも弁済の請求ができることから，債権成立のときから弁済期にあると解され，その時点から相殺が可能となる（大判昭17・11・19民集21巻1075頁）。

なお，過払金充当合意を含む基本契約に基づいて行われた継続的金銭消費貸借取引から過払金が発生した場合，その返還請求権の消滅時効は，特段の事情のない限り，同取引が終了した時点から進行すると解され（最〔1小〕判平21・1・22民集63巻1号247頁），このことからすると，Xの過払金返還請求権は，特段の事情のない限り，平成20年11月15日の経過により消滅時効が完成していることになる。しかし，時効によって消滅した債権であっても，時効消滅以前に相殺適状にあった場合には，これを自働債権として相殺することは可能であるから（民508条），相殺適状日が平成20年11月15日以前であれば，Xは前記過払金返還請求権を自働債権として相殺することができる。

[3] 受働債権

(1) リボルビング方式の貸付取引の場合における相殺適状時の考え方

Xは，第2基本契約に基づく取引（以下「取引②」という）に係る貸金残元金及び利息請求権を受働債権として相殺の意思表示をしている。

リボルビング方式の貸付取引に係る貸金債権を受働債権として相殺する場合，各貸付時を相殺適状時として相殺計算する取扱い（貸付時相殺適状説）と取引終了時を相殺適状時として相殺計算する取扱い（取引終了時相殺適状説）が考えられる。また，本問のように受働債権について期限の利益を喪失している場合は，

期限の利益喪失時を相殺適状時として相殺計算する取扱いも考えられる。
 (2) 検　　討
　(a) 貸付時相殺適状説　　リボルビング方式の貸付けの場合，毎月の返済期日は定められているが，返済金額は個々の貸付債権に対応するものではなく，最低返済額を超える金額であれば，返済の都度，借主が返済額を自由に決められる約定となっていることから，個々の貸付債権については弁済期の定めがないといえる。弁済期の定めがないときは，債務者は，いつでも弁済できることから直ちにこれを受働債権として相殺することができる（大判昭8・9・8民集12巻2124頁）。このことからすると，理論的には取引②の各貸付けがなされた時点をもって相殺適状になると考えるべきことになる。
　しかしながら，貸付時相殺適状説によると，法律関係が錯綜し，相殺計算が複雑で明確性に欠けるものとなることが想定される。
　すなわち，貸付時相殺適状説からすれば，貸付時を基準として相殺計算をすればよいはずであるが，相殺適状は，時効消滅の場合を除いて，相殺の意思表示がなされる時点で現存することを要し，いったん相殺適状になっていたとしても，相殺の意思表示の前に，一方の債権が弁済，代物弁済，更改，相殺等の事由によって消滅した場合には相殺が許されないと解されていることから（最〔3小〕判昭54・7・10民集33巻5号533頁），貸付債権のうち，弁済等で消滅せず，相殺の意思表示の時点で残存する貸付債権だけが相殺の対象となる。このため，貸付時相殺適状説によると，相殺の意思表示の時点で残存する貸金債権を特定するために，各弁済がどの貸付債権に充当されたかを明らかにする必要があり，加えて，残存債権が複数ある場合は，相殺適状時が複数回にわたり，細かな利息計算が必要となるなど，簡便な決済方法である相殺制度の趣旨に適さない取扱いとなる。また，リボルビング方式の貸付けの場合，債務の弁済は，各貸付けごとに個別的な対応関係をもって行うことが予定されているものではなく，基本契約に基づく借入金の全体に対して行われるものであり，充当の対象となるのはこのような全体としての借入金債務であると解されていることからすると（最〔1小〕判平19・6・7民集61巻4号1537頁参照），理論的に各弁済がどの貸付債権に充当されたかを明らかにすることが可能なのか，仮にそれが可能としても相当なのか疑問がある。

(b) **期限の利益喪失時を相殺適状時とする考え方**　貸付時相殺適状説の立場に立ったとしても，借主は毎月の返済期日に最低返済額を支払えば残金の債務の一括請求をされないという意味で，リボルビング方式の貸付けに係る債務全体についての期限の利益をもっており，借主が相殺をするにあたってはその期限の利益の放棄が必要であり，かつ，期限の利益の放棄の効果は遡及しないと解すれば，同貸付債務全体について期限の利益を喪失している場合，期限の利益喪失時が相殺適状時ということになる。この考え方からすると，相殺計算をする上で困難を生じるといった事態はほぼ解消されることになると思われる。しかし，リボルビング方式の貸付けの場合，毎月の返済額が決まっているわけではなく，最低返済額を超える金額であれば，借主が返済額を自由に決められる約定となっていることからすると，その約定の内容として期限の利益の放棄を当然予定しているものと考えられ，借主がいつでも自由に返済できるにもかかわらず，期限の利益の放棄の意思表示がないことを理由として，期限の利益喪失までは相殺適状にないと解することに疑問がある。

(c) **取引終了時相殺適状説**　取引終了時相殺適状説は，取引終了時をもって相殺適状時とするものであるから，取引継続中の各弁済の充当関係を明らかにする必要もないし，相殺適状時が複数回にわたることもなく，相殺計算は簡明である。

　また，取引終了時相殺適状説は理論的根拠が必ずしも明らかではないとされるが，リボルビング方式の貸付けの場合，取引期間中，基本契約に定める借入限度額の範囲内で，貸付け及び弁済が繰り返しなされ，残存債権額は同借入限度額の範囲内で増減を繰り返すことが予定されており，このことからすると，取引継続中は債権額が確定せず相殺適状にないと考えることもできる。

(d) **まとめ**　以上からすると，いずれの取扱いも一長一短があることになる。実務的感覚からすると，最も簡便な取引終了時相殺適状説によって相殺計算をすることが相殺制度の趣旨に合致し相当と思われるが，これまでに議論が十分尽くされているとはいい難く，今後の裁判例や学説の動向が注目される。

[4] 結　　論

(1) 自働債権の範囲

　Y社が悪意の受益者であることからすると，取引①の過払金について，その発生のときから民法704条所定の利息が発生し（最〔2小〕判平21・9・4裁時1491号2頁），本問で相殺することが可能な自働債権の範囲は，過払金115万円及び過払金に対する各発生時から前記相殺適状時までの民法704条所定の利息である。

　しかし，本問で，Xは，過払金115万円を自働債権として相殺の意思表示をしている。過払元本債権のみを自働債権とすることは債権者の自由であるから，自働債権は，Xの相殺の意思表示どおり，過払金115万円となる。ただ，Xにおいて，Y社が悪意の受益者であることを主張して過払利息を請求しているにもかかわらず，元本債権のみを自働債権としている場合，裁判所はその点について釈明すべきものと考えられる。

(2) 受働債権の範囲

　取引終了時相殺適状説からすれば，取引②の終了時である平成18年11月26日が相殺適状日となるから，受働債権の範囲は残元本42万円と同日までの利息，損害金になる。

　これに対し，貸付時相殺適状説によれば，相殺の意思表示がなされた平成23年2月15日時点において残存する貸付元本債権及び各貸付日を特定し，その各貸付日を基準として受働債権の範囲が決せられることになる。

　また，リボルビング方式の貸付けに係る債務全体について期限の利益を喪失している場合，期限の利益喪失時をもって相殺適状になるとする見解からは，本問における受働債権の範囲は，Xの相殺の意思表示どおり，期限の利益喪失日時点の残元本42万円及び利息5667円の合計42万5667円ということになる。

〔野藤　直文〕

Q13

売買(1)——同時履行の抗弁

　Yは，平成23年6月1日，Xとの間で，Y所有の中古バイクを5万円で売却する，引渡しは6月3日午前10時にXのアパート前で行い，代金5万円もその時に支払うという合意をした。Yは，6月3日午前10時にそのバイクを持ってXのアパートへ行ったが，Xは不在であった。そのため，バイクを持って帰った。その後，Yは，Xに対し，6月13日到着の内容証明郵便で，この郵便到着後2日以内に5万円とこれに対する6月4日から支払済みまで年5分の割合による遅延損害金の支払を請求し，支払がないときには契約を解除すると通告して，6月30日まで待ったが支払がないので，7月2日に売買契約を解除した。そして，7月10日にこのバイクを5万円でAに売却した。ところが，Xは，7月20日に，Yに対して，自分は同時履行の抗弁権を有しており，郵便での催告があった際に支払をしなかったのはバイクの引渡しがなかったからであって，X・Y間の契約は未だ有効であるとして，5万円を提供の上，バイクの引渡しを請求してきた。その上，その引渡しができないなら，慰謝料10万円を支払うように請求した。このようなXの請求は認められるか。Yはどのような反論をなしうるか。

[1] はじめに

　本問の場合，XとYとの間で中古バイクの売買契約がなされ，売主Yが当該中古バイクを提供したところ買主Xの受領がなく，代金の支払もないところから，YはXに催告後契約を解除しているが，このような解除は効力を生じているかが問題になる。すなわち，売買契約は双務契約であり，買主Xにも同時履行の抗弁権があるため，いったん提供した売主Yも，解除する際に，さらに当該中古バイクを提供しなければならないか，また，催告期間は2日であるが，催告期間として相当か，不相当であれば解除の効力はどうなるかといった点が

問題となる。以下，順次，検討していく。

[2] 本問の検討

(1) 本件売買契約の双務契約性

　XとYとの間で中古バイクの売買契約が成立している。このような売買契約では，契約に基づく売主の目的物引渡債務と買主の代金支払債務は互いに対価的な関係に立っており，よって，双務契約にあたる。つまり，双務契約は，契約当事者の双方が互いに対価的な債務を負担しあうという契約で，このような双務契約では，契約当事者のそれぞれの債務は同時履行の関係に立ち，契約当事者は，それぞれが同時履行の抗弁権を有することになる（民533条）。

　そして，本問におけるXとYの売買契約も双務契約であるから，Xの代金支払債務とYのバイクの引渡債務は互いに同時履行の関係に立ち，XとYは，それぞれが同時履行の抗弁権を有することになる。

(2) 弁済の提供

　Yが約束の6月3日午前10時にXのアパート前に当該中古バイクを持参したのは，弁済（債務の履行）の提供にあたる。

　すなわち，「弁済の提供は，債務の本旨に従って現実にしなければならない」が（民493条），このような現実の提供とは，債権者の「受領」さえあれば「履行」が完成する程度にまで提供しなければならないことを意味しており，そして，目的物が特定物の場合には，特定物その物を提供すればよい。つまり，そのような提供があれば，債権者の「受領」さえあれば「履行」が完成する程度にまで提供したことになる。

　本問の場合には，売買の目的物は，Yの中古バイクであり，特定物であって，しかも，Yは約束の時間に約束の場所にその中古バイクを持参し，目的物その物の提供をしており，すなわち，Yは，Xの「受領」さえあれば「履行」が完成する程度にまで提供をしていると解しうるからである。

(3) 双務契約の解除

　(a)　YがXに対し，6月13日到着の内容証明郵便で，この郵便到着後2日以内に5万円とこれに対する6月4日から支払済みまで年5分の割合による遅延損害金の支払を請求し，支払がないときには契約を解除すると通告したのは，

契約解除のための催告に該当する（民541条）。

　(b)　契約を解除するためには，債務者が遅滞に陥っている必要がある（民541条）。そして，解除しようとする契約が双務契約の場合，相手方たる債務者は同時履行の抗弁権を有しており，そのため，その同時履行の抗弁権を封じ，その債務者を遅滞に陥らせる必要があり，したがって，弁済（債務の履行）の提供をしなければならない*。そうして，そのように弁済の提供をして相手方たる債務者をいったん遅滞に陥らせても，契約を解除するには，解除のための催告の際にもさらに弁済の提供をしなければならないかが問題となる。つまり，履行の提供をしていったん相手方たる債務者を遅滞に陥らせておけば，それだけで解除をなしうるか，それとも，解除のための催告の際にも，もう一度弁済の提供が必要かという問題である。

　　＊　本問のような売買契約などの双務契約について，債務不履行（履行遅滞）を理由に契約解除を主張する者は，①双務契約の成立，②催告，③催告期間の経過（あるいは客観的に相当な期間の経過），④自己の債務の履行又は提供，⑤解除の意思表示を主張・立証しなければならない。そして，④を主張・立証しなければならないのは，①の点が同時履行の抗弁権（民533条）の発生要件事実にもなっていることから，この同時履行の抗弁権を封ずるための要件事実（発生障害，阻止，消滅の各事由）をも併せて主張しなければならなくなるからである（本来，再抗弁事由である④の点を請求原因事実のレベルで主張しなければならないわけで，いわゆる「せり上がり」といわれるものである）。そして，この④の点を主張しなければ，債務者の履行遅滞を主張したことにならず，債務不履行（履行遅滞）を理由にした契約の解除の主張は，そのような主張自体失当になる。なお，債務不履行（履行遅滞）を理由に契約解除を主張するには，上記の①ないし⑤のほかに，債権者が「（債務者の）債務の不履行」についても主張しなければならないとの見解がある。しかし，主張立証責任分配の基本原理である公平の観念からすれば，債権者が「債務の不履行」の主張立証責任を負うのではなく，債務者が「債務の履行」について，抗弁として主張立証責任を負うものと解すべきである（司法研修所『増補民事訴訟における要件事実（第1巻）』257頁参照）。

　この点については，双務契約の当事者の一方が履行期にいったん弁済の提供を行い，相手方たる債務者を遅滞に陥らせた以上，解除の前提となる催告をす

るにあたって，重ねてその弁済の提供をする必要はないものと解すべきである（大判昭3・10・30民集7巻871頁参照）。なぜなら，①相手方たる債務者は，履行期に履行しないことによって，履行遅滞に陥り，解除に関する限りは，同時履行の抗弁権を失ったとみるべきだからである（我妻栄『債権各論上巻（民法講義Ⅴ）』〔233〕の(イ)(a)）。②実質的に考えても，解除の場合には，相手方たる債務者は契約関係から離脱するだけであり，さらなる弁済の提供がなかったとしても不利益を被ることはなく，他方で，解除しようとする者に再度の弁済の提供を要求することは，履行期に履行しなかった債務者と比べて，過度の負担を強いるものだからである。

(c) ところで，双務契約の当事者の一方が履行期にいったん弁済の提供を行い，相手方たる債務者を遅滞に陥らせたが，解除を求めるのではなく，その債務者に債務本来の給付を求める場合には，さらに弁済の提供を継続する必要があり，そのような弁済の提供が継続されない限り，相手方たる債務者は同時履行の抗弁権を失わないと解すべきである（最判昭34・5・14民集13巻5号609頁参照）。なぜならば，①履行期にいったん弁済の提供を行った双務契約の当事者の一方が，相手方たる債務者に債務本来の給付を求める場合には，自分の弁済（債務の履行）の提供も予定しているものと解し得，よって，再度の弁済の提供を求めても，格別同人に不利益を強いるものではなく，また，②もし相手方たる債務者が同時履行の抗弁権を失うとすると，双務契約の当事者の一方が履行期にいったん弁済の提供を行った後に無資力になった場合などには，相手方たる債務者は反対給付を受けられないのに自己の給付だけは強いられる結果になって，大きな犠牲を負わされ，公平に反するからである。

(d) 本問の場合，YはXに対し6月13日到着の内容証明郵便でXの債務の履行を催告しているが，これは契約解除の前提としての催告である。そして，その催告の際にはYによる弁済の提供はないが，Yはすでに6月3日午前10時に弁済の提供を行っているので，契約解除のための催告としては弁済の提供はないが有効な催告にあたりうるのであり（民541条），よって，その催告に応じなければ，YはXとの間の売買契約を解除しうることになる。

(4) 契約解除のための催告の期間

(a) YがXに対し，6月13日到着の内容証明郵便で，この郵便到着後2日

以内に5万円と遅延損害金の支払を催告し，支払がないときには契約を解除すると通告しているが，催告期間は「2日間」である。2日間というのは，催告期間としては短すぎないかという問題がある。

契約解除のための催告期間は「相当の期間」でなければならない（民541条）。この期間は，履行を準備し，提供に要する期間であって，どの程度の期間が「相当の期間」にあたるかは，社会通念と信義則によって決定される。そして，債務者の病気や旅行などの主観的事情は原則として考慮されず（大判大6・6・27民録23輯1153頁参照），また，すでに債務者が遅滞に陥っていたり，履行期を過ぎていたりした場合には，比較的短期間でよいとされている。さらに，この期間がなかったり，不当に短かったりした場合には，そのような催告は無効かという問題があったが，そのような催告であっても，その後相当の期間が経過すれば催告は有効となり，解除権が発生するとされている（大判昭2・2・2民集6巻133頁，最判昭31・12・6民集10巻12号1527頁参照）。

(b) 本問の場合，催告期間は2日間であるが，Xは，Yによる6月3日午前10時の弁済の提供によって，遅滞に陥っていたので，この2日間が不当に短いとも断定し難い。しかしながら，不当に短かったとしても，Yは6月30日までXの債務の履行を待っており，それまでにXの履行がなかったので，Yにつき解除権は有効に発生したものと解せられ，したがって，Yにより，Xとの契約は解除されたものと考えるべきである。

(5) **本問の結論**

以上によれば，Yが7月2日にXとの売買契約を解除した段階で，この売買契約は遡及的に解消されることになり，Xのような主張は認められないことになる。

〔井手　良彦〕

Q14

売買(2)――債務不履行

(1) Xは、平成22年9月30日に、チケット販売会社Y社に、電話で、有名歌手○○○○の平成23年正月公演チケットの有無について照会したところ、6枚残っているとのことで、1枚の購入を申し込んだ。Y社の担当者Aはその申込みを了解し、チケット料金1万3000円と手数料1000円を振り込んでもらえれば、入金を確認次第、チケットを発送すると説明した。そこで、Xは、翌日の10月1日に、Y社の銀行口座へ1万4000円を振り込んだ（同月2日にY社銀行口座に入金済み）。ところが、同年11月20日になっても、そのチケットの送付がなかったところから、Xは、Y社へ同月24日到着の内容証明郵便で、「この郵便到着後10日以内に、Xへチケット1枚を送付せよ。その送付がない場合には、Xは、Y社との売買契約を直ちに解除するので、支払済みの1万4000円とこれに対する平成22年10月3日から支払済みまで年6分の割合による遅延損害金を支払え。」と通告した。12月10日になっても、Yからチケットの送付がない場合、Xの請求は認められるか。

(2) XのY社銀行口座への振込みが10月10日になり（同月11日にY社銀行口座に入金済み）、その時には、すでに正月公演チケットはすべて売り切れ、他の顧客へ発送済みであった場合はどうか。また、XのY社銀行口座への振込みが10月1日（同月2日にY社銀行口座に入金済み）であったが、Y社担当者AがXについて事務処理を忘れてしまい、Xにつき事務処理を再開した同月11日には、すでに正月公演チケットはすべて売り切れ、他の顧客へ発送済みであった場合はどうか。

---

[1] はじめに

本問の小問(1)については、XとY社の間のチケット売買契約におけるY社の

チケットを発送するという債務は、履行期の定めのない債務と考えられ、このような債務について、債務者を遅滞に付するための催告（民412条3項）と契約解除のための催告（民541条）が別々に必要になるかが問題となる。また、Xは、「郵便到着後10日以内に、Xへチケット1枚を送付せよ。その送付がない場合には、Xは、Y社との売買契約を直ちに解除する……。」旨の意思表示をしているが、このような場合、解除が効力を生じ契約が遡及的に消滅するためには、チケットの送付のないことを、Xのほうで主張・立証しなければならないかが問題となる。

さらに、小問(2)については、履行不能に陥っている場合であり、この場合に、債務者が債務不履行責任を負うことなく、履行できないという主張をなしうるか、さらには、その履行不能が、債務者が履行遅滞にあるときに生じた場合はどうかについても検討しなければならない。

［2］　小問(1)について

(1) **付遅滞のための催告と契約解除のための催告は別々に必要か**

(a) 本問の場合、XとY社のチケット売買契約については、Xの申込みに対しY社の担当者Aが了解した段階で成立し、その後、Y社は、Xからのチケット代金等の入金確認次第、チケットを発送することになっており、当該売買契約におけるY社のチケットを発送するという債務については、いつ発送するということが明確に定まっていなかったものと思われ、よって、履行期の定めのない債務に該当する。

そして、履行期の定めのない債務については、債務者を遅滞に付するために、相当の期間を定めて催告し、その期間内に債務の履行のないことが必要であり（民412条3項）、さらに、契約を解除するには、債務者による債務の履行が遅滞に陥っていることが必要になるので（民541条）、履行期の定めのない債務については、まず、債務者を遅滞に付するための催告（民412条3項）が必要になり、次に、遅滞に陥っていることを前提とした契約解除のための催告（民541条）が必要になるのではないかが問題になる。

この点、履行期の定めのない債務においては、債権者は、相当の期間を定めて債務の履行を催告し、債務者を遅滞に付すると同時に、その期間内に履行が

ないときには契約を解除することができるとされている（大判大6・6・27民録23輯1153頁参照）。すなわち，履行期の定めのない債務につき，債務者を遅滞に付するための催告をなし（民412条3項），その後に，民法541条所定の催告をしなければ，解除できないというわけではなく，相当の期間を定めて履行を催告し，その期間内に履行がなければ，契約を解除することができるのである。なぜならば，履行期の定めのない債務について，債権者が契約の解除をも考慮に入れて，相当の期間を定めて履行を催告したような場合には，その催告は，一面では債務者を遅滞に付するという効果をもつと同時に，契約解除の要件をも充足するものと解すべきだからである。

(b) したがって，本問の場合，Xは，履行期の定めのない債務に該当するY社のチケットを発送するという債務について，Y社に対して，平成22年11月24日到着の内容証明郵便で，「この郵便到着後10日以内に，Xへチケット1枚を送付せよ。」と催告しており，この催告にかかわらず，Y社がXにチケットを送付しなかった場合には，Xは，Y社との間のチケット売買契約について契約解除をすることができる。

(2) 停止条件付契約解除の意思表示について

(a) Xは，Y社に対して，「……郵便到着後10日以内に，Xへチケット1枚を送付せよ。その送付がない場合には，Xは，Y社との売買契約を直ちに解除する……。」旨の意思表示をしている。すなわち，債務者の債務の履行が遅滞している場合に，債権者が，相当期間を定めて債務の履行を催告し，それと同時に，債務者が当該期間内に債務を履行しないときは契約を解除する旨の意思表示をするというケースであって，このようなケースは，実際にもよく見受けられるものであり，一般に「停止条件付契約解除の意思表示」といわれている。そして，このような場合，解除が効力を生じ契約が遡及的に消滅するためには，債権者が債務者の債務不履行を主張・立証しなければならないかが問題となる。すなわち，本問の場合であれば，チケットの送付のないことを，Xのほうで主張・立証しなければならないかが問題となる。

一般に，停止条件付きの法律行為の場合，その法律行為の効果の発生を主張する者が，法律行為の効果の発生がかかっている停止条件の成就を主張・立証しなければならない。そのため，本問における「(10日の催告期間内に，チケット

の）送付がない場合には，Xは，Y社との売買契約を直ちに解除する……。」という意思表示が停止条件付契約解除の意思表示であるとすれば，債権者Xのほうで催告期間内にY社がチケットを送付しなかったことを主張・立証しなければならなくなる。しかし，このように債権者に債務者の債務不履行につき主張・立証責任を負わせることは，通常の法定解除の場合に，債権者に債務者の債務不履行につき主張・立証責任を負わせず，債務者のほうに（解除権についての発生障害事由として）債務の履行につき主張・立証責任を負わせているのと比べ，著しく権衡を失することになる。しかも，債務者の債務不履行について，債権者に主張・立証責任を負わせることは，主張・立証責任の分配原則を支配する公平の原則に反することにもなる。

　そこで，債権者が，履行を遅滞している債務者に対し，相当の期間内の履行を催告し，その債務の履行がない場合には，契約を解除するという意思表示をした場合においても，債権者が債務者の債務不履行につき主張・立証責任を負うのではなく，解除の効力を否定しようとする債務者のほうで，債務の履行について主張・立証責任を負うものと解すべきである（司法研修所『増補民事訴訟における要件事実（第1巻）』259頁参照）。

　したがって，本問の場合，催告期間内にチケットの送付がなかったことが，解除権の発生事由になるのではなく，催告期間内にチケットを送付したことが，解除権の発生障害事由になるのであって，Xの解除の効力を否定しようとするY社において，催告期間内にチケットを送付したことを主張・立証しなければならない。そこで，本問における「郵便到着後10日以内に，Xへチケット1枚を送付せよ。その送付がない場合には，Xは，Y社との売買契約を直ちに解除する……。」という意思表示については，要するに，「Xは，Y社との売買契約を解除する。その解除は，10日の催告期間経過後に効力を生じる。ただし，Yが10日の催告期間内にチケットを送付する場合には，この限りでない。」という趣旨の停止期限付きの意思表示として理解すべきである[*1]。

　　　*1　「10日の催告期間経過後に……」の点につき，停止期限と解すべきである。停止期限とは，法律行為の効力の発生を，将来の期限の到来にかからせるという約定（附款）のことである。

(b)　そこで，本問の場合につき，Xが，請求原因事実において，「郵便到着

後10日以内に，Xへチケット1枚を送付せよ。その送付がない場合には，Xは，Y社との売買契約を直ちに解除する……。」という意思表示をしたと主張する場合には，それは，Xが「Y社との売買契約を解除する。その解除は，10日の催告期間経過後に効力を生じる。ただし，Yが10日の催告期間内にチケットを送付する場合には，この限りでない。」という停止期限付解除の意思表示を行ったと主張していると考えるべきことになる。ただし，そのような解除の意思表示をした時点では，停止期限は未だ到来していないので，その解除の意思表示は未だ効力を生じていないというしかない。そのため，前記のように，停止期限付解除の意思表示を行ったと主張していると考えるべき場合には，そのような主張のほかに，その停止期限の到来したことも主張・立証しなければならない[*2]。

> *2 訴え提起の時点で停止期限が到来している場合には，そのような停止期限の到来は，ことさらに主張・立証しなくても明らかであるとして，特に主張・立証されないことも多い。他方，訴え提起の時点においても，停止期限が到来していない場合には，当該解除の意思表示は未だ効力を生じておらず，そのため，解除を前提とする債権者の主張（例えば，解除に基づく原状回復請求など）は主張自体失当になってしまう。

[3] 小問(2)について

(1) 履行不能の主張（抗弁）について

XとY社のチケット売買契約については，平成22年9月30日に，Xが有名歌手○○○○の正月公演チケット1枚の購入を申し込み，Y社の担当者Aがそれを了解した時点で成立したものと考えられる。そして，小問(2)の場合は，Y社の担当者がXのために事務処理を行った同年10月11日の時点では，当該チケットは他の顧客にすべて売り切れその顧客へ発送済みであったという場合であり，よって，Y社のXに対するチケットの販売が，契約成立後に不可能，つまり，履行不能になったという場合である。

ところで，債務者の債務につき履行をすることができなくなったとき，つまり，履行不能の場合に，債務者が債務不履行責任を負うのは，その履行不能について債務者に責めに帰すべき事由（帰責事由）がある場合である（民415条後段）。

なぜならば，債務不履行責任は過失責任であり，よって，債務者に帰責事由がないのに債務不履行責任を負わせることはできないからである。なお，債務者の帰責事由については，債務者に故意，過失がある場合に限られず，債務者の履行補助者に故意，過失がある場合を含むとされている[*3]。また，債務者の帰責事由の主張・立証責任については，債務者が債務不履行責任の発生障害事由として，そのような帰責事由のないことを主張・立証しなければ，債務不履行責任を免れることはできないとされている。なぜならば，債務者は履行義務を負っているので，履行遅滞や履行不能に陥った場合には，債務者に履行義務違反が認められ，債務不履行責任を負うとするのが原則であり，そのため，例外的に，債務者が債務不履行責任を免れるとするためには，自ら帰責事由のないことを主張・立証しなければならないと解すべきだからである。

> [*3] ただし，どの範囲までの者を債務者の履行補助者とすべきか，すなわち，どの範囲までの者の故意，過失を債務者の故意，過失と同視すべきかが問題となる。

(2) **履行不能につき，債務者に帰責事由がない場合**（小問(2)の前半の場合）

本問における小問(2)の前半の場合は，Y社のXへのチケット販売が履行不能になっているが，そのように履行不能になったことの原因は，XのY社銀行口座への振込みが10月10日と遅れており（Y社銀行口座へ入金したのは，翌11日），そのため，その10月11日の段階では，チケットがすべて他に売り切れていたことによる。

すなわち，債務者の履行不能につき，債務者に帰責事由が認められない場合である。この場合には，債務者は債権者に対して債務不履行責任を負わない。

したがって，Y社の履行不能につき，Y社に帰責事由があるとは考えられないので，Y社は，Xに対して，債務不履行責任を負わないことになる。そこで，Y社はXに対して有名歌手○○○○の正月公演チケットの販売が売切れであることを主張して，Xへの履行を拒絶しうる。さらに，Y社は債務不履行責任についても拒絶しうることになる。ただし，振り込まれてきた1万4000円については，不当利得となるので，Xへ返還しなければならない。

(3) **債務者が履行遅滞に陥っている段階で履行不能になった場合**（小問(2)の後半の場合）

本問における小問(2)の後半の場合は，Y社のXへのチケット販売が履行不能

になっているが，そのように履行不能になったことの原因は，Y社の担当者AがXについての事務処理を忘れてしまい，Xのために事務処理を再開した10月11日の段階では，チケットがすべて他に売り切れていたことによる。Xについては，Y社銀行口座への振込みを10月1日に終了しており，前記の履行不能に対して何らかの原因力を与えたということは考えられない。

　すなわち，債務者が事務処理を遅れ，履行遅滞に陥っている段階で履行不能になった場合である。このように履行遅滞に陥っている段階で履行不能になった場合には，当初の履行遅滞について帰責事由がある債務者が，公平の観点から，履行不能についても帰責事由を負うものと考えなければならない。したがって，履行不能につき帰責事由を負担することになる債務者は，債権者に対して，その履行不能につき債務不履行責任を負うことになる。

　以上により，Y社は，その担当者AがXについての事務処理を忘れてしまい，履行遅滞につき帰責事由を有し，よって，Y社のXへのチケット販売がその後不能になったという事態についても帰責事由を負担することになる。そこで，Xに対して，そのようにチケット販売が不能になったことにつき債務不履行責任を負うことになる。したがって，XはY社との契約を解除することも可能であり（民543条），また，Y社は，有名歌手○○○○の正月公演チケットの販売はできないにしても，振り込まれてきた1万4000円につき，Xへ返還しなければならず，その他，Xに損害が生じておれば，Y社はその損害の賠償義務も負担することになる（民415条）。

〔井手　良彦〕

Q 15

売買(3)──目的物の瑕疵

(1) Xは，平成22年10月5日に，若者に人気があり，現在売れている○○社製NE5型バイク（50cc）を購入しようと，バイク販売会社のY株式会社に在庫の有無を照会したところ，8台の在庫があり，同月20日までのキャンペーン期間中なら，新車販売価格13万5000円のところ12万円で販売できるという回答を得た。そこで，同月10日にY社に出向き，Y社担当者が倉庫から出してきた○○社製NE5型バイク1台を購入して，その場で代金12万円を支払った。Xはそのバイクに乗って帰宅し，通勤に使用していたが，当初からエンジンの調子が悪く，同月20日には，ついにエンジンが掛からなくなってしまった。Y社に修理を依頼したところ，エンジン内部の部品の一部が欠落していることがわかった。このような場合，XはY社に対しどのような請求をなしうるか。そのときの法律構成はどのようなものか。

(2) XがY社から購入したバイクは，○○社がハンドル，シート，マフラーなどに特別の部品を用いて製作した特別仕様車（販売価格22万円）5台のうちの1台であり，しかも，特別仕様車5台については塗装の色がそれぞれ異なるところ，Xは，そのような特別仕様という点と塗装の色を気に入り，当該バイクを購入していた場合はどうか。

[1] はじめに

Xは，Y社から，○○社製NE5型バイク（50cc）を購入している。そして，本問における小問(1)の場合は，○○社製NE5型バイク（50cc）という種類であれば，Y社に在庫があったもののうちどのバイクでもよかったものと思われ，よって，不特定物売買であったと解せられる。そこで，まず，不特定物売買と特定物売買の相違について検討し，その後に，不特定物売買において，目的物

に瑕疵があった場合の売主の責任について論じることにする。

また，小問(2)の場合は，特別仕様という点と塗装の色を気に入り，前記のバイクを購入した場合であるから，特定物売買に該当するものと解せられ，よって，特定物売買において，目的物に瑕疵があった場合の売主の責任について論じることにしたい。

[2] 小問(1)について

(1) 不特定物売買と特定物売買の相違

(a) 取引の際に当事者が対象となる物の個性に着目して取引をしている場合に，そのような目的物を「特定物」といい，物の個性に着目して取引をしたのではない場合に，そのような目的物を「不特定物」という。

したがって，不特定物売買と特定物売買の違いは，契約当事者が目的物の個性に着目して売買をしているかどうかによる。

(b) 本問における小問(1)の場合は，〇〇社製NE5型バイク（50cc）という限定はあるが，Xは，〇〇社製NE5型バイク（50cc）という種類に属しているならば，どのバイクでもよかったものと解せられ，未だ目的物の個性に着目して取引をしているとは解せられず，したがって，不特定物売買に該当する。

(2) 不特定物売買の目的物に瑕疵がある場合の売主の責任

(a) 債務不履行責任　本問における小問(1)の場合，そこでの〇〇社製NE5型バイク（50cc）の売買は，特に目的物の個性に着目しておらず，不特定物売買であり，そして，当該バイクにつき，その「エンジン内部の部品の一部が欠落」していたというのであるから，Xは，Y社に対し，契約目的物に瑕疵があるとして，債務不履行責任を問うことはできないかが問題となる（民415条）。

不特定物売買において目的物に瑕疵があった場合，売主は未だ債務の本旨に従った履行をしていないことになるので，買主は，売主に対して，債務の本旨に従った履行の請求をなしうる。すなわち，①瑕疵修補請求と②瑕疵のない完全な物の代物請求をなしうる。ただし，後者の代物請求について，普通の債権として10年間存続することになると（民167条1項），特定物についての担保責任が1年間の除斥期間にかかる（民570条・566条3項）のと比べ，あまりに権衡を失することになるので，この代物請求の行使期間については，信義則上相当の

期間内に制限され，代物請求ができなくなった以降については，瑕疵修補請求しかできなくなると解すべきである。また，買主は，売主に対して，債務不履行を理由として，損害賠償（民415条）や契約解除も可能となる（民541条）。

　本問における小問(1)の場合にも，Xは，Y社に対して，「エンジン内部の部品の一部が欠落」という欠陥の修理を請求でき，さらに，そのような欠陥のない代わりの○○社製NE5型バイク（50cc）の給付を請求できる。ただし，後者の代物請求の行使期間については，信義則上相当の期間内に限定される。また，Xは，Y社に対して，債務不履行を理由とした損害賠償（民415条）や契約解除も行いうる（民541条）。

(b)　買主は瑕疵担保責任（民570条）を追及しうるか　小問(1)の場合，そこでの○○社製NE5型バイク（50cc）の売買は，目的物の個性に着目していない不特定物売買である。そして，当該バイクについて，その「エンジン内部の部品の一部が欠落」していたというのであるから，売買の目的物に「隠れた瑕疵」があった場合として，XはY社に対して瑕疵担保責任（民570条）を問うことができないかも問題となる。

　瑕疵担保責任（民570条）における「瑕疵」とは，目的物に物質的な欠陥があることであり，また，「隠れた」とは，取引において普通に要求される注意を用いても発見できないことであって，瑕疵につき，買主に善意，無過失が必要になる。本問の場合，「エンジン内部の部品の一部が欠落」していたというのであるから，目的物に物質的な欠陥がある場合にあたり，しかも，そのような欠陥は，エンジン内部にあるため，Xが取引において普通に要求される注意を用いても発見できないようなものと考えられ，したがって，「隠れた瑕疵」がある場合に該当しそうである。

　ところで，①瑕疵担保責任について，瑕疵担保の対象となる瑕疵とは，特定物の有償取引において契約成立時に目的物に存在する欠陥のことであり，この欠陥部分については契約が成立することはなく（原始的一部不能），よって，この部分については契約責任としての債務不履行責任も生じず，そのため，瑕疵担保責任とは，取引の有償性から法が認めた特殊な責任であるという考え方（法定責任説）がある。この法定責任説においては，不特定物売買の場合には瑕疵のない完全な物が他に存在するので原始的一部不能という事態は生じず，よ

って，この場合には債務不履行（不完全履行）責任を問えばよいとされる。本問の場合につき，この法定責任説の立場からは，不特定物売買の場合であるから，債務不履行責任を問えばよく，瑕疵担保責任は問い得ないことになる。これに対して，②瑕疵担保責任は債務不履行責任の一種であり，契約責任であるという考え方（契約責任説）がある。この契約責任説においては，特定物売買の場合にも，不特定物売買の場合と同様に，売主は完全な物の給付義務を負っており，目的物が不完全であればそれが「瑕疵」（債務不履行）にあたり，よって，売主は買主に対して債務不履行責任としての瑕疵担保責任を問うことができるとする。このような契約責任説からは，本問のような不特定物売買の場合には，瑕疵担保責任を問いうることになる。

　この点について，判例は，絵画が特定物として販売されたが，それが偽物であった場合において，当該絵画を給付して債務の履行を完了したのであるから，売主に債務不履行の生じる余地はないとして，原始的一部不能論を肯定しており，基本的に法定責任説に立つものと考えられる（最判昭37・9・25判時320号14頁参照）。その一方で，不特定物売買の場合にも，瑕疵担保責任の適用を排除していない。すなわち，不特定物として販売された放送機材に欠陥（瑕疵）があった場合において，買主が不特定物を受領しただけでなく，買主が瑕疵のあることを認識し，その上で瑕疵のあるものの給付を履行として認容し，売主に瑕疵担保責任を問うなどの事情が存在するならば，それ以降については瑕疵担保責任を問うことができ，それまでは債務不履行（不完全履行）責任を問うことになる旨を判示し，当該場合については，買主は「履行として認容」していないので，債務不履行による解除が認められるとした（最判昭36・12・15民集15巻11号2852頁参照）。これは，買主が「瑕疵の存在を認識した上でこれを履行として認容」したかどうかをメルクマールにして，それ以後は瑕疵担保責任を，それ以前は債務不履行責任をそれぞれ問えばよいとするものである。

　このような判例の立場によれば，本問における小問(1)の場合については，Xが，○○社製NE5型バイク（50cc）につきそのエンジン内部の部品の一部が欠落しているという瑕疵の存在を認識し，その上でそのようなバイクの給付を履行として認容したような事情があるときには，それ以後は瑕疵担保責任を問うことになり，そのような事情がなければ，債務不履行責任を問うことになる

であろう。

[3] 小問(2)について

(1) 小問(2)における売買は特定物売買か

前記[2](1)(a)のように，不特定物売買と特定物売買の違いは，契約当事者が目的物の個性に着目して売買をしているかどうかによる。

小問(2)におけるバイクの場合，Xは，特別仕様という点と塗装の色を気に入り，「このバイク」というように，バイクの個性に着目して購入したものと解せられ，特定物売買に該当する。

(2) 特定物売買の目的物に瑕疵がある場合の売主の責任

そこで，小問(2)におけるバイクについては，契約当初から「エンジン内部の部品の一部が欠落」していたというのであるから，契約当初から特定物売買の目的物に瑕疵があった場合として，瑕疵担保責任（民570条）を問うことができないかが問題となる。

前記のように，瑕疵担保責任（民570条）における「隠れた瑕疵」について，その「瑕疵」とは，目的物に物質的な欠陥があること，また，「隠れた」とは，取引において普通に要求される注意を用いても発見できないことである。

そして，この瑕疵担保責任（民570条）につき，判例は，前記のように，原始的一部不能論を肯定しており，基本的に法定責任説に立つものと考えられる（前掲最判昭37・9・25参照）。このような判例の立場によれば，契約当初から特定物売買の目的物に瑕疵があった場合，そのような瑕疵の部分については，原始的一部不能に該当し，契約は成立しておらず，よって，債務不履行責任ではなく，取引の有償性から法が認めた瑕疵担保責任を問うべきことになる。すなわち，買主は，瑕疵担保責任として，売主に対し，当該瑕疵のために契約目的を達成しえない場合には契約解除をすることができ，契約解除をすることができない場合には損害賠償請求のみをすることができる。また，そのように瑕疵担保責任を追及しうるのは，瑕疵の存在を知ってから1年間である（民570条・566条）。

小問(2)の場合，XとY社のバイクの売買契約はバイクの個性に着目した特定物売買であり，当該バイクの「エンジン内部の部品の一部が欠落」していた

というのであるから,「隠れた瑕疵」がある場合に該当する。そのような瑕疵は,契約当初から存在しており,よって,瑕疵部分につき,原始的一部不能にあたり,契約は成立しておらず,したがって,債務不履行責任ではなく,瑕疵担保責任を問うべきことになる。そこで,Xは,瑕疵担保責任として,Y社に対し,当該瑕疵のために契約目的を達成しえない場合には契約解除を,契約解除をすることができないときには損害賠償請求をすることができる。本問の場合は,「エンジン内部の部品の一部が欠落」しており,通勤に使用していたのにエンジンが掛からなくなったとあり,設問の記載だけでは必ずしも明確ではないが,契約目的を達成しえない場合として契約を解除しうるものと思われる。ただし,そのようにXがY社に対して瑕疵担保責任を追及しうるのは,Xが瑕疵の存在を知ってから1年間に限られる(民570条・566条)。

〔井手　良彦〕

Q16 金貨の売買に仮託した金銭消費貸借契約

　金銭に窮したYは，平成23年5月1日，スポーツ新聞に掲載された「お金が必要な方，当日即現金化します」とのXの広告を見て，金銭を借りる目的でXの店舗を訪れた。Yは，Xに対し，5万円が必要である旨を告げると，Xは，「金貨2枚を6万5600円で購入すれば，これを4万2400円で買い取ってくれる人がいる」と説明した。そこで，Yは，代金支払期日を平成23年5月10日と約して，金貨2枚を代金6万5600円で購入した。すると，Xは，Yに対し，買取先としてZを紹介し，その携帯電話番号を教えた。Yは，その場でZに電話をかけ，金貨の買取場所について打ち合わせを行った。その後，Yは，Xの店舗付近まで自動車で来たZと落ち合い，その車内において上記金貨を換金してZから4万2400円の交付を受けた。その後，上記金貨の代金支払期日から数ヵ月が経過したのに，Yが金貨の売買代金を支払わなかったため，Xは，Yに対し，その代金6万5600円の支払を求める訴えを提起した。これに対して，Yは，金貨の売買契約は，Zから平成23年5月1日に4万2400円を換金取得し，Xに対して同月10日に6万5600円を支払うというものであって，その差額2万3200円の実質は年1996％にも上る利息契約にほかならないから，暴利契約となり公序良俗に違反すると主張した。Yの主張は認められるかについて説明しなさい。

[1] 公序良俗違反

　設問のYは，X・Y間の契約の公序良俗違反による無効（民90条）を主張しているので，まず民法90条につき，説明する。
　一般に私人間においては，法律行為自由の原則が妥当するから，私人間においてある具体的な法律行為がなされた場合に，その法律行為を有効と認め，私法上も法律行為の目的達成につき助力するのが原則である。しかし，当該法律

行為により実現しようとする目的，法律効果が社会の一般的利益や倫理的秩序に反する場合には，私法上，当該法律行為の目的達成につき助力しない，すなわち当該法律行為を無効とする場合があってよい。民法90条は，上記趣旨により，公の秩序又は善良の風俗（公序良俗）に反する法律行為を無効とする一般条項である。

[2] 公序良俗違反の類型化

次に，公序良俗に反する法律行為とは，具体的に，どのような法律行為かが問題となるが，その具体的内容は千差万別であり，ほぼすべての私人間の法律行為につき，公序良俗違反ということが考えられうる。逆からいえば，条文上，無効とすべき法律行為につき個別具体的に規定し尽くすことは不可能なので，一般条項として，包括的，抽象的に規定したのが民法90条であるともいえる。とはいえ，同条は本来ならば有効とされるべき法律行為を例外的に無効とする場合であるから，同条が適用される場合をできる限り明らかにして，法律行為が無効とされる場合の予測可能性をできるだけ高める必要がある。

そのため，学説は，判例の分析等を通じて，公序良俗違反の法律行為の類型化を進めており，その具体的内容は比較的明確になっている。

上記類型化は，さまざまな形でなされているが，例えば，

(ⅰ) 性秩序，家族秩序に反する行為（例：不倫関係を維持するための契約）
(ⅱ) 正義観念に反する行為（例：犯罪行為を行うことを内容とする契約）
(ⅲ) 自由・平等に反する契約（女性の定年を男性より低く定めた就業規則（女性55歳，男性60歳）は公序良俗に反するとされた。最判昭56・3・24民集35巻2号300頁）
(ⅳ) 暴利行為（例：借主の無知窮迫に乗じてする法外な高利の金銭消費貸借契約）（クラブのホステスが顧客の飲食代金債務についてした保証契約が公序良俗に反するものとはいえないとされた事例として，最判昭61・11・20判時1220号61頁）
(ⅴ) 著しく射倖性の強い行為（例：私的な馬券の売買行為（ノミ行為））

等に類型化されることがある。

さまざまな形の類型化にあって，Yが主張する暴利行為は，公序良俗違反行為中の典型的一類型である。

［３］　暴利行為とは

　暴利行為とは，①他人の窮迫，軽率又は無経験に乗じて，②過大な利益を獲得する行為である（暴利行為の代表的判例として，大判昭９・５・１民集13巻875頁がある）。①は主観的要件であり，②は客観的要件である。
　①の主観的要件が満たされる場合であっても，②の一方当事者の過大な利益獲得，すなわち当事者間の給付の不均衡という客観的要件が満たされなければ，暴利行為に該当しないし，②の客観的要件が満たされる場合であっても，①の相手方の窮迫等に乗じる意図，すなわち主観的な悪さがなければ，やはり暴利行為に該当しない。
　暴利行為に該当するか否かは，①の要件と，②の要件を相関的総合的に考慮して判断される。

［４］　「金貨金融」について

　Ｙは，本件は金貨の売買に仮託した金銭消費貸借契約であると主張するので，いわゆる「金貨金融」について，ここで説明する。
　利息制限法による利息，損害金の制限を潜脱するために，いわゆる悪徳業者側では，いろいろな手法を編み出し，それらを駆使してきた。その手法の一環として編み出された手法が「金貨金融」である。
　「金貨金融」とは，次のようなものである。
　金貨（外国の投資用金貨）を代金後払い（例えば10日後払い）で売却し（＝第１の売買），当該金貨を売主と通じた第三者にすぐさま買い取らせるが（＝第２の売買），第２の売買の金貨売買価格は，第１の金貨売買価格よりも低額に設定される。例えば，第１の金貨売買代金を10万円として，第２の金貨売買代金を７万円と設定する。
　第１の売買契約の買主（第２の売買契約の売主）は，即日７万円の現金を得ることができるが，第１の売買契約の代金支払日であるその10日後には，10万円を支払わなければならないこととなる。ここで，第１の売買契約の売主と，第２の売買契約の買主は，実質上一体の者であるから，第１の売買契約の売主は，７万円を元手に，その10日後には，10万円を得ることとなる。

一方，第1の売買契約の買主も売買の目的物を使用又は消費するとの意思はまったくなく，専ら第1及び第2の売買契約の日に第2の売買契約の売却代金の名目で，現金を得ることが目的であるが，7万円を手にした，わずか10日後に，第1の売買契約の代金10万円を支払わなければならないこととなる。

[5] 売買契約とした場合の不合理性

　一般に，ある物品を購入した買主のその後の行為としては，その物品を使用又は消費するか，他にその物品を購入価格よりも高値で買いたいという者が現れたならば，その者に転売して転売利益を得る等のことが考えられる。しかし，購入した物品を即刻，購入代金よりも安い価格で転売するなどという行為は，転売による差額を損失するだけの行為であり，まったく合理性を有しない行為ということになる。いい換えると，買い受けた物品を即刻，それよりも安い代金で転売するという契約の外形からして，すでにそれが真実の売買契約ではないことが徴表されているともいえる。

　この場合，売買契約という形式は，高利の金銭消費貸借契約という実質を隠蔽するために仮託された形式にすぎない。したがって，そこで媒介される物品は，その融資金にある程度見合うものであれば，何でもよく，金貨に限らない。ただし，金貨は，1 oz（トロイオンス），2分の1 oz，4分の1 oz，10分の1 oz 等の種類があり，かつ金相場に連動した市場価格で販売，買取が正規の取引として行われており，媒介物品として使い勝手がいいのか，「金貨金融」は，全国的にかなり広まっているようである。

[6] 設問について

　以上を前提に設問を検討する。
　Yは金銭に窮して，スポーツ新聞に掲載された「お金が，必要な方，当日即現金化します。」とのXの広告を見て，金銭を借りるために，すなわち金銭消費貸借契約の目的でX店舗を訪れた。金貨金融のターゲットとして狙われている者は，多重債務状態に陥っていたり，過去に破産手続開始決定を受けたり等して，他の金融機関から正規の金融を受けることが困難な者らである。Yがそのような状況にあった者か否か設問からは明らかではないが，いずれにしても

金銭的窮状に陥っていた者と認められる。また金貨金融をする業者は，設問のような文言のほか「他から融資を断られた方ご相談下さい。」，「金貨等を即日現金化します。」，「面倒な審査はありません。」等の甘い文言の広告で，窮状にある債務者を誘い込んでいるのが実情のようである。

設問の，Yの金銭的窮状，Xが掲載した「お金が必要な方，当日現金化します。」との広告により，Xは，**[3]**で述べた，他人の急迫，軽率又は無経験に乗じるという暴利行為の主観的要件を満たすものと考える。

Yから融資金として5万円が必要である旨聞いたXは，Yに対し，支払期日は10日後として金貨2枚を代金6万5600円で売り，すぐさまZをして，その金貨2枚を4万2400円で買い取らせている。これらは，外形的には2つの売買契約が成立しているように見えるが，実質的には，YはXから4万2400円を借り受け，その10日後に，6万5600円の返還することを約した契約，すなわち，XY間に，貸付額4万2400円，弁済期10日後，返済額6万5600円の金銭消費貸借契約が成立したと評価できると考える。

ここで，第2の売買に第三者Zが介在していることが問題となるが，Xが買取先としてZを紹介していること，Yはその場でZと買取場所等について打ち合わせていること，ZはXがYに告げたとおりの金額をYに交付していることから，XとZは一体のもの，又は，ZはXの手足として動いていたものであると評価でき，XY間に，金銭消費貸借契約が成立したものと考えられる。

そうすると，Yの主張のとおり，6万5600円と4万2400円の差額2万3200円は利息とみなされる。これを年率に換算すると年率約1996％となるから，一方が過大な利益を獲得する契約であるという暴利行為の客観的要件も満たすものと考える。

[7] 一部無効について

ところで，この場合無効とされるのは，利息契約部分だけであり，X（＝Z）がYに交付した4万2400円については，Xの返還請求を認めるという考えも成り立たないではない。しかし，それは認めるべきではないであろう。そのような請求を認めてしまうと，Xとしては，現実に交付した金銭は最低限確保できることとなり，暴利行為の効果を否定して，もって暴利行為がなされるこ

とを抑止するという法の趣旨に反することとなるからである。

[8] 結　　論

　以上によれば，設問においては，Yの主張（公序良俗違反による無効の抗弁）が認められて，Xの請求は棄却されることとなる（本設問はYから公序良俗違反の主張があった場合であるが，職権で公序良俗違反と判断することの当否については，Q1を参照されたい）。

〔脇山　靖幸〕

Q17 共有者が共同賃貸した賃料債権の性質

A・B・Cは，共同でYに対し，A・B・Cの共有する建物を，賃料月9万円と約して賃貸し，これを引き渡した。しかし，Yが3ヵ月分の賃料の支払を怠ったため，A・B・Cは，Yに対し，その支払を求める訴えを提起した。この場合，上記賃料債権の性質に触れつつ，認容判決主文がどのようなものになるかについて説明しなさい。

[1] 問題の所在

本設問においては，A・B・Cが，共同でYに対し，賃貸した共有建物の賃料債権（月額9万円）は，可分債権となるのか，債権の準共有となるのか，不可分債権となるのかがそれぞれ問題となる。

以下では，上記賃料債権の性質について論じた後に，請求認容の判決主文はどのような表現になるのかを示すことにする。

[2] 共有物を賃貸した場合の賃料債権の性質

数人の債権者とその相手方である債務者との間で，どのような履行の請求ができるのか，また，弁済はどのように行われるべきなのかに関して，学説は下記のとおり分かれている。

(1) 学　説

(a) 可分債権説　　この説は，賃料債権は，共有者の共有持分に応じて分割されるから，共同賃貸人は，賃借人に対し，自己の共有持分の割合の限度において賃料を請求することができ，賃借人は，共同賃貸人に対し，各共有持分の割合によって分割した金額をそれぞれ支払わなければならないとする見解である。

なお，可分債権とは，複数の債権者が1個の可分の給付を目的とする債権を

有する場合をいう（民427条）。

(b) 債権の準共有説　この説は，複数の者が賃貸借契約から生ずる1個の賃料債権を共有する関係にあるから，債権の準共有関係になるとする見解である。

なお，債権の準共有とは，複数の債権者が所有権以外の財産権を共有する場合をいう（民264条）。

(c) 不可分債権説　この説は，共有建物を不可分的に賃貸することから，その対価たる賃料も不可分債権になるとする見解である。

なお，不可分債権とは，多数の債権者が1個の不可分給付を目的とする債権を有する場合をいう（民428条）。

(2) 可分債権説，債権の準共有説，不可分債権説の検討

ところで，賃料債権といえども金銭債権であることに差異はないことから，理論的には可分債権であると解することもあながち不可能ではない。

しかし，賃借人Yが共同賃貸人のうちのAに対して，その共有持分の割合に対応する賃料を支払ったからといって，建物の一部を適法に占有していることにはならないであろう。これに対して，賃借人Yが共同賃貸人A・B・Cのうちの1人に対して9万円を支払った場合には，A・B・C全員のために弁済の効力が生ずるとするのが簡便でしかも取引の安全に資するといえよう。とすると，賃借人Yの地位が不安定となる可分債権説はとり得ない。

他方，可分債権説によると，共同賃貸人A・B・Cに対し，それぞれの共有持分の割合に応じた金額を各別に支払わなければならないという点で簡便さに欠けるため，賃借人Yの利益に適っているとは到底いえないであろう。

この点，債権の準共有説によると，共同賃貸人A・B・Cのうちの1人が賃料9万円を受領した場合には，民法252条但書の「共有物の保存行為」となるため，A・B・C全員のために弁済の効力が生ずるという点では，不可分債権説と同一の結論となる。

債権の準共有説や不可分債権説によると，例えば，共同賃貸人の1人であるAが賃借人Yに対して賃料9万円の支払を請求し，その受領を可能とする一方で，他の共同賃貸人B・Cが，Aが受領した賃料9万円の分配に与れない事態が生ずるリスクを伴うおそれがあることは否定できない。こうしたことから，

賃借人Yと共同賃貸人A・B・Cのどちら側の立場を重視するかによって見解が分かれようが，賃料の支払義務を負う賃借人Yの利益を考慮して不可分債権説によるのが妥当であろう。

　これに対して，判例は，目的物の金銭債権が目的物を使用・収益させる債務の反対債権であることに着目して，以下のとおり，不可分債権であると判示している。

　(a)　東京地方裁判所昭和45年7月16日判決（判時613号69頁）　土地賃貸人の地位を承継したAを除く共同相続人（原告両名）が，賃借人（被告）に対して賃料の支払を請求した事案において，「本件宅地の賃料債権について考えると，原告らに賃料債権が発生するのは，原告両名およびAの共有物である本件宅地を被告に引渡し使用収益させているところの引渡および使用収益を許す行為は右3名共同の不可分給付によらなければ実現できないのであって，これは性質上不可分の債務であるといわねばならない。従って，右記債務の対価として発生する賃料債権も性質上不可分の債権であるといわねばならず，被告がAになした本件宅地の賃料全額の支払は原告らに対しても有効な弁済となるものである」と判示した。

　(b)　東京地方裁判所昭和47年12月22日判決（判時708号59頁）　土地賃貸人の地位を承継した共同相続人が賃借人に対して賃料の支払を請求した事案において，「被告A，同Bは，原告から賃料支払の催告がなされた昭和39年12月24日の時点において，右相続によって同被告らに対する共同賃貸人の一人となったXに対し，各賃借土地の賃料を支払済であった。右のように賃貸人死亡により複数の共同相続人が賃貸人の地位を承継し共同賃貸人となった場合の賃料債権は，不可分債権であると解すべきであるから，共同賃貸人の一人であるXへの賃料支払により，右被告らの右賃料支払義務は履行されたと認むべきである」と判示した。

　(c)　神戸地方裁判所昭和53年11月29日判決（判タ394号128頁）　所有権を取得して賃貸人の地位を承継した者（控訴人）が，賃借人らに対して賃料の支払を請求した事案において，「控訴人の本件訴状による催告の当時，本件家屋は控訴人とAとの共有であったが，目的物の用益提供が共同相続人の不可分的な債務である以上，これと対価関係にある賃料債権も性質上の不可分債権と解さ

れ，従って1人の賃貸人が金額を請求できるから，本件における控訴人単独による催告も有効である」と判示した。

(d) 大阪高等裁判所平成元年8月29日判決（判タ709号208頁）　土地賃貸人の地位を承継した共同相続人（被控訴人ら）が，賃借人に対して賃料の支払を請求した事案において，「本件土地は被控訴人らの共有（前掲甲第2号証の1,2によると，持分は被控訴人甲が3分の2，同乙が3分の1）であって，これを控訴人に使用収益させる給付義務は不可分債務であり，したがって，右使用収益対価である賃料債権も特段の事情のない限り不可分債権と解するのが相当である。もし賃料債権が金銭債権であることから，これを可分債権であるとするならば，賃貸人の1人に賃料全額を支払った場合でも，他の賃貸人に対する関係では債務不履行の責を問われるのであって，借地人にとり思いもかけない不利益な結果が生じる事態も起こりかねないのである」と判示した。

[3] 認容判決主文の表現方法

請求が理由のある場合の判決主文は，その内容が一見して明確であるように簡潔に記載されなければならないとされている。

したがって，本設問のような給付判決の主文には，給付の法的性格又は理由づけを含まない抽象的な表現が用いられる。

認容判決主文は，上記【2】(1)(c)の不可分債権説に従い，「被告は，原告ら各自に対し，9万円を支払え」と表現するのが実務上確立した扱いとなっている（司法研修所編『10訂民事判決起案の手引』12頁参照）。これに対して，「被告は，原告らに対し，不可分債権として9万円を支払え」とすることは，前述した給付の法的性格を含む主文となることから，適切な表現とはいえないではないであろう。

なお付言すると，A・B・Cは，それぞれの共有持分の割合に一致させ，分割債権として訴えを提起することは可能であるが，この場合には，訴状記載の請求原因において，A・B・C各自の共有持分の割合について主張しなければならない。これに対する認容判決の主文は，A・B・Cの共有持分の割合が等分であることを前提にすると，「被告は，原告らに対し，それぞれ3万円を支払え」と表現されることになる。

〔西村　博一〕

Q18 居住権の承継

　Xは，乙に対し，X所有建物を賃貸し，これを引き渡した。その後，乙は，その妻丙が死亡したことから，丁と同居するようになった。乙と丁は，内縁関係となって長年同居していたが，投資信託に失敗した乙は，約1年分の賃料の支払を怠ったまま死亡した。その後，①Xは，丁に対し，乙の死亡前の滞納賃料及び死亡後の滞納賃料の支払を求める訴えを提起した。Xの請求は認められるかについて説明しなさい。また，②乙と丙の間の子A・Bは，乙の相続人として丁に対し，上記建物の明渡しを求める訴えを提起した。これに対して，丁は，A・Bの請求は権利の濫用であって許されないと主張した。丁の主張は認められるかについて説明しなさい。そして，③Xは，A・Bに対し，乙の死亡前の滞納賃料及び死亡後の滞納賃料の支払を求める訴えを提起した。Xの請求は認められるかについて説明しなさい。

[1] 亡乙の共同相続人A・Bの丁に対する建物明渡請求の可否

　本稿では，わかりやすさの観点から，本設問で問われている小問①・②・③について，②→①→③の順序で論述する。

(1) 問題の所在
　亡乙の共同相続人A・Bが存在するため，亡乙と内縁関係にあった丁は，継続して本設問の建物（以下「本件建物」という）に居住することができるかが問題となる。

(2) 賃借権承継の成否
　(a) 内縁の妻に関する借地借家法の規定　賃貸借には，使用貸借と異なり，賃借人の死亡によって終了する旨の規定がない（民599条参照）ことから，賃借権は財産的価値があり，相続の対象になると解されている。法律婚をした妻は

相続人になることができるが，事実上の夫婦である内縁の妻には相続権（民890条参照）がないので，建物の賃借人が死亡した場合，内縁の妻は賃借権を承継することができず，したがって，その建物に居住することができないことになる。

こうしたことから，借地借家法36条1項本文は，「居住の用に供する建物の賃借人が相続人なしに死亡した場合において，その当時婚姻又は縁組の届出をしていないが，建物の賃借人と事実上夫婦又は養親子と同様の関係にあった同居者があるときは，その同居者は，建物の賃借人の権利義務を承継する」と定める。

しかし，この規定から明らかなように，あくまでも死亡した賃借人に相続人が存在しないことを要件とするものである。

この点，Xから本件建物を賃借していた亡乙には，相続人A・Bが存在するため，亡乙の内縁の妻であった丁には借地借家法の36条1項本文が適用されず，本件建物に居住する権利は認められないことになる。

(b) 内縁の妻の居住権の成否に関する判例・学説　丁が亡乙の賃借権を承継できないとすれば，本件建物からの退去を余儀なくされる。

そこで，丁の居住の利益を保護する余地はまったくないのかが問題となる。

以下，これに関連する判例・学説を概観する。

(イ) 判　例　最高裁判所昭和39年10月13日判決（民集18巻8号1578頁）。家屋の所有者である訴外Aが死亡し，同居していた内縁の妻（被上告人）が引き続き本件家屋に居住していたのに対して，訴外Aの唯一の相続人（養子）（上告人）が，被上告人は上記家屋に居住する権原を有しないとして，その明渡しを求めた事案について，「内縁の夫死亡後その所有家屋に居住する寡婦に対して亡夫の相続人が家屋明渡請求をした場合において，右相続人が亡夫の養子であり，家庭内の不和のため離縁することに決定していたが戸籍上の手続をしないうちに亡夫が死亡したものであり，また，右相続人が当該家屋を使用しなければならない差し迫った必要が存しないのに，寡婦の側では，子女がまだ独立して生計を営むにいたらず，右家屋を明け渡すときは家計上相当重大な打撃を受けるおそれがある等原判決認定の事情があるときは，右請求は，権利の濫用にあたり許されないものと解すべきである」と判示した。

なお，この判決は，相続人がする亡夫の内縁の妻であった者に対する建物明渡請求について，一般条項である権利の濫用（民1条3項）の法理を用いて否定したものであって，内縁の妻の居住権の成否について直接判断したものではないことに留意されたい。

(ロ) 学説

(ⅰ) 居住権説　この説は，賃借権とは異なる「居住権」という権利を認め，賃借権が相続人に承継されても，内縁関係にあった生存当事者は，居住権を有するとする見解である。

民法上の建物賃借権と区別される借地借家法上の保護対象となる権利を「居住権」と称し，それは，適法に居住している者が，居住しているという事実によって原始的に取得する居住を保護されるべき法的地位をいい，賃借権とは異なり同居家族に固有の権利であるとする。そして，居住権が認められるか否かは，賃貸人，相続人との関係それぞれにおいて借地借家法28条の「正当の事由」の有無によって決まり，居住権が肯定される場合には，その効果として，相続人に対して賃借権の譲渡又は転貸を請求することができ，相続人はこれを拒むことができず，賃貸人も民法612条1項違反による解約をなし得ないとする（鈴木禄弥『居住権論』72頁，甲斐道太郎「借家権の相続」甲南論集5巻4号33頁）。

(ⅱ) 家団的承継説　この説は，賃借権の相続性を全面的に否定しつつ，賃借権は，賃借人を代表する家団に属し，賃借人死亡後も賃貸借契約は同一性を失うことなく残存する家族的集団との間に残存しており，賃貸借契約面に現れる賃借人は単に家団の代表者たる資格を有するにすぎないから，内縁関係にあった生存当事者は，居住の継続を主張することができるとする見解である（古山宏一「家屋賃借権の相続について」判タ1号18頁）。

(ⅲ) 占有補助説　この説は，相続人が内縁関係にあった生存当事者に対し，承継した賃借権に基づいて積極的に明渡請求をしない限り，内縁関係にあった生存当事者について占有補助者たる地位を認める見解である（太田武男「内縁寡婦の保護」家族法研究81頁，久留都茂子「賃借権の相続」『契約法大系Ⅲ』119頁）。

(ⅳ) 援用説　この説は，前掲最高裁判所判決と同様に，内縁関係にあった生存当事者の居住権を否定しつつ，死亡当事者の相続人からの，内縁関係にあった生存当事者に対する建物明渡請求については，その具体的事情に応じて権

利の濫用（民1条3項）の法理を用いることによって，これを抑制すべきであるとする見解である（泉久雄「借家権の相続」奥田昌道ほか編『民法学5』179頁，水本浩「判例批評」民商57巻5号138頁）。

(3) 本設問へのあてはめ

上記(2)(b)(ロ)(ii)の家団的承継説によると，丁は，本件建物に居住することができることになる。

しかし，家族的集団としての家団の観念を認めることは，権利義務の主体として個人を措定する近代私法の大原則に反するし，家団の構成員に変動があった場合でも，同一の家族的集団といえるかは疑問である。

上記(2)(b)(ロ)(iii)の占有補助説によると，A・Bが亡乙から承継した賃借権を放棄した場合や，Xとの間で本件建物の賃貸借契約を解除したような場合には，丁は，A・Bの占有補助者たる地位を失うことになるため，丁が本件建物に居住する権利には不確定要素が含まれていることになる。

上記(2)(b)(ロ)(i)の居住権説は，各個人に固有の居住権を構成することによって，近代私法の個人原理の大原則と矛盾する家団論の欠陥を克服しようとするものであるが，現行法の解釈論として若干の無理がある。

以上の難点を考慮すると，簡易裁判所の実務においては，丁の居住権はストレートに認められないが，前掲最高裁判所判例及び上記(2)(b)(ロ)(iv)の援用説に立ち，事案ごとに妥当な解決を図ることになろう。

本設問では，丁とA・Bのどちらが本件建物を使用する必要度が高いのかを比較考量し，丁を本件建物から立ち退かせることが諸般の事情からみて不当と認められる場合には，A・Bの丁に対する本件建物の明渡請求は権利の濫用として許されないことになろう。

［2］ Xの丁に対する乙の生前の滞納賃料及び死亡後の滞納賃料の支払請求の可否

上記［1］(3)で述べたように，丁に居住権が認められない以上，賃貸人Xは，丁に対し，甲の生前の滞納賃料及び死亡後の滞納賃料の支払を請求することができない。後述するように，Xは，亡乙から相続によって本件建物の賃借権を承継したA・Bに対し，甲の生前の滞納賃料及び死亡後の滞納賃料の支払を請

求するほかない。

　なお，A・Bが乙の生前の滞納賃料及び死亡後の滞納賃料を支払った後であれば，A・Bは，丁に対し，不当利得に基づいてその求償をすることができる。この点，A・BがXから乙の生前の滞納賃料及び死亡後の滞納賃料の支払請求を受けても，これを放置し，丁の知らない間に本件建物の賃貸借契約が解除されるおそれがあることを考慮すると，丁が乙の生前の滞納賃料及び死亡後の滞納賃料の支払を負担すべきである，という法律構成も可能となろう。

　さらに付言すると，Xは，丁に対し，本件建物の明渡しを請求することができるかが一応問題となる。

　この点，丁は，Xに対し，A・Bの有する賃借権（亡乙から相続によって承継取得した本件建物の賃借権）を援用して本件建物に居住する権利を主張することができる

　しかし，丁は，A・Bとともに本件建物の共同賃借人となるわけではないから，賃料の支払債務を負うことはない（最判昭42・2・21民集21巻1号155頁）。

[3]　XのA・Bに対する乙の生前の滞納賃料及び死亡後の滞納賃料の支払請求の可否

　乙の死亡によって相続が開始し，共同相続人A・Bは，その時から，亡乙の財産に属した一切の権利義務を承継する。これによって，A・Bは，乙の生前の滞納賃料債務を承継することになるが，その賃料債務は，乙の死亡前に金額として確定済みであるから，A・Bは，その2分の1ずつの分割債務を負う（民882条・887条・896条・900条1号・4号）。これに対して，乙が死亡した時に，A・Bは，本件建物の賃借権を相続によって承継しているため，乙死亡後の滞納賃料債務は，不可分的に使用収益させる本件建物の賃貸借の対価として性質上の不可分債務となる。

　ここに，不可分債務とは，多数人が1個の不可分給付を目的とする債務を負担する場合をいうところ，性質上の不可分債務とは，給付の目的が分割できない性質のものである場合，その目的物をめぐる債務は不可分債務となることをいう。

　したがって，Xは，A・Bに対し，乙の生前の滞納賃料については2分の1

ずつ，乙死亡後の滞納賃料債務については全額の各支払請求をすることができる。

〔西村　博一〕

Q19

建物明渡請求(1)——無断改装，賃借権の無断譲渡

(1) Xは，平成20年8月1日，Yとの間で賃料10万円（月額，共益費込み），敷金2ヵ月，毎月末日に翌月分の賃料支払，賃貸期間2年，住居用，改装する場合にはXの了解を得なければならないという内容でX所有マンション一室の賃貸借契約を締結し，Yに対してマンション一室を貸し渡した。平成22年8月に更新したが，Xは，同年10月1日に，Yが当該マンションを勝手にネールサロン用に改装し，ネールサロンに使用しているとして，無断改装・無断用途変更を理由に，賃貸借契約の解約を主張し，明渡しを請求してきた。このようなXの請求は認められるか。他方，Yは，改装といっても，可動式の仕切りパネル1台を入れ，テーブルとしても使える可動式の受付カウンター1台を設置しただけで，しかも，顧客もYの友人とその紹介により来た者だけで，1日3人以上来ることはなく，看板も掲げておらず，また，Yの住居としても使っていると主張している。このような場合はどうか。

(2) 上記(1)の事例で，「賃借人が賃借権を他に譲渡する場合には賃貸人（X）の了解を得なければならない」という特約が付いていた場合において，Xは，同年10月1日に，勝手に賃借人がYからZに変わっているとして，賃借権の無断譲渡を理由に，賃貸借契約の解約を主張し，明渡しを請求してきた。このようなXの請求は認められるか。他方，Yは，妊娠を機会にそれまで同棲していたZと正式に結婚し，仕事を退職して，夫のZを賃借人としたもので，賃貸借契約を結ぶ際にZを同居人として届けており，居住の実態に変更はないと主張している。このような場合はどうか。

[1] はじめに

本問における小問(1)の場合は，無断改装・無断用途変更による賃貸借契約解

約に基づく建物明渡請求が問題となっており，そのような請求が認められるのは，どのような要件を備える場合かについて検討しなければならない（⇒[2]）。

また，小問(2)の場合は，無断賃借権譲渡による賃貸借契約解約に基づく建物明渡請求が問題となっており，そのような請求が認められるのは，どのような要件を備える場合かについて検討しなければならない（⇒[3]）。

[2] 無断改装・無断用途変更による賃貸借契約の解約（小問(1)）

本問における小問(1)の場合は，賃貸人Xが，無断改装・無断用途変更を理由に，賃貸借契約の解約を主張し，明渡しを請求している。

(1) 建物賃借権の保護と建物賃貸借契約の解約・更新拒絶の際の「正当事由」について

建物の賃貸借契約（借家契約）は，原則として*，継続的契約関係であって，この契約の継続性を尊重し，賃借権を保護して，賃借人に生活の本拠として居住するところを保障するために，期間の定めのない借家契約を解約したり，期間の定めのある借家契約につきその更新を拒絶したりするためには，「正当事由」が必要であるとされている（借地借家28条）。これは，人間が健全な生活を営むためには，生活の本拠として居住するところが必要不可欠であり，そこで，賃借人に居住するところを保障するために，賃借権をできる限り保護しようとして，賃借権の解約や更新拒絶に「正当事由」が必要になるとしたものである。

> * 借地借家法では，例外的に，一時使用のための建物賃貸借を認めている（借地借家40条）。「一時使用」については，1年以内といった期間の長短で決まるのではなく，「賃貸借の目的，動機，その他諸般の事情から，該賃貸借契約を短期間内に限り存続させる趣旨のものであることが，客観的に判断される場合」かどうかによって決まるとされる（最判昭36・10・10民集15巻9号2294頁）。一時使用のための建物賃貸借については，借地借家法の規定は適用されない。さらに，更新のない借家契約（定期建物賃貸借）も認められるようになった（借地借家38条）。

(2) 借家契約の解約に基づく建物明渡請求の要件事実

上記の要件事実は，次のとおりである。

(イ) 建物賃貸借契約の成立

(ロ) (イ)に基づく賃借人への賃借建物の引渡し

(ハ)　解約の申入れ

(ニ)　(ハ)の後6ヵ月が経過したこと

(ホ)　(ハ)から(ニ)の経過までの間，解約申入れの「正当事由」が存在したこと

　前記の(ニ)は，借地借家法27条1項（平成4年8月1日より前の借家権の場合は，借家法3条1項（借地借家附則12条））を根拠とする要件である。また，(ホ)は，借地借家法28条（平成4年8月1日より前の借家権の場合は，借家法1条の2（借地借家附則12条））を根拠とする要件である。

　そして，前記の「正当事由」の有無については，賃貸人と賃借人が建物の使用を必要とする事情を主たる事情として，また，①建物の賃貸借に関する従前の経過（契約成立の事情，権利金の有無，信頼関係状況など），②建物の利用状況，③建物の現況（建替の必要性など）及び④立退料などの提供の申立てなどを従たる事情として，これらの事情を詳細に検討することによって判断することになる（借地借家28条）。さらに，転借人の事情なども，「正当事由」の有無について判断の際に考慮される。なお，立退料などの提供の申出は，正当事由の「補完事由」であるとされている。

　なお，この「正当事由」は，解約申入時から解約申入期間の満了時まで存続しなければならないと解すべきである（最判昭28・1・30民集7巻1号99頁参照）。

(3)　無断改装・無断用途変更を理由とする借家契約の解約，建物明渡請求についての要件事実

　ところで，賃借人が無断改装・無断用途変更をしている場合（要するに，賃借人に債務不履行がある場合）には，賃貸人は，無断改装・無断用途変更を理由に契約の解除を主張することができる。この場合の賃貸人の建物明渡請求についての要件事実は，以下のとおりである。

(イ)　建物賃貸借契約の成立

(ロ)　(イ)に基づく賃借人への賃借建物の引渡し

(ハ)　賃借人による改装・用途変更の事実

(ニ)　解約の申入れ

　これに対し，賃借人は，抗弁として，前記(ニ)に先立って，(ハ)につき「承諾」があったことを主張しうる。

　さらに，前記の「承諾」のあったことを立証できない場合，つまり，無断改

装・無断用途変更の場合であっても，信頼関係が破壊されていない場合，すなわち，「背信的行為と認めるに足らない特段の事情」がある場合には，解約が阻止される。なぜならば，人間が健全な生活を営むためには，生活の本拠として居住するところが必要不可欠であり，賃借人にそのような居住するところを保障するために，賃借人の賃借権をできる限り保護する必要があり，そのため，無断改装・無断用途変更があっても，賃貸人と賃借人との信頼関係が破壊されるに至っていない場合，つまり，「背信的行為と認めるに足らない特段の事情」がある場合には，建物の賃貸借契約を存続させ，賃借人の賃借権を保護するのが妥当だからである。そのため，賃借人は，抗弁として，「背信的行為と認めるに足らない特段の事情」のあることを主張しうる。そして，この抗弁が認められる場合の法律関係については，遡及的に，賃貸人の承諾があったものとみなされることになる。

　その一方，信頼関係が破壊されている場合には無催告解約が認められる。この点について，判例は，「賃貸借は，当事者相互の信頼関係を基礎とする継続的契約であるから，賃貸借の継続中に，当事者の一方に，その信頼関係を裏切って，賃貸借関係の継続を著しく困難ならしめるような不信行為があった場合には，相手方は，賃貸借を将来に向かって，解除することができるものと解しなければならない。そうして，この場合には民法541条所定の催告は，これを要しないものと解すべきである。」と判示している（最判昭27・4・25民集6巻4号451頁参照）。したがって，無断改装・無断用途変更によって，賃貸人と賃借人との信頼関係が破壊されている場合にも，賃貸人は無催告解約をなしうることになる。

(4) 本問の場合

(a) 本問における小問(1)の場合には，賃貸人Xは，居住用としてマンションを賃貸したのに，賃借人Yはネールサロンとして使用しており，これは無断用途変更にあたると主張して，賃貸借契約の解約を主張している。これに対して，Yは，顧客はYの友人とその紹介により来た者だけで，1日3人以上来ることはなく，看板も掲げておらず，また，Yの住居としても使っていると反論し，無断用途変更にはあたらないと主張している。

　前記のようにYが当該マンションをネールサロンとして使用していることに

関して，Xの「承諾」はなく，たとえ，Yの住居としても使っているとしても，無断用途変更にあたりそうである。しかしながら，Yの主張は，Xとの間の信頼関係が破壊されていない，つまり，「背信的行為と認めるに足らない特段の事情」があるという主張であると考えられ，もし，Yの主張する程度のものと立証されるならば，「背信的行為と認めるに足らない特段の事情」があるという立証がなされた場合といいうるのではないか。ただし，Xから前記のように無断用途変更といった主張がなされたのに，Yがネールサロンとしての使用を中断しようとせず，引き続きネールサロンとして使用を続けるようなことがあれば，将来的には，Xとの間の信頼関係を破壊したといいうる場合も生じうるものと考える。

(b) さらに，小問(1)の場合には，Xは，Yは当該マンションをネールサロン用に改装しており，これは無断改装にあたると主張して，賃貸借契約の解約を主張している。これに対して，Yは，可動式の仕切りパネル1台を入れ，テーブルとしても使える可動式の受付カウンター1台を設置しただけであり，無断改装にはあたらないと主張している。

可動式の仕切りパネル1台を入れ，テーブルとしても使える可動式の受付カウンター1台を設置したことについては，Xの「承諾」はない。そして，「改装」といいうるかどうかについては，改装部分を直ちに撤去できるかどうかであり，改装部分が建物本体に固定され，専門家でなければ容易に取り外すことができないような場合であれば，「改装」に該当するものと考える。そうすると，本問のYの場合は，「改装」に該当しない可能性がある。要するに，可動式の家具を設置したにすぎない場合である。

そうでないとしても，信頼関係が破壊されていない場合，すなわち，「背信的行為と認めるに足らない特段の事情」がある場合に該当しそうである。すなわち，Yによる可動式の仕切りパネル1台を入れ，テーブルとしても使える可動式の受付カウンター1台を設置しただけであり，無断改装にはあたらないという主張は，Xとの間の信頼関係が破壊されていない，すなわち，「背信的行為と認めるに足らない特段の事情」があるという主張であるとも考えられ，Yの主張するところが立証されれば，「背信的行為と認めるに足らない特段の事情」があるという立証があったものといいうる。

[3] 無断賃借権譲渡による賃貸借契約の解約（小問(2)）

本問における小問(2)の場合は，賃借人がYからZに変わっているとして，賃貸人Xが，賃借権の無断譲渡を理由にして，賃貸借契約の解約を主張し，明渡しを請求している。

(1) 無断賃借権譲渡による賃貸借契約の解約について

XとYとの賃貸借契約には，「賃借人が賃借権を他に譲渡する場合には賃貸人（X）の了解を得なければならない」という特約が付いており，Xの主張のように，無断譲渡であれば，この特約に違反することになり，Xは，特約違反（つまり，Yに債務不履行があった）として契約の解約を主張しうる。しかし，このような特約がなくても，無断譲渡・無断転貸の場合には，民法612条によって，賃貸人は賃借人との賃貸借契約を解約することができる。

(2) 無断譲渡・無断転貸による賃貸人の建物明渡請求についての要件事実

上記の要件事実は，以下のとおりである。

(イ) 建物賃貸借契約の成立
(ロ) (イ)に基づく賃借人への賃借建物の引渡し
(ハ) 賃借人が第三者との間で賃借権譲渡契約か転貸契約を締結
(ニ) (ハ)に基づく第三者への賃借建物の引渡し
(ホ) 解約の申入れ

これに対して，賃借人は，抗弁として，(ホ)に先立って，(ハ)の前に賃貸人の承諾があったことを主張しうる（要するに，これは，「無断」ではなかったという主張である）。

また，無断転貸・無断譲渡の場合であっても，賃貸人と賃借人との間の信頼関係が破壊されていない場合，つまり，「背信的行為と認めるに足らない特段の事情」がある場合には，そのことを抗弁として主張し，賃貸人の解約を阻止することができる。これも，賃貸人と賃借人との信頼関係が破壊されるに至っていない場合，つまり，「背信的行為と認めるに足らない特段の事情」がある場合には，建物の賃貸借契約を存続させ，賃借人の賃借権を保護するのが妥当だからである。この点について，判例は「賃借人が賃貸人の承諾なく第三者を

して賃借物の使用収益を為さしめた場合においても、賃借人の当該行為が賃貸人に対する背信的行為と認めるに足らない特段の事情がある場合においては、同条（著者注：民612条）の解除権は発生しないものと解するのを相当とする」と述べている（最判昭28・9・25民集7巻9号979頁参照）。

したがって、賃貸人は無断譲渡・無断転貸があれば解約できるが、賃借人が背信的行為にあたらない特段の事情について立証すれば、解約の効力が認められないことになる。そして、背信的行為にあたらないとして解約が否定される場合の典型は、同居の親族への賃借権譲渡等で、利用の主体が実質的に変わっていないような場合である。そして、この抗弁が認められる場合の法律関係については、遡及的に、賃貸人の承諾があったものとみなされることになる。

(3) **本問の場合**

本問における小問(2)の場合には、賃貸人Xは、賃借人が勝手にYからZに変わっているとして、賃借権の無断譲渡を理由に、賃貸借契約の解約を主張し、明渡しを請求した場合であり、他方、Yは、妊娠を機会にそれまで同棲していたZと正式に結婚し、仕事を退職して、夫のZを賃借人としたもので、賃貸借契約を結ぶ際にZを同居人として届けており、居住の実態に変更はないと主張している。

この場合、Yの主張するところが立証されたなら、前記のように、利用の主体が実質的に変わっていない場合にあたるのであり、賃借人が背信的行為にあたらない特段の事情について立証した場合に該当する。したがって、Xに解約権は発生せず、解約は認められないことになる。

〔井手　良彦〕

Q 20

建物明渡請求(2)——期間満了，正当事由

(1) Xは，平成18年9月1日に，Yに対して，X所有家屋（一戸建て，以下「甲家屋」という）を家賃12万円（月額），敷金2ヵ月，賃貸期間2年，自動更新規定ありの約定で貸し渡し，平成20年9月の段階で1回更新した。平成21年4月のころ，Xが自宅として使用していたX所有家屋（一戸建て，以下「乙家屋」という）が道路用地にかかるとして，買収の対象になるという話が持ち上がり，具体化したので，Xは平成22年1月の時点で，Yに対し，同年9月以降に甲家屋をXの自宅として使用する必要が生じたとして，その9月段階での更新はしないので，明け渡してほしいと請求した。Xは，年齢75歳，無職で，妻と2人の年金暮らし，所有家屋は甲家屋と乙家屋しかなく，甲，乙家屋以外の住居用家屋を購入する経済的余力はないと主張している。このような場合に，Xの請求は認められるか。

(2) また，Xは，Yが立退料を要するというのなら，Yの引越費用程度なら支払ってもかまわないと考えている。このように立退料を支払う場合はどうか。

(3) さらに，Yが調べたところ，Xの立退きが必要になるのは，5年先であることがわかった。このような場合はどうか。

[1] はじめに

本問の場合，賃貸人であるXは，賃借人であるYに対し，賃貸している甲家屋を自ら使用する必要が生じたとして，賃貸借契約の更新をしないので，賃貸期間満了後に明け渡してほしいと主張している。このようなXの主張は認められるか。更新を拒絶するには「正当事由」が必要とされており（借地借家28条，借家1条の2）[*1]，前記の場合に，「正当事由」があるのかが問題となり，また，Xが立退料を支払う場合はどうかなども問題となる。以下，順次検討していく。

*1　借家法1条の2が適用されるのは、平成4年8月1日より前に締結された借家契約の場合である（借地借家附則4条・12条）。以下、「（借地借家○○条○項、借家○条○項）」というように借地借家法と借家法を並列して記載している場合には、平成4年8月1日より前に締結された借家契約について借家法が適用されることを表している。

[2]　借家契約の賃貸期間満了に基づく建物明渡請求

(1)　借家契約の更新と更新拒絶

建物の賃貸借契約、つまり、借家契約の場合は、更新の都度新たに契約書を取り交わし、当初の契約と同様な内容で、したがって、賃貸期間も同じ期間で更新することが多い。ただし、借地借家法の法定更新の場合には、民法の原則のとおり、更新後は賃貸期間の定めのない借家契約となる（借地借家26条1項但書）。この場合にも、賃貸期間以外の契約条件は従前と同様である。

本問の場合は、賃貸期間2年、自動更新規定ありとのことで、平成20年9月に1回目の更新がなされ、その更新の後、2年間の賃貸期間の満了により2回目の更新が問題となるが、2回目の更新はしないという場合である。このような場合には、賃貸人は賃貸期間満了の1年前から6ヵ月前までの間に借家契約を更新しない旨の申入れ（更新拒絶の通知）をしなければならず（借地借家26条1項、借家2条1項）、また、そのように借家契約の更新をしない場合には、「正当事由」が必要になる（借地借家28条、借家1条の2）。そして、「正当事由」がなければ、更新拒絶は認められず、その場合には、借家契約は、賃貸期間満了後に法定更新されることになる。法定更新の結果、賃貸期間を除いて、従前の借家契約と同一内容の期間の定めのない賃貸借が存続することになる（借地借家26条2項・1項、借家2条2項）。

(2)　借家契約の賃貸期間満了に基づく建物明渡請求の要件事実

借家契約の賃貸期間満了に基づく建物明渡請求の要件事実は、次のとおりである。

　(イ)　建物賃貸借契約の成立（賃貸期間が1年以上の場合）
　(ロ)　(イ)に基づく賃借人への賃借建物の引渡し
　(ハ)　賃貸期間の経過

㈡　賃貸人が賃借人に対して，賃貸期間満了の１年前から６ヵ月前までの間に，更新拒絶の通知をしたこと

㈭　㈡から㈧までの間，更新拒絶の「正当事由」が存在したこと

前記の㈠に関して，賃貸期間が１年未満の約定の場合には，賃貸期間の定めがなかったものとみなされる（借地借家29条，借家３条の２）。よって，この場合は，期間満了ではなく，解約によって借家契約が終了することになる。

前記㈭の「正当事由」については，以下**(3)**において，検討する。

(3)　正当事由

(a)　借地・借家法関係法については，平成３年10月４日に，建物保護に関する法律，借地法及び借家法の三法が廃止され，その三法に代わるものとして借地借家法が制定された。そして，借地借家法においては，借家契約の更新拒絶や賃貸人からの解約申入れには，「正当事由」が必要であるとしている（借地借家28条）。

「正当事由」については，それまでの裁判実務の見解を採り入れ，

㈠「賃貸人及び賃借人の建物使用の必要性」を主たる判断要素とし，

㈡「建物の賃貸借に関する従前の経過」

㈧「建物の利用状況及び建物の現況」

㈡「立退料の提供」，以上の３点を従たる判断要素として，「正当事由」の有無を判断するとしている（借地借家28条）。

(b)　賃貸人及び賃借人の建物使用の必要性　　前記**(a)**㈠の「賃貸人及び賃借人の建物使用の必要性」の中には，居住の必要性のほか，営業の必要性，つまり，賃貸物件である建物において営業を営むという必要性*2，また，賃貸人の建物売却の必要性*3なども含まれる。さらに，賃貸人の「建物使用の必要性」の中には，賃貸人の息子に住まわせる必要があるとか，老親と同居するためとか，賃貸人と一定の関係がある者（親族，従業員など）についての建物使用の必要性も含まれる。

＊２　例えば，賃貸人が失職や病気のため，当該建物で営業を開始しなければ生計を維持しえないという場合，あるいは，賃借人が当該建物で営業中であって，生計を維持するために当該建物で営業を継続するしかないという場合などが考えられる。

＊３　例えば，賃貸人が借金を返済するために，あるいは，相続税などの税金を支払う

ために，唯一の財産である賃貸物件を売却するしか方法がないという場合などである。

　また，前記(a)(イ)のように「賃貸人及び賃借人の建物使用の必要性」が「正当事由」の主たる判断要素と明記されたことによって，賃貸人に「建物使用の必要性」がないのに，例えば「建物の現況」につき少々老朽化が進行しているといった程度であり，それに「立退料の提供」があるとしても，「正当事由」ありと判断されることは実際上困難になったものと思われる。また，賃貸人と賃借人の一方に「建物使用の必要性」がある場合には，必要性のあるほうが優先し，双方に必要性がある場合や一方の必要性が少し高いという場合には，前記の(a)(ロ)ないし(ニ)の従たる判断要素が考慮されて「正当事由」の有無が判断されることになる。

　(c)　建物の賃貸借に関する従前の経過　　前記(a)(ロ)の「建物の賃貸借に関する従前の経過」に該当する事項としては，①借家契約を締結するに至った事情，②借家契約締結時に存在した事情とその変更の有無，③賃貸人と賃借人の信頼関係の存否・消長，④家賃額とその相当性，⑤権利金の有無とその額，⑥更新料の有無とその額，また，⑦賃貸期間の長短などが考えられる。そのため，これらの事項を従たる判断要素として，「正当事由」の有無を検討することになる。

　(d)　建物の利用状況及び建物の現況　　前記(a)(ハ)の「建物の利用状況及び建物の現況」における「建物の利用状況」に該当する事項としては，①建物の種類や用途が居住用か事業用か，②その構造や規模の内容，③建築基準法などの規制に適合しているか，また，④消防署などの管轄官庁から撤去・改築などの勧告や行政指導を受けているかどうかなどが考えられる。さらに，「建物の現況」に該当する事項としては，⑤建物の物理的状況において建替えや高額の費用をかけて大修繕をしないと危険であるか，つまり，建物の老朽化が進行して，朽廃に瀕しているか，社会的，経済的効用を失っているかなどが考えられる。よって，前記のような事項を従たる判断要素として，「正当事由」の有無を検討することになる。

　(e)　立退料の提供　　立退料とは，建物の賃貸人が賃借人に対して賃貸物件である建物の明渡しの条件として又は建物の明渡しと引替えに申出を行った

ところの財産上の給付のことであり（借地借家28条），金銭の給付にとどまらず，代替建物の提供なども含まれる。

　このような立退料も，「正当事由」の有無を判断する際の従たる判断要素となるものであり，よって，賃貸人に建物使用の必要性がないのに，立退料だけで「正当事由」が認められることはない。賃貸人と賃借人双方の建物使用の必要性を考慮して，賃借人に相当程度の建物使用の必要性が認められるが，未だ「正当事由」があるとまでは判断しえない場合に，「立退料の提供」を補完的要素とすることによって，「正当事由」を認めうることになる。

　そして，立退料を金銭で給付する場合，立退料を構成するのは次のような費用である。

〔居住用建物の場合〕

　① 移転に必要な実費

　すなわち，新たな借家契約に必要な費用，引越費用，転勤挨拶状費用などである。

　② 借家権価格相当額

　借地の立退きの場合には，借地権価格を算定し，その借地権価格を相当程度考慮して立退料を決定すべきものとされている。しかし，借家の立退きの場合には，従前は，そのような発想は乏しかったといえる。

　しかし，立退料は，建物明渡しに伴う賃貸人と賃借人の双方の利害を調整するために，建物明渡しによって被る賃借人の損失を公平の観点から賃貸人が相当程度補償しようとするものである。そして，賃借人が長年居住したり，営業したりしていた場合には，賃貸人から予期せぬ明渡請求を受けて明渡しをした場合に，賃借人は，移転に必要な実費や営業上の損失を補填されただけでは賄いきれないだけの不利益を被ることがある。そのような場合には，賃貸人と賃借人の利害を調整し，両者の公平を図るために，賃借人が建物利用によって事実上享受していた経済的利益をも補填するのが相当であり，そのため，借家権価格相当額を算定し，その借家権価格相当額を考慮して立退料を決定するべきであるとされる場合がある。

　③ 開発利益

　すなわち，賃貸物件の明渡しにより，賃貸人が建替えや再開発によって大き

な開発利益を得る場合に，そのような開発利益の配分という趣旨で，開発利益の一部を立退料として支払う場合がある。
〔営業用建物の場合〕
　①　移転に必要な実費
　営業用建物の場合には，前記の実費のなかに，移転先の内装費用などが含まれる場合がある。
　②　営業上の損失を補填する金銭
　営業上の損失とは，移転に伴う休業期間の損失，顧客やのれん・場所的利益を失うことによる損失，開業後しばらくは減収になることによる損失などであり，そのような損失を補填する営業補償的な金銭である。
　③　借家権価格相当額
　前記のとおりである。
　④　開発利益
　前記のとおりである。
　そして，具体的な立退料の額については，当事者に合意があればそれによる。合意がなければ，賃貸人と賃借人の双方の建物使用の必要性を勘案しながら，ケース・バイ・ケースで決定しなければならない。すなわち，立退料の額は，経済市場での取引などを通じて決定されるというようなものではなく，特定当事者のそれぞれの事情や状況に応じて個別的に決定されるものである。ただし，一般的には，賃貸人の建物使用の必要性が高ければ高いほど，賃貸人による借家契約の更新拒絶や解約申入れに「正当事由」が認められやすく，よって，「正当事由」の補完要素として立退料の額は低くなる。また，営業用の建物の場合，営業利益の損失額が含まれてくるので，立退料は高くなる傾向がある。なお，立退料の額（特に，借家権価格相当額）を適正に導き出すためには，鑑定が必要になる場合もある。
　ところで，裁判において，立退料の支払が問題となった場合には，賃貸人から立退料の提供の申出があり，そして，その申出が申出額と格段の相違のない限度で裁判所の判断に委ねる趣旨であれば，その限度では，裁判所が賃貸人の申出額を超えた立退料の額を決定し，そのような立退料の支払と引換えに明渡請求を認める判決をすることができるとされている（最判昭46・11・25民集25巻8

号1343頁参照)。しかし，立退料の提供の申出がないのに，裁判で賃貸人に立退料の支払を命ずることは，弁論主義に反し許されない。

また，前記最高裁判決によれば，立退料の提供だけで正当事由の根拠となるものではなく，他の諸般の事情と総合考慮され，相互に補充しあって正当事由の判断の基礎になるものであるから，解約申入れが立退料の提供を伴うことによって初めて正当事由を有することになる場合であっても，立退料について，賃借人が明渡しによって被る損失のすべてを補償しうるものでなくてよく，また，判決理由において，立退料がいかにして損失を補償しうるかを具体的に明らかにしなければならないものでもないとされている。

(f) 正当事由は，更新拒絶の通知をした時点から賃貸期間の経過の時点まで，存続していなければならない（司法研修所『民事訴訟における要件事実（第2巻）』35頁・160頁参照）。

以上を前提に，本問における各小問を検討する。

[3] 各小問の検討

(1) 小問(1)について

(a) 本問における小問(1)の場合，賃貸人Xは賃借人Yに対して平成22年9月の更新期には更新をしないとして，甲家屋の明渡しを請求している。このようなXの請求が認められるためには「正当事由」が必要となる（借地借家28条)。そして，平成21年4月のころ，Xが自宅として使用していた乙家屋（X所有）が道路用地にかかるとして，買収の対象になるという話が持ち上がり，具体化したとあり，また，Xが主張するように，年齢75歳，無職で，妻と2人の年金暮らし，所有家屋は甲家屋と乙家屋しかなく，甲，乙家屋以外の住居用家屋を購入する経済的余力はないとすれば，更新拒絶の通知をした同22年1月の時点で，Xに甲家屋を使用する必要性は認められ，その必要性の程度は高いものと解しうる。他方，賃借人Yについても，甲家屋を使用する必要性は当然に認められる。ただし，Yの使用の必要性の程度は明らかでない。この点，Yの年齢，家族構成，勤務地，同じ地域に甲家屋のような賃貸物件があるかどうか，その契約条件などによって，Yの甲家屋につき使用の必要性の程度が変わってくるものと思われる。

(b) 次に,「建物の賃貸借に関する従前の経過」に該当する事項として, ①借家契約を締結するに至った事情, ②借家契約締結時に存在した事情とその変更の有無, ③賃貸人と賃借人の信頼関係の存否・消長, ④家賃額とその相当性, ⑤権利金の有無とその額, ⑥更新料の有無とその額, また, ⑦賃貸期間の長短などについて検討しなければならない。このうち, ①ないし③の要素, ④における家賃額の相当性については明らかでない。

さらに,「建物の利用状況及び建物の現況」における「建物の利用状況」に該当する事項として, ①建物の種類や用途が居住用か事業用か, ②その構造や規模の内容, ③建築基準法などの規制に適合しているか, また, ④消防署などの管轄官庁から撤去・改築などの勧告や行政指導を受けているかどうかなど, さらに,「建物の現況」に該当する事項として, ⑤建物の物理的状況において建替えや高額の費用をかけて大修繕をしないと危険であるか, つまり, 建物の老朽化が進行して, 朽廃に瀕しているか, 社会的, 経済的効用を失っているかなどを検討しなければならない。このうち, ①については居住用であり, ②ないし⑤については必ずしも明らかではない。

(c) 以上のように,「正当事由」における主たる判断要素であるXの甲家屋使用の必要性については, 相当に高いものがあると思われるが, 従たる判断要素に明らかでない要素が多く, 設問に現れた条件だけでは断定的判断を下すことは困難ではあるが, 未だ「正当事由」があるとまではいえず, やはり, 立退料で補完しなければならないのではないかと考えられる。

(2) 小問(2)について

立退料については, XはYの引越費用程度なら支払ってもよいと考えているとのことである。しかし, 前記のように,「正当事由」における主たる判断要素であるXの甲家屋使用の必要性については, 相当に高いものがあると思われるが, 従たる判断要素に明らかでない要素が多く, 設問に現れた条件だけで判断することは相当に困難である。ただし, Xは, 立退料につき, もう少し上乗せすることが求められるのではないかと思われる。

そして, Xの更新拒絶と明渡請求が裁判で争われている場合には, 裁判所は, Xによる引越費用程度の立退料の申出が申出額と格段の相違のない限度で裁判所の判断に委ねる趣旨であるならば, その限度では, 裁判所はXの申出額を超

えた立退料の額を決定し，そのような立退料の支払と引換えに明渡請求を認める判決をすることができる（前掲最判昭46・11・25参照）。

(3) **小問(3)について**

　Yが調べたところ，Xの立退きが必要になるのは，5年先であることがわかったとのことであり，そうすると，平成22年9月の段階では，「正当事由」における主たる判断要素であるXの甲家屋使用の必要性が認められず，したがって，この場合には，XのYに対する更新拒絶及び甲家屋の明渡請求は許されないことになる。

〔井手　良彦〕

Q 21

敷金返還請求(1)——通常損耗補修特約，ハウスクリーニング特約

(1) Xは，平成19年5月1日に，Yから，Y所有マンションの一室を賃料10万円（月額，共益費1万円込み），敷金2ヵ月（18万円），賃借期間2年，自動更新規定ありの約定で賃借した。この賃貸借契約には，「賃借人が本件部屋を明け渡すときには，賃貸後に生じた汚損や傷については，賃借人の負担で補修・修理をして原状に復するものとする。」，また，「全体のハウスクリーニング（専門業者による）の費用については，賃借人の負担とする。」という特約が設けられていた。そして，平成21年5月の段階で1回更新したが，Xは，平成23年3月20日に，同年4月30日に賃貸借契約を解除すると通知し，同月29日にはマンション一室の明渡しを行い，敷金18万円の返還を請求した。これに対し，Yは原状回復費用10万円，専門業者によるハウスクリーニング費用5万円が必要として，残りの3万円しか返還できないと主張している。Xの請求は認められるか。

(2) ハウスクリーニング費用につき，「全体のハウスクリーニング（専門業者による）の費用については，5万円の限度で，賃借人の負担とする。」という特約が設けられていた場合はどうか。

---

[1] はじめに

本問の場合，Y所有マンションを賃借していたXは，平成23年4月30日付けで本件賃貸借契約を解除し，マンションも明け渡し，敷金18万円の返還を請求したところ，賃貸人Yは，本件賃貸借契約に設けられていた「賃借人が本件部屋を明け渡すときには，賃貸後に生じた汚損や傷については，賃借人の負担で補修・修理をして原状に復するものとする。」との特約に基づき，原状回復費用10万円を差し引くと主張している。

そして，前記の特約における「賃貸後に生じた汚損や傷」についてまったく

限定が加えられておらず、よって、その特約は、賃借人が故意又は過失に基づき発生させた汚損や傷（特別損耗）だけでなく、それ以外の普通に使用したことによって生ずる劣化・価値の減少（通常損耗）にあたる汚損や傷についても、賃借人に負担させる趣旨のものと解しうる。そのため、通常損耗についても、賃借人に負担させる趣旨のこのような特約、すなわち、通常損耗補修特約の有効性が問題になる。そして、通常損耗補修特約として有効に成立しているかが問題となった最判平17・12・16（判時1921号61頁）の判決内容はどのようなものか、本件のような特約とその判決内容との関係、さらには、消費者契約法10条との関係についても検討しなければならない（⇒[2]）。

また、本件の場合、本件賃貸借契約には「全体のハウスクリーニング（専門業者による）の費用については、賃借人の負担とする。」という特約（ハウスクリーニング特約）も設けられており、賃貸人Yは、このような特約に基づき、専門業者によるハウスクリーニング費用5万円を差し引くと主張している。そのため、このようなハウスクリーニング特約の有効性が問題になる。さらに、ハウスクリーニング特約に賃借人が負担する費用の上限が設けられていた場合はどうかについても問題になる（⇒[3]）。

以下、順次、検討する。

[2] 通常損耗補修特約について

本問の場合、Xの敷金返還請求に対して、Yは、「賃借人が本件部屋を明け渡すときには、賃貸後に生じた汚損や傷については、賃借人の負担で補修・修理をして原状に復するものとする。」との特約に基づき、原状回復費用10万円を差し引くと主張している。

(1) **通常損耗補修特約とその問題点**

建物賃貸借契約の場合、賃借人は、本来、賃貸借契約終了の時点で、賃借物件を「原状」に回復して賃貸人に返還しなければならない（民616条・597条・598条）。

ただし、前記の「原状」とは、賃借人が契約上の目的及び社会通念に従って賃借物件を使用・収益していればそうなったであろうという状態のことであり、そのような賃借人の普通の使用によって、使用開始当時の状態よりも悪くなっ

ていたとしても，それが，賃借人が普通に使用したことによって生ずる賃借物件の劣化・価値の減少（通常損耗）にとどまっている限り，「原状」とされることになる。すなわち，建物の賃貸借契約においては，賃借人は，契約上の目的及び社会通念に従って賃借物件を使用・収益しておれば，原則として，返還時の状態で返還すれば足り，そのように賃借人が普通に使用したことによって生ずる劣化・価値の減少部分（通常損耗部分）については，賃借人は原状回復義務を負わず，よって，原状回復費用を負担しない。そして，前記のような通常損耗部分については，賃貸借という契約の本質上当然に予定されているものであるから，そのような通常損耗部分にかかる投下資本の減価分は，賃料の構成要素である減価償却費や修繕費などの必要経費に含めて回収を図るのが一般である。

そのため，前記のような通常損耗部分について，賃借人が原状回復義務を負いその費用を負担しなければならないとすると，賃借人は，（通常損耗部分につき賃料と原状回復費用の）二重負担を強いられることになる。しかし，建物賃貸借契約においては，契約の終了時点で，賃借人が通常損耗部分について原状回復義務を負いその費用を負担しなければならないとする特約が設けられる場合が多く，本問についても，このような特約が設けられている場合である。そこで，通常損耗部分についても，賃借人が原状回復義務を負いその費用を負担しなければならないとする特約が設けられた場合に，通常損耗補修特約として有効に成立しているかが問題になる。

(2) **通常損耗補修特約が，賃貸人と賃借人との間で明確に合意されたか**

(a) 通常損耗補修特約として有効に成立しているかについて，最高裁は，契約自由の原則の観点から，賃貸人と賃借人との間でそのような通常損耗補修特約を締結することは可能であることを前提としつつ，「建物の賃借人にその賃貸借において生じる通常損耗についての原状回復義務を負わせるのは，賃借人に予期しない特別の負担を課すことになるから，賃借人に同義務が認められるためには，少なくとも，賃借人が補修費用を負担することになる通常損耗の範囲が賃貸借契約書の条項自体に具体的に明記されているか，仮に賃貸借契約書では明らかでない場合には，賃貸人が口頭により説明し，賃借人がその旨を明確に認識し，それを合意の内容としたものと認められるなど，その旨の特約

（通常損耗補修特約）が明確に合意されていることが必要であると解するのが相当である。」と判示した（前掲最判平17・12・16参照）。

 (b) すなわち、賃借人は、通常損耗部分については、原則として、原状回復義務を負わずその費用を負担しないのに、通常損耗補修特約によって、例外的に、通常損耗部分についても、賃借人に原状回復義務を負わせその費用を負担させるというのであるから、そのためには、契約締結時に、同特約が明確に合意されていなければならない。そして、建物賃貸借契約においては、契約条件や特約は、賃貸人が設定するものであるから、賃貸人は、建物賃貸借契約締結の際に、賃貸借契約書上に、同特約を明記していなければならず、もし明記していないなら、賃貸人が口頭により説明して、賃借人が、通常損耗部分についても、自ら原状回復義務を負いその費用を負担する旨を明確に認識し、その旨を合意していたものと認められなければならないとするのである。

 さらに、前記の最高裁の見解によれば、通常損耗補修特約についての条項の記載内容又は口頭説明の内容については、同特約が賃借人に特別の負担を強いるものであるから、①賃借人が同特約によって原状回復義務を負うことになる通常損耗部分の範囲が明確になっていなければならず、また、②賃料にはそもそも通常損耗部分についての原状回復費用が含まれているのが一般であるから、賃借人が本件建物の賃料について近傍同種の住宅の賃料と比較して相当なものかどうかを判断するためにも、賃料に通常損耗部分についての原状回復費用が含まれ、かつ、同特約によってさらに賃借人に通常損耗部分についての原状回復費用を負担させる場合か、それとも、賃料には通常損耗部分についての原状回復費用を含んでおらず、同特約によってのみ、賃借人に通常損耗部分についての原状回復費用を負担させる場合かなどについても明らかにするものでなければならず、その点についても、賃借人が明確に認識できるものとなっていなければならない。

 そして、以上の点が満たされない契約書に基づき、しかも、口頭説明もないままに、賃貸借契約が締結された場合には、賃借人について通常損耗部分についても原状回復義務を負担する意思を認めることはできず、当該契約において賃借人が通常損耗部分についての原状回復費用を負担する旨の特約、すなわち、通常損耗補修特約の有効な成立を認めることはできないということになる[*1]。

*1　前記の最高裁判決は，以上のような考え方に立って，「建物賃貸借契約書の原状回復に関する条項には，賃借人が原状回復費を負担することになる賃借建物の通常の使用に伴い生ずる損耗の範囲が具体的に明記されておらず，同条項において引用する修繕費負担区分表の賃借人が原状回復費を負担する補修対象部分の記載は，上記損耗を含む趣旨であることが一義的に明白であるとはいえず，賃貸人が行った入居説明会における原状回復に関する説明でも，上記の範囲を明らかにする説明はなかったという事情の下においては，賃借人が上記損耗について原状回復義務を負う旨の特約が成立しているとはいえない。」という旨の判断をしている。

(3) 通常損耗補修特約と消費者契約法10条

　次に，賃借人が通常損耗部分について原状回復義務を負いその費用を負担しなければならないとする特約，すなわち，通常損耗補修特約は，消費者契約法10条に違反し無効にならないかという点も問題になる。

　(a)　最初に，通常損耗補修特約は，消費者契約かを検討しなければならない。この点につき，賃貸人は，一般に賃貸物件を継続的，反復的に賃貸しており，そのように事業として賃貸を行っているものと認められ，よって，「事業者」に該当する（消契2条2項）。他方，賃借人は，個人として自らの住居とするために賃貸借契約を締結するものであり，よって，「消費者」に該当する（消契2条1項）。そのため，賃貸人と賃借人との間の賃貸借契約は，「事業者」と「消費者」との間で締結される契約となり，「消費者契約」に該当する（消契2条3項）。また，このような賃貸借契約に付随して締結される通常損耗補修特約も，当然に消費者契約に該当するものと考えるべきである。

　(b)　消費者契約が，消費者契約法10条に違反して無効になるというためには，まず，その消費者契約が，民法等の法律の公の秩序に関しない規定，すなわち任意規定の適用による場合と比べて，消費者の権利を制限し，又は，消費者の義務を加重するものでなければならない。

　そして，前記のように，建物の賃貸借契約においては，賃借人は，契約上の目的及び社会通念に従って賃貸物件を使用収益しておれば，原則として，返還時の状態で返還すれば足り，賃借人が普通に使用したことによって生ずる劣化・価値の減少部分（通常損耗部分）については，賃借人は原状回復義務を負わずその費用を負担しないのに，賃貸借契約に付随する通常損耗補修特約におい

ては、賃借人は原状回復義務を負いその費用を負担するものであるから、通常損耗補修特約は、任意規定の適用による場合と比べて、消費者たる賃借人の義務を加重するものといいうる。

(c) さらに、消費者契約が、消費者契約法10条に違反して無効になるというためには、その消費者契約が信義則（民1条2項）に反して消費者（賃借人）の利益を一方的に害するようなものでなければならない。

そして、消費者契約が信義則（民1条2項）に反して賃借人の利益を一方的に害するようなものかどうかについては、消費者契約の趣旨、目的（消契1条）に照らし、消費者契約の性質、そのような契約が成立するに至った経緯、消費者と事業者との間に存する情報の質及び量並びに交渉力の格差その他の諸般の事情を総合的に考量して判断しなければならない（最判平23・7・15民集65巻5号2269頁参照）。

この点について、通常損耗補修特約が消費者契約法10条に違反するかどうかが問題になった大阪高裁平16・12・17の判決においては、通常損耗補修特約につき、①賃料額の中に、通常損耗部分についての原状回復費用をも含めているか、それとも、賃料額の中には前記の原状回復費用は含まず、この費用は通常損耗補修特約によって賃借人が負担することになる通常損耗補修費用の中にのみ含めているか[*2]、②賃貸物件についての通常損耗部分につき、賃借人に原状回復義務（原状回復費用負担義務）が認定されるについて、賃借人に関与する余地があったかどうか（契約上、賃貸人が一方的に通常損耗等を認定し通知したときには、賃借人に前記のような原状回復義務（原状回復費用負担義務）が生じるとされてはいないか）、また、③原状回復、とりわけ、通常損耗部分についての原状回復の内容をどのように想定し、その費用をどのように見積もったかについて、賃借人に対し、適切な情報提供がなされていたか[*3]などを検討して、判断しなければならないとしている（判時1894号19頁参照）。

そして、この大阪高裁判決の場合、①については、前者を認定し、②については、契約上、賃貸人が一方的に通常損耗等を認定し通知したときには、賃借人に原状回復義務（原状回復費用負担義務）が生じるとされていた、すなわち、賃借人に原状回復義務（原状回復費用負担義務）が認定されるについて、賃借人に関与する余地が与えられていなかったと認定し、さらに、③におけるような

適切な情報提供がなされていなかったと認定して、そこにおける通常損耗補修特約については、賃借人に必要な情報が与えられておらず、自己に不利益であることが認識できないままに締結されたものであって、信義則（民1条2項）に反し、消費者（賃借人）の利益を一方的に害するようなものであったと結論づけ、前記(b)とあいまって、消費者契約法10条に違反するものとしている。

 *2 前者であれば、二重負担の問題が生じるが、後者であれば、二重負担の問題が生じないことになる。そして、前者のように、二重負担の問題が生じる場合であっても、契約締結時に、その負担の範囲が明確になっており、不合理なほど高額な額には至っておらず、賃借人に適切な情報が与えられ、そのような二重負担の点を納得して合意しておれば、契約自由の原則により、容認されるものと考える（前掲最判平17・12・16参照）。

 *3 適切に情報提供がされているだけでなく、賃借人から訂正申立てをする機会が与えられていることも必要になると考える。

(4) 本問の場合

(a)　本問の場合、XとYとの間の賃貸借契約には、「賃借人が本件部屋を明け渡すときには、賃貸後に生じた汚損や傷については、賃借人の負担で補修・修理をして原状に復するものとする。」という特約が設けられている。しかし、このような特約だけしかなく、しかも、Yからの口頭説明もなかったとするならば、①賃借人が前記の特約によって原状回復義務を負うことになる通常損耗部分の範囲が明確になっているとはいえず、しかも、②Xの負担する賃料には通常損耗部分についての原状回復費用が含まれ、かつ、前記特約によってさらにXに通常損耗部分についての原状回復費用を負担させる場合か、それとも、Xの負担する賃料には通常損耗部分についての原状回復費用を含んでおらず、前記特約によってのみ、Xに通常損耗部分についての原状回復費用を負担させる場合かについても明らかになっているともいえず、そのため、Xについて、通常損耗部分についても原状回復義務を負担するという意思を認めることはできず、よって、XがYとの間で通常損耗部分についての原状回復費用を負担するという通常損耗補修特約が有効に成立したと認めることはできない。

(b)　さらには、本問の場合の通常損耗補修特約、すなわち、XとYとの間の「賃借人が本件部屋を明け渡すときには、賃貸後に生じた汚損や傷については、

賃借人の負担で補修・修理をして原状に復するものとする。」という特約については、本来なら、Xが原状回復義務を負わずその費用を負担しない通常損耗部分についても、Xに原状回復義務を負わせ、その費用を負担させようとするものであるから、このような特約は、任意規定の適用による場合と比べて、消費者たるXの義務を加重するものといいうる。

しかも、前記特約については、①Xの負担する賃料には通常損耗部分についての原状回復費用が含まれ、かつ、前記特約によってさらにXに通常損耗部分についての原状回復費用を負担させる場合か、それとも、Xの負担する賃料には通常損耗部分についての原状回復費用を含んでおらず、前記特約によってのみ、Xに通常損耗部分についての原状回復費用を負担させる場合かについて、明確でなく、さらに、設問の記載だけでは必ずしも明らかでないが、②契約上、Yが一方的に通常損耗等を認定し通知したときには、Xに原状回復義務（原状回復費用負担義務）が生じるものとされていたものと思われ、すなわち、Xに原状回復義務（原状回復費用負担義務）が認定されるについて、Xに関与する余地が与えられていなかったものと解せられ、また、③原状回復、とりわけ、通常損耗部分についての原状回復の内容をどのように想定し、その費用をどのように見積もったかについても、Xに対し、適切な情報提供がなされていなかったものと考えられ、これらの点から、本問の場合の通常損耗補修特約については、Xに必要な情報が与えられておらず、自己に不利益であることが認識できないままに締結されたものであって、信義則（民1条2項）に反し、Xの利益を一方的に害するようなものと認められる。

以上によれば、本問の場合の通常損耗補修特約は、消費者契約法10条に違反し、無効になるものと考えるべきである。

[3] ハウスクリーニング特約について

本問の場合、Xの敷金返還請求に対して、Yは、「全体のハウスクリーニング（専門業者による）の費用については、賃借人の負担とする。」との特約に基づき、ハウスクリーニング費用5万円を差し引くと主張している。

(1) ハウスクリーニング特約とその問題点

XとYとの間の本件賃貸借契約には、前記のようなハウスクリーニング特約

が設けられており，このようなハウスクリーニング特約の有効性が問題になる。

すなわち，前記のハウスクリーニング特約においては，ハウスクリーニングの対象となる汚損についてまったく限定が加えられておらず，よって，その特約は，賃借人が故意又は過失に基づき発生させた汚損（特別損耗にあたる汚損）だけでなく，それ以外の普通に使用したことによって生ずる汚損（通常損耗にあたる汚損）についても，賃借人にハウスクリーニング費用を負担させる趣旨のものと解しうる。

ところで，建物賃貸借契約においては，前記[2](1)のように，賃借人は契約上の目的及び社会通念に従って賃借物件を使用・収益しておれば，返還時の状態で返還すれば足り，賃借人が普通に使用したことによって生ずる劣化・価値の減少部分（通常損耗部分）については，本来，賃借人は原状回復義務やその費用負担義務を負わず，一方，前記のような通常損耗部分にかかる投下資本の減価分については，賃料によって回収を図るのが一般であり，そのため，通常損耗部分について，通常損耗補修特約によって賃借人が原状回復義務やその費用負担義務を負うことになると，賃借人は（通常損耗部分につき賃料と原状回復費用の）二重負担を強いられるという問題があった。

前記のように，通常損耗に基づく減価分については，賃料によって回収を図るのが一般であるから，ハウスクリーニングの対象となる汚損につき限定が加えられていないハウスクリーニング特約に関しても，通常損耗にあたる汚損について賃借人にハウスクリーニング費用を負担させる趣旨のものだとすると，（通常損耗部分につき賃料とハウスクリーニング費用の）二重負担を強いることになり，そこで，前記のハウスクリーニング特約については，通常損耗補修特約の場合と同様の問題構造を有することになる。よって，通常損耗補修特約における議論がそのまま妥当することになり，ハウスクリーニング特約の有効性が問題になるのである。

(2) **ハウスクリーニング特約が，賃貸人と賃借人との間で明確に合意されたか**

ハウスクリーニング特約についても，前記の最判平17・12・16の見解によれば，賃貸人と賃借人との間で明確に合意されていた場合には，そのような特約も有効になりうる。

すなわち，ハウスクリーニング特約について，ハウスクリーニングの対象となる汚損につき限定が加えられていない場合には，通常損耗にあたる汚損についても，賃借人にハウスクリーニング義務を負わせその費用を負担させるというのであるから，賃貸人は，建物賃貸借契約締結の際に，賃貸借契約書上に，そのような特約を明記していなければならず，もし明記していないなら，賃貸人が口頭により説明して，賃借人が，通常損耗にあたる汚損についても，自らハウスクリーニング義務を負いその費用を負担する旨を明確に認識し，その旨を合意していたものと認められなければならない（[2](2)(a)(b)参照）。

　さらに，ハウスクリーニング特約についての条項の記載内容又は口頭説明の内容については，この特約が賃借人に特別の負担を強いるものであるから，①賃借人がこの特約によってハウスクリーニングをする義務の程度やその内容が明確になっていなければならず[*4]，また，②賃料にはそもそも通常損耗にあたる汚損に基づく減価分の回収費用（ハウスクリーニング費用）が含まれているのが一般であるから，賃借人が本件建物の賃料について近傍同種の住宅の賃料と比較して相当なものかどうかを判断するためにも，賃料に通常損耗にあたる汚損についてのハウスクリーニング費用を含んでおり，かつ，ハウスクリーニング特約によってさらに賃借人に通常損耗にあたる汚損についてのハウスクリーニング費用を負担させる場合か，それとも，賃料には通常損耗にあたる汚損についてのハウスクリーニング費用を含んでおらず，ハウスクリーニング特約によってのみ，賃借人に通常損耗にあたる汚損についてのハウスクリーニング費用を負担させる場合かなどについても明らかにするものでなければならず，その点についても，賃借人が明確に認識できるものとなっていなければならない。

　したがって，以上の点が満たされた契約書に基づき，あるいは，そのような口頭説明が行われた上で，賃貸借契約が締結された場合には，賃借人について通常損耗にあたる汚損についてもハウスクリーニング義務を負担する意思を認めることができ，当該契約において，賃借人が通常損耗にあたる汚損についてのハウスクリーニング費用を負担する旨の特約，すなわち，ハウスクリーニング特約の有効な成立を認めることができることになる。

　[*4]　ハウスクリーニング特約においては，ハウスクリーニングの範囲は，通常損耗にあたる汚損があろうがなかろうが，賃借建物全体とされる場合が一般であるから，

この特約によってハウスクリーニング義務を負うことになる範囲が明確になっていなければならないというよりは、この特約によって、ハウスクリーニングをする義務の程度やその義務の内容（例えば、消毒や除菌も含むのかといった内容）が、明確になっていることのほうが重要であると考える。

(3) ハウスクリーニング特約と消費者契約法10条

ハウスクリーニング特約についても、ハウスクリーニングの対象となる汚損につき限定が加えられていない場合には、消費者契約法10条に違反し無効にならないかという問題が生じる。

(a) ハウスクリーニング特約についても、消費者契約に該当するものと考えるべきである（前記[2](3)(a)参照）。

(b) しかも、ハウスクリーニング特約は、任意規定の適用による場合と比べて、消費者の権利を制限し、又は、消費者の義務を加重するものである。なぜならば、建物の賃貸借契約においては、賃借人は、返還時の状態で返還すれば足り、通常損耗にあたる汚損について、原状回復義務を負わずその費用を負担しないのが原則である。ところが、ハウスクリーニング特約において、ハウスクリーニングの対象となる汚損につき限定が加えられていない場合には、賃借人は、通常損耗にあたる汚損についてもハウスクリーニング義務を負い、その費用を負担するということになり、よって、ハウスクリーニング特約は、任意規定の適用による場合と比べて、消費者たる賃借人の義務を加重することになるからである（前記[2](3)(b)参照）。

(c) 次に、ハウスクリーニング特約が、ハウスクリーニングの対象となる汚損につき限定を加えていない場合に、信義則（民1条2項）に反して賃借人の利益を一方的に害するようなものかどうかについては、前記[2](3)(c)における大阪高裁の判決内容の趣旨を敷衍すれば、①賃料に通常損耗にあたる汚損についてのハウスクリーニング費用を含んでおり、かつ、ハウスクリーニング特約によってさらに賃借人に通常損耗にあたる汚損についてのハウスクリーニング費用を負担させる場合か、それとも、賃料には通常損耗にあたる汚損についてのハウスクリーニング費用を含んでおらず、ハウスクリーニング特約によってのみ、賃借人に通常損耗にあたる汚損についてのハウスクリーニング費用を負担させる場合かが明らかにされているか、さらに、②ハウスクリーニング特約に

おいては、ハウスクリーニングの範囲について賃借建物全体とされる場合が一般であり、範囲の点は明確になっているから、契約上、ハウスクリーニングの程度、また、消毒や除菌までも含むかといったハウスクリーニングの内容につきそれを決定するについて、賃借人に関与する余地があったか、あるいは、賃貸人が一方的に決定し賃借人に通知すれば、賃借人に、決定された程度や内容のハウスクリーニング義務やそのような費用負担義務が生じることになっていないか、しかも、③賃貸人が、通常損耗にあたる汚損やその原状回復の内容をどのように想定し、その費用をどのように見積もったかについて、賃借人に対し、適切な情報提供がなされていたかなどを検討して、決定することになるであろう。

そして、前記の②について、賃借人に関与の余地がなく、また、③について、賃借人に適切な情報提供がなされていないといった場合には、そのような場合のハウスクリーニング特約については、賃借人に必要な情報が与えられておらず、自己に不利益であることが認識できないままに締結されたものであって、信義則（民1条2項）に反し、消費者（賃借人）の利益を一方的に害するようなものであったということになる。その結果、そのようなハウスクリーニング特約は、前記(b)とあいまって、消費者契約法10条に違反し無効となる。

(4) **本問の場合**

(a) 本問の場合、XとYとの間の賃貸借契約には、「全体のハウスクリーニング（専門業者による）の費用については、賃借人の負担とする。」という特約が設けられている。

しかし、このような特約だけしかなく、しかも、Yからの口頭説明もなかったとするならば、①前記の特約によって賃借人が負担することになるハウスクリーニング義務の程度やその内容が明確になっているとはいえず、しかも、②賃料に通常損耗にあたる汚損についてのハウスクリーニング費用を含んでおり、かつ、ハウスクリーニング特約によってさらに賃借人に通常損耗にあたる汚損についてのハウスクリーニング費用を負担させる場合か、それとも、賃料には通常損耗にあたる汚損についてのハウスクリーニング費用を含んでおらず、ハウスクリーニング特約によってのみ、賃借人に通常損耗にあたる汚損についてのハウスクリーニング費用を負担させる場合かについて明らかになっていると

もいえず，そのため，Ｘについて，通常損耗にあたる汚損についてもハウスクリーニング義務を負担するという意思を認めることができず，よって，ＸがＹとの間で通常損耗にあたる汚損についてのハウスクリーニング費用を負担するというハウスクリーニング特約が有効に成立したと認めることはできない。

　(b)　さらには，本問の場合のクリーニング特約については，本来なら，Ｘがハウスクリーニング義務を負わず，その費用を負担しない通常損耗にあたる汚損についても，Ｘにハウスクリーニング義務を負わせ，その費用を負担させようとするものであるから，このクリーニング特約は，任意規定の適用による場合とくらべて，消費者たるＸの義務を加重するものといいうる。

　しかも，本問におけるハウスクリーニング特約については，①Ｘの負担する賃料に通常損耗にあたる汚損についてのハウスクリーニング費用を含んでおり，かつ，ハウスクリーニング特約によってさらに賃借人に通常損耗にあたる汚損についてのハウスクリーニング費用を負担させる場合か，それとも，賃料には通常損耗にあたる汚損についてのハウスクリーニング費用を含んでおらず，ハウスクリーニング特約によってのみ，賃借人に通常損耗にあたる汚損についてのハウスクリーニング費用を負担させる場合かについて明確でなく，さらに，設問の記載だけでは必ずしも明らかでないが，②Ｙが一方的にハウスクリーニングの程度や消毒や除菌までも含むといった内容を決定し通知したときには，Ｘにそのようなハウスクリーニングの義務（ハウスクリーニング費用負担義務）が生じるものとされていたと思われ，すなわち，ハウスクリーニングの程度やその内容を決定するについて，Ｘに関与する余地が与えられていなかったものと解せられ，また，③通常損耗にあたる汚損やその原状回復の内容をどのように想定し，その費用をどのように見積もったかについても，Ｘに対し，適切な情報提供がなされていなかったものと考えられ，これらの点から，本問の場合のハウスクリーニング特約については，Ｘに必要な情報が与えられておらず，自己に不利益であることが認識できないままに締結されたものであって，信義則（民１条２項）に反し，Ｘの利益を一方的に害するようなものと認められる。

　以上によれば，本問の場合のハウスクリーニング特約は，消費者契約法10条に違反し，無効になるものと考えるべきである。

(c) 次に,「全体のハウスクリーニング（専門業者による）の費用については，5万円の限度で，賃借人の負担とする。」というように，ハウスクリーニング特約に賃借人の負担するハウスクリーニング費用の上限が設けられていた場合について検討する。

(イ) この場合には，Yが決定したハウスクリーニングの程度や内容によって，Xがいくらのハウスクリーニング費用負担義務を負わされるかについて明確でないといった事態は発生せず，その点で，XとYとの間で，ハウスクリーニング特約が明確に合意されていたともいえそうである。

(ロ) しかし，このように上限が設定されている場合にも，設問の記載からは，賃料に通常損耗にあたる汚損についてのハウスクリーニング費用を含んでおり，かつ，ハウスクリーニング特約によってさらに賃借人に通常損耗にあたる汚損についてのハウスクリーニング費用を負担させる場合か，それとも，賃料には通常損耗にあたる汚損についてのハウスクリーニング費用を含んでおらず，ハウスクリーニング特約によってのみ，賃借人に通常損耗にあたる汚損についてのハウスクリーニング費用を負担させる場合かについて明らかになっておらず，この点から，XとYとの間でハウスクリーニング特約が明確に合意されたものとはいえない。

(ハ) しかも，上限が設定されているハウスクリーニング特約であっても，任意規定の適用による場合と比べて，消費者たるXの義務を加重するものに変わりはない。さらに，①ハウスクリーニング費用の上限を設定するについて，Xに関与する余地はなかったものと思われ，また，②Yが，通常損耗にあたる汚損やその原状回復の内容をどのように想定し，ハウスクリーニング費用の上限を5万円に設定したかについて，Xに対して，適切な情報提供を行っていたとも考えられず，そのため，③Xはその上限5万円がハウスクリーニング費用として相当なものかどうかを判断しえず，これらの点から，本問のように上限が設定されている場合であっても，それだけでは，そのハウスクリーニング特約について，Xに必要な情報が与えられていた場合とはいえず，自己に不利益であることが認識できないままに締結されたものと解するしかない。そのため，信義則（民1条2項）に反し，Xの利益を一方的に害するようなものと認められる。以上により，上限が設定されているハウスクリーニング特約であって

も，消費者契約法10条に違反し，無効になるものと考えるべきである。

〔井手　良彦〕

Q 22

敷金返還請求(2)——オフィスビルにおける通常損耗補修特約

(1) X株式会社は，平成20年7月1日に，Yから，Y所有オフィスビルの一室を賃料10万円（月額，共益費込み），敷金6ヵ月，賃借期間2年，自動更新規定ありの約定で賃借した。この賃貸借契約には，「賃借人が本件部屋を明け渡すときには，賃借人の負担で原状に復するものとする。」との特約が設けられていた。そして，同22年7月の段階で1回更新したが，X社は，同23年1月20日に，同年4月1日に賃貸借契約を解除すると通知し，同年3月27日にはオフィスビル一室の明渡しを行い，敷金60万円の返還を請求した。これに対し，Yは原状回復費用40万円がかかったとして，残りの20万円しか返還できないと主張している。X社の請求は認められるか。

(2) 上記(1)の事例で，Yは平成22年8月1日に上記オフィスビル1棟をZに譲渡し，その旨をX社に通知した。譲渡の段階で，X社は賃料1ヵ月分を滞納しており，Yは敷金で清算した。この場合，X社はZに対して敷金の返還を請求しうるか。請求しうるとして，いくら請求しうるか。

[1] はじめに

本問における小問(1)の場合，賃借人Xは株式会社であり，賃貸人Yも事業者であって，両者の間の賃貸物件はオフィスビルの一室である。そして，XとYとの間の賃貸借契約には，「賃借人が本件部屋を明け渡すときには，賃借人の負担で原状に復するものとする。」との特約が設けられていた。このような特約については，「賃借人の負担」につき限定が加えられておらず，したがって，賃借人が故意又は過失に基づき生じさせた汚損や傷（特別損耗）だけでなく，それ以外の普通に使用したことによって生ずる劣化・価値の減少（通常

損耗）にあたる汚損や傷についても，賃借人に原状回復義務を負わせその費用を負担させるものと考えられる。そのため，このようなオフィスビルにおける通常損耗部分についても，賃借人に原状回復義務を負わせその費用を負担させるという内容の特約，すなわち，通常損耗補修特約の有効性が問題となる（⇒[2]）。

また，小問(2)の場合は，賃貸物件が譲渡され，賃貸人が旧所有者（譲渡人）から新所有者（譲受人）へと変更されており，新所有者（譲受人），つまり，新賃貸人が，敷金関係を承継するのかが問題となる（⇒[3]）。

以下，順次，検討する。

[2]　オフィスビルにおける通常損耗補修特約の有効性

オフィスビルの場合，特別損耗だけでなく，通常損耗にあたる汚損や傷（通常損耗部分）についても，賃借人に原状回復義務を負わせその費用を負担させるという通常損耗補修特約は有効か。

(1)　有　効　説

この点につき，東京高裁平成12年12月27日判決（判タ1095号176頁参照）は，オフィスビルの2階から5階までを新築の状態で借り受け，2，3，5階を事務室，4階を電算機室として使用しており，また，当該賃貸借契約に，賃借人の原状回復義務について「賃貸借契約が終了するときは，賃借人は，賃貸借期間終了時までに造作その他を賃貸借契約締結時の原状に回復しなければならない。」，「本条に定める原状回復のための費用……の支払は第5条の保証金償却とは別途の負担とする。」といった内容の原状回復特約が規定されていた事案において，次のように述べて，オフィスビルにおける通常損耗にあたる汚損や傷について，賃借人に原状回復費用を負担させる内容の通常損耗補修特約についても，有効であるとした。

「一般に，オフィスビルの賃貸借においては，次の賃借人に賃貸する必要から，契約終了に際し，賃借人に賃貸物件のクロスや床板，照明器具などを取り替え，場合によっては天井を塗り替えることまでの原状回復義務を課する旨の特約が付される場合が多いことが認められる。オフィスビルの原状回復費用の額は，賃借人の建物の使用方法によっても異なり，損耗の状況によっては相当

高額になることがあるが、使用方法によって異なる原状回復費用は賃借人の負担とするのが相当であることが、かかる特約がなされる理由である。もしそうしない場合には、右のような原状回復費用は自ずから賃料の額に反映し、賃料額の高騰につながるだけでなく、賃借人が入居している期間は専ら賃借人側の事情によって左右され、賃貸人においてこれを予測することは困難であるため、適正な原状回復費用をあらかじめ賃料に含めて徴収することは現実的には不可能であることから、原状回復費用を賃料に含めないで、賃借人が退去する際に賃借時と同等の状態にまで原状回復させる義務を負わせる旨の特約を定めることは、経済的にも合理性があると考えられる。」

(2) 無 効 説

これに対して、オフィスビルの場合の通常損耗部分についても、賃借人に原状回復義務を負わせその費用を負担させるという内容の通常損耗補修特約につき、居住用物件の賃貸借契約の場合と同様に、原則上、これを無効とする見解もある（**Q21[2]**(1)(2)参照）。

すなわち、オフィスビルの賃貸借契約においても、通常損耗に係る投下資本の減価分の回収は、原則として、賃料の支払を受けることによって行われるべきである。そもそも、賃貸物件について損耗の発生は、賃貸借という契約の本質上当然に予定されるものであるから、営業用物件、すなわち、オフィスビルであるからといって、通常損耗に係る投下資本の減価分の回収を、減価償却費や修繕費等の必要経費分を賃料の中に含ませてその支払を受けることによって行うということが不可能であるとはいえない。そのため、賃借人に通常損耗部分について原状回復義務を負わせその費用を負担させるということは、賃借人に二重の負担を負わせることになり、原則として許されないとするのである。

ただし、この見解においても、通常損耗補修特約の有効性が問題になった最高裁平成17年12月16日判決（判時1921号61頁参照）の趣旨によれば、建物賃貸借契約締結の際に、賃貸借契約書上に、通常損耗部分についても賃借人に原状回復義務を負わせその費用を負担させるという通常損耗補修特約が明記されていた場合、あるいは、明記されていない場合でも、賃貸人が口頭により説明して、賃借人が、通常損耗部分についても自ら原状回復義務を負いその費用を負担する旨を明確に認識し、その旨を合意していた場合であって、さらに、通常損耗

補修特約についての条項の記載内容や口頭説明の内容につき，①賃借人が同特約によって原状回復義務を負うことになる通常損耗部分の範囲が明確になっており，しかも，②賃料に通常損耗部分についての原状回復費用が含まれ，かつ，同特約によってさらに賃借人に通常損耗部分についての原状回復費用を負担させる場合か，それとも，賃料には通常損耗部分についての原状回復費用を含んでおらず，同特約によってのみ，賃借人に通常損耗部分についての原状回復費用を負担させる場合かなどについても明らかになっており，これらの点について，賃借人が明確に認識できるようになっていた場合には，賃貸人と賃借人との間で，前記のような通常損耗補修特約が有効に成立していたものとされることになる（Q21[2](2)(a)(b)参照）。

(3) 業務用物件（オフィスビル）の賃貸借契約における多様性

(a) 業務用物件，つまり，オフィスビルの賃貸借契約の場合には，居住用物件の賃貸借契約の場合と比べて，その物件規模や使用形態などは多種多様に及んでいる。すなわち，大型・大規模物件であり，スケルトンで賃貸し，使用形態に応じて賃借人が改装や造作を認められていたといった場合（例えば，前掲東京高裁判決のような物件）もある一方で，物件規模は小さく，居住用物件が業務用物件として利用され，実体は居住用物件と変わらないといった場合もある。そのため，業務用物件（オフィスビル）の賃貸借契約の場合には，その契約内容は実に多様であり，種類が多く，居住用物件の賃貸借契約の場合と比べて，その契約内容が著しく異なったものになっている場合もある。

その点で，業務用物件（オフィスビル）の賃貸借契約の場合には，通常損耗補修特約の有効性についても一律に判断できず，よって，賃貸借契約の原状回復特約や通常損耗補修特約の中にどのような内容が規定されているかを個別に判断して，賃貸物件の規模や使用形態を踏まえその契約内容を具体的に解釈し，そのような具体的な解釈に応じて，通常損耗補修特約の有効性について判断することが必要になってくる。

(b) そして，簡易裁判所に提訴されてくる業務用物件（オフィスビル）の賃貸借契約の場合には，業務用物件（オフィスビル）といっても，小規模物件で，実体は居住用物件と変わらないというようなものが多く，したがって，そのような場合には，居住用物件の賃貸借契約の場合と同様に解しうるとして，前記の

無効説の考え方をベースに判断すればよいものと考える。

(4) 本問の場合

(a) 本問における小問(1)の場合、X社は、オフィスビルの一室を明け渡し、敷金60万円の返還を請求したところ、Yは、「賃借人が本件部屋を明け渡すときには、賃借人の負担で原状に復するものとする。」との特約を根拠に、原状回復費用として40万円がかかったので、残りの20万円しか返還できないと主張している。

(b) X社とYとの賃貸借契約には原状回復を約する特約として前記の程度の記載しかない。

そして、設問には、オフィスビルの所在地、面積、規模、何階に存在しているかなどの記載がなく、設問の記載からだけでは必ずしも明らかではないが、賃料が10万円（月額、共益費込み）とあり、とすると、本問の場合は、大型・大規模のオフィスビルでありスケルトンで賃貸し使用形態に応じてX社に改装や造作が認められていたといった場合とは明らかに異なり、むしろ、居住用物件に近いものと解せられる。したがって、本問の場合は、前記の無効説をベースに判断すべきものと考える。

(c) 本問においては、前記のように、X社とYとの間の賃貸借契約に「賃借人が本件部屋を明け渡すときには、賃借人の負担で原状に復するものとする。」という特約が設けられている事案である。そして、このような特約だけしかなく、しかも、Yからの口頭説明もなかったとするならば、①X社が前記の特約によって原状回復義務を負うことになる通常損耗部分の範囲が明確になっているとはいえず、しかも、②X社の負担する賃料には通常損耗部分についての原状回復費用が含まれ、かつ、前記特約によってさらにXに通常損耗部分についての原状回復費用を負担させる場合か、それとも、Xの負担する賃料には通常損耗部分についての原状回復費用を含んでおらず、前記特約によってのみ、Xに通常損耗部分についての原状回復費用を負担させる場合かについても明らかになっているとはいえず、そのため、X社について、通常損耗部分についても原状回復義務を負担するという意思を認めることはできない。よって、X社がYに対し通常損耗部分についての原状回復費用を負担するという通常損耗補修特約が有効に成立したと解することはできない。

したがって，Yは，前記特約を根拠に，敷金から40万円の原状回復費用を差し引くことはできず，もし，差し引くとするならば，X社の故意又は過失に基づき生じさせた汚損や傷（特別損耗）の補修費用として40万円の出費が必要であったということを主張・立証しなければならない。

[3] 敷金の承継

賃貸借契約において当事者が交替するのは，賃借権の譲渡などが行われた場合のように賃借人が交替する場合，また，賃貸物件の譲渡などが行われた場合のように賃貸人が交替する場合である。そのそれぞれの場合に，敷金関係の承継は行われるか。

(1) 賃借人が交替した場合

賃貸人の承諾を得て，賃借権の譲渡が行われるなどして，賃借人が交替した場合には，敷金返還請求権は，交付者（旧賃借人）において新賃借人の債務の担保とすることを約したり，新賃借人に敷金返還請求権を譲渡したりするなどの特段の事情がない限り，新賃借人に承継されないと解すべきである（最判昭53・12・22民集32巻9号1768頁参照）。もし，新賃借人に承継されるということになれば，旧賃借人の交付した敷金が，当然に新賃借人の新たに負担する債務についての担保にされることになり，旧賃借人の意思によらないで，旧賃借人に不利益を強いることになってしまうからである。

(2) 賃貸人が交替した場合

他方，賃貸借契約の継続中に賃貸物件が譲渡され，賃貸物件の所有権が旧所有者（譲渡人）から新所有者（譲受人）へと移転した場合には，賃貸人としての地位も新所有者（譲受人）へと移転するものと解すべきである。なぜならば，賃貸物件が譲渡された場合に賃貸人としての地位が新所有者へ移転しないとすると，結局，譲渡（売買）は賃貸借を破るという結果になり，賃借人の地位を不安定にするからである。

そして，賃貸借契約の継続中に賃貸物件が譲渡され，新所有者が賃貸人としての地位を承継した場合には，敷金についての権利・義務も当然に新賃貸人に承継されるものと考えるべきである（最判昭39・6・19民集18巻5号795頁，最判昭44・7・17民集23巻8号1610頁参照）。なぜならば，敷金は，賃貸借契約終了後賃

貸物件の明渡し時点まで賃借人が賃貸借に伴い賃貸人に負うことになるすべての債務を担保するとともに，賃借人に債務が存在しないことを条件に賃貸人が賃借人に返還すべき義務を負うという金員であって，敷金に関する法律関係は，賃貸借契約に付随し付属するものであり，賃貸借契約を離れて独立の意義を有するものとはいえず，そのため，敷金に関する法律関係は，賃貸借契約関係の移転に伴って，当然に移転するものと解すべきだからである。

なお，新賃貸人に承継される敷金額は，賃借人が賃貸借契約において旧賃貸人に負っていた債務を清算した残りの額となる（前掲最判昭44・7・17）。なぜならば，旧賃貸人の下でも，敷金の担保としての役割を果たさせる必要があり，そうしないと，旧賃貸人が賃借人に有していた債権については敷金で担保されない事態となって，旧賃貸人に不測の損害を強いることになってしまうからである。

また，賃貸借契約が終了した後に賃貸物件が譲渡された場合には，敷金に関する法律関係は，賃貸物件の新所有者に当然には承継されない（最判昭48・2・2民集27巻1号80頁参照）。なぜならば，敷金に関する法律関係は，前記のように，賃貸借契約に付随し付属するものであり，賃貸借契約を離れて独立の意義を有するものとはいえないものであるから，賃貸借契約が終了し，新所有者が賃貸人としての地位を承継しない場合には，敷金に関する法律関係が新所有者に当然に承継されるとは解しえないからである*。

　＊　賃貸借契約が終了した後に賃貸物件が譲渡された場合に，敷金に関する法律関係を，賃貸物件の新所有者と旧賃借人の間に及ぼすためには，賃貸物件の譲渡人（旧所有者，賃貸人）と譲受人（新所有者）が合意するだけでなく，旧賃借人の承諾が必要になる。なぜならば，敷金関係は，賃貸人の担保という側面と賃借人の債務不存在の場合には賃借人に対して返還義務を負う金員といった側面があり，よって，敷金関係を承継させるには，後者の側面の権利者である賃借人の承諾が必要になるからである。

(3) 本問の場合

本問における小問(2)の場合，Yは，平成22年8月1日に，X社の賃貸物件の入ったオフィスビル1棟をZに譲渡し，その旨をX社に通知している。よって，Zが，X社との賃貸借契約関係を引き継ぎ，Zが，賃貸人としての地位を承継するものと考えるべきである。そこで，敷金に関する法律関係も当然にZ

が承継することになる。ただし，譲渡の段階で，Yは，X社の滞納賃料1ヵ月分を敷金で清算したとあり，旧賃貸人であるYの下でも，敷金の担保としての役割を果たさせる必要があるところ，そのため，このような清算は当然に認められ，その結果，新賃貸人Zが承継することになる敷金は，6ヵ月分からその1ヵ月分を差し引いた残りの5ヵ月分だけということになる。

〔井手　良彦〕

Q 23

更新料請求

(1) Xは，平成16年7月1日に，Yから，Y所有マンションの一室を賃料7万8000円（月額，共益費込み），敷金2ヵ月，賃借期間1年，自動更新規定あり，更新料2ヵ月の約定で賃借した。Xは1年ごとに更新（合意更新）を繰り返し，2ヵ月分の更新料を支払っていたが，賃料が近隣の同程度の物件と比べて特に安いわけでもないのに，更新料が高すぎると考えるに至り，更新料特約は無効であると主張して，平成22年の更新時から更新料の支払を拒んでいる。このようなXの主張は認められるか。

(2) 上記(1)の事例で，賃借期間が2年である場合において，Xは2年ごとに更新（合意更新）を2回行ったが，平成22年の更新時にYから賃料を8万8000円にしたいと通告されたことからトラブルになり，賃貸借契約を合意更新せず，賃料（月額）7万8000円を供託するようになり，現在（平成23年8月）に至っている。このような法定更新の場合にも，Xは更新料2ヵ月分を支払わなければならないか。

［1］ はじめに

　本問における小問(1)の場合，XとYとの間のY所有マンション一室についての賃貸借契約の中に更新料特約が付されているが，このような更新料特約は有効か，特に，消費者契約法10条に違反するものとして，無効になるのではないかが問題となる。次に，小問(2)の場合には，そのように無効でないとするならば，法定更新の場合にも更新料特約は適用され，いったん合意した更新料を支払わなければならないかが問題となる。

　以下，順次，検討する。

[2] 更新料特約は有効か

(1) 更新料はどのようなものか

更新料とは，賃貸期間が満了し，賃貸借契約を更新する際に，賃借人が賃貸人に対して支払うことになる金員のことである。そして，更新料特約とは，このような更新料を，賃貸借契約更新の際に賃借人が賃貸人に対して支払わなければならないという内容のもので，主たる契約である賃貸借契約の中に，それに付随して付される特約である。

このような更新料の法的性質については，①賃料の補充ないしは前払いとする見解，②賃料とは区別される，更新拒絶に伴う紛争を防ぎ，賃貸借期間を確保し，解約申入れの危険を回避することの対価であるとする見解，また，③単なる贈与であるとする見解などがある。この点，判例は，更新料につき法令上の規定がなく，賃貸人と賃借人の合意に基づき授受される金員であるところから，更新料の法的性質については，「賃貸借契約成立前後の当事者双方の事情，更新料条項が成立するに至った経緯その他諸般の事情を総合考量し，具体的事実関係に即して判断」しなければならないとした上で，「更新料は，賃料と共に賃貸人の事業の収益の一部を構成するのが通常であり，その支払により賃借人は円満に物件の使用を継続することができることからすると，更新料は，一般的に，賃料の補充ないし前払，賃貸借契約を継続するための対価等の趣旨を含む複合的な性質を有するもの……。」としている（最判平23・7・15民集65巻5号2269頁参照）。

(2) 更新料特約は消費者契約法10条に違反し，無効か

本問における賃借人Xは，賃料が近隣の同程度の物件と比べて特に安いわけでもないのに，更新料が高すぎると考え，更新料特約は無効であると主張している。しかし，設問の記載からは更新料特約に無効原因があるとも解せられず，そのため，本問の更新料特約は，消費者保護のために設けられ，平成13年4月1日から施行されている消費者契約法，そのうちの10条に違反し，無効になるのではないかが問題となる。

(a) 最初に，更新料特約は消費者契約かどうかを検討しなければならない。この点につき，賃貸人は，一般に賃貸物件を継続的，反復的に賃貸しており，

そのように事業として賃貸を行っているものと認められ，よって，「事業者」に該当する（消契2条2項）。他方，賃借人は，個人として自らの住居とするために賃貸借契約を締結するものであり，よって，「消費者」に該当する（消契2条1項）。そのため，賃貸人と賃借人との間の賃貸借契約は，「事業者」と「消費者」との間で締結される契約となり，「消費者契約」に該当する（消契2条3項）。また，このような賃貸借契約に付随して締結される更新料特約も，当然に消費者契約に該当するものと考えるべきである。

(b) そして，更新料特約が消費者契約法10条に違反するかどうかについて，判例は，概略，次のような判断を示した（前掲最判平23・7・15参照）。

(イ) 消費者契約が，消費者契約法10条に違反して無効になるというためには，まず，その消費者契約が，民法等の法律の公の秩序に関しない規定，すなわち任意規定の適用による場合に比べて，消費者の権利を制限し，又は消費者の義務を加重するものでなければならない。

なお，上記の「任意規定」の意義につき，明文規定に限定されるわけではなく，明文規定のほか，契約に関する不文の法規や一般法理をも含むものと解するのが相当である。

そして，賃貸借契約に付随する更新料特約の場合，賃貸借契約は，賃貸人が賃貸物件を賃借人に使用させ，賃借人はそのような使用の対価たる賃料を賃貸人に支払うことをそれぞれ合意することによって成立するものであるところ（民601条），更新料特約は，更新料の支払という賃貸借契約の成立要素ではない債務を特約によって賃借人に負担させるものであり，そのため，更新料特約は，任意規定の適用による場合に比べて，消費者たる賃借人の義務を加重するものといいうる。

(ロ) さらに，消費者契約が，消費者契約法10条に違反して無効になるというためには，その消費者契約が信義則（民1条2項）に反して消費者（賃借人）の利益を一方的に害するようなものでなければならない。

そして，消費者契約が信義則（民1条2項）に反して賃借人の利益を一方的に害するようなものかどうかについては，消費者契約の趣旨，目的（消契1条）に照らし，消費者契約の性質，そのような契約が成立するに至った経緯，消費者と事業者との間に存する情報の質及び量並びに交渉力の格差その他の諸般の

事情を総合考量して判断することになる。

更新料特約については，更新料が，前記のように，賃料の補充ないし前払い，賃貸借契約を継続するための対価等の趣旨を含む複合的な性質を有するものという点からしても，その更新料特約に経済的合理性がないとはいえず，また，一定地域において，これまでも更新料特約が利用されており，そこでは，更新料特約が機能しており，さらに，更新料特約が公序良俗に反するなどとして当然に無効にされるといった取扱いもなかったことからすると，賃貸借契約に更新料特約が一義的かつ具体的に記載されて，賃貸人と賃借人との間に更新料についての明確な合意が成立している場合には，賃貸人と賃借人との間に，情報の質及び量並びに交渉力について，看過しえないほどの格差があったともみることもできない。

そうすると，賃貸借契約に一義的かつ具体的に記載された更新料特約については，更新料の額が賃料の額や更新期間等に照らし高額にすぎるなどの特段の事情がない限り，消費者契約法10条における信義則（民1条2項）に反して消費者の利益を一方的に害するものとはいえない。

そして，賃貸借契約の中に一義的かつ具体的に記載されている更新料特約の場合，その内容が，更新料の額は賃料2ヵ月分，賃貸借契約の更新期間は1年とするものについて，上記のような特段の事情があるとはいえず，よって，そのような更新料特約を消費者契約法10条により無効とすることはできない。

(c) 以上のように，判例は，更新料特約について，更新料の額が賃料の額や更新期間等に照らし高額にすぎるなどの特段の事情がなければ，消費者契約法10条に違反して無効になるようなことはなく，また，更新料特約の内容が，更新料の額は賃料2ヵ月分，賃貸借契約の更新期間は1年とする程度では，未だ特段の事情があるとはいえないと判示している。

(3) 本問における小問(1)の場合

以上によれば，小問(1)の更新料特約は，賃借期間1年，つまり，更新期間は1年であり，更新料は家賃2ヵ月分であり，そのため，賃料が近隣の同程度の物件と比べて特に安いわけでないとしても，更新料の額が賃料の額や更新期間等に照らし高額にすぎるなどの特段の事情がある場合とはいえず，したがって，本問の更新料特約が消費者契約法10条に抵触し，無効となることはないから

Xの主張は認められない。

[3] 更新料特約は法定更新の場合にも適用されるか

(1) 賃貸借契約などに明示的規定がある場合

この問題については，賃貸借契約及び更新料特約の解釈によって決まり，前記の契約に適用の有無について明示的に記載されておれば，それに従うことになる。ただし，そのような明示的規定がない場合がほとんどであり，その場合には，解釈によって決する必要がある。本問における小問(2)の場合も，明示的規定がない場合である。

(2) 賃貸借契約などに明示的規定がない場合

賃貸借契約などに明示的規定がない場合に，更新料特約は法定更新の場合にも適用されるという肯定説と適用されないという否定説の2説がある。

(a) **肯定説** 東京地判平4・1・23は，賃貸借契約や更新料特約の中に更新料特約が合意更新の場合に限定されるとは記載されておらず，賃料の補充ないし異議権放棄の対価という更新料の性質から考えても，法定更新の場合を除外するだけの理由はないとして，更新料特約は法定更新の場合にも適用され，法定更新の場合であっても更新料支払義務があると判断している（判時1440号109頁参照）。その他，法定更新の場合だけ更新料の支払義務を免れるのは公平に反するとか，賃貸借が満了後も継続しているという点では法定更新の場合も合意更新の場合も異なるところはないなどの理由をあげて，肯定する判例がある。

(b) **否定説** これに対して，東京地判平4・1・8は，①契約条項の文言から更新料特約が法定更新の場合にも適用されるとは推認されないこと，②更新料特約が，更新の際には「新賃料」2ヵ月分相当の更新料を支払うと規定しており，当該更新料特約は，新賃料が定められることのない法定更新の場合を予定していないこと，③更新料を賃料の補充と解すれば，合意更新の場合と区別すべき合理的理由はなく，法定更新の場合にも適用されると解すべきであるが，本件の場合には，別に保証金が差し入れられ，明渡時に償却が予定されており，特に更新料により賃料を補充する意義は認められず，また，賃貸借の期間中も賃料の増減請求ができることになっており，あえて更新料により賃料不

足を補充する必要性は認められず、これらにより、賃料の補充と解すべき理由は希薄であること、④更新料は、むしろ、期間を合意更新することにより、その期間は明渡しを求められない利益が得られることの対価であると解すべきであり、合意更新の場合を想定しており、法定更新の場合を含まないこと、⑤法定更新の場合にも更新料を支払うという慣行は存在しないことなどを理由にして、更新料特約は法定更新の場合には適用されないとしている（判時1440号107頁参照）。

(3) **本問における小問(2)の場合**

したがって、小問(2)の場合も、法定更新の場合であり、上記のような肯定説によれば、このような法定更新の場合にも、Xは更新料2ヵ月分を支払わなければならず、よって、賃料（月額）7万8000円を供託しているとしても、更新料の不払いが更新後の賃貸借契約の債務不履行事由に該当することになる。他方、否定説によれば、小問(2)のような法定更新の場合には、Xは更新料2ヵ月分を支払わなくてもよいことになる。

〔井手　良彦〕

Q 24

賃貸借における原状回復請求（ペット飼育承認特約）

Xは，Yとの間で，建物賃貸借契約を締結し，アパート1室を貸し渡した。その際，ペット（犬1匹）を飼育することを承諾するが，本件建物の明渡時には，当然，原状回復に要する補修費，消毒料などを負担する旨が記載された誓約書が取り交わされた。契約期間が経過しYが退去した後，Xが建物を点検してみると，畳の下の床板のいたるところに糞尿のシミがつき，悪臭があまりにも酷かった。Xは，Yに対し，どのような請求をすることができるか。

[1] はじめに

　建物賃貸借契約の終了に伴う原状回復費用に関する紛争は，簡易裁判所では比較的多く提起される事件類型である。ところで，建物賃貸借契約ではペット飼育が禁止されていることが多いが，ペットブームに沿って，最近では，ペット飼育を承認する賃貸物件も増えてきている。しかし，それに伴って，ペット飼育に伴う汚損の原状回復費用に関するトラブルもいっそう増えてきているようである。そこで，本設例では，建物賃貸借契約の終了に伴う原状回復費用請求について，ペット飼育が承認されていた場合の論点について取り上げてみたい。

[2] 賃借人が負担する原状回復費用の範囲

(1) 最判平17・12・16

　賃借人が負担する原状回復費用の範囲については，最判平17・12・16裁判集民事218号1239頁が，原則として，通常損耗の範囲内であれば賃借人は負担義務を負わないことを明らかにした。すなわち，平成17年判決は，賃貸借契約において賃貸物件の損耗は契約の本質上当然に予定されているから，賃借人が社会通念上通常の使用をした場合に生ずる賃借物件の劣化・通常損耗の回収

は，通常，減価償却費や修繕費などの必要経費分を賃料の中に含ませて行われているのであって，にもかかわらず，賃借人に通常損耗について原状回復義務を負わせるためには，賃借人が補修費用を負担することになる通常損耗の範囲が賃貸借契約書に明記されているか，賃貸人が賃借人との間で通常損耗補修特約が明確に合意されていることが必要であると判示したのである。

(2) **ペット飼育に伴う汚損の原状回復費用の負担**

平成17年判決の考え方からすれば，ペット飼育が承諾されていなかったり，賃貸借契約書で禁止されていたにもかかわらず飼育した場合には，一般に，ペット飼育に伴って発生した壁・床・ドアなどの汚損は，善管注意義務違反として通常損耗の範囲を超えるものとなり，原状回復費用は賃借人が負担することになる。

［3］ ペット飼育承認特約のある場合

では，建物賃貸借契約締結の際にペット飼育承認特約があった場合，原状回復費用の分担は，どのような影響を受けるのか。

まず，通常損耗の範囲内か否かを判断する基準が，ペット飼育を前提として，「社会通念上通常のペット飼育を伴う使用をした場合に生ずる損耗の範囲内か」と修正されることになる。その上で，ペット飼育承認特約の合意があるということは，賃貸人としては，ペットによる汚損が一定程度は発生することを当然に予想していたものと評価できるから，一般に，特約がない場合と比較して，通常損耗とされる範囲が拡大し，賃借人が負担する原状回復費用の範囲が狭まる方向に働くとはいえるであろう。

もっとも，平成17年判決を踏まえると，賃料の中にペット飼育に伴う汚損の消毒費や修繕費などが含まれていたと評価できるかについても，慎重に判断しなくてはならない。賃料が特に高く設定されておらず，消毒費や修繕費などが含まれていたとは評価できない場合には，ペット飼育に伴う汚損の原状回復費用は，やはり賃借人が負担するのが基本となろう。ただし，賃料が特に高く設定されていなかったからといって，どのような原状回復作業の費用であっても賃借人が負担することになるわけではない。当該原状回復作業が，真に必要でかつ相当なのか，原状回復の程度を超えて物件価値を高めることになってい

ないか，などの判断が必要となるのは，公平の観点から当然である。
　また，通常損耗の範囲を検討するにあたっては，賃料の額のほかにも，ペットの種類・ペット飼育承認特約の内容・賃貸借契約締結時に当事者双方が想定していた汚損の程度・建物のペット対策施工の有無なども合わせて考慮する必要があろう。
　したがって，以上の諸要素を総合的に考慮して，社会通念上通常のペット飼育を伴う使用をした場合に生ずる損耗や経年により自然に生ずる損耗（通常損耗）の範囲の汚損なのか，これを超える汚損なのか判断されることになる。ペット飼育承認特約があるからといって，賃借人は，必ずしもすべての原状回復費用の負担を免れるわけではないのである。

［4］　原状回復費用借主負担特約・敷金償却特約がある場合

　ペット承認特約に付随して又はペット飼育を承認する条件として，ペット飼育によって発生した汚損の原状回復費用は賃借人が負担する旨の特約や，敷金を全額又は一部償却して賃借人には返還しない旨の特約が締結されることがある。

(1)　原状回復費用借主負担特約の法的性質

　原状回復費用借主負担特約は，賃借人が室内でペットを飼う際の汚損を見越して，賃貸借契約締結時に，ペット飼育に伴う汚損の原状回復費用の全額又は一部を賃借人が負担する旨を定めておく特約である。
　原状回復費用借主負担特約の法的性質は，一種の「損害賠償の予定」（民420条1項）と解することができる。

(2)　敷金償却特約の法的性質

　敷金償却特約は，同じく賃貸借契約締結時に，賃借人が室内でペットを飼う際の汚損を見越して，予想される善管注意義務違反による損害賠償責任を，賃借人が敷金の全額又は一部をもって負担する旨を定めておく特約である。
　敷金償却特約は，敷引特約の一形態といえる。敷引特約については，契約書上は特にその目的などを明らかにする条項が置かれないことが多い。そこで，敷引特約の法的性質については，判例・学説上，争いがある。一般には，①損耗の修繕費（通常損耗料ないし自然損耗料），②空室損料（中途解約により次の入

居者が現れるまで空室期間が生ずることに対する賃料収入の補償)，③賃料の補充ないし前払い(賃料を低額にすることの代償)，④礼金(賃貸借契約成立の対価)などの性質を，1つないし複数兼ね備えていると解するのが多数説であろう。そして，中でも①の要素が敷引金の主たる要素であると学説上指摘されている。したがって，ペット飼育に伴う汚損の原状回復費用を目的とする敷金償却特約は，前記の①に近い法的性質を有するものといえよう。

(3) 原状回復費用借主負担特約・敷金償却特約の有効性

まず，平成17年判決を踏まえると，これらの特約によって賃借人が負担することになる損耗の範囲が，賃貸借契約書に明記されているか，賃貸人と賃借人との間で明確に合意されていることが必要である。実務では，原状回復費用借主負担特約として，「本契約の解除時には，賃借人は，当然に，本契約第○条に従い原状回復に要する補修費・消毒料などを負担する。」とか，「賃借人は，賃貸人に対して，退去時に，消毒代として家賃の1ヵ月分相当額を支払う。その他，床・壁・壁紙・柱・設備等の破損・汚損の場合は，別途，実費を負担する。」などの記載を見かけるが，これで賃借人が負担する範囲が明確といえるかは検討を要するところではあるまいか。

次に，原状回復費用借主負担特約の法的性質は，前記のとおり，一種の賠償額の予定である。債務不履行の賠償額の予定については，裁判所はその額を増減することができない(民420条1項後段)。しかし，その定めが暴利行為といえる場合には，公序良俗違反として全部又は一部が無効になると解されている。例えば，あまりに高額な賠償額の予定が定められた場合には，債務者の窮迫を利用して暴利をむさぼるものと評価され，公序良俗違反として全部又は一部が無効とされる。

敷金償却特約は，前記のとおり，敷引特約の一形態である。敷引特約の有効性については，最判平23・3・24民集65巻2号903頁が，あながち不合理なものとはいえず，信義則に反して賃借人の利益を一方的に害するものであると直ちにいうことはできないが，敷引金の額が高額にすぎると評価すべきものである場合には，信義則に反して消費者である賃借人の利益を一方的に害するものであって，消費者契約法10条により無効となると判示した。

したがって，原状回復費用借主負担特約も敷金償却特約も，常に有効となる

わけではなく，民法90条や消費者契約法10条の制限内において有効となると解される。

(4) 特約で定められた金額が高額か否かの判断

　そうすると，原状回復費用借主負担特約によって賃借人が負担するとされた金額又は敷金償却特約で敷引くとされた金額が，高額にすぎると評価されるか否かが判断されなければならないことになる。

　この点，前掲最判平23・3・24は，「通常損耗等の補修費用として通常想定される額，賃料の額，礼金等他の一時金の授受の有無及びその額等に照らし，敷引金の額が高額に過ぎると評価すべきものである場合には，当該賃料が近傍同種の建物の賃料相場に比して大幅に低額であるなど特段の事情のない限り，信義則に反して消費者である賃借人の利益を一方的に害するものであって，消費者契約法10条により無効となる」と判示している。

　さらに，前記のペット飼育承認特約があった場合の影響で説明したように，賃料の額のほかにも，ペットの種類・ペット飼育承認特約の内容・賃貸借契約締結時に当事者双方が想定していた汚損の程度・建物のペット対策施工の有無なども合わせて考慮する必要があるのではなかろうか。

　以上の諸要素を総合的に考慮して，原状回復費用借主負担特約によって賃借人が負担するとされた金額又は敷金償却特約で敷引くとされた金額が高額にすぎると評価されるか否か判断されることになる。

［5］ ペット礼金

　最近では，ペット飼育を承認する賃貸物件が増えたことに伴い，ペット礼金が支払われるケースも増えてきている。そこで，ペット礼金についても若干触れておきたい。

(1) ペット礼金の法的性質・返還請求の可否

　ペット礼金とは，ペットを飼う場合に賃貸人に支払う礼金をいう。このペット礼金は，通常，賃借人がペットを室内で飼育することを賃貸人が承諾したことに対する対価（承諾料）の趣旨で授受されることから，一種の権利金と解される。

　権利金の法的性質・既払権利金返還請求の可否などについては，争いがある。

権利金は，場所的利益又は造作代・のれん代，賃料の一括前払い，賃借権の譲渡・転貸の承諾料又は賃借権設定の対価などと態様が多岐で内容も不明確であるため，一般に，権利金ごとに個別具体的に検討する必要があるとされている。

(2) **ペット礼金の返還請求の可否・原状回復費用担保の可否**

ペット礼金の場合は，ペット飼育承諾の対価の趣旨であるから，通常は，「返還しないもの」として授受される場合が多い。したがって，一般には，特段の事情がない限り，賃貸借契約終了時に賃貸人から賃借人へ返還されるものではない。もっとも，期間の定めがある建物賃貸借契約に付随してペット礼金が授受され，その期間の中途で契約が解約された場合には，残存期間相応分だけの返還を求め得ると解する余地はあろう。

また，ペット礼金は，ペット飼育承諾の対価の趣旨で授受されるものであるから，敷金のように原状回復費用などの支払債務を担保するものでもない。もっとも，当事者間で，敷金のように，ペット飼育に関する原状回復費用などを差し引いた上で，残額を返還するという合意の下でペット礼金が交付される場合もある。このような特段の事情があれば，敷金に類似した取扱いがなされる。

[6] 参考裁判例

東京簡判平14・9・27（裁判所ホームページ）は，建物賃貸借契約終了に伴い建物から立ち退いた賃借人が，賃貸人に対して，敷金41万7000円の返還を求めて提訴したところ，賃貸人が，本件賃貸借契約には，ペット飼育を可とした代わりに，「室内のリフォーム，壁，付属部品等の汚損，破損の修理，クリーニング，取替，ペット消毒については賃借人の負担でこれらを行うものとする。尚，この場合専門業者へ依頼するものとする。」旨の特約が定められていたとして，逆に，原状回復費用合計50万0745円の支払を求めると主張した事案において，本件のペット飼育に伴う消毒費用賃借人負担特約を有効と判断した上で，被告が主張する原状回復費用の各項目ごとにその必要性と負担者を検討し，5万9640円の範囲で賃借人に負担させるのが相当であると判断し，これを控除した35万7360円の敷金返還請求を認めた。

[7] 本設例の解答

　本設例では，原状回復に要する補修費・消毒料などを賃借人が負担する旨を定めた誓約書が取り交わされているが，賃借人が原状回復費用を負担することになる損耗の範囲が，この誓約書から明らかといえるか，又は当事者で明確に合意されていたかが検討されなければならない。

　仮に，誓約書に記載された特約が有効と認められる場合には，Xは，Yに対し，社会通念上通常のペット飼育を伴う使用をした場合に生ずる通常損耗の範囲内の汚損についても，原状回復費用が高額にすぎると評価されない限りは，賃借人に支払請求をすることができる。この原状回復費用が高額にすぎるか否かを判断するにあたっては，賃料の額・ペットの種類・ペット飼育承認特約の内容・賃貸借契約締結時に当事者双方が想定していた汚損の程度・建物のペット対策施工の有無などの要素が考慮されよう。

　本設例では，畳の下の床板のいたるところに糞尿のシミがつき，悪臭があまりにも酷かったのであるから，そもそも通常損耗の範囲を超えていると認められる可能性が高いであろう。そして，原状回復作業として床板の張り替え，畳の入れ替え，消臭などが想定されるが，これらの作業の必要性・相当性が認められ，その費用額が高額にすぎると判断されなければ，XはYに対して，これらの原状回復作業の費用を請求することができよう。

〔山崎　秀司〕

Q 25 請負代金請求——瑕疵担保責任

(1) Xは，Yから，Yの駐車場に設置されていた古いシャッターの撤去，新たなシャッターの設置を20万円で請け負い，新たなシャッターを設置して，Yに20万円を請求した。しかし，新たなシャッターについては，上下に開閉する動きに"引っかかり"があり，スムーズな開閉ができず，そのため，Yは，新たなシャッターの設置という仕事が未だ完成していないと主張している。Xの請求は認められるか。

(2) また，"引っかかり"はわずかでシャッターの開閉に支障はなく，"引っかかり"を直すためには，別の新たなシャッターに取り替える必要があるような場合はどうか。

(3) さらに，上記(1)の場合で，設置したシャッターはYが用意したものであり，"引っかかり"はYの用意したシャッターに原因がある場合はどうか。

[1] はじめに

　本問における小問(1)の場合，請負人Xが請け負った仕事を完成したとして請負代金請求を行った際に，注文者Yが仕事の瑕疵を指摘し，未だ完成していないと主張した場合であり，請負人は請負代金請求のためにどのような点を主張しなければならないか，特に，「仕事の完成」の主張が必要か，その意義はどのようなものかなどが問題となる（⇒[2]）。

　小問(2)と同(3)の場合は，一応完成した仕事に瑕疵があるときに，請負人はどのような責任を負うか，つまり，請負人の瑕疵担保責任（民634条ないし640条）が問題となる（⇒[3]）。

　以下，順次，検討していく。

[2] 請負人の請負代金請求

(1) 請負人の請負代金請求と「仕事の完成」

(a) 請負契約とは，請負人がある仕事の完成を約束し，注文者がその仕事の結果に対して請負人に報酬を与えることを約束することによって効力を生じる有償・双務・諾成契約である（民632条）。

請負契約には，本問における古いシャッターの撤去・新しいシャッターの設置工事のようなもののほか，建物建設工事請負契約，自動車の故障箇所修理契約，物品や旅客の運送契約，クリーニング契約などいろいろな種類のものがある。建設工事請負契約については，建設業法において契約書の作成が要求されているが（同法19条），契約書の作成は，民法上の請負契約の成立要件ではない。

簡易裁判所においては，仕事を完成させたのに，注文者が請負代金を支払わないとして，請負人が注文者に対して請負代金請求を行うという事件が比較的多く提起される[*1]。このような事件においては，注文者は，仕事には未完成部分（あるいは瑕疵）があり，未だ「仕事の完成」に至っておらず，請負代金請求は認められないなどと主張する場合が多い。そのため，このような事件において，請負代金請求権を行使するためには，「仕事の完成」の主張が必要か，また，「仕事の完成」はどのような段階に至ったときに，認められるかが問題となる。

> *1　少額な事件を多数処理することの多い簡易裁判所においては，建築請負における建物所有権の帰属といった著名な論点，すなわち，請負人が注文者の土地の上に注文住宅を建築したが，注文者が請負代金を支払わないので，請負人は請負代金を確保するため，建物所有権の保有を主張しうるかという論点が問題となるような事件は，あまり提起されない。

(b) 請負代金請求のための要件事実は，次のとおりである。

〔主たる請求〕
 (イ) 請負契約の成立
 (ロ) 仕事の完成

〔附帯請求〕
 (ハ) （引渡しを要する場合）目的物を引き渡したこと

（引渡しを要しない場合）履行遅滞の要件事実
㈡ 損害の発生及びその額
(c) 請負代金請求のための要件事実には，上記のように「仕事の完成」が必要になるが，それは次のような理由によるものと考える。すなわち，請負契約は，上記のように諾成契約とされており，注文者と請負人の意思の合致（合意）によって成立する。そして，請負人の請負代金請求権は請負契約成立時に発生するものと考えるべきであるが（大判昭5・10・28民集9巻1055頁参照），ただし，請負人の請負代金請求権の行使については，民法633条によって，原則上後払いとされている。つまり，「仕事の完成」が，請負代金支払に対して先履行とされているのであり，そのため，請負代金請求権の発生原因事実（請負契約の成立）を主張すると，請負代金は原則上後払いであり「仕事の完成」を先に履行しなければならないこと，すなわち，請負代金請求権に「仕事の完成」という先履行義務のあることが明らかになってしまう。そこで，請負代金請求権を行使するためには，権利の行使要件として，請求原因において「仕事の完成」という先履行義務を履行したことを，主張・立証しなければならなくなるわけである（岡口基一『要件事実マニュアル（第2巻・民法2）』〔第3版〕96頁）。

なお，請負代金請求権は，（請負契約成立時ではなく，）「仕事の完成」時に発生するという見解[*2]では，「仕事の完成」は，請負代金請求権の権利発生根拠事由として要件事実になる。

　　*2　この見解によれば，請負契約にとって，「仕事の完成」は契約目的そのものであり，本質的要素と考えられるから，請負契約に基づく請負代金請求権は，「仕事の完成」によって，かつ，その「仕事の完成」の時点で発生すると考えるべきであるとする（大江忠『要件事実民法(4)債権各論』〔第3版〕444頁）。

(d) そして，上記の請負における「仕事の完成」については，請負契約で予定された工程のうち最後の工程まで一応終了した場合を「仕事の完成」というものと考える。

(2) **本問の場合**
本問における小問(1)の場合，請負人Xは，注文者Yから，Yの駐車場に設置されていた古いシャッターの撤去と新たなシャッターの設置を請け負って，新たなシャッターの設置まで終了しており，本件請負工事で予定された工程のう

ち最後の工程まで一応終了したものと認められる。よって,「仕事の完成」に至っているものと解すべきである。

そこで,Xは最後の工程まで一応終了しているので,その時点での瑕疵については,一応完成した仕事に瑕疵があった場合として,瑕疵担保責任の問題として処理すべきである。

[3] 請負人の瑕疵担保責任（民634条ないし640条）

(1) 請負人の瑕疵担保責任について

請負人の瑕疵担保責任については,売買の場合の瑕疵担保責任と同様に,無過失責任とされている。しかし,請負の場合には,瑕疵のない仕事を完成することが請負契約上の請負人の義務になっており,よって,瑕疵があれば債務不履行（不完全履行）となり,そのため,請負人の瑕疵担保責任は,債務不履行の特則でもある。

請負人の瑕疵担保責任については,請負人に対する瑕疵修補請求権（民634条1項）が認められ,その他,売買の場合の瑕疵担保責任と同様に,解除権（民635条）と損害賠償請求権（民634条2項）が認められている。

このうち,瑕疵修補請求権を行使するには,「相当の期間」をおくことが必要である。請負人が瑕疵を修補するには相当の時間的余裕が必要であり,そのため,「相当の期間」をおくことが要請されるからである。そして,この「相当の期間」が経過するまでは,損害賠償請求権も行使しえないとしなければならない。なお,瑕疵が重要でなく,かつ,瑕疵の修補に過分の費用を要する場合には,瑕疵修補請求をなしえない（民634条1項但書）。この場合には,注文者は損害賠償請求をするしかない（民634条2項）。また,解除権は,瑕疵によって契約目的を達成できないときに行使しうる。ただし,土地の工作物の請負の場合には,瑕疵により契約目的を達成できないときにでも,解除をなしえない（民635条但書）。なぜならば,土地の工作物の場合には,請負人が負担しなければならない解除による原状回復（工作物の収去）費用が多額になることが多く,請負人に酷な事態となるからである。さらに,損害賠償請求権については,瑕疵の修補に代えて,又は修補とともに行使しうる（民634条2項）。そして,この損害賠償の支払と未払請負代金の支払は,同時履行の関係に立つことになる

(民634条2項後段)。

ところで，請負人の瑕疵担保責任の場合，売買の場合の瑕疵担保責任とは次の3点で違いがある。第1に，瑕疵は隠れた瑕疵に限定されない。第2に，解除権と損害賠償請求権に加えて，瑕疵修補請求権が認められている（民634条1項）。第3に，瑕疵が注文者の供給した材料の性質又は注文者の与えた指図に由来する場合には，瑕疵担保責任は適用されない（民636条本文）。ただし，請負人が材料の不適当なこと又は指図の不適当なことを知りながら，これを注文者に告げなかった場合には，請負人は瑕疵担保責任を負うことになる（民636条但書）。

(2) 本問の場合

(a) 請負の対象は，Yの駐車場に設置されているシャッターであり，上記の駐車場やシャッターの具体的な状況や形態は明らかではないが，本問の駐車場に設置されているシャッターは「土地の工作物」と考えられる。そして，本問における小問(1)の場合は，新たに設置されたシャッターにつき，上下に開閉する動きに"引っかかり"があり，スムーズな開閉ができないというのであるから，瑕疵がある場合である。そのため，Yは契約の解除はできないが（民635条但書），瑕疵の修補請求とそれとともに損害賠償請求を，あるいは瑕疵の修補請求に代えて損害賠償請求を行うことができる（民634条2項）。

(b) 小問(2)の場合　この場合は，上記の"引っかかり"はわずかであり，シャッターの開閉に支障はなく，"引っかかり"を直すためには，別の新たなシャッターに取り替える必要があるという場合である。この場合は，瑕疵が重要でなく，かつ，その修補に過分の費用を要する場合に該当するものと解せられ，したがって，この場合には瑕疵修補請求は認められないことになる（民634条1項但書）。そのため，Yは，Xに対して，瑕疵担保責任の追及として損害賠償請求をなしうるにすぎない（民634条2項）。

(c) 小問(3)の場合　この場合は，新たに設置されたシャッターにつき，上下に開閉する動きに"引っかかり"があり，スムーズな開閉ができない場合であるが，設置したシャッターはYが用意したものであり，"引っかかり"はYの用意したシャッターに原因がある場合である。この場合は，瑕疵が注文者の供給した材料の性質に由来する場合に該当し，よって，Xは瑕疵担保責任を負

わないことになる（民636条本文）。ただし，Xが材料の不適当なことを知りながら，これをYに告げなかった場合には，Xは瑕疵担保責任を負うことになる（民636条但書）。

〔井手　良彦〕

Q 26

最高裁平成18年1月13日判決を踏まえた期限の利益喪失特約下におけるみなし弁済の成否

　Xは，貸金業者Y株式会社との間の金銭消費貸借契約に基づいてした弁済について，平成18年法律第115号による改正前の利息制限法1条1項所定の利息の制限額を超えて利息として支払われた部分を元本に充当すると過払金が発生しており，かつ，Y社は過払金の取得が法律上の原因を欠くものであることを知っていたとして，Y社に対し，不当利得返還請求権に基づいて，過払金の返還と利息の支払を求める訴えを提起した。これに対して，Y社は，Xの返済については平成18年法律第115号による改正前の貸金業の規制等に関する法律（以下「旧貸金業法」という）43条1項の規定（みなし弁済）が適用されると主張した。下記事実関係の下，XがY社に対し，利息の制限額を超える金銭を支払っていた場合，その制限超過部分の支払は旧貸金業法43条1項所定の「利息として任意に支払った」といえるかについて説明しなさい。

［事実関係］

　①X・Y社間の金銭消費貸借契約は，最高裁平成18年1月13日判決言渡日以後に締結されたものである。②その契約書面には，「各返済日の元本又は利息制限法(注)所定の制限利息の支払を遅滞したときは，催告を要せずして債務者（X）は期限の利益を失い，直ちに元利金を一括して支払う」との特約がある。その一方で，「弁済金は，約定利息・損害金・元本の順に充当する」との特約がある。なお，Y社は，Xに対し，支払期日における約定元本の額と約定利息の額のみが記載された償還表を交付している。

　（注）上記②でいう利息制限法とは，平成18年法律第115号による改正前のものである。

[1] はじめに

　旧貸金業法43条1項は，利息制限法の特則として，貸金業者が業として行う金銭消費貸借上の利息の契約に基づく支払につき，①債務者が利息制限法1条1項所定の利息の制限額（以下「利息の制限額」という）を超える額の金銭を利息として支払ったこと，②貸金業者が，債務者に対し，契約締結時に遅滞なく17条書面を交付したこと，③貸金業者が，債務者に対し，弁済の都度直ちに18条書面を交付したことという要件を満たした場合に限って，利息の制限額を超える部分（以下「制限超過部分」という）の支払を有効な債務の弁済とみなすこととしている。要件①は債務者の主観的要件，要件②，③は貸金業者に課された手続的要件である。

　ところで，貸金業者と債務者との間で行われる継続的な金銭消費貸借取引においては，債務者は，約定の元本と制限超過部分を含む約定利息を分割弁済することを定め，各回の約定どおりの分割弁済をしなかったときは，当然に期限の利益を喪失し，貸金業者に残元本全額及び既経過利息を直ちに一括して支払うとの内容の特約（以下「期限の利益喪失特約」という）が付されているのが普通であるが，期限の利益喪失特約の下，債務者が，利息として制限超過部分を支払った場合に，債務者が制限超過部分を任意に支払ったといえるか否かが問題となる。最〔2小〕判平16・2・20（民集58巻2号475頁・判タ1147号101頁・判時1853号32頁）における滝井繁男裁判官の補足意見において，「このような条項（著者注：「期限の利益喪失特約」を指す）を含む取引においては，約定に従って利息の支払がされた場合であっても，その支払は，その支払がなければ当初の契約において定められた期限の利益を失い，遅延損害金を支払わなければならないという不利益を避けるためにされたものであって，債務者が自己の自由な意思に従ってしたものということはできない。このような期限の利益喪失条項は，当事者間の合意に基づくものではあるが，そのような条項に服さなければ借り入れることができない以上，利息制限法の趣旨に照らして，この約定に基づく支払を任意の支払ということはできないものというべきである。」との見解が示されていたが，法廷意見が判断を示していなかったところ，最〔2小〕判平18・1・13（民集60巻1号1頁・判タ1205号99頁・判時1926号17頁）は，支払の

任意性を明確に否定する判断を示し、その後の最〔1小〕判平18・1・19（裁判集民事219号31頁・判タ1205号99頁・判時1926号17頁）及び最〔3小〕判平18・1・24（裁判集民事219号243頁・判タ1205号85頁・判時1926号28頁）においても同様の判断が示された。

［2］ 旧貸金業法43条1項のみなし弁済における支払の任意性

(1) 支払の任意性

旧貸金業法43条1項にいう「任意に支払った」とは、債務者が利息の契約に基づく利息の支払に充当されることを認識した上、自己の自由な意思によって支払ったことをいい、債務者において、その支払った金銭の額が利息の制限額を超えていること、あるいは、超過部分の契約が無効であることまで認識していることを要しないとされている（認識不要説。最〔2小〕判平2・1・22（民集44巻1号332頁・判タ736号105頁・判時1349号58頁））。前掲最〔2小〕判平18・1・13ほかは、それを前提として、旧貸金業法43条1項は、利息制限法1条1項の例外として制限超過部分の支払を有効な利息の債務の弁済とみなすこととしているのであるから、旧貸金業法43条1項の適用要件については、厳格に解すべきものであり（最〔2小〕判平16・2・20（民集58巻2号380頁・判タ1147号107頁・判時1853号28頁）、最〔2小〕判平16・2・20（民集58巻2号475頁・判タ1147号101頁、判時1853号32頁）。なお、この判決は、旧貸金業法17条所定の書面及び18条の書面の交付の要件について厳格に解釈すべきである旨を明らかにしたものである）、支払の任意性の要件についても、債務者が制限超過部分を支払うにつき、何ら強制を受けていないということを厳格に要求すべきであり、債務者が、制限超過部分を支払うにつき、事実上にせよ何らかの強制を受けた場合には、制限超過部分を自己の自由な意思によって支払ったものということはできず、みなし弁済規定の適用要件を欠くと判示した。

(2) 制限超過部分に関する期限の利益喪失特約の効力

期限の利益喪失特約の下でされた制限超過部分の支払の任意性の問題の前提として、期限の利益喪失特約の効力が問題となる。旧貸金業法43条1項が適用されることを前提として、約定利息の不払を条件とした期限の利益喪失特約を定めることも可能であり、期限の利益喪失特約の文言どおり、約定の元本

及び約定利息の支払を怠れば期限の利益を喪失するとする全部有効説，期限の利益喪失特約は，制限超過部分については無効であり，債務者は支払期日に約定の元本及び利息の制限額の支払を怠ったときに期限の利益を喪失し，約定の元本及び利息の制限額を支払っていれば，制限超過部分の支払を怠っても，期限の利益を喪失しないと限定的に解釈すべきであるとする一部無効説，期限の利益喪失特約は全部無効であるとする全部無効説に分かれていた。

　前掲最〔2小〕判平18・1・13ほかは，期限の利益喪失特約が文言どおりの効力を有するとすると，債務者は，支払期日に制限超過部分を含む約定利息の支払を怠った場合には，期限の利益を当然に喪失することになるが，このような結果は，債務者に対し，期限の利益を喪失する等の不利益を避けるため，法律上支払義務のない制限超過部分の支払を強制することになり，利息制限法1条1項の趣旨に反し，債務者にとって不当な不利益を強いることになるとして，期限の利益喪失特約のうち，債務者が支払期日に制限超過部分の支払を怠った場合に期限の利益を喪失するとする部分は，利息制限法1条1項の趣旨に反して無効であり，債務者は，支払期日に約定の元本及び利息の制限額を支払いさえすれば，制限超過部分の支払を怠ったとしても，期限の利益を喪失することはなく，支払期日に約定の元本又は利息の制限額の支払を怠った場合に限り，期限の利益を喪失するものと解するのが相当であるとして一部無効説を採用する旨を判示した。

(3) 期限の利益喪失特約の下での制限超過部分の支払の任意性の有無

　(a)　期限の利益喪失特約が存在しても，債務者は，支払期日に約定の元本及び利息の制限額を支払いさえすれば，期限の利益を喪失することはないが，そのような一部無効となる期限の利益喪失特約の下，債務者が，利息として制限超過部分を支払った場合に，債務者が制限超過部分を任意に支払ったといえるか否かが問題となる。この点につき，前掲最〔2小〕判平18・1・13ほかは，期限の利益喪失特約は，法律上は一部無効であって，制限超過部分の支払を怠ったとしても期限の利益を喪失することはないけれども，特約の存在は，通常，債務者に対し，支払期日に約定の元本とともに制限超過部分を含む約定利息を支払わない限り，期限の利益を喪失し，残元本全額を直ちに一括して支払い，これに対する遅延損害金を支払うべき義務を負うことになるとの誤解を与え，

その結果，このような不利益を回避するために，制限超過部分を支払うことを債務者に事実上強制することになるものというべきであるから，期限の利益喪失特約の下で，債務者が，利息として，利息の制限額を超える額の金銭を支払った場合には，上記のような誤解が生じなかったといえるような特段の事情のない限り，債務者が自己の自由な意思によって制限超過部分を支払ったものということはできないと解するのが相当であると判示し，任意性が否定されることを明らかにした。その立論構成は，①期限の利益喪失特約の一部無効により，制限超過部分の支払を怠ったとしても，期限の利益を喪失することはない。②けれども特約の存在は通常，債務者に対して支払期日に約定の元本とともに制限超過部分を含む約定利息を支払わない限り，期限の利益を喪失し，残元本全額を直ちに一括して支払い，これに対する遅延損害金を支払うべき義務を負うことになるとの誤解を与える。③このような不利益を回避するために，制限超過部分を支払うことを債務者に事実上強制することになる。④こうした誤解が生じなかったといえる特段の事情がない限り，債務者が自己の意思によって制限超過部分を支払ったものということはできないというものである（品谷篤哉「いわゆるグレーゾーン金利と期限の利益喪失特約――3件の最高裁判決――(1)，(2・完)」民事法情報238号2頁・239号12頁）。

（b）なお，前掲最〔3小〕判平18・1・24には，上田豊三裁判官の「期限の利益喪失特約がある場合に債務者が約定利息を支払う動機には様々なものがあり，約定利息を支払わなければ期限の利益を失い，残元本全額と経過利息を直ちに一括して支払わなければならなくなると認識し，そのような不利益を回避するためにやむなく支払うという場合もあろうと思われ，この場合には，期限の利益喪失特約が約定利息の支払に対する心理的強制を債務者に及ぼしていることは否定することができないが，このような心理的強制は，詐欺や強迫あるいは旧貸金業法21条で禁止している債権者等の取立行為と同視することのできる程度の違法不当な心理的圧迫を債務者に加え，あるいは違法不当に支払を強要するものとは評価することができないから，なお債務者の『自由』な意思に基づく支払というべきであり，期限の利益喪失特約があるというだけで制限超過部分の支払の任意性を否定することはできないのではないかと思われる。」との意見が付されているように，ある程度の心理的強制による支払でも，

なお自由な意思による支払といえるとする見解もある。これに対し，前掲最〔1小〕判平18・1・19は，旧貸金業法43条1項の適用にあたっては，「制限超過部分の支払の任意性の要件は，明確に認められることが必要である。法（著者注：旧貸金業法）21条1項に規定された行為は，貸金業者として最低限度行ってはならない態様の取立て行為を罰則により禁止したものであって，貸金業者が同項に違反していないからといって，それだけで直ちに債務者がした制限超過部分の支払の任意性が認められるものではない。」と判示している。

(4) 特段の事情

(a) 主張立証責任　旧貸金業法43条1項の適用要件については，貸金業者に主張立証責任があることから，前掲最〔2小〕判平18・1・13ほかのいう「上記のような誤解が生じなかったといえるような特段の事情」の存在については，貸金業者に主張立証責任がある。

(b) 特段の事情にあたる例　前掲最〔2小〕判平18・1・13ほかは，どのような場合が「上記のような誤解が生じなかったといえるような特段の事情」にあたるかについて具体的に例示していないが，前掲最〔2小〕判平18・1・13ほかが債務者の期限の利益喪失特約の効力に関する誤解を問題にしているのは，債務者が制限超過部分を支払わないと期限の利益喪失という不利益を課されると誤解することこそが，期限の利益喪失特約が債務者に対して制限超過部分の支払を事実上強制するという効果を発揮する源である。したがって，債務者が，期限の利益喪失特約が存在しても，支払期日に約定の元本及び利息の制限額を支払いさえすれば期限の利益を喪失することはないことを十分に理解しているような場合には，期限の利益喪失特約は，債務者に対して制限超過部分の支払を事実上強制するという効果を及ぼさないと考えられると解説されている（三木素子「最高裁第二小法廷平18・1・13判決解説」法曹会編『最高裁判所判例解説（民事篇）平成18年度［上］』1頁以下参照）。また，貸金業者は，債務者が元本と利息の制限額だけを支払えば，期限の利益を喪失することはないとわかっていたことを基礎づける具体的な事実を主張立証する必要がある。具体的には，債務者が利息制限法の限度額を知っていたというだけでは，その支払の要否についてまで知っていたとはいえないから，十分ではなく，業者が債務者に対して，その旨を十分に説明したことなどを主張立証しなければならないであろう。し

かも，債務者にすれば元金と利息の制限額としていくら支払えばよいのか，その額が具体的にわからなければ，期限の利益を喪失するとの懸念から，制限超過部分についても支払わざるを得なくなるし，債務者自身で正確な計算を行うことは通常困難であるから，これを避けるには，業者が，債務者に対して，毎回，支払期日に支払うべき元金の額とこれに対する制限内の利息額とを明確に知らせていることが必要であろうともいわれている（須藤典明「利息制限法による制限超過利息の支払遅延を理由とする期限の利益喪失特約の効力と貸金業法43条1項によるみなし弁済のための支払いの任意性の有無—最二判平成18・1・13—」金判1232号2頁）。

(c) 特段の事情の認定　特段の事情の認定については，裁判所は，期限の利益喪失特約の下では，債務者は，制限超過部分を支払わないと期限の利益を喪失し，残元本を一括して支払わなければならなくなると誤解するのが通常であることを前提とした上で，例えば，17条書面等の文言が誤解を招くおそれのない書きぶりになっており，貸金業者が債務者に対して誤解を生じさせないように十分な説明をしたなどの外形的事実の主張立証に基づいて，債務者が制限超過部分の支払を怠ったとしても期限の利益を喪失することはないことを十分に理解していたかどうかという債務者の主観的事情を認定（推認）するという方法によることになる（三木・前掲）。この点につき，前掲最〔1小〕判平18・1・19は，「債務者が制限超過部分を自己の自由な意思によって支払ったか否かは，金銭消費貸借契約証書や貸付契約説明書の文言，契約締結及び督促の際の貸金業者の債務者に対する説明内容などの具体的事情に基づき，総合的に判断されるべきである。」と判示している。

(5) **期限の利益喪失特約についての17条書面の記載事項**

前掲最〔2小〕判平18・1・13ほかを受けて，平成18年内閣府令第39号（平成18年4月11日公布）により，貸金業法施行規則13条1項1号ヌが「期限の利益の喪失の定めがあるときは，その旨及びその内容（旧利息制限法（著者注：昭和29年法律第100号）第1条第1項に規定する利率を超えない範囲においてのみ効力を有する旨を含む。）」と改められ（括弧書き部分が追加された），貸付けに係る契約に期限の利益喪失特約が付されている場合，貸金業者に対し，17条書面として交付する書面に，同特約は利息制限法1条1項所定の制限利率を超えない範囲においてのみ効力を有する旨記載することを義務づけることを内容とする改正が行われた

(平成18年7月1日施行)。したがって，同施行後は，期限の利益喪失特約に関し，前掲最〔2小〕判平18・1・13ほかにおける事案のような記載では17条書面の記載要件を満たさないことになる。

[3] 設問について

(1) 利息制限法所定の制限利息の支払を遅滞したときは期限の利益を喪失する旨の特約と支払の任意性

設問における期限の利益喪失特約(以下「本件期限の利益喪失特約」という)においては，各返済日の元本又は利息制限法所定の制限利息の支払を遅滞したときに期限の利益を喪失する旨が明記されているのであるから，制限超過部分を含む約定利息の支払が遅滞したとしても，期限の利益を喪失するわけではないことが明らかになっているということができ，約定利息の額のみが記載された償還表が交付されているという事情を考慮したとしても，本件期限の利益喪失特約が，制限超過部分を含む約定利息を支払わなければ期限の利益を喪失するという誤解をもたらすということはできない。また，「弁済金は，約定利息・損害金・元本の順に充当する」との特約(以下「弁済充当特約」という)は，弁済が行われた後の処理についての定めをしているのにとどまるのであるから，弁済充当特約が存在することによって利息制限法の制限を超過する利息の支払が強制されることになるものではなく，制限超過部分の支払は旧貸金業法43条1項所定の「利息として任意に支払った」といえるかのようである。

(2) 具体的事情に基づく総合的な判断による支払の任意性の有無

しかし，旧貸金業法43条1項の規定の適用範囲については，厳格に解すべきであり(前掲2件の最〔2小〕判平16・2・20参照)，支払の任意性の要件についても，債務者が制限超過部分を支払うについて，何ら強制を受けていないということを厳格に要求すべきであり，債務者が事実上にせよ強制を受けて利息の制限額を超える額の金銭の支払をした場合には，制限超過部分を自己の自由な意思によって支払ったものということはできず，旧貸金業法43条1項の規定の適用要件を欠くことになる(前掲最〔2小〕判平18・1・13参照)。超過利息部分を自己の自由な意思によって支払ったか否かは，金銭消費貸借契約証書や貸付契約説明書の文言，契約締結及び督促の際の貸金業者の債務者に対する説明内

容などの具体的事情に基づいて，総合的に判断すべきことになる（前掲最〔1小〕判平18・1・19参照）。

　設問においては，本件期限の利益喪失特約のほか，弁済充当特約があり，支払期日における約定利息の額のみが記載された（すなわち，利息の制限額の記載はない）償還表が交付されているのであるから，本件期限の利益喪失特約の下における支払の任意性については，弁済充当特約及び償還表の記載などの具体的事情に基づいて，総合的に判断しなければならない。そうすると，法律専門家でないXに，弁済充当特約及び償還表の記載にもかかわらず，支払期日に約定の元本と利息の制限額を支払いさえすれば，約定利息の支払を怠ったとしても，期限の利益を喪失することはなく，支払期日に約定の元本と利息の制限額の支払を怠った場合に限って期限の利益を喪失するものと誤解なく解釈することを求めるのは困難である。かえって，支払期日に約定元本と利息の制限額の合計額を支払ったとしても，弁済充当特約が適用され，弁済金がまず約定利息に充当される結果，弁済額のうち利息の制限額を超える約定利息に充当された額だけ元本の弁済額が少なくなり，本件期限の利益喪失特約が適用されて期限の利益を喪失し，残元本全額を直ちに一括して支払う義務を負うことになるとの誤解を与えるものとなっており，不利益を回避するために，制限超過部分を支払うことをXに事実上強制することになるというべきである。したがって，本件期限の利益喪失特約とともに弁済充当特約があり，償還表が交付されたという設問の事実関係の下において，Xが，利息として制限超過部分の金銭を支払った場合には，上記のような誤解を生じなかったといえるような特段の事情のない限り，Xが自己の自由な意思によって制限超過部分を支払ったということはできない。設問においては，弁済充当特約があり償還表が交付されたにもかかわらず，Y社からXに対し，支払期日に約定元本額と利息の制限額の合計額を支払いさえすれば，本件期限の利益喪失特約により期限の利益を失うものではない旨の説明までがされたという事実は認められないのであるから，特段の事情があるとはいえず，制限超過部分の支払は旧貸金業法43条1項所定の「利息として任意に支払った」とはいえないことになる（東京高判平22・6・30（判時2090号25頁参照））。

〔増田　輝夫〕

Q 27　悪意の受益者

過払金返還請求訴訟において，貸金業者が悪意の受益者と認められるのはどのような場合かについて説明しなさい。また，貸金業者が悪意の受益者と認められる場合，原告訴訟代理人の弁護士費用が，民法704条後段の損害にあたるかについても説明しなさい。

[1]　過払金返還請求訴訟において，貸金業者が悪意の受益者と認められるのはどのような場合か

(1)　悪意の受益者の推定

　悪意の受益者（民704条）とは，法律上の原因がないことを知りながら利得した者をいう。過払金返還請求訴訟では，原告（借主）が，被告（貸金業者）は過払金の受領について悪意の受益者に該当すると主張するのに対し，被告（貸金業者）は，貸金業法（平成18年法律第115号による改正前のもの。以下同じ）43条1項のみなし弁済の適用がないとしても，各弁済金受領の時点では同項の適用があると信じていたから，法律上の原因がないことの認識はなく，悪意の受益者に該当しないと主張してこれを争う。

　貸金業法43条1項の適用の可否に関する認識と悪意の受益者性との関係について，「民法704条にいう『悪意』とは，法的に不当利得の返還義務を負っていることを認識していることを意味するものであり，貸金業者において貸金業法43条1項が適用される可能性があることを認識している場合には上記の認識があるとはいえない。」とする見解がある（東京高判平17・7・27判タ1252号115頁）。しかし，貸金業法43条1項の適用要件の解釈について見解の対立があり，最高裁の判断が示されておらず下級審裁判例の見解も分かれている状況の下で，貸金業者が貸金業法43条1項の適用の可能性があると認識していたとしても，同時に，訴訟になれば，裁判所により貸金業法43条1項の適用がないと判断される可能性も十分認識していたものと考えられる。このことからす

ると，貸金業者において貸金業法43条1項が適用される可能性があると認識していたとしても，いかなる事実関係の下で，いかなる根拠，資料に基づいて，そのような認識を有するに至ったかが問われるべきであり，貸金業者が貸金業法43条1項が適用される可能性があるとの認識を有していることをもって直ちに，貸金業者に法律上の原因がないことの認識がないと認めることは相当ではない。

この点について，最高裁は，「貸金業者が利息制限法所定の利息の制限額を超えて利息として支払われた部分（以下「制限超過部分」という。）を利息の債務の弁済として受領したが，その受領につき，貸金業法43条1項の適用が認められないときは，当該貸金業者は，同項の適用があるとの認識を有しており，かつ，そのような認識を有するに至ったことがやむを得ないといえる特段の事情（以下「特段の事情」という。）がある場合でない限り，法律上の原因がないことを知りながら過払金を取得した者，すなわち，民法704条の『悪意の受益者』であると推定されるものというべきである。」旨の判断を示した（最〔2小〕判平19・7・13（平17（受）1970号，平18（受）276号）判タ1252号110頁）。

同判決からすると，貸金業者は，貸金業法43条1項の適用があると認識していた場合でも，特段の事情があることを立証しない限り，悪意の受益者と認定されることになる。

(2) 特段の事情

特段の事情の有無について最高裁は，これまで，①貸金業法17条1項に規定する書面（以下「17条書面」という）の記載要件を充足しない場合，②貸金業法18条1項に規定する書面（以下「18条書面」という）の交付要件を充足しない場合，③任意性の要件を充足しない場合について判断を示している。

(a) 17条書面の記載要件を充足しない場合（最〔1小〕判平23・12・1判タ1364号72頁）

(イ) 事案の概要　17条書面の記載事項について，貸金業法17条1項6号は「返済期間及び返済回数」を，貸金業法施行規則13条1項1号チは各回の「返済金額」等を記載すべき旨を定めているが，リボルビング方式の貸付けの場合，借主が，借入限度額の範囲内で借入れを繰り返すことができることや最低返済額を超える金額であれば，返済の都度，返済額を自由に決められること

等から，個々の貸付の際，貸金業者が17条書面に確定的な「返済期間及び返済回数」や各回の「返済金額」を記載することは不可能である。このような事情の下で，貸金業者が，平成16年9月まで，「返済期間及び返済回数」や各回の「返済金額」等の記載に代えて，次回の最低返済額とその返済期日を記載していた場合に，特段の事情があると認められるかが争われた。

なお，最〔1小〕判平17・12・15民集59巻10号2899頁（以下「平成17年判決」という）は，「当該貸付けに係る契約の性質上，貸金業法17条1項所定の事項のうち，確定的な記載が不可能な事項があったとしても，貸金業者はその事項の記載義務を免れるものではなく，当該事項に準じた事項を記載すべき義務がある。貸金業者が，リボルビング方式の貸付けをした場合，個々の貸付けの時点における残元利金について，最低返済額を毎月の返済日に返済する場合の返済期間，返済金額等の記載をすることは可能であるから，貸金業者は，これを確定的な『返済期間及び返済回数』及び各回の『返済金額』の記載に準ずるものとして，17条書面に記載すべき義務があったというべきであり，同記載がない場合は貸金業法43条1項の適用要件を欠く。」旨の判断を示している。

(ロ) 原審の判断　原審は，平成17年判決が言い渡されるまでは，リボルビング方式の貸付けの場合の17条書面の記載事項について下級審の裁判例が分かれており，次回の最低返済額とその返済期日を記載されていれば足りるとする裁判例も相当程度存在し，監督官庁が貸金業法17条1項各号に掲げる事項のうち特定し得る事項のみを記載すれば足りると読むこともできる通達を出していたという事情からすれば，同判決が言い渡されるまでは，貸金業者において，リボルビング方式の貸付けにつき17条書面に確定的な返済期間，返済金額等の記載に準ずる記載がないことから直ちに貸金業法43条1項の要件が否定されるものではないとの認識を有していてもやむを得ないとして，特段の事情があるとの判断をした。

(ハ) 最高裁の判断　これに対し，前掲最〔1小〕判平23・12・1は，①リボルビング方式の貸付けがなされた場合においても，個々の貸付けの時点での残元利金について，最低返済額を毎月の返済日に返済する場合の返済期間，返済金額等の記載（以下「確定的な返済期間等の記載に準ずる記載」という）をすることは可能であり，平成17年判決の言渡し日以前であっても，貸金業者において，

これらの記載をすることが，貸金業法17条1項等の趣旨・目的に沿うものであることは認識できたこと，②平成17年判決が言い渡される前，リボルビング方式の貸付けについて，下級審の裁判例や学説において，「確定的な返済期間等の記載に準ずる記載」をしなくても貸金業法43条1項の適用があるとの見解を採用するものが多数を占めていたとはいえず，上記見解が貸金業法の立法に関与したものによって明確に示されていたわけでもないとの理由から，17条書面に確定的な返済期間等の記載に準ずる記載がない場合，特段の事情があるということはできない旨判示した。

なお，前記最高裁判決の事案は，平成16年10月以降は，貸金業者において，「確定的な返済期間，返済金額等の記載に準ずる記載」をしていた事案であるが，同判決は，同記載を開始する以前から過払状態であったことから，それ以降になされた制限超過部分の支払についても貸金業法43条1項の要件を充足する余地はなく，貸金業者がそれまでの過払金の取得につき悪意である以上，同記載開始後の過払金の取得についても悪意の受益者である旨判示している。

 (b) 18条書面の交付要件を充足しない場合（最〔2小〕判平19・7・13（平18（受）276号）判タ1252号110頁）

 (イ) 事案の概要　　最〔1小〕判平11・1・21民集53巻1号98頁（以下「平成11年判決」という）は，貸金業法43条1項が適用されるためには，債務者の利息の支払が貸金業者の預金又は貯金の口座に対する払込みによってなされた場合であっても，特段の事情のない限り，貸金業者は同振込みを受けたことを確認した都度，直ちに18条書面を交付しなければならない旨判示しているところ，同判決以後，貸金業者が，預金口座に制限超過部分の払込みを受けたにもかかわらず，18条書面を交付していないことから貸金業法43条1項の適用を受けられない場合において，各貸付けの都度，債務者に対し，約定の各回の返済期日，各回の返済金額及びその元本・利息の内訳並びに融資残額を記載した償還表（以下「償還表」という）を交付していれば，特段の事情があると認められるかが争われた。

 (ロ) 原審の判断　　原審は，平成11年判決の前はもとより，最〔2小〕判平16・2・20民集58巻2号380頁までは，18条書面の交付がなくても他の方法で元金・利息の内訳などを債務者に了知させているなどの場合には貸金業法43

条1項が適用されるという見解も主張され，これに基づく貸金業者の取扱いも少なからず見られたことから，「悪意の受益者」の推定は妨げられる旨の判断をした。

(ハ) 最高裁の判断　これに対し，前記最〔2小〕判平19・7・13は，貸付けの都度，約定の各回の返済期日及び返済金額等が記載された償還表が借主に交付されていても，実際に償還表に記載されたとおりの弁済がされるとは限らないし，弁済金が償還表に記載されたとおりに利息，元金等に充当されるとも限らないことから，平成11年判決からすれば，償還表が交付されていても，さらに18条書面の交付が必要であることは明らかであるとし，「少なくとも，平成11年判決以後において，貸金業者が，事前に債務者に上記償還表を交付していれば18条書面を交付しなくても貸金業法43条1項の適用があるとの認識を有するに至ったことについてやむを得ないといえる特段の事情があるというためには，平成11年判決以後，上記認識に一致する解釈を示す裁判例が相当数あったとか，上記認識に一致する解釈を示す学説が有力であったというような合理的根拠があって上記認識を有するに至ったことが必要であり，上記認識に一致する見解があったというだけで上記特段の事情があると解することはできない。」旨判示した。

(c) 任意性の要件を充足しない場合（最〔2小〕判平21・7・10民集63巻6号1170頁）

(イ) 事案の概要　最〔2小〕判平18・1・13民集60巻1号1頁（以下「平成18年判決」という）は，期限の利益喪失特約の下での制限超過部分の支払（以下「期限の利益喪失特約下の支払」という）について，原則として，「債務者が利息として任意に支払った」ということはできない旨判示しているところ，同判決の言渡し日以前における期限の利益喪失特約下の支払について，貸金業者が貸金業法43条1項の適用があるものとしてこれを受領した場合，特段の事情があると認められるかが争われた。

(ロ) 原審の判断　原審は，平成18年判決は，それまで下級審において判断が分かれていた期限の利益喪失特約下の支払の任意性について最高裁判所として示した初めての判断であって，その言渡し以前において，上記支払が任意性を欠くものではないとの解釈が最高裁判所の判例により裏づけられていたわ

(ハ) 最高裁の判断　これに対し，最〔2小〕判平21・7・10は，「平成18年判決が言い渡されるまでは，期限の利益喪失特約下の支払について，債務者が利息として任意に支払ったということはできない旨を示した最高裁判所の判例はなく，また，下級審の裁判例や学説の大多数は，期限の利益喪失特約下の支払というだけではその支払の任意性を否定することはできないとの見解に立っていた。このような事情の下では，平成18年判決が言い渡されるまでは，貸金業者において，期限の利益喪失特約下の支払であることから直ちに同項の適用が否定されるものではないとの認識を有するに至ったことについて特段の事情があると認めるのが相当である。」旨判示した。

　なお，同判決は，前記について特段の事情があると認められる場合においても，任意性以外の貸金業法43条1項の適用要件の充足の有無，充足していない適用要件がある場合は，その適用要件との関係で貸金業者が悪意の受益者と推定されるか否か等について検討しなければ，貸金業者が悪意の受益者であるか否かについて判断できないとしている。

(3) まとめ

　以上の最高裁判例からすると，過払金返還請求訴訟において，貸金業者が悪意の受益者に該当するか否かを判断する場合，①貸金業法43条1項の17条書面，18条書面，任意性等の各適用要件について，その充足の有無を検討し，②充足していない適用要件がある場合において，充足していない適用要件ごとに，特段の事情の有無を検討し，充足していないすべての適用要件との関係で特段の事情があると認められない限り，悪意の受益者と認定されることになる。

　また，特段の事情の有無については，当該取引に係る具体的事実関係を前提に貸金業法43条1項の適用要件を充足していない事情，理由等を検討し，当時の裁判例や学説の状況等に鑑みて，貸金業者が同項の適用があるとの認識を有するに至ったことについて，合理的根拠がある場合に限り，特段の事情があると認められることになると考えられる。

[2] 貸金業者が悪意の受益者と認められる場合，原告訴訟代理人の弁護士費用が，民法704条後段の損害にあたるか

(1) 民法704条後段の趣旨

民法704条後段の趣旨については，不当利得制度を支える公平の原則から悪意の受益者に対しての責任を加重した特別の責任を定めたものとする見解（特別責任説）と悪意の受益者が不法行為の要件を充足する限りにおいて，不法行為責任を負うことを注意的に規定したにすぎないとする見解（不法行為責任説）がある。前者の見解からは，民法704条後段の損害の範囲は不当利得と相当因果関係のあるすべての損害であり，原告訴訟代理人の弁護士費用も不当利得と相当因果関係があると認められる範囲で同損害に該当することになる。

(2) 最〔2小〕判平21・11・9（判タ1313号112頁）

これに対し，最〔2小〕判平21・11・9は，不当利得制度は，法律上の原因ないし正当な理由を欠く財産的利得について，公平の観念に基づいて受益者にその利得の返還義務を負担させる制度であり，被害者が被った不利益を補てんし不法行為がなかったときの状態に回復させることを目的とする不法行為に基づく損害賠償制度とは趣旨が異なるから，不当利得制度の下において，受益者の受けた利益を超えて損失者の被った損害まで賠償させることは同制度の趣旨とするところとは解し難いとして，後者の見解を採用している。同判例からすれば，過払金返還訴訟の原告が弁護士費用を請求する場合，貸金業者の行為が不法行為の要件を充足し，弁護士費用がそれと相当因果関係のある損害であることを主張，立証する必要があることになる。

〔野藤　直文〕

Q 28

悪意の受益性を覆す特段の事情の考慮事情

　Xの貸金業者Y株式会社に対する過払金返還請求訴訟において，XはY社が悪意の受益者であると主張しているところ，Y社は，平成18年法律第115号による改正前の貸金業の規制等に関する法律（以下「旧貸金業法」という）43条1項（みなし弁済）の適用があるとの認識を有しており，かつ，そのような認識を有するに至ったことについてやむを得ないといえる特段の事情があったとして，これを立証するため，サンプル書面として当該Xのものではなく一般にその当時このような17条書面及び18条書面（旧貸金業法17条及び18条所定の書面）の交付をしていたとして，ATM伝票（領収書兼取引明細書）を提出した。裁判所は，このATM伝票をもって，上記特段の事情の存在を認めることができるかについて説明しなさい。

　なお，17条書面及び18条書面として復元書面（コンピュータの中のデータを復元したもの）を提出した場合やジャーナルを提出した場合にはどうなるかについても説明しなさい。

[1] ATM伝票（領収書兼取引明細書）のサンプルを提出した場合

(1) 特段の事情の立証

　民法704条は，悪意の受益者は受けた利益に利息を付して返還しなければならない旨定めているが，同規定は受益者が悪意の場合の特則であるから，本来，受益者が悪意であることの主張，立証責任は請求者にある。しかし，最高裁は，「貸金業者が利息制限法1条1項所定の利息の制限額を超えて支払われた部分（以下「制限超過部分」という。）を利息債務の弁済として受領したが，その受領について旧貸金業法43条1項の適用が認められないときは，当該貸金業者は，同項の適用があるとの認識を有しており，かつ，そのような認識を有するに至ったことがやむを得ないといえる特段の事情（以下「特段の事情」という。）があ

る場合でない限り，民法704条の悪意の受益者であると推定される。」旨判示した（最〔2小〕判平19・7・13民集61巻5号1980頁）。同判例によれば，前記場合において，貸金業者が悪意の受益者性を争うためには，貸金業者において，特段の事情があることを主張，立証して前記推定を覆す必要があることになる。

(2) ATM伝票（領収書兼取引明細書）のサンプルによる立証

　ATM伝票（領収書兼取引明細書）のサンプルは，貸金業者が，一般的にその当時，このような17条書面及び18条書面を交付して金銭消費貸借取引をしていたとの事実について一定の証明力を有するといえるが，当該借主に17条書面や18条書面を交付したことや貸金業者が当該借主に対し交付したATM伝票上に，すべての記載事項が正確かつ明確に記載されていたことを証明することはできない。

　一方，旧貸金業法43条1項の適用が認められるためには，書面に関する要件として，①貸金業者が貸付契約を締結したときに遅滞なく借主に17条書面を交付していること，②貸金業者が弁済を受けたときには，その都度，直ちに弁済者に18条書面を交付することが必要であり，加えて，17条書面及び18条書面には，それぞれ貸金業法17条1項，18条1項所定の事項のすべてが正確かつ明確に記載されていることが必要とされている（最〔2小〕判平16・2・20判タ1147号101頁，最〔3小〕判平18・1・24（平15（受）1653号）判タ1205号85頁）。このため，ATM伝票（領収書兼取引明細書）のサンプルによって，旧貸金業法43条1項の適用要件を充足するとの立証ができないことについては異論を見ない。

　これに対し，貸金業者が悪意の受益者性を争って特段の事情を立証する場合には，個々の取引ごとに17条書面又は18条書面を交付した事実を立証する必要はなく，一般的に，貸金業者が借主に対し，17条書面，18条書面を交付する業務体制を構築していたことを立証すれば足りるとする見解がある。前述のとおり，ATM伝票（領収書兼取引明細書）のサンプルは，貸金業者が，その当時，このような17条書面及び18条書面を交付して金銭消費貸借取引をしていたとの事実について一定の証明力を有することから，前記見解からすると，裁判所は，同サンプルによって，貸金業者が借主に対し17条書面，18条書面を交付する業務体制を構築していた事実を認定し，特段の事情の存在を認めることが可能になる。

(3) 検　討

　不当利得返還訴訟において，受益者が悪意であることの立証責任は，本来，請求者にあり，特段の事情の立証が前記悪意の推定を覆すためのものであることからすれば，特段の事情の立証と旧貸金業法43条1項の適用要件の立証とは異なる面があるといえる。

　しかしながら，旧貸金業法43条1項の適用が認められるためには，貸付けや弁済といった個々の取引において，旧貸金業法43条1項の適用要件を充足することが必要なのであり，このことからすると，貸金業者が旧貸金業法43条1項の適用があるとの認識を有するに至ったことがやむを得ないといえるか否かについても，個々の取引における具体的事実を捨象して判断することはできない。すなわち，特段の事情があると認められるためには，貸金業者が個々の取引ごとに交付した17条書面，18条書面の記載内容や交付時期等，旧貸金業法43条1項の適用要件に関する事実関係を明らかにし，充足していない適用要件ごとに，不充足の態様，程度及びその理由や事情，その点に関する当時の裁判例や学説等の状況を勘案して，貸金業者が当該事案において前記適用要件を充足するとの認識を有するに至ったことがやむを得ないと判断されることが必要なのであり，具体的な事実関係が不明のまま特段の事情があると判断することはできない。したがって，貸金業者が，個々の取引ごとに17条書面又は18条書面を交付した事実について立証することなく，その当時，このような17条書面及び18条書面を交付する業務体制を構築していたことを立証するだけでは特段の事情があると認めることはできないと解される。

　この点についての最高裁の判断は示されていない。しかし，最高裁は，近年，「貸金業法43条1項の適用要件については厳格に解釈すべきものである。」，「17条書面及び18条書面には，貸金業法17条1項及び18条1項所定の事項のすべてが記載されていることを要するものであり，その一部が記載されていないときは，貸金業法43条1項の適用要件を欠く」，「17条書面及び18条書面所定事項の記載内容が正確でないときや明確でないときには，貸金業法43条1項の適用要件を欠く」，「債務者の弁済の日から20日余り経過した後になされた各取引明細書の交付をもって，弁済直後に18条書面の交付がなされたものとみることはできない。」等の判断を示しており（前掲最〔2小〕判平16・2・20，同

最〔3小〕判平18・1・24)、これらの最高裁判例からすると、最高裁が、貸金業者が個々の取引ごとに交付した17条書面、18条書面の記載内容や18条書面の交付時期を検討することなく、特段の事情があるとの判断をするとは考え難い。

(4) 結　論

以上からすると、裁判所は、当該Xのものではない ATM 伝票（領収書兼取引明細書）のサンプルをもって、特段の事情の存在を認めることはできないと解するのが相当である。

［2］ ジャーナルを提出した場合

ジャーナルは、ノーカーボン紙（感圧紙）となっていて、ATM カード及び ATM 伝票と密着する構造になっている。ATM による取引がなされた場合、ATM 伝票とジャーナルに同一内容が印字され、ATM 伝票は ATM から排出され、ジャーナルは ATM 内に残る。したがって、ジャーナルは ATM 伝票の記載内容及び交付の事実について確実に立証できる証拠方法と考えられ、ジャーナルが提出された場合、裁判所は、それに基づいて、17条書面、18条書面の記載内容や交付時期を認定し、特段の事情の存在を認めることが可能と考えられる。

［3］ 復元書面を提出した場合

復元書面とは、ATM のコンピュータ内に残っていた ATM 伝票（領収書兼取引明細書）のデータを復元した書面であり、復元書面の正確性が高い場合には、復元書面の存在や記載内容から当該借主に交付された ATM 伝票（領収書兼取引明細書）の記載内容及び交付の事実を推認することができると思われる。ただ、復元書面といっても、業者あるいは年代により正確性に差があるものと思われ、裁判所が、復元書面から ATM 伝票（領収書兼取引明細書）の記載内容及び交付の事実を推認する場合は、貸金業者に対し、データの信頼性や保存状況等復元書面の正確性について立証を求めるなど、その正確性について慎重に判断する必要があると考えられる。

〔野藤　直文〕

Q 29

和解無効と過払金返還請求

　多重債務者Xから任意整理を受任した弁護士は、貸金業者Y株式会社との間で、「①Xは、Y社に対し、XがY社との間の金銭消費貸借基本契約に基づいて平成10年2月18日から平成19年4月1日までの間に借り受けた金員の残債務として50万円の支払義務があることを認める、②Xは、Y社に対し、前項の金員を平成〇〇年〇月から平成〇〇年〇月まで毎月末日限り〇万円ずつ分割して〇〇銀行〇支店のY社名義の普通預金口座（口座番号〇〇〇〇〇〇〇）に振り込む方法で支払う」という趣旨の和解契約を締結した。Xは、平成23年に、貸金業者は信義則上保存している業務帳簿に基づいて取引履歴を開示する義務を負うとする最高裁平成17年7月19日判決を知るに至り、Y社に対し、Xの取引履歴の開示請求をしたところ、X・Y社間の上記金銭消費貸借基本契約による取引は、実際には平成5年2月18日に遡って始まっていて、同日から平成19年4月1日までの取引は一連一体の取引であることが判明した。そこで、Xは、その取引における弁済について、平成18年法律第115号による改正前の利息制限法1条1項所定の利息の制限額を超えて利息として支払われた部分を元本に充当すると過払金60万円が発生しているとして、Y社に対し、その返還を求める訴えを提起した。Xの請求は認められるかについて説明しなさい。

[1] 問題の所在

　原告Xの過払金請求に対し、被告Y社（貸金業者）は、原告Xとの取引については、以前締結した和解契約ですでに解決済みである旨の抗弁が予想される。原告Xとしては、被告Y社の抗弁に対し、和解契約の錯誤無効とか、和解契約が利息制限法（強行法規）に違反し無効であるとか、事情変更により和解契約を解除するなど主張（再抗弁）して反論することになるが、原告Xのこれらの

主張は認められるであろうか。以下，検討することとする。

[2] 錯誤無効の主張

(1) はじめに

　和解契約が成立すると，当事者としては，同契約内容について履行を求めることができるため，民法は，和解契約後に紛争の蒸し返しを防ぐための規定（民696条）を置いている。同条は，和解により，争いの対象となっている権利が存在すると認めたのに，後に権利がなかったことが明らかになったときは，その権利が和解によりその者に移転したものとして扱い，和解によってその権利がないものと認めた場合には，後に権利があったことが判明しても，和解契約により消滅したものと扱うとする規定である。和解後に新しい証拠が発見されたからといって紛争を蒸し返すことは許されず，同主張を持ち出したとしても，それは主張自体失当となる（和解された結果と反対の証拠が後に出てきても和解の効力が覆らないことを和解の確定力という）。

(2) 和解契約における錯誤

　それでは，和解に際し一方又は双方に錯誤があった場合に和解契約はどうなるか。和解によって争いはいったんは解決するが，後に種々の理由から争いが再燃することがある。せっかく和解をしたのであるから，同じ争いについて蒸し返すことを広く認めたのでは，和解した意味がないし，和解した以上一切の蒸し返しを認めないとするのも不当な結果となる場合もある。そこで，錯誤があった場合に，和解契約について，どのような理由による錯誤無効の主張ができるのかの基準が必要になる。判例・通説による基準は，以下のとおりである。

　(a)　争いの目的である権利又は事項についての錯誤　　和解の対象となった事項（争いの目的であった事項）についての錯誤に基づき和解契約について錯誤無効を主張することは民法696条により許されない。和解契約をした当事者の意思は，紛争の目的となる事項については，たとえそれが真実に合致しなくても争わないということであり，この点について蒸し返しを認めたのでは和解の意味がなくなるからである。

　(b)　上記(a)以外の事項についての錯誤　　これに対し，上記(a)以外の事項については，民法95条により，錯誤の主張が認められる。争いの目的であった

事項の前提ないし基礎となる事実であり，かつ和解の要素に関するものに対する動機の錯誤の場合は，それが表示されているときに限り，錯誤に基づく無効主張は許されるとするのが判例（大判大6・9・18民録23輯1342頁，最〔3小〕判昭38・2・12民集17巻1号171頁）・通説である（能見善久＝加藤新太郎編『論点体系判例民法6（契約Ⅱ）』171頁〔四ツ谷有喜〕）。争いの目的であった事項の前提ないし基礎となる事実については，次の2つに分類される（土屋文昭「和解」伊藤滋夫編『民事要件事実講座4巻』434頁以下）。

（イ）当事者が和解の前提としていて争わなかった事項についての錯誤（債権の差押え及び転付命令を受けた債権者と第三債務者との間で弁済方法につき訴訟上の和解をしたところ，その転付命令が無効なことが判明したもの（前掲大判大6・9・18））

（ロ）（イ）以外の錯誤（和解により，代物弁済としてジャムを譲渡する合意が成立したが，実はそのジャムが粗悪品であったために錯誤を認めたもの（最判昭33・6・14民集12巻9号1492頁））

（c）設例における和解契約の錯誤無効の主張例　「本件和解契約締結時点において，Xは，Y社との間の金銭消費貸借取引（以下「本件取引」という。）について，真実はすでに過払金が発生していたにもかかわらず，本件取引に係る取引履歴の開示を受けていなかったため，本件取引の具体的状況を認識しえず，いまだ借入金債務が存在すると誤信していたものであり，和解の基礎ないし前提事実についての認識に食い違いがあったのであり，法律行為の要素について借主に動機の錯誤があり，かつ，そのことは表示されているというべきであるから，当該和解契約は無効である。」。

以下，同主張例について検討する。

(3) 設例の和解契約における対象事項とその前提事項

それでは，設例において和解契約の対象となった事項とは，何であろうか。和解契約の内容から考えると，本件取引について，みなし弁済規定の適用の有無を含め，同取引に係るY社のXに対する貸金債権及びXのY社に対する不当利得返還請求権の有無及び金額に関する争いをやめることとして，XがY社に対し貸付金の残債務として50万円の支払義務があることを認め，分割支払することとし，他に債権債務のないことが確認されたものであるとみることができる。とすると，和解の対象は，本件取引に係る貸金債権・不当利得返還請求

権の有無及び金額（みなし弁済規定の適用の有無）と考えられる。したがって，設例においてみなし弁済規定の適用の有無について錯誤無効を主張することは，上記判例・通説に従えば，許されないことになる。

これに対し，当事者が和解の前提としていて争わなかった事項（和解契約締結にあたり，当事者間に争いがなかった事実）に関する錯誤無効を主張することは，上記のとおり，認められる。設例のXの主張は，取引履歴の開示を受け，本件取引が実際には平成5年2月18日に遡って始まっていて，同日から平成19年4月1日までの取引は一連一体の取引であることが判明し，同取引における弁済にみなし弁済規定の適用はないとして，Y社に対し，過払金60万円の不当利得返還請求訴訟を提起しているが，この取引履歴に関する主張は，紛争の対象の前提ないし基礎となる事実に関する主張といえるか。

この点，和解後に発覚した後遺障害について，最〔2小〕判昭43・3・15民集22巻3号587頁は，交通事故による全損害を正確に把握し難い状況のもとにおいて，早急に，少額の賠償金をもって示談がなされた場合においては，同示談によって被害者が放棄した損害賠償請求権は，示談当時予想していた損害についてのみと解すべきであって，その当時予想できなかった後遺症等については，被害者は，後日その損害の賠償を請求することができるとの判断を示している。これは，和解契約の合理的意思解釈として，当事者が和解したのは当時予想できた損害についてのみであって，後遺症等の損害は予想することもできない別個の損害である，としたものである（瀬戸正二・最判解説昭和43年度〔17〕）。

設例でXが新たに開示された取引履歴自体，和解契約締結当時予想することができなかったか否か，特に，弁護士が受任して，貸金業者と交渉している場合に予想できなかったといえるかが問題となる。

(4) 裁判例

過払金返還請求権に関する和解について，錯誤無効を認めた裁判例もある（澤野芳夫ほか「過払金返還請求訴訟における実務的問題」別冊判タ33号（『過払金返還請求訴訟の実務』）156頁以下）が，単に和解内容が制限利率での引き直し計算の結果と一致しないからといって直ちに和解が錯誤により無効となるものではない。引き直し計算と和解の内容とが大きく乖離しており，かつ，借主がそのことを認識しておらず，貸金業者の開示した取引履歴が一部であったり，あるいは虚

偽のものであったなど，借主が乖離の事実を認識していなかったことについてやむを得ない事情がある場合について錯誤無効を認めた裁判例（東京地判平17・3・30判例集未登載，東京簡判平21・11・26判例集未登載，三次簡判平23・4・25消費者法ニュース89号71頁，加古川簡判平24・2・16消費者法ニュース92号139頁，五所川原簡判平23・12・21同号140頁，仙台高判平24・4・14同号149頁，東京地判平24・4・26判例集未登載，宮崎地判平24・7・12判例集未登載。なお，上記仙台高判は，借主Xが貸金業者Yとの間でカードローン契約を締結して金員を借り入れたが，弁済できなくなり，直接面談することなく，残債務の存在を確認し，毎月の分割弁済で合意し，二度和解契約（清算条項を含む）がなされた事案について，貸金業法17条，18条に基づく書面の交付があったとはいえず，貸金業者側に起因する事情のために法的知識の不十分な借主が和解における互譲の前提として過払金の発生の有無等を検討することができなかったといった事情があるとして，錯誤無効を認めた），錯誤無効を否定した裁判例（東京地判平17・2・25判例集未登載）がある。

　なお，設例と同様，債務整理を受任した弁護士が代理人としてした和解契約に関する裁判例としては，貸金業者が，債務整理を受任した弁護士からの求めに応じて，貸付残元金及びその利息のみを回答し，その後，取引履歴が開示されないまま，過払金を含む債権債務の不存在を確認する裁判外の和解が成立した事案について，法律の専門家である弁護士には錯誤はないとしたもの（東京高判平22・4・3判例集未登載），弁護士は法律の専門家である以上，みなし弁済の規定の適用の可能性を検討し，適用がある場合の貸付金の残額や適用がない場合の不当利得返還請求権の有無等を勘案して，契約締結に応じたものと推認されるとして，同契約締結の経過及びその内容に照らし，借主が不当利得返還請求権を有していたとしても，和解契約により消滅したものとされ（民696条），この点につき錯誤無効を主張して同請求権の存在を主張することは許されないと判示したもの（東京高判平23・9・9判時2137号47頁），同旨の事案について，弁護士が過払金が発生している可能性を認識していたなどの事実関係の下においては，残債務や過払金の有無に関する錯誤は，民法696条にいう和解によってやめることを約した争いの目的たる権利についての錯誤にすぎず，その後最〔2小〕判平18・1・13民集60巻1号1頁により，従前行われていた貸金業者の貸付取引の多くに貸金業法43条1項の適用が認められなくなったことが事

実上明らかになったとしても，和解の基礎ないし前提事実に関する錯誤となるものではなく，民法95条の適用はないので，和解契約が無効となることはない旨判示したもの（大阪高判平22・6・17判タ1343号144頁）がある。

(5) 検　　討

設例の和解契約は，弁護士を代理人として，利息制限法に基づく再計算の主張も考慮して締結されたものであり，弁護士が法律の専門家である以上，みなし弁済の規定の適用の可能性を検討し，適用がある場合の貸付金の残額や適用がない場合の不当利得返還請求権の有無等を勘案して，和解契約を締結したものと推認されるところであるが，借主Xから，Y社が取引履歴をごく一部しか開示しなかったため，弁護士において過払金が存在しないものと誤信していた旨の主張が予想される。この点については，設例では取引履歴の一部不開示の事実があるものの，弁護士としては借主Xから取引開始の時期や契約内容等について事情を聴取し，開示履歴から開示未了の履歴の存在が推認できなかったか，推認できないことについてY社側に起因すべき事情が存在するのか，これらの事実を確定することにより，弁護士において，不当利得返還請求権の発生の可能性を認識し得たと解される場合には，和解契約の錯誤無効を主張することは許されないと解される。

［3］　公序良俗違反による無効の主張

(1) 主 張 例

利息制限法は強行法規として公序良俗の一部をなすものであるから，これに反する契約は民法90条により絶対的に無効と解すべきである。そのように解さないと，経済的・情報的弱者の立場にある借主が，貸金業者の誘導により，過払金返還請求権を任意に放棄する形で利息制限法に反する和解契約を締結することを追認する結果になり，利息制限法の趣旨を没却してしまうことになる，との主張がされることがある。

(2) 裁 判 例

この点について，過払金返還請求権を放棄する旨の合意は利息制限法の趣旨にもとるとして無効になるとしたもの（東京地判平11・9・28判タ1085号232頁），逆に，貸金業者と消費貸借取引をした借主が弁護士を代理人として，貸金業者

との間で，残債務の存在を確認して分割弁済を約し，清算条項を付して裁判外の和解契約をし，その際弁護士において過払金が発生している可能性を認識していた場合には，和解契約が強行法規違反ないし公序良俗違反により無効となることはないとしたもの（前掲大阪高判平22・6・17），貸金業者と消費貸借取引をした借主が，平成15年に，弁護士を代理人として，貸金業者との間で，残債務の存在を確認してその1割を弁済して清算する旨の裁判外の和解契約をした場合において，和解契約が締結された平成15年当時は，いわゆるみなし弁済の規定により，一定の要件を満たすときは，当該超過部分の支払が有効な利息の弁済とみなされるとされ，上記要件の解釈について，下級審裁判例や学説は分かれていて，みなし弁済の規定の適用を認める裁判例も少なからず存在していた。また，借主の依頼を受けた弁護士が貸金業者と交渉を行い，利息制限法に基づく再計算の主張も考慮した上で，約定の利率により計算した場合の貸金債権の残額より相当低い，残債務の1割を支払うことによって，他に債権債務がないこととする旨合意されたものであり，和解契約が公序良俗違反により無効となることはないとしたもの（前掲東京高判平23・9・9）もみられる。

(3) 検　　討

利息制限法違反の契約がすべて無効となるものではないとしても，本設例では60万円もの不当利得返還請求権が問題になっており，これを有効とすれば被告Yに110万円の違法な利得を保持させるという不当な結果になる。特に，設例の和解契約の締結が本件取引終了後の平成19年4月1日以降であるので，いわゆるみなし弁済の要件である，支払の任意性について，厳格な基準を示した最〔2小〕判平18・1・13民集60巻1号1頁等の一連の判決により，みなし弁済規定の適用は事実上否定された以降に締結されたものであり，契約締結当時，特定の貸金業者を除きみなし弁済の規定の適用が認められることはなかったのであるから，すでに任意の支払により貸金債務の元本と利息制限法の範囲に引き直した利息の支払が済み，さらに超過支払が生じていて，これについて不当利得が貸金業者Y社に成立している場合に，貸金債務に関して任意に債務弁済契約を締結する中で，利息制限法1条1項に反する過払分の不当利得返還請求権を放棄することは，利息制限法の法条の趣旨にもとるものとして許されず，公序良俗に反し，無効と解すべき余地があるといえる*。

＊ 横浜地判平24・6・26消費者法ニュース93号75頁は，借主本人と貸金業者間で，真実は16万1503円（元金のみ）の過払い状態となっているのに，その事実を業者が告知せず，54万8952円の残債務があることを前提として締結した和解契約について，消費者契約法4条1項の取消しを認めている（なお，後藤巻則「消費者契約法の存在意義」NBL988号1頁参照）。

［4］ 事情変更による和解契約の解除の可否

(1) 主張例

　和解契約締結後，最高裁判所の判決により法令の解釈適用の統一が図られ，貸金業者が従前行っていた取引のほぼすべてにみなし弁済規定の適用が事実上否定されることになり，貸金業者と借り手をめぐる社会情勢が大きく変動する事情変更に加え，同事情変更について借主に予見可能性がなく，借主の帰責性も認められないにもかかわらず，和解契約がなおも拘束力を有するとすれば，借主は不当利得返還請求権を失う一方，貸金業者は利息制限法に違反する利得の保持が認められ，明らかに信義・衡平の原則に違反するので，事情変更の原則による解除が認められるべきであるとの主張がされることがある。

(2) 裁判例

　この点について，前掲東京高判平23・9・9は，和解契約が締結された平成15年当時，みなし弁済の規定の不適用を主張する借主が貸金業者に対し過払金返還を求める訴訟がすでに多数提起されており，借主の請求を認容した下級審裁判例も多数あったし，最高裁判例により法令の解釈適用の統一が図られることは，民事訴訟制度上予定されたことであるから，本件は，契約締結後に当事者の予見し得ない重大な事情の変更が生じたことを理由に契約の解除が認められる場合にあたらないと判示している。

(3) 検　討

　事情変更の原則の適用について，判例は契約締結後の当事者にとって予見することができず，かつ，当事者の責めに帰することのできない事由によって生じたものであることが必要であるとする（最〔3小〕判平9・7・1民集51巻6号2452頁）ところ，上述のとおり設例の和解契約が締結された当時（平成19年4月以降），みなし弁済の規定の不適用を主張する借主が貸金業者に対し過払金返

還を求める訴訟が既に多数提起され，特定の貸金業者以外については同規定の適用を否定して借主の請求を認容した下級審裁判例が多数あったのであるから，契約締結後に当事者の予見し得ない重大な事情の変更が生じたことを理由に契約の解除が認められる場合があるとしても，設例の和解契約については，これにあたらないと解すべきである。

〔千矢　邦夫〕

Q 30

貸金債権の一括譲渡と過払金返還債務の承継

貸金業者Z株式会社との間の金銭消費貸借基本契約に基づいて借入れと弁済を繰り返したXは、Z社からローン事業に係る貸金債権等の資産を譲り受けたY株式会社に対し、Z社の下における弁済について、平成18年法律第115号による改正前の利息制限法1条1項所定の制限利率による引き直し計算をすると過払金が生じており、これをY社が承継したと主張して、Y社に対する過払金返還請求の訴えを提起した。これに対して、Y社は、上記営業譲渡の契約書第○条には、過払金返還債務は承継しない旨が記載されているから、Z社の下で生じた過払金の返還債務を負わないと主張した。Y社の主張は認められるかについて説明しなさい。

[1] 設例の分析と論点

設例は、Xが貸金業者であるY社に対し過払金返還請求訴訟を提起したが、Xが金銭消費貸借基本契約を締結し、同契約に基づいて借入れと弁済を繰り返した相手の貸金業者は、Y社ではなく、Z社であり、Y社はZ社からローン事業に係る貸金債権等の資産を営業譲渡契約により譲り受けたというものであり、論点は、貸金業者(譲渡業者)が別会社(譲受業者)に営業譲渡をした場合、その別会社が営業譲渡前に発生していた貸金業者の過払金返還債務を承継するかである。

[2] 設例の背景事情

平成14年頃からさまざまな分野で企業組織の再編が行われ、貸金業界においても貸金業者間での合併や事業譲渡、さらには債権譲渡などが行われるようになったが、いわゆるみなし弁済の要件である支払の任意性について、特段の事情のない限りこれを認めないとの厳格な基準を示した最〔2小〕判平18・

1・13民集60巻1号1頁，最〔1小〕判平18・1・19裁判集民事219号31頁，最〔3小〕判平18・1・24裁判集民事219号243頁の一連の判決により，みなし弁済規定の適用が事実上否定されて以降，制限超過利息の過払金返還請求訴訟が多発することになり，営業譲渡*が行われた事案では，営業譲渡により契約上の地位を承継するか否かの問題が顕在化し，下級審裁判例の判断も分かれていた（遠藤元一「貸付債権を一括して他者に譲渡する旨の合意をした場合における，借主と譲渡人との間の金銭消費貸借取引に係る契約上の地位の移転の有無等」金判1378号2～6頁）。

 ＊ 会社法（平成17年法律第86号。以下，単に「会社法」という）は，「営業譲渡」という用語を「事業譲渡」に変更したが，これは複数の商号を用いて複数の営業を行うことができる個人商人に対して，会社は，複数の営業を行う際にも1つの商号しか用いることができない（会6条1項参照）ため，会社が行う営業の総体を「事業」と呼ぶことにしたものであり，会社法の「事業譲渡」と商法の「営業譲渡」「営業の譲受け」には，意義の相違はないと解されている。

［3］ 事業譲渡の意義

⑴ 会社法上の意義

　事業譲渡とは，「株式会社が事業を取引行為（特定承継）として他に譲渡する行為」（江頭憲治郎『株式会社法』〔第4版〕883頁）とされ，会社の合併や分割のような包括承継ではないとされているが，会社法上定義規定はなく，最〔大〕判昭40・9・22民集19巻6号1600頁により「一定の営業目的のため組織化され，有機的一体として機能する財産（得意先関係等の経済的価値ある事実関係を含む。）の全部または重要な一部を譲渡し，これによって，譲渡会社がその財産によって営んでいた営業的活動の全部または重要な一部を譲受人に受け継がせ，譲渡会社がその譲渡の限度に応じ法律上当然に同法25条（著者注：現行商法15条，会社法21条に相当）に定める競業避止義務を負う結果を伴うもの」であるとされ，単なる事業用財産又は権利義務の集合の譲渡は，事業譲渡にはあたらないとされている（江頭・前掲884頁）。

⑵ 事業譲渡と過払金返還債務の承継の有無

　ところで，設例は，ローン事業に係る貸金債権等の資産を譲り受けたというものであり，貸金債権の一括譲渡（債権譲渡）あるいは貸金事業の譲渡（事業

譲渡）と解されるところ，事業譲渡がなされた場合に，譲渡の時点以降に生ずる権利義務関係が譲受業者に移転することについては異論はないと思われるが，事業譲渡前すでに譲渡業者のもとに発生している過払金返還債務を譲受業者が承継するかという問題について，積極，消極，見解が分かれている（なお，債権譲渡についても，裁判例では積極，消極，見解が分かれていたが，最〔2小〕判平24・6・29金判1400号33頁は，貸金業者がその貸金債権を譲渡しただけでは，同債権の譲受人が過払金返還債務を負うことはない旨判示した）。

まず，消極説としては，すでに譲渡業者のもとに発生している権利・義務は当然には移転せず，その移転のためには個別に債務引受又は契約上の地位の移転の手続が必要であるとする見解がある。この見解は，「事業譲渡では，会社の合併や分割と異なり，財産の包括承継が生じるわけではなく，譲渡会社は，譲渡対象である財産の種類に従い，個別的に移転手続をしなければならない。」，「事業譲渡契約において，譲渡会社の事業によって生じた債権または債務を移転しない旨を定めた場合，当該債権についての債権者，債務者は依然としで譲渡会社である。」（江頭憲治郎編『会社法コンメンタールⅠ』209頁〔北村雅史〕，野澤正充「営業譲渡・契約譲渡と譲渡人の債務の承継—預託金及び過払金返還債務を素材として」みんけん（民事研修）577号11頁，同「貸金業者による資産の譲渡と過払金返還債務の承継」民商145巻1号68〜74頁）とし，営業譲渡契約に特別の定めがなければ，営業に関する債務を含む一切の財産が譲受会社に移転したものと推定されるにとどまる（大隅健一郎『商法総則』〔新版〕311頁）とする。そして，特約によって一部の財産を除外することも可能であり，結局は，事業譲渡契約において，何が譲渡の対象であるかは，契約内容（譲渡の対象に係る定めの内容）を個別に検討して判断することになるとする。

これに対し，積極説の法的構成の第1は，「営業譲渡をした場合，譲渡人（旧会社）と譲受人（新会社）の営業譲渡契約の中に特別に定めがなければ，営業に属する一切の債権及び債務等の財産が新会社に移転したと推定され（る）。」，「貸金業者が，営業譲渡により一体としての財産を譲り受ける実質的な理由は，譲受人（新会社）が，譲渡人（旧会社）の有していた顧客（債務者）全員を包括契約ごと一括して譲り受けて確保し，譲受け後の新たな貸付けと利息の収受という利益を期待できるというメリットがあるからで（ある）。したがって，営業

譲渡の場合も包括契約に基づく金銭消費貸借契約が全体として譲渡される以上，旧会社で発生した過払金返還債務は新会社に移転するので，新会社に対して過払金の返還請求をすればよいことにな（る）。」とする。法的構成の第2は「過払金返還債務は，利息制限法所定の利率を超える約定利息を定めた包括契約（基本契約）に基づき，取引を継続した結果，包括契約が終了した時点で，過払金返還債務の額が確定するもので（ある）。すなわち，法定利率を超えた約定利率で充当計算した結果発生する貸付債権と，法定利率で充当計算した結果発生する過払金返還債務とは，1つの包括契約に基づいて生ずるものであり，1個の契約の表裏一体の関係に立つものといえ（る）。このような法的性質に鑑みると，過払金返還債務を貸金債権や包括契約から切り離して処分することは，法的に不可能で（ある）」とする。法的構成の第3は，譲渡契約とは別に併存的（重畳的）に譲渡人の過払金返還債務を引き受ける（黙示の）合意があったとする。法的構成の第4は，譲渡当事者間の取引実態に照らし契約上の地位が譲受人に移転されたとする（名古屋消費者信用問題研究会編『Q&A過払金返還請求の手引』〔第4版〕258頁・261頁，芝豊＝宮内豊文『任意整理・過払訴訟の実務』〔増補改訂版〕235頁など）。

[4] 裁判例の動向

　下級審の裁判例の中には，債権譲渡，事業譲渡に係る事案について，過払金返還債務の承継を否定するものが存在する一方，上記積極説と同様，事業譲渡について，継続的な金銭消費貸借取引における貸金債権と過払金返還債務は表裏一体の関係にあり，これらを切り離して別々に処分することはできないなどとして，契約上の地位の移転による過払金返還債務の承継を肯定するものも多かった（東京高判平18・5・17消費者法ニュース69号97頁，大阪高判平18・8・29同号97頁）が，最〔3小〕判平23・3・22裁判集民事236号225頁は，譲渡業者が貸金債権を一括して譲受業者に譲渡する旨の合意をした場合において，何が譲渡の対象であるかは合意の内容によるとし，過払金返還債務を承継しない旨を明確に定めているときは，併存的（重畳的）債務引受も契約上の地位の移転も認められないとして，この問題を否定的に解し，その後第1小法廷及び第2小法廷においても，第3小法廷判決と同様の判断を示した（最〔1小〕判平23・7・7裁

判集民事237号139頁，最〔2小〕判平23・7・8裁判集民事237号159頁)。以下，各最高裁判決について検討する。

[5] 最〔3小〕判平23・3・22の分析

(1) 事案の概要

(a) Xが，貸金業者A社及びA社と同社の消費者ローン事業に係る貸金債権等の資産（以下「譲渡対象資産」という）を一括して売却する旨の契約（以下「本件譲渡契約」という）を締結し，譲渡対象資産を譲り受けた貸金業者Y社との間で継続的な金銭消費貸借契約取引を行い，X・A社間の同取引に係る過払金返還債務（以下「本件債務」という）はY社に承継されると主張して，Y社に対し，不当利得返還請求権に基づき，XとY社との間の別個の金銭消費貸借取引により生じた過払金と併せその返還を求めた事案である。

(b) A社は，平成14年1月29日，Y社との間で，同年2月28日午後1時を契約の実行（クロージング）の日時（以下「クロージング日」という）として，本件譲渡契約を締結した。

(c) 本件譲渡契約は，1.3条において，Y社は，譲渡対象資産に含まれる契約に基づき生ずる義務のすべて（クロージング日以降に発生し，かつ，クロージング日以降に開始する期間に関するものに限る）を承継する旨を定め，かつ，同1.4条(a)において，Y社は，9.6条(b)に反しないで，譲渡対象資産に含まれる貸金債権の発生原因たる金銭消費貸借契約上のA社の義務又は債務（支払利息の返還請求権を含む）を承継しない旨を定めていた。そして，同9.6条(b)において，「買主は，超過利息の支払の返還請求のうち，クロージング日以後初めて書面により買主に対して，または買主および売主に対して主張されたものについては，自らの単独の絶対的な裁量により，自ら費用および経費を負担して，これを防禦，解決または履行する。買主は，かかる請求に関して売主からの補償または負担を請求しない。」と規定されていた。

(d) Xは，平成元年3月8日，A社との間で金銭消費貸借に係る基本契約を締結し，以後，A社と継続的金銭消費貸借取引を行い，本件譲渡契約後の平成14年3月6日から同年5月17日までは，Y社に対し，X・A間の金銭消費貸借取引に係る借入金の弁済を行っていたものである。

(2) 原審（名古屋高判平22・3・25）の判断

原審は，次のとおり判断して，Xの請求を認容した。
(a) Y社は，本件譲渡契約により，本件債務を重畳的に引き受け，承継する。
(b) そうでないとしても，本件譲渡契約は，契約上の地位の移転を内容とするのであり，Xの黙示的承諾により，Y社がA社の地位を包括的に承継するという法的効果が生じ，Y社において承継する義務の範囲を争うことは許されない。

(3) 最〔3小〕判平23・3・22の判断

第3小法廷は，次のとおり判断して，原判決を破棄した。
(a) 本件譲渡契約は，1.3条及び1.4条(a)においてYは本件債務を承継しない旨を明確に定めるのであって，これらの条項と対照すれば，9.6条(b)は，Yが第三者弁済をする場合における求償関係を定めるもので，これをもってYが本件債務を重畳的に引き受け，承継したとはいえない。
(b) 貸金債権を一括して他の貸金業者に譲渡する旨の合意をした場合において，何が譲渡の対象であるかは合意内容いかんにより，それが営業譲渡の性質を有するときであっても，金銭消費貸借取引に係る契約上の地位が当然に移転するとはいえないところ，本件譲渡契約において本件債務は承継の対象から明確に除外されている。

(4) 最〔3小〕判平23・3・22の視点

原審が，本件譲渡契約9.6条(b)について，Y社が重畳的に債務引受をしたものと認定したのに対し，最高裁は，本件譲渡契約は，同1.3条，1.4条(a)により承継される資産・債務の対象範囲を確定し，Y社が本件債務を承継しない旨を明確に定めていることを前提として，上記のとおり本件譲渡契約9.6条(b)はY社に対し第三者弁済をした場合の求償関係について定めた規定と捉えている。

[6] 最〔1小〕判平23・7・7及び最〔2小〕判平23・7・8の分析

(1) 事案の概要

各事件とも事業譲渡の譲受会社は，最〔3小〕判平23・3・22の譲受会社と同じであり，譲渡契約の内容も含め，事実関係は概ね同様である。

(2) 当事者の主張

最〔1小〕判平23・7・7の原告は，譲渡契約により契約上の地位が承継され，これに伴い，当該取引に係る過払金返還債務も承継されると主張し，最〔2小〕判平23・7・8の原告は，過払金返還債務は貸金債権と表裏一体のものとして承継されると主張して，いずれも過払金の返還等を求めた。

(3) 各最高裁判決の判断

最〔1小〕判平23・7・7及び最〔2小〕判平23・7・8は，貸金業者（譲渡業者）が貸金債権を一括して他の貸金業者（譲受業者）に譲渡する旨の合意をした場合において，譲渡業者の有する資産のうち何が譲渡の対象であるかは，上記合意の内容いかんによるというべきであり，それが営業譲渡の性質を有するときであっても，借主と譲渡業者との間の金銭消費貸借取引に係る契約上の地位が譲受業者に当然に移転する，あるいは，譲受業者が上記金銭消費貸借取引に係る過払金返還債務を上記譲渡の対象に含まれる貸金債権と一体のものとして当然に承継すると解することはできないと判示し，併せて，最〔1小〕判平23・7・7は，借主と譲渡業者との間の金銭消費貸借取引に係る基本契約が過払金充当合意を含むものであったとしても，借主は当然に貸金債権の一括譲渡の前後を通算し弁済金の充当計算をして過払金の返還を請求する利益を有するものではなく，このような利益を喪失することを根拠に，譲受業者が上記取引に係る過払金返還債務を承継すると解することもできないとし，また，最〔2小〕判平23・7・8は，基本契約が過払金充当合意を含むものであったとしても，判断は異ならないとしている。

(4) 小 括

設例について，譲受業者の過払金返還債務の承継を認めるための法的構成として主張されていた，重畳的債務引受及び契約上の地位の移転を最〔3小〕判平23・3・22が否定し，同じく，譲渡業者・借主間で過払金充当合意がある場合には，借主が取引期間全体について弁済金の充当計算をして過払金の返還請求できる利益を喪失することになり不当であるとの主張（特に借主が譲受業者との間で引き続き取引をした場合に問題となる），あるいは，貸金債権と過払金返還債務との表裏一体・処分の不可分性等の主張についても，最〔1小〕判平23・7・7，最〔2小〕判平23・7・8はこれを否定した。

［7］　上記各最高裁判決の射程——事業譲渡の債権者の保護

　上記各最高裁判決は，営業譲渡契約について，譲渡契約当事者が明示的に排除したにもかかわらず，それと異なる合意の認定や契約解釈によって債務の承継を認めることは，事業譲渡契約一般に大きな不安定性をもたらすおそれがあるとの視点から，譲受業者が承継する債務の範囲を判断したものと思われるが，過払金返還債務の譲受業者への承継を認める積極説の法的構成は，いずれも上記各最高裁判決により否定された。したがって，譲渡業者の債権者の保護としては，事業譲渡に際しての譲受業者の責任規定である会社法22条，23条等によるしかないことになる（中田裕康「貸金業者間で貸金債権の一括譲渡契約があった場合における借主との契約上の地位の移転」金法1929号63〜66頁）。

　会社法22条は，事業譲渡の後，譲受会社が譲渡会社の商号を継続して使用（続用）する場合，譲受会社も当該債務を弁済する責任を負うものとし（1項），その上で，譲受会社がその責任を負担しないようにするための手続（2項）及び譲受会社が債務を弁済する責任を負う場合の譲渡会社の責任は一定期間経過後に消滅すること（3項）を規定している。

　また，会社法23条は，事業譲渡の後，譲受会社が譲渡会社の商号を継続して使用（続用）しない場合でも，譲受会社が譲渡会社の事業上の債務を引き受ける旨の広告をしたときは，債権者は譲受会社にも弁済請求できるものとし（1項），債務引受の広告により譲受会社が責任を負うことになった場合には，譲受会社の責任は，原則として当該広告の後2年経過後に消滅すること（2項）を規定している。

　その他，譲渡契約を対象とする詐害行為取消権ないし否認権の行使，法人格否認の法理の活用等が考えられる。

〔千矢　邦夫〕

222　第1章　民　　法

Q 31

併存的債務引受と過払金返還債務の承継

　Y株式会社の100％子会社であったA株式会社が，貸金業登録を廃止するにあたって，Y社がA社の顧客であるXに対し，XがA社に負っている借入金債務と同額の金員を新たに貸し付け，Xは，この金員をもってA社に対する債務を弁済し，その後，XがY社に対して新たな借入金の弁済をするという切替え処理を行った。この切替えによってY社がA社の契約上の地位を承継した，あるいは，Y社が併存的債務引受をしてA社の過払金返還債務を承継した（A社・Y社間の業務提携契約の契約書面第○条には，A社が契約顧客に対して負担する利息返還債務及び当該利息返還債務に付帯して発生する経過利息の支払債務その他A社が契約顧客に対して負担する一切の債務について，Y社とA社双方が連帯してその責めを負うとの併存的債務引受の合意がある）として，Xは，Y社に対し，過払金の返還を求める訴えを提起した。Xの請求は認められるかについて説明しなさい。また，後日，上記債務引受の合意が取り消されていた場合には，どうなるかについても説明しなさい。

[1]　問題の所在

　設例は，Y社が，その100％子会社であったA社の貸金業登録を廃止するにあたり，A社の顧客Xに対し同社に対する借入金債務と同額を貸し付け，それをXがA社に弁済し，その後XはY社に借入金の弁済をする，いわゆる切替え処理をしたものである。この切替え処理は，法形式的には，業者を異にする通常の借換えであり，その法的効果としては，切替え時点でXがA社との関係ですでに過払いとなっており，法的には返済すべき債務を負担していない状態にあったにもかかわらず，Y社から新たな借入れをしたため，Y社に対し貸金返還債務を負担することになったものである。業者を異にする通常の借換えにお

いては，このような効果が生ずることは当然であり，Ｘの合理的意思としてもその認識があったといえる。ただ，設例では，この法形式が，Ｙ社のグループ再編の一環として，Ｙ社の勧誘に基づきとられたものであり，顧客としては，特段の不利益がないものとの認識のもとに切替えに応じている点で通常の借換えとは異なっており，通常の借換えとして法形式どおりの効果を認めることは，顧客について不意打ち的に不利益を与える面があるといえる。

以上の観点から，切替え処理により，Ｙ社がＡ社の契約上の地位を承継したとして，あるいは，Ｙ社が併存的債務引受（第三者のためにする契約）をしたとして，Ａ社の過払金返還債務を承継するとの主張が認められるのか，後者に関しては，Ｙ社とＡ社との間で当初締結されていた債務引受条項が後に変更されていることから，第三者のためにする契約における受益の意思表示があったのか，同意思表示があった場合，その時期はいつか，また，Ｙ社が通常の借換えとして法形式どおりの効果を主張することが信義則に反しないかが問題となる。

本設例と同様の事実関係にある過払金返還請求事件が多数下級裁判所に係属し，切替え処理により過払金等返還債務を承継するかについて争われ，下級裁判所では結論が分かれていたのであるが，最高裁判所第２小法廷は，Ａ社がＸに対して負担する過払金等返還債務をＹ社が負担するとの判断を示した（最〔２小〕判平23・9・30裁判集民事237号655頁）ので，本稿では，まず，同判決を紹介し，同判決の視点等について，検討することとしたい。

[2] 最〔２小〕判平23・9・30の概要

(1) 認定事実

(a) Ｘは，Ａ社との間で，金銭消費貸借取引に係る基本契約を締結し，これに基づき，継続的な金銭消費貸借取引（以下「Ａ取引」という）を行った。

(b) Ｙ社は，グループ会社のうち，国内の消費者金融子会社の再編を目的として，完全子会社であったＡほか１社との間で上記再編に係る基本合意書を取り交わし，Ａ社が顧客に対して有する貸金債権をＹ社に移行し，Ａ社の貸金業を廃止することとした。Ｙ社は，この債権移行を円滑に実行するため，Ａ社との間で，以下の業務提携契約を締結した。

(イ) Ａ社の顧客のうちＹ社に債権を移行させることを勧誘する顧客は，Ｙ社

及びA社の協議により定めるものとし，そのうち希望する顧客との間で，Y社が金銭消費貸借取引に係る基本契約を締結する（以下，Y社との間で上記基本契約を締結したA社の顧客を「切替顧客」という）。

(ロ)　A社が切替顧客に対して負担する利息返還債務，同債務に附帯して発生する経過利息の支払債務その他同社らが切替顧客に対して負担する一切の債務（以下「過払金等返還債務」という）について，Y社及びA社が連帯してその責めを負うものとし，この連帯債務の負担部分の割合はY社が0割，A社が10割とする（以下「本件債務引受条項」という）。

(ハ)　Y社及びA社は，切替顧客に対し，今後のすべての紛争に関する申出窓口をY社とする旨を告知する（以下「本件周知条項」という）。Y社は，切替顧客からの過払金等返還債務の請求に対しては，申出窓口の管理者として善良なる注意をもって対応する。

(c)　Xは，A取引に係るA社の債権の移行を求めるY社の勧誘に応じて，Y社との間で金銭消費貸借取引に係る基本契約（以下「本件切替契約」という）を締結した。この際，Xは，Y社から，Y社グループの再編により，A社に対して負担する債務をY社からの借入れにより完済する切替えについて承諾すること，A取引に係る約定利息を前提とする残債務（以下「約定残債務」という）の額を確認しこれらを完済するため，同額をA社名義の口座に振り込むことをY社に依頼すること，A取引に係る紛争等の窓口が今後Y社となることに異議はないことなどが記載された「残高確認書兼振込代行申込書」（以下「本件申込書」という）を示され，これに署名してY社に差し入れた。

(d)　Y社は，本件申込書の差入れを受け，Xに対し，本件切替契約に基づき，A取引に係る約定残債務金額に相当する金額を貸し付けた上，同額をA社名義の口座に振込送金した。そして，Xは，Y社に対し，同日から本件切替契約に基づく金銭消費貸借取引を行った（以下「Y取引」という）。

(e)　Y社とA社は，その後，本件業務提携契約のうち本件債務引受条項を変更し，過払金等返還債務につき，A社のみが負担し，Y社は切替顧客に対し何らの債務及び責任を負わないことを内容とする契約（以下「本件業務提携変更契約」という）を締結した。

(2) 一審及び原審におけるXの主張

A社がXに対して負担する過払金等返還債務をY社が負担するとするXの主張の根拠は，次の3点である。

(a) Y社は，XとA社との契約上の地位を引き継いだ。

(b) 本件債務引受条項は，第三者のためにする契約であり，Xは，Y社の勧誘に応じて，本件申込書をY社に差し入れたことにより，受益の意思表示をした。

(c) Y社が，A社の過払金等返還債務の負担を否定することは信義則に反する。

(3) 一審及び原審の判断

(a) 取引の切替えにあたり，Y社がA社の契約上の地位を引き継いだ事実をうかがわせる証拠はない。

(b) 本件債務引受条項は，第三者のためにする契約の性質を有するが，Xが，Y社に対し，A取引に係る紛争等の窓口が今後Y社となることに異議はないなどの記載がされた本件申込書を差し入れ，Y社との間で切替契約を締結した上，以後，Y社に弁済したからといって，本件債務引受条項につき，Xが受益の意思表示をしたものとはいえない。

(c) A社に対する過払金等返還請求権は消滅しておらず，切替え処理に応ずるかはXの任意であったことなどから，A社の過払金等返還債務をY社が負担しなくても信義則違反とはいえない。

(4) 最高裁判決の判断

上記事実によれば，Y社は，本件債務引受条項において，切替顧客に対する過払金等返還債務を併存的に引き受けることを，また，本件周知条項において，切替顧客に対し，当該切替顧客とA社との間の債権債務に関する紛争については，単にY社が紛争の申出窓口になるにとどまらず，その処理についてもY社がすべて引き受けることとし，その旨を周知することをそれぞれ定めたものと解される。Y社が，このような本件業務提携契約を前提としてXに対し，本件切替契約がY社のグループ会社の再編に伴うものであることや，A取引に係る紛争等の窓口が今後Y社になることなどが記載された本件申込書を示して，Y社との間で本件切替契約を締結することを勧誘しているのであるから，Y社の

意図は別にして，上記勧誘にあたって表示されたY社の意思としては，これを合理的に解釈すれば，Xが上記勧誘に応じた場合には，Y社が，XとA社との間で生じた債権をすべて承継し，債務をすべて引き受けることをその内容とするものとみるのが相当である。

　Xは，上記の意思を表示したY社の勧誘に応じ，本件申込書に署名してY社に差し入れているのであるから，Xもまた，A社との間で生じた債権債務をY社がすべてそのまま承継し，又は引き受けることを前提に，上記勧誘に応じ，本件切替契約を締結したものと解するのが合理的である。

　本件申込書には，A社に対して負担する債務をY社からの借入れにより完済する切替えについて承諾すること，A取引に係る約定残債務の額を確認し，これを完済するため，同額をA社名義の口座に振り込むことを依頼することも記載されているが，本件申込書は，上記勧誘に応じて差し入れられたものであり，実際にも，XがY社から借入金を受領して，これをもって自らA社に返済するという手続がとられることはなく，Y社とその完全子会社であるA社との間で直接送金手続が行われたにすぎない上に，上記の記載を本件申込書の他の記載部分と対照してみるならば，Xは，A取引に基づく約定残債務に係るA社の債権をY社に承継させるための形式的な会計処理として，Aに対する約定残債務相当額をY社から借り入れ，その借入金をもって上記約定残債務相当額を弁済するという処理を行うことを承諾したにすぎないものと解される。

　以上の事情に照らせば，XとY社とは，本件切替契約の締結にあたり，Y社が，Xとの関係において，A取引に係る債権を承継するにとどまらず，債務についてもすべて引き受ける旨を合意したと解するのが相当であり，この債務には，過払金等返還債務も含まれていると解される。したがって，Xが上記合意をしたことにより，論旨が指摘するような第三者のためにする契約の性質を有する本件債務引受条項について受益の意思表示もされていると解することができる。そして，Y社がXと上記のとおり合意した以上，その後，Y社とA社との間において本件変更契約が締結されたからといって，上記合意の効力が左右される余地はなく，また，Xが，A取引に基づく約定残債務相当額をY社から借り入れ，その借入金をもってA取引に基づく約定残債務を完済するという会計処理は，A社からY社に対する貸金債権の承継を行うための形式的な会計

処理にとどまるものというべきであるから，A取引とY取引とは一連のものとして過払金の額を計算すべきであることは明らかである。したがって，Y社は，Xに対し，A取引とY取引とを一連のものとして制限超過部分を元本に充当した結果生ずる過払金につき，その返還に係る債務を負うというべきである。

[3] 最高裁判決の視点

以上が上記最高裁判決の概要である。最高裁判決は，本件切替契約締結に係る当事者の合理的な意思解釈として，本件切替契約締結の勧誘にあたり表示されたY社の意思は，（Y社の現実の意図は別にして）Xが勧誘に応じた場合には，Y社が，X・A社間で生じた債権をすべて承継し，債務をすべて引き受けることをその内容としており，切替契約締結により債権の承継だけでなく，債務を引き受ける旨合意したと解するのが相当であるとし，同合意によりXが第三者のためにする契約の性質を有する本件債務引受条項について受益の意思表示もされていると解されると判示したものである。したがって，設例のXの主張についても，上記認定事実のとおり主張がなされ，同主張に係る証拠（基本合意書，業務提携契約書，金銭消費貸借取引に係る基本契約書（切替契約書），残高確認書兼振込代行申込書，陳述書）の提出があれば，認められることになる。

なお，本件切替契約に基づく貸付け及び貸付金によるA社への弁済という会計処理は貸金債権の承継を行うための形式的なものにとどまるものというのであるから，この切替えそのものの取引は何ら実質的意味を有しないことになり，Y社が負担すべき過払金額の計算では，同取引部分は計算対象から除外することになる。

[4] 最高裁判決の分析

設例のような契約の切替えの場合には，契約の切替え時点で，A取引は過払いになっていて，Xがその返還請求権を有しており，切替え後に，Y社から借入れをして，Y社に対して新たな返還債務を負担することになるが，XのA社に対する過払金返還請求権とY社に対する貸金返還債務は法形式的には無関係である。Y社のグループの事業再編の場合，顧客の関知しないところで，切替えが決定され，同決定に基づいたY社の勧誘による借換えが行われているにも

かかわらず、法形式的には無関係とすることは、Xに不測の損害を与えることになるため、最高裁判決は、上記のとおり判断したものである。最高裁判決を掲載した判タ1357号76頁のコメントは、上記認定事実に係る事情を考慮すれば、信義則違反を理由に法形式どおりの効果を何らかの形で制限するという考え方もあり得るとし、例えば、本件変更契約の効果を制限し、本件変更契約後の受益の意思表示であっても本件債務引受条項による効果を認めるとか、あるいは、Y社が貸金債権を取得したという主張は認めないとするなども考えられるが、最高裁判決は、そのような考え方をとらなかったものであるとしている。

　この点、下級審の裁判例では、子会社A社からY社に契約の切替えをした場合に、契約上の地位の譲渡が行われたものとするもの（名古屋高判平22・5・27判例集未登載、大阪高判平22・10・27判例集未登載、札幌簡判平22・3・10消費者法ニュース84号140頁）、親子会社の切替契約について、充当の合意を肯定するもの（東京高判平23・3・24判時2120号9頁）、契約の切替えによる債権譲渡や併存的債務引受を肯定するもの（東京高判平22・7・15、大阪高判平22・9・14、東京高判平22・10・28、大阪高判平22・11・5など、いずれも判例集未登載）、これを否定し、借主が契約の切替えについて同意をした上で本件申込書に署名しても、受益の意思表示をしたとは認められないとしたもの（東京高判平22・9・29判タ1339号152頁）があり、肯定、否定、結論が分かれ、争いがあった。これらの裁判例では、本件債務引受条項の存在を知らずに顧客が本件申込書を差し入れ、取引の継続を承認しただけで受益の意思表示があったといえるかが多く問題とされていた。最高裁判決は、上記のとおりA社がXに対して債務を負っているのであればY社がこれを引き受けることをXが承諾する趣旨の意思表示をしたものとし、同意思には、受益の意思表示が含まれているとして、広範に第三者のためにする契約の成立を認め、受益の意思表示をも広く肯定したものであり、勧誘による外観責任を認めたものといえる（小野秀誠「貸金業者Yとその完全子会社である貸金業者Aの顧客Xとの間の金銭消費貸借取引に係る契約の切替えと、AのXに対する過払金返還債務の引受」判時2148号148頁（判評641号2頁））。

　ところで、第三者のためにする契約については、民法に規定があり、契約によって第三者に権利を取得させることが可能であること（民537条1項）、ただし、第三者の権利は、その第三者が受益の意思表示をした時に発生すべきこと（民

537条2項），さらに，第三者の権利が発生した後は，契約の当事者もこれを変更することができないこと（民538条）が定められている。民法で第三者の受益の意思表示が権利の発生要件とされた根拠については，「利益といえども，その意思に反してこれを強いることは妥当でない」ことにある（『我妻・有泉コンメンタール民法』〔第2版追補版〕1006頁）とされている。この受益の意思表示にあたり，受益者において旧債務者と新債務者との債務引受契約の存否及びその具体的な内容についての認識が必要であると狭く解することは妥当でない。旧債務者の債務を新債務者が負担することについて受益者の意思に反していないことを認め得るだけの意思表示があれば十分であると解すべきであろう。

XがY社による勧誘に応じて切替契約を締結し，本件申込書に署名した後，Y社と取引を行った事実は，当事者の合理的意思解釈からXにおいて「紛争等の窓口は，従前の契約先にかかわらずY社となることに異議」がなく，承諾したものといえるのであり，Y社からの利益を享受する旨の受益の意思表示があったと評価することは可能といえる。

また，本件切替契約締結後，Y社とA社は，業務提携契約のうち債務引受条項を変更し，過払金返還債務につき，A社だけが負担し，Y社は切替顧客に対し責任を負わない旨の業務提携変更契約を締結しているが，Xにおいて受益の意思表示をしているので，併存的債務引受の効果は消滅せず，業務提携変更契約によって，XのY社に対する過払金返還請求債権を奪うことはできない（民538条）。

[5] 最高裁判決の射程

本判決は，事例判断という形となっているが，Yに係る切替え事案（親子会社の関係にある事業再編に係るもの）については，本判決の射程が及ぶと解される。

親子会社の関係にない場合の債権の一括譲渡の場合はどうかが問題となるが，Q30で紹介した最〔3小〕判平23・3・22は，債権の一括譲渡について「それが営業譲渡の性質を有するときであっても，借主と譲渡業者との間の金銭消費貸借取引に係る契約上の地位が譲受業者に当然に移転すると解することはできない」として，譲渡人の過払金返還債務の譲受人への当然承継を否定した。

〔千矢　邦夫〕

Q 32

冒頭ゼロ計算による過払金返還請求

　貸金業者Y株式会社は，取引履歴の全部開示を求めるXに対し，当初貸付けの約定残高から始まる取引履歴を開示したのみで当初貸付けから始まる取引履歴を開示しない。過去10年を超える取引履歴については廃棄処分したというのがその理由である。そこで，Xは，冒頭残額0円からスタートして，平成18年法律第155号による改正前の利息制限法1条1項所定の制限利率に基づく引直し計算をすると過払金140万円が発生しているとして，Yに対し，その金額の返還を求める訴えを提起した。Xの請求は認められるかについて説明しなさい。

[1] はじめに

　貸金業者である被告が取引履歴を廃棄しているなどの理由で，取引履歴の一部を開示しない結果，一定時点以前の取引履歴が再現できないことがある。また，開示された取引履歴に貸付残高が記載されていたとしても，それ以前の取引経過が曖昧であるとか，長期間の取引によりすでに過払金が発生しているはずだといった理由により，取引履歴に記載された貸付残高は，利息制限法（平成18年法律第115号による改正前のもの。以下同じ）1条1項所定の制限利率（以下「制限利率」という）に引き直して計算した残高にならないとして，取引履歴が開示された時点での貸付残高をゼロとして，原告の返済からスタートした計算（いわゆるゼロスタート計算）を主張することがある。
　本問は，このように貸金業者が取引履歴を一部しか開示しないとして，貸金業者が開示した取引履歴の当初貸付残高を無視して，当初残高をゼロ又は弁済から始まる引直し計算に基づく過払金返還請求がなされた場合，その請求は認められるかという問題である。

[2] 過払金返還請求権の主張・立証責任

(1) 問題の所在

「冒頭ゼロ計算」は，請求にかかる期間の冒頭の借入残高が0円で，いきなり弁済から始まることも少なくなく，その場合には弁済額全額が過払金として計上されることになる。これが貸金業者との間の取引として不自然であることは明らかであるが，このような主張が過払金返還請求の要件事実を満たしているのかがまず問題となる。

(2) 過払金返還請求の要件事実

そこで，まず要件事実について検討すると，過払金返還請求は，民法703条及び704条の不当利得返還請求権と解されるから，その要件事実は，法律分類説によると，①原告の損失，②被告の利得，③損失と利得の間の因果関係，④被告の利得が法律上の原因に基づかないことであり，①ないし④は，原告に主張・立証責任があると解されている。

これを過払金返還請求事件に当てはめると，原告である債務者が，原告・被告間において利息制限法1条1項の適用のある取引が存在し，その取引を制限利率に引直し計算をした結果，過払金が発生している事実を主張・立証しなければならないことになるが，具体的な取引経過が明らかでない以上，過払金が発生し，原告が損失を被り，被告が利得した事実は主張・立証できないことになる。

(3) 学　説

不当利得返還請求においては，原告は，前記①ないし④の要件すべてについて主張・立証すべきであるとの考え方と①ないし③のみで足り，④の要件については，被告の利得が法律上の原因に基づくことを示す事実が被告の抗弁であるとの考え方があり，過払金返還請求における原告のほとんどは後者の立場に立って訴えを提起している。

(4) 裁判例

(a) 「法律上の原因に基づかないこと」の主張・立証責任を原告が負担するとした裁判例　　この立場の裁判例としては，「法律上の原因に基づかないこと」を示す事実の主張・立証責任を原告が負担するとしつつ，結果として当初

貸付けを0円とする過払金返還請求を認めたものと当初貸付けを0円とする過払金返還請求を棄却したものとがある。

　前者の裁判例として，名古屋高金沢支判平21・6・15（判タ1310号157頁）は，貸付け及び返済の事実について，原告が主張・立証責任を負うとしながらも，取引履歴開示義務違反のある貸金業者との関係では，被告である貸金業者に主張・立証責任を転嫁させ，貸金業者の利得が法律上の原因に基づくこと，すなわち，貸付けの事実については被告の抗弁事実であるとしていることが注目されるが，主張・立証責任を転嫁させることの根拠については必ずしも明らかにされていない。

　後者の裁判例（いずれも判例集未登載）としては，「冒頭ゼロ計算」を推認できるような立証がない（東京地判平17・5・24），あるいは証拠に基づかない主張である（東京高判平21・4・15，東京高判平21・11・5）として「冒頭ゼロ計算」の主張を退けている。

　(b)　「法律上の原因に基づくこと」の主張・立証責任を被告が負担するとした裁判例　　広島地判平16・8・3（判例集未登載）は，「被告の主張が期間の初日現在の残高についてまで原告らが証明責任を負担すべきであるというものであるならば，独自の見解であって採用できない。そのように解するときは，債務者において債権の存在（正確には，より以前の債権の発生原因事実）について証明責任を負担することになるからである。したがって，期間の初日現在の残高については被告において主張・立証すべきところ（これが請求原因に対する反証であるか，抗弁に係る本証となるのかはともかくとして），これに係る主張・立証がない以上，同日現在の残高は存在しないもの，すなわち，原告らによる計算のとおり0円であったとして以後の計算をするのが相当である」とし，東京地判平19・5・11（判例集未登載）は，「弁済の一部又は全部が過払（不当利得）であるとしてその返還が求められた場合，債権者（被告）は，給付保持権原（債権）の発生原因事実の主張・立証責任があり，他方，弁済者（原告）は，その給付保持権原の発生障害事実・消滅原因事実の主張・立証責任があると解するのが相当であるから，上記平成7年3月28日時点で貸金債権が存在することについては，被告にその主張・立証責任があるというべきである。」としている。

(5) 「法律上の原因に基づくこと」の主張・立証責任の検討

(a) この問題は、過払金返還請求権の要件事実をどのように考えるかにあり、上記のとおり、学説及び下級審の裁判例は分かれているが、その要件のうち「法律上の原因に基づくこと」が被告の抗弁であるとすると、原告は、被告に対して金銭を交付したことのみを主張すればよいことになり、それが金銭消費貸借契約に基づく利息・損害金の弁済であることを立証する必要がないから、原告は、「冒頭ゼロ計算」による主張で請求原因の要件事実を満たすことになる。

しかしながら、民法703条の規定からすると、やはり「法律上の原因に基づかないこと」の主張・立証責任は原告にあると考えるべきではなかろうか。

そうすると、原告が被告に対して金銭を交付したことを主張・立証するだけでは十分ではなく、それが被告との間の金銭消費貸借契約に基づく利息、損害金の返済であることを主張・立証する必要があるから、「冒頭ゼロ計算」によっては、請求原因の要件事実は満たしていないものと思われるが、「貸金業者は、債務者から取引履歴の開示を求められた場合には、その開示要求が濫用にわたると認められるなど特段の事情のない限り、貸金業法の適用を受ける金銭消費貸借契約の付随義務として、信義則上、保存している業務帳簿（保存期間を経過して保存しているものを含む。）に基づいて取引履歴を開示すべき義務を負うものと解すべきである。」（最〔3小〕判平17・7・19民集59巻6号1783頁）ことからすると、被告が取引履歴の一部しか開示しないために、原告の過払金の計算に支障が生じるのは公平でないと思われる。

(b) 「冒頭ゼロ計算」は、いわゆる全期間について取引履歴の開示を得られない場合の窮余の策という意味もあるものと思われ、その主張には「原告の持っている資料や記憶から判明する被告との取引の開始時期とその借入額、それに開示された期間の冒頭の残高とを基にして引直し計算すると、請求にかかる期間の冒頭の残高は少なくとも0円である。」との主張を含むものと考えられるから、④の要件について、債務者である原告に主張・立証責任があるとの立場に立っても、取引の開始時期やその借入額等について客観的な資料や相当程度根拠のある陳述書等により認定することができれば、それにより上記事実を推認することができるのではないだろうか。

もっとも,「冒頭ゼロ計算」も推定計算であることには違いないし,真の取引内容と誤差が生じることは否めないから,「冒頭ゼロ計算」を主張する前に,原告としてはできる限り真の取引に近い内容のものを再現できるよう努力すべきであると思われる。そのためには,①被告から開示された取引履歴以前にどのような取引があったのか（ほぼ同じような取引であったかどうかなど）について,原告のもつ,おそらく断片的な資料から,点と点とをつなぐように,できる限りの再現を試みて請求原因を構成すること,②取引の途中経過は判然としないが,取引の開始の時期は判明するとして,その借入額,開示された取引冒頭の残高,それまでの期間やその当時の一般的な貸付利率などから,その間の取引を推定計算すること,③いわゆる「反転方式」*のような手法を用いて,当該取引について一致の合理性をもった推定計算を試みること,などが考えられよう。

　　＊**反転方式**
　　　　提出された取引履歴をみて定期的に一定の金額が返済されているようであれば,その取引履歴の最初の時点をmとし,原告が最初にお金を借り始めたと主張している時点をaとして,この取引履歴がないa－m間の期間を,明らかになっている取引履歴の始点であるmを基点として反転させ,時点bをとる。そして,このm－bの期間の取引状況を確認してみて,それなりにきちんと定期的に一定のお金を返したりしていることが確認できれば,このm－b間の取引内容を,mを基点として不提出部分に再度反転することで,a－m間の取引内容を推認する方法（加藤新太郎ほか「証拠・データ収集の方法と事実認定」判タ1248号30頁）をいう。

（c）この問題については,前記のとおり,原告が請求する過払金発生の対象となる取引期間のすべての取引を原告の立証にかからせる考え方や原告が,被告から開示された取引期間の以前にも取引が存在したことを立証すれば,過払金の存在を争う被告のほうで,計算書冒頭の時点において,貸金残高が存在する事実を立証すべき責任が生じることになるとする考え方などさまざまな考え方があり,最高裁の判決もないことから,統一された見解はないが,現在の下級審の裁判実務は,原告に主張・立証責任があるとの立場が多いようで,その場合には,冒頭ゼロ計算を主張する原告に対して,取引履歴冒頭の時点における債務残高を0円,あるいは,取引履歴で明示された債務残高を下回る具体的

金額であると推認するに足りる根拠事実（間接事実）の主張・立証を促す訴訟指揮が行われているようである（現実の訴訟では，推定計算による主張・立証を行うような訴訟指揮がなされていることが多いと思われる）。

［3］ 冒頭ゼロ計算の証拠方法

原告に「法律上の原因に基づかないこと」の立証責任があるとの立場によると，原告は，これについて主張・立証することになるが，証拠方法としては，取引履歴のない取引について，原告本人尋問あるいは陳述書における原告本人の具体的かつ詳細な供述あるいは陳述のほか，それを客観的に裏づけるのに必要な証拠として，領収書，振込依頼書，預貯金通帳，家計簿，日記，手帳，メモなどが考えられ，どの程度の客観的証拠資料があれば請求が認容されるかは裁判官の判断に委ねられるが，原告本人尋問あるいは陳述書のみで原告の請求が認容されることは難しいであろう。

また，領収書，振込依頼書が数点ある程度では立証としてやや不十分であると考えられるが，取引履歴により開示された取引において返済日や返済金額に一定の規則性が認められ，かつ，当事者間に取引開始時期に争いがないような場合には，経験則上，開示された取引形態がそのまま開示されない部分まで遡及して推認できるという認定方法（前述の「反転方式」等）がとられることがある。その場合，双方にそれぞれ約定利率による推定計算書を提出させ，それらと明示された債務残高を照らして，より信用性の高いものが採用されることが多い。

［4］ 設問の検討

(1) 「法律上の原因に基づくこと」の主張・立証責任が被告にある場合

この立場によれば，原告は，①原告が被告との間で，制限利率を超える利息を支払うとの約定のもとで継続的金銭消費貸借契約を締結したこと，②原告が約定利息を支払ったこと，③支払った利息を制限利率に引き直すと過払金が発生しており，過払金を元本に充当すると元本がゼロになり，さらに過払額が存在しており，原告がこの過払額相当額の損失を被っていること，④被告が法律上の原因なくして原告の損失分相当額を利得していることを主張するとともに，

計算書を添付し，証拠としては，被告作成の取引履歴を出せば足りるであろう。

なお，被告が悪意の受益者であると主張する場合は，悪意の受益者についての主張・立証が必要になるが，「貸金業者が制限超過部分を利息の債務の弁済として受領したが，その受領につき貸金業法43条1項の適用が認められない場合には，当該貸金業者は，同項の適用があるとの認識を有しており，かつ，そのような認識を有するに至ったことについてやむを得ないといえる特段の事情があるときでない限り，法律上の原因がないことを知りながら過払金を取得した者，すなわち民法704条の『悪意の受益者』であると推定される」（最〔2小〕判平19・7・13（平17（受）1970号）民集61巻5号1980頁）から，原告としては悪意の受益者の主張・立証としては，①被告が登録を受けた貸金業者であること，②被告は，制限利率を超える利息を債務の弁済として受領したこと，を主張・立証すればよく（①については争われることはほとんどなく，②は被告作成の取引履歴を証拠として提出すれば足りる），被告において上記最高裁判決が判示する「特段の事情」を主張・立証することになる。

(2) 「法律上の原因に基づかないこと」の主張・立証責任が原告にある場合

(a) この場合は，前記各主張以外に，「ゼロ計算」書の添付及び「ゼロ計算」を主張する理由を主張する必要がある。

(b) また，必要な証拠については，裁判所がどのような立場をとるかによって求められる証拠や推定計算書の必要の有無などが決まると思われ，その都度，裁判所から釈明があるから，それに従った主張や立証をせざるをえないであろう。

〔柏森　正雄〕

Q33
制限超過利息の支払請求による不法行為の成否

　Xは，貸金業者Y株式会社に対し，平成18年法律第155号による改正前の利息制限法1条1項所定の制限額を超えて利息として支払われた部分を元本に充当すると過払いが生じているとして過払金の返還を求める訴えを提起した。Xは，上記訴訟において，Y社の制限超過利息の受領行為が不法行為を構成するとして，その損害賠償も求めている。Xの不法行為に基づく損害賠償請求の主張は認められかについて説明しなさい。

[1] はじめに

　平成18年1月13日に最高裁第二小法廷判決（平16(受)1518号，民集60巻1号1頁，以下「平成18年判決」という）が，債務者が利息制限法1条1項の制限を超える約定利息の支払を遅滞したときには当然に期限の利益を喪失する旨の特約の下で，債務者が利息として同項の制限額を超える額を支払った場合には，特段の事情のない限り，債務者が制限超過部分を任意に支払ったものということはできないと判示し，期限の利益喪失約款の定めのある金銭消費貸借契約に基づく取引については，特段の事情のない限り貸金業法（平成18年法律第115号による改正前のもの，以下「貸金業法」という）43条1項のみなし弁済の適用がないとされ，さらに，最高裁第二小法廷平成19年7月13日判決（平17(受)1970号，民集61巻5号1980頁，以下「平成19年判決」という）がみなし弁済が成立しない場合，利息制限法違反の利息を収受していた貸金業者は原則として「悪意の受益者」と推定される旨判示されて以降，過払金返還訴訟事件が激増したが，その中で，原告から，個別の事案に則さずに一般的な形で貸金業者側にみなし弁済が認められない場合に，超過利息を請求し，収受する行為そのものが違法性を有する，あるいは架空請求として不法行為になるとの主張がなされることがあり，これに対し，下級裁の判例は不法行為の成立を認めるものと認めないものとに分かれていた

が、最高裁第二小法廷が平成21年9月4日に一定の事実が存する場合には不法行為が成立するとの判断を示した（平21（受）47号、判タ1308号111頁、以下「平成21年判決」という）。

そこで、これまでの下級裁の裁判例の動向とともに平成21年判決の内容について検討してみたい。

[2] 下級裁の裁判例の動向と平成21年判決の検討

(1) 平成21年判決までの下級裁の裁判例の動向

平成21年判決が下されるまでの下級裁の裁判例としては、札幌高裁平成17年2月23日判決（判時1916号39頁）、札幌高裁平成19年4月26日判決（判時1976号60頁）、神戸地裁平成19年11月13日判決（判時1991号119頁）など、利息制限法に基づく再計算によって、債務が消滅したことを知った後の請求や弁済金の受領それ自体が架空請求に類する不法行為であるとする裁判例もあったが、①利息が出資法に違反していないこと、②債務者が任意に行った契約であること、③暴力的な取立てがないこと、④当時の社会通念上、違法とまでは解されていなかったことなどを理由に、不法行為の成立に消極的な判決が多かった（東京高裁平成19年12月19日判決（判タ1275号211頁）、水戸地裁平成20年1月25日判決（判時2008号114頁）など）。

(2) 平成21年判決の検討

平成21年判決は、「一般に、貸金業者が、借主に対し貸金の支払を請求し、借主から弁済を受ける行為それ自体は、当該貸金債権が存在しないと事後的に判断されたことや、長期間にわたり制限超過部分を含む弁済を受けたことにより結果的に過払金が多額となったことのみをもって直ちに不法行為を構成するということはできず、これが不法行為を構成するのは、上記請求ないし受領が暴行、脅迫等を伴うものであったり、貸金業者が当該貸金債権が事実的、法律的根拠を欠くものであることを知りながら、又は通常の貸金業者であれば容易にそのことを知り得たのに、あえてその請求をしたりしたなど、その行為の態様が社会通念に照らして著しく相当性を欠く場合に限られるものと解される。この理は、当該貸金業者が過払金の受領につき、民法704条所定の悪意の受益者であると推定される場合においても異なるところはない。」と判示し、「行為

の態様が社会通念に照らして著しく相当性を欠く場合」の具体例として，①請求ないし受領が暴行，脅迫等を伴うものであった場合，②貸金業者が当該貸金債権が事実的，法律的根拠を欠くものであることを知りながら，あえてその請求をした場合，③貸金業者が当該貸金債権が事実的，法律的根拠を欠くものであることを容易にそのことを知り得たのに，あえてその請求をした場合を挙げるとともに，暴行，脅迫等を伴う場合には請求と受領の双方が不法行為になるが，それ以外については請求をした場合のみ違法として不法行為が成立すると判示しているものの，単なる受領の場合には不法行為が成立するとは判示していない。

［3］　平成21年判決の要件の検討と不法行為の成否についての主張・立証責任

(1)　不法行為の成否について

　平成21年判決によって，利息制限法の制限利率（以下「制限利率」という）を超過する利息の収受については，社会通念に照らして著しく相当性を欠く場合でない限り不法行為に該当しないとされたが，貸金業者が制限利率を超えた利息を収受した態様についてはいろいろ考えられるので，以下，いくつかの態様に分けて不法行為が成立するかどうかを検討してみたい。

　(a)　平成18年判決以前に締結された，期限の利益喪失約款の定めのある契約書に基づく利息を収受していた場合（請求行為がない場合）

　(イ)　収受した金員を制限利率に引き直してもまだ債務が残る場合　　この場合には，将来引直し計算によって，残元金が減少するという問題はあるものの，収受行為そのものは不法行為を構成しない。

　(ロ)　収受した金員を制限利率に引き直すと過払いが発生している場合　　平成21年判決に照らすと，請求行為がないから，不法行為は成立しないと考えられるが，多くの貸金業者の受取書面の「貸付金残高」，「次回の支払期限」，「次回返済額」等の記載をもって借主に対する「請求」と解し，不法行為が成立するとの考え方もある。

　しかし，平成18年判決によって，それまでほとんどの貸金業者で使用されていた期限の利益喪失約款の定めのある契約書に基づく取引についてはみなし

弁済規定の適用が否定されることになったが，契約件数が数万件から大手貸金業者では数百万件といわれている取引すべてを制限利率に引き直して利息を計算すべきであり，それを超える利息については，請求行為を伴わない債務者からの任意（当然ではあるが，貸金業法43条1項の任意性を肯定するものではない）に弁済された約定利息の収受も不法行為に該当するとするのは貸金業者にとって酷であるといわざるを得ないし，貸金業者の請求行為を伴わない収受行為は，「平成21年判決は，社会通念に照らして著しく相当性を欠く場合」には該当しないと解されることから，すでに過払いが発生している状態において，貸金業者が借主から約定による弁済金を受領する行為は，不法行為に該当しないと解される。

　(b)　平成18年判決以後に締結された，期限の利益喪失約款の定めのない契約書（以下「新型契約書」という）に基づき，債務者から返済された制限利率を超える約定利息に基づく利息を収受していた場合

　(イ)　新型契約書に基づき支払われた制限利率を超える利息金で，新貸金業法が実施される以前に締結された契約に基づくものについて，みなし弁済の適用があるかどうかについては，下級審では，これを否定する裁判例もあるが，肯定する裁判例も少なくないことから，この場合は，貸金業者が単に収受した場合のみならず，請求をした場合であっても，貸金業者の請求行為は，平成21年判決にいう，「貸金業者が当該貸金債権が事実的，法律的根拠を欠くものであることを知りながら，又は通常の貸金業者であれば容易にそのことを知り得たのに，あえてその請求をしたりした」とはいえないから，不法行為は成立しないと解される（なお，請求ないし受領が暴行，脅迫等を伴うものであった場合には不法行為が成立するのは当然である）。

　(ロ)　新貸金業法施行以降に制限利率を超える金利の定めに基づく利息を収受していた場合　　このような事例はほとんどないと思われるが，新貸金業法施行以降は，貸金業者は新貸金業法に定める利息を超える契約を締結することはできないのであるから，仮に，制限利率を超える金利の定めによる契約が締結され，それに基づく利息の収受を受けた場合には，貸金業者は，平成21年判決のいう，「貸金業者が当該貸金債権が事実的，法律的根拠を欠くものであることを知りながら，又は通常の貸金業者であれば容易にそのことを知り得たの

に，あえてその請求をしたりした」といえるから，請求行為がなく，単に収受しただけであっても不法行為が成立する可能性が高いであろう。

(2) 不法行為の立証責任

(a) 平成19年判決は，貸金業者が利息制限法の制限超過利息を受領したが，その受領につきみなし弁済の適用が認められない場合には「悪意の受益者」であると推定される旨判示しているが，悪意の受益者という場合の「悪意」は，「当該受益について法律上の原因を欠くことを知っていた」ことを意味するから，平成19年判決によって悪意の受益者と推定される貸金業者が，利息制限法の制限超過利息を請求した場合には，「貸金業者が当該貸金債権が事実的，法律的根拠を欠くものであることを知りながら，又は容易に知り得た」という要件を満たすのではないかという考え方も生じる。

(b) 一般に，不法行為に関する要件事実論において，加害者の故意過失（より正確にいえば，故意及び過失を根拠づける評価根拠事実）は，不法行為を主張する側に立証責任があると解されているところ，平成21年判決は，不法行為の成立要件に関する判示に続いて，「この理は，当該貸金業者が過払金の受領につき，民法704条所定の悪意の受益者であると推定される場合においても異なるところはない。」と判示していることから，最高裁は，貸金業者の悪意の受益者の推定によって立証責任が転換されることなく，原則どおり，貸金債権が事実的，法律的根拠を欠くものであることを貸主が知っていたことは，平成19年判決の推定では足りず，借主において具体的に立証する必要があると解される。

(c) したがって，この立場に立てば，借主である原告が貸主である貸金業者に対して不法行為責任を問うためには，貸金業者が「悪意の受益者」であることのほかに，民法709条の不法行為の要件事実について具体的に主張・立証する必要があるということになろう。

(3) 損害額

最高裁判決以降，貸金業者の請求が不法行為になるとした裁判例に接していないが，過去，貸金業者の請求について不法行為責任を認めた裁判例等からすると，5万円から30万円程度になるのではないかと思うが，貸金業者の請求が不法行為を構成すると認められる事案は，過去認容された事例より違法性が高いとも考えられるので，損害額が高額になる可能性も否定できない。この点

については，今後の裁判例に注目してみたいと思う。

また，過去，貸金業者の不法行為と相当因果関係のある弁護士費用として認容されているものは，慰謝料と同程度の額か，やや低い額が多いようであるが，これについても今後の裁判例に注目してみたいと思う。

[4] 本問事例の検討

(a) 貸金業者が利息制限法を超過した利息を債務者に対して請求し，過払金を受領したことについて，それが暴行，脅迫等を伴うものであったり，貸金業者が当該貸金債権が事実的，法律的根拠を欠くものであることを知りながら，又は通常の貸金業者であれば容易にそのことを知り得たのに，あえてその請求をしたりしたなど，その行為の態様が社会的通念に照らして著しく相当性を欠く場合には，不法行為を構成する。

しかし，一般に貸金業者が借主に対し，貸金の支払を請求し，借主から弁済を受ける行為それ自体は，当該貸金債権が存在しないと事後的に判断されたことや，長期間にわたり制限超過部分を含む弁済を受けたことにより，結果的に過払金が多額となったことのみをもって直ちに不法行為を構成するということはできない。

(b) したがって，原告としては，

(i) 貸金業者の請求が平成21年判決に判示するような事実が存する場合はそれを具体的に主張・立証することになろうし，

(ii) 例外の事実によって不法行為が成立するとの主張・立証であれば，その事実を民法709条の要件事実にあてはめて具体的に主張・立証する必要がある。

なお，貸金業者が「悪意の受益者」であることのみで不法行為が成立するか否かは先に述べたとおりであり，最終的には裁判官の判断によることになるが，原告としては，「悪意の受益者」であることのみで不法行為が成立しないという立場で主張・立証すべきであろう。

〔柏森　正雄〕

Q34 使用者の被用者に対する損害賠償請求

ピザ宅配業者Ｘ株式会社の被用者であるＹは，Ｘ社の自動車を運転してピザ配達業務の執行中に交通事故を起こし，Ｘ社の自動車に損傷を生じさせた。Ｙの退職後，Ｘ社は，Ｙに対し，上記交通事故によるＸ社の自動車の修理費用45万円の損害賠償を求める訴えを提起した。Ｙは，Ｘ社の請求に対して何らかの制約を加えることができないか，その法律構成について説明しなさい。

[1] 問題の所在

(1) 被用者の責任

本設例におけるＹは，Ｘ社の被用者としての業務執行中の交通事故により，①事故の相手方に対する不法行為に基づく損害賠償責任と，②使用者に対する労働契約上の債務不履行に基づく損害賠償責任（Ｘ社の自動車の修理費用）を負うことになると考えられる。

①の責任については，Ｙに不法行為の要件があることを前提に，Ｘ社は事故の相手方に対し民法715条１項の使用者責任を負うことになり，両者の責任の関係は不真正連帯債務と解されている。そして，直接の加害者であるＹは，使用者であるＸ社の賠償によってその責任を免れたときには，民法715条３項により使用者からの求償を受けることになる（労働契約上の債務不履行による責任としても免れないと解される）。②の責任については，Ｙに，相手方に対する不法行為の要件がある限りは，その過失・違法性等の内容がＸ社に対する労働契約上の債務不履行と評価され，これに基づく損害賠償責任（Ｘ社の自動車の修理費用）を負うことになる。

(2) 被用者の責任の根拠

前記のＹのＸ社に対する責任の理論的根拠としては，①の責任は，事故の相手方に対する不法行為責任の使用者・被用者間での責任分担の問題，②の責任

は，使用者であるX社に対する労働契約上の債務不履行責任の問題という違いがあるようにみえる。しかし，前記①，②のYの責任の有無及び範囲は，いずれも，企業の事業活動の過程で発生した損害を使用者と被用者の間でどのように分担すべきかという観点から検討される必要があり，企業活動に従事する被用者に最終的な責任を負担させることは，必ずしも妥当でない場合があり得るので，何らかの制約を加えることが相当ではないかと考えるのが実務の大勢である。

以下では，企業の事業活動の過程で発生した損害についての被用者の責任を適切に制約するための法律構成について検討する。

[2] 使用者責任及び求償権の法的性質，並びに，求償権制限の法的根拠

(1) 使用者責任の法的性質

求償権の法的性質をどのように考えるべきかについては，前提となる使用者責任の法的性質をどのように考えるかによって異なる。

(a) 過失責任説　自己の行為についてのみ責任を負うという近代法の自己責任の原則によれば，使用者責任の本質を無過失責任とみることはできず，被用者の選任・監督上の過失という使用者自身の過失行為に基づく過失責任と考えることになる。

(b) 固有責任説　しかし，責任の根拠として，民法709条の要件である使用者自身の事故そのものについての過失を要求せず，被用者の選任・監督上の過失のみで足りるとするのは，やはり本来の民法709条の過失責任とは異なる，民法715条により修正された特殊・中間的な固有の責任と解すべきであるとの考え方も強い。そして，この固有責任説を前提として使用者責任の実質的根拠を考えると，①被用者を使用して事業活動を拡大展開することにより社会に危険を生じさせた者は，その危険が現実化して損害が発生したときはその損害を負担すべきであるとする「危険責任の法理」，②被用者を使用して事業活動を拡大展開することにより利益を得ようとする者は，その事業活動により発生した損害も負担すべきである（利益の帰するところ損失も帰する）とする「報償責任の法理」の双方によって根拠づけられることになる。現在では，この説が多数

説と思われる。

 (c) 代位責任説　　使用者責任を前記のような自己責任の延長上で捉えることはできないとすれば，民法715条は使用者自身の固有の不法行為責任を定めたものではなく，被用者という労働契約関係にある他者の不法行為につき代わって責任を負うという代位責任を定めたものであると考えることになる。

(2) **求償権の法的性質及び求償権制限の法的根拠**

 (a) 過失責任説による求償権制限の法的根拠　　使用者責任の本質を，被用者の選任・監督上の過失という使用者自身の過失行為に基づく過失責任と考えれば，①使用者責任が成立するためには被用者の不法行為責任の成立は必ずしも必要なく，②被用者の責任の存続とは無関係に使用者の責任は存続し，③使用者が使用者責任を果たした場合にも，使用者は自己の本来の賠償責任の範囲を超える部分のみを被用者に求償できるにすぎないと考えることになろう。この求償権を制約する根拠としては，それぞれの賠償責任の範囲を定めるにあたって，事故発生に与えた使用者側及び被用者側の過失内容を公平に考慮して相当因果関係の範囲を評価することになろう。

　なお，使用者・被用者間で共同不法行為が成立する場合は，不当利得返還請求権も求償権の根拠となる（遠山信一郎「共同不法行為者間の求償」飯村敏明編『現代裁判法6』393頁）。

 (b) 固有責任説による求償権制限の法的根拠　　使用者責任を，被用者の選任・監督上の過失に基づく過失責任と被用者という他人の不法行為につき代わって責任を負う代位責任が混在した中間的な固有の責任と解すると，①使用者責任が成立するために被用者の不法行為責任の成立を必要とするかは争いがあり，②被用者の責任の存続とは別に使用者の責任が存続し，③使用者が使用者責任を果たした場合にも，使用者は自己の本来の賠償責任の範囲を超える部分，すなわち代位責任に関する部分のみを被用者に求償できるにすぎないと考えることになろう。この求償権を制約する根拠としては，代位責任による賠償責任の範囲を定めるにあたって，事故発生に与えた使用者側及び被用者側の事情を公平に考慮して相当因果関係の範囲を評価すべきことになろう。

 (c) 代位責任説による求償権制限の法的根拠　　使用者責任を，被用者という他人の不法行為につき代わって責任を負う代位責任と解すると，使用者は当

然に最終の賠償義務者である被用者に求償でき，民法715条3項はそのことを注意的に規定したものであるとし，その法的性質については，使用者と被用者間の労働契約上の債務不履行に基づく損害賠償請求権又は不法行為に基づく損害賠償請求権であると解することになる。そして，実質的には，使用者は主たる債務者である被用者の連帯保証人（負担部分なし）という立場になる。そうすると，①使用者責任が成立するためには被用者の不法行為責任が完全に成立する必要があり，②被用者の責任が消滅すれば実質保証人である使用者の責任も付従性により消滅し，③使用者がこの代位責任としての使用者責任を果たした場合は，本来の賠償義務者である被用者に全額求償できるのは当然と考えることになる。この求償権を制約する根拠としては，前記の固有責任説における「危険責任の法理」，「報償責任の法理」や権利濫用の法理により，無制限の求償を認めるのは相当でないとして制限しようとすることが考えられる。

[3] 裁判例の状況

(1) **最判昭和51年7月8日**（民集30巻7号689頁・判タ340号157頁。以下「51年判決」という）

(a) 事案は，石油等の輸送及び販売を業とする使用者が，業務上タンクローリーを運転中の被用者の惹起した自動車事故により，直接損害を被り，かつ，第三者に対する損害賠償義務を履行したことに基づき損害を被ったというものである。この判例は，被用者に対して損害の賠償又は求償の請求をする場合の基本的な考え方として，「使用者が，その事業の執行につきなされた被用者の加害行為により，直接損害を被り又は使用者としての損害賠償責任を負担したことに基づき損害を被った場合には，使用者は，①その事業の性格，②規模，③施設の状況，④被用者の業務の内容，⑤労働条件，⑥勤務態度，⑦加害行為の態様，⑧加害行為の予防若しくは損失の分散についての使用者の配慮の程度，⑨その他諸般の事情に照らし，損害の公平な分担という見地から信義則上相当と認められる限度において，被用者に対し右損害の賠償又は求償の請求をすることができるものと解すべきである。」という基本的な判断基準を示した。そして，事案に対する判断としては，①使用者は石油，プロパンガス等の輸送及び販売を業とする資本金800万円の株式会社であって，②従業員約50名を擁す

る使用者が業務用車両を20台近く保有しながら，経費節減のため，車両につき対人賠償責任保険にのみ加入し，対物賠償責任保険及び車両保険に加入せず，③また，右事故は小型貨物自動車の運転業務に従事していた被用者が特命により臨時的に乗務中生じたものであり，④本件事故当時，同被用者は重油をほぼ満載したタンクローリーを運転して交通渋滞の国道上を進行中，車間距離不保持及び前方注視不十分等の過失により，急停車した先行車に追突したが，⑤本件事故当時の被用者の勤務成績は普通以上である等，判示の事実関係のもとでは，使用者は，信義則上，右損害のうち4分の1を限度として，被用者に対し賠償及び求償を請求しうるにすぎないとした。

(b) この判例は，前記の代位責任説を前提としつつ，①被用者の有責性の程度，②使用者側の事故への寄与度，③保険等による損失回避の方策の有無・程度，④企業規模，⑤業務の危険性の程度，⑥賃金の水準，⑦被用者の日常の勤務態度等，被用者側・使用者側の種々の要因を相関的に判断して求償の有無・割合を決しようとしたものと評価されている。

(2) **最判昭和60年2月12日**（裁判集民事144号99頁・交民集18巻1号1頁）

(a) 前記51年判決を引用しつつ，以下のとおり判示した。①使用者所有にかかる本件船舶は，総屯数約120トンの木造の砂利採取運搬船であって，前部上甲板に大型旋回式クレーンを備え，②被用者は昭和51年11月1日から使用者に雇傭されて本件船舶の船長となっていたが，乗組員は，被用者のほかにはクレーン士1名，機関士1名がいるにとどまり，荷物の積込みはクレーン士が本件クレーンを操作してするなど各自がめいめいの仕事を分担していて，被用者が他の2名を指揮監督するという関係には乏しく，③使用者は，従来本件船舶を用いて砂利の運搬をしていたが，昭和52年8月中旬取引先から生コンの海上運搬についての問い合せを受け，他の船主が生コンをそのまま船倉に積載して運搬するのは危険であるとして拒否し，本件船舶のクレーン士も30立方メートル以上の積載には危険がある旨の意見を述べたにもかかわらず，50立方メートル位は積まなければ採算が取れないとの被用者の意見を採用し，取引先から，生コン100立方メートルを50立方メートルずつ2回運搬することを引き受け，被用者にその運搬を指示し，④被用者は，右指示に従い，船倉に帆布を敷いたのみでその上に直接生コン50立方メートルを流し込んで積込みをさ

せたうえ本件船舶を出航させ航行中，船体の動揺で生コンが右舷側に片寄り，船体が約15度傾いたので，減速し，クレーン士が生コンを本件クレーンで海上に投棄しようとしたが，その準備作業中本件クレーンの機関が故障したため投棄ができないでいるうちに倉口から多量の海水が浸入し，本件事故が発生するに至った，⑤被用者は，船長とはいえ昭和45年8月に丙種船長の免許を受けたものにすぎず，仕事の内容も使用者に命じられるままに限られた水面を航行するというものであり，その平素の勤務状態に格別問題はなく，また，使用者から受けていた給料は月額17万5000円にすぎず，クレーン士のそれより低額であった，⑥本件船舶にはもともと生コン運搬に必要な荷止め板の設備がなかった，という事実関係のもとにおいては，使用者の被用者に対する本件事故による損害についての賠償及び求償の請求は，右損害の2割を超えては許されないとした原審の判断は，正当として是認することができる，とした。

(b) この判例は，前記(1)の51年判決が示した一般的基準を踏まえて，①被用者の有責性の程度，②使用者側の事故への寄与度，③企業規模，④業務の危険性の程度，⑤賃金の水準，⑥被用者の日常の勤務態度等，被用者側・使用者側の種々の要因を相関的に判断して求償の割合を決したものと解される。

(3) **大阪高判昭和53年3月30日**（判タ369号207頁）

(a) 判旨は，「被用者は本件事故が表沙汰になった直後に使用者を任意退職してこれと競争営業関係にあり，かつ使用者より大手であるところの会社に就職したことが認められ，転職の動機は転職先の方がより収入が大きいという理由であり，しかもその転職は本件事故以前から準備を進めていた」という事案について，「使用者としては，被用者を競争会社に引抜かれたのであり，本件のようなボルト違いという初歩的なミスを犯したのは，被用者が右転職を考えていたため仕事に対し上の空であったからでないかと想像して損害額の全額の回収を主張するのも無理からぬかもしれない。」としつつも，被用者の当時の収入は年収約200万円程度であったこと，右収入を得るための業務遂行中前記懈怠によって本件損害が発生したものであるが，この種の損害の損害額はその性質上無限の多額に上り得るものであり，一介のサラリーマンによっては到底負担しきれない額になることをも勘案すると，被用者が使用者より得る収入をも勘案して，被用者の負担すべき損害額に適当の限定を課するのが条理上妥当

であり，被用者の負担すべき損害賠償額を損害額の約5割，年収の約2.5倍に相当する500万円が条理に合致するとした。

(b) この判例は，前記(1)の51年判決が示した一般的基準を踏まえつつも，①被用者の有責性の程度をかなり重視し，②賃金の水準等を一定程度考慮して，条理によって割合的制限を加えているが，結果としてかなり高額の求償を認めた。

(4) **名古屋地判昭和59年2月24日**（判タ531号229頁）
(a) 前記(1)の51年判決を引用しつつ，以下のとおり判示した。①使用者は，一般区域貨物自動車運送事業を営む株式会社で，稼働中のアスファルトローリー車（以下「ローリー車」という）5台を含み10台の業務用車両を保有し，ローリー車の運転手として4人を使用していたが，経費節減のため，ローリー車が高価な車であるのに，自動車損害賠償責任保険には加入していたが任意の対物賠償責任保険及び車両保険には加入しておらず，②被用者は，2週間の試用期間の後，本件事故の約3ヵ月前頃から正規に運転手として原告に採用されローリー車（本件車両）の運転業務に従事していたが，早い時は午前2時，3時に，通常でも6時ないし7時半ころに出勤し，概ね夕方まで会社にいて翌日の指示を受けるという勤務形態であり，③使用者は，本件車両により事故前約3ヵ月間で約390万円の売上げを得ており，他方被用者は本件車両を運転してアスファルトを運搬する業務に従事して，1ヵ月当たり手取額で約16万円ないし19万円の給与（税込み平均約20万円）を支給されており，その勤務成績は普通であり，④本件事故の前後に他にも時々従業員の過失による事故があったが，使用者は他の件では従業員に対して損害賠償請求をしていない（ただし，今までの事故では本件事故が損害は一番大きかった），という事実関係の下，本件の事故態様における被用者の過失が軽過失にとどまることを総合して考えると，使用者が直接被った損害及び第三者に対する損害賠償義務の履行により被った損害合計金240万2040円のうち，使用者が被用者に対して賠償及び求償を請求しうる範囲は，信義則上右損害額の2割である金48万0408円にとどまると認めるのが相当である，とした。

(b) この判例は，前記(1)の51年判決が示した一般的基準を踏まえて，①企業規模，②保険等による損失回避の方策の有無・程度，③被用者の有責性の程

度，④賃金の水準，⑤被用者の日常の勤務態度等，⑥他にも従業員の過失による事故があったが，使用者は他の件では従業員に対して損害賠償請求をしていないとの事情など，被用者側・使用者側の種々の要因を相関的に判断して求償の割合を決したものと解される。

(5) **大阪地岸和田支判昭和51年6月9日**（判時842号102頁）

(a) 判旨は，①被用者は日常的には原告会社の指揮命令に従い誠実に労務を提供していたこと，②本件事故は，業務の執行中に不運な諸要因が偶発的に生じた軽過失に基づく交通事故であること，③被用者は本件事故に至るまで使用者会社における勤務年数は5年にも満たず，使用者としても，自動車運転を日常業務とする外勤に配転する際に，被用者が業務執行中に事故を惹起することのないようどのような配慮を行ったか主張立証はなく，④使用者は，本来任意保険によって全額まかなわれるべき本件損害賠償を，その独自の判断に基づき被害者保護のため保険金額を超える本件示談を成立させたが，本件損害賠償額の算定については使用者と被用者らとの間において意見が対立し，被用者はむしろ裁判所による適正額の判断を経たい希望を使用者に対して表明しており，使用者がその要求に応じて司法的解決を試み裁判所による適正額の提示がなされれば，その全額が任意保険により塡補され，使用者と被用者ら間において本件のごとき紛争の発生する余地もなかったであろうことが明白であるとし，被用者らの要望を無視して，司法的解決の労をとることなく自らの判断だけで取り決めた示談額のうち任意保険により塡補されない部分の一切を，若年の一被用者でかつ老齢の両親を扶養し，経済力の乏しい被用者に転嫁した上，これに求償を求めうるとすることは，公平と条理に背き，相当ではないとし，被用者との契約関係に基づき，その相互の義務違反の度合いを本件にまつわる一切の諸事情を比較対照して検討するときは，使用者の被用者に対する本件求償権の行使は公平と条理に反し許されず，被用者に対する請求は失当とした。

(b) この判例は，前記(1)の51年判決以前のものであるが，同判決が示した一般的基準との関連でみると，①被用者の日常の勤務態度等，②被用者の有責性の程度，③使用者側の事故への寄与度，④任意保険等による損失回避の方策があるのにこれを選択せず保険金額を超える示談を成立させたこと，⑤賃金の水準，⑥老齢の両親の扶養状況等，被用者側・使用者側の種々の要因を相関的

に判断して求償を否定したものと解される。
(6) 東京地判昭和45年3月25日（判タ246号177頁）

(a) この事案は、タクシー会社からその被用運転者に対する業務執行中の事故に起因する損害賠償請求権ないし求償権の行使はしないとの事実たる慣習が存在するとは認められないとした上で、(イ)損害賠償請求権ないし求償権の行使が、信義則に反し権利の濫用にあたるとし、(ロ)車両当たりの水揚げ額、運転者の給与その他の事情を斟酌して過失相殺をした事例である。判旨は、以下のとおりである。

(イ) 被用者は3回の事故を発生させたことにより、それぞれの月の無事故手当及び愛車手当を支給されず、賞与を減額され、解雇されるまでの在職中一度も使用者から請求権を行使するとの意思の表明を受けなかったことが認められ、使用者は、遅くとも賞与支給時ごろまでには、この3回の事故に関しては被告に請求権を行使しない旨の決定をしたものと推認するのが相当であり、事故に関する被用者の責任は、使用者会社における所定の手続に従い、いわば労使間の話合でいったん不問に付されたのであるから、右決定により請求権が放棄されたとまではいえないにしても、使用者の翻意がやむを得ないものと思われる特段の事情が認められない場合は、右権利の行使は信義則に反し権利の濫用にあたる。

(ロ) タクシー会社から被用運転者に対する損害賠償請求ないし求償請求につき、使用者会社の運転者は100名程度であったこと、タクシー会社における運転者1人当たりの平均的水揚げ額は1ヵ月14万円程度に対し、被用運転者には約5万円の給与を支給していたこと、事故車両のうち車両保険・対人賠償責任保険とも加入していなかったものがあったが、タクシー会社は、被用運転者を事故発生の危険性が極めて高い車両運行の業務に従事させ、これにより企業収益をあげているのであるから、被用運転者と右危険を分担すべきであって、現実化した危険を右水揚げに対して占める被用運転者の給与部分を超えて被用運転者に負担させることは、公平の原則上妥当でない。しかも、本件の場合、使用者は、企業として当然なすべき危険の発生に対処すべき保険加入等の事前措置を怠っていたのであるから、右運転者の負担すべき危険の半分をさらに使用者に負担せしめるのが労使間の負担を公平ならしめるゆえんである。結

局，使用者に生じた損害のうち強制保険により塡補できなかった残余額中，使用者が被用者に対し賠償を求めうる割合は，給与部分約36％の2分の1，すなわち18％と認めるのが相当である。

(b) この判例も，前記(1)の51年判決以前のものであるが，同判決が示した一般的基準との関連でみると，判旨(イ)については，①賃金・賞与の減額制裁の内容・程度，②解雇の制裁，③損害賠償請求権ないし求償権行使に至る経緯等を考慮したものと解される。

また，判旨(ロ)については，51年判決が示した一般的基準と同旨の考え方に沿って，①企業規模，②賃金水準，③任意保険等による損失回避の方策の有無・程度等，被用者側・使用者側の種々の要因を相関的に判断して求償の割合を決したものと解される。

〔藤岡　謙三〕

Q 35 動物占有者の責任

　Xは，公園を散歩中に通りすがりのYの飼犬に噛みつかれ，全治2週間を要する傷害を負ったとして，Yに対し，その損害賠償を求める訴えを提起した。これに対して，Yは，当時海外旅行中であって飼犬を散歩させることができないため，「何でも引き受けます」とのキャッチフレーズで商売をしているAに飼犬を散歩させることを委託していたのであり，Xの受けた上記傷害は，その委託に基づいてAがYの飼犬を散歩させている最中に発生した事故であるから，Yにはまったく責任がないと主張した。Yの主張は認められるかについて説明しなさい。

[1] 動物占有者の不法行為責任

　犬などのペット動物による事故が年間4000件を超えて発生している現在，被害者が動物の占有者に対し，民法718条に基づいて，損害賠償を求める訴えを提起することも少なくない。今後，少子高齢化が進み，高齢者層によるペット動物の飼育が増加するに伴い，動物の加害行為をめぐり，民法718条による動物の占有者等の責任を問う事件が増えることが予想される。

(1) 民法718条1項本文に基づく請求原因のブロックダイヤグラム

　民法718条1項本文は，「動物の占有者は，その動物が他人に加えた損害を賠償する責任を負う」と定めているから，動物による事故の被害者が，同項本文に基づいて損害賠償を請求する場合の成立要件は，下記のとおりであり，これが請求原因を構成する要件事実となる。

㋐	原告の保護法益（身体）
㋑	㋐に対する動物の加害行為
㋒	㋑の際に被告がその動物を占有していたこと

㋓	損害の発生及びその額
㋔	㋑と㋓との因果関係

　動物の加害行為によって傷害を被った被害者は，その動物の占有者に対し，上記㋐ないし㋔の要件事実を主張立証して損害賠償を請求することができる。
　民法718条1項本文の定める「動物」は，家畜はもちろんそれ以外の動物を含み，その種類は問わないが，同項は，動物の占有者に対する管理責任を規定するものであるから，排他的な支配，管理可能性のある動物であることが必要であり，支配・管理の及ばない野犬や野良猫，山林など自然界で生息する動物による被害については同項による責任を問うことができない。
　民法718条1項本文に基づく損害賠償責任を負うのは，「動物の占有者」であるところ，「占有権は，自己のためにする意思をもって物を所持することによって取得する」（民180条）のであるから，当該動物について占有権を有する者が「動物の占有者」となる。

(2) 動物の占有者と管理者の関係

　本設問において，Yの飼犬（以下「本件飼犬」という）によってXが受けた傷害は，Yが海外旅行中のため，本件犬に散歩させることをAに委託していた最中に起きた事故である。
　したがって，YとAとの間の委託契約に基づいて本件飼犬を預かっていたAが，Xに対し，民法718条2項に基づく損害賠償責任を負うとしても（後記(3)の学説・判例のとおり見解が分かれる），Xが本件飼犬の加害行為によって傷害を受けた当時，本件飼犬を直接占有していた者はAであって，Yではない。Yは，Aに対し，Yに代わって本件飼犬を散歩させることを委託した間接占有者（代理占有者）にすぎない。
　そこで，Yは，同法718条1項本文に基づく責任を負うのかが問題となる。
　Xが本件飼犬の加害行為によって傷害を受けた当時，本件飼犬を直接占有していた者はAであってYではない。Yは，Aに対し，Yに代わって本件飼犬を散歩させることを委託した間接占有者（代理占有者）にすぎない。
　ところで，占有権は，代理人によって取得することができる（民181条）。換言すると，他人（占有代理人）の所持を通じて本人が占有することができる。

例えば、倉庫に物を預ける寄託契約では、寄託者が受寄者から預かっている物について占有権を有する。この場合の寄託者の占有を「代理占有」というが、そもそも占有とは、事実状態のことであるから、法律行為としての「代理」とは異なる。法律行為としての「代理」の場合は、代理人の意思表示の効果は、その全部が本人に帰属するのに対し、代理占有の場合には、占有の効果は本人のみならず占有代理人自身にも帰属する。このため、寄託契約における受託者自身にも占有があることになる。

ここでは、「代理占有」を、ドイツ式に「間接占有」と呼称したうえで論述する。そして、わかりやすさの観点から、本設問におけるYとAの関係を整理しておくと、Y＝間接占有者、A＝占有代理人＝直接占有者、ということになる。

(3) 間接占有者と民法718条1項本文の占有者との関係

間接占有者と民法718条1項本文の占有者との関係について、以下、学説・判例を概観する。

(a) **学説A**　占有概念の尊重（占有には間接占有も含まれる）及び被害者の保護の観点から、間接占有者と管理する者は、それぞれ民法718条1項本文・2項に基づいて重複して責任を負うが、間接占有者は、管理する者の選任・監督について、動物の種類・性質に従った相当な注意義務を尽せば、その責任が免除されるとする見解である（我妻栄『不法行為』（現代法学全集）480頁）。

(b) **学説B**　民法718条は、同法717条のように所有者に責任を負わせていないことから、損害防止のいちばんよくできる者に対して責任を負わせる、という趣旨であるとし、直接占有者のみが同法718条1項本文に基づく損害賠償責任を負い、間接占有者は、同法709条によって一般の不法行為責任を負うことはあっても、同法718条1項本文に基づく損害賠償責任を負わないとする見解である（加藤一郎『不法行為』（法律学全集）203頁）。

(c) **学説C**　占有者と管理する者を区別したのは、古い占有理論（主観説）に立って、受寄者や運送人を占有者でないと考えたからであって、今日の占有理論からすると、受寄者や運送人も民法718条1項本文の「占有者」に含まれるから、あえて、同条2項において「管理する者」について規定する意味は乏しいとする見解である（内田貴『民法Ⅱ債権各論』〔第2版〕454頁）。

(d) 最高裁判所昭和40年9月24日判決（民集19巻6号1668頁・判タ183号106頁・判時427号28頁）

【事案の概要】
　牛馬の仲介商を営むYから農耕馬の移送依頼を受けたZが，AからY方まで馬を引いて来る途中，馬が暴れ出してXの腹部を後脚で蹴り，怪我をさせた。
　一審は，本件事故当時，馬の占有はYにあり，Zは単なる占有機関であったと判断し，占有機関であるZの過失を認定したうえで，Zは民法709条によって，Yは同法718条1項本文によってそれぞれ損害賠償責任があるとして，両者の責任は不真正連帯関係にあると判示した。これを不服としてYが控訴し，Zの選任・監督について過失がなかったから賠償責任を負わないと主張した。
　控訴審は，Yの上記主張について判断せず，Yは民法718条1項本文による損害賠償責任を免れず，Zも同条2項による損害賠償責任を免れないと判示した。これを不服としてYが上告し，本件馬の占有者はZであって，Yは占有者ではない，YにはZの選任・監督について全然過失がないのに，民法718条1項但書を適用しなかったのは違法であると主張した。

【判決の要旨】
　「原判決は，Zは占有者たるYに代って本件馬を保管するものに該当すべきことは当然である。としながら，本件事故はZの過失によって発生した以上，Yは民法718条1項の規定により本件損害賠償の義務を免れない，と判断し，前記Yの主張については，なんら判断を示していないのである。しかし，民法718条1，2項を比較対照すれば，動物の占有者と保管者（著者注：現条文は「管理する者」）とが併存する場合には，両者の責任は重複して発生しうるが，占有者が，自己に代りて動物を保管する者を選任して，これに保管させた場合には，占有者は『動物ノ種類及ヒ性質ニ従ヒ相当ノ注意ヲ以テ其保管』者を選任・監督したことを挙証しうれば，その責任を負わないものと解するのが相当である」と判示し，原判決を破棄して原審に差し戻した。

(4) 学説・判例による設問の検討
　上記(3)の(a)ないし(c)で述べたとおり，学説の見解は分かれているが，前掲最高裁判所判例によると，占有者と保管する者の責任は，民法718条の責任として重複して存在することになるから，本設問における間接占有者Yは，民法

718条1項本文の「占有者」に含まれることになる。

とすると、XがYに対し、民法718条1項本文に基づいて損害賠償を請求する場合には、その請求原因を構成する要件事実として、上記(1)「ブロックダイヤグラム」の㋒に代えて、「Aが本件飼犬の所持を取得したこと」、「AがYのためにする意思を有すること」、「占有についてAとYとの間に広義の代理関係があること」がそれぞれ必要となる。

なお、民法718条2項の「占有者に代わって動物を管理する者」とは、受託者や運送人等をいい、占有補助者（雇用されている家政婦や家族の一員）は含まれないと解されている。

前掲最高裁判所判例によると、Yとの間の委託契約に基づいて本件飼犬を預かっている占有代理人Aは、民法718条2項の「占有者に代わって動物を管理する者」にあたることになる。この点、AがYの占有代理人であることの成立要件は、①Aが本件飼犬の所持を取得したこと、②AがYのためにする意思を有していること、③占有についてAとYとの間に広義の代理関係があることの3つであるところ、①はAが占有者であることを理由とする損害賠償請求の場合の要件事実でもあるから、民法718条2項の「管理する者」の責任の要件事実は、同条1項本文の「占有者」の責任の要件事実の全部を内包していることになる。こうしたことから、民法718条1項本文の「占有者」の責任のほかに、同条2項の「管理する者」の責任を別個の請求権として認める必要があるかどうかについては、議論のあるところである。

しかし、両者の責任は重複して発生し得るとする前掲最高裁判所判例によると、別個の請求権として訴訟物を捉えることになるであろう。

[2] 抗　　弁

Yは、自己が直接占有者である場合には、占有者としての相当の注意義務を尽くしたことを主張立証することによって、責任を免れることができる（民718条1項但書）が、Yは、間接占有者であるから、前掲最高裁判例によると、動物の種類及び性質に従い相当の注意をもってその占有代理人Aを選任・監督したことを主張立証して、その責任を免れることができる。

そうすると、Yの「Aに飼犬を散歩させることを委託していたのであり、X

の受けた上記傷害は、その委託に基づいてAがYの飼犬を散歩させている最中に発生した事故であるから、Yにはまったく責任がない」との主張は、上記抗弁とはなり得ず、その主張自体が失当となる。

[3] 間接占有者と直接占有者の責任の競合

上記[1](2)(4)で述べたように、間接占有者も民法718条1項本文の「占有者」に含まれるから、間接占有者と直接占有者の責任関係が問題となる。

間接占有者は、実際には所有者でもある場合がほとんどであろうが、民法718条は、同法717条1項のように、占有者に対して第一次的損害賠償責任を、占有者が損害の発生を防止するのに必要な注意をしたときは、所有者に対して第二次的損害賠償責任を負わせる、という規定にはなっていない。

したがって、本件事故当時において、本件飼犬の間接占有者でもあり所有者でもあるYは、Aが本件飼犬を占有していたことを主張立証しても、XのYに対する損害賠償請求を免れることはできない。

そして、間接占有者Yと直接占有者AのXに対する各損害賠償責任は、いわゆる不真正連帯債務にあたると解されているから、両者の間には求償関係が成立する。求償における負担部分は、損害発生についての各人の寄与度に比例して決まる。寄与度は、加害についての各人の故意過失の有無、強弱、違法性の強弱等の諸般の事情を総合して共同責任者間の公平の見地から判定されるから、場合によっては、内部的負担部分はゼロという共同責任者もあり得る。また、寄与度(負担部分)が不明な場合には、平等負担の推定を受けることになる。

〔西村　博一〕

Q 36

物損交通事故(1)——経済的全損，慰謝料請求

　Yは，自動車を運転中，前方不注視のため，交差点の手前で赤信号により停車していたX運転の自動車（X車）に追突した。幸い，Xに負傷はなかったが，X車に大きな物的損害を与えた。
　Xは，Yに対して，①上記の物的損害を修理するのに40万円がかかるとして，修理会社の見積書を添付しその40万円を請求し，②XはX車を新車として購入後14年間大切に乗ってきており（X車の新車としての車体価格は200万円であった），愛着があり，上記損害によってXは多大の精神的損害を被ったとして慰謝料50万円を請求し，それに，③上記交差点から修理会社までのレッカー代として2万円がかかったとして，それらの合計92万円を請求している。このようなXの請求は，認められるか。

[1] はじめに

　本問の場合，Yは，赤信号で停車していたX車に追突しており，本件交通事故については，Yに100％過失がある場合である。しかし，本件交通事故の被害車両であるX車は，本件交通事故の時点で，被害者Xの購入後14年が経過しており，その時点でのX車の時価はいくらであったかが問題となる。もし，X車の時価額が修理代金の40万円を超えていなければ，Xへの賠償額はその時価額の範囲に限定されるのではないかと考えられるからである。これが，いわゆる経済的全損の問題である。次に，Xは本件交通事故に基づくX車の物的損害につき慰謝料を請求しているので，物的損害に基づく慰謝料請求が認められるかについても問題になる。
　本問は交通事故（不法行為）の事案であるから，まず，不法行為に基づく損害賠償請求権やその抗弁についての各要件事実に関し簡単に論じ，その後に，経済的全損の問題と物的損害における慰謝料の問題について，順次，検討して

いきたい。

[2] 不法行為に基づく損害賠償請求権やその抗弁について

(1) 不法行為に基づく損害賠償請求権についての要件事実

不法行為に基づく損害賠償請求権についての要件事実は，次のとおりである。
① 原告が権利又は法律上保護される利益（保護法益）を有すること
② ①に対する被告の加害行為
③ ②についての被告の故意又は過失
④ 損害の発生及びその数額
⑤ ②の加害行為と④の損害の発生との間に因果関係があること
⑥ ②が違法であること（保護法益の侵害の場合で，②だけでは違法性が明らかでない場合に加わる要件事実）

①の被侵害利益は，必ずしも，法律上「権利」と認められているものに限られない。

ただし，「権利」の侵害の場合には，②に違法性のあることが明らかであるから，違法性について，損害賠償請求権の要件事実において主張・立証する必要はない*1。しかし，「保護法益」の侵害の場合には，②だけでは違法性が明らかでない場合もあり，このような場合には，原告が，要件事実⑥として，②が違法であること，つまり，侵害の態様や加害者側の主観的事情等において強い反社会性を有するなど，「違法性を基礎づける事実」を主張・立証しなければならない（岡口基一『要件事実マニュアル（第2巻・民法2）』〔第3版〕346頁）。

*1 この場合には，被告が，正当防衛（民720条1項）などの違法性阻却事由を，抗弁として主張・立証することになる。

不作為が②の「加害行為」になるためには，作為義務の存在及びそれに違反したことが必要になる。

③の「故意」とは，（権利侵害や法益侵害の）結果の発生を認識し，それを容認するという心理状態である。要するに，自分の行為により（権利侵害や法益侵害の）結果が生じることを認識し，それでもかまわないと認容する心理状態である。

「過失」について，実務の傾向は，合理的平均人を基準にして，（権利侵害や

法益侵害の）結果の発生が予見可能であったにもかかわらず，その結果発生を回避するべき措置をとらなかったことが過失であると解する（前掲・岡口343頁）。すなわち，過失とは，結果の予見可能性を前提とする結果回避義務違反とみるのである。そして，過失とは規範的要件事実の1つであり，その過失を基礎づける具体的事実が主要事実であると考える。過失を基礎づける具体的事実には，「予見可能性」を基礎づける具体的事実と「結果回避義務違反」を基礎づける具体的事実がある。

④の「損害」については，判例は，不法行為によって現実に生じた金銭的な被害が損害であるとしている（差額説[*2]。最判昭42・11・10民集21巻9号2352頁参照）。通説も同様である。つまり，不法行為がなかったならばあるべき財産状態と不法行為によって生じている現在の財産状態の差が損害であると考えている。これは，不法行為による損害賠償制度について，不法行為による被害者の損害を塡補し，不法行為がなかったならばあるべき財産状態（不法行為の直前に被害者が有していた財産状態）に復させようとするもの，要するに，不法行為によってもたらされた財産的損失に対し，金銭賠償によってその財産的損失を回復させようとする制度と解しているからである。

　　＊2　これに対して，「損害」を権利侵害の結果自体と捉える考え方もある（損害事実説）。つまり，この考え方では，加害行為によって損害を被ったことそれ自体を「損害」と捉え（例えば，交通事故の場合であれば，その事故によって車体に物的損害を被ったこと，あるいは，負傷したことを「損害」と捉える），あとは金銭的評価の問題にすぎないとする。

そして，財産的損害の額については，原告が主張立証責任を負うとされており（最判昭28・11・20民集7巻11号1229頁参照），他方，慰謝料の額については，弁論主義の適用がないとされている（最判昭32・2・7裁判集民事25号383頁参照）。

⑤の「因果関係」については，第1に，②の加害行為と④の損害の発生との間に事実的（条件的）因果関係，つまり，②の加害行為がなければ，④の損害の発生もなしという条件関係があるかという問題と，第2に，損害のどこまでを加害者の損害賠償による塡補の対象にするべきかという相当因果関係の問題に分けられ，そして，後者の相当因果関係の問題については，判例・通説は，民法416条を類推適用して，通常損害と予見可能な特別損害について相当因果

関係があるとしている（大判大15・5・22民集5巻386頁〔富喜丸事件〕参照）。よって，特別損害については，原告は，「被告は当該損害の発生を予見していたこと又は合理的平均人であれば予見可能であったこと」を主張・立証しなければならない。

(2) **不法行為に基づく損害賠償請求権に対する抗弁**

不法行為に基づく損害賠償請求権に対する抗弁の主なものは，次のとおりである。

(a) 消滅時効（民724条前段）　この場合は，加害者（賠償義務者）が，①被害者又はその法定代理人が損害及び加害者を知ったこと，②その時から3年を経過したこと，③時効援用という主張を行い，不法行為に基づく損害賠償請求権は時効によって消滅したと主張する場合である（民724条前段）。

(b) 除斥期間（民724条後段）　この除斥期間は，「不法行為の時」から20年を経過したという主張であり（民724条後段），このような主張は，不法行為に基づく損害賠償請求権に対する抗弁となる。ただし，この除斥期間については，当事者の主張がなくても，裁判所が判断すべきものとされている（最判平元・12・21民集43巻12号2209頁参照）。また，前記における「不法行為の時」とは，加害行為の行われた時点で損害が発生した場合には，加害行為の日であり，一方，加害行為の終了後相当期間経過後に損害が発生したような場合（公害，薬害など）には，損害の一部又は全部が発生した日となる。

(c) 損益相殺　この損益相殺は，不法行為（交通事故など）によって損害を被った者が同一の原因により社会保険などから給付を受けて利得を得たという場合に，損害の公平な分担を実現するために，その給付分を損害賠償額から控除しようとするものである。賠償義務者による，このような損益相殺の主張も，抗弁になりうる。

(d) 相殺契約の締結　相殺に関して，民法509条によれば，不法行為に基づく損害賠償請求権を受働債権とする相殺は禁じられている。しかし，そのように禁じられているのは，当事者が一方的な意思表示によって行う民法上の相殺（民506条1項）の場合であって，当事者が合意によって行う相殺「契約」の場合には，前記のような制限はない。よって，不法行為に基づく損害賠償請求権を受働債権とする内容であっても，相殺「契約」であれば締結可能である。

このような相殺契約が締結されている場合には，不法行為に基づく損害賠償請求権に対する抗弁となりうる。

 (e) 違法性阻却　このような違法性阻却が認められるのは，正当防衛（民720条1項），緊急避難（民720条2項），被害者の承諾，正当業務行為，正当行為などが認められる場合である。

 (f) 責任阻却　このような責任阻却が認められるのは，行為時に責任無能力である場合，未成年者である場合（民712条），精神障害である場合（民713条）などである。

 (g) 過失相殺　この過失相殺については，賠償義務者から過失相殺の主張がなくとも，裁判所は訴訟にあらわれた資料に基づき被害者に過失があると認めるべき場合には，損害賠償の額を定めるにあたり，職権をもってこれを斟酌することができるとされている（最判昭41・6・21民集20巻5号1078頁参照）。すなわち，過失相殺については，弁論主義が適用されず，過失相殺における過失を基礎づける事実について，賠償義務者に「主張」責任はないことになる*3。ただし，前記の過失を基礎づける事実の「立証」責任については，賠償義務者にあるとされている（大判昭3・8・1民集7巻648頁参照）。要するに，賠償義務者は，弁論主義に由来する「主張」責任は負わないが，証拠法則としての「立証」責任は負うのである。

　　*3　過失相殺における過失を基礎づける事実について，賠償義務者に主張責任があるという考え方もある（司法研修所『増補民事訴訟における要件事実（第1巻）』16頁参照）。

 前記のように，賠償義務者から過失相殺の主張がなくとも，裁判所は過失相殺をなしうるが，賠償義務者が，抗弁として過失相殺を主張しようとする場合には，被害者あるいは被害者側における，過失を基礎づける事実について主張・立証しなければならない。

 なお，過失相殺をするには，被害者に過失相殺能力が必要となり，この過失相殺能力は，事理弁識能力でよいとされている（最判昭39・6・24民集18巻5号854頁参照）。そして，裁判例の多くは，5，6歳になれば，この能力が備わるとしている。さらに，「被害者と身分上ないしは生活関係上一体をなすとみられるような関係にある者」につき過失がある場合にも，被害者側の過失とされ，

過失相殺の対象にされる（最判昭42・6・27民集21巻6号1507頁参照）。損害の公平な分担を図るという不法行為制度の理念を実現するためである。この「被害者と身分上ないしは生活関係上一体をなすとみられるような関係にある者」には，例えば，幼児（被害者）の監督者である父母等，また，夫婦（内縁の夫婦を含む）などが該当する。

　(h)　素因減額　この素因減額とは，被害者の身体的要因（既往症などの疾患など）が損害（人損）の「発生」や「拡大」をもたらした場合，さらには，被害者の心因的要因が損害（人損）の「発生」や「拡大」をもたらした場合に，民法722条2項を類推適用して，賠償額を減額しようとする場合である。

　この素因減額については，民法722条2項が類推適用される場合であるから，「主張」責任や「立証」責任などにつき，基本的に前記の過失相殺と同様に考えることができる。

　そして，賠償義務者が，抗弁として素因減額を主張する場合には，賠償義務者は，①被害者に身体的要因や心因的要因があったこと，②（加害行為が原因になるだけでなく）そのような身体的要因や心因的要因も原因となって，損害が「発生」し，あるいは，「拡大」したものであること，③被害者の身体的要因や心因的要因の態様・程度などを主張・立証することになる。このうち③の被害者の身体的要因や心因的要因の態様・程度については，素因減額割合を基礎づける事実となる。

［3］　経済的全損

(1)　**物損事故に基づく加害者の損害賠償の範囲について**

　交通事故における物損事故の場合，加害者は，被害車両の被害部分，つまり，損傷部分について財産的賠償をしなければならない。なぜならば，不法行為に基づく損害賠償の制度は，前記のように，不法行為によって被害者に生じた損害を填補し，不法行為の直前に被害者が有していた財産状態に復させようとする制度，つまり，不法行為によってもたらされた財産の損失に対し，金銭賠償によってその財産の損失を回復させようとする制度だからである。

　そして，物損事故においては，被害車両を修理すれば，不法行為の直前に被害者が有していた財産状態に復することになるので，その場合の修理費が被害

者の損害となり，よって，加害者は，不法行為に基づく損害賠償として，被害車両の修理費を負担しなければならないことになる。しかしながら，被害車両の時価額が時の経過等によって低下し，不法行為時点では，被害車両の時価額よりも修理費が高くなる場合も生じうる。この場合には，加害者は，不法行為に基づく損害賠償として，（修理費ではなくて，）被害車両の時価額を負担することになる。なぜならば，加害者が不法行為に基づく損害賠償として被害車両の時価額を賠償すれば，不法行為によって被害者に生じた損害を塡補し，不法行為の直前に被害者が有していた財産状態に復させたことになるからである。この場合が経済的全損といわれる場合である。

(2) 経済的全損

交通事故における物損事故の場合，①被害車両の損傷が激しく，修理不可能とされる場合がある[4]。この場合を「物理的全損」という。また，前記のように，②修理は可能だが，修理費が事故時の被害車両の時価額を上回る場合がある。この場合を「経済的全損」という。そして，物理的全損の場合も経済的全損の場合も，事故時の当該車両の時価額が損害と評価される。

そして，事故時の当該車両の時価額については，原則上，同一車種，年式，型，使用状態，走行距離等の自動車を中古車市場で取得しうる価格のこととされている（最判昭49・4・15民集28巻3号385頁[5]参照）。そして，そのような価格については，「オートガイド自動車価格月報」[6]等を参考にして認定することになる。

なお，前記のように全損の場合であっても，当該被害車両が一定の財産的価値を有する場合には，時価額とその車両の売却価格の差額が損害ということになる。

[4] 修理が著しく困難であり，買い替えることが社会通念上相当な場合を含む。ただし，買い替えることが社会通念上相当と認められるためには，フレーム等車体の本質的構造部分に重大な損傷の生じたことが客観的に認められる場合でなければならない（前掲最判昭49・4・15参照）。

[5] この判例は，「いわゆる中古車が損傷を受けた場合，当該自動車の事故当時における取引価格は，原則として，これと同一の車種・年式・型，同程度の使用状態・走行距離等の自動車を中古車市場において取得しうるに要する価額によって定める

べきであり，右価格を課税又は企業会計上の減価償却の方法である定率法又は定額法によって定めることは，加害者及び被害者がこれによることに異議がない等の特段の事情がないかぎり，許されないものというべきである。」と判示している。

＊6　表紙が赤いために，一般に，「レッドブック」といわれている。

(3) 本問の場合

本問の場合，XとYとの交通事故によるX車の物的損害の修理費が40万円かかる場合であるが，X車の新車としての車体価格が200万円であり，Xは，X車を新車で購入後14年間乗っており，そのような使用年数の14年間を考慮するならば，本件交通事故当時のX車の時価額は40万円を割っていた可能性がある。すなわち，経済的全損の可能性のある場合である。

本件交通事故当時のX車の時価額については，前記のように，自動車の中古車市場において，X車と同一の車種，年式，型，使用状態，走行距離等のものを取得しうる価格ということになり，本問の場合には，このような時価額を示す情報がなく時価額を明らかにしえないが，このX車の時価額がもし20万円しかないとすると，Xが請求しうるのはその時価額20万円ということになる。

［4］　物的損害に伴う精神的損害の賠償

(1) 物的損害に伴う精神的損害の賠償

交通事故において被害車両に物的損害を受けた場合，被害者が，その物的損害に伴って精神的損害を被ったとして，慰謝料請求を行うことがあるが，このような慰謝料請求は認められるか。

この問題については，下記のような「特段の事情」が認められない限り，原則として，物的損害に関する慰謝料は認められないとされている。なぜならば，物損事故の場合には，財産上の損害が賠償されることによって，同時に精神的苦痛（不愉快な感情）も慰謝されることになり，そのため，財産的損害の賠償のほかに，慰謝料までも認める必要はないからである。

前記の「特段の事情」については，①被害物件が被害者にとって特別の主観的，精神的価値を有し，かつ，そのような主観的，精神的価値を有することが社会通念上相当と認められる場合であって，そうして，単に財産的損害の賠償を認めただけでは償いきれないほどの甚大な精神的損害を被った場合，あるい

は，②加害行為が著しく反社会的であったり，害意を伴う場合であったりして，財産に対する金銭的賠償だけでは被害者の著しい苦痛が慰謝されないような場合が，これにあたるとされている。

そして，交通事故において被害車両に物的損害が生じた場合には，交通事故は過失事案であって，前記の②の場合には該当せず，また，①についても，たとえ，被害車両が被害者にとって特別の主観的，精神的価値を有するとしても，そのような主観的，精神的価値を有することが社会通念上相当と認められることは著しく困難であって，そのため，前記のような「特段の事情」は認められることはなく，被害者に慰謝料請求は認められないことになる。

(2) **本問の場合**

Xは，X車を新車として購入後14年間大切に乗ってきており，愛着があり，XとYとの交通事故によるX車の物的損害によって多大の精神的損害を被ったとして，50万円の慰謝料請求を行っているが，前記(1)からすれば，そのような事情だけでは，Xの慰謝料請求は認められないものと思われる。

[5] レッカー代について

交通事故によって，被害車両が自走不可能となれば，当該車両を動かすにはレッカーが必要になり，そのため，レッカー代については，当該交通事故と相当因果関係のある損害に該当する。よって，加害者は，不法行為に基づく損害賠償として，被害車両のレッカー代についても，負担しなければならない。

したがって，本問の場合も，前記交差点から修理会社までのレッカー代2万円が相当な金額である限り，YはXに対してこのレッカー代を賠償しなければならない。

〔井手　良彦〕

Q 37

物損交通事故(2)——評価損,代車損,休車損

　Yは,自動車(Y車)を運転中,ぼんやりと考え事をしていたため,交差点の赤信号を見過ごし交差点に進入し,折から交差点における交差道路を青信号に従って交差点に進入してきたX運転の自動車(X車)の側面にY車をぶつけ,幸い,Xに負傷はなかったが,X車に大きな物的損害を与えた。Xは,Yに対して,①上記の物的損害を修理するのに40万円がかかるとして,修理費40万円を請求し,②X車は購入後3ヵ月しか経過していない新車であり,この事故の結果修理しても査定価格が下がるとしてその下落額20万円を請求し,③修理完了までの代車使用料10万円が必要として,これらの合計70万円を請求している。このようなXの請求は,認められるか。この事例で,④X車は商用車であり,この事故の結果営業に使えず,修理完了までの休車損5万円も必要として,休車損を請求しているが,このような請求は認められるか。

[1] はじめに

　本問の場合,Yは,赤信号無視という過失により,X運転のX車に自ら運転するY車をぶつけ,そのため,X車に大きな物的損害を与えている。その結果,Yに不法行為が成立し(民709条),不法行為責任として,Yは,X車の損害を賠償しなければならない。

　前記のX車の損害の中に,X車の修理費が含まれることに問題はなく,本問の場合は修理費40万円がかかるというのであるから,Yは,この40万円について損害賠償しなければならない[1]。また,Xは,X車を修理しても査定価格が下がるとしてその下落額20万円を請求しているが,そのような査定価格の下落分,すなわち,評価損について,その請求は認められるかが問題になる。さらに,Xは代車使用料や休車損を請求しているが,そのような代車使用料や

休車損についての請求は認められるかも問題となる。

以下，順次，検討する。

* 1　本問の場合，Yの赤信号無視の事案であるから，基本的に，Yの過失が10割であり，過失相殺は問題にならないであろう。修理費40万円については，修理前ならば，Xが，Yに対して，修理会社・修理工場の修理見積書を提示して請求することになり，また，修理後ならば，修理会社・修理工場の修理見積書や修理請求書，さらには領収書を提示して請求することになる。交通事故の被害者が加害者に対して請求しうるのは，被害車両の損傷を原状に復するために要する修理費（適正修理費相当額）に限定される。よって，Yは，修理費40万円は高すぎるとして，この修理費の40万円という額を争うこともできる。その場合には，Yは，前記修理見積書や修理請求書における修理内容・修理箇所につき修理不要とか過剰修理と考える部分を具体的に指摘して争わなければならない。

[2] 不法行為に基づく損害賠償請求

本問も不法行為（交通事故）の事案である。そして，不法行為に基づく損害賠償請求権の要件事実やその抗弁については，**Q36[2]**の記載を参照のこと。

[3] 評価損

(1) 評価損の定義

事故後，車両を修理したにもかかわらず，原状に回復できない損傷が残ったり，あるいは事故歴がついたりしたことによって同車両の商品価値が低下することがあるが，この場合の価値の低下を「評価損」という。評価損の主張立証責任は，被害者にある。

(2) 技術上の評価損

前記の評価損のうち，事故後，車両を修理したにもかかわらず，原状に回復できない損傷が残った場合，つまり，修理しても，技術上の限界などのため，機能や外観に回復できないような損傷が残った場合の価値の下落分（技術上の評価損）については，不法行為（交通事故）と相当因果関係のある損害に該当し，加害者はこの下落分について損害賠償をしなければならない。この点は，判例，学説ともにほぼ一致して認めている。

(3) 取引上の評価損（格落ち）

前記(1)の評価損のうち，事故歴がついたことによって車両の商品価値が低下する場合の価値の低下分（取引上の評価損，格落ち）については，これを不法行為（交通事故）と相当因果関係のある損害と認め，加害者の損害賠償の対象にするべきかについて，見解の対立がある。

(a) 否定説　修理した被害車両を実際に売却するなどして，取引上の評価損が顕在化しない限り，前記のような取引上の評価損は，不法行為（交通事故）と相当因果関係のある損害とは認められないという考え方である。

理由として，①現実に客観的な価値の低下がないのに，評価損を認めるという合理的理由に乏しいこと，②事故後も当該車両を使用し続ける場合には，損害は顕在化しないこと，③評価損を肯定し賠償させるとすると，買換えを正当とする理由がない場合にも，被害者に買換えを認めたのと同一の利益を与えたことになり，正当ではないことなどの点が挙げられる。

(b) 肯定説　前記のような取引上の評価損についても，不法行為（交通事故）と相当因果関係のある損害と認め，加害者の損害賠償の対象になるという考え方である。

理由として，①事故歴のある車両は，たとえ修理を完了していても，修理されない隠れた損傷があるかもしれないといった懸念や縁起が悪いといった感情の面から，中古車市場では，交換価値が低下するのが普通である。そして，損害論の差額説からは，事故前の車両価値と事故後の車両価値の差額が損害と考えるべきであり，そうすると，前記における中古車市場での交換価値の低下を損害であると解すべきであり，そのため，取引上の評価損を認めるのが合理的であること，②前記のように，事故歴のある車両は交換価値が低下するので，事故時にそのような交換価値の低下，つまり，損害が生じたものと考えることができること，③肯定説のほうが，機械的な計算ではカバーしきれない，前記①における懸念や感情といった主観的な部分も含めて損害額を考慮することができ，柔軟な解決が可能であり，相当であることなどの点が挙げられる。

(c) 近時の傾向　判例の場合，近時は肯定説に立つ裁判例が多いようである。また，学説上も，当初は否定説が有力であったが，近時は肯定説が多数説になっているようである。そして，中古車市場においては，事故歴のある車両

には買い手がつきにくく、取引価格が低下する傾向にあり、そのため、車両の下取り価格についても低下する可能性が高く、しかも、車両を下取りに出す段階に至って、損害が顕在化したとし、改めて加害者に対してその段階での低下分につき損害賠償請求するというのも現実的ではなく、これらの点から、肯定説が相当である。

(4) 取引上の評価損が認められる場合

前記のように、肯定説を相当とする場合、次に問題となるのは、どのような場合に取引上の評価損（格落ち）が認められるかである。

裁判例においては、①初度登録から事故時までの時間的長短、②損傷、修理（費）の程度や箇所、③高級車とか車両の希少性などを主に考慮して、この問題を検討している。

このうちの①の時間的長短に関して、裁判例においては、初度登録から3年以内の自動車に、取引上の評価損（格落ち）が認められやすい傾向があり、外国車や国産人気車種の場合には、初度登録から5年（走行距離で6万km程度）を経過すると、また、国産車の場合には初度登録から3年（走行距離で4万km程度）を経過すると、それぞれ評価損は認められにくくなる（影浦直人「評価損をめぐる問題点」財団法人日弁連交通事故相談センター東京支部ほか編『損害賠償額算定基準〔赤い本・2002年版〕』299頁参照）。要するに、初度登録から事故日までの期間が短ければ短いほど、取引上の評価損は認められやすくなる。

また、②の損傷、修理（費）の程度や箇所に関しては、一般に、損傷が車両の骨格部分に及んでおり、修理箇所も多く、修理費が高いほど、取引上の評価損が認められやすい傾向がある。

さらに、③の高級車とか車両の希少性については、一般に、国産高級車や外国車は大衆車よりも取引上の評価損を認められやすく、また、希少車両はそうでない車両よりも取引上の評価損を認められやすい傾向がある。

以上によれば、一般に、事故車両が、高級車（国産高級車や外国車）で、初度登録から間がなく、走行距離も短く、損傷が車両の骨格部分に及んでいるような場合には、取引上の評価損が認められやすく、反対に、事故車両が、価格の低い大衆車で、初度登録から相当期間が経過しており、走行距離も長く、損傷が車両の骨格部分に影響のない表面的なものにとどまっている場合には、取引

上の評価損は認められにくいことになる。

(5) 取引上の評価損の算定

　取引上の評価損の発生を認めるとして，次に問題となるのは，その評価損の金額をいくらと算定するかである。この算定方式については，大別すると，①差額基準方式，②時価基準方式，③総合勘案基準方式，④修理費基準方式という4つの方式があるとされる（中村心「評価損が認められる場合とその算定方法」財団法人日弁連交通事故相談センター東京支部ほか編『損害賠償額算定基準〔赤い本・1998年版〕』194頁参照）。このうち，①の差額基準方式は，事故直前の車両売却価格と修理後の車両売却価格の差額を評価損の金額とするという方式である。②の時価基準方式は，事故時の車両価格の何％を評価損の金額とするという方式である。③の総合勘案基準方式は，被害車両の有する諸々の事情（車種，初度登録から事故時の年数，修理箇所，修理金額）を総合的に勘案して，評価損の金額を算定するという方式である。④の修理費基準方式は，裁判所が認容する修理費の何％を評価損の金額とするという方式である。

　このうち修理費基準方式を用いる裁判例がいちばん多いようである（中村・前掲195頁参照）。これは，損傷の程度が大きいと，一般に，修理費は高額になり，車両の価値の低下（つまり，評価損）も大きくなるという関係があって，修理費を基準に評価損を決定することに合理性があり，さらに，修理費基準方式については，裁判上において確定数額として認定できる修理費を基準にしており，評価損の算定過程が比較的明確であるためであると思われる。ただし，修理費基準方式を用いる裁判例においても，修理費の何％にするかは一定しておらず，修理費の10％ないし30％台とする傾向が強い。そして，何％にするのが相当かについても，①初度登録から事故時までの時間的長短，②損傷，修理（費）の程度や箇所，③高級車とか車両の希少性などを考慮して決定することになる。

　ところで，実務においては，評価損の証拠資料として財団法人日本自動車査定協会の事故減価証明書が提出されることがある。しかし，この証明書においては，一般に，事故車両のどの部分をどのような根拠に基づいてどのように評価したのかなどの具体的な評価過程が明らかにされておらず，そのため，評価損の金額を決定する際の絶対的資料とするのではなく，一資料程度にとどめておくことが相当であると考える。

なお，前記(2)の技術上の評価損の場合においても，評価損の金額をいくらに算定すべきかという問題は生じ，そのため，前記における4つの方式のいずれかを用いて算定することになる。ただし，この技術上の評価損の場合は，車両を修理したのに，原状に回復できない損傷が残った，つまり，修理をしても機能や外観に回復できないような損傷が残ったという場合であるから，評価損の金額は，一般に，取引上の評価損の場合よりも高額になるものと考えられる。

(6) 本問の場合

本問の場合，Yは，自己の運転するY車をX車の側面にぶつけ，X車に大きな物的損害を与えており，そのため，Xは，修理費40万円を請求し，そのほか，X車は購入後3ヵ月しか経過していない新車であり，この事故の結果修理をしても査定価格が下がるとしてその下落額20万円を請求している。

まず，本問の場合，修理をしても，技術上の限界などのために，原状に回復できないような損傷，つまり，機能や外観に回復できないような損傷が残ったかを明らかにしなければならず，設問からは明らかでないが，これが肯定されるならば，前記(2)の技術上の評価損が認められる。

一方，修理の後に前記のような損傷が残っていない場合には，取引上の評価損が認められるかが問題となり，これについては，①初度登録から事故時までの時間的長短，②損傷，修理（費）の程度や箇所，③高級車とか車両の希少性などを考慮して決定することになる。そして，本問の場合，①は3ヵ月，②の修理費は40万円，そのほかの損傷の程度や箇所，また，高級車とか車両の希少性などは明らかになっていないが，①が3ヵ月であるため，取引上の評価損が認められる可能性は十分にある。

そして，技術上の評価損や取引上の評価損が認められる場合には，その評価損の金額をいくらにするかが問題となり，この算定方式につき，基準として合理性もあり，また，算定過程が比較的明確である修理費基準方式を用いると，X車の修理費40万円が基準になり，この何％とするべきかについては，これも，①初度登録から事故時までの時間的長短，②損傷，修理（費）の程度や箇所，③高級車とか車両の希少性などを考慮して決定するとして，本問の場合，Xの請求している評価損20万円は修理費40万円の50％となり，初度登録から事故時までの時間的長短が3ヵ月であることを考慮するにしても，若干高額に

すぎるということになろうか（12万円ないし15万円くらいが相当か。ただし、技術上の評価損を認める場合は、これより若干高額でもよいであろう）。

[4] 代車損（代車使用料）

(1) 代車損（代車使用料）の定義

交通事故によって車両に損傷を受けた場合に、その修理期間中又は買換え期間中は車両を使えず、そのため、レンタカーなどの代車を使用する場合があり、この場合において、その代車使用料金を交通事故と相当因果関係のある損害として認めうるかが問題となる[*2]。そして、相当因果関係のある損害として認められる場合の代車使用料金のことを、代車損（代車使用料）という。この代車損の主張立証責任は、被害者にある。

> [*2] この問題は、原則として、現実に代車を使用した場合に生じる。この点は、修理の場合と異なる。修理の場合には、現実に修理をしなくても、損傷部分の修理代相当額について賠償請求しうる。損傷部分は、修理をしなくても、当該交通事故によって被った損害と解しうるからである。

(2) 代車損（代車使用料）の要件

代車損（代車使用料）が認められるためには、交通事故の被害者が、①代車の必要性、②代車を必要とする期間、③代車の程度（グレード）、つまり、1日当たりの代車使用料を主張・立証しなければならない。以下、順次、検討する（②については、「代車が認められる期間」として、検討する）。

(3) 代車の必要性

(a) 代車の使用は、代車の必要性がある場合に限って認められる。つまり、代車の必要性は、代車損を認めるための要件である（小林邦夫「代車の必要性」財団法人日弁連交通事故相談センター東京支部編『損害賠償額算定基準〔赤い本・2006年版〕（下）』77頁参照）。

(b) そして、被害車両が営業用車両の場合には、原則として代車の使用が必要であるといえ、代車の必要性が認められ、よって、この場合には、代車損が認められる。

他方、自家用車の場合には、代車の必要性があるかが問題となる。一般的に、自家用車において、①被害車両を、通勤や通学に使用していた場合には、代車

の必要性が認められやすく，②子供の送迎，買物など日常生活に使用していた場合には，直ちに，代車の必要性が否定されるわけではなく，被害車両の使用状況（例えば，園児や児童などの幼い子供の保育園などへの送迎に使っていた，毎日のように大量の買物が必要で，大量に購入した品物を運ぶのに使用していたなど）も踏まえて，代車の必要性が決定されることになる。しかし，③単なる趣味やレジャーに使用していたにすぎない場合は，代車の必要性を認めることは難しくなる。

　また，営業用車両の場合も自家用車の場合も，代替車両があり，その使用が可能な場合には代車の必要性は否定される。

　さらに，自家用車の場合で代替交通機関があるときには，代替交通機関の利用が可能であり，その利用が相当であるという場合*3には，代車の必要性は否定され，よって，代車損は認められない。ただし，この場合に，代替交通機関を利用しておれば，その利用料金が交通事故と相当因果関係のある損害にあたり，損害賠償の対象になる*4。

　　*3　通勤に被害車両（自家用車）を使用していた場合で，代替交通機関の利用は可能であったが，例えば，通勤日にはほぼ毎日のように，代替交通機関で運ぶには困難なほどの多量の書類を運ぶ必要があったというような場合には，代替交通機関の利用が相当とはいえず，代車の必要性が認められるであろう。

　　*4　代替交通機関としてタクシーやハイヤーを利用している場合には，他の公共交通機関（例えば，電車やバス）を利用できたという場合であれば，タクシーやハイヤー料金を交通事故と相当因果関係のある損害にあたるとしてこれらの料金を賠償請求しうるかという問題が生じる。なぜならば，被害者側にも損害発生の拡大を防止すべき信義則上の義務があり，電車やバスを利用できたのにタクシーやハイヤーを利用したことは，この義務に反するとも考えられるからである。この点については，タクシーやハイヤーを利用した目的，他の公共交通機関の利用の難易，被害車両の使用目的，被害者の社会的地位なども考慮して，タクシーやハイヤーの利用がやむをえないと考えられる場合に限って，タクシーやハイヤー料金を交通事故と相当因果関係のある損害にあたるものと解すべきである。さらに，タクシーやハイヤーの利用がやむをえないと考えられる場合であっても，（タクシーではなく，）ハイヤーを利用した場合に，ハイヤー料金を交通事故と相当因果関係のある損害としてこれを賠償請求しうるかという点も問題になる。この点については，被害者側にも損害

発生の拡大を防止すべき信義則上の義務がある点から，原則として，タクシー料金を限度にすべきものと考える。

　なお，タクシーとは，一般に，駅前等の指定乗り場，無線による配車，街なかの"流し"によって利用されるもので，タクシーの場合の運送契約は「乗車」から「降車」までの区間について締結され，基本的に，その区間について課金されることになる。これに対して，ハイヤーは，一般に，営業所等を拠点に予約のうえで利用されものであり，ハイヤーの場合，一営業ごとに「出庫」→「乗車」→「降車」→「帰庫」という動きが予定され，運送契約と課金の対象になるのは，この全区間についてである。

(c) 以上によれば，代車の必要性については，①被害車両の事故前における使用目的（営業用か，通勤・通学用か，子供の送迎・買物など日常生活に使用か，趣味やレジャー用か）や使用状況（幼い子供の保育園などへの送迎に使っていた，また，買物で大量に購入した品物を運ぶのに使用していたなど）はどのようなものであったか，②代替車両はあったか，その使用は可能であったか，③自家用車の場合は，その使用目的，使用状況を踏まえて，代替交通機関の利用が可能であったか，また，その利用が相当であったかなどを検討して，判定することになる（小林・前掲84頁参照）。

(4) 代車使用の認められる期間

　代車の必要性が認められる場合において，代車使用の認められる期間は，現実に修理又は買換えに要した期間ではなく，修理又は買換えに要する「相当期間」である。

　そして，修理そのものに要する期間は，被害車両の車種，年式，価格，修理すべき部位，程度などによっても異なるが，通常は1週間ないし2週間程度とされており，そこで，それを前提にして，修理工場の繁忙，部品の取り寄せに要する期間，交渉期間など相当な理由が認められるかを検討して，「相当期間」を決することになる。

　ところで，この「相当期間」に関して，被害車両が外国車であり，部品取り寄せのために修理期間が長期になったという場合に，そのような期間についても，修理に要する「相当期間」と解しうるか，つまり，代車使用を認めうるかが問題となる。一般的には，そのように部品を取り寄せて修理をすることが相

当な修理と解しうるかを検討し，それが肯定されるならば，部品取り寄せのために修理期間が長期になっても，やむをえないというしかなく，代車使用の認められる期間ということになる（佐々木一彦ほか編『交通損害賠償の基礎知識（下巻）』423頁〔園高明〕参照）。

　また，保険会社との交渉期間などを，修理に要する「相当期間」として代車使用を認めうる期間となしうるかという問題もある。

　モータリゼーションの発達した現代においては，多くの場合，加害者は対物保険に加入している。この場合には，一般に，保険会社は，被害車両につき修理依頼を受けた修理業者との間で協議を行い，修理方法や修理内容につき協定を締結して，それから，修理業者が修理に着手するという場合が多い。その際に，保険会社から依頼を受けたアジャスター*5が，立会調査を行い，被害車両について，損傷と事故態様の整合性の有無，また，修理方法，修理内容，修理費につき調査・検討して，その上で，保険会社の担当者が，被害者との間で損害賠償額やその算定方法につき交渉することになる。このような手順がとられるのが一般であるために，修理の着手までに相当の時間がかかることになるが，それもやむをえないものと解せられる。そのため，前記のような，保険会社との交渉期間などについても，交渉過程や交渉内容からみて，通常予測しうる合理的期間である限り，修理に要する「相当期間」に含まれるものと考えるべきであり，よって，この期間は，代車使用を認めうる期間になる（東京地判平13・12・26交民集34巻6号1687頁参照）。

　ただし，被害者が過大な修理を要求したり，修理可能であるのに，新車買換えを要求したりして，保険会社との交渉期間が長引いたような場合には，そのように長引いた期間については，修理に要する「相当期間」に含まれないものと考えるべきである。

　　*5　アジャスターとは，社団法人日本損害保険協会の行う試験に合格し，事故車の修理技法等について専門知識を有する者で，この者は，保険会社から依頼を受けて，交通事故で損傷を受けた自動車に対し立会調査などを行い，損傷と事故態様の整合性の有無，また，修理方法や修理内容などを調査・検討したり，事故車両の修理費を算出したりする。

(5) 代車の程度（グレード）

代車の必要性が認められる場合において，その代車の程度（グレード）は被害車両と同等のものでなければならないかという問題がある。すなわち，被害車両が高級外国車である場合に，被害者が被害車両と同一又は同等の代車を要求することがあり，そのような場合に，この問題が生じる。

裁判例においては，代車として同一又は同等の高級外国車を使用する合理的理由があるといった特段の事情がない限り，国産高級車で十分であるとしている。なぜならば，代車使用期間は，修理期間あるいは買換期間であって比較的短期間であり，また，被害者側にも損害発生の拡大を防止すべき信義則上の義務があることも考慮するならば，被害者も快適性や格において一段劣る車種であっても容認すべきものと解せられるからである（佐々木・前掲422頁参照）。そこで，たとえ，被害車両が高級外国車であっても，国産高級車の1日当たりの代車使用料[*6]を基礎に代車損を計算すればよいことになる。

*6 国産高級車の1日当たりの代車使用料は，通常，国産高級車の1日当たりのレンタカー料金を参考にして決することになる。

(6) 本問の場合

本問の場合，被害者であるXは，修理完了までの代車使用料10万円を請求している。この点，Xについて代車の必要性の有無，また，X車の車種，年式，価格，修理すべき部位，程度などを踏まえて，修理に要する「相当な期間」，さらに，代車の程度（グレード）などを検討して，決することになるが，Xに代車使用料が認められる可能性は十分にあるものと考える。

[5] 休車損

(1) 休車損の定義

休車損とは，交通事故により損傷を受けた被害車両を修理し，又は買い換えるために必要となる相当な期間，被害車両を稼働させておれば得られたであろう営業上の利益を，その被害車両を稼働させることができないために，得られないという損害（消極損害）のことである。

被害車両が自家用車の場合には，修理期間中又は買換期間中，通常，レンタカーなど代車を使用することになり，そのため，被害者が被害車両を使用でき

ないことによる消極損害は発生しない。これに対し，被害車両がタクシーやトラックなどの営業車の場合には，レンタカーのような代車を使用することが困難であるため，被害者に前記のような休車損が発生することになる。

休車損は，交通事故によって通常生ずべき損害と解すべきであり（最判昭33・7・17民集12巻12号1751頁参照），物損の一項目として認められる。この休車損の主張立証責任は，被害者にある。

(2) 休車損の要件

休車損が認められるためには，交通事故の被害者が，①被害車両（事故車両）を使用する必要があること，②代車（被害車両と同等と評価しうるもの）を容易に調達することができないこと，③遊休車（被害車両と同等と評価しうるもの）が存在しないこと，④被害車両を使用できなかった期間（休車期間），⑤被害車両の利用によって得られていた1日当たりの利益（被害車両を使用できないことによって被る1日当たりの損失額）を主張・立証しなければならない。

以下，順次，検討する（④については，「休車損が認められる期間」として，検討する）。

前記①については，被害者が交通事故による損傷によって被害車両を使用できなくなった場合でも，その被害車両を使用する必要がないというのであれば，休車損を認めるまでのことはなく，この点から認められる要件である。②については，代車を調達でき，その代車で被害車両の穴埋めができるのであれば，代車損（代車使用料）を損害に計上すべきであり，そのときには休車損は損害に計上できないという関係がある（後記(4)参照）。そこで，この要件が必要になる。③については，信義則上，被害者についても，損害の拡大を防止すべき義務を負っていると考えるべきであり，この点から，遊休車があれば，遊休車を積極的に利用して損害の拡大を防止しなければならず，それをしないような被害者には休車損を認めるべきではなく，この点から認められた要件である。③の点の立証責任は，被害者側にあると解すべきである。このような遊休車が"存在しないこと"の立証は，いわゆる悪魔の証明のように思えるが，被害者は保有車をできる限り稼働させていたことを証明して，遊休車が存在しなかったことを立証することができ[*7]，悪魔の証明には該当しない。さらに，④の「被害車両を使用できなかった期間」，すなわち，「休車損が認められる期間」について

は，事故による損傷の修理，又は買換えに要する相当な期間のことである。この期間については，代車使用料の認められる期間に準じて考えればよい（前記[4](4)参照）。また，⑤については，後記(3)(b)のとおりである。

　　＊7　例えば，被害車両以外の保有車が10台あるとして，その10台がほぼフル稼働していたことを立証すれば，遊休車が存在しないことが立証できることになる。

(3) 休車損の算定方法

(a) 休車損は，被害車両の利用によって得られていた1日当たりの利益に前記(2)④の休車期間を乗じて，算出することになる。

> 休車損＝1日当たりの利益×休車期間

(b) 前記(a)の「1日当たりの利益」，つまり，被害車両の利用によって得られていた1日当たりの利益は，次のような計算式によって算出する。

> 1日当たりの利益＝売上高(運賃収入)－経費　　あるいは，
> 　　　　　　　　＝売上高(運賃収入)×利益率
> 　　　　　　　　＝売上高(運賃収入)×(1－経費率)

(c) 算定の対象となる車両については，原則として，事故車を対象に考えるべきである。なぜならば，休車損は当該事故車の運休によって発生するものだからである。裁判例では，トラックなどの貨物自動車の休車損については，当該事故車を対象に休車損を算定しているようである。

しかし，事故車を除く被害者の保有する車両（実働車）1台当たりの売上高を算出して，休車損を算定するという考え方もあり，裁判例では，タクシーの休車損については，このような考え方によって算定することが多い。これは，タクシーの場合は，トラックのように積載物や積載量など車両の個性があまり問題にならないためである。

(d) 算定の対象を事故車とする場合，事故直前の当該事故車の実績を前提に，前記の「1日当たりの利益」，つまり，被害車両の利用によって得られていた1日当たりの利益を算出することになる。そして，その実績については，人損における休業損の場合と同様に考え，事故直前の3ヵ月間の実績とするのが相当である。よって，事故直前の3ヵ月間の実績を出し，それを3ヵ月の日数で

除して当該事故車の「1日あたりの利益」を算出することになる。
　ただし，事故車を除く被害者の保有する車両（実働車）1台当たりの売上高を算出して，休車損を算定するという場合には，事故直前の3ヵ月間の実績とする必要はなく，休車期間中の実績を踏まえることも許されると考える。

(4) 休車損と代車損（代車使用料）の関係

　休車損については，前記(2)の要件の下，前記(3)の方法で算定することになる。
　しかし，代車損（代車使用料）が認められる場合には，休車損は認められない。すなわち，代車を調達でき，その代車で被害車両の穴埋めができるのであれば，代車損（代車使用料）が認められるべきであり，その場合には，被害者の事故車を使用できないことによる損害はすでに補填されており，よって，休車損は損害として計上できないからである。

(5) 本問の場合

　本問の場合，被害者Xは，代車使用料10万円を請求し，その上，修理完了までの休車損5万円も請求している。しかし，前記(4)のように，代車使用料10万円を請求する以上，休車損の請求は認められないことになる。

〔井手　良彦〕

Q 38

人身交通事故——休業損害，慰謝料の計算方法

(1) Yは，平成22年9月1日午前8時10分ころ，自動車を運転して，交通整理の行われていない交差点に，一時停止の標識に従わず，時速10キロメートルに減速しただけで進入したため，折から，一時停止の標識に従っていったん停車しその後発進して上記交差点における交差道路に左方から右方に向けて進入してきたX運転の自動車に衝突させて，Xに傷害を負わせた。Xは，交差点手前で標識に従わず一時停止をしなかったYに全面的な過失があるとして，Yに対して，医療費22万5000円(注1)，通院のための交通費1万7570円(注2)，休業損害1万9239円(注3)，慰謝料113万8191円の合計140万円を請求している。Xの主張は認められるか。入院はなく，実通院日数は25日であるが，通院期間が平成22年9月1日から同年10月18日までの場合はどうか。

(2) また，平成22年9月1日から同23年9月23日までの場合はどうか。

(3) さらに，Xの負傷がいわゆるむち打ち症で他覚所見がない場合はどうか（なお，物損については，ここでは検討しない）。

　(注1) 22万5000円について，病院の領収書がある。

　(注2) 平成22年9月1日（病院から自宅までの片道，病院までの往路は救急車であった）と同月2日（自宅・病院間の往復）のタクシー代合計6300円については，タクシー会社の領収書があり，勤務先会社（最寄駅）から病院（最寄駅）までの電車代210円×23日分と病院（最寄駅）から自宅（最寄駅）までの電車代280円×23日分については，領収書はないが，路程表と運賃表がある。

　(注3) Xは，1ヵ月に，基本給25万円，交通費1万円，住宅手当3万5000円を支給されている。9月1日と同月2日に会社を休んだが，有給休暇をとっている。

[1] はじめに

本問の場合、Yは、自ら運転する自動車を、一時停止の標識に従わず、時速10キロメートルに減速しただけで、交通整理の行われていない交差点に進入させて、折から、一時停止の標識に従っていったん停車し、その後、前記交差点の交差道路に進入してきたX運転の自動車に衝突させ、Xに傷害を負わせた。Xは、Yに全面的な過失があると主張し、自らは無過失であると主張している。このようなXの主張が認められるかについて、検討しなければならない（⇒[2]）。

次に、Xは、この交通事故による負傷につき病院で診察を受けるのに9月1日と同月2日に会社を休んだとして、休業損害として1万9239円を請求している。その請求額は妥当か。そこで、休業損害の計算方法についても、検討しなければならない。また、Xは、その2日間につき有給休暇を取得している。そのため、有給休暇を取得した場合、その有給休暇を取得した日についても、休業損害を請求しうるかについても、問題となる（⇒[3]）。

さらに、Xは、本件交通事故による負傷についての慰謝料として、113万8191円を請求している。交通事故により負傷を被った場合の慰謝料は、一般に、どのように決められているか。通院期間が平成22年9月1日から同年10月18日まで、実通院日数が25日である場合に、Xの請求している慰謝料113万8191円は相当か。通院期間が平成22年9月1日から同23年9月23日まで、実通院日数が25日であった場合はどうか。また、Xの負傷がいわゆるむち打ち症で他覚所見がない場合に、慰謝料はどのように決められているかなどについても、問題となる（⇒[4]）。

以下、順次、検討する。

[2] 過失割合についての主張

本問の交通事故は、Yが、一時停止の標識に従わず、時速10キロメートルに減速しただけで、交通整理の行われていない交差点に進入し、その際、Yの走行道路と交差する道路を走行していたXが、一時停止の標識に従っていったん停車した後発進し、その交差点に進入して、両者が衝突したものである。X

は，Yに全面的な過失があり，自らは無過失であると主張している。

(1) 交通事故における過失割合10対0の主張の当否

　交通事故における裁判において，過失割合が争いになる場合，その過失割合については，一般に，東京地裁民事交通訴訟研究会編『民事交通訴訟における過失相殺率の認定基準』(別冊判タ16号)〔全訂4版〕，『赤い本』，『青本』[*1]，損害賠償算定基準研究会編『注解交通損害賠償算定基準(下)』〔三訂版〕などの基準を参考にして，決定されている。

　これらにおける基準は，編集者がこれまでの裁判例の傾向を斟酌し，交通事故における事故態様とそれに応じた過失割合の基準として公表したものであり，すでに膨大な数の交通事件の処理において，参考にすべき基準として用いられており，交通事件における，事故態様とそれに応じた過失割合を決める基準あるいは目安として，一定のコンセンサスを得ていると考えられ，これらにおける基準を，参考基準として用いることに一定の合理性が認められるからである。

　これらにおける基準によると，交差点は交通事故の危険性が高く，危険な場所と考えられており，交差点に進入しようとする者は注意して進入すべきであるとして，その者に高い注意義務が課せられている[*2]。そのため，交差点における交通事故の場合，交通信号機などによって交通整理が行われている場所における赤信号無視の事例を除いて，一方当事者だけに過失があり，他方当事者に過失がないという事例は稀である。

　　*1　『赤い本』とは，財団法人日弁連交通事故相談センター東京支部発行の『民事交通事故訴訟　損害賠償額算定基準』という書物で，表紙が赤いため『赤い本』といわれ，また，『青本』とは，財団法人日弁連交通事故相談センター発行の『交通事故損害額算定基準』という書物で，表紙が青いため『青本』といわれている。
　　*2　道路交通法36条4項においても，「車両等は，交差点に入ろうとし，及び交差点内を通行するときは，当該交差点の状況に応じ，交差道路を通行する車両等，反対方向から進行してきて右折する車両等及び当該交差点又はその直近で道路を横断する歩行者に特に注意し，かつ，できる限り安全な速度と方法で進行しなければならない。」とされている。

(2) **本問の場合**

　本問の場合，事故現場である交差点は交通整理が行われておらず，また，X側の交差点進入口にもY側の交差点進入口にも一時停止の道路標識が設置されているようであり，どちらの道路が優先するというわけではなく，しかも，Yは時速10キロメートルで交差点に進入し，Xはいったん停車しその後発進して交差点に進入しているので，速度は双方それほど出ていなかったと解しうる事案であるが，そのほか，XやYの運転状況，両者の認識，両者からの見通し状況，事故時の時刻，明るさ，交通量，渋滞状況など，設問の説明だけでは明らかになっておらず，そのため，断定することはできないが，Xによる自らの過失が0という主張は到底認められないものと思われる。むしろ，XとYの基本的な過失割合は5対5として，そこから，Yの一時停止違反の点などを考慮して，修正を加えていくという方法をとるべきものと考える。

[3] 休業損害

　Xは，この交通事故による負傷につき病院で診察を受けるのに9月1日と同月2日に会社を休んだとして，休業損害として1万9239円を請求している。

(1) **休業損害の計算方法**

(a) 休業損害とは，被害者が交通事故によって受傷したために休業したり，あるいは十分な稼働ができなかったりしたことによって生じた現実の収入減のことをいう。

　給与所得者の休業損害については，実務上，「事故前3ヵ月間の給与」を総日数で除したり（ただし，1ヵ月30日，3ヵ月は90日であるとして，90日で除するという考え方もある），「年間給与（年収）」を365日で除したりして，これに休業日数を乗じて算出するのが一般的である。

　給与所得者の「事故前3ヵ月間の給与」や「年間給与（年収）」のなかには，基本給のほか，各種手当，残業手当，賞与などが含まれ，それは，源泉徴収額（所得税等）や社会保険料を差し引く前の額をいう。

(b) **本問の場合**　本件の事故日は平成22年9月1日であるから，「事故前3ヵ月間の給与」とは，平成22年6月分，7月分及び8月分の給与総額となる。6月分の給与は，29万5000円（＝基本給25万円＋交通費1万円＋住宅手当3万

5000円）であり，7月分の給与も，29万5000円であり，8月分の給与も，29万5000円である。よって，「事故前3ヵ月間の給与」は，88万5000円（＝29万5000円＋29万5000円＋29万5000円）となる。

これを，平成22年6月，7月，8月の総日数（6月は30日，7月は31日，8月は31日であるから，92日）で除する。そして，休業日数を乗じて，休業損害を算出することになる。Xの休業日数は2日間である。

よって，Xの休業損害は，以下の計算のように，1万9239円となる。

以上によれば，設問のXの休業損害の算定は正しいことになる。

〔計算〕
- 基本給25万円＋交通費1万円＋住居手当3万5000円＝29万5000円
- 〔（29万5000円＋29万5000円＋29万5000円）÷（30日＋31日＋31日）〕×2日
  ＝1万9239円

ただし，休業損害の認定額は，Xの過失割合分を減じた額となる。例えば，Xの過失割合が4割だとすると，1万1543円（＝1万9239円×（1－0.4））となる。

(2) 有給休暇を取得した期間も休業損害の対象になしうるか

(a) この点について，有給休暇を取得した期間は，休業損害の対象になしえないとする見解（否定説）がある。休業損害は得られたはずの利益を得ることができなかったという消極損害であるが，有給休暇を取得した場合には，有給休暇取得日数分の給与は支給されており，得られたはずの利益を得ることができなかったという消極損害は存在しないはずであるなどを理由とする。そして，この否定説の中には，有給休暇を取得して休業損害を発生させなかった被害者と有給休暇を取得しないで休業損害を発生させた被害者とで，受け取るべき賠償金が異なるのは公平性を欠くとして，有給休暇取得の点を，慰謝料算定の斟酌理由として評価すべきという見解もある。

しかし，有給休暇を取得したということは，交通事故がなければ他に用いることのできた有給休暇を交通事故のために失ったといえるので，そのような損失を補填する必要があるし，また，有給休暇の買取制度がある場合は当然のこと，そのような制度がなくても，有給休暇に財産的価値という側面がないとはいえない。さらに，慰謝料として斟酌すればよいという見解については，公平性を欠くという指摘はそのとおりであるが，この見解では，慰謝料としてどの

程度の金額に斟酌するのが相当かという困難な問題が生じることになる。そうであれば，端的に休業損害の問題として処理するほうが簡便である。以上によって，有給休暇を取得した期間も休業損害の対象になしうるものと考える（肯定説）。

(b) 本問の場合，Ｘは，休業損害を請求している９月１日と同月２日に有給休暇を取得しているが，この日についても，休業損害を請求しうることになる。

[4] 慰謝料

Ｘは，本件交通事故による負傷についての慰謝料として，113万8191円を請求している。

(1) 交通事故の人的損害（傷害）に基づく慰謝料の算定方法

交通事故における裁判において，人的損害（傷害）に基づく慰謝料の額が争いになった場合に，その慰謝料の額については，一般に，被害者の入通院期間の長さを基準にして，『赤い本』における「入通院慰謝料」別表Ⅰ（原則的場合）や別表Ⅱ（例外的に，他覚所見のないむち打ち症の場合に用いる）の基準，あるいは，『青本』における「入・通院慰謝料表」の「上限」や「下限」の基準を参考にして，決定することが多い[*3]。

なぜならば，①『赤い本』や『青本』における慰謝料の額は，編集者が裁判例の傾向を斟酌し，交通事故における傷害についての慰謝料の算定基準として公表したもので，すでに膨大な数の交通事件の処理において，参考にすべき基準として用いられており，交通事件に基づく傷害に関し，傷害の程度とそれに対応する慰謝料を決める基準あるいは目安として，一定のコンセンサスを得ていると考えられ，これらの基準を，参考基準として用いることに一定の合理性が認められる。また，②本来，結果が重大だと，精神的苦痛も増大し，その分，慰謝料の額は増額すると考えるべきところ，『赤い本』や『青本』においては，「結果が重大⇒その分，入通院期間が長くなる。⇒その分，精神的苦痛も増大する。⇒慰謝料の額が増額する。」という考えの下，客観的に把握の容易な入通院期間の長さを基準にして，傷害の場合の慰謝料を決定しようとしており，そのような考え方に合理性が認められる。さらに，③交通事故に基づく人的損害（傷害）の場合，加害者側の状況，被害者側の状況，事故状況，事故

現場の状況などに応じて，その態様は実にさまざまである。それにもかかわらず，『赤い本』や『青本』においては，大量の事件を迅速，適正に処理するために，傷害につき，結果の重大性を入通院期間という客観的に明確な要素によって把握し，それに応じた慰謝料を算出し，慰謝料の定額化を図ろうとしており，そのような方向性に合理性が認められるだけでなく，このような基準を用いることによって，慰謝料について衡平性と統一性を実現することが可能になるからである。

 *3 慰謝料の基準については，前記の『赤い本』や『青本』における基準のほかに，自賠責保険における基準や保険会社の内部的な基準があり，これらの基準における慰謝料の額はそれぞれ異なっている。慰謝料について，一般に，『赤い本』や『青本』による基準がもっとも高いようである。

(2) 通院が長期間で，不規則な場合の計算方法

①通院期間が1年以上にもわたり長期化している場合で，かつ，②通院頻度が不規則な場合，例えば，通院頻度が極めて低く1ヵ月に2,3回の割合にも達しない場合とか，通院頻度が逓減化していたのに，突如頻繁に通院しだしたというような場合には，そのような通院につき，そもそも，通院治療の必要性があったのかという疑問が生じる場合もある。そのような場合に，入通院期間を基準にして慰謝料を決定する『赤い本』や『青本』における基準を機械的に用いると，不合理な結果をもたらすことになる。

そのため，そのような場合には，入通院実日数の3.5倍程度を慰謝料額算定の目安とする場合がある。

しかし，通院が長期化しており，通院頻度が不規則な場合であれば，直ちに入通院実日数の3.5倍程度という目安を用いるというのではなく，そのように通院が長期化しており，通院頻度が不規則な場合には，被害者の治療経過，傷害の治癒の状況，通院治療の実情，内容などを詳細に取り調べ，検討した上で，通院治療の必要性に疑問が生じるという場合に限って，入通院実日数の3.5倍程度という目安を用いるべきものと考える。例えば，通院頻度が1ヵ月に2,3回にも達しないような場合にも，通常の治療経過に従って通院頻度が減少したという場合で，通院治療の必要性があったという場合も十分にありうるからである。

(3) 本問の場合

(a) 本問における小問(1)の場合は，Xは入院しておらず，通院期間は平成22年9月1日から同年10月18日までであり，したがって，Xは，9月の1ヵ月と10月の18日の期間，通院していたことになる。

平成22年版『赤い本』の「入通院慰謝料」別表Iによれば，通院1ヵ月⇒慰謝料28万円，通院2ヵ月⇒慰謝料52万円とされている。

したがって，Xの1ヵ月（9月）と18日間（10月）の慰謝料の額を計算すると，以下の計算のように，41万9354円になる。よって，Xについては，この41万9354円を1つの目安として，慰謝料を決定すべきことになる（ただし，Xの過失割合分は，当然に減額しなければならない）。

〔計算〕

・28万円＋〔(52万円－28万円)÷31日×18日〕＝41万9354円

(b) 本問における小問(2)の場合は，Xは入院しておらず，実通院日数25日間，通院期間は平成22年9月1日から同23年9月23日までであり，したがって，Xは1年と23日の期間，通院していたことになる。

この場合，Xの通院日の間隔や頻度について明らかではないが，実通院日数が25日であるから，通院期間が1年と23日間である点を考慮するならば，通院が長期化しており，通院頻度が不規則な場合といえそうである。したがって，前記(2)のように，Xの治療経過，傷害の治癒の状況，通院治療の実情，内容などを詳細に取り調べ，検討した上で，通院治療の必要性に疑問が生じたという場合[*4]には，入通院実日数の3.5倍程度という目安を用いるべきである。

この入通院実日数の3.5倍程度という目安を用いた場合のXの慰謝料を計算すると，以下の計算のように，71万2500円となる。よって，この場合，Xについて，この71万2500円を1つの目安として，慰謝料を決定すべきことになる（ただし，Xの過失割合分は，当然に減額しなければならない）。

〔計算〕

・25日×3.5＝87.5日

・1ヵ月を30日で計算すると，87.5日は2ヵ月と27.5日となる。

・平成22年版『赤い本』の「入通院慰謝料」別表Iによれば，通院2ヵ月⇒慰謝料52万円，通院3ヵ月⇒慰謝料73万円とされている。

・そこで，2ヵ月と27.5日間の慰謝料を計算する。
52万円＋〔(73万円－52万円)÷30日×27.5日〕＝71万2500円（1ヵ月を30日で計算）

＊4　なお，Xの治療経過，傷害の治癒の状況，通院治療の実情，内容などを詳細に取り調べ，検討した結果，通院は長期化しているが，そのような通院につき治療の必要性が認められたという場合には，入通院実日数の3.5倍程度という目安を用いるべきではなく，やはり，通院期間1年と23日をもとに，慰謝料を決定すべきである。

そして，平成22年版『赤い本』の「入通院慰謝料」別表Ⅰによれば，通院12ヵ月⇒慰謝料154万円，通院13ヵ月⇒慰謝料158万円とされている。

したがって，Xの1年と23日間の慰謝料の額を計算すると，以下の計算のように，157万0666円になる。よって，Xについて，この157万0666円を1つの目安として，慰謝料を決定すべきことになる（ただし，Xの過失割合分は，当然に減額しなければならない）。

〔計算〕
・154万円＋〔(158万円－154万円)÷30日×23日〕＝157万0666円（1ヵ月を30日で計算）

(4) むち打ち症で他覚所見がない場合の慰謝料の計算方法

(a)　むち打ち症の場合には，加害者の責めに帰すことのできない事由，例えば，被害者本人の気質，その者の被害者意識の強さ，また，被害者の年齢，性別など，さらには，何らかの症状を訴えてくる以上診療を拒否できないなどという病院側の姿勢によって，被害者の入院・通院期間が長引くことがある。

そのようなむち打ち症においても，医学上他覚所見がある場合には，その諸症状が当該交通事故によるものと立証できるならば，被害者の入通院期間の長さを基準にして，『赤い本』における「入通院慰謝料」別表Ⅰにおける基準，あるいは，『青本』における「入・通院慰謝料表」の「上限」の基準を参考にして，前記の(1)や(2)の方法によって，慰謝料の額を決定すればよい。

しかし，他覚所見がないむち打ち症においては，損害の公平な分担を図るという不法行為法の理念によれば，慰謝料の額を限定せざるをえず，そこで，他覚所見がないむち打ち症において慰謝料の額が争いになった場合には，一般に，

『赤い本』における「入通院慰謝料」別表Ⅱにおける基準，あるいは，『青本』における「入・通院慰謝料表」の「下限」の基準を参考にすることが多い。しかも，『赤い本』においては，さらに「慰謝料算定のための通院期間は，その期間を限度として，実治療日数の3倍程度を目安とする。」という基準を設けている[*5]。

そして，このような基準についても，すでに膨大な数の交通事件の処理において，参考にすべき基準として用いられており，交通事件に基づく傷害における他覚所見がないむち打ち症に関し，傷害の程度とそれに対応する慰謝料を決める基準あるいは目安として，一定のコンセンサスを得ていると考えられる。また，このような基準を用いることによって，他覚所見がないむち打ち症に関する慰謝料の額について衡平性と統一性を実現することも可能になる。そのため，このような基準を，参考基準として用いることが相当であると考えられる。

> *5　『青本』においては，実治療日数の3倍程度を目安にするといった基準は設けられていない。そこで，『青本』においては，通院期間を基礎に，『青本』の「入・通院慰謝料表」の「下限」の基準を参考にして，通院頻度などを参考に修正を加え，慰謝料を決定することになる。ただし，通院が長期化し1年以上にわたり，かつ，通院頻度がきわめて低く1ヵ月に2，3回程度にも達しなかったり，通院は続けているものの治療というよりはむしろ検査や治療経過の観察的色彩が強かったりというような場合には，通院実日数の3.5倍程度という目安を用いて慰謝料の額を決定すればよいとされている（平成24年版『青本』〔23訂版〕140頁参照）。

(b) 本問の場合　前記の『赤い本』における「入通院慰謝料」別表Ⅱにおける基準を参考に，しかも，「慰謝料算定のための通院期間は，その期間を限度として，実治療日数の3倍程度を目安とする。」という基準に基づき，本問の場合の慰謝料の額を検討してみる。

本問における小問(1)の場合は，Xは入院しておらず，通院期間は平成22年9月1日から同年10月18日までであり，したがって，Xは，9月の1ヵ月と10月の18日の期間，通院していたことになる。

そして，実通院日数は25日であり，基本的に通院した日には治療をしたものと解せられ，実通院日数（25日）が実治療日数になると考えられる。よって，

実治療日数の3倍は75日となり、通院期間（1ヵ月と18日間）と比べた場合、通院期間のほうが短い。そこで、短いほうの通院期間（1ヵ月と18日間）を用いて、慰謝料を算定すべきことになる。なぜならば、前記の『赤い本』による基準によれば、通院期間が限度になるからである。

そして、平成22年版『赤い本』の「入通院慰謝料」別表Ⅱによれば、通院1ヵ月⇒慰謝料19万円、通院2ヵ月⇒慰謝料36万円とされている。

したがって、Xの1ヵ月（9月）と18日間（10月）の慰謝料の額を計算すると、以下の計算のように、28万8709円となる。よって、Xについては、この28万8709円を1つの目安として、慰謝料を決定すべきことになる（ただし、Xの過失割合分は、当然に減額しなければならない）。

〔計算〕
19万円＋〔(36万円－19万円)÷31日×18日〕＝28万8709円

次に、本問における小問(2)の場合は、Xは入院しておらず、通院期間は平成22年9月1日から同23年9月23日までであり、したがって、Xは、1年と23日の期間、通院していたことになる。

そして、実通院日数は25日であり、基本的に通院した日には治療をしたものと解せられ、実通院日数（25日）が実治療日数になると考えられる。よって、実治療日数の3倍は75日となり、この75日を通院期間（1年と23日間）と比べた場合、75日のほうが通院期間よりも短い。そこで、短いほうの実治療日数の3倍、75日を用いて、慰謝料を算定すべきことになる。

この場合のXの慰謝料を計算すると、以下の計算のように、44万4999円となる。よって、この場合、Xについて、この44万4999円を1つの目安として、慰謝料を決定すべきことになる（ただし、Xの過失割合分は、当然に減額しなければならない）。

〔計算〕
- 25日×3＝75日
- 1ヵ月を30日で計算すると、75日は2ヵ月と15日となる。
- 平成22年版『赤い本』の「入通院慰謝料」別表Ⅱによれば、通院2ヵ月⇒慰謝料36万円、通院3ヵ月⇒慰謝料53万円とされている。
- そこで、2ヵ月と15日間の慰謝料を計算する。

36万円＋〔(53万円－36万円)÷30日×15日〕＝44万4999円（1ヵ月を30日で計算）

〔井手　良彦〕

Q 39

ペット飼育をめぐる近隣訴訟

Xは，隣人Yが飼っている犬の鳴き声と糞尿の悪臭に悩まされ，体調不良の症状も現れてきた。そこで，Xは，Yに対し，その犬の飼育差止めと損害賠償の支払を求めて提訴した。Xの請求は認められるか。

[1] はじめに

　近時，都市では小家族や一人暮らしの世帯が増加したこともあって，いわゆる「癒し」など生活に潤いを求めてペットを飼育する人が増えてきている。しかし，これに伴って，ペット飼育に起因する近隣紛争も増加し，簡易裁判所にもこの類型の事件が提起されてくる。そこで，本設例では，ペットの鳴き声による騒音と糞尿による悪臭の近隣紛争を取り上げ，ペットの飼育差止請求についても検討してみたい。差止請求は，地方裁判所に提起されることが多いであろうが，訴訟の目的の価額の算定いかんによっては，簡易裁判所にも提起される可能性があることから（民訴8条，民訴費4条1項・2項，裁33条1項1号参照），ここで取り上げてみたい。

[2] 生活妨害型紛争

　Q3で，近隣者からの騒音・振動・悪臭・日照妨害などによる生活妨害型紛争について説明したが，ペットの鳴き声による騒音と糞尿による悪臭に関する紛争も，この生活妨害型紛争に分類できる。ペットは，飼い主にとっては心地よい存在であろうが，近隣者にとっては，時として，生活の平穏を害する原因となる場合があるのである。

[3] 請求の法的構成

(1) 損害賠償請求の法的構成

民法718条1項本文は,「動物の占有者は,その動物が他人に加えた損害を賠償する責任を負う。」と規定している。近隣者は,ペットの鳴き声や糞尿の悪臭で損害を被った場合には,この民法718条による不法行為に基づいて,飼い主に対して,損害賠償を請求する法的構成が考えられる。

なお,民法709条によっても損害賠償請求は可能であるが,飼い主側の過失が争点となった場合,民法718条1項但書は,動物の占有者側に相当の注意をもってその管理をしたことの主張・立証責任を課しているので,民法718条に基づくほうが損害賠償請求を求める側に有利といえる。

(2) 差止請求の法的構成

そもそも差止請求は認められるのか。これを認める明文の規定が民法上ないことから問題となるが,これを認めるのが判例・通説である。

しかし,差止請求の根拠については,いまだ十分には確立されておらず,物権的請求権説,人格権説,環境権説,不法行為説などの学説があり,近時,人格権説が定着しつつある。判例としては,空港騒音について大阪国際空港事件控訴審判決(大阪高判昭50・11・27判時797号36頁),出版について北方ジャーナル事件判決(最〔大〕判昭61・6・11民集40巻4号872頁)と石に泳ぐ魚事件判決(最判平14・9・24判時1802号60頁・判タ1106号72頁)が,人格権説を採用した。

もっとも,裁判例の中には,特に法的構成などを明示することなく,後記の受忍限度を超えているか否かの判断から結論を導くものも少なくない。

[4] 飼い主の義務

不法行為の成立要件である過失が認められるためには,加害者に注意義務がある場合でなければならないし,同じく違法性が認められるためには,どのような法令・契約・慣習・条理などに違反したのかが検討されなければならない。そこで,ペットの飼い主には,法令などに基づいてどのような義務が課されるのかを検討する。

民法206条は「所有者は,法令の制限内において,自由にその所有物の使

用，収益及び処分をする権利を有する。」と定める。ペットは，民法上は動産として扱われるので，民法206条が適用され，「法令の制限」を受けることになる。そして，動物の愛護及び管理に関する法律（平成24年法律第79号による改正後のもの（平成25年9月1日施行）。以下「動物愛護法」という）7条1項は，「動物の所有者又は占有者は，命あるものである動物の所有者又は占有者として動物の愛護及び管理に関する責任を十分に自覚して，その動物をその種類，習性等に応じて適正に飼育し，又は保管することにより，……人に迷惑を及ぼすことのないように努めなければならない。」と定めている。また，動物愛護法7条7項は，「環境大臣は，……動物の飼養及び保管に関しよるべき基準を定めることができる。」と定め，これを受けて，「家庭動物等の飼養及び保管に関する基準」（平成14年5月28日環境省告示第37号）が定められている。さらに，動物愛護法9条は，「地方公共団体は，……動物が人に迷惑を及ぼすことのないようにするため，条例で定めるところにより，動物の飼養及び保管について動物の所有者又は占有者に対する指導をすること，……その他の必要な措置を講ずることができる。」と定め，これを受けて，都道府県や政令指定都市の条例でも，動物の飼い主に対して，動物の適正な飼養などについて定めをしている。例えば，「東京都動物の愛護及び管理に関する条例」7条では，動物の飼い主の守るべき事項として，汚物及び汚水の適正な処理（5号）や異常な鳴き声で人に迷惑をかけないこと（7号）を挙げているし，同9条では，犬の飼い主の遵守事項として，犬に適切なしつけを施すことを挙げている（3号）。したがって，ペットの鳴き声や糞尿の悪臭で周囲の住民に迷惑をかけないことは，飼い主の法令上の義務といえよう。

　また，マンションなどの集合住宅では，ペットの飼育について取り決めをしている場合も多い（参考として，「集合住宅における動物飼養モデル規程」がある）。このような取り決めがある場合には，飼い主には，この規程上の義務も課せられている。

［5］　飼い主の過失

　前記の飼い主の義務に違反して，ペットである犬の鳴き声や糞尿の悪臭によって近隣者に迷惑をかけた場合，飼い主には，具体的にどのような過失が認定

されるのだろうか。もちろん，これは個々の事案によってさまざまであり，一般的に説明することは妥当ではない。そこで，よく例示されているものを，参考の意味合いで挙げることにしたい。

　鳴き声についてみると，犬は元来吠える性質をもつ動物なので，鳴き声をまったく抑止することは難しい。しかし，異常な鳴き方を続けているような場合には，犬に何らかの欲求不満の状態が続いており，身体的・精神的に変調を来していることによる場合が多いようである。飼い主が適切な世話をして犬の状態に注意を払っていれば，近隣者をノイローゼ寸前にさせるほどの異常な鳴き方を続けることは，相当程度防ぐことができると思われる。また，避妊や去勢手術を行うことや，専門的な訓練を受けさせることも，相当に効果がある。鳴き声については，このような適切な処置をとらなかったところに，飼い主の過失を認め得るのではなかろうか。

　次に，糞尿の悪臭についてみると，一定の場所に砂や新聞などを利用してトイレを作り，犬にそこで排泄するよう習慣づけることも可能であり，飼い主は，常にその場所を清潔にしておくことで，周囲への悪臭を防ぐことができる。また，トイレ以外の場所で排泄をしたとしても，飼い主が糞尿を速やかに取り除けば，悪臭の拡散はわずかで抑えられるはずである。糞尿の悪臭については，このような適切なしつけや掃除をしなかったところに，飼い主の過失を認め得るのではなかろうか。

[6]　受忍限度論による違法性の判断

　前記のとおり，飼い主にはペット飼育に際して人に迷惑をかけてはならない義務があるところ，犬の鳴き声や糞尿の悪臭によって近隣者を悩ませた場合には，この義務に違反したとして，違法性があると認定されそうである。

　しかし，ペット飼育は，飼い主にとっては，「自由にその所有物の使用，収益及び処分をする権利」（民206条）の行使にほかならないのであって，本来，適法なものである。つまり，本設例は，生活活動のための適法な権利行使同士の衝突の場面なのである。そこで，ペット飼育者と迷惑を被っている近隣者との利害の調整が必要となり，その調整基準として受忍限度論を用いるのが判例・通説である。

受忍限度論の詳細については，Q3を参照いただきたい。

[7] 損害賠償請求の可否

犬の鳴き声による騒音や糞尿による悪臭が，受忍限度を超えると認定されれば，損害賠償請求は認められる。

もっとも，損害として認められる範囲が問題となる。本設例では，体調不良の症状も現れてきたとあるが，まず，財産的損害として人身的損害があり，積極的損害である入院・治療費などや，消極的損害である収入減などの逸失利益があり得る。財産的損害として物の損害も挙げられるが，本設例のような騒音・悪臭の紛争では，物的損害が発生するケースは少ないであろう。さらに，精神的損害もあり，日常生活の安らぎを害されたことによるもの，通院を強いられたことによるものなど，いろいろ考えられる。いずれにしても，ペットの鳴き声による騒音と糞尿による悪臭との相当因果関係の有無が慎重に判断される必要がある。

[8] 差止請求の可否

(1) 差止請求と受忍限度論

差止請求の判断においても，受忍限度論を用いて違法性を判断するのが判例・通説である＊。

＊ これに対し，環境権説（環境権を憲法に基づく絶対的権利として構成し，これを侵害するものに対し差止めを認めるという考え方）は，他の見解と異なり，「良い環境」への侵害があれば，個人への具体的な被害を生じていなくても，直ちに差止めを認めるので，受忍限度を考慮することはしない。

なお，事前差止請求の場合には，故意・過失の要件は不要と解されている。将来の侵害の防止が目的である以上，それについての故意・過失を要求する意味がないからである。

(2) 損害賠償請求の受忍限度と差止請求の受忍限度との差異

損害賠償請求において受忍限度を超える違法性があると認定されても，そのことをもって直ちに差止請求においても受忍限度を超える違法性があると認定されるものではない。同一事件において，損害賠償請求は認容されても，差止

請求は棄却された裁判例は多い。差止めは，相手方の利益を著しく制限するのみでなく，社会的に有用な活動を停止させることもあるので，差止請求については，損害賠償請求よりも高い違法性が要求されるとする立場が，裁判例上も学説上も有力である（違法性段階説）。

もっとも，国道などを走行する自動車による騒音，振動，大気汚染によって被害を受けたとして周辺住民が，設置管理者である国と高速道路公団に対して，当該道路の一定基準を超える騒音と二酸化窒息の居住敷地内への侵入差止めと過去及び将来の損害賠償を求めた事案で，最判平7・7・7民集49巻7号2599頁（国道43号線②事件訴訟判決）は，「道路等の施設の周辺住民からその供用の差止めが求められた場合に差止請求を認容すべき違法性があるかどうかを判断するにつき考慮すべき要素は，周辺住民から損害の賠償が求められた場合に賠償請求を認容すべき違法性があるかどうかを判断するにつき考慮すべき要素とほぼ共通するのであるが，施設の供用の差止めと金銭による賠償という請求内容の相違に対応して，違法性の判断において各要素の重要性をどの程度のものとして考慮するかにはおのずから相違があるから，右両場合の違法性の有無の判断に差異が生じることがあっても不合理とはいえない」と判示した。この国道43号線訴訟判決は，発想としては違法性段階説によりつつも，違法性の判断において各要素の重要性をどの程度とするかは相違があるとしていることから，ファクター相違説というべきであるとの評論もある。事実，最判平7・7・7民集49巻7号1870頁（国道43号線①事件訴訟判決）は，受忍限度を判定する際の要素として，①被侵害利益の性質と内容，②侵害行為のもつ公共性ないし公益上の必要性の内容と程度，③受益と受忍の彼此相補性，④被害の防止に関する措置の内容，という4つのファクターを取り上げ，損害賠償請求については，すべてを考慮しているものの，前記②事件訴訟判決は，差止請求については，①と②のみを取り上げて比較衡量をしている。

(3) ペット飼育の差止請求の可否

では，ペットの飼育を差し止める請求は認められるのか。個人の幸福追求権（憲13条）や財産権の不可侵（憲29条1項）は，私人間でも尊重されるべきである。そうすると，ペットを飼育する権利も認められてしかるべきとも思われる。しかし，受忍限度を超えたと認められる場合には，ペット飼育も不法とされるの

であるから，ペット飼育そのものを差し止めることも許されると解される。

受忍限度の判断要素を個別具体的に比較衡量して判断することになろうが，飼い主が犬の異常な鳴き声を放置して顧みず，近隣者がその騒音によりノイローゼになるほど健康状態を損ねている場合には，その飼い主にはもはや適正にペットを飼う心構えがなくペットを飼う資格がないといえる場合もあろう。そのような飼育方法が杜撰で被害が著しい場合であれば，飼い主のペット飼育自体を禁止する飼育差止請求も認められるものと解される。

[9] 受忍限度に関する要件事実

受忍限度に関する要件事実（受忍限度の判断要素の振り分けも含む）については，Q3で詳細したので，そちらを参照いただきたい。

[10] 参考裁判例

(1) 横浜地判昭61・2・18（判時1195号118頁・判タ585号93頁）

原告らが，隣に住む被告の飼育する犬の鳴き声に悩まされ続け，神経衰弱状態（物音に過敏になり，焦燥感・不眠・全身倦怠感・食欲不振の状態）になり，精神的苦痛を受けたとして，被告に対し慰謝料60万円の支払を求めた事案である。

本判決は，本件飼い犬の鳴き声は極めて異常であるから，飼育上の配慮をすべき注意義務を尽くしていたとはいえないし，原告らにおいて受忍すべき限度内にあるものとは到底いえず，また，原告らが近隣に居住するようになってから飼い犬の鳴き声の被害が甚だしくなったのであるから，危険への接近の法理による免責は認められないと判断し，原告らの請求を全面的に認めた。

(2) 京都地判平3・1・24（判時1403号91頁・判タ769号197頁）

原告らが被告から賃借している建物に居住していたところ，被告がその中庭で犬を放し飼いにしたため，その鳴き声による騒音と，放置された糞の悪臭によって，日常生活を阻害されたとして，原告らが被告に対して慰謝料として各人50万円ずつの支払を求めた事案である。

本判決は，飼い犬の鳴き声による騒音，糞尿の悪臭により生活利益の侵害を受けたとして，各人10万円ずつの支払を認めた。

(3) **東京地判平7・2・1**（判時1536号66頁）

被告らが4匹の犬を飼育していた土地の近隣に賃貸建物を有していた者とその建物の賃借人らが原告として，被告らに対し，飼い犬が住宅地で夜間早朝にわたって異常な鳴き方をし，保健所に苦情を出しても改善されなかったとして，賃貸建物所有者につき賃借人が賃貸期間の途中で賃貸借契約を解除して退去したために得べかりし賃料分の損害を被ったとして898万円の支払を求め，賃貸建物の賃借人らにつき精神的損害を被ったとして各人100万円ずつの支払を求めた事案である。

本判決は，犬を飼育する者は鳴き方が異常となって近隣に迷惑をかけないようにしつける義務があるとして，賃借人から賃貸借契約を解除されたことによる賃貸人の財産的損害（逸失利益）32万円と，賃借人らの慰謝料として各人30万円の範囲で請求を認容した。

(4) **浦和地判平7・6・30**（判タ904号188頁）

原告が，隣地で闘犬5頭を飼育していた被告らに対して，犬の騒音による損害賠償として慰謝料400万円の支払と，人格権に基づいて犬の撤去と騒音対策として設置されていた高さ5.4メートルの工作物により日照・通風等が阻害されたとしてその工作物の撤去を求めた事案である。

本判決は，慰謝料については，飼育している犬の騒音は受忍限度を超えると認定し，慰謝料30万円の範囲で慰謝料請求を認めた。もっとも，客観的な被害としては，原告の日常生活の安らぎが乱され，安眠を妨げられることもあるという程度の主として精神的な損害に止まり，身体的な影響や経済的な被害までは認められないとした。また，犬の撤去請求については認めなかった。工作物の設置については，加害目的まで疑われるとして，原告の住居に接し，地上2メートルを超える部分について撤去請求を認容した。

[11] 本設問の解答

損害賠償請求については，犬の鳴き声による騒音と糞尿による悪臭が受忍限度を超えると判断されれば，相当因果関係が認められる損害に限って認められよう。

差止請求については，受忍限度を超えるとは認められ難いところであるが

(違法性段階説又はファクター相違説)，Xは，隣人Yが飼っている犬の鳴き声と糞尿の悪臭に悩まされ，体調不良の症状まで現れてきたというのだから，被害が著しい場合と認定できよう。したがって，それに加えて，飼い主の飼育方法が杜撰といえる場合には，飼い主のペット飼育自体を禁止する飼育差止請求も認められることもあろう。

〔山崎　秀司〕

Q 40
騒音をめぐる近隣紛争訴訟

　XとYは，マンションの隣同士として居住していた。Yは，毎晩，遅いときには午後12時ころまで楽器の練習をしていた。Xは，その音がうるさくて不眠が続いたため健康を害してしまった。Xは，Yに対し，遅い時間の楽器演奏の禁止と慰謝料の支払を求めて提訴した。Xの請求は認められるか。

[1] はじめに

　マンションなどの集合住宅では，住人間の騒音トラブルが頻発していて，傷害や殺人という刑事事件にまで至るケースも見受けられる（例えば，階下のピアノの音がうるさいと立腹して母子3人を殺害した「ピアノ殺人事件」横浜地小田原支判昭50・10・20判時806号112頁・判タ329号117頁）。そこで，本設例では，楽器演奏を題材にして，騒音をめぐる近隣訴訟の論点を検討してみたい。また，**Q39**と同様に，差止請求についても，併せて取り上げてみたい。

[2] 生活妨害型紛争

　近隣者からの騒音・振動・悪臭・日照妨害などによる生活妨害型紛争について，**Q3**で説明したが，マンションなどの集合住宅における住人間の騒音トラブルも，この生活妨害型紛争に分類できる。楽器演奏も，時として，近隣者の生活の平穏を害する原因となり得るのである。

[3] 請求の法的構成

(1) 損害賠償請求の法的構成

　民法709条による不法行為に基づく損害賠償請求として，楽器演奏者に対し，慰謝料を請求する法的構成が考えられる。

(2) 差止請求の法的構成

　そもそも差止請求は認められるのか。これを認める明文の規定が民法上ないことから問題となるが，これを認めるのが判例・通説である。

　しかし，差止請求の根拠については，いまだ十分には確立されておらず，物権的請求権説，人格権説，環境権説，不法行為説などの学説があり，近時，人格権説が定着しつつある。判例としては，空港騒音について大阪国際空港事件控訴審判決（大阪高判昭50・11・27判時797号36頁），出版について北方ジャーナル事件判決（最〔大〕判昭61・6・11民集40巻4号872頁）と石に泳ぐ魚事件判決（最判平14・9・24判時1802号60頁・判タ1106号72頁）が，人格権説を採用した。

　もっとも，裁判例の中には，特に法的構成などを明示することなく，後記の受忍限度を超えているか否かの判断から結論を導くものも少なくない。

［4］ 楽器演奏者の過失

　楽器を演奏することによって近隣者に迷惑をかけた場合，楽器演奏者には，具体的にどのような過失が認定されるのだろうか。もちろん，これは個々の事案によってさまざまであり，一般的に説明することは妥当ではない。そこで，よく例示されているものを，参考の意味合いで挙げることにしたい。

　まず，注意すべきことは，通常，マンションなどの集合住宅では楽器の音までも遮断する特殊な構造にはなっていないので，楽器の音が聞こえたとしても，それは建物の欠陥ではない。あくまで人為的なものに起因する問題である。

　次に，楽器を演奏することで近隣者に迷惑をかけないということは，居住者のマナーに関わる問題である。したがって，楽器演奏者の過失認定は，非常に困難な場合が多い。結局は，音量と時間帯が大きな判断要素となろう。大音量で楽器を演奏したり，早朝とか夜遅い時間に楽器を演奏すれば，過失を認定されやすいといえる。

　さらに，楽器演奏者が減音や防音の対策をしていたかも判断要素として考慮されるべきであろう。例えば，楽器に減音用具を取り付けて演奏を行っていたか，部屋に防音施工を施していたかなどである。もっとも，部屋の防音施工には高額の費用がかかるので，楽器の種類などを考慮して，これを楽器演奏者に負担させることの相当性の検討は必要である。

なお，マンションなどの集合住宅の中には，楽器演奏について取り決めをしているところもある。その場合は，その規程に違反した点に，過失を認めることも可能であろう。

［5］ 受忍限度論による違法性の判断

楽器演奏によって近隣者を悩ませたとしても，直ちには，違法とは認められない。楽器の所有者にとっては，楽器を演奏することは「自由にその所有物の使用，収益及び処分をする権利」（民206条）の行使にほかならないのであって，本来，適法なものである。つまり，本設例は，生活活動のための適法な権利行使同士の衝突の場面なのである。特に，楽器の音は，聴く人が快いと感じれば，リラックス効果をもたらしたり，睡眠の助けになったりもするが，逆に，その音を不快に感じる人には，いくら名演奏であっても，騒音でしかなく，精神障害や睡眠障害などの原因となりかねない。また，被害者が，神経過敏になっていて，わずかな音でも気にしているような場合もある。このように，楽器演奏による騒音紛争は，主観的レベルの要因が影響していることが多く，客観的な判断が非常に難しい。

そこで，社会生活上一般的に被害者において受忍すべき限度を超えるか否かという客観的基準で判断するという受忍限度論を用いるのが判例・通説である。

受忍限度論の詳細については，**Q3**を参照いただきたい。

［6］ 損害賠償請求の可否

楽器演奏による騒音が受忍限度を超えると判断されれば，損害賠償請求は認められ，慰謝料の支払請求が認容される。

もっとも，慰謝料の額については，弁論主義の適用がない（最判昭32・2・7裁判集民事25号383頁）。したがって，裁判所が心証に従って決定することになる。ただし，慰謝料の額を基礎づける事実については，原告が立証責任を負う。

[7] 差止請求の可否

(1) 差止請求と受忍限度論，損害賠償請求の受忍限度と差止請求の受忍限度との差異

Q39を参照いただきたい。

(2) 楽器演奏の差止請求の可否

では，楽器演奏を差し止める請求は認められるのか。個人の幸福追求権（憲13条）や財産権の不可侵（憲29条1項）は，私人間でも尊重されるべきである。そうすると，楽器を演奏する権利も認められてしかるべきとも思われる。しかし，受忍限度を超えたと認められる場合には，楽器演奏も不法とされるのであるから，楽器演奏そのものを差し止めることも許されると解される。

受忍限度の判断要素を個別具体的に比較衡量して判断することになろうが，楽器演奏の差止めについては，例えば，減音対策を一切せずに著しい音量で演奏し続けたとか，夜遅い時間の演奏を控えるように申入れをしていたにもかかわらず，これを無視し続けたとかなど，演奏者に高い違法性が存在しないと，認められるのは難しいのではなかろうか。また，仮に差止めが認められるとしても，全日に渡っての演奏禁止は難しいであろう。例えば，時間帯を限定したり，音量を制限したりして差し止めることになるのではなかろうか。

[8] 受忍限度に関する要件事実

受忍限度に関する要件事実（受忍限度の判断要素の振り分けも含む）については，Q3で詳細したので，そちらを参照いただきたい。

[9] 騒音に関する近隣紛争の参考裁判例

騒音に関する近隣紛争の裁判例は多数あるが，その中から，隣接住人間の生活騒音に関する近隣紛争について，いくつか取り上げてみたい。

(1) 東京地判昭48・4・20（判時701号31頁）

原告宅側に面して設置された隣の被告宅のルームクーラーの発生する騒音のために睡眠障害等の精神的・肉体的苦痛を受け，転居せざるを得なくなったとして，慰謝料50万円の損害賠償を求めた事案である。

本判決は、本件クーラーの騒音の程度は東京都公害防止条例の規制基準及び（旧）公害対策基本法の環境基準を超えていること、被告は、クーラーの設置位置を移動したり、防音装置を設置したり、使用時間を短縮するなどして騒音被害を減少させることが可能であったのにこれをしなかったなど、終始非協力・不誠実な態度をとっていたことなどを認定した上で、「被告のクーラー使用による本件騒音は、原告が隣人として社会生活を営む上で受忍すべき限度を超えた違法なものである」として、慰謝料15万円の支払を認めた。

(2) **東京地判昭60・8・16**（判タ582号78頁）

公団住宅の賃貸借において、共同生活の秩序を乱す行為があったときは無催告で解除することができる旨の約定があったところ、賃借人が深夜までステレオや楽器等の騒音により近隣に著しい迷惑をかけたため、賃貸人が賃貸借契約を解除して建物明渡しを求めた事案において、賃借人が答弁書その他の準備書面を提出せずに口頭弁論期日に欠席したことから、いわゆる欠席判決によって請求が認容された。

(3) **東京地八王子支判平8・7・30**（判時1600号118頁）

床を絨毯張りからフローリング張りにしたことによって、歩行などの生活音すべてが断続的に階下の原告らの居室に響き聞こえるようになり、著しい肉体的・精神的苦痛を受けたとして、慰謝料として原告ら各自に300万円の支払と、差止請求として従前の絨毯張りの床へ復旧する工事の施工を求めた事案である。

本判決は、本件のフローリング敷設による騒音被害・生活妨害は、社会生活上の受忍限度を超え、違法なものとして不法行為を構成するとして、慰謝料として原告ら各自に75万円の支払を認めた。しかし、差止請求については、これを是認するほどの違法性があるということは困難として請求を棄却した。

(4) **東京地判平19・10・3**（判時1987号27頁）

マンションの階上の住戸から階下の住戸に及んだ子供が廊下を走ったり、飛んだり跳ねたりする騒音が受忍限度を超えているとして、階下の住人が、階上の住人に対して、不法行為による損害賠償請求に基づいて慰謝料240万円の支払を求めた事案である。

本判決は、本件マンションの床の遮音性能及び本件騒音のレベルを数値で明らかにした上で、被告の住まい方や対応の不誠実さを認定し、本件音は受忍限

度を超えるとして、慰謝料30万円の支払を認めた。

(5) 東京地判平24・3・15（判時2155号71頁）

マンションの階上の住戸において深夜まで子供が飛び跳ね走り回るなどして騒音を発生させたために、階下の住人の妻がストレスによって体調不良になったとして、階下の住人夫婦が、階上の住人に対して、所有権ないし人格権に基づく騒音の差止めと、不法行為に基づく損害賠償請求（慰謝料、治療費・薬代、騒音測定費用）として夫が94万0500円、妻が32万4890円の支払を求めた事案である。

本判決は、本件騒音は受忍限度を超えるものとして不法行為を構成すると認定した上で、被告所有の建物から発生する騒音を、原告所有の「建物内に、午後9時から翌日午前7時までの時間帯は40ｄＢ（Ａ）を超えて、午前7時から同日午後9時までの時間帯は53ｄＢ（Ａ）を超えて、それぞれ到達させてはならない。」との限度で差止めを認めるとともに、精神的苦痛に対する慰謝料は各30万円が相当であり、治療費・薬代・騒音測定費用も相当因果関係のある損害であると認めて、損害賠償請求を全額認容した。

[10] 本設例の解答

本設例をみると、Xは楽器の音がうるさくて不眠が続き健康を害してしまうに至っているので、慰謝料請求については、楽器演奏による騒音は受忍限度を超えると判断され、認容される可能性が高いのではなかろうか。しかし、楽器演奏の禁止の請求については、Yに高い違法性が存在しない限り楽器演奏による騒音が受忍限度を超えるとは認定され難く、棄却される可能性が高いであろう。仮に、受忍限度を超えると認定されたとしても、例えば、前記参考裁判例(5)のように、時間帯を限定したり、周波数や音の強さを制限したりして差止めを認めることになるのではなかろうか。

〔山崎　秀司〕

Q41

遺産に属する普通預金について共同相続人の1人がする法定相続分の払戻請求の可否

　Y銀行に普通預金を保有していたAが死亡したため，その共同相続人の1人であるX（法定相続分は4分の1）は，Aの相続人として，Y銀行に対し，亡Aの預金のうち法定相続分の払戻しを求める訴えを提起した。これに対して，Y銀行は，①普通預金債権は可分債権ではあるが，共同相続人全員の合意によって不可分債権に転化し，遺産分割協議の対象となる可能性があるから，その間は上記預金債権の帰属が未確定である，②遺産分割協議成立前においては，金融機関の実務として，共同相続人全員の同意に基づいてその全員に対して一括して預金の払戻しを行うことが事実たる慣習となっており，これは，一般の預金者をも含めて公知の事実となっているから，亡Aとの間においてもこの慣習によるという合意が成立していたのであり，預金債権の払戻請求を拒絶することができると主張した。Y銀行の主張は認められるかについて説明しなさい。

［1］　金融機関における相続預金の取扱い

　預金債権の債権者が死亡し，共同相続人の1人から，その預金債権の払戻請求がされた場合に，金融機関としては，相続人全員の同意に基づく請求又は遺産分割協議に基づく請求でない限り，その払戻請求を拒否するという取扱いをするのが一般的である。また，相続人全員の同意に基づいて払戻しをする際には，無権利者への払戻しの過誤を防止するため，関係者の除籍謄本（全部事項証明書）・戸籍謄本（全部事項証明書）・住民票・印鑑登録証明書等の提出を求め，正当な相続人であるかどうかを確認する。このようにして，金融機関は，預金者が死亡した事実を知った場合には，相続人全員による相続預金の払戻請求がされるまでの間，あるいは，遺産分割協議が成立するまでの間，相続預金の

保全のため支払停止の措置を行うとともに、以後、相続人のために善管注意義務をもって相続預金の管理を行う。その法的根拠は合有説的な考え方に依拠している。すなわち、民法898条の「共有」は、同法249条以下の「共有」とは異なり、共同相続人は、遺産に属する個別の財産の上に当然に法定相続分に応じた持分を取得するのではなく、遺産分割協議が成立するまでは、共同相続人の法定相続分に応じた抽象的な権利を有し義務を負うという考え方である。この金融機関の実務は、長い年月の中で培われたものであり、相続預金を合有的な所有形態として取り扱うことが、後日の紛争を防止するための合理性を有し、しかも金融機関と相続人の両者にとって公平かつ妥当なものであるとして、社会的に容認されてきたこともまた否定できないであろう。

［2］ 相続預金債権の帰属態様

相続人は、被相続人の一身に属する権利を除いて、相続開始の時から被相続人の財産に属した一切の権利義務を承継する（民896条）。

そこで、預金債権の可分債権性、すなわち、相続によって当然に法定相続分に従って分割承継されるかが問題となる。

この点、被相続人の有していた債権が賃借権のような不可分債権である場合には、共同相続人が不可分債権を準共有する関係に立つとする結論については判例・学説において異論を見ない（最判昭36・3・2民集15巻3号337頁）。

しかし、被相続人の有していた債権が可分債権の場合には、共同相続人への帰属の仕方について学説は分かれる。すなわち、①遺産分割までは不可分債権として共同相続人に帰属するとする見解、②遺産分割までは合有として共同相続人に帰属するとする見解、③遺産分割まで共同相続人に準共有として帰属するとする見解、④相続開始によって当然分割されるとしながらも、一定の条件の下で、遺産分割の対象となり得るとする見解などがある。

いずれにしろ、上記④の見解を除いて、被相続人の有していた預金債権が相続開始とともに法律上当然に分割されるとする見解に立っていないことは明らかである。

これに対して、最高裁判所昭和29年4月8日判決（民集8巻4号819頁・金法1581号6頁）は、金銭債権の共同相続の事案において、「相続人数人ある場合に

おいて，その相続財産中に金銭その他の可分債権あるときは，その債権は法律上当然分割され各共同相続人がその相続分に応じて権利を承継するものと解するを相当とする」と判示した。そして，大多数の下級審判例は，この最高裁判所判例に従い，「相続財産中に金銭その他の可分債権があるときは，その債権は法律上当然に分割され，各共同相続人がその相続分に応じて権利を取得するものと解するのが相当であり，右の理は，預金債権の場合にも何ら異なるものではない」（浦和地判平11・7・6判タ1030号245頁）と判示し，相続預金債権も分割可能な債権であるとする（東京高判平7・12・21金判987号15頁，東京地判平8・11・8判タ952号228頁，東京地判平15・1・17金判1170号49頁など）。

[3] 本設問へのあてはめ

(1) XのY銀行に対する払戻請求の可否

亡Aの預金債権は指名債権であり，預金債権者が特定されている可分債権であるから，前掲最高裁判所判例によると，Aが死亡して相続が開始されると同時に法律上当然にX及び他の相続人に分割承継される。

したがって，Xは，Y銀行に対し，Xの戸籍謄本（全部事項証明書）や住民票等によって亡Aの相続人であること及びその法定相続分を証明し，本設問にあるとおり，法定相続分4分の1の権利を亡Aから承継したものとして，その払戻しを請求することができる。

(2) Y銀行の遺産分割協議の対象となる可能性がある旨の主張は抗弁か

Y銀行は，普通預金債権が可分債権ではあることを認めながらも，「共同相続人全員の合意によって不可分債権に転化し，遺産分割協議の対象となる可能性がある」として，その間は，亡Aの預金債権の帰属が未確定であると主張する。

そこで，この主張がXの払戻請求に対するY銀行の抗弁となり得るかが問題となる。

この点，東京地方裁判所平成9年5月28日判決（金法1506号7頁）は，「可分債権は法定相続分に従って当然に分割され（る）」としたうえで，「共同相続人の全員が，預金債権等の可分債権を遺産分割協議の対象とすることにつき合意した場合には，……共同相続人の合有関係に転化したものとして処理すべきで

ある」と判示する。

この判例によると，Y銀行は，抗弁として，Xと他の共同相続人との間で，亡AのY銀行に対して有していた普通預金を遺産分割協議の対象とするとの合意が成立したことについて主張立証しなければならないことになる。

しかし，Y銀行は，そのような主張をしておらず，上記[2]④の学説類似の考え方を主張しているにすぎない。すでにXからY銀行に対する払戻請求の訴えが提起されている以上，亡Aの普通預金債権が共同相続人間で分割協議の対象となる可能性はもはやないといえる。

したがって，Y銀行の「普通預金債権が可分債権ではあるが，共同相続人全員の合意によって不可分債権に転化し，遺産分割協議の対象となる可能性があるから，その間は上記預金債権（亡Aの預金債権）の帰属が未確定である」との主張は，失当となる。

(3) Y銀行の事実たる慣習による旨の合意成立の主張は抗弁か

Y銀行は，「遺産分割協議成立前においては，金融機関の実務として，共同相続人全員の同意に基づいてその全員に対して一括して預金の払戻しを行うことが事実たる慣習となっており」，「亡Aとの間においてもこの慣習によるという合意が成立していた」として，預金債権の払戻請求を拒絶することができると主張する。

この点，法律行為は，慣習の存在を前提として行われることが多いから，その内容が不明な場合には，慣習によって補充することが当事者の意思に合致するといえる。

このため，民法92条は，「法令中の公の秩序に関しない規定と異なる慣習がある場合において，法律行為の当事者がその慣習による意思を有しているものと認められるときは，その慣習に従う」と定めている。

ここに，法令中の公の秩序に関しない規定とは，任意規定のことをいう。

そこで，金融機関の実務として，共同相続人全員の同意に基づいてその全員に対して一括して預金の払戻しを行うことが事実たる慣習となっているかが問題となる

この点，名古屋高裁昭和53年2月27日判決（判夕853号34頁）は，銀行実務上，相続預金の払戻請求は，共同相続人全員でしなければならないとする旨の取扱

いが事実たる慣習として行われていると指摘したうえで，「民法92条の適用を受けるためには，単に同条にいう慣習が存するというだけでは足りず，さらに当事者がその慣習による意思を有するものと認められなければならない」と判示した。

では，誰が事実たる慣習の立証責任を負うかが問題となるが，裁判所が慣習を熟知しているとは限らないから，法律要件分類説（各当事者は自己に有利な法律効果の発生を定める法規である，①権利根拠規定，②権利障害規定，③権利排斥規定及び権利滅却規定の要件事実について証明責任を負うとする見解＝実務界の通説）によると，慣習の存在を主張する者においてその主張立証責任を負うことになる。

念のため判例を見ると，東京地方裁判所昭和51年9月14日判決（判タ351号276頁）は，慣習に基づく更新料の支払を求める事案において，「原告は，東京都区内においては土地賃貸借契約の合意更新が行われる場合，借地権価格の5ないし10パーセントの更新料が借地権の継続的保有の対価として賃借人から賃貸人に支払われるという事実たる慣習が存在すると主張するが，本件全証拠によってもかかる慣習の存在を認めることはできない（『事実』たる慣習である以上，その存在を主張する側においてこれを証明すべきものであることは言うまでもない。）」と判示している。

本設問では，亡AがY銀行との間で，私法上対等の立場で預金契約を締結した際に，相続預金の払戻請求をするときには共同相続人全員でしなければならないとする事実たる慣習に従う旨の意思表示をしていたというような事情は何ら窺われない。とすると，亡Aの権利義務を承継したXもまた，Y銀行の主張する上記事実たる慣習に拘束されないといえる。

したがって，Y銀行の「遺産分割協議成立前においては，金融機関の実務として，共同相続人全員の同意に基づいてその全員に対して一括して預金の払戻しを行うことが事実たる慣習となっており，これは，一般の預金者をも含めて公知の事実となっているから，亡Aとの間においてもこの慣習によるという合意が成立していたのであり，預金債権の払戻請求を拒絶することができる」との主張は，認められない。

〔西村　博一〕

第2章

民事訴訟法

[*Q42〜58*]

Q 42

合意管轄と移送(1)——過払金返還請求訴訟

　Xの貸金業者Y株式会社に対する過払金返還請求訴訟において，Y社（貸主）は，X（借主）との間で締結した金銭消費貸借契約の契約書面第○条には，「この金銭消費貸借に関する訴訟の必要が生じた場合には，貸主の本店所在地を管轄する裁判所を管轄裁判所とすることに合意します」との合意条項があるとして，民事訴訟法16条1項に基づいて上記訴訟をY社の本店所在地を管轄する○○簡易裁判所に移送するとの申立てをした。この移送の申立ては認められるかについて説明しなさい。

[1] 管轄の合意の内容

(1) 管轄の合意

　当事者は，合意により管轄裁判所を定めることができる（民訴11条）。専属管轄がもっぱら公益的な見地から法定されているのと異なり，土地管轄や事物管轄は，裁判事務の分配等の公益的要請もあるものの，主として訴訟追行の便宜や当事者の利益（土地管轄は審理の便宜又は当事者の公平，事物管轄は少額軽微な事件についての簡易迅速な審理という当事者の利益）を考慮して設けられるものであるから，両当事者の合意により当事者にとり都合のよい裁判所を選択することを認めるのが当事者の利益に資するからである。私的自治を尊重したものである。その性質は，管轄の変更という訴訟法上の効果の発生を目的とする訴訟上の合意（訴訟契約）である。

　管轄の合意の効力はその内容に従う。合意管轄のうち専属的合意管轄は，他の法定管轄を全部排除して，特定の裁判所だけに管轄を認めるものである（ただし，専属的合意管轄と異なる裁判所にも応訴管轄は生じる（民訴12条）。また，専属的合意管轄裁判所に提起された訴訟についても，民事訴訟法20条括弧書により，民事訴訟法17条等による移送が認められているし，その管轄区域内の簡易裁判所に専属的合意管轄があるにも

かかわらず，地方裁判所に訴訟が提起された場合も，相当と認めるときは，当該簡易裁判所に移送することなく，自ら審理及び裁判をすること（自庁処理）ができる（民訴16条2項）。その他の合意管轄は，競合的，併存的，付加的等と称するが，いずれの合意管轄も法定管轄を排除しない。

(2) 専属的合意管轄の問題点

専属的管轄合意条項が附合契約の約款中にある場合については，平成8年法律第109号による民事訴訟法の改正前（以下，同改正前の民事訴訟法を「旧法」という）から，次のような問題点が指摘され，旧法下での学説や下級審裁判例は，種々の方法によりこれをコントロールしようという傾向にあった。

専属的管轄合意条項の内容は，事業者の本店所在地を専属的管轄とする等事業者の訴訟追行に有利なように定められているのが一般である。他方，消費者が合意管轄裁判所から遠隔の地に居住する場合には，事業者に対し訴訟を提起したり，応訴するには多大な費用と時間を要することから，事実上，事業者に対する訴訟による権利実現を困難にし，十分な訴訟追行を行うことができないことによる敗訴の危険があることから，とりわけ訴額が少額の場合等では，事業者との間の訴訟による紛争解決を最初からあきらめ，不満足なままで裁判外での解決に応じなければならないという事態が想定され，消費者の裁判を受ける権利（憲32条）を妨げるおそれすらある。ところが，事業者と消費者との間の附合契約では，消費者は管轄合意条項が将来的にもたらす拘束力の内容を十分認識しないまま約束するか，これを認識しても管轄合意条項のみを個別に訂正する余地のないまま契約させられるのであるから（消費者は事業者の作成した契約条項の内容を承諾するか，契約しないかの自由しかない），管轄合意を認める根拠である私的自治の原則も何らかの制約が必要であろうというものである。

本設問のような貸金業者（事業者）と借主（消費者）との間の金銭消費貸借契約では，事業者の作成した定型的な契約書中に管轄合意条項が含まれており，これが附合契約の約款という定義に該当するか否かにかかわらず，前記の問題点はあてはまる。クレジット契約，金銭消費貸借とクレジットを兼ねるカード契約も同様であろう。

[2] 合意の意思表示の解釈

(1) 本設問の合意の解釈

本設問の管轄合意条項には「専属的」,「競合的」等の文言がない。このように当該管轄の合意が専属的又は競合的等のいずれの管轄の合意を定めたものであるか明らかでない場合は、当事者の意思表示の解釈によって決せられるが、その解釈について、①競合する法定管轄裁判所のうち1つを管轄裁判所と定めた場合は専属的管轄の合意とみるべきであるが、法定管轄以外の裁判所を新たに定めた場合は付加的管轄の合意とみるべきであるとする見解（通説。東京高決昭58・1・19判タ491号70頁ほか），②当事者の意思不明の場合には、競合的管轄の合意と解すべきであるとする見解（菊井維大=村松俊夫『全訂民事訴訟法〔Ⅰ〕』〔補訂版〕144頁），③ある特定の裁判所を指示してなされた管轄の合意は、特段の事情のない限り、専属的合意管轄を定めたものと解すべきであるとの見解（秋山幹男ほか編『コンメンタール民事訴訟法Ⅰ』163頁ほか）その他種々の見解がある。

本設問の管轄合意条項は、②説によれば競合的管轄の合意と解される。管轄合意条項の文言からすれば、③説のほか①説によっても、「貸主の本店所在地」は被告であるY社の普通裁判籍にあたるから、専属的管轄の合意が認められそうであるが、当事者の意思解釈については、合意書面（合意条項）以外の資料も判断資料とされるから、これを併せた解釈、判断により、競合的管轄の合意と解される場合もある。競合的管轄の合意と解されれば、受訴裁判所の法定管轄は排除されないから、民事訴訟法16条1項の要件はなく、Y社の移送申立ては却下される。専属的管轄の合意と解される場合については、次の[3]の問題となる。

(2) 裁判例（競合的管轄の合意としたもの）

大阪地決平11・1・14判時1699号99頁は、「大阪簡易裁判所を管轄裁判所とすることに合意する」旨の条項について、専属的管轄との明示がなく、被告である借主が普通裁判籍である自己の住所地を管轄する裁判所が管轄裁判所から排除された場合の効果を十分に認識した上で本件合意をしたかどうかは疑問であること等に照らすと、被告が原告である貸金業者との間で他の法定管轄裁判所を排除する趣旨で本件合意をしたとは断定できないとした。神戸地尼崎支決

平23・10・14判時2133号96頁は、インターネットを利用した外国為替証拠金取引契約の合意管轄条項について、約款に合意しなくては取引を開始できない上、当該管轄合意を除いた合意をすることができない仕組みになっていること、取引開始時において顧客が紛争を前提とした条項について関心を払うことが通常あり得ないこと、約款の内容は会社側が一方的に規定することができる上、法定管轄を有する裁判所のうち会社側に有利な特定の裁判所にのみ管轄を限定するのは、顧客に極めて重大な影響を及ぼすものであること等に照らすと、特段の事情がない限り、法定管轄を排除しない旨の合意をしたと解すべきであるとした。そのほか旧法下の代表的裁判例として札幌高決昭45・4・20下民集21巻3＝4号603頁がある。

［3］ 自庁処理の可能性

(1) 自庁処理の根拠

　民事訴訟法20条括弧書により、専属的合意管轄裁判所に訴訟が提起された場合でも、民事訴訟法17条の要件があれば、訴訟を法定管轄裁判所へ移送できることは前記のとおりである。専属的合意管轄裁判所以外の裁判所に提起された訴訟について、必ずしも専属的合意管轄裁判所に移送せず、法定管轄を有する受訴裁判所が審理、裁判すること（以下、民事訴訟法16条2項により地方裁判所が審理、裁判する場合を自庁処理というのに倣い「自庁処理」という）ができるか否かについては明文の規定がないが、可能であるというのが通説であろう。その法文上の根拠は、民事訴訟法16条2項及び17条の趣旨の類推又は民事訴訟法20条及び17条の類推適用等である。現行民事訴訟法は、専属的合意管轄をコントロールしようとする旧法下での学説及び下級審の裁判例の傾向を踏まえて、20条括弧書により専属的管轄合意の効力を相対化し、併せて17条において「当事者間の衡平」を要件として明示することで、専属的合意管轄がある場合も当事者間の衡平及び審理の便宜等の観点から最適な裁判所での審理を選択できることを明らかにして問題解決を図ったものであるから、法定管轄裁判所に訴訟が提起された場合も、専属的管轄の合意にかかわらず、これらの規定を類推適用し、当事者間の衡平及び審理の便宜等の観点から受訴裁判所が最適な裁判所であれば、そこでの審理を選択できると解すべきである。訴訟が事業者の本店

所在地を管轄する専属的合意管轄裁判所に提起された場合は，消費者の住所地を管轄する法定管轄裁判所への民事訴訟法17条による移送が認められるべき事案について，この結果を先取りして法定管轄裁判所に提訴した場合は，管轄違いを理由に常に専属的合意管轄裁判所へ移送されるという結論は不合理であり，法の予定するところではないと解すべきである。なお，この場合は，民事訴訟法17条の要件がある範囲では，もともと存在する法定管轄に対する専属的合意管轄による排除の効果が及ばないというにすぎず，民事訴訟法16条2項の決定の場合のように，もともと存在しない地方裁判所の管轄を生じさせるものではない点も注意を要する。

(2) 本設問へのあてはめ

過払金返還請求訴訟の実情によれば，開示請求により原告が取得した取引履歴を基本的な証拠として，原告の住所地を管轄する裁判所（地方裁判所か簡易裁判所かは訴額による）に訴訟を提起するのが普通である。争点により，被告が保管している契約書等の書面が書証とされることもあるが，人証と異なり，証拠方法と被告消費者金融会社本店所在地との関係性は希薄である。また，消費者金融会社の本店所在地に所在する証人は想定しにくい。他方，争点によっては原告本人尋問が行われることもある。なお，裁判所が遠隔地にあることにより出頭のための費用と時間を要するという不利益については，消費者金融の顧客である原告と消費者金融会社の経済力の差は通常明らかであり，また，消費者金融会社は，経済的利益を追求して遠方に顧客を求めたのであるからその危険も負担すべきであるともいえるから，その不利益は被告消費者金融会社が負担すべきであると解される。本設問の場合もこれがあてはまるとすると，審理の円滑，当事者間の衡平のいずれの要件からしても，受訴裁判所は，民事訴訟法20条，17条の趣旨により，自庁処理すべきであると解するのが相当である。この場合，Y社の移送申立ては却下されることになる。

(3) 裁判例

金融商品取引会社に対する金融商品取引（デリバティブ）に関する不法行為損害賠償請求を，顧客会社が自らの本店所在地を管轄する裁判所に提起したのに対し，被告金融商品取引会社が別に専属的合意管轄裁判所があるとして移送を申し立てたが，原審はこれを却下した。抗告審は，民事訴訟法17条及び20条

の趣旨に照らせば，当事者が専属的管轄合意に反して法定管轄裁判所に訴訟を提起した場合であっても，訴訟の著しい遅滞を避け，又は当事者間の衡平を図るために，当該法定管轄裁判所で審理する特段の必要が認められるときは，専属的管轄の合意にもかかわらず，当該法定管轄裁判所が管轄を有するものと解されるとした（東京高決平22・7・27金法1924号103頁。ただし，当該訴訟は移送した）。なお，前記(1)の趣旨からすれば，この決定でいう「特段の必要」とは，民事訴訟法17条の趣旨の適用であることから挿入された文言にすぎず，同条の要件を特に厳格に適用する趣旨ではないものと解すべきである（民事訴訟法16条2項適用の場合ではあるが，地方裁判所にその管轄区域内の簡易裁判所の管轄に属する訴訟が提起され，被告からの同簡易裁判所への移送の申立てがあった場合，自庁処理相当として移送申立てを却下する判断について，同簡易裁判所の管轄が専属的合意管轄であることは影響しないとする最決平20・7・18民集62巻7号2013頁を参照されたい）。

［4］ 合意の無効又は不成立

(1) **約款による合意は無効又は不成立であるとする見解**

　旧法下では，前記の問題点に対応して，約款による管轄の合意は，一方的利益を目的とした一方的規律であり私的自治の範囲を超えているから無効であるとの見解等が主張された。また，約款中の管轄合意条項の存在及びその内容について十分に認識して契約書に署名したことが書面上明らかでない場合は，書面性の要件を欠き合意の成立が否定されるとの裁判例もある（大阪高決昭40・6・29下民集16巻6号1154頁）。

　合意管轄は，現行民事訴訟法制定時に検討の対象となり，専属的合意管轄の成立を制限する要綱試案も示されたが，現行法はこれを採用していないことからすれば，附合契約であることを理由に一律に無効又は不成立とすることはできないものと解される。もっとも，管轄合意条項の内容が恣意的であり，消費者側に一方的な不利益を強いるものである場合等について個別具体的に無効であるとの判断をすることはありうるが，本設問の場合，問題文に現れた事実のみからは，合意が無効とまではいえないのではないだろうか。

(2) **個別具体的に無効を判断する裁判例**

　無効とされた例をあげる。東京地決平15・12・5判タ1144号283頁は，リー

ス会社の本社所在地を管轄する裁判所又はその会社の選択する裁判所を管轄裁判所とする旨の管轄合意条項について，横浜地決平15・7・7判タ1140号274頁は，債権者（商工ローン会社）の本支店の所在地を管轄する裁判所を管轄裁判所とするとの管轄合意条項について，いずれも恣意的な規定であり，一般的に相手方の実質的な防御の機会を一方的に奪うものである等として管轄の合意としては無効であるとした。それぞれの事案自体の性格も考慮しての判断と思われる。学説では無効の根拠として信義則の適用，民法90条の類推適用等が主張されている。消費者契約法10条違反の場合もあろう。次に，無効としなかった例をあげる。東京高決平22・1・26判タ1319号270頁は，消費者が管轄合意条項に基づいて貸金業者の支店又は営業所所在地の裁判所に過払金返還請求訴訟を提起したのに対する被告貸金業者からの管轄違いを理由とする移送申立てを却下した原決定を支持した（貸金業者からの申立ては禁反言により許されないとの理由も挙げる）。東京地決平15・12・18判タ1144号283頁は，自動車リース契約約款中の「東京地方裁判所を管轄裁判所とすることに合意する」との条項は，不相当だが無効とまではいえないとしたが，民事訴訟法17条による移送を認めた。その他，東京高決平12・3・17金法1587号69頁等がある。

[5] まとめ

　本設問のような場合，実務的には，一件記録から認められる事情を総合考慮して競合的管轄の合意であると解釈し，管轄違いにはあたらないとの理由で移送申立てが却下される例も多いのではないだろうか。また，専属的合意管轄の成立を認めるとしても，前記のとおり，民事訴訟法20条の類推適用等により自庁処理できることを理由に，民事訴訟法17条の要件があれば，移送申立ては却下されることになるものと解される。

〔笹本　昇〕

Q43

合意管轄と移送(2)——建物明渡請求訴訟

　X（元はS市に居住していたが、現在はM市に居住している）は、自己の所有するS市内のマンションの一室（以下「本件建物」という）をYに賃貸したところ、その契約書面には、「Yが賃料の支払を1回でも怠ったときには本件賃貸借契約は当然に解除となる」、「本件賃貸借契約に関して裁判手続の必要が生じた場合には、本件建物の所在地を管轄する簡易裁判所を管轄裁判所とすることに合意します」との条項があった。

　Xは、Yに対し、Yが1ヵ月分の賃料の支払を遅滞したとして上記賃貸借契約を解除した上、賃料の支払及び本件建物の明渡しを求める訴えをM市に所在するM簡易裁判所に提起した（S市からM市までの距離は約80キロメートルであり、S市を管轄する簡易裁判所はS簡易裁判所である）。

　Yは、S簡易裁判所への出頭であれば半日の休暇取得で済むためS簡易裁判所で審理してもらいたい旨及びX主張の賃料遅滞は認めるがそれは6ヵ月前の出来事である旨を記載した答弁書をM簡易裁判所に提出した。M簡易裁判所は、どのような訴訟進行を図ればよいかについて説明しなさい。

[1] 問題の所在

　Yは、答弁書にS簡易裁判所での審理を求める旨を記載するが、その理由として、M簡易裁判所とS簡易裁判所の距離は約80キロメートルあるので、半日の休暇取得で済む最寄りの裁判所であれば出頭が便宜であることを挙げている。M簡易裁判所は、Yの上記の理由によって、S簡易裁判所に本件訴訟を移送すべきであろうか。また、XとYの間で管轄の合意があるので、管轄違いとして移送すべきであろうか。

民事訴訟法4条ないし7条，11条，12条等に規定する管轄，及び同法16条，17条に規定する移送を考察しながら，M簡易裁判所は，いわゆる自庁処理（移送をしない）することができるのか，又はS簡易裁判所に本件訴訟を移送すべきであるのかを検討する。

[2] 管　　轄

(1) 意　　義

民事訴訟における管轄とは，当事者が裁判権を有すること（憲32条・82条）を前提に，全国に散在する各裁判所間の事務分掌の問題である。つまり，当事者サイドからみると，どの裁判所で自己の裁判権を行使することができるのか，という管轄裁判所が決まる問題である。

(2) 分　　類

(a) **法的根拠**　①法定管轄（法律で定める。民訴4条ないし7条等），②合意管轄又は応訴管轄（当事者の意思で定める。民訴11条・12条），③指定管轄（管轄の不明な場合に，関係裁判所の直近上級裁判所で定める。民訴10条）がある。

(b) **事務分掌の基準**　①職分管轄（例えば，民事訴訟は受訴裁判所に，民事執行手続は執行裁判所にそれぞれ職務を分担すること，受訴裁判所における第1審・控訴審・上告審の審級管轄，少額訴訟・起訴前の和解・公示催告手続等につき簡易裁判所の専属管轄など），②土地管轄（同種の職分を同種の各裁判所の所在地ごとに配分される。なお，各裁判所の管轄区域は「下級裁判所の設立及び管轄区域に関する法律」で定める），③事物管轄（原則として，第1審の訴訟事件を，裁判所法24条1項1号，25条，33条1項1号，34条等により，同じ管轄区域内の簡易裁判所と地方裁判所間に配分される）。

(c) **管轄に違背した場合の効力**　①任意管轄（当事者の合意，被告の応訴等によって管轄が生じる。任意管轄に違背して判決がなされた場合でも，当事者は，上訴審でその管轄違いを主張できず，原判決の取消事由とはならない。民訴299条），②専属管轄（ある事件の管轄が特定の裁判所のみに属するとし，職分管轄等が該当する。専属管轄に違背して判決がなされた場合には，上訴審において，原判決を取消し又は破棄される。民訴299条但書・312条2項3号）。

(3) 土地管轄による管轄裁判所

本問では，第1審としての事物管轄（前記(2)(b)③）を簡易裁判所とするので，

さらに土地管轄（前記(2)(b)②）による管轄裁判所につき考察する。

土地管轄については，①法定管轄には，普通裁判籍による場合（民訴4条）と特別裁判籍による場合（民訴5条ないし7条）がある。この特別裁判籍の1つの類型として，併合管轄（1つの訴えで複数の請求がある場合に，その請求の1つに管轄があれば，他の請求には管轄がない場合でも管轄が認められる。民訴7条）がある。

また，②当事者の意思として，合意管轄（当事者双方による管轄の合意。民訴11条）及び応訴管轄（一方当事者の管轄違いによる訴え提起による場合でも，他方当事者が応訴すれば管轄が生ずる。民訴12条）による場合がある。

(4) 本問における管轄裁判所

具体的にあてはめてみると，法定管轄のうち普通裁判籍によれば，被告Yの住所地を管轄する裁判所となるので，S簡易裁判所となる。

特別裁判籍によれば，Xの訴えは本件建物の明渡請求と未払賃料請求の2つの請求があるが，いずれも財産権上の訴えであるので，その義務履行地が管轄裁判所となる（民訴5条1号）。本件建物の明渡請求は特定物の引渡しであるので，その義務履行地は不動産の所在地であるが，未払賃料請求のそれは債権者の現在の住所地である（民484条）。そうすると，本件建物の明渡請求については，本件建物の所在地にあるS簡易裁判所が管轄裁判所となるが，未払賃料請求については，債権者であるXの現在の住所地にあるM簡易裁判所が管轄裁判所となる。

そこで，併合管轄（民訴7条）により，この2つの請求のうちの1つの請求に関して管轄があると認められると，2つの請求とも管轄裁判所となるが，Xは，本件訴えをM簡易裁判所に提起したので，M簡易裁判所がこの2つの請求とも管轄を有し，事件を審理することができる。

ところで，当事者双方が，訴訟について管轄の合意をしている場合には，合意管轄を有する裁判所以外の法定管轄を有する裁判所が事件の審理をすることができるのであろうか。専属管轄の合意がある場合には，法定管轄が一切排除されると解されるので，M簡易裁判所の法定管轄は排除され，合意管轄を有する裁判所に事件を移送しなければならないのではないかという問題がある。

[3] 合意管轄

(1) 意　義

　法定管轄のほか，専属管轄の定めのある場合を除き，第1審の土地管轄及び事物管轄に限り，当事者の合意に基づく管轄が認められる（民訴11条）。

　その趣旨は，管轄に関する規定が，裁判事務の分配及び審理の便宜等の公益的な要求のほかに，訴訟追行の便宜等の当事者の利益をも併せて考慮して設けられている。しかし，専属管轄等の強度の公益性に反しない限り，当事者双方が，法定管轄をもつ裁判所とは別の裁判所で裁判を受けることを望んで，その旨取り決めるものであれば，私的自治を尊重して，原則として便宜な裁判所を選択することまで排斥する必要はないと解される。また，法定管轄の定めは，必ずしも全国の裁判所間の負担の公平な配分をいう観点から計画的に定められたわけではないので，合意管轄を認めたとしても，その均衡が著しく害されることはないことも理由とする（兼子ほか『条解民事訴訟法』67頁）。

(2) 専属的合意と付加的合意

　講学上，管轄の合意には，専属的合意と付加的合意（競合的合意）がある。専属的合意は，特定の裁判所のみを管轄裁判所とする合意であるが，これには，①すべての法定の管轄裁判所の管轄権を排除して，新たに管轄権を創設する合意，②複数ある法定の管轄裁判所のうちの一部を管轄裁判所と指定する合意がある。付加的合意（競合的合意）は，法定管轄のほかに合意による管轄裁判所を加えるものである。

　管轄の合意が，専属的合意か付加的合意（競合的合意）か不明な場合は，当事者の意思を推測して決定することになる（合意の意思解釈の問題である）。

　この問題の根底には，約款や定型の契約書に専属管轄の合意条項があるとしても，一般市民（消費者）は，そのような管轄の合意条項があることやその条項の意味内容を十分に理解することなく，当該契約をすることが多い。また，たとえその条項の意味内容を理解したとしても，実際にはその条項の排除を求めて契約することは難しい。かかる現状で，例えば，契約の相手方である一般市民（消費者）が，約款等に記載された業者の本店所在地を管轄する裁判所から遠隔の地に居住しているような場合，業者からその裁判所に訴えが提起され

ると，出頭の困難など応訴することに何らかの不利益を受けることが懸念される。

旧民事訴訟法下では，専属的合意管轄につき，損害又は遅滞を避けるための移送が認められる（旧民訴31条の適用）か否かが争われた。専属的合意管轄を狭める解釈をする考え方がある。例えば，クレジット会社と顧客との間で訴訟の必要が生じた場合は，「クレジット会社の本店所在地を管轄する裁判所を合意管轄とする。」旨の規約がある事案において，競合する法定管轄裁判所のうち1つを特定して管轄裁判所とすることを合意し，その他の管轄を排除することが明白であるなど特段の事情のない限り，合意は競合的合意管轄を定めたものと解する（東京高決昭58・1・19判時1079号65頁）。

しかし，法定管轄がある裁判所のうち，特定の裁判所のみを管轄裁判所とする場合にも，特段の事情のない限り，他の裁判所の管轄を排除する旨の意思を含み，専属的合意管轄を定めたものと解する考え方が主流であった（兼子ほか『条解民事訴訟法』69頁）。

もっとも，この争いには，平成8年改正の新民事訴訟法により1つの解決が示された。つまり，専属管轄につき，管轄の合意の場合には裁量移送を認められることを明文化した（民訴20条1項括弧書）。これにより，管轄の合意が仮に専属的合意であると解されたとしても，一定の要件の下で移送することができるので，旧民事訴訟法下における管轄の合意が，専属的か付加的（競合的）かについて，合意の意思解釈を論ずる実益はほとんどなくなったといえる。

(3) 合意管轄が認められるための要件

(a) **第1審裁判所であること**　当事者間において，第1審に関する限り，簡易裁判所又は地方裁判所の土地管轄につき合意するほか，事物管轄に関し，地方裁判所の事物管轄に属する事件について簡易裁判所を管轄裁判所とする旨の合意をすること及びその逆の場合も許される（民訴11条1項）。

(b) **法定の専属管轄による定めがないこと**　専属管轄の定めがある場合には，管轄の合意をすることは許されない（13条）。例えば，支払督促の申立て（民訴383条），請求異議の訴え（民執35条・33条・19条）などである。

(c) **一定の法律関係に基づく訴えに関すること**　当事者の予測可能性を担保する趣旨であるので，将来に当事者間で起こる紛争についての一切の訴訟な

どのような管轄の合意は認められないが，訴えの基本となる法律関係を特定できていれば足りる（民訴11条2項）。

(d) **書面によること**　合意が当事者に重大な影響を及ぼすので，当事者の意思の明確性と合意の存否及び内容を確実にするため，書面によることを必要とする（民訴11条2項）。

(4) 本問へのあてはめ

第1審を簡易裁判所とすること，本件建物の明渡請求及び未払賃料請求であるので，専属管轄に属する事件ではないこと，本件建物に関する賃貸借契約に関するという訴えの基本となる法律関係を特定できていること，賃貸借契約書において管轄の合意を定めていることから，前記(3)の(a)ないし(d)の要件を充足する。

したがって，XとY間の本件建物の所在地を管轄するS簡易裁判所を管轄裁判所とする管轄の合意は認められる。

因みに，管轄に関する事項については，職権で証拠調べができる（民訴14条）。裁判所は，合意管轄の有無に関しても，当事者から契約書などの提出を求めることができる。また，原告が，訴状には立証を要する事由につき，証拠となるべき文書の写しで重要なものを添付しなければならない（民訴規55条2項）とされているので，本問のような賃貸借契約の解除に基づく建物明渡請求などの場合には，当該賃貸借契約書が提出されるのが通常である。また，貸金請求事件などの定型的な事件では，契約書等に管轄の合意の条項を設けられていることが多い。したがって，裁判所は，当事者間に管轄の合意が定められているかを比較的容易に知ることができる。

ところで，S簡易裁判所の専属管轄であるとなれば，本件訴えは管轄違いとなるので，M簡易裁判所はS簡易裁判所に本件訴訟を移送しなければならないのか。また，Yは，最寄りの裁判所であれば出頭に便宜であることのみを理由に挙げるので，民事訴訟法が予定するいかなる移送類型の理由に適合するのかが問題となる。

[4] 移　　　送

(1) 意　　義

　移送とは, 訴訟が特定の裁判所に係属した後に, その受訴裁判所が, 裁判 (決定, 民訴119条・87条1項但書) に基づき, 他の管轄を有する裁判所に当該訴訟を係属させることをいう。
　なお, 移送は, 管轄を有する裁判所間で訴訟継続を移転させることから, 地方裁判所の本庁と支部との間の事件の配分は, 管轄裁判所内部の問題であり, 訴訟法でいう管轄の問題ではない。

(2) 類　　型

　移送の類型としては, 民事訴訟法16条ないし19条, 274条等が挙げられるが, 本問に関係する同法16条1項及び17条についてのみ考察する。
　(a)　民事訴訟法16条1項による移送 (管轄違いによる移送)　受訴裁判所は, 訴訟の全部又は一部がその管轄に属しないと認めるときは, 当事者の移送の申立て又は職権により, 管轄裁判所に移送しなければならない。
　当事者は, 期日において移送の申立てをする場合を除き, 書面で移送の申立てをしなければならず, かつ, 申立ての理由を明らかにしなければならない (民訴規7条)。本問では, Yは, 明確に合意管轄があることを理由としていないので, M簡易裁判所は, 16条による移送の申立てをしているとみることには多少無理がある。
　ところで, 被告から移送の申立てがない場合でも, 法定管轄を有する受訴裁判所は, 当事者間において管轄の合意が存在することを知り, その管轄の合意が専属的合意であると解される場合には, 職権で管轄違いによる移送をしなければならないのだろうか。
　確かに, 条文 (民訴16条) では「移送する」とあるので, 受訴裁判所に管轄がないことがわかれば, 文言上は管轄裁判所に当該訴訟を移送しなければならないと解することができる。しかし, 民事訴訟の当事者主義の本質を踏まえると, 管轄違いによる訴え提起である場合にも, 法文上, 当事者の意思による応訴管轄が認められること (民訴12条) を勘案すると, 相手方当事者 (被告) の当該訴訟に対する応答を待って判断するのが妥当であろう。また, 被告が, 答弁

書その他何らの書面を提出せず，又は指定された口頭弁論期日に出頭しない場合には，相手方（原告）の主張した事実を争うことを明らかにしないとして当該事実を自白したものとみなされ（民訴159条1項本文・3項本文），いわゆる欠席裁判を受けることもやむを得ないと考えられる。このような場合には，職権で管轄違いによる移送をしたとしても，被告が，管轄裁判所に出頭すること，あるいは本案につき応訴態度を明確に示す可能性は極めて低く，管轄違いによる移送の実益は薄いといえる。

(b) 民事訴訟法17条による移送（遅滞を避ける等のための移送）　受訴裁判所は，当事者の移送の申立て又は職権により，管轄裁判所に移送することができるが，その移送の要件として，①訴訟の著しい遅滞を避け，又は，②当事者の衡平を図るため，移送する必要があると認められなければならない。

①又は②の要件に該当するか否かの判断をするための事情として，当事者及び尋問を受けるべき証人の住所，使用すべき検証物の所在地その他の事情を規定するが，例示する審理上の便宜などの事情のほか，当事者の身体的な状態，当事者双方の経済状態，訴訟代理人の有無等を含む出頭の難易等をその他の事情として考慮して総合的に判断されることになる（法務省民事局参事官室編『民事訴訟法一問一答』43頁）。

本問では，Yは裁判所への出頭の便宜を理由としているので，Xとの経済状態等を比較考慮して，法の掲げる②当事者間の衡平の要件に該当すると解される。加えて，S簡易裁判所は合意管轄による裁判所であることも上記②の要件を強化すると解される。

[5] 総　　括

裁判所は，審理を尽くさないうちに，拙速に訴訟の勝敗を判断することは控えなければならない。しかし，実務では，いわゆる事件の筋を見て，早期にあるいは容易に原告の請求は理由があるか否かを判断し得る場合がある。

本問では，Yの答弁書に記載された「X主張の賃料遅滞は認めるが，それは6ヵ月前の出来事である」との内容からすると，原告の主張とほぼ照応し，Yの主張が事実であるとすれば，当事者間において未だ信頼関係が破壊されていると評価されるかは疑問がある。そうすると，原告の請求は理由がないと判断

される可能性が高い。原告の請求は理由があるか否かの判断が，移送の可否に影響を及ぼすことは否定できないのではなかろうか。原告の請求は勝訴見込みが薄いと考えられる場合には，被告に余計な労力と費用を負担させることはないとの考えが働くのが実情ではなかろうか。

　本問では，上記のような事件の筋読みや実情はさておいても，M簡易裁判所は，Yの答弁書の記載をもって民事訴訟法17条に基づく移送の申立てであるとみなし，当事者間の衡平を図ることを理由に，S簡易裁判所に本件訴訟を移送すべきであると考えられる。

〔大石　喜代一〕

Q 44
共同被告の1人による地方裁判所への移送の申立て

被告Y・Zに対する不動産関係訴訟が○○簡易裁判所に提起されたところ，被告Yのみが，民事訴訟法19条2項に基づいて，上記訴訟をその不動産所在地を管轄する○○地方裁判所に移送するとの申立てをした。裁判所は，この移送の申立てについてどのような処理をすべきか，上記訴訟が，①通常共同訴訟である場合と，②必要的共同訴訟である場合とに分けて説明しなさい。

[1] 簡易裁判所の管轄と移送

(1) 簡易裁判所の管轄

簡易裁判所は，少額軽微な訴訟事件について，第一審の裁判権を行使する，単独制の，最下級の下級裁判所である。昭和22年5月3日の日本国憲法の施行と同時に施行された裁判所法によって発足した。簡易裁判所は，当初，刑事裁判所として構想されたが，少額軽微な民事事件について簡易な手続により迅速に処理する国民に身近な裁判所の性格も併せたうえ，調停，督促などの事件をも扱うものとされた。旧憲法時代の最下級裁判所である区裁判所と比較した簡易裁判所の特色は，①設立当時の数が区裁判所の数の約2倍であり，それだけ国民に身近な裁判所となったこと，②簡易裁判所の裁判官には広く人材を求め，法曹有資格者に限らなかったこと（裁45条），③区裁判所よりも手続の特則を多くし，民事訴訟の手続の簡易化を進めたことである。

民事第一審裁判所としては地方裁判所と簡易裁判所とが並立している。その扱う民事訴訟事件の振り分けについては，前記の簡易裁判所の性格からすれば，複雑困難な事件はできるだけ地方裁判所が取り扱うべきであるということになる。しかし，事件の受理段階で，複雑困難な事件か否かを個別具体的に審査，判定するのは困難であるから，実際には訴訟の目的の価額（以下「訴額」という）により振り分けるという方法が採用されている。訴額が低額なら，一般

的にみて，その事件の内容は複雑ではなく，処理に困難が伴うことも少ないが，逆に訴額がある程度以上高額なら複雑困難な事件であろうと一応推測されるからである。

(2) **要請受理と裁量移送**

ところで，民事訴訟法は，同法16条2項と18条に訴額が簡易裁判所で取り扱う訴訟の上限を超えない事件についても地方裁判所が審理，裁判することができる場合を定めている。すなわち，地方裁判所が相当と認めるときは，訴訟が自庁の管轄区域内の簡易裁判所の管轄に属する（訴額が簡易裁判所で取り扱う訴訟の上限以下の）場合も，当該簡易裁判所の法定専属管轄に属さない限り，申立て又は職権により地方裁判所が審理，裁判することができ（民訴16条2項。自庁処理。同条項による事件の受理は要請受理といわれる），その裏返しとして，簡易裁判所が地方裁判所で審理，裁判するのが相当と認めるときは，訴額が簡易裁判所で取り扱う訴訟の上限以下の訴訟についても，申立て又は職権により，当該簡易裁判所の所在地を管轄する地方裁判所に移送することができる（民訴18条。簡易裁判所の裁量移送）。いずれも決定により地方裁判所に管轄が発生する（後述する不動産に関する訴訟は例外となる）。両条項の「相当と認めるとき」の意義は一般に同義に解される。その具体的，客観的な基準はないが，当事者双方に異議がない場合のほか，事件が複雑困難で地方裁判所で審理，裁判するのが適当な場合も「相当と認めるとき」にあたり，これらの制度で対応する対象となる。

(3) **民事訴訟法19条2項・1項**

昭和57年の裁判所法等の一部を改正する法律（昭和57年8月24日公布の昭和57年法律第82号。昭和57年9月1日施行）による裁判所法及び民事訴訟法等の改正時に，簡易裁判所の取り扱う民事訴訟の訴額の上限を引き上げるのに連動して，①訴額が簡易裁判所で取り扱う訴訟の上限以下の不動産に関する訴訟の第一審について地方裁判所の管轄を認め（裁24条1号。簡易裁判所との競合管轄），②簡易裁判所に提起された不動産に関する訴訟について，本案の答弁前に被告が地方裁判所への移送を申し立てた場合には，当該訴訟を必ず当該簡易裁判所の所在地を管轄する地方裁判所へ移送しなければならないものとした（平成8年法律第109号による改正前の民事訴訟法（以下「旧法」という）31条ノ3第2項。現行民事訴訟法19条2項）。これにより，不動産に関する訴訟は，訴額にかかわらず，原告は，地方

裁判所に訴訟を提起することができ，簡易裁判所に訴訟提起された被告は，移送申立てにより，地方裁判所での審理，裁判を受けることができるようになった。いい換えれば，不動産に関する訴訟については，訴額が簡易裁判所で取り扱う訴訟の上限以下であっても，当事者の一方でも地方裁判所での審理，裁判を希望する場合には必ず地方裁判所でこれを受けられることになったのである。不動産に関する訴訟は，訴額にかかわらず類型的に複雑困難な事件といえるから，地方裁判所での審理，裁判の途を開いておく必要があること，また，前記の要請受理や裁量移送の制度が必ずしも十分に活用されているとはいえないという実情があったことによる（岡崎彰夫「裁判所法等の一部を改正する法律について」曹時35巻1号33頁参照）。

　民事訴訟法19条1項は，旧法31条ノ3第1項を承継し移送の範囲を拡大したものである。立法趣旨は，不動産に関する訴訟以外にも複雑困難な訴訟があり，また，不動産に関する訴訟の必要的移送については申立時期等に制限があるから，不動産に関する訴訟も含めた複雑困難な訴訟について，当事者双方の希望があれば地方裁判所で審理，裁判すべきこととしたものであり，裁量移送の特則と位置づけられた。この趣旨から当初は「簡易裁判所ハ」「其ノ所在地ヲ管轄スル地方裁判所ニ」移送することを要するとのみ規定されていたが，現行法では移送の範囲が原則として第一審裁判所相互間に拡大された。合意管轄を広く認める民事訴訟法11条との均衡から，提訴後も，訴訟の進行等に支障のない限り，裁判所の選択に関する当事者の意思を尊重するのが相当であるとされたものである。

　なお，民事訴訟法19条2項の「その所在地を管轄する地方裁判所」とは，同条項の趣旨のほか，同条1項，民事訴訟法18条，16条2項，旧法31条ノ3第1項，2項の各文言及び趣旨からすれば，「当該簡易裁判所の所在地を管轄する地方裁判所」の意であり，「当該不動産の所在地を管轄する地方裁判所」の意ではないものと解するのが相当である。もっとも，簡易裁判所に提訴される実際の不動産に関する訴訟では，当該簡易裁判所の所在地が当該不動産の所在地でもある場合も多いであろう。

[2] 不動産に関する共同訴訟

(1) 共同訴訟の意義

　共同訴訟とは，1つの訴訟手続に複数人の原告又は被告若しくはその両者が関与している訴訟形態である。同一の側に立つ複数人の当事者を共同訴訟人といい，複数人の原告を共同原告，複数人の被告を共同被告という。共同訴訟のうち通常共同訴訟は，訴訟の目的である権利又は義務が共通であるとき等請求が相互に一定の共通性，関連性を有する場合に共同訴訟とされるものである（民訴38条）。争点整理や証拠調べを共通に行うことにより，審理の時間，労力等を節約できる等の利点がある。これに対し，訴訟の目的が共同訴訟人の全員について合一にのみ確定すること（合一確定）が法律上要請される場合，すなわち，判決が共同訴訟人ごとに区々になることが許されない場合が必要的共同訴訟である（民訴40条）。このうち当事者適格の基礎となる管理処分権や法律上の利益が多数人に共同で帰属し，その帰属の態様から判決内容の合一性が要請されるものを固有必要的共同訴訟という。また，共同訴訟人となるべき各人に別々に訴訟追行権が認めれるものの，訴訟物たる権利関係の性質から確定判決の既判力が他の訴訟追行権者に対して拡張されるので，共同訴訟が成立した場合には合一確定が要請されるものを類似必要的共同訴訟という。

(2) 不動産に関する訴訟の共同被告

　民事訴訟法19条2項の移送の対象である「不動産に関する訴訟」とは，同法5条12号の「不動産に関する訴え」とほぼ同じで，不動産に関する権利を目的とする訴えであるが，不動産の売買代金，賃料等の請求，民法717条による損害賠償請求等不動産に関する金銭請求は含まれないと解されている。

　不動産に関する固有必要的共同訴訟で共同被告が想定される例は少ない。判例としては，共有名義の所有権移転登記の抹消登記手続請求（最判昭38・3・12民集17巻2号310頁），隣接する土地の一方又は双方が共有に属する場合の境界画定の訴え（最判昭46・12・9民集25巻9号1457頁），不動産の所有権を主張する者が，所有権に基づいて不動産の所有名義人の複数の相続人らに対してする所有権移転登記請求（東京高判昭61・8・28判タ625号224頁）等がある。これに対し，不動産の賃借人が賃貸人の共同相続人に対してする賃借権確認請求（最判昭45・5・

22民集24巻5号415頁), 不動産の買主が売主の共同相続人に対してする売買を原因とする所有権移転登記手続請求 (最判昭36・12・15民集15巻11号2865頁), 土地所有者が地上建物の所有者である共同相続人に対してする建物収去土地明渡請求 (最判昭43・3・15民集22巻3号607頁) 等は通常共同訴訟とされる。

(3) 共同訴訟の審判

通常共同訴訟では, 各共同訴訟人は, 各自独立で係争利益を処分する権能を保持しているから, 訴訟追行権も各自独立に有することになり, 共同訴訟人の1人に対する又は共同訴訟人の1人による訴訟行為の効力は他の共同訴訟人に及ばない。これを共同訴訟人独立の原則という。裁判所も併合して審理する義務を負うわけではないから, その裁量により, いつでも弁論を分離することができる。

必要的共同訴訟では, 合一確定の必要から, 共同訴訟人独立の原則の適用が排除される。共同訴訟人の1人がした訴訟行為は, 共同訴訟人全員の利益になる場合には, 共同訴訟人全員のために効力を生じるが (民訴40条1項), 利益にならない場合には, 他の共同訴訟人に対する関係ではもちろんのこと, 訴訟行為をした共同訴訟人についても効力を生じない。したがって, 不利になる訴訟行為は, 共同訴訟人全員がするのでなければ, その効力を認められない。利益か否かは, 訴訟の全体からみて共同訴訟人が勝訴判決を受けるのに客観的に役立つかどうかという点を基準に決めなければならない (東京高判昭37・2・20高民集15巻2号114頁)。また, 合一確定の必要から, 裁判所は弁論を分離できない (大判大6・9・20民録23輯1357頁)。

[3] 本設問の検討

本設問の被告Y, Zに対する「不動産関係訴訟」とは民事訴訟法5条12号の「不動産に関する訴え」及び民事訴訟法19条2項の「不動産に関する訴訟」のいずれにも該当するということ, また, 本設問のYが移送先としている「不動産所在地を管轄する地方裁判所」は○○簡易裁判所の所在地を管轄する地方裁判所でもあることをいずれも検討の前提とする。

(1) 通常共同訴訟の場合

本設問のY, Zが不動産に関する通常共同訴訟の共同被告である場合, 共同

訴訟人独立の原則により，Yは単独で民事訴訟法19条2項の移送申立てを行うことができ，その効果は，Yと原告との間でのみ生ずる。したがって，Yの移送申立てを受けた○○簡易裁判所は，Yが本案について弁論していない限り，Yに対する弁論を分離して訴訟のその部分を当該地方裁判所に移送しなければならない。

　Yの民事訴訟法19条2項の移送申立てが認められる場合，このような類型の訴訟では一般に同時審判の利点も大きいから，裁判所は，Zに対し，民事訴訟法19条2項の申立てについて釈明し，その申立てがあれば，先のYの申立てと併せて移送決定して訴訟全部を地方裁判所へ移送するのが相当であろう。仮にZが本案に対する弁論を行っている場合は民事訴訟法19条1項の申立てによることになるが，原告の同意を得られる可能性も大きいであろう（原告については弁論分離による利点を想定しにくいから，原告からの移送申立てもありうる）。この場合は，Yについては民事訴訟法19条2項により，Zについては民事訴訟法19条1項により訴訟全部を同時に移送することになろう。また，裁判所が当該事案について弁論分離はすべきではないと判断した場合は，申立てを待つまでもなく，職権で民事訴訟法18条による裁量移送をすることもあり得よう。

(2)　必要的共同訴訟の場合

　本設問のY，Zが不動産に関する固有必要的共同訴訟の共同被告である場合，前記の民事訴訟法19条2項の趣旨からすれば，その移送申立ては，共同訴訟人が勝訴判決を受けるのに客観的に役立つ有利な訴訟行為というわけではないから，Y単独の民事訴訟法19条2項による移送申立ては効力を生じず，却下されることになる。類似必要的共同訴訟の場合も同様である。しかし，Zが民事訴訟法19条2項の移送申立てをした場合は，先のYの申立てと併せて訴訟全部を○○簡易裁判所の所在地を管轄する地方裁判所へ移送する決定をしてよいと解される（Zの移送申立ては決定までに行われればよく，Yと同時に行われる必要まではないであろう）。Zが民事訴訟法19条2項の移送申立てをしない場合には，Yの移送申立ては却下せざるをえない。

　必要的共同訴訟の場合，通常共同訴訟の共同被告による移送申立ての場合と異なり，Yの移送申立てがあったからといって，弁論が分離されて別々の裁判所で審理，裁判が行われるという事態にはならないが，職権で訴訟全部を民事

訴訟法18条により地方裁判所へ移送するのが相当であると判断される場合もあり得る。その際考慮すべき事情としては，不動産に関する訴訟は当事者の一方でも希望すれば地方裁判所で審理，裁判しなければならないとする法の趣旨，当該訴訟の複雑困難の程度，民事訴訟法19条2項の移送申立てを行わないZの意向，○○簡易裁判所に提訴した原告の意向等ということになろう。

(3) 同時審判共同訴訟の場合

　通常共同訴訟のうち，複数の被告に対する権利が法律上併存し得ない場合，原告の申出により裁判所は弁論及び裁判の分離が許されなくなる訴訟形態がある（民訴41条1項。同時審判共同訴訟といわれる）。原告がYに対する不動産の売主としての所有権移転登記手続請求と，Zに対する無権代理人としての民法117条1項の履行請求を併合して訴え，同時審判の申出をした場合は，これにあたるであろう。同時審判共同訴訟では共同訴訟人独立の原則は制限されないから，Yによる民事訴訟法19条2項の移送申立てはYと原告との間で効力を生じる。しかし，移送のために弁論を分離することはできないから，裁判所は弁論を分離して移送する旨の決定をすることはできず，移送申立てを却下することになるものと解する。この場合も，Z又は原告による移送申立て若しくは職権により訴訟全部を地方裁判所に移送するのが相当と判断される場合があることについては，前記のとおりである。

〔笹本　昇〕

Q 45

営業所等の統廃合に伴う合意管轄の効力

　Y（A市在住）は，クレジットカード会社Xとの間で，同社のA営業所（A市所在）の窓口にてクレジットカード契約を締結した。同契約の約款中には，「会員は，会員と甲（クレジットカード会社X）との間で訴訟が生じた場合，その訴額のいかんにかかわらず，会員の住所地，甲の営業所を管轄する簡易裁判所及び地方裁判所を管轄裁判所とすることに合意するものとする」との条項があった。その後，Yは，同社のクレジットカードを利用して，ショッピングやキャッシングを繰り返してきた。他方，X社は，A営業所を廃止して，その事業をB支社（B市所在）に集約した。ところが，Yの返済が滞ったため，X社は，Yに対する貸金等支払請求訴訟をB簡易裁判所（B市所在）に提起した。B簡易裁判所に管轄は認められるか。なお，A市とB市は，簡易裁判所の管轄を異にするものとする。

[1] はじめに

　貸金業者との金銭消費貸借契約などでは，契約書の約款中に，訴訟等になった場合の管轄の合意に関する条項が含まれていることがほとんどである。そして，実務では，金銭消費貸借契約などを取り扱った支店又は営業所など（以下「取扱い営業所等」という）の所在地を管轄する裁判所に，貸金等支払請求の訴訟が提起されることが多い。ところが，貸金業者などが業務の合理化などの理由から支部や営業所などを統廃合し，この結果，取扱い営業所等が廃止になることがしばしば起こる。このような場合，管轄合意の効力はどうなるかという論点を取り上げてみたい。

[2] 管轄合意条項の有効性

　民事訴訟法11条1項は，「当事者は，第一審に限り，合意により管轄裁判所

を定めることができる。」として，管轄の合意を認めている。しかし，そもそも，本設例の「甲の営業所を管轄する簡易裁判所及び地方裁判所」というような貸金業者などの全国の本店・支店・営業所などの所在地を管轄する裁判所が合意管轄裁判所となり得る抽象的な内容の管轄合意条項が有効なのかが問題となる。

(1) 裁 判 例

裁判例としては，まず，管轄合意自体を無効と判断したものがある。横浜地判平15・7・7（判時1841号120頁・判タ1140号274頁）は，商工ローン会社との間で「債権者の本支店の所在地を管轄する裁判所を管轄裁判所とする」とされていた事案で，資金がひっ迫して原告（商工ローン会社）から融資を受けざるを得なかった被告には原告が定めた以外の内容による管轄の合意をする余地がなかったこと，原告が全国に支店を展開していることから，一般的に，被告から実質的な防御の機会を一方的に奪うものであるとして，管轄合意は無効とした。

次に，管轄合意は無効ではないが，管轄合意の内容を制限的に解釈したものがある。福岡地判平18・10・10（判例集未登載）は，自動車販売契約に基づく割賦金請求事件において「売主の本店，各支店，営業所及びセンター所在地を管轄する簡易裁判所及び地方裁判所」とする旨が定められていた事案で，当該管轄合意条項を合理的に解釈すれば，売主のすべての支店等の所在地を管轄する裁判所が合意管轄裁判所になる趣旨の規定ではなく，取扱い営業所等の所在地を管轄する裁判所を合意管轄裁判所とする趣旨の規定であると解すべきであるとした。また，東京高決平16・2・3（判タ1152号283頁）は，リース契約において「リース会社の本社又はリース会社の選択する裁判所に管轄を認める」とされていた事案で，当該管轄合意条項が仮に有効であるとしても，その管轄裁判所は，リース会社の本社所在地を管轄する裁判所及び債務者の住所地（取扱い営業所の所在地と同じ）を管轄する裁判所が合意管轄裁判所になるとした。

他方，管轄合意を有効と判断したものもある。大阪高決平8・6・24（金判1009号28頁）は，保険金請求事件において「保険会社の本社又は保険金の受取人の住所地と同一の都道府県内にある支社の所在地を管轄する地方裁判所とするが，契約日から1年以内に発生した事由に基づく保険金請求訴訟は保険会社の本社の所在地を管轄する地方裁判所とする」とされていた事案で，当該管轄

の定めには相当の合理性・一応の根拠があり、無効とはいえないとした。
  (2) 検　　討
　前記の裁判例を踏まえると、管轄合意条項の文言を前提としながらも、企業である貸金業者などと経済的弱者である債務者との立場の違いに配慮して、個別具体的な事案において、契約締結時の状況から両当事者の合理的な意思を推測し、かつ、当該管轄合意条項の合理性や相当性を検討して、その有効性や内容を判断していくことになろう。
　本設例の管轄合意条項についてみると、X社の全国の本店・支店・営業所の所在地を管轄する裁判所が合意管轄裁判所となり得る文言にはなっているが、この趣旨は、X社が迅速に業務を遂行するために、管轄裁判所を本店・支店・営業所の所在地に限定したところにあり、合理性は認めることができる。また、「会員の住所地」という文言も加えられ、Yの便宜にも配慮していることから、相当性も認めることができるのではなかろうか。加えて、個別具体的事案において、契約締結時の状況などから両当事者の合理的な意思を推測し、管轄合意条項の有効性を判断していくことになる。
　なお、簡易裁判所の実務では、本設例のような管轄合意条項は、特段の事情がない限り、有効として取り扱っているのが大勢である。

[3]　取扱い営業所等が廃止された場合の管轄合意の効力

　では、当該管轄合意条項が有効であるとして、貸金業者などが業務の合理化などの理由から取扱い営業所等を廃止した場合、管轄合意の効力はどうなるのだろうか。
  (1) **管轄合意の効力の承継**
　管轄合意の効力の承継の有無については、債権譲渡や合併があって主体に変更が生じた場合に問題となるが、本設例のように取扱い営業所等の廃止の場合には、両当事者に主体の変更はないのだから、管轄合意の効力は維持され、業務を引き継いだ本店又は他の営業所などを拘束することに異議はなかろう（したがって、「承継」という表現を使うのは、法的には適切ではないのかもしれない）。
  (2) **管轄合意で指定される裁判所**
　では、管轄合意の効力は承継されるとして、管轄合意によって指定される裁

判所はどのようになるのだろうか。

　第1の考え方は，管轄合意条項の文言にとらわれずに，管轄合意がなされた時点の当事者の合理的な意思を推測する見解である。この見解は，両当事者の意思としては，双方に便宜である取扱い営業所等の所在地を管轄する裁判所を合意管轄裁判所と想定していたはずであると推測する。この立場からすると，本設例のような管轄合意の場合，両当事者の意思としては，双方に便宜なA簡易裁判所を念頭においていたものと推測されるから，たとえA営業所が廃止になっても，A簡易裁判所が合意管轄裁判所と解することになろう。

　第2の考え方は，管轄合意条項の文言が「債権者の本店又は支店の所在地を管轄する裁判所」と抽象的に記載していることから，抽象的な内容のまま引き継がれ，現在の債権者（原告）の本店・支店の所在地が管轄裁判所になるという見解である。この見解は，管轄合意がなされた当時に特定の裁判所が想定されていたとしても，その後に取扱い営業所等が廃止になった場合には，当然に合意管轄裁判所にも変動が生じるというのが管轄合意をした際の当事者の意思であると考える。この立場からすると，本設例のような管轄合意の場合，廃止された取扱い営業所等の業務を引き継いだB支店の所在地を管轄するB簡易裁判所が合意管轄裁判所と解することになろう。

　そして，債権者も債務者も，管轄合意時に，債権者の住所に変動が生じることを当然に考えていたとはいえないから，当事者の合理的意思としては，管轄合意をした際の債権者の本店又は支店（＝取扱い営業所等）所在地を管轄する裁判所を管轄裁判所とする合意というのが相当であるとして第1の考えを支持する意見もある（真鍋美穂子「管轄合意と移送申立てについて」判タ1294号5頁以下）。

　しかし，管轄合意がなされた時点の当事者の合理的な意思を推測するに際して，管轄合意条項の文言を考慮しないことには疑問を感じる。また，業務の合理化のために本店の移転や支部・営業所などの統廃合が頻繁に行われるようになった近時においては，管轄合意の際に，そのことを想定していなかったと推測することが，果たして正しい解釈であろうか。むしろ，将来の変動を見越して，あえて抽象的な文言にしていると推測するほうが合理的ではなかろうか。これらの点から，特段の事情がない限り，第2の考え方に優位性を感じる。

　もっとも，両説の違いは，管轄合意がなされた時点の当事者の合理的な意思

解釈として，将来の取扱い営業所等の統廃合を想定していたと推測できるか否かという違いでしかない。実際には管轄合意時に詳細な説明がないことがほとんどであろうから，解釈側の考え方次第である。そうであるならば，訴訟運営上の対応で両当事者の不利益を解消することが考えられてもよいのではなかろうか。すなわち，現行民事訴訟法は，平成8年改正の際に，民事訴訟法20条括弧書で専属管轄における移送制限から合意管轄の場合を除外し，管轄合意がある場合であっても民事訴訟法17条の訴訟の遅滞を避けるための移送が認められることを明確にしたという立法経緯がある。また，平成15年民事訴訟法改正により，和解に代わる決定（民訴275条の2）の制度が導入され，実際，この制度は簡易裁判所では非常に多く活用されている。そうすると，第2の考え方をとっても，訴訟の遅滞を避けるための移送や和解に代わる決定の制度を有効に利用するなど訴訟運営上の柔軟な対応で，当事者双方に不利益を負わさないで済むと考えられるのである。

［4］ 管轄合意条項に特定の裁判所名が明記されている場合

　管轄合意条項の中には，特定の裁判所名が明記されている場合がある。例えば，「会員は，本規約について紛争が生じた場合，訴額のいかんにかかわらず，○○簡易裁判所を管轄裁判所とすることに合意するものとします。」などである。

　この場合は，前記の第2の考え方をとったとしても，管轄合意がなされた当時の当事者の合理的な意思解釈としては，特段の事情がない限り，その特定された裁判所を指定したものと解すべきであろう。

　もっとも，特段の事情として，金銭消費貸借契約などの締結時に，取扱い営業所等の担当者が，債務者に対して，仮に取扱い営業所等が廃止になった場合には，その業務を引き継いだ本店又は他の営業所の所在地を管轄する裁判所が合意管轄裁判所になる旨を十分に説明し，債務者がそれを理解した場合が挙げられるのではないか。

［5］ 義務履行地管轄との関係

　ところで，管轄合意については，従来から，これを専属的合意とみるか付加

的合意とみるかの争いがある。専属的合意とする当事者の明確な意思がない限り，付加的合意と解するのが多数説といえよう。付加的合意と解すると，合意管轄のほかに，義務履行地に関する管轄（民訴5条1号）も認められることになる。ところが，義務履行地に関する管轄についても，取扱い営業所等が廃止になった場合の義務履行地が問題となる。

　この点については，東京高決昭28・6・29（東高民時報4巻1号36頁）が，「相手方の大阪支局においてなされた取引であり，その義務履行地が大阪市であったとしても，右のように相手方の支局が廃止された場合においては，外に大阪支局の事務を承継する支局があれば格別，それを認め得ない本件の場合には，その債務の履行地は当然に相手方の主たる事務所の所在地である東京都中央区に変更せられたものと解するのが，商法第516条，民法第484条，第485条の精神よりしても相当である」とし，大阪高判昭60・1・31（判タ552号184頁）が，「商行為によって生じた金銭債務の履行場所は，商法516条1項により原則として債権者の現時の営業所であるが，支店でなした取引については同条3項によりその支店が営業所とみなされるところ，右にいう支店は同条1項と対比して『現時』の支店と解すべきであり，支店において取引がなされた場合でも，その後，その支店が廃止され右支店の所在地に支店が存在しなくなったときは，同条1項により本店が義務履行の場所となるものと解するのが相当である。」とした。

　これらの裁判例に従うならば，本設例の場合では，B簡易裁判所に訴訟を提起したとして，仮に合意管轄が認められなくとも，義務履行地に基づく管轄は認められることになるから，前記の第1の考え方又は第2に考え方のいずれをとろうとも，管轄違いにはならないことになろう。

［6］　本設例の解答

　前記の第2の考え方に従うと，B簡易裁判所にも合意管轄が認められ，X社は，Yに対する貸金等支払請求訴訟をB簡易裁判所（B市所在）に提起することが認められることになる。ただし，裁判所としては，訴訟の遅滞を避けるための移送や和解に代わる決定の制度を有効に利用するなどして，被告に不利益を負わさないように配慮する必要があろうし，当事者側（特に原告側）にもこれ

らの利用に応じる姿勢が求められよう。

〔山崎　秀司〕

Q 46

固有必要的共同訴訟の判断基準

　Xは，本件土地を，20年以上の間，所有の意思をもって平穏かつ公然に占有してきた。ところが，本件土地はAの所有名義となっており，かつ，Aはすでに死亡しており，AにはY₁ないしY₅の相続人がいた。Xは，本件土地を時効によって取得したと主張して所有権移転登記手続請求をしたいと考えている。これに対し，Y₅は，登記手続に快く協力すると言ってくれている。この場合，Xは，誰を相手に，所有権移転登記手続請求の訴えを提訴すべきか。

[1] はじめに

　不動産に関する訴訟については，その大半が地方裁判所に提起される（裁24条1号参照）。しかし，訴額が140万円を超えない不動産関係訴訟は，簡易裁判所にも事物管轄が認められるから（裁33条1項1号），簡易裁判所にも，土地の時効取得に基づいて所有権移転登記手続（民162条）や抵当権抹消登記手続（民397条）などを求める訴えなどが提起されてくる。ところが，それらの中で，相続が発生して共同相続人による共有関係が生じている場合，固有必要的共同訴訟となるのか否かがしばしば問題となる。そこで，本設例では，固有必要的共同訴訟か否かが問題となる類型のうち，共有関係にある者らを被告として登記請求訴訟を提起する類型について，実務上取扱いに苦慮する状況を紹介しながら取り上げてみたい。

[2] 固有必要的共同訴訟の訴訟上の取扱い

　前提として，固有必要的共同訴訟の訴訟上の取扱いを，被告側が複数の場合を想定して，簡単に整理しておきたい。

　固有必要的共同訴訟の場合には，数人が共同してはじめて，ある請求をめぐる訴えにつき当事者適格が認められるので，共同訴訟人たるべき者全員を被告

として訴えることが強制され，一部の者が欠けていれば，当事者適格が認められず，訴えは不適法とされる（裁判所の措置として，訴え却下か請求棄却かの争いはあろう）。もっとも，民事訴訟法52条1項の共同訴訟参加により，欠けていた者が参加すれば，当事者適格の欠缺は治癒される。すでに訴訟手続や判決がなされていた場合には，それらは効力を失うことになる。共同被告の一人の訴訟行為は全員の利益においてのみその効力を生ずるから（民訴40条1項），例えば，共同被告の一人がした自白は，他の共同被告だけでなく，その本人についても効力が生じない。共同被告の一人に対する相手方の訴訟行為は全員に対してこの効力を生ずるから（民訴40条2項），例えば，期日に共同被告の一人のみが出席し，他の共同被告が欠席したとしても，原告がその期日でなした主張は共同被告全員に対して効力を生じる。一人の共同被告のみに対する訴えの取下げは，効力を生じない（最判平6・1・25民集48巻1号41頁）。共同被告の一人について手続の中断・中止の事由があるときは，全員について手続が停止される（民訴40条3項）。また，弁論を分離して別個の判決を行うと，相互に矛盾する判決がなされる可能性があるため，合一確定の要請のある固有必要的共同訴訟においては，弁論の分離は認められず，判決は常に全部判決である。固有必要的共同訴訟において，共同訴訟人の一部の者が控訴した場合，全員につき確定遮断・移審の効果が生じ，控訴していなかった他の共同訴訟人も含めて全員が控訴人となると解するのが判例・通説である。

[3] 共有者が被告となる受働訴訟についての判例の状況

(1) 最高裁判例の類型的整理

共有者が被告となる受働訴訟，すなわち，ある者が共有関係にある者らを被告として登記手続を求める訴訟形態について，最高裁判例を類型的に整理してみたい。

(a) 共有名義の所有権移転登記の抹消登記手続請求の訴え　最判昭38・3・12民集17巻2号310頁は，必要的共同訴訟とした。

(b) 契約上の義務の履行としての所有権移転登記手続請求の訴え　最高裁は，不可分債務を理由として，必要的共同訴訟でないとしている（最判昭36・12・15民集15巻11号2865頁，最判昭39・7・16裁判集民事74号659頁，最判昭39・7・28裁

判集民事74号755頁，最判昭44・4・17民集23巻4号785頁）。

（c）**所有権に基づく所有権移転登記手続請求の訴え**　本設例はこの類型にあたる事案であるが，最高裁判例はまだない。

(2) 最高裁判例の流れ

前記の最高裁判例をみると，共有者を被告とする登記手続請求訴訟が固有必要的共同訴訟となるかの問題について，最高裁は，初期のころは積極に解したものもあるが，消極に解したものが多い。

登記手続請求訴訟以外の事件類型をみても，必要的共同訴訟ではないと判断した最高裁判例が多い。建物の共同名義人を被告とする所有権確認の訴えについて最判昭34・7・3民集13巻7号898頁，売主たる共同相続人に対する売買許可申請義務履行請求訴訟について最判昭38・10・1民集17巻9号1106頁，土地所有者の建物共有者に対する土地所有権に基づく建物収去土地明渡しの訴えについて最判昭43・3・15民集22巻3号607頁と最判昭43・5・28裁判集民事91号111頁，賃借人から賃貸人の共同相続人に対する賃借権確認の訴えについて最判昭45・5・22民集24巻5号415頁が，それぞれ必要的共同訴訟ではないとした。

(3) 東京高判昭61・8・28

このような最高裁判例の流れの中にあって，東京高判昭61・8・28（判タ625号224頁・677号286頁）は，所有権に基づき，不動産の所有名義人の共同相続人らに対し所有権移転登記手続を求める訴訟においては，共同相続人らは，必要的共同訴訟人の地位にあるから，控訴の申立をしない共同相続人も控訴人の地位に立つものと解すべきである旨判示して，積極説の立場をとった。

この東京高裁判決が出たことで，本設例の論点は難しくなっている。

[4] 学　説

(1) 判例評釈

最高裁判例の立場を，物権的請求権に基づく（物権的）所有権移転登記の抹消登記手続請求訴訟は，固有必要的共同訴訟とするが（前掲最判昭38・3・12），契約上の義務の履行としての（債権的）所有権移転登記手続訴訟は，固有必要的共同訴訟でない（前掲最判昭36・12・15，前掲最判昭39・7・16，前掲最判昭39・

7・28)，と解していると理解する判例評釈などがある。しかし，このような区別に対しては批判が強い（小山昇『総合判例研究叢書民事訴訟(7)』42頁，鈴木正裕・民商49巻5号728頁以下など）。

(2) 学　　説

学説上は，共有者が被告となる場合については，固有必要的共同訴訟ではないとする消極説が多数といえようが，積極説もある。

消極説の根拠とするところは，①争う意思のない共有者まで被告とするのでは，その者の負担が大きいし，呼出状の送達など手続上の無駄が多いこと，②共有者の一部が欠けていたときには，すでになされた訴訟手続や判決が失効するのでは，訴訟経済に反すること，③共有は，人的なつながりが弱く，個人主義的性格が強い共同所有関係であること，などが挙げられよう。理論的には，持分権，保存行為（民252条但書），不可分債権・債務（民428条・430条・432条）など，個別的に行使できる実体法上の権能が抽出できる場合には，訴訟共同の必要はなく，単独・個別訴訟が許されるとする。

積極説の根拠とするところは，①一部の共有者に対する訴訟では，紛争を完全に解決することにはならないこと，②消極に解すると，判決間の矛盾が生ずるおそれがあること，③消極に解すると，不当執行の危険があり，他の共有者の利益保護に欠けること，などが挙げられよう。

> ＊　参考文献としては，積極説では，福永有利「共同所有関係と必要的共同訴訟」民事訴訟法の争点106頁以下，窪木稔「登記請求訴訟と必要的共同訴訟」岡崎彰夫＝白石悦穂編『裁判実務大系(12)不動産登記訴訟法』393頁以下（青林書院）など多数。消極説では，村松俊夫・判タ224号54頁，五十部豊久・民訴雑誌12号189頁など。判例・学説をわかりやすくまとめたものとして，田中澄夫「共同相続人に対する土地所有権移転登記手続請求と必要的共同訴訟の成否」判タ580号26頁。その他，判例評釈やコンメンタールなど多数。

[5] 実務上取扱いに苦慮する状況

さらに，実務上，次のような状況が発生し，その取扱いに苦慮することがある。

①　提訴前に，協力を申し出ている共同相続人について持分の所有権移転登

記を済ませてしまい，非協力的な共同相続人についてのみ提訴してくることがある。この場合，固有必要的共同訴訟だからという理由で，訴えを不適法とするのだろうか。

② 共同相続人全員を被告として提訴したが，一部の共同相続人が協力を申し出たために，訴外で，原告と当該共同相続人とが勝手に持分の所有権移転登記を済ませてしまった場合，訴えの一部取下げを許してよいのだろうか。

③ 第一審では，共同相続人全員を被告として提訴したが，一部の共同相続人が欠席して擬制自白となったところ，他の共同相続人のみが控訴した場合，控訴しなかった共同相続人の地位はどうなるのか。前掲東京高判昭61・8・28では，この点が問題となった。

[6] 共有者を被告とする登記請求が固有必要的共同訴訟となるかの検討

(1) 争わない共同相続人の負担

取扱いに苦慮する状況①の場合，仮に共同相続人全員を被告として訴えることを強制したとして，登記手続が済んでいる共同相続人との間に，訴えの利益は認められるのだろうか。

また，本設例のような事案では，共同相続人らは，自分が関与したことではないし，時効取得に対抗する主張もないために，請求原因事実について，すべて自白したり，認否せずに期日に欠席したために擬制自白が成立することも多い。その結果，取扱いに苦慮する状況③のように，被告ごとの控訴の有無が区々になることは往々にして生じ得る。前掲東京高判昭61・8・28は，必要的共同訴訟と判断し，控訴しなかった共同相続人についても控訴人に立つものと判断した。これに対しては，争っても勝ち目がないと判断している共同相続人を，控訴した共同相続人の立場を保護するために，控訴人の地位に立たせる必要がどこにあるのか問題があるとの批判がある（新堂幸司「共同相続人の手続保障」民訴雑誌33号8頁）。

(2) 登記実務

確かに，一部の共同相続人のみを被告とした判決書等の債務名義では，原告は，単独では所有権全部の移転登記手続を申請することはできない（昭和33年

5月29日民事甲第1086号民事局長心得回答)。

　しかし，判決等の債務名義がない他の共同相続人が登記申請に協力する場合には，その共同相続人の印鑑証明書と実印の押捺された登記申請書類があれば，所有権全部の移転登記手続を申請することはできる。また，所有権移転を命ずる判決等の債務名義は，一通である必要はなく，何通か併せて共同相続人全員分がそろえば，原告は，単独で所有権全部の移転登記手続を申請することができる。さらに，原告が，所有権全部の移転登記手続に固執することなく，共同相続人それぞれの持分について個別に持分権の移転登記手続を申請することでよしとするならば，これも可能である。このような登記実務を考えると，共同相続人らを被告とする登記手続請求訴訟が，実体法上・訴訟法上，合一確定を必要とするものなのか疑問である。

(3) 私　見

　以上からすると，共有者を被告とする登記手続請求訴訟については，固有必要的共同訴訟ではないと考えてかまわないように思われる。

　もっとも，判決間で矛盾が生じたり，争った一部の共同相続人と原告との間での共有関係が発生したりすることは避けるべきなので，できる限り，合一確定をするように心がけるべきである。したがって，提訴前の個別な持分の所有権移転登記手続は避け，極力，共同相続人全員を被告として提訴すべきであり，訴訟係属後も，できる限り合一確定に向けた訴訟進行に努めるべきであろう。ただし，これは，訴訟運用上の問題であって，一部の共同相続人が協力的である場合などは，訴訟経済や当該共同相続人の負担等を考慮して，弁論を分離するなど柔軟に対応することも許されよう。その結果として，紛争の簡素で迅速な解決が図られると思われる。

　もちろん，このような個別的解決には，批判が多い。消極に解する裁判例が多いことの背景には，固有必要的共同訴訟の厳格性が実務家から敬遠されたことも否定できないであろう。しかし，前記のような取扱いに苦慮する状況が発生している実務の現実をみると，個別的解決もやむを得ないのではなかろうか。

　最高裁判例について，紛争の全面的解決をはかるというよりは，個別的解決の積み重ねをはかるものであり，実体法の共有関係については持分権を中心として解決しようとするものといえるとの評釈もあるところである。

[7] 本設例の解答

　本設例の訴えは固有必要的共同訴訟とは解されないから，Xは，登記手続に快く協力すると言っている Y_5 を被告にして訴訟を提起することは強制されない。しかし，できる限り，Y_5 も含めた共同相続人全員を被告として，所有権移転登記手続請求の訴えを提訴するのが望ましいと考える。ただし，Y_5 の負担を考慮した柔軟な訴訟進行が求められよう。

〔山崎　秀司〕

Q 47

訴状送達の瑕疵

　貸金請求訴訟の訴状及び第1回口頭弁論期日呼出状（平成23年11月8日午前10時）が，平成23年10月18日午前10時30分に，被告の同居者である妻に対し送達された。同月28日になって，被告の妻が代筆した書簡がその事件を担当する裁判所書記官宛に送付されてきた。その書簡には，被告が平成23年8月ころに脳梗塞を発症し，現在○○脳神経外科病院に通院して○○医師の治療を受けている旨が記載されているとともに，平成23年9月30日時点において，被告の短期記憶については「問題あり」，日常の意思決定を行うための認知能力ついては「いくらか困難」，自己の意思伝達能力については「伝えられない」，自己財産の管理処分能力は「管理処分能力なし」，同日における長谷川式簡易知能評価の点数は6点（高度の認知症の疑いがあるとされる点数）であったとする診断書が添付されていた。この場合，裁判所書記官は，どのような訴訟進行管理を行うべきか説明しなさい。

［1］　問題の所在

　本件では，被告への訴状送達時点において，被告が意思無能力者であることが判明した。このとき，裁判所書記官は，裁判官とどのような協議をし，いかなる訴訟進行管理をすることとなるか。

［2］　裁判所書記官

　裁判所書記官は，上級・下級を問わず，すべての裁判所に置かれた機関であり，裁判所の事件記録等の作成や保管，裁判官の行う法令や判例等の調査その他の必要な事項の調査を補助する（裁60条1項ないし3項）。このほかにも，後述の送達事務，事件に関する各種証明書の発行，訴訟費用の確定処分手続（民訴

71条），支払督促の発付（民訴382条），競売事件における物件明細書の作成等（民執62条）など多岐にわたる。これらの事務は，裁判官では代替できず，裁判所書記官が固有の権限を行使する。

　なお，裁判所書記官はその事務を行うにあたっては，裁判官の命令に従う。期日調書等の書類の作成・変更に関し裁判官から命令を受けた場合であっても，その作成・変更が正当でないと認めるときには，自己の意見を書き添えることができるなど，裁判官からは独立した機関であるといわれている（裁60条4項・5項）。

　実務における裁判所書記官は，裁判官の命を受け，当事者から提出される書類の管理や，当事者等との連絡・調整を通じて事件の進行管理，いわゆるコートマネジメント業務を担っている。

[3] 送達手続

　次に送達事務全般について，本問に必要な限度で概説する。

(1) 訴状送達

　訴えが提起され，事件の分配を受けた（受訴）裁判所の裁判長（単独裁判官又は合議体の裁判長）が，その訴状を適式なものであると認めたときは，口頭弁論の期日を指定し，裁判所書記官をして被告に訴状の副本及び口頭弁論期日呼出状を送達する（民訴138条1項・98条2項・139条・94条，民訴規58条1項）。

　被告への訴状送達により，原被告間の請求が，国内の特定の裁判所において判決手続によって審理される状態となる。この状態を訴訟係属という。なお，この訴訟係属は，判決の確定，和解，請求の放棄・認諾又は訴えの取下げにより解消する。

(2) 送達事務

　送達事務は裁判所書記官が取り扱うこととされており，送達の実施は裁判所書記官の責任と判断の下に行われる（民訴98条2項）。一方で，送達事務自体は訴訟手続の一環として行われるため，裁判所書記官は裁判官（受訴裁判所又は裁判長）の命令や指示に従わなければならない（裁60条4項。裁判所書記官の判断による送達事務の例外として遅滞を避けるための公示送達（民訴110条2項）がある）。

　実務で裁判所書記官は，送達の効力に疑義が生じたときは，その有効性等に

ついて裁判官の判断を仰ぐ。

(3) 送達事務の内容

送達を行うにあたって裁判所書記官は，(a)受送達者，(b)送達場所，(c)送達実施機関及び(d)送達方法を選定することとなる。詳細は次のとおりである。

(a) **受送達者**　受送達者は文字どおり送達を受けるべき者であるから，原則として送達書類の名宛人になるべき者（被告など当事者）と一致するが，例外として，訴訟代理人がいる場合は受送達者になることができるし（民訴54条1項，商21条1項，司法書士法3条2項・1項6号ないし8号など），送達受取人がいる場合には，この者が受送達者となる（民訴104条1項後段）。

また，精神上の障害等により意思能力を欠く者，すなわち訴訟無能力者に対する送達は法定代理人に対して行わなければならず，この場合には法定代理人が受送達者になる（民訴102条1項）。

なお，送達の有効性の認定にあたっては，成年被後見人は包括的に訴訟能力が否定され（民訴31条本文），その者に対する送達は当然に無効となる。一方，後見開始の審判を受けていない者に対する訴訟能力の有無は，当該訴訟行為時点における意思能力を個別に判断しなければならない。その上で，送達時点において意思能力を欠いていた場合にはじめて送達が無効となることに注意しなければならない（大判明44・3・13民録17輯111頁，大判大2・3・18民録19輯133頁）。

なお，受送達者の選定の問題ではないが，実際の受領の場面において受送達者以外であっても，送達手続の円滑な進行のために，同居者等で書類の受領に関して相当のわきまえのある者であれば送達を受けることができる（民訴106条1項・2項）。これを補充送達という。

(b) **送達場所**　基本的な送達場所は，受送達者の住所，居所，営業所又は事務所（以下「住所等」という）である（民訴103条1項本文）。例外は，就業場所（民訴103条2項前段）や送達場所の届出（民訴104条1項前段・2項）にかかる届出場所などがある。

なお，就業場所送達は，受送達者のプライバシー等の観点から無制限的に行えるものではなく，住所等における送達ができない場合や就業場所送達の届出や申述をした場合に限られることに注意すべきである（民訴103条2項・104条2項）。

選定した送達場所でなくとも，送達実施機関は受送達者に出会った場所において送達することができる。これを出会送達という（民訴105条）。実務上多いのが引っ越し等により郵便の転送（いわゆる「転居届」。郵便法35条，内国郵便約款86条）がなされた場合で，この場合には選定場所とは異なる場所において送達されることがある。

(c) 送達実施機関　送達は，郵便又は執行官により行うのが原則である（民訴99条）。

このほかに，裁判所書記官が，自身が所属する裁判所の事件で出頭した当事者に対して，書類を交付して送達することもできる（書記官送達。民訴100条）。

(d) 送達方法　送達方法は，送達すべき書類の内容を確実に受送達者に了知させる観点から，送達実施機関が受送達者に直接交付するのを原則とすべきである。これを交付送達と呼ぶ（民訴101条。なお，実務上(c)の書記官送達を交付送達と呼ぶこともある）。

送達方法にはいくつかの例外がある。前出の出会送達は場所的例外，補充送達は人的例外として分類できる。

このほかにも，直接交付の例外として，受送達者が正当な理由なく受領を拒んだときに送達場所に差し置くことができる差置送達（民訴106条3項）や，一定の要件の下，受送達者が現実の受領をしなくとも送達の効力を及ぼす書留郵便等に付する送達（いわゆる付郵便送達。民訴107条），交付送達や書留郵便等に付する送達ができないなどの場合に，裁判所の掲示板に掲示する方法による公示送達（民訴110条・111条）がある。

(4) 送達報告書

送達が実施・完了すると，送達実施機関は送達報告書を作成し，裁判所に提出しなければならない（民訴109条）。

送達報告書の記載事項について法定はされていないが，実務上，送達すべき書類，受取人の署名又は押印，送達の場所及び日時，送達実施機関の記名押印，補充送達や差置送達の旨などが記載される。この記載により裁判所は送達の内容を了知することができる。

[4] 設問の検討及び結論

(1) 裁判官への報告

本件では，訴状及び第1回口頭弁論期日呼出状が，平成23年10月18日午前10時30分に，被告の同居者である同人の妻に対し補充送達されている。しかし，被告は平成23年8月に脳梗塞を発症し，高度の認知症が疑われると診断されており，訴状送達時点において意思能力に問題が生じている。

そこで，裁判所書記官としては，担当裁判官に対し，この問題点を指摘・報告した上，訴状送達時点の被告の訴訟能力及び送達の効力について判断を求めることになる。

この点，弁論主義との関係から，事件当事者以外の者である被告の妻からの書簡及び診断書により判断することができるかという問題があるが，公益性が強い当事者の訴訟能力については，裁判所は当事者の主張の有無を問わずに職権で取り上げることができると解されており（職権探知事項。伊藤眞『民事訴訟法』〔第3版4訂版〕278頁，藤田広美『講義民事訴訟』355頁），被告の妻から提出された書簡及び診断書であっても判断を行うことができる。

(2) 進行管理

裁判官との協議の結果，裁判官が訴状送達時点における被告の意思能力はないと判断し，当該送達の効力を否定したとき，今後の進行管理をいかにすべきか（以下，裁判官は，被告の妻からの書簡及び医師の診断書により，訴状送達時点における被告の訴訟能力はないと判断したことを前提とする。仮に，被告の訴訟能力を肯定した場合，送達は有効となり，被告には答弁書の提出若しくは期日への出頭を求め，それらがない場合には自白が擬制され（民訴159条1項本文・3項），原告の勝訴判決（いわゆる「欠席判決」）がなされることになろう）。

本件の場合，訴訟要件である被告の訴訟能力を欠くこととなるので，裁判所としては訴訟能力について補正（民訴137条1項）を命じることとなろう。

この点，訴訟要件を欠いており，不適法な訴えとして却下されそうである。しかし，却下してもその不備が補正され改めて訴えが提起されれば，適法な訴えとして審理が開始される。このような再訴提起の費用と時間を節約するために，不備を補完して訴訟手続を継続させることが補正の趣旨であるので，補正

の可能性がある限り却下をせずに補正を命じ，期間内に補正がなされない場合に却下すべきである（藤田・前掲352頁，菊井維大＝村松俊夫原著『コンメンタール民事訴訟法Ⅰ』〔第2版〕341頁）。

　補正の内容としては，本件は訴訟能力が欠けている者に対する訴えであるので，訴状の法定代理人の表示が欠けていることになる。したがって，後見開始の審判申立て（民7条）又は訴訟上の特別代理人の選任申立て（民訴35条）をさせ，訴状を訂正させることとなろう。両者の関係については選択的ではなく，特別代理人の選任を申し立てるためには，成年被後見人を選任していては遅滞による損害を受けるおそれがあることを疎明しなければならないことに注意しなければならない（さらに後見開始の審判の申立権者は，配偶者や四親等内の親族等（民7条等）であり，本件原告がこれらの者にあたらない場合には申立権がないことに注意する）。

　成年被後見人又は特別代理人が選任された後に，改めて訴状及び口頭弁論期日呼出状を送達し直すこととなる（これらの者により，送達の瑕疵が追認されることも考えられよう）。

〔餅井　亨一〕

Q 48

清算が結了し清算人も死亡した会社に対する訴訟

消滅時効を理由とする抵当権設定登記の抹消登記手続請求訴訟において，抵当権者が株式会社で清算結了し，清算人もすでに死亡している場合に，裁判所は特別代理人を選任することができるかについて説明しなさい。

[1] はじめに

相続を受けた土地を売却しようとして，土地の登記簿謄本を見たら何十年も前に設定登記された抵当権があった。調査してみると，抵当権者である株式会社はすでに解散して清算結了していた。このような場合，抵当権設定登記を抹消するためにはどのような方法があるだろうか。

[2] 自然人の場合

登記義務者が自然人で行方が知れないため任意に抹消登記手続の履行ができない場合，一般には，登記権利者は，登記義務者を被告として抹消登記手続請求訴訟を提起し，公示送達（民訴110条1項1号）の方法により，訴訟手続を進め，勝訴の確定判決を得て，これに基づいて，登記権利者のみで単独で抹消登記の申請をすることができる。

また，不動産登記法70条は，抹消登記手続について，簡易な2つの特例の登記手続を認めている。第1に，「登記権利者」は，公示催告の申立てをし，除権判決を得て，申請書にその謄本を添付して，単独で抹消登記の申請ができる（同条2項）。第2に，先取特権・質権・抵当権に関する登記の抹消については，被担保債権が消滅したことを証する情報として政令で定めるものを提供して，登記権利者が単独で申請することができる（同条3項）。

［3］ 法人の場合

　登記義務者が法人である場合は，法人が解散し，所在不明，清算人の存否不明の場合には，同法70条が適用されるが（東京地決昭50・4・9判夕478号255頁），「法人の『行方不明』とは，当該法人について登記簿に記載がなく，かつ，閉鎖登記簿が廃棄済みであるため，その存在を確認することができない場合をいう。」とされ（昭和63年7月1日民三第3456号局長通達・先例集追Ⅶ632頁，昭和63年7月1日民三第3499号課長依命通知・先例集追Ⅶ640頁），その要件は厳しい（幾代通＝浦野雄幸編『判例・先例コンメンタール新編不動産登記法5』112～123頁〔奈良次郎〕）。

　本問の株式会社が，上記法人の「行方不明」に該当すれば，同法の簡易な方法で抹消登記申請ができるが，上記のような「行方不明」に該当しないことが多いと思われるので，そのような場合に抵当権設定登記を抹消するにはどのような方法があるだろうか。

　まず，考えられるのは，裁判所に申請して清算人を選任してもらい，その清算人と共同申請で抹消登記申請をすることである。法人は解散し，清算結了登記がなされていても，清算結了の登記は設立の登記とは異なり，創設的効力は有しないとされるので，清算結了の登記が経由されていても，その清算が現実に結了するまでは，会社は清算中の法人として清算の目的の範囲内においてはなお存続し，法人格は消滅しない（大阪高判平元・2・22判夕696号93頁）。そうすると，本問の株式会社は，清算の目的である「抵当権抹消登記手続に関する行為」のために存続しているということができるので，清算結了登記を抹消し，清算人の登記をすることなく，清算人の選任の申請をすることが認められると解される。

　次に，消滅時効を理由とする抵当権設定登記の抹消登記手続請求訴訟を裁判所に提起することが考えられる。ここでも，前述のように清算結了の登記が経由されていても，その清算が現実に結了するまでは，会社は清算中の法人として清算の目的の範囲内においてはなお存続していると考えられるので，当該法人を被告として訴えを提起できる。この場合，法人の訴訟手続を行う者は誰になるか。

　ここでも自然人の規定が参考になる。未成年者や成年被後見人は，自ら訴訟

行為をすることができず，法定代理人によってのみ訴訟行為をすることができる（民訴31条）。したがって，法定代理人がいない場合又は法定代理人が代理権を行使できない場合には，訴訟行為をすることができる者が存在せず，したがってその者を相手方として訴訟行為をすることができなくなる。その結果，未成年者等を被告として訴えを提起することも不可能となる。こうした場合には，実体法上，特別代理人が選任される場合もあるが，これらの代理人の選任を待っていては，相手方の保護に欠ける場合があるので，未成年者等に法定代理人がいないときは特別代理人の選任を申し立てることができるとされている（民訴35条）。この規定は，法人の代表者にも準用されるので，法人の代表者がいない場合にも特別代理人の選任を申し立てることができる（民訴37条。秋山幹男ほか編『コンメンタール民事訴訟法Ⅰ』328～337頁，342～352頁）。

　よって，本問の場合，裁判所は特別代理人を選任することができると解される。

〔丸尾　敏也〕

Q49

遺留分減殺請求に対する価額弁償の主張

X・Y・Zは，Aの相続人である。死亡した被相続人Aの遺言（Yへの遺贈）がXの遺留分を侵害しているとして，Xは，Yに対して遺留分減殺請求をした。これに対し，Yは，価額弁償をする旨の意思表示をしたが，弁償すべき額につき，XとYとの間で，話し合いがまとまらなかった。そこで，次の各訴えが提起された。小問(1)及び小問(2)の訴えは適法か。小問(3)の場合，それ以後の訴訟進行はどうなるか。価額弁償額はどのように算定すべきか。

(1) XがYに対し，価額弁償相当額の金員の支払を求める旨の訴えを提起した場合
(2) YがXに対し，価額弁償すべき額の確定を求める意図で，XがYに対して有する遺留分減殺請求に対して価額弁償すべき額は○○万円を超えて存在しないことを確認する訴えを提起した場合
(3) XがYに対し，遺留分減殺請求に基づく特定目的物引渡しを求める訴えを提起したところ，その訴訟中で，Yが価額弁償をする旨の抗弁を主張した場合

[1] はじめに

遺留分減殺請求事件は，それほど件数は多くないが，簡易裁判所にも提起されている。ところで，実際の遺留分減殺請求訴訟では，現物返還請求よりも，価額弁償の主張があって，金銭的な解決が求められる事案も多い。そこで，本設例では，価額弁償を中心に遺留分減殺請求訴訟についての論点を取り上げたい。

[2] 価額弁償請求権の内容

民法は，遺留分について，現物返還主義を採用している。しかし，民法

1041条は，例外として，受贈者及び受遺者（以下「受遺者等」という）は，遺留分減殺を受けるべき限度において，贈与又は遺贈（以下「遺贈等」という）の目的の価額を遺留分権利者に弁償することで，現物返還の義務を免れることができるとしている。これを，価額弁償請求権という。

まず，この価額弁償請求権の内容を，最高裁判例を踏まえて理解することが重要である。

(1) **現物返還義務を免れる時期**

受遺者等が現物返還の義務を免れるためには，価額の弁償をする旨の意思表示をしただけでは足りず，価額の弁償を現実に履行するか又はその履行の提供をしなければならない（最判昭54・7・10民集33巻5号562頁）。

(2) **受遺者等による価額弁償の現実の履行又は履行の提供の効果**

受遺者等が弁償すべき価額について現実の履行又は履行の提供をすると，受遺者等は現物返還の義務を免れるが，加えて，遺留分減殺請求により生じた効果は遡って失効し，遺贈等の効果が遡及的に復活する（最判平4・11・16裁判集民事116号613頁）。したがって，遺留分減殺請求によりいったん遺留分権利者に帰属した権利（遺留分減殺請求権の法的性質についての形成権・物権的効果説）が，再び受遺者等に物権的に帰属し，他方，遺留分権利者は，受遺者等に対し，弁済すべき価額に相当する額の金銭の支払を求める権利を取得する（最判平9・2・25民集51巻2号448頁）。

(3) **受遺者等による価額弁償の意思表示の効果**

受遺者等が価額弁償の意思があることを表示した場合には，たとえ価額弁償の現実の履行又は履行の提供をしていない場合であっても，遺留分権利者は，受遺者等に対し，遺留分減殺に基づく目的物の現物返還請求権を行使することもできるし，それに代わる価額弁償を請求することもできる（最判昭51・8・30民集30巻7号768頁，前掲最判平9・2・25，最判平20・1・24民集20巻1号63頁）。

(4) **遺留分権利者が価額賠償請求を選択した場合**

受遺者等が価額弁償の意思表示をすると遺留分権利者は現物返還請求権と価額弁償請求権とを有することになるが，遺留分権利者が受遺者に対して価額弁償を請求する権利を行使する旨の意思表示をした場合には，遺留分権利者は，遺留分減殺によって取得した目的物の所有権及び所有権に基づく現物返還請求

権を遡って失い，これに代わる価額弁償請求権を確定的に取得する（前掲最判平20・1・24）。

なお，遺留分権利者が受遺者等に対して価額弁償を請求する意思表示をするには，必ずしもこれを訴訟手続でする必要はない。

(5) 価額弁償すべき額の算定の基準時

価額弁償は現物返還に代わるものとして等価でなければならないから，価額弁償における価額算定の基準時は，現実に弁償されるときである（前掲最判昭51・8・30）。そして，訴訟において弁償すべき価額の評価がなされる場合は，事実審の口頭弁論終結時である（遺留分権利者からの現物返還を請求する訴訟において受遺者等から価額弁償の抗弁が出されて訴訟中で価額評価した事案として，東京高判昭58・6・28（判時1085号61頁・判タ502号100頁）。遺留分権利者からの価額弁償を請求する訴訟の事案として，前掲最判昭51・8・30は，「現実に弁償がされる時に最も接着した時点としての事実審口頭弁論終結の時であると解するのが相当である」と判示した）。

(6) 遅延損害金発生の起算点

遺留分権利者が価額弁償請求の意思表示をした時点で，遺留分権利者は，遺留分減殺によって取得した目的物の所有権及び所有権に基づく現物返還請求権を遡って失い，これに代わる価額弁償請求権を確定的に取得する。それならば，この時点で，受遺者等は，遺留分権利者に対し，価額弁償すべき義務を負うというべきである。したがって，価額弁償請求権にかかる遅延損害金の起算日は，期限の定めなき債権の履行遅滞として，遺留分権利者が価額弁償請求権を確定的に取得し，受遺者等に対し価額弁償の支払を請求した日の翌日になる（前掲最判平20・1・24）。

［3］ 遺留分権利者からの価額弁償相当額支払請求訴訟の提起の適否

(1) 遺留分権利者からの価額弁償請求の可否

前記のとおり，受遺者等が価額弁償の意思表示をした場合には，遺留分権利者は，受遺者等に対し，遺留分減殺に基づく目的物の現物返還請求権を行使することもできるし，それに代わる価額弁償を請求することもできる。では，受遺者等がいまだ価額弁償を選択していないのに，遺留分権利者側から，現物返

還請求に代えて価額弁償請求をなしうるか。民法は，この点について何ら定めていない。

この点，受遺者から価額弁償の主張がされていないのに遺留分権利者が価額弁償請求を求めた事案において，名古屋高判平6・1・27（判タ860号251頁）が，民法には受遺者の意思を無視してまで遺留分権利者に価額弁償を請求し得る旨の規定は存しないこと，受遺者が価額弁償の抗弁を選択していないのに遺留分権利者に価額弁償の請求を認めると，遺産が流通性の乏しい換価困難な財産である場合には，遺留分権利者は受遺者以上に有利な地位に立つことになるし，また，遺産が不動産のみで換価するほかないような場合には，換価に伴う譲渡所得税はすべて受遺者負担となり，極めて不公平な結果となることを挙げて，遺留分権利者が受遺者に対して価額弁償として金員の請求をなし得るのは，受遺者が価額弁償の意思を表明した場合に限られると判示した。

学説の中には，遺留分権利者が，現物返還請求権を放棄して，価額弁償請求をすることを認める見解もある（高木多喜男「遺留分減殺請求と価額弁償」判タ637号14頁など）。この見解は，さらに，公平の観点から，遺留分権利者からの価額弁償請求に対して，受遺者側から現物返還の抗弁を主張することを認める。

しかし，条文の根拠のない遺留分権利者からの価額弁償請求を認める必要性・合理性は大きいとは思われないし，前掲名古屋高判平6・1・27が挙げた理由は説得力がある。したがって，受遺者等からの価額弁償の申出がないのに，遺留分権利者側から価額弁償の請求をすることは認められないと解する。

(2) 遺留分権利者からの価額弁償相当額支払請求訴訟の提起の適否

もっとも，現実には，遺留分権利者からの遺留分減殺の意思表示があれば，本設例のように，訴訟提起前に，受遺者等から価額弁償の意思表示がなされ，価額弁償すべき額につき話し合いをしたが金額の折り合いがつかなかったケースは多い。この場合，当事者の求めるところは裁判所に価額弁償すべき額を算定してもらいたいというものであって，遺留分権利者と受遺者等のどちらが訴訟を提起したとしても，いずれの意思にも反しない。

したがって，受遺者等からすでに価額弁償の意思表示がなされていれば，遺留分権利者の側から価額弁償相当額支払請求訴訟を提起することは，許されると解される。

なお，受遺者等からの価額弁償の意思表示は，必ずしも訴訟手続上で行われる必要はない。

［4］ 受遺者等からの価額弁償すべき額の確定を求める訴えと確認の利益

(1) 問題の所在

本設例の小問(2)は，遺留分権利者が遺留分減殺請求をし，これに対して受遺者等が価額弁償の意思表示をしたものの，受遺者等は価額弁償の現実の履行も履行の提供もしておらず，遺留分権利者も現物返還請求も価額弁償請求もしていない段階である（弁償すべき価額の話し合いをしているが，Xとしては，折り合いがつかなければ，現物返還請求をすることも意図していると捉えていただきたい）。この段階では，前記のとおり，遺留分権利者は，受遺者等に対し，現物返還請求権を行使することも，それに代わる価額弁償請求権を行使することもでき，反面，受遺者等は，遺留分権利者に対し，現物返還をすることも，それに代わる価額弁償をすることもできる立場にある。すなわち，価額弁償請求権がいまだ確定的に発生していない段階であり，実際に価額弁償がされるまでに，目的物の価値の変動に伴い，価額弁償すべき額が変動する余地があるのである。

このような段階で受遺者等が提起する価額弁償すべき額の確定を求める旨の確認の訴えについて，①いまだ変動する余地のある「価額弁償すべき額」という対象は，現在の権利関係とはいえず，紛争解決にとって適切か（対象選択の適否），②「この段階で」，確認判決によって即時に確定する必要があるか（即時確定の利益の有無），という点から，確認の利益の有無が問題となる。

(2) 判例

最判平21・12・18民集63巻10号2900頁は，①対象選択の適否について，遺留分減殺請求を受けた受遺者等が価額弁償の現実の履行又は履行の提供を解除条件とする目的物の現物返還義務を負っていると解した上で，このような解除条件付きの義務の内容は，条件の内容を含めて現在の法律関係ということができるから，適格に欠けるところはないとし，②即時確定の利益の有無について，受遺者等が弁償すべき額が判決によって確定されたときはこれを速やかに支払う意思がある旨を表明して価額弁償すべき額の確定を求める訴えを提起した場

合であれば，通常は判決確定後速やかに価額弁償がされることが期待できるし，他方，遺留分権利者は，速やかに現物返還請求権又は価額弁償請求権を行使することで，口頭弁論終結時と現実に価額弁償がされる時との間の隔たりが生じることを防ぐことができるので，事実審の口頭弁論終結時において，肯定することができるとした上で，結論として，「遺留分権利者から遺留分減殺請求を受けた受遺者等が，民法1041条所定の価額を弁償する旨の意思表示をしたが，遺留分権利者から目的物の現物返還請求も価額弁償請求もされていない場合において，弁償すべき額につき当事者間に争いがあり，受遺者等が判決によってこれが確定されたときには速やかに支払う意思がある旨を表明して，弁償すべき額の確定を求める訴えを提起したときは，受遺者等においておよそ価額を弁償する能力を有しないなどの特段の事情がない限り，上記訴えには確認の利益があるというべきである。」と判示した。

[5] 価額弁償すべき額の確定を求める訴えの請求の趣旨・判決の主文の記載例

(1) 受遺者等において遺留分侵害がまったくないと主張する場合

請求の趣旨は，「被告が，別紙物件目録記載の○○につき，所有権を有しないことの確認を求める。」となり，請求原因中に，例えば，「よって，原告は，被告（遺留分権利者）が遺留分減殺請求により取得したと主張している本件○○につき，被告が所有権又は持分権を有しないことの確認を求める。」と記載する。

判決の主文は，遺留分侵害がまったくないとの心証であれば，「被告が，別紙物件目録記載の○○につき，所有権を有しないことを確認する。」となる。

(2) 受遺者において遺留分侵害が一定程度あることを認める場合

請求の趣旨は，例えば，「被相続人○○○○の相続について被告（遺留分権利者）が原告（受遺者等）に対してした遺留分減殺請求に係る別紙物件目録記載の○○につき，原告が民法1041条の規定によりその返還義務を免れるために支払うべき額は，○○万○○○○円（原告が主張する額）を超えて存在しないことの確認を求める。」となろう。

判決の主文は，原告が主張する額どおりの心証の場合は，「被相続人○○○

○の相続について被告（遺留分権利者）が原告（受遺者等）に対してした遺留分減殺請求に係る別紙物件目録記載の○○につき，原告が民法1041条の規定によりその返還義務を免れるために支払うべき額は，○○万○○○○円（原告が主張する額）を超えて存在しないことを確認する。」となる。原告が主張する額よりも多額の心証の場合は，その心証どおりの額を超えて存在しないことを確認することになろう。原告が主張する額よりも少額の心証の場合，その額どおりの債務不存在確認判決をすることは，処分権主義に反し許されない。

［6］ 遺留分減殺請求訴訟中に価額弁償の抗弁が主張された場合の訴訟進行

(1) 問題の所在

受遺者等が現物返還の義務を免れるためには，価額の弁償をする旨の意思表示をしただけでは足りず，価額の弁償を現実に履行するか又はその履行の提供をしなければならない（前掲最判昭54・7・10）。したがって，遺留分権利者が，遺留分減殺請求権行使に基づく特定目的物の引渡請求訴訟を提起した場合，受遺者等（被告）から価額弁償をする旨の主張がなされただけでは，抗弁とはならないはずである。そこで，遺産の範囲や相続開始時における財産の価値評価などに争いがある場合，受遺者等としては，別訴を提起して裁判所の判定によって価額弁償すべき額を確定してから，これを弁償してはじめて，抗弁として現物返還を免れる旨の主張ができることになるはずである。

しかし，それでは極めて煩雑であって時間的・経済的負担が大きく，これを受遺者等に強いるときには，民法1041条の価額弁償制度の実効性を失わせることになりかねない。その解決策として，遺留分減殺請求訴訟の手続中で価額弁償すべき額を確定することにすれば，受遺者等にとっては便宜であるし，遺留分権利者にとっても現物の返還又はそれに代わる価額弁償を確保することができる。そこで，訴訟上の工夫が求められる。

(2) **原告が訴えの交換的変更をして価額弁償相当額支払請求をした場合**

被告（受遺者等）からの価額弁償の抗弁を受けて，原告（遺留分権利者）が，訴えを交換的に変更して，価額弁償請求権に基づいて相当額の金員と，付帯請求として遅延損害金の支払を求めることがある（前掲最判平20・1・24がこのケース

であった)。受遺者等からの価額弁償の意思表示が抗弁としてなされているから,遺留分権利者からの価額弁償相当額の支払請求は認められる。

以後の訴訟進行としては,遺留分侵害額を算定した上で,価額弁済すべき額を算定していくことになる。

(3) 原告が現物返還請求を維持した場合

前掲最判平9・2・25は,「受遺者が,当該訴訟手続において,事実審口頭弁論終結前に,裁判所が定めた価額により民法1041条の規定による価額の弁償をなすべき旨の意思表示をした場合には,裁判所は,右訴訟の事実審口頭弁論終結時を算定の基準時として弁償すべき額を定めた上,受遺者が右の額を支払わなかったことを条件として,遺留分権利者の目的物返還請求を認容すべきものと解するのが相当である」とした。

したがって,以後の訴訟進行としては,現物返還請求の審理と合わせて,口頭弁論終結時を基準時として価額弁償すべき額の算定の審理も行うことになる。

(4) 価額弁償をする旨の抗弁の意味合い

このように,民法1041条の価額弁償制度の実効性を確保するために,訴訟上では,価額弁償の抗弁としては,価額弁償をする旨の意思表示で足り,必ずしも現実の履行又は履行の提供を要しない取扱いをしている。

[7] 遺留分減殺請求訴訟中に価額弁償の抗弁が主張された場合の判決の主文

(1) 原告が訴えの交換的変更をして価額弁償相当額支払請求をした場合

原告(遺留分権利者)が訴えの交換的変更をして価額弁償相当額の支払請求をした場合の判決の主文は,金銭支払請求事件の判決主文と同様に,「被告は,原告に対し,金〇〇万〇〇〇〇円及びこれに対する平成〇年〇月〇日から支払済みまで年5分の割合により金員を支払え。」となる。

付帯請求の始期については,遺留分権利者が価額弁償請求権を確定的に取得し,受遺者等に対し弁償金の支払を請求した日の翌日になる(前掲最判平20・1・24)から,原告(遺留分権利者)が被告(受遺者等)に対して訴えの交換的変更をして価額弁償相当額支払請求をした口頭弁論等の期日の翌日になる。

(2) 原告が現物返還請求を維持した場合

原告（遺留分権利者）が現物返還請求を維持した場合の判決の主文は，受遺者が裁判所の定めた弁償すべき価額を支払わなかったことを条件として，遺留分権利者の求める目的物返還請求を認容する内容となる。

判決の主文の例としては，次の２つの最高裁判決がある。

① 最判平９・２・25民集51巻２号448頁

「被告は，原告に対し，被告が原告に対して民法1041条所定の遺贈の目的の価額の弁償として○○万○○○○円を支払わなかったときは，別紙物件目録記載の各不動産の○分の○の持分につき，所有権移転登記手続をせよ。」

② 最判平９・７・17裁判集民事183号995頁

「被告は，原告に対し，被告が原告に対して○○万○○○○円を支払わなかったときは，別紙物件目録記載の土地の持分各○分の○について，平成○年○月○日遺留分減殺を原因とする所有権移転登記手続をせよ。」

［8］ 価額弁償額の算定方法

価額弁償すべき額を算定するには，前提として，遺留分侵害額の算定が必要となる。

(1) 遺留分侵害額の算定方法

遺留分侵害額の算定方法については，最決平８・11・26民集50巻10号2747頁が，被相続人が相続開始のときに債務を有していた場合の遺留分侵害額の算定方法を初めて判断して，これを明らかにした。その内容を算式化にすると，次のとおりとなる。

遺留分侵害額＝A×B－C－D

A＝積極相続財産額＋贈与額－相続債務額＝純相続財産額＋贈与額
B＝当該相続人の法定の遺留分率
C＝当該相続人の受贈額＋受遺額＝当該相続人の特別受益額
D＝当該相続人が相続によって得た積極財産額－相続債務分担額＝当該相続人の純相続分額

(a) Aについて　Aは，遺留分算定の基礎となる財産である。被相続人が

相続開始の時において有した財産の価額に，その贈与した財産の価額を加え，その額から債務の全額を控除して，これを算定する（民1029条）。

　加算される贈与は，相続開始前の1年間にしたものに限られるが（民1030条前段），当事者双方が遺留分権利者に損害を加えることを知って贈与した場合は，1年前の日より前にしたものについても加算される（民1030条後段）。また，共同相続人への生前贈与のうち特別受益と評価できるものは，特段の事情のない限り，民法1030条の要件にかかわりなく，遺留分減殺の対象財産に加算する（民1044条による903条の準用。なお，最判平10・3・24民集52巻2号433頁は，遺留分減殺の対象にもなるとした）。算入されることになった贈与が負担付贈与であった場合には，その目的の価額から負担の価額を控除したものが算入される（民1038条）。

　控除される相続債務は，私法上の債務に限られず，税金等の公法上の賦課金や刑事上の罰金なども含まれる。民法904条の2の寄与分は，この債務に該当しない。

　なお，遺贈の対象財産については，実質的には「相続開始の時に有した財産」に含まれると考えて，これを控除しない（積極相続財産額に含める）とするのが通説である。死因贈与についても同様である。

　(b)　Bについて　　Bは，当該相続人（遺留分権利者）の個別的遺留分率であり，民法1028条所定の割合である。

　(c)　A×B－Cについて　　A×B－Cは，当該相続人（遺留分権利者）の個別的遺留分額である。

　(d)　Dについて　　Dは，当該相続人（遺留分権利者）が相続によって取得した利益の額である。

　相続債務分担額の範囲に関し，相続人のうち一人に対して財産全部を相続させる旨の遺言がされた場合について，最判平21・3・24民集63巻3号427頁は，当該相続人が相続債務もすべて承継したと解される場合，遺留分侵害額の算定においては，遺留分権利者の法定相続分に応じた相続債務の額を遺留分の額に加算することは許されないとした。

　(e)　A×B－CとDの比較　　Dの額がA×B－Cの額に達しないときに，遺留分の侵害が生じる。それは，前記の算式が最終的にプラスになる場合であり，プラスで算出された数額の範囲で遺留分が侵害されていることを意味する。

(2) **遺留分算定基礎財産の評価**

　遺留分算定の基礎となる財産の評価の基準時は，相続開始時とするのが実務である。

　遺留分算定の基礎となる財産の評価は，遺産分割に際しての相続財産の評価と同様，鑑定によるなどして客観的基準に従って行うことになる。条件付きの権利や存続期間の不確定な権利は，簡明と公平の必要性から，家庭裁判所が選任した鑑定人の評価に従って，その価格を定める（民1029条2項）。

(3) **価額弁償すべき額の算定**

　価額弁償すべき額の算定の基準時は，口頭弁論終結時である。したがって，前記の方法で算出された遺留分侵害額を前提として，遺留分減殺請求の対象となった目的物についての口頭弁論終結時までの価額変動を加味して，価額弁償すべき額を算定することになる。

[9] 本設例の解答

(1) **小問(1)の訴えの適法性**

　受遺者Yが，価額賠償をする旨の意思表示をしたにとどまり，未だ価額賠償を現実に履行するか又はその履行の提供をしない段階では，遺留分権利者Xは，Yに対し，遺留分減殺に基づく目的物の現物返還請求権を行使することもできるし，それに代わる価額弁償を請求することもできるのだから，Xが価額弁償を選択して価額弁償相当額支払を求めて提訴することも適法である。ただし，Yからすで価額弁償の意思表示がなされていることが要件となるが，本設例では，訴訟提起前に，訴外で，Yが価額弁償をする旨の意思表示をしているので問題はない。

　したがって，XがYに対し提起した価額弁償相当額の金員の支払を求める訴えは，適法である。

(2) **小問(2)の訴えの適法性**

　受遺者等からの価額弁償すべき額の確定を求める訴えにも，確認の利益が認められる。

　したがって，価額弁償すべき額の確定を求める意図で，YがXに対し提起した遺留分減殺請求に対して価額弁償すべき額は○○万円を超えて存在しないこ

との確認を求める訴えは，適法である。

(3) 小問(3)の場合の訴訟進行

原告が訴えの交換的変更をして価額弁償相当額支払請求をした場合は，以後，遺留分侵害額を算定した上で，価額弁済すべき額を算定することになる。判決の主文は，被告に対し原告への金銭の支払を命ずる内容となる。付帯請求の始期は，訴えの交換的変更をして価額弁償相当額支払請求をした口頭弁論等の期日の翌日となる。

原告が現物返還請求を維持した場合は，以後，現物返還請求の審理と合わせて，口頭弁論終結時を基準時として価額弁償すべき額の算定の審理も行うことになる。判決の主文は，受遺者が裁判所の定めた弁償すべき価額を支払わなかったことを条件として，遺留分権利者の求める目的物返還請求を認容する内容となる。

(4) 価額弁償額の算定方法

前掲最決平8・11・26が示した方法に従って算定された遺留分侵害額を前提として，遺留分減殺請求の対象目的物の口頭弁論終結時までの価額変動を加味して，価額弁償すべき額を算定することになる。

〔山崎　秀司〕

Q 50

共有・共用の印章で押印された私文書と二段の推定

　XのYに対する貸金返還請求訴訟において，Yが金銭消費貸借契約の成立を争ったため，Xは，その契約書を書証として提出した。これに対して，Yは，その契約書の成立を否認するとともに，「Y名下の印影がYの家族間で共有・共用している印章によって顕出されたものであることは認める」と陳述した。この場合，私文書の真正の推定（民訴228条4項）は働くかについて説明しなさい。なお，第3号様式（書証目録）の「成立」欄の記載方法についても触れなさい。

[1] はじめに

　消費者信用関係取引において，消費者の固有の印章によらず，その家族間で共有・共用している印章によって契約書が作成される場合が少なからずある。

　印章を家族間で共有・共用しているという事実は，被告複数の事件（例えば，家族の1人が主たる債務者で，他の1人が連帯保証人となっている場合など）において，郵便送達報告書の「受領者の押印又は署名」欄の押印からすると，それぞれの被告が訴状等を受領していることになっているのに，その受領押印の印影はまったく同一であるという事例が，かなりの頻度で見受けられることからも明らかである。

　ところで，書証の認否の段階になって，被告が原告提出の契約書についてその成立を否認しながらも，「被告名下の印影が被告の家族間で共有・共用している印章によって顕出されたものであることは認める」と陳述した場合に，①民事訴訟法228条4項に基づいて，その契約書の真正な成立は推定されるのか，②第3号様式（書証目録）の「成立」欄には，その陳述をどのように記載すべきかがそれぞれ問題となる。

[2] 私文書の真正な成立の推定

　私文書は,「本人又はその代理人の署名又は押印があるとき」は,文書の全体について真正な成立が推定される（民訴228条4項）。この推定は,実体法規における法律上の推定（例えば,民法186条〔占有の態様等に関する推定〕）とは異なり立証責任の転換はないため,相手方は,反証によってこの推定を覆すことができる。

　「署名又は押印があるとき」とは,文書上に本人又はその代理人の意思に基づいてされた真正な署名（記名,代筆を含む）があるか若しくは本人又は代理人の意思に基づいて押印された真正な印影があることをいう。

　では,押印の真正が争われた場合には,私文書の真正な成立が推定されるのであろうか。この点,最高裁判所昭和39年5月12日判決（民集18巻4号597頁・判タ163号74頁）は,「文書中の印影が本人または代理人の印章によって顕出された事実が確定された場合には,反証がない限り,該印影は本人または代理人の意思に基づいて成立したものと推定するのが相当であり,右推定がなされる結果,当該文書は,民訴326条（著者注：現行民事訴訟法では228条4項）にいう『本人又ハ其ノ代理人ノ（中略）捺印アルトキ』（著者注：現行民事訴訟法では『押印』）の要件を充たし,その全体が真正に成立したものと推定されることとなる」と判示する。

　この最高裁判所判例によると,押印の真正が争われている場合において,本人又はその代理人の所有・所持する印章と同一の印章によって顕出された印影であることが確定された場合には,反証がない限り,その印影はその印章を所有していた者又は所持していた者の意思に基づいて押印されたものと経験則に照らして事実上推定され（一段の推定）,この結果,その印影は,民事訴訟法228条4項にいう「本人又はその代理人」の「押印があるとき」の要件を満たし,文書全体が真正に成立したとの推定を受ける（二段の推定）ことになる。すなわち,①印影と印章の一致→②押印の事実の推定→③文書全体の真正な成立の推定という構造の下で二段の推定が働くこととなる。

［3］ 印章を共有・共用している場合，二段の推定は働くのか

　では，印影が複数の者が共有・共用している印章によって顕出されたものであることが確定された場合であっても，二段の推定が働き，その結果，民事訴訟法228条4項によって文書の真正な成立が推定されるのであろうか。

　わが国では，文書が真実であることを確保し，かつ，作成者を特定認識させる趣旨で作成者自ら署名押印するという慣例が古くから行われている。また，印章はみだりに他人に使用させない貴重なものであるから，文書中にそれと同一の印影があるときは，文書全体が真正に成立したとの事実が働くように理解することができる。その一方で，夫婦，同居の親子・兄弟などがお互いの間で印章を共有・共用し，それぞれ自己の印章として通用させる意思を有している場合も少なくない。そして，押印されていれば，かなりの程度でその私文書が信頼されることになるわが国の社会事情も，それを容認していることは否定できないであろう。

　しかし，前掲最高裁判所判例によると，私文書作成名義人の印影が当該名義人の印章によって顕出されたものであるときは，反証のない限り，その印影は，当該名義人の意思に基づいて顕出されたものと事実上推定されることになるが，ここにいう当該名義人の印章とは，当該名義人が所有・所持している印章であることが必要条件であるから，他の者と共有・共用している印章はこれに含まれない，ということに帰着する。

　その後，最高裁判所昭和50年6月12日判決（裁判集民事115号95頁）は，私文書の作成名義人名下の印影が，名義人とその母で共有・共用している印章によって顕出されたという事案において，その印影が名義人の意思に基づいて顕出されたものと事実上推定（一段の推定）することはできないと判示した。

　この最高裁判所判例の見解に従うと，例えば，被告が私文書（契約書）の真正な成立を否認しながら，「被告名下の印影が被告の家族間で共有・共用している印章によって顕出されたものであることは認める」と陳述した場合には，その印影が被告の意思に基づいて顕出されたものと事実上推定（一段の推定）することはできず，民事訴訟法228条4項による契約書全体の真正な成立は推定（二段の推定）されないことになる。

したがって、Xが提出した金銭消費貸借契約書中のY名下の印影が、Yの家族間で共有・共用している印章によって顕出されたものであることが確定された場合、Y名下の印影がYの意思に基づいて押印されたものと事実上推定（一段の推定）することはできないため、民事訴訟法228条4項による金銭消費貸借契約書全体の真正な成立は、推定されないことになる。

[4] 印章を共有・共用している事実の主張立証責任

　私文書中の印影が共有・共用している印章によって顕出されたことが確定された場合、一段の推定が働かないことは上記[3]で述べたとおりであり、しかも、専用の場合と異なり押印した者を特定することができないのであるから、印章を共有・共用していることが当該私文書の信用性に影響を与える事実にあたることは明らかである。とすると、印章を共有・共用しているという事実は、私文書の真正な成立を否定する相手方が主張立証すべき補助事実（証拠の信用性に影響を与える事実のこと）であり、挙証者のほうで作成名義人専用である旨の主張立証責任を負うべき事実ではないと解される（河野信夫「文書の真否」新堂幸司＝中野貞一郎ほか編『新・実務民事訴訟講座(2)判決手続通論Ⅱ』219頁）。

　したがって、Yは、Y名下の印影がYの家族間で共有・共用している印章によるものであることを主張立証することによって、民事訴訟法228条4項の適用を免れることができる。

[5] 第3号様式（書証目録）の記載方法

　Xが書証として提出した金銭消費貸借契約書に対して、Y（被告）がその成立を否認しながらも、「Y名下の印影がYの家族間で共有・共用している印章によって顕出されたものであることは認める」と陳述した場合において、考えられるいくつかの記載方法を提示しつつ、以下検討を加える。

　なお付言すると、簡易裁判所では、書証に対する相手方の陳述があった場合などを除いて、第3号様式（書証目録）の記載を省略することが許されている（最高裁総三第000360号平成20年3月27日付け通達「民事事件の口頭弁論調書等の様式及び記載方法について」の一部改正について）。

　まず、①「否、ただし、被告名下の印影が被告の印章によること認。本印章

は被告の家族間で共有・共用しているものである」という記載が考えられる。

この記載方法は，「ただし，被告名下の印影が被告の印章によること認」という部分は，実務上，二段の推定が働くことを前提にした記載方法であるにもかかわらず，その一方で，「本印章は被告の家族間で共有・共用しているものである」という記載となっている点に問題がある。

なぜなら，上記[3]で述べたように，私文書中の印影が共有・共用する印章によって顕出されたことが確定された場合には，一段の推定が働かないのであるから，①の記載方法によると，一方で二段の推定を認めながら，他方で一段の推定を認めないという矛盾した表現となっているからである。

したがって，上記①の記載方法は適切でない。

次に，②「否」という記載方法が考えられる。

この記載方法は，上記[4]で述べた印章を共有・共用しているという補助事実についての主張立証責任からすると，やはり適切ではない。

なぜなら，「被告名下の印影が被告の家族間で共有・共用している印章によって顕出されたものである」という，証拠の信用性に影響を与える補助事実についての主張が欠けているからである。

さらに，③「否（被告名下の印影は，被告の家族間で共有・共用しているものである）」という記載方法が考えられる。

この記載方法は，金銭消費貸借契約書の成立を否定しつつ，「被告名下の印影が被告の家族間で共有・共用している印章によって顕出されたものである」という，証拠の信用性に影響を与える補助事実についての主張が記載されているから，上記[4]で述べた印章を共有・共用しているという補助事実についての主張立証責任が被告側にあることにも整合している。

以上によると，③の記載方法が妥当であるといえる。

〔西村　博一〕

Q 51

過失についての自白の拘束力

　XのYに対する交通事故（物損）による損害賠償請求訴訟において，Xは，Yに10割の過失があると主張して，Xの自動車の修理費相当額40万円の支払を請求している。Yは，第1回口頭弁論期日に出頭せず，答弁書その他の準備書面を提出しない。しかし，裁判所としては，請求原因に記載された事故態様によると，Xにも2割の過失があると判断せざるを得ない。この場合，裁判所は，Xの請求のうち32万円を認容し，その余の請求を棄却することができるかについて説明しなさい。

　なお，本設例については，次の（注）のような前提事実があったものとする。

　　（注）　Xが裁判所に提出した訴状の当事者，請求の趣旨，請求の原因欄の各記載自体に誤りや不足はない。訴状の請求の原因欄中の「事故態様」の具体的記載内容は不明であるが，道路上において，Xが運転するX所有の普通乗用自動車に，Yが運転する普通乗用自動車が衝突した事例であり，事故態様は詳細に記載され，Yの過失を基礎づける事実とともにXの過失を基礎づける事実も明確に記載されているものとする。Xは，この衝突で生じた損害の賠償として自車の修理代金相当額40万円の支払を求め，不法行為損害賠償請求訴訟を提起したものである。Yに対する訴状及び第1回口頭弁論期日呼出状は公示送達以外の方法で適法に送達されている。Xは第1回口頭弁論期日に出頭した（以下，本文中に引用する場合は「前記前提」という）。

[1] はじめに

　交通事故損害（物損）賠償請求訴訟において，被告が口頭弁論期日に欠席して答弁書その他の準備書面も提出しない場合については，「裁判所が，職権で

過失割合を考慮することができるのか」,「自白が擬制されており,そのまま全部認容の欠席判決となるのかについて見解が分かれている」(中島寛ほか編『少額訴訟の実務』349頁〔立脇一美〕)。これは少額訴訟に関する論述ではあるが,通常訴訟においても同様であると考えられる。以下,仮に,前者の見解を一部認容説,後者の見解を全部認容説とし,それぞれの見解の構成について考察したうえいずれによるべきか検討する。

［2］ 全部認容説の考え方

(1) 一般不法行為の要件事実

本設問のように交通事故による物的損害（物損）の賠償を加害運転者一人に請求する交通事故損害賠償請求訴訟の訴訟物たる請求権は,民法709条の不法行為損害賠償請求権である。不法行為損害賠償請求権等の法律上の権利が存するというためには,当該権利の発生という法律効果を発生させる具体的事実が存在することを主張し,証明しなければならない。この具体的事実を要件事実という。要件事実と主要事実とは同義である（異論はある）。不法行為損害賠償請求権発生の要件事実は,①原告に権利又は法律上保護される利益があること,②①に対する被告の加害行為,③②についての被告の故意又は過失を基礎づける事実,④原告に損害が発生したこと及びその数額,⑤②と④との因果関係であり,不法行為損害賠償請求権に基づき賠償金の支払を求める原告は,請求の原因としてこれらの具体的事実すなわち請求原因事実を主張することになる。なお,要件事実③の「過失」については,「過失があること」が主要事実であり,過失があると評価する根拠となる具体的事実すなわち評価根拠事実である「過失を基礎づける事実」は間接事実であるとする見解（間接事実説）もあるが,「過失を基礎づける事実」が主要事実であるとする主要事実説が通説である。

設問の問題文及び前記前提によれば,請求原因事実が記載された訴状及び第1回口頭弁論期日呼出状はYに対して適法に送達されているから,出頭したXは第1回口頭弁論期日においてこの訴状を陳述することができ,この陳述により請求原因事実は主張され（民訴161条3項）,審理の対象となる。

(2) 請求原因事実の擬制自白

当事者が自白した事実は証明の必要がなく（民訴179条）,裁判所は自白され

た事実をそのまま判決の基礎としなければならず、これに反する事実を判決の基礎とすることができない（弁論主義の第2原則）。自白の対象である事実は主要事実であり、自己に不利益な事実でなければならない。自己に不利益な事実とは相手方が証明責任を負う事実である（証明責任説。異論はある）。請求原因事実は、原告の証明すべき事実であるから、被告がこれを認めれば、自白が成立する。なお、当事者の一方が、口頭弁論において相手方の主張した事実を争うことを明らかにしない場合は、その事実を自白したものとみなされる（民訴159条1項）。当事者が公示送達以外の方法で呼出しを受けたのに口頭弁論期日に出頭しない場合も同様である（民訴159条3項）。これらを擬制自白という。

設問の問題文及び前記前提によれば、Yの不出頭によりXが主張した請求原因事実について擬制自白が成立する。その請求原因事実には誤りや不足がないのであるから、擬制自白が成立した請求原因事実に基づきXの請求を全部認容する判決ができる状況となっている。したがって、出頭したXが口頭弁論の終結を希望すれば、Yの不出頭に合理的な理由がある等特段の事情のない限り、裁判所は口頭弁論を終結するのが相当であると判断すべきである（民訴244条）。また、全部認容判決ができる状況になっていることからすれば、訴訟が裁判をするのに熟しているといえるから、この点からも終結可能であり（民訴243条1項）、直ちに全部認容判決を言い渡すこともできるものと解される（民訴254条1項1号）。

[3] 一部認容説の考え方

(1) 過失相殺について

被害者に過失があったときは、裁判所は、これを考慮して損害賠償の額を定めることができる（民722条2項）。「不法行為によって発生した損害を加害者と被害者との間において公平に分担させるという公平の理念に基づくものである」（最判昭51・3・25民集30巻2号160頁。なお、過失相殺の本質論については種々の見解がある）。

被害者の過失の考慮については、被害者の損害の全部又は一部について、一定の割合を乗じる方法がとられるのが通例である。この割合を過失相殺率という。過失相殺率の判定については、加害者と被害者双方の、損害発生に及ぼし

た寄与度や過失ないし落ち度の程度を考慮しないわけにはいかないから，双方の過失の対比によって過失相殺率を定めるべきであるという見解（相対説）が通説である。交通事故損害賠償請求訴訟の場合，例えば四輪自動車同士の事故については，基本的には同質の運転資格と道路交通法等同一の法規範を基礎とする運転者同士の過失であり，相互に一方の他方に対する注意義務違反となる関係にあるといえるから，加害者と被害者の過失は，同一平面で対比することが可能であり，そうすることが公平でもある（そこからはみ出す部分は修正要素として考慮すれば足りるものと考えられている）。この場合，双方の過失割合は，そのまま過失相殺率となる。自動車と歩行者等事故の主体が異種である場合は，被害者保護，優者危険負担の原則等により修正を受け，過失割合とは異なる過失相殺率が設定される。なお，交通事故損害賠償請求事案については，財団法人日弁連交通事故相談センター東京支部編『民事交通事故訴訟・損害賠償額算定基準』（「赤い本」と通称される）や東京地裁民事交通訴訟研究会編『民事交通訴訟における過失相殺率の認定基準』〔全訂4版〕（別冊判タ16号）等に事故類型ごとの過失相殺率の基準が公表されている。これらの基準はもちろん法規ではないが，当事者は，事故態様として当該事故の事故類型を証明すれば，それ以上の個別的事情を証明するまでもなく，これに対応した基準どおりの過失相殺が行われることを期待し，裁判所もこれらの基準を判断の参考にしているのが実務の実情である。この意味で，事故類型には定型的に予定される過失を事実上推定する機能があるともいえ，事故類型に該当する事故態様の主張は，定型的に予定される過失を基礎づける事実の主張を含むともいえる。また，別の面からみれば，事故類型から定型的に過失相殺率が認定できる場合にこれに沿った認定をすることが一般的な公平性を担保することになる。事故類型ごとの過失相殺率の基準が交通事故損害賠償請求訴訟の迅速化，ひいて被害者の迅速な救済に資する所以である。

　本設問で「Xにも2割の過失があると判断せざるを得ない」というのは，前記前提の訴状の記載によれば，道路上における自動車同士の衝突で，事故態様の詳細とともにYの過失を基礎づける事実及びXの過失を基礎づける事実がいずれも明確に記載されているものであるから，これを事故類型ごとの基準にあてはめることにより，裁判所は，損害の発生についての原告と被告との過失割

合，すなわち相互の過失相殺率が2対8の割合であると判断したということであると解される。

(2) 過失相殺の主張

過失相殺をすべきかどうかは裁判所の裁量に属する（最判昭34・11・26民集13巻12号1562頁）。裁量の範囲を逸脱して違法とみられる場合には破棄理由となるが（最判昭50・10・9裁判集民事116号279頁），過失相殺をしたときに，その理由を説示する必要もない（最判昭39・9・25民集18巻7号1528頁）。過失相殺の主張について，判例（民法722条に関する最判昭41・6・21民集20巻5号1078頁及び民法418条に関する最判昭43・12・24民集22巻13号3454頁）は，抗弁としての過失相殺の主張は不要であり，加害者には被害者の過失を基礎づける事実について証明責任はあるが，裁判所は当事者の主張がなくても，訴訟に現れた資料（証拠調べの結果等）に基づいて被害者の過失を基礎づける事実を認定したときは職権で過失相殺できるという見解をとるものと解されている。両当事者の公平の要請を重視して過失を基礎づける事実について弁論主義の適用を否定したものであるといわれる。これに対し，被害者の過失は，その者に不法行為による損害賠償請求権が発生したことを前提として，これを減額するための要件（抗弁）であるから，損害賠償請求権の額について裁判所の裁量が介入する余地が認められるとしても，被害者の過失を基礎づける事実については主張責任を肯定すべきであるとの見解も有力であり，通説とされる。

設問の問題文及び前記前提によれば，Xの過失を基礎づける事実は，第1回口頭弁論期日においてXにより陳述されているから，判例の見解では，この事実を認定できれば，職権で過失相殺できる。通説によっても，主張共通の原則により，裁判所は，Xの過失を基礎づける事実を審理の対象とすることができる。Xの過失を基礎づける事実は，Yが証明責任を負う事実であるから，Yの不出頭による擬制自白は成立しない（後にYが援用すれば先行自白となる）。しかし，X自身が自己の過失を基礎づける事実という自己に不利益な事実を進んで陳述していることを重視すれば，裁判所は，これを弁論の全趣旨として，このことのみからXの過失を基礎づける事実の存在を認定して判決の基礎とすることもできる（この可能性につき，司法研修所編『増補民事訴訟における要件事実第一巻』18頁参照）。本設問では，裁判所は，前記(1)のとおりYの賠償額を2割減ずるのが公

平であると判断したのであるから，過失相殺によりXの請求額（損害額）40万円の2割にあたる8万円を減額した32万円の範囲で認容する一部認容判決をすることになる。

[4] 設問の検討

　被告が原告の過失を基礎づける事実を主張しないだけではなく，請求を争う意思も明らかにしていないのに，裁判所が一部認容判決をすることは，当事者主義の原則や不熱心訴訟追行に対する規制（民訴159条・244条等）の趣旨に反するといい得る。また，例えば，貸金全額の支払を請求する原告が，請求原因事実に加え弁済を受けた事実を主張した場合，弁済の事実は，直ちに貸金残金を確定するという結果となるのに比し，過失相殺では，原告の過失を基礎づける事実が主張されても，裁判所は，過失相殺をしない判断をすることもでき，過失相殺するとしても，その率の認定は裁判所の裁量によるという点で，抗弁としても特殊である。そうすると，裁判所の裁量は恣意的にならないよう慎重になされるべきであることは当然であり，その限りでは全部認容説が相当ということになろう。

　しかし，交通事故損害賠償請求訴訟では，事故類型ごとの過失相殺率の基準に沿った実務の運用が行われていることを前提とすれば，被告の不出頭にかかわらず，事故類型から定型的な過失相殺率の認定が可能である以上，その基準に沿った認定をする（同類型の事故には同率の過失相殺率が適用される）のが公平であるとさえいえる。もっとも，一部認容説については，原告は，請求の原因として事故態様を主張したにすぎないのに，それが自己の過失を基礎づける事実を主張したことになり，裁判所がその陳述行為を弁論の全趣旨として事実を認定し，賠償額を減額して一部認容するというのは，（特に当事者本人訴訟の）原告には予見できないのが普通であるから，原告に対する不意打ちのおそれがあるのではないかという問題もある。これは，裁判所の訴訟指揮の問題でもあるから，裁判所が出頭した原告に十分な反論の機会を与えること等により解決可能ではないだろうか。そうすると，少なくとも訴状記載の事故態様が確定的に事故類型にあてはまり過失相殺率が定型的に認定できる事案では，裁判所の裁量が恣意に陥る危険が少なく，当該過失相殺率を適用することが公平に資するか

ら，必ずしも全部認容説によるのが相当であるとは解されない。

　このような場合の裁判所の訴訟指揮は一定でないであろうが，少額訴訟では，過失相殺についての裁判所の心証を説明した上，職権で原告本人尋問を行い，その結果に基づいて判断すれば，原告に対する不意打ちは緩和されると解される。通常訴訟では，口頭弁論を終結せずに続行して証拠調べをすることもあり得る。また，全部認容説によっても，通常訴訟では，口頭弁論は終結するが，判決言渡期日を別に指定し，被告に対して通知すること（民訴規156条）により被告の対応を確認するという訴訟進行が相当であると解される。被告の対応によっては判決言渡期日を取り消し，口頭弁論を再開することになる（民訴153条）。

　ところで，設問のような事例の場合，裁判所は，出席した原告に対し，事故態様についての訴状の記載について確認し，なお，事故類型へのあてはめ等によれば，原告にも過失があり，過失相殺率2割の減額をするのが相当であると判断したときは，原告に対し，裁判所の心証について説明したうえ請求額を8割に減縮することを提案するという実務例も多いのではないだろうか。交通事故損害賠償における損害の公平な分担の考え方を説明し，過失相殺率について『赤い本』等の基準を示すこと等により，原告が認識し，主張している事故態様を前提とすれば，損害賠償額につき相応の減額をするのが相当であることを理解した結果，任意の請求減縮に応じる原告も少なくないものと思われる。

〔笹本　昇〕

Q 52　証拠調べ(1)——文字データ

XのYに対する売掛代金請求訴訟において，Yがその契約の成立を争ったため，Xは，コンピュータによって管理されているYに関する売掛台帳（複数の入力者によって入力されていた）を出力印字した上，これを証拠として提出した。この書面の証拠調べ方法について説明しなさい（判例・学説にも触れること）。

［1］　はじめに

　近時，インターネットが一般消費者に普及するにつれて，消費者を直接対象にした電子商取引（インターネットなどのネットワークを利用して，契約や決済などを行う取引形態）が急激に成長している。また，本問のように，電子商取引でない従来の商取引であっても，取引に関する文書が電子データ化されてパソコン等に保存されることも多くなっている。
　電子商取引や，電子データを利用した取引が訴訟になった場合，電子データを証拠として提出する場面が出てくるので，電子データを証拠としてどのように扱うかが問題になる。

［2］　電子データの文書性

　文書とは，文字又はこれに代わる符号（例えば暗号，点字，速記の符号）の組み合わせによって思想（人の意思，認識，判断，感情，意見，報告など）的意味をあらわす有形物である。また，文書以外に情報を保存・伝達するために作成された録音テープ，ビデオテープ等の物件を準文書という。電子データには記録の方法，保存形態等においてさまざまのものがあり，その文書性を一律に論ずることは困難であるが，少なくとも一定の情報を保存・伝達する機能を有しており，インターネットの普及や電子商取引の拡大によって，そこに保存されている情報を証拠資料に供する必要性が増大していることから，いかにして電子データ

を民事訴訟の証拠調べのプロセスに乗せていくべきか，その前提として，電子データが文書あるいは準文書といえるかが議論されている。

[3] 電子データの原本性

電子データは，紙文書と比べて，改変が容易で，消去や媒体劣化のおそれがあり，「真正性」，「保存性」，「見読性」に欠けるところから，形式的証拠能力（原本性）に問題があるといわれる。そこで，電子データの原本性を確保するためにさまざまな技術や方策が検討されるようになった。

「真正性」を確保するため，電子データについても文書のサインや実印に代わる署名の必要性が生じ，平成12年にわが国でも電子署名法（電子署名及び認証業務に関する法律）が制定された。この法律によると，「電子署名」とは，「電磁的記録……に記録することができる情報について行われる措置であって，次の要件のいずれにも該当するものをいう」（同法2条1項）と規定している。その要件とは，①「当該情報が当該措置を行った者の作成に係るものであることを示すためのものであること」（本人性の確認）と，②「当該情報について改変が行われていないかどうかを確認することができるものであること」（非改ざん性の確認）である。電磁的記録の情報に本人による一定の電子署名が行われているときは，真正に成立したものと推定する旨の規定がおかれている（同法3条）。そして，電子署名の認証機関は民間の機関とされ，認証業務を行おうとする者は主務大臣の認定を受けることができるとされている（同法4条）（高田寛『Web2.0インターネット法』143～148頁）。

「保存性」を確保するためには，記録媒体の選択や定期的なデータ移行の容易さが重要となる。記録媒体としては，長期的な信頼性の観点からHDD等の磁気メディアよりDVD-R等の光メディアを選択すべきとされる。長期間文書を保存する必要がある場合は，メディアの寿命が尽きる前に，別メディアへデータを移行する必要がある。さらに不意の災害などに対応するバックアップ体制が必要となる。

「見読性」を確保するためには，できるだけ汎用的なフォーマットで文書を保存しておくことが必要になる。

以上のほか，原本性を確保するには，機密性を向上させ，セキュリティを強

化することも必要となる。

［4］ 旧民事訴訟法下での議論

電子データについては，記録の方法，保存形態等においてさまざまのものがあり，一律に論ずることは困難であり，日々新たな技術が開発されていることもあって，旧民事訴訟法（以下「旧法」という）の下でも，その証拠調べ手続について見解が対立していた。

(1) **書証説（文書説）**

電子データそれ自体が文書であるとする。電子データとプリントアウトした文書とは原本と謄本（写し）の関係にあり，証拠調べ手続においては，これら両者を提出すべきあるが，実際にはプリントアウトした文書を提出し，原本である電子データはその後必要に応じて提出すればよく，原本の存在・成立，原告と写しの内容の同一性につき争いが生じたとき鑑定又は証人尋問等を行うことになる。

(2) **書証説（準文書説）**

電子データについては文書性を欠くとしながら，なお，これを準文書と観念し，証拠調べ手続においては上記(1)と同様に考える。

(3) **新書証説（生成文書説）**

電子データを可読化したものが文書である。電子データは直接には閲読することはできないが，その利用目的，機能に着目すれば，一定の機器を通じて閲読することが可能となる可能文書であり，これを可読化した文書（生成文書），すなわちプリントアウトした文書を原本として証拠調べをすべきであって，電子データはこれを作成するための資料であるとする。

(4) **検 証 説**

書証の対象としての文書は閲読して判断できることを前提としているところ，電子データはそれが不可能であるから，これに対する証拠調べは検証の方法によるべきであり，裁判所は職権により鑑定を命じて，データを顕出し検証調書を作成すべきである。

判例は，文書提出命令に関するケースで，デジタルデータを電磁的に記録した磁気テープは旧民事訴訟法312条の文書に準ずるもので，磁気テープの提出

を命ぜられた者は磁気テープを提出するのみでは足りず，その内容を紙面等にアウトプットするのに要するプログラムを作成してこれを併せて提出する義務を負うとした（大阪高決昭53・3・6高民集31巻1号38頁・判時883号9頁）。

以上のように議論は分かれていたが，電子データについても，それが思想的意味を表現しており，その意味内容を証拠にするものであるから，それは文書あるいは準文書に属するとして書証の取調べ手続により行うという見解が優勢であった。そして，平成8年の民事訴訟法改正においては，裁判所における電子データの再生が一般的に容易であるとはいえず，鑑定や検証によらざるを得ない場合もあることから，電子データ一般を準文書の例示とはできないことや，電子データの多様性に鑑みて，さらに今後の技術革新によりさらに多様な媒体が新たに利用されるに至る可能性があることも想定して，明文化することは見送られたとされる。

［5］　新民事訴訟法における電子データの証拠調べ

新民事訴訟法（以下「新法」という）には明文の規定はおかれなかったので，電子データの証拠調べについては，解釈に委ねられていると解されるが，旧法下での議論を踏まえると，新法の予定する電子データの証拠調べは以下のようなものであると考えられる。

(1)　準書証の手続による方法

法廷における再生が一般的に容易であるとはいえないことを理由として，電子データは準文書の例示からはずされたのであるから，法廷における再生が容易な電子データについては，「その他の情報を表すために作成された文書でないもの」として（民訴231条）準書証の手続による証拠調べが行われると考えられる。その際，民事訴訟規則147条ないし149条が準用されるため，証拠説明書，内容説明書の提出が一定の要件のもとに必要とされる。また，内容説明書と電子データの内容の同一性に争いが生じた場合に行われる検証や鑑定などについても録音テープ等が準文書とされた場合と同様の規律がなされることになる。電子データの提出者が検証や鑑定に必要な情報を開示しない場合には，電子データの証拠価値についての裁判所の自由心証の問題として処理されると考えられる。

(2) **検証あるいは鑑定の手続による方法**

　法廷における再生が容易でない電子データについては，準書証の手続を行えないため，検証（民訴232条）あるいは鑑定（民訴233条）の方法による取調べがなされることになる。この場合，その証拠価値の適切な評価を可能とするためにも，書証に関する規定である同規則137条1項，148条の趣旨が妥当すると考えられるため，その複製物及び証拠説明書が提出されることが望ましい。なお，電子データの提出者が検証や鑑定に必要な情報を開示しない場合には，電子データの証拠価値についての裁判所の自由心証の問題として処理されると考えられる。

(3) **プリントアウト書面を原本とする書証の手続による方法**

　電子データを証拠調べの対象とする場合においては，電子データに記録された内容を対象に行うことが通常であり，その意味で思想内容を文書に代えて電子データに保存させているということができる。しかし，電子データは，録音テープに類似した性質を有するが，録音テープと異なり，その再生のための方法が非定型であり，また必ずしも簡明なものといえない。その結果，裁判官がその内容を正しく認識することはしばしば困難となる。

　以上のような点から，プリントアウトした書面を書証として取り調べることが考えられるようになった。実際の実務においてもこの手段によることが通常である。手続としては，録音テープの反訳書面を書証として提出する場合と同様になる。

　この手続による場合には，反訳書面を提出して，書証の取調べをすることになる（民訴219条）。その際，原本（又は原本に代えて提出される写し）であるプリントアウトした書面について，その写しを提出するとともに，標目，作成者及び立証趣旨等を明らかにした証拠説明書を作成する必要がある（民訴規137条1項）。この場合，プリントアウトを原本とする場合には，プリントアウトした者が作成者となるが，プリントアウトという文書の性質上，証拠説明書において電子データの作成者も明らかにすることが必要である。本問の場合，複数の入力者がいるので，争いのある部分についてはすべての入力者の氏名を明らかにする必要がある。民事訴訟規則144条も，電子データについて適用すべきである。すなわち，相手方からの求めがある場合には，プリントアウトの対象とされた

電子データの複製物を交付しなければならない。プリントアウトした書面と電子データの内容の同一性について争いが生じた場合には，電子データを鑑定又は検証することになる。これらの鑑定又は検証に際しては，電子データの提出者は，証拠調べのために必要な情報（情報の入力方式，プログラム等）を開示する義務を負うと解される（秋山幹男ほか編『コンメンタール民事訴訟法Ⅳ』524〜536頁）。

[6] 判 例

本問に関連する判例として，男女差別により女性であることを理由に，昇級が遅れ賃金に差額が生じたとして，差額相当の賃金と慰謝料等を求めた労働事件で，上記差別を証明するため，会社のコンピュータに保管されている人事情報（資格歴）に関する電子データ又はそれを印字した文書の提出を申し立てた事案がある。これについて裁判所は，電子データの準文書性については，民事訴訟法231条の規定に基づき文書に準じて扱うかについては解釈に委ねられているとしたうえで，本件資格歴等は，磁気ディスクであるデータベース上に存在している電子データであることが認められ，それ自体が見読不可能であることは明らかであるが，他のソフトウエアを用いることにより，文書化することは可能であり，その電子データを印刷した文書を提出すべきものと解するのが相当であるとした（大阪地決平16・11・12労判887号70頁）。

この判例は，電子データをプリントアウトした書面を取り調べることを前提として，プリントアウトした書面のみの提出を命じているが，上述したように，プリントアウトした書面と電子データの内容の同一性について争いが生じた場合には，電子データを鑑定又は検証することになるので，電子データそのものあるいは複製物の提出が必要とされる場面も出てくると考えられる。

[7] ま と め

最近，社会経済のIT化に伴い，各種の情報が電子データ化され，保存されるようになってきている。そして，裁判実務でも，電子データ化された情報が証拠調べの対象となってきている。ただし，電子データは，上述したように，改変が容易で，消去や媒体劣化のおそれがあり，形式的証拠能力（原本性）に問題があるといわれる。また，裁判実務では，知財事件等の特殊な事件を除き，

一般の事件においては，裁判所の設備環境の物理的制約，証拠調べ自体の効率性・コストの面も考慮しなければならない。このような状況下では，電子データの種類にもよるが，本問のようなコンピュータによって管理されている売掛台帳等については，現時点では，プリントアウト書面を原本とする書証の手続による方法が最も現実的であると考えられる。

〔丸尾　敏也〕

Q 53

証拠調べ(2)——音声データ

　Xは，主債務者Aの債務を連帯保証したYに対し，保証債務の履行を求める訴えを提起した。これに対し，Yは，「保証した覚えはない。保証契約書にあるY名はAが無断で書いたものであり，名下の印影も私の印章ではない」と主張した。そこで，Xは，電話でYの保証意思を確認した際のやりとりを録音したICレコーダーの記録媒体（SDカード，USBメモリーなど）を証拠として提出した。この記録媒体の証拠調べ方法について説明しなさい。

［1］　はじめに

　保証契約については，平成16年12月の民法改正で，書面でしなければ効力が生じないことになった。もっとも，本問のように書面があってもその成立を否認されることがあるので，銀行実務等では保証人に対する面談や電話確認がなされることが多い。電話確認の場合，他人によるなりすましを防止するため，本人でなければ知り得ないことを聴くなどして本人であることを確認し，保証の債務額を申告する質問等がなされ，発信，受信の日時，対応者の氏名，電話の内容等が記録される。その記録の方法は，書面によるメモ，テープによる録音が主であったが，最近では，本問のようにSDカード，USBメモリーなどのICレコーダーの記録媒体（以下「電子データ」という）に記録保存されることもある。

　前問でみたように，電子データにもさまざまな種類があるが，本問のように音声が記録された記録媒体は，法廷でパソコン等の電子機器で容易に再生できるものであり，従来の録音テープに類似するものといえる。録音テープは，文書に準ずる物件とされており，本件電子データも保証意思という思想を録音しているので，準文書ということができる。よって，本件電子データについても，準文書としての証拠調べをすることができると解される。

[2] 準文書の証拠調べ手続

(1) 電子データ本体の証拠調べ

本件電子データ本体の証拠調べ方法としては，思想内容を証拠調べの対象とするという書証の性質上，原本である電子データについて，法廷において音声を再生して聴取する方法で行うことになる。この場合，電子データ本体を提出して取調べの申出をする（民訴231条・219条）。その際，申出をする時までに，その複製データを法定される数提出するとともに，標目，作成者（録音者）及び立証趣旨を明らかにした証拠説明書を所定の数提出することを要する（民訴規147条・137条1項）。証拠説明書には，その形式的証拠力判断を容易にするとともに，証拠価値を適切に評価することを可能にするためにさらに，録音の対象（発言の場合には，発言者）並びにその日時及び場所をも記載することを要する（民訴規148条）。

また，電子データを準文書として証拠調べの申出をした当事者は，裁判所又は相手方の求めがあるときは，当該電子データの内容を説明した書面を提出しなければならない（民訴規149条1項）。法廷における再生による取調べに際して，この説明書面があらかじめ提出されていれば，発言者を特定し，発言内容を明確にすることが可能となり，電子データの証拠価値も向上するものと思われる。

この説明書面の内容形式は，事案ごとに，その必要性に応じて決定される。しかし，常に反訳書面によることが要求されるわけではなく，必要に応じて内容の説明の程度，範囲が定まることになる。実務においては，発言内容が証拠調べの対象となる場合においては，証拠調べに必要な範囲で反訳書面が提出されている。この内容説明書面の写しは，相手方に直送しなければならない（民訴規149条2項）。また，相手方において，その書面の説明の内容について意見があるときは，意見を記載した書面を裁判所に提出することが要求される（民訴規149条3項）。説明書面として反訳書面が提出され，その記載内容について争いがない場合（その内容について意見書が提出されない場合を含む）には，裁判所は，反訳が一応正しくされているものとして審理を進めることができる（秋山幹男ほか編『コンメンタール民事訴訟法Ⅳ』524～536頁）。

(2) 反訳書面を書証とする証拠調べ

　電子データの反訳書面を文書として提出し，その反訳書面についての書証の手続による取調べを求めることも可能と解される。実務では，旧法の時代から，反訳書面を閲読する方法による証拠調べが行われていた。その内容は，原本の提出に代えて写しである反訳文を提出し，又は写しである反訳文を原本として提出し，原本である録音テープ等の存在及びその成立，写しである反訳文が原本を正確に写してあることにつき争いがないときは，反訳文の取調べをすることで足りるというものであった。具体的には，挙証者が，録音テープ等を反訳した文書を提出して，それを書証の手続により取調べをすることを申し立てるとともに，複製した録音テープ等を相手方に交付し，相手方は，証拠調べ期日外で録音テープ等と反訳文書とを対比したうえで，次回証拠調べ期日に反訳文書につき成立の認否をし，又は反訳書面の内容に不十分の個所があればそれを指摘し，挙証者はそれに基づき補正をしたうえで相手方が認否を行うという運用であった。

　また，当事者間で反訳書面の内容について争いのあるとき，及び裁判所が必要と認めるときには，必要の限度で録音テープ等を再生して，聴取することになるが，この例はほとんどなく，一般には，反訳文による取調べで証拠調べを終えることが通常であった。もし，録音された音声が挙証者の主張する人物の音声であること，また，反訳書面の記載内容と録音された内容が一致することに争いがあるときには，証人・当事者尋問，鑑定が実施される。こうした実務慣行を踏まえて，録音テープ等の反訳書面による書証の申出が許されることを前提に，民事訴訟規則144条はその手続細則を定めており，新法下でも実務は上記と同様の方法で反訳書面を書証とする取調べが行われている。

　反訳書面を書証として証拠調べの申出をする場合には，反訳書面が原本又は原本に代えて提出される写しであり，反訳書面についてその証拠説明書を作成する必要がある（民訴規137条1項）。反訳書面を原本と考えた場合においては，反訳した者が作成者となるが，通常の場合においては，反訳書面という性質上，録音した者を明らかにすることが証拠説明の内容として求められる。反訳書面と電子データの内容の同一性について争いが生じた場合には，電子データの再生をすることになる。これは，原本であるプリントアウトした書面の実質的証

拠力の判断のための手続ということになる。

　また，反訳書面を提出する際，相手方からの求めがある場合には，電子データの複製物を交付しなければならない（民訴規144条1項）。これは，相手方が反訳書面と電子データの内容が一致していることを確認するためにするものであり，この交付義務を怠ると，当該電子データの証拠価値は低いものになると解される（最高裁判所事務総局民事局監修『条解民事訴訟規則』289～313頁）。

[3] ま と め

　以上のとおり，本問のICレコーダーの記録媒体は，準文書として記録媒体それ自体を取り調べるほか，電子データの反訳書面を文書として提出し，それを原本として取り調べることが可能であると解される。

〔丸尾　敏也〕

Q 54

手形の白地部分を補充した後における再訴

　約束手形の所持人Ｘは，振出人Ｙに対し，振出日欄白地のまま手形金140万円の支払を求める訴えを提起したが，裁判所は，振出日欄が白地であるため，この手形によって手形上の権利を行使し得ないとして，Ｘの請求を棄却したところ，その判決は確定した。その後，Ｘは，上記手形の白地部分である振出日欄を「平成○○年○月○日」と補充したうえ，Ｙに対し，再度手形金140万円の支払を求める訴えを提起した。Ｘのこの後訴は許されるかについて説明しなさい。

[1] 問題の所在

　本設問においては，①手形要件と白地手形の関係，②前訴（白地手形による手形金請求）と後訴（白地部分補充後の手形金請求）の訴訟物の同一性，③白地手形が補充された後訴は前訴判決の既判力によって遮断されるかがそれぞれ問題となる。

[2] 手形要件と白地手形の関係

(1) 手形要件

　手形要件（絶対的記載事項）の記載を欠く約束手形は，手形法76条1項但書によって救済される場合（満期，支払地，振出地の不記載）を除いて，約束手形たる効力を有せず無効となる（手76条1項本文）。

　したがって，手形要件は，手形に必ず記載しなければならない事項である。すなわち，①約束手形文句（手75条1号），②手形金額（同条2号），③満期（同条3号），④支払地（同条4号），⑤受取人（同条5号），⑥振出地（同条6号），⑦振出日（同条6号），⑧振出人の署名（同条7号）がこれにあたる。

　ところが，手形行為者になろうとする者が，手形要件の全部又は一部を空白

にしたまま，流通におき，欠缺した手形要件を後日取得者に補充させる意思で手形行為者として署名して交付することがある。この手形を白地手形という。

このように，白地手形は，後に補充が予定されている未完成な手形であるから，手形要件が欠缺している不完全手形とは異なるものである。

したがって，白地手形とは，ある者が必要的記載事項の全部又は一部を空白にしたまま，その空白とした要件を後日取得者に補充させる意思で手形行為者として署名した証券であると定義することができる。そして，白地手形が，補充を停止条件とする未完成な権利と補充権が表章されているものとして，商慣習上，認知されていることはいうまでもない（大判大10・10・1民録27輯1686頁）。

なお，白地手形の所持人が白地部分の補充をなし得る権利を白地補充権というが，その補充がされるまでは未完成手形であり，未完成な権利しか表章されていないし，権利内容も定まっていないから，未完成のままでは手形上の権利を行使することができない（最判昭41・6・16民集20巻5号1046頁）。

(2) **白地手形の成立要件**

白地手形の成立要件は，下記のとおりである。

(a) 白地手形行為者の署名があること　白地手形は，後に要件が補充された場合に署名者が手形上の責任を負うことになるものであるから，少なくとも，1人の白地手形行為者の署名があることが必要である。この署名は，振出人の署名（白地振出し）であることが通常であるが，引受人が署名する白地引受や保証人が保証署名をする白地保証の場合もある。

(b) 手形要件の全部又は一部の記載を欠く手形行為をしたこと　手形要件の欠缺する程度は問わないが，手形債務者の署名を欠くことはできない。

(c) 手形要件の欠缺した部分について後日の補充が予定されたこと　この補充予定の有無を何によって判断するかについては，①主観説（白地手形行為者の意思を基準とする見解），②客観説（白地手形行為者の具体的意思を問わず，手形の外形上，補充を予定して署名したものと認められるか否かを基準とする見解），③折衷説（基本的には主観説に立ちつつ，白地手形成立のためには必ずしも補充権を授与する具体的意思を必要とせず，手形の外形上，欠缺している記載の補充が将来予定されているものと認められる場合には，このような手形であることを認識し又は認識すべくしてこれに署名した以上，当然，補充権を授与したものとする見解）とに見解が分かれている。

判例は，大審院時代には主観説の立場をとっていた（大判昭5・10・1民録7輯1686頁など）が，最高裁判所になってからは明確ではない（最判昭31・7・20民集10巻8号1022頁参照）。

［3］ 前訴（白地手形による手形金請求）と後訴（白地部分補充後の手形金請求）の訴訟物の同一性

白地手形には補充を停止条件とする未完成な権利と補充権が表章されているのであるから，Xの所持する白地部分未補充の手形に表章される権利と，その補充後に表章される権利との間に同一性若しくは連続性があることは明らかである。そして，手形金請求における審判の対象は，Yの手形行為を原因とする手形金請求権の当否であるから，Yの手形金支払義務の根拠は，白地手形でも補充後の手形でも同じ手形行為であって訴訟物は前訴・後訴で同一であるといえる。

したがって，XのYに対する前訴（白地手形による手形金請求）と後訴（白地部分補充後の手形金請求）の訴訟物は，同一とみることができる。

［4］ 白地部分が補充された後訴は前訴判決の既判力によって遮断されるか

上記［3］で述べたとおり，XのYに対する手形金請求の前訴と後訴は，その訴訟物が同一であるとの結論に導かれたので，次に，前訴確定判決の既判力の基準時が問題となる。

(1) 既判力の意義

既判力とは，確定判決の判断内容の後訴における通用力ないし拘束力をいう。

既判力が生ずることによって，判決の内容たる訴訟物のとしての権利又は法律関係が判決確定後に他の訴訟で問題となっても，当事者はそれと矛盾した主張ができず，また裁判所も，確定判決と抵触する判断をすることができないこととなる（民訴114条1項）。

このように，既判力の作用は，①裁判所は，既判力の生じた判決内容と矛盾抵触した判断をすることが許されず，これを前提にして後訴の審判をしなければならないという積極的作用と，②当事者も既判力の生じた判決内容に反する

主張立証をすることは許されず，これを争うための攻撃防御方法は排斥されるという消極的作用の2つから成り立っている。

(2) 既判力の基準時

民事訴訟の審理対象である権利関係は，時間の経過とともに発生，変更，消滅する可能性があるため，判決は，ある一定の時点を固定し，その時点における権利関係の存否に関して判断するということを明らかにする必要がある。例えば，所有権の存在が確認されたとしても，それが譲渡されて不存在となる可能性があるため，どの時点での権利関係が明らかにされたのかを，訴訟において明確にしておく必要がある。これが基準時の問題である。

この点，訴訟の当事者は，事実審の口頭弁論終結時まで訴訟資料を提出することができ，裁判所は，その資料に基づいて判断することから，基準時は，事実審の口頭弁論終結時と解されている。

したがって，口頭弁論終結時以前に存在していた事実や証拠は，その口頭弁論終結時までに提出されていなかった場合には，判決が確定した後で，その事実や証拠を持ち出しても，もはやそれは採用されないことになる（既判力の遮断効）。

(3) 白地補充権の性質と既判力

(a) 判例——最高裁判所昭和57年3月30日判決（民集36巻3号501頁）

【事案の概要】

Yが振り出した約束手形の所持人Xは，前訴の手形訴訟において，振出日欄が白地であることを理由とする請求棄却の手形判決を受け，これが確定した。その1年4ヵ月後，Xは，白地部分を補充して手形訴訟を提起したところ，X勝訴の欠席判決がされたものの，Yの異議申立てによる通常訴訟に移行された。第一審は，Xの再訴は二重起訴にあたらないと判断して，Xの請求を認容した手形判決を認可した。これを不服としてYが控訴した。控訴審は，前訴と後訴の訴訟物が同一であり，特段の事情もないのに基準時後に白地補充権を行使して後訴で手形金を請求すること許されないと判示した。これを不服としてXが上告した。

【判決の要旨】

「手形の所持人が，手形要件の一部を欠いたいわゆる白地手形に基づいて手

形金請求の訴え（以下「前訴」という。）を提起したところ，その手形要件の欠缺を理由として請求棄却の判決を受け，右判決が確定するに至ったのち，その者が右白地部分を補充した手形に基づいて再度前訴の被告に対し手形金請求の訴え（以下「後訴」という。）を提起した場合においては，前訴と後訴とはその目的である権利または法律関係の存否を異にするものではないといわなければならない。そして，手形の所持人において，前訴の事実審の最終の口頭弁論期日以前既に白地補充権を有しており，これを行使したうえ手形金の請求をすることができたにもかかわらず右期日までにこれを行使しなかった場合には，右期日ののちに該手形の白地部分を補充しこれに基づき後訴を提起して手形上の権利の存在を主張することは，特段の事情の存在が認められない限り前訴判決の既判力によって遮断され，許されないものと解するのが相当である」と判示した。

(b) 学説　白地補充権は形成権の一種であるとするのが通説である（田中誠二『手形法小切手法』84頁，鈴木竹雄『手形法・小切手法』364頁）。

ここに形成権とは，取消権や解除権のように，一方当事者の意思表示によって初めて効力が生ずる権利のことをいう。

白地補充権を形成権の一種として捉えると，次のようにいえる。すなわち，形成権は，前訴で争われた法律行為自体の瑕疵に関するものであるから，前訴において主張すべきであり，その機会は十分に与えられていたはずである。とすると，白地補充権が前訴判決の基準時（口頭弁論終結時）の前に存在していれば，基準時の後の白地補充権の行使は，前訴判決の既判力によって遮断されることになる。

これに対して，反対説は，例えば，ある債権について期限未到来を理由とする請求棄却判決がされても，後訴で期限が到来したとして同一の請求をすることが妨げられないのは，前訴判決の既判力が請求それ自体の不存在を確定するものではなく期限未到来であるからという点を確定するにすぎないとした上で，白地手形による手形金請求の問題も，期限未到来の債権と対比して考察すべきであり，白地手形による手形金請求は，期限未到来の債権と同様に，構成要件の1つが欠缺している場合にすぎないから，手形金請求権それ自体の不存在を既判力をもって確定するものではなく，後に白地部分を補充すれば再度同一の請求が可能であるとする（吉野正三郎「手形補充権と既判力の遮断効」昭和57年度重要

判例解説(別冊ジュリ臨時増刊792号)129頁)。

(4) **本設問へのあてはめ**

前掲最高裁判所判例及び上記(3)(b)で述べた通説によると，Xは，事実審の口頭弁論終結(基準時)前に白地補充権を行使することが可能であったといえるから，その後に白地部分を補充し，後訴において手形上の権利の存在を主張することは，前訴判決の既判力によって遮断され許されないことになる。

〔西村　博一〕

Q 55

調停調書の既判力

　Xは，平成20年7月4日，Y株式会社に雇用され，その業務に従事してきたが，業務上の疾病に罹り，平成22年9月24日から平成22年10月10日まで療養のため休業した。その後，Xは，就労を求めたにもかかわらずY社がXの就労すべき業務を指示しなかったとして，Y社に対し，平成22年11月16日から平成22年12月15日までの休業手当，平成22年12月16日から平成23年1月15日までの休業手当及び平成23年1月16日から平成23年2月15日までの休業手当の合計10万8648円の支払を求める訴えを提起した。これに対して，Y社は，①平成22年12月3日，XとY社との間で，○○簡易裁判所において，末尾記載の調停（以下，「本件調停」という）が成立していて，Xの上記主張は，本件調停の調停調書の既判力に抵触するから却下されるべきである，②平成22年12月4日以降の休業手当の請求については，仮に，本件調停の調停調書の既判力に抵触しないとしても，本件調停において上記のとおり合意が成立しているにもかかわらず，直後にこれと相反する請求に及ぶもので権利の濫用といわざるを得ないから却下されるべきであると主張した。Y社の主張は認められるかについて説明しなさい。

［本件調停の要旨］
　①Xは，平成22年12月3日，Y社と合意の上でY社を円満に任意退職する，②Y社は，Xに対し，未払給料26万0758円及び本件解決金15万円の合計41万0758円の支払義務があることを認め，これを，本日，調停委員会の席上で支払い，Xはこれを受領した，③XとY社は，この調停条項に定めるもののほかに何らの債権債務がないことを相互に確認する。

[1] 問題の所在

　民事調停は，民事に関する紛争につき，当事者の互譲により条理にかない実情に即した解決を図る制度である（民調1条）。調停調書に既判力を認めると，後記の既判力の意義及び内容に照らして，同一事項については，後の裁判では当該調停調書の記載と異なる判断をすることができないことになり，調停無効の主張等が封じられることになるので（実体的不可争性の付与），後訴に重大な影響を与えることになる。

　逆に，調停調書に既判力を認めないとすると，調停によって確定されたはずの当事者間の法律関係が他の訴訟等において尊重されないことを認めることとなり，調停の紛争解決機能を著しく阻害する結果となるおそれがある。

　この問題は，確定した調停に代わる決定（民調17条・18条）の場合も同様に考えられるほか，訴訟上の和解（民訴267条），訴え提起前の和解（民訴275条），和解に代わる決定（民訴275条の2）の場合にも同様に問題となる。

[2] 既判力の意義及び内容

(1) 既判力の意義

　(a) 既判力とは，一般には判決の効力として議論され，当該訴訟で取り上げられた権利・法律関係をめぐる紛争はその判決の内容で決着済みであって，当該紛争の蒸し返し，再審理を許さないということができる効力であり，民事訴訟の目的である紛争解決機能の中核をなす効力であると考えられている。この効力は当事者及び裁判所を拘束し，勝訴（認容）判決でも敗訴（棄却）判決でも生ずるものである。すなわち，勝訴（認容）判決では当該権利・法律関係の存在が確定し，敗訴（棄却）判決では当該権利・法律関係の不存在が確定することになり，再訴は理由なしとして棄却されることになる。

　(b) 既判力が当事者及び裁判所を拘束する実質的根拠については諸説あるが，①裁判制度として矛盾する判断は回避されなければならないとする要請，②敗訴当事者の蒸し返しを許すことは訴訟経済に反するとの考え，③判決による権利・法律関係の安定ないし実体法の実現を図るべきであるとする考え，④当事者には必要十分な手続保障が与えられていたことの裏返しとして判決の結果に

は自己責任があるとの考え，など多元的な根拠から説明するのが妥当であろう。

(2) 既判力の内容

既判力の内容については，その効力の及ぶ，①当事者の範囲（主観的ないし主体的範囲），②権利・法律関係の範囲（客観的範囲），③時間的範囲（時的限界）が問題となる。

(a) 当事者の範囲については，判決の名宛人である原告，被告に及び，それ以外の第三者には及ばないのが原則である。例外的に，当事者が他人のために原告・被告となった場合（いわゆる訴訟担当）の当該他人，口頭弁論終結後の訴訟物である権利等の承継人，請求の目的物の所持者には及ぶとされる（民訴115条1項）。

(b) 権利・法律関係の範囲（客観的範囲）については，既判力は主文に包含するものに限り生ずるとされる（民訴114条1項）。判決主文は原告の申立て（訴訟物である権利・法律関係の存否の主張）に対する裁判所の判断であるから，結局のところ既判力は訴訟物について生ずるということになる。

(c) 時間的範囲（時的限界）については，既判力は事実審の口頭弁論終結の時点において生ずるとされる（民執35条2項）。民事上の権利関係は時々刻々変化するものであり，一定の基準時点を設けなければ，それ以前の権利関係の存否を確定することも，それ以後の権利関係の存否を確定することも不可能といわざるを得ない。そして，その基準時としてもっともふさわしいのが，当事者が主体的に主張立証を尽くすことのできる最終時点である事実審の口頭弁論終結時と考えられたのである。

[3] 調停調書の既判力についての学説・判例の状況

(1) 既判力肯定説

(a) 調停の内容が不明・不定・不能・不法でない限り，すべての調停無効の主張は既判力により遮断されるとする。その根拠は，①調停調書の記載が確定判決と同一の効力を有する（民調16条，民訴267条）とされる以上，既判力を有すると解すべきこと，②調停も司法手続による紛争解決手段として不可争性を付与する必要があること，③手続法上も，裁判官が関与する調停委員会による合意の相当性の審査（民調14条）を経て成立に至っていることなど，既判力を認

める条件があること，である。

(b) この説に対しては，①既判力を認めると，合意内容に実体上の無効原因があっても調停の効力に影響せず，当事者の互譲により解決を図るという当事者の意思に重点が置かれる調停の実態にそぐわない，②判決における主文に相当するものがなく，既判力の及ぶ権利・法律関係の範囲（客観的範囲）が不明確になる，などの批判がある。

(2) **制限的既判力説**

(a) 調停は，実体法上有効なときに限り既判力を有し，意思の欠缺など実体法上の瑕疵があるときは，これを理由とする調停無効の主張が許されるとする。この説は，調停における合意は，私法上の和解契約であるとともに，手続上の合意という両面があり（両性説），私法上の合意について意思の欠缺，詐欺，強迫，錯誤などの実体法上の瑕疵を伴うことは避けられないとの実態を踏まえて，これらの瑕疵があるときは，調停無効の主張が許されるとするものである。

(b) この説に対しては，既判力とは，その判決に反する主張及びこれに抵触する判断を許さないとするものであり，その内容の有効性を問題とすることは既判力の概念を否定するに等しいとの批判がある。

(3) **既判力否定説**

(a) 調停の既判力を全面的に否定し，いかなる場合にも調停無効の主張が許されるとする。その根拠は，①調停の本質は，当事者間における私法上の合意にあり，調停における裁判所の役割は判決とは異なり，調停手続の適法性や合意内容の妥当性に関する後見的なものにすぎないこと，②調停条項は，判決主文のように客観的範囲を定めにくい上に，当事者の合意を本質とする調停では実体法上の瑕疵を伴うことは避けられないとの実態を踏まえて，これらの瑕疵があるときは，調停無効の主張が許されるとするものである。

(b) この説に対しては，①調停調書の記載が確定判決と同一の効力を有するとする条項（民調16条，民訴267条）の文言及び沿革を無視するものである，②調停の紛争解決手段としての機能を阻害する，との批判がある。

(4) **判例の状況**

(a) 既判力肯定説とみられるもの——民事調停・裁判上の和解

(イ) 最判昭和43年4月11日（民集22巻4号862頁・判タ219号225頁）——民事調停

判旨は，①原判決は，上告人が本訴において主張する被害者の受傷及び死亡による双方の損害につき，すでに生前に成立した調停において，被上告人は被害者等4名に対して5万円を支払い，右4名はその余の請求を放棄する等の条項の調停が有効に成立した旨を認定，判断したが，被害者は調停成立後約10ヵ月後に，右受傷を一因として死亡したというのであるから，右調停は，被害者の受傷による損害賠償については有効に成立したものと認められ，本訴において上告人の訴求する受傷による財産上の損害賠償請求は，右調停においてすでに解決済みであり，本訴において主張することはできない，②しかし，精神上の損害賠償請求の点については，上告人らはまず調停において被害者の受傷による慰藉料請求をし，その後被害者が死亡したため，本訴において同人の死亡を原因として慰藉料を請求するものであり，かつ，右調停当時被害者の死亡することはまったく予想されなかったものとすれば，身体侵害を理由とする慰藉料請求権と生命侵害を理由とする慰藉料請求権とは，被侵害権利を異にするから，右のような関係にある場合においては，同一の原因事実に基づく場合であっても，受傷に基づく慰藉料請求と生命侵害を理由とする慰藉料請求とは同一性を有しない，③右調停が，被害者の受傷による損害賠償のほか，その死亡による慰藉料をも含めて，そのすべてにつき成立したと解し得るためには，原判決の確定した事実関係のほか，なおこれを肯定し得るにたる特別の事情が存し，かつその調停の内容が公序良俗に反しないものであることが必要であり，④右被害者は老齢とはいえ，調停当時は生存中で，右調停は被害者本人も申立人の1人となっており，調停においては申立人全員に対して賠償額がわずか5万円と合意された等の事情にあり，これらの事情によれば，右調停においては，一般には被害者の死亡による慰藉料についても合意したものとは解されず，なお被害者の死亡による慰藉料についても合意されたものと解するためには，被害者の受傷が致命的不可回復的であって，死亡はほとんど必至であったため，当事者において同人が死亡することがあることを予想し，そのため，死亡による損害賠償をも含めて，合意したというような特別の事情等が存しなければならない，とした。

　㈹　最〔大〕判昭和33年3月5日（民集12巻3号381頁）——裁判上の和解
　　罹災都市借地借家臨時処理法25条は，同法15条の規定による裁判は裁判上の

和解と同一の効力を有する旨規定し，裁判上の和解は確定判決と同一の効力を有し，既判力を有するものと解すべきであり，特に借地権設定の裁判に限って既判力を否定しなければならない解釈上の根拠もなく，本件のごとく実質的理由によって賃借権設定申立てを却下した裁判も同処理法25条に規定する同法15条の裁判であることに疑いなく，これについて既判力を否定すべき理由はない。

(ハ)　大分地判平成20年9月16日（判タ1337号150頁）――民事調停　本件調停における訴訟物的なものは，リース契約に基づく残リース料請求権ないしは調停調書の申立ての表示にある債務不履行による損害賠償請求権であると解され，本件の訴訟物である不法行為に基づく損害賠償請求権とは異なるものであるから，本件訴えが本件調停の既判力に抵触するということはできない。しかし，本件調停条項には，訴訟物的なものに関し「その余の請求を放棄する」とともに，その後に引き続き，「当事者双方は，本調停条項に定めるほか，本件に関し何らの債権債務の存在しないことを相互に確認する。」との清算条項が設けられ，訴訟物的なもの以外についても何らかの処理をしていると解されること（一般に，この種の和解等における「本件」とは，訴訟物及びこれに社会的又は経済的に密接に関連する範囲を意味すると解されている），そして，この当時，原告は，本件リース契約が被告による名義貸しであるうえ実体のない空リースであることを認識していたものであり，契約責任と不法行為責任とは一般には異質なものとはいえ，少なくとも本件の場合は，名義貸し，空リース契約といった同一の社会的事実を単に異なる観点からとらえたにすぎず，このことは本件調停の成立に関与した法律の専門家である原告訴訟代理人も十分理解しえたこと，他方，被告としては，名義貸しの件はこれですべて解決するとして本件調停に応じたことは容易に推察することができること等の事情を合わせ考慮すれば，本件清算条項については，いわゆる包括的な清算条項の形をとることなく「本件に関し」との限定はあるものの，本件リース契約に関する請求については，契約責任ないし不法行為責任等の法的構成にかかわらず，同一の社会的事実に基づく紛争を本件調停によって一括して終局的に解決する旨の合意をしたものと解するのが相当である。そうすると，被告が不法行為に基づく損害賠償義務を負うとしても，本件清算条項により，その支払義務を免除されたものであるということができる。

㈡ 長野地飯田支判昭和31年4月9日（判タ57号70頁）──民事調停　調停調書に合意が記載されたときは，裁判上の和解と同一の効力を有し，これは確定判決と同一の効力を有するから，結局調停調書には確定判決と同様の既判力がある。その確定の効力を破るためには必ずしも確定判決に対する再審の訴えと同様の要件による訴えによることを必要とするわけではなく，合意の実体法上の瑕疵を原因とする無効又は取消しの主張も許されると解すべきであるが，もし調停における合意の内容となった権利関係について直ちにこれに抵触する主張をなすことができるとすれば，本件原告等は直接甲地に関する所有権確認なり，不当利得返還なりを訴求すれば足り，調停調書自体の効力を云々する必要はないから，本件無効確認の請求は訴えの利益がないこととなる。しかし，既判力を認める以上は，調書自体に触れずに直接その合意の内容に抵触する主張をすることは許されず，前提としてまず調書自体の無効を宣言する判決によってその確定の効力を破って後に，初めて合意と異る権利内容の主張が許されるに至ると解すべきであり，この意味においては確定判決に対する再審の訴えと同様の作用を営む訴えを必要とするものと解せられる。

(b) 制限的既判力説とみられるもの──民事調停・家事調停

(イ) 大阪高判昭和54年1月23日（判タ383号123頁）──家事調停　家事調停において，遺産の範囲とその分割につき当事者間に家事調停が成立したときは，遺産の範囲を定める記載部分は，訴訟事項に関する調停として確定判決と同一の効力を有し，遺産の分割を定める記載部分は，乙類審判事項に関する調停として確定した審判と同一の効力を有する。そして，右確定判決と同一の効力を有する部分は訴訟上の和解と同じく，それが要素の錯誤その他の理由により効力を失わない限り既判力を有するが，確定審判と同一の効力を有する部分は非訟事件の裁判として既判力を有しないものと解すべきである。本件家事調停のうち，本件土地を含む17筆の不動産全部を被相続人の遺産とする条項は既判力を有するが，その分割方法としてこれを控訴人と被控訴人双方の共有とし，持分を各2分の1とする条項は既判力を生ずるものではない。控訴人は本訴において，本件土地は被相続人の遺産ではないことを請求原因としているが，かかる主張は本件家事調停の既判力に抵触し，許されない。

(ロ) 名古屋地判平成2年7月20日（判タ748号196頁）──民事調停　一般に，

不法行為による損害賠償の調停において，被害者が一定額の支払を受けることで満足し，その余の賠償請求権を放棄したときは，客観的に調停当時にそれ以上の損害が存在していたとしても，被害者は調停調書記載の金額を上回る損害については，事後に請求できない趣旨と解するのが相当である。しかし，争いの目的でない事項に錯誤があり，これが調停の要素となっている場合には，当該調停は民法の一般原則に従って無効となる余地がある。そして，交通調停事件における損害賠償額の算定は，特段の事情がない限り，経験則上社会的に相当とされている方法によってなされることが当事者の合理的意思であるから，調停の前提とされた事実に照らし，損害賠償額が右算定方法に著しく反し，かつ，それが当事者の錯誤による場合には，錯誤無効の主張をなしうると解せられる。

(ハ) 札幌地判昭和44年6月27日（判時576号80頁）——民事調停　原告は本件土地を買い受けその所有権を取得したと主張し，被告はこれを争い，仮に原告主張の売買契約がなされたとしても，原告は当時被告会社の取締役であり，右売買は取締役会の承認がないから無効であると抗争する。これに対し原告は，被告会社との間に，右土地が原告の所有であることを確認する旨の調停が成立した旨主張し，原告と被告間において，本件土地につき原告の所有であることを確認する調停が成立し，その旨の調停調書が作成されたことは当事者間で争いがなく，かつ被告は右調停に瑕疵があるとの主張をしていない。そうすれば，右調停調書の既判力が被告会社に及ぶため，被告会社が前示のような主張により既判力と異なる権利又は法律関係を主張することは許されないし，当裁判所もまた右の既判力に拘束され，改めて審理をして原告の右土地に対する所有権を否定することはできないといわなければならない。

(二) 東京高判昭和38年12月19日（東高民時報14巻12号326頁）——民事調停　調停は訴訟行為たる性質を有する反面，私人の間の私法上の合意たる性質をも有するから，その合意が瑕疵ある意思表示によるものであるときは，無効ないし取り消されるべきものと解するのが相当であって，該調停調書の執行力の排除を目的とする請求異議の訴えにより，右の主張をなすことは許容されるべきである。そして調停の私法行為たる一面を考慮すれば，民事調停法16条，民事訴訟法203条（著者注：現267条）の規定により調停は確定判決と同一の効力を

有する旨規定されてはいるものの，そのことから直ちに前記のごとき調停の無効，取消しを主張しえないと断定すべきものではないのであって，最高裁昭和33年3月5日大法廷判決（著者注：前記(4)(a)(ロ)の判決）は，専ら罹災都市借地借家臨時処理法第15条による借地権設定に関する裁判の効力に関するものであって，調停について，意思表示が瑕疵に基づく場合の無効取消しの主張を許さない趣旨とは断じがたい。

(c) 既判力否定説とみられるもの──民事調停

(イ) 東京地判昭和41年11月2日（金判37号2頁）　調停が成立し当事者間の合意を調書に記載したときその記載は裁判上の和解と同一の効力を有することは民事調停法16条の規定するところであり，裁判上の和解調書の記載は確定判決と同一の効力を有するとされるが，このことは調停ないし和解調書が確定判決と同じく執行力を有するものではあっても，調停ないし裁判上の和解においては請求に対して裁判所の判断は何らなされていないのであるから，裁判所の判断が加えられたことを前提とする既判力が認められる余地はない。

(ロ) 名古屋高金沢支判昭和31年12月5日（民集15巻5号1354頁）　控訴人は第1次調停の全部無効を主張して無効確認の訴訟を提起したが，大野簡易裁判所において右第1次調停全部を有効と認める旨の裁判上の和解（第2次和解）をしたことは認定のとおりである。調停又は裁判上の和解は，これを調書に記載したときは確定判決と同一の効力を有するというのは，確定判決と同様の形成力，執行力を有するという意味であって，既判力は判決に特有の効力であって調停調書又は裁判上の和解調書によっては生じないものと解する。したがって，第1次調停並びに第2次和解を無効ならしめる理由がある場合は，第2次和解があっても第1次調停の無効を主張し得べく，第2次和解の既判力を主張して第1次調停の効力を争い得ないものとすることはできない。

(ハ) 鳥取地米子支判昭和31年1月30日（下民集7巻1号171頁）　民事調停法16条は調停は裁判上の和解と同一の効力を有する旨規定しているが，調停及び裁判上の和解には既判力はないものと解すべきであるから，請求の原因として，調停の不成立ないし無効を主張することは必ずしも違法ではない。(旧)民事訴訟法第203条に「和解又は請求の抛棄若は認諾を調書に記載したるときは其の記載は確定判決と同一の効力を有す」とあるのは，有効な和解調書の効力

（既判力以外の効力）について規定したものと解すべきである。

［4］ 本設例におけるY社の主張の当否

(1) 既判力肯定説に基づく考え方

(a) 平成22年12月3日までの休業手当請求について　調停の内容が不明・不定・不能・不法でない限り，すべての調停無効の主張は既判力により遮断されると考えるので，調停条項②において未払給料及び解決金の支払義務が確認され，その授受も終了し，調停条項③において他に何らの債権債務がないことも確認されているから，意思の欠缺など実体法上の瑕疵の有無を問わず，調停調書の既判力に抵触するとのY社の主張が認められることになる。

(b) 平成22年12月4日以降の休業手当請求について　調停成立後の休業手当請求であるが，調停条項①において，12月3日限りで任意退職することが合意され労働契約関係は同日限りで消滅しているので，これが継続していることを前提とする休業手当請求権（労基26条）が発生する理由はないことになる。したがって，この合意についての意思の欠缺など実体法上の瑕疵の有無を問わず，調停調書の既判力に抵触するとのY社の主張が認められることになり，権利濫用を議論する必要はないと解される。

(2) 制限的既判力説に基づく考え方

(a) 平成22年12月3日までの休業手当請求について　実体法上有効なときに限り既判力を有し，意思の欠缺など実体法上の瑕疵があるときは，これを理由とする調停無効の主張が許されると考えるので，調停条項②，③についてXがどのような実体法上の無効・取消事由があると主張立証できるか，Y社がその主張に対してどのような反論を主張立証できるかによって結論が異なることになる。何らかの無効・取消事由がある場合は既判力に抵触するとのY社の主張は認められないので，改めて休業手当請求権の成否について主張立証すべきこととなる。

(b) 平成22年12月4日以降の休業手当請求について　調停条項①の任意退職の合意について，Xがどのような実体法上の無効・取消事由があると主張立証できるか，Y社がその主張に対してどのような反論を主張立証できるかによって結論が異なることになる。何らかの実体法上の無効・取消事由，すなわ

ち私法上の和解契約の面における無効・取消事由がある場合は，既判力に抵触するとのY社の主張が認められないだけでなく，和解契約自体が無効となるのでこれに拘束される理由はなく，これと相反する請求をすることが権利濫用となることもないというべきである。したがって，改めて休業手当請求権の成否について主張立証すべきこととなる。

(3) 既判力否定説に基づく考え方

(a) **平成22年12月3日までの休業手当請求について**　調停の本質は当事者の合意にあり，当事者の合意には実体法上の合意（私法上の和解契約）と手続法上の合意（紛争を終了させようとの合意）があると考え，調停の既判力を全面的に否定し，いかなる場合にも調停無効の主張が許されると考えるので，調停条項②，③についてXがどのような実体法上又は手続法上の無効・取消事由があると主張立証できるか，Y社がその主張に対してどのような反論を主張立証できるかによって結論が異なることになる。いずれかの無効・取消事由が認定された場合は，既判力に抵触するとのY社の主張は認められないので，改めて休業手当請求権の成否について主張立証すべきこととなる。

(b) **平成22年12月4日以降の休業手当請求について**　調停条項①についてXがどのような実体法上又は手続法上の無効・取消事由があると主張立証できるか，Y社がその主張に対してどのような反論を主張立証できるかによって結論が異なることになる。いずれかの無効・取消事由が認定された場合は，既判力に抵触するとのY社の主張は認められないこととなる。手続法上の合意についてのみ無効・取消事由が認定されるが，実体法上の合意（私法上の和解契約）については無効・取消事由が認定されない場合は，これと相反する請求をすることが権利濫用となる可能性がある。私法上の和解契約の面における無効・取消事由がある場合は，和解契約自体が無効となるのでこれに拘束される理由はなく，これと相反する請求をすることが権利濫用となることもないというべきであり，改めて休業手当請求権の成否について主張立証すべきこととなる。

〔藤岡　謙三〕

Q 56 書面尋問の可否

　信号機による交通整理の行われている交差点における出会い頭の交通事故訴訟（物損）において，原告と被告のいずれも，信号機が青色表示の時に交差点に進入したと主張して争っているところ，原告から，事故状況の目撃者を証拠方法とする証拠の申出があった。その証拠申出書には，目撃証人が遠隔地に居住しているため書面尋問によられたいとの付記がされていた。この場合，裁判所はどのように対処すべきか。書面尋問採否の基準や書面尋問の方法などにも触れつつ説明しなさい。

[1] はじめに

　民事訴訟法（以下「法」あるいは「新法」という）205条は，「裁判所は，相当と認める場合において，当事者に異議がないときは，証人の尋問に代え，書面の提出をさせることができる」と規定しており，さらに，法278条において，簡易裁判所の訴訟手続においては，地方裁判所の手続において用いることができない当事者本人の尋問又は鑑定人の意見の陳述に代え，書面尋問の提出をさせることができると規定している。
　旧民事訴訟法（以下「旧法」という）358条ノ3においても同様の規定があったが，旧法では当事者本人については書面尋問の方法によることができなかった。
　新法において当事者本人が追加されたのは，当事者本人についても尋問に代わる書面を提出させるのが相当である場合が少なくないと考えられる上，少額の訴訟を簡易・迅速に処理することを目的とする簡易裁判所の手続においては，主張の面では最初の期日だけでなく続行期日においても準備書面等の陳述擬制が認められていた（旧法358条）にもかかわらず，証拠の面では，本人尋問のために常に出頭を要するものとすると，当事者に不便を強いることになってしまうため，簡易裁判所においては，裁判所が相当と認めるときは，当事者本人に

ついても，当事者本人の尋問に代え，書面尋問の提出をさせることができる書面尋問の制度を認め，当事者の負担を軽減することとしたものである。

ただ，実務においては，代理人（許可代理を含む）がついている事件で当事者本人が出頭できないような場合には，陳述書で代えることが多く，書面尋問の方法によることはほとんどないように思われる。

[2] 書面尋問の要件

書面尋問の方法によるための要件は，地方裁判所の手続では，①裁判所が相当と認めること，②当事者に異議がないことである（民訴205条）が，簡易裁判所の手続では②は要件とされていない（民訴278条）。

(1) 相当性の判断

(a) 証人の負担（出頭又は証言の困難性）と証言の重要性との比較　証人尋問は，証言内容だけでなく，証言態度等も証言を評価する上で重要な証拠資料になるから，本来は，宣誓の上証言させるのが望ましいし，それが直接主義や口頭主義にもかなうことになる。

しかし，証人となる者に，出頭できない事情がある場合も少なくないが，そのような事情があっても尋問の必要性が高く，かつ，その供述が重要性をもつ場合には出張尋問，あるいは調査嘱託による尋問等も考えられるが，そのような手続をとると費用と時間を要し，簡易・迅速な事件処理を目的とする簡易裁判所の手続にはそぐわない面もある。

したがって，裁判所が指定する日時に出頭することが証人に著しい負担をかけることになる場合や裁判所への出頭に要する時間や費用等が，当該事件の内容に比して，均衡を欠くような場合には，書面尋問の方法によるのが相当であると解すべきであろう。

(b) 反対尋問の必要性の程度　書面尋問では，申請当事者の尋問事項に加えて，相手方も回答を求めたい事項を提出することができる（民訴規124条1項）が，反対尋問は行えないことから，書面尋問の方法による場合は，当該証人の立場から中立性や公平性に対する信頼があり，反対尋問を実施しなくても信用できる客観的な供述を得られる見込みがある場合，すなわち，反対尋問の必要性に乏しい場合に実施するのが相当であろう。

(c) 書面での回答方法の相当性　一般的には，簡単に回答ができる場合が書面尋問に向いていると思われるが，尋問事項が専門的事項にわたり，書面尋問であれば，正確な回答が得られるような場合も書面尋問に向いていると思われる。

(d) 相当と認められる例　書面尋問の方法によることが相当な例としては，①病気，老齢，歩行困難，面会謝絶等の身体的障害などの身体的理由により裁判所への出頭が不可能ないし著しく困難な者，②在監中の者など，法律の規定により身体を拘束されている者，③医師，弁護士等，建設会社の現場主任等，多忙又は拘束性の強い業務に従事している者，④第三者的立場である公務員，⑤裁判所所在地から相当程度遠隔に居住していたり転勤したりして，裁判所への出頭が不可能ないし著しく困難な者などが考えられる。

また，証人尋問を採用したが，尋問期日に出頭しなかったような場合，不出頭の理由から書面尋問の方法によることに相当性が認められるのであれば，書面尋問の方法に切り替えることも考えられる。

(2) **当事者に異議がないこと**

先に述べたとおり，簡易裁判所の手続においては，書面尋問の方法によることにつき，相手方当事者に異議がないことは書面尋問の方法によるための要件ではないが，一方当事者が反対しているときにこれを強行してもよい成果が得られないことが多いのみならず，書面尋問は，証人尋問の代用であり，民事訴訟の基本原則である直接主義や口頭主義に反する手続であるため，簡易裁判所の手続においても，事実上，相手方当事者に「異議がないこと」を確認していると思われる。

したがって，簡易裁判所の手続としては，反対当事者の同意が得られない場合は，まず，証人尋問等の期日を指定して証人等を呼び出し，欠席した場合，その理由を吟味し相当と認める場合に書面尋問の方法に切り替えるのが相当であろう。

［3］　書面尋問の手続

(1) **申　　出**

書面尋問を実施するかどうかは裁判所の裁量事項であるが，通常は当事者の

申出による場合が多く，裁判所が書面尋問によることを提案することは少ないと思われるが，書面尋問の手続を知らない当事者に対しては，書面尋問の方法があること，及びその手続を説明した上で申出をさせることはあり得るであろう。

申出は，通常の証人尋問の申出に従い，申出当事者は，尋問事項書を提出しなければならない（民訴規107条1項）が，申出は必ずしも別個独立した申立書による必要はなく，証人尋問の申出書に書面尋問によることを付記するか，あるいは口頭による申出でもよいと解する。

(2) **相手方当事者への意見聴取**

前述のとおり，簡易裁判所の手続では書面尋問を採用するにあたって異議がないことは要件ではないが，採用された際に相手方当事者は回答希望事項書を提出できるから，相手方当事者への意見聴取を求めるのが相当であろう。

(3) **書面尋問の方法による旨の決定**

裁判所は，証人尋問の申出を採用するにあたり，書面尋問の方法による旨を決定するのが一般的であるが，通常の形態による証人尋問の実施を前提に採用決定をしたが，証人の出頭が困難等の事情から書面尋問に切り替える場合があり得るから，書面尋問の方法によるとの決定は，証人尋問の採用と同時に決定しなければならないわけではない。

実施する場合は，相手方も回答を希望する事項を記載した書面を提出することができ（民訴規124条1項），これによって反対尋問に相当する機会を得ることになると考えられている。したがって，実施する旨の決定をした場合には，相手方当事者に対して，期限を設けて回答希望事項書の提出を求める。

(4) **申出当事者の回答希望事項書の提出**

申出当事者は，原則として，証人尋問の申出をするときに回答希望事項書（尋問事項書）を提出する必要がある（民訴規107条1項）のは通常の証人尋問の場合と同様である。

(5) **相手方当事者の回答希望事項書の提出**

民事訴訟規則124条1項によると，書面尋問の方法による旨の決定がなされた場合には，裁判所は，相手方当事者に対し，書面尋問において，回答を希望する事項を記載した書面を提出させることができるとされているが，それでは

書面尋問を採用した後，尋問事項が確定するまで時間を要し，証人に対して尋問事項書を送付する時期や回答書の提出期限が遅くなるので，実務としては，書面尋問の方法による証人申請があり，裁判所が書面尋問の方法による方針を内々固めた時点で，相手方に対し異議の有無，及び異議がない場合には回答希望事項書を提出してもらい，正式に書面尋問を採用する前に，双方当事者及び裁判所との間で尋問事項を調整するのが一般的であると思われる。

(6) 裁判所による尋問事項の確定（証人が回答すべき事項の作成）

裁判所は，申立当事者の尋問事項書及び相手方当事者が回答を希望する事項を記載した書面に基づき，証人に対して回答を求める具体的事項を作成する。証人から適切な回答を得るためには，問いは簡潔かつ具体的にし，一般的には一問一答の方式で回答できるようにすることが望ましい。

また，双方の回答希望事項書について，質問が誘導であるとか，不明確であるなど，それぞれの回答希望事項書に意見が付されることも多いので，裁判所としては，双方当事者の意見を聴取の上，申出当事者提出の尋問事項書と相手方当事者提出の回答を希望する事項を検討し，重複した尋問事項は1つにまとめるなどし，さらに，裁判所が補充的に尋問すべきであると考える事項がある場合はこれを付加することになろう。

なお，この際，どの尋問事項が誰の質問かは示す必要がないし，示すことは不適当でもあると思われる。

(7) 回答書面の提出期限の定め（尋問に代わる書面の提出期間の定め）

前項の尋問事項書が確定すると，裁判長（簡易裁判所では裁判官）は，証人が尋問に代わる書面（回答書）を提出すべき期間を定める（民訴規124条2項）。

民事訴訟規則では，提出期間を定めることができると規定しているが，実務では，書面尋問の採用決定とともに回答書の提出期限を定めて証人等目録の証拠調べの施行の指定期日の年月日欄に「書面尋問，提出期限平25．3．31」というように記載して，記録上明らかにすることが多い。これは，もし，提出期限を定めておかないと，証人においてはいつまでに回答すればよいのか判断に困るし，裁判所としても，いつまで回答書を待てばよいのかの目安が必要であるからである。

提出期限については，質問内容や質問の量によって，一概に定められないが，

あまり短いと証人の負担になるし，長すぎると証人が放置してしまい，かえって回答書の提出が遅くなることも考えられる。書面の往復の郵送期間を1週間程度と考え，提出期限は，尋問事項を発送する日から2週間ないし1ヵ月後とすることが多いと思われる。

(8) **尋問事項書等の送付**

裁判所書記官は，証人に対し，裁判所において検討作成した回答すべき事項又は尋問事項が記載された書面を送付するが，特別送達の方法による必要はない。実務では，書留あるいは簡易書留の方法で郵送することが多い。

なお，外国に居住している証人に対して書面尋問を実施する場合，書面尋問はいわゆる外国での証拠調べの1つに該当するから，外務省に依頼するなど所定の手続を経るべきであるとの考え方が多数であるが，書面尋問は宣誓もなく回答を強制するものでもないことから，国際郵便などを利用する方法でもよいとする考え方もある。

(9) **説明書の添付**

実務では，証人に抵抗なく回答してもらうために，証人に対し尋問事項書を送付する際，質問事項書とともに，裁判所書記官名で，①裁判所の法廷での証人尋問に代えて書面を提出してもらう旨の決定がされたこと，②書面尋問の概略についての説明，及び，③裁判長（簡易裁判所では裁判官）が定めた提出期間等を記載した説明書を同封している（後記 [5] (3)の書式参照）。

(10) **回答書への署名押印**

回答書は，証人の口頭弁論期日による供述に代わるものであるから，証人の真意に基づいて作成されたものであることを担保するために，証人は，回答書に署名押印しなければならない（民訴規124条3項）。

したがって，回答書に証人の署名押印欄を設けるだけでなく，前記の説明書の中でもその旨説明しておくべきであろう。

(11) **宣誓書**

通常の証人尋問とは異なり，書面尋問の方法においては，宣誓書の添付は要求されず，宣誓をさせることも，また鑑定におけるような書面宣誓の方法（民訴規131条2項）によることもできない。この回答書の提出命令には強制力がなく，その不提出に対して制裁を課すこともできない。

(12) 返送用郵券（郵便切手）の送付

送付にあたっては，返送用の相当額の郵券を添付する。万一の場合を考え，返送は書留あるいは簡易書留によることを依頼するとともに，それ相当額の郵券を同封し，宛名を記載した返送用の封筒を同封するのが望ましい。

［4］ 回答書提出後の手続

(1) 証人からの裁判所への回答書の提出

証人から回答書が提出された場合，裁判官書記官は，証人等目録の備考欄に回答書が裁判所に到着した日を記載するとともに当事者双方に回答書が提出された旨の連絡をする。

(2) 口頭弁論での顕出等

裁判所は，口頭弁論において，回答書を顕出し，当事者に意見陳述の機会を与える。通常は，当事者のどちらからかその写しを証拠として提出することになるが，顕出によって，当事者が証拠として提出しなくてもその回答内容を証拠資料とすることができる。

(3) 証人の日当等

書面尋問の方法による場合，証人は裁判所に出頭するものではないし，場所的な移動が求められるものではないから，旅費及び宿泊料を請求することはできない。日当についても回答書作成のために時間的に拘束されることは事実であるが，その拘束時間を定量的に測ることが困難であるから，請求できないものと解される。

［5］ 事例の検討

(1) 書面尋問の採否について

事例における目撃証人は，紛争解決にあたって極めて重要な証人であることが認められるところ，証人が遠隔地に居住していることから，中立性及び公平性を確保でき，かつ，反対当事者に異議がなければ積極的に採用すべき事案であると考えられる。

なお，もし，相手方が異議を述べるなどして，書面尋問を採用しない場合は，日程を調整の上，目撃証人に出頭して証言させるか，陳述書を提出させること

になろうが，後者による場合には，必ずしも相手方当事者が聞きたいことが陳述書に盛り込まれていないこともあるので，相手方当事者を説得して書面尋問の方法によるのが好ましいと思われる。

(2) 決定の書式例

```
平成〇〇年（ハ）第〇〇〇号
                              原　告　　〇　〇　〇　〇
                              被　告　　〇　〇　〇　〇

                決　　　　　定

　上記当事者間の損害賠償請求事件について，当裁判所は，原告申出証人〇
〇〇〇を採用し，同証人に対し，別紙尋問事項につき，その尋問に代えて書
面の提出を命じる。
　書面の提出期間は，平成〇〇年〇〇月〇〇日までとする。

　　　平成〇〇年〇〇月〇〇日
　　　　　〇〇簡易裁判所
　　　　　　裁判官　　〇　〇　〇　〇
```

(3) 説明書の書式例

```
                                      平成〇〇年〇〇月〇〇日
証人　〇〇〇〇　様

                    〒〇〇〇－〇〇〇〇
                    〇〇市〇〇町〇〇
                        〇〇簡易裁判所民事公判〇係
                            裁判所書記官　〇　〇　〇　〇
                            電話　（xxxx）xx-xxxx
                            FAX　（xxxx）xx-xxxx

            書面尋問に対する回答書の提出について
```

原告〇〇〇〇，被告〇〇〇〇間の当庁平成〇〇年（ハ）〇〇〇号損害賠償請求事件について，あなたが証人として採用され，民事訴訟法278条により，裁判所での証言に代えて書面を提出してもらうことに決定されました。

つきましては，別紙「質問回答書」の質問事項について，あなたが記憶している事実を回答欄に記載し，平成〇〇年〇〇月〇〇日までに，当庁民事公判〇係まで，書留郵便あるいは簡易書留郵便で返送してください。

なお，記載にあたっては，次の点に注意してください。

1 あなたの回答は，上記事件の証拠となるものですから，あなたが自分で記憶している事実をありのままに記載してください。

回答欄に記載できない場合は，別紙に記載していただいても結構ですが，その場合には，送付した回答書の末尾に添付の上，回答書と別紙とを契印していただくか，別紙に年月日を記載し，署名押印してください。

また，回答は，独自にパソコンなどで回答書を作成したものでも結構ですが，その場合は，末尾に年月日を記載し，署名押印をしてください。

2 回答の内容は，別紙「質問回答書」の回答欄に自ら記載し，末尾に日付を記載の上，署名，押印してください。

3 返送用として，〇〇〇円分の切手を同封いたしますが，ご不明の点がありましたら，担当書記官にお問い合わせください。

(4) 回答書の書式例

平成〇〇年（ハ）〇〇〇号　損害賠償請求事件

　　　　　　　　　　質　問　回　答　書

1 あなたは，平成〇〇年〇〇月〇〇日午後〇〇時〇〇分ころ，奈良市〇〇1―2―3先の交差点で発生した乗用車と2トントラックとの交通事故（以下「本件事故」といいます。）の現場に居合わせましたか。
（答）
2 本件事故当時，あなたは，どこからどこへ向かう予定でしたか。
（答）
3 あなたの視力を教えてください。当時，眼鏡又はコンタクトレンズ等を使用していた場合は，これらを使用した場合の視力を教えてください。
（答）

4　あなたが2台の車が衝突したことに気づいたのはいつですか。衝突の瞬間ですか，それとも衝突から何秒か経ってからですか。
（答）
5　同封の図面を見てください。
　　この図面は，本件事故当時の現場付近の図面（上が北方向）で，下から上（南から北）へ走向していたのが乗用車，左から右（西から東）へ走向していたのが2トントラックですが，本件事故を目撃した時，あるいは気づいた時，あなたはこの図面のどのあたりにいましたか。その位置を赤色か朱色のペンで記入してください（車に乗っていた場合は，車の位置，及び進行方向がわかるように記載してください。）。
6　2台の車が衝突した時，あなたは衝突地点から何メートルくらい離れた位置にいましたか。
（答）
7　あなたは，本件事故に気づいた時，交差点の信号の色を確認していますか。確認している場合，それぞれの信号は何色でしたか。もし，信号の色が変わったのであれば，どちらの信号の色がどのように変わりましたか。
（答）
8　あなたが信号の色を確認したのは，2台の車が衝突した瞬間を基準とすると，それより前ですか，後ですか。また，衝突の瞬間の時間差はどのくらいですか。
（答）
9　本件事故当時の2台の車の速度はどの程度でしたか。
（答）
10　その他，本件事故について記憶していることがありましたら，できるだけ詳しくお書きください。
（答）

　　　　　以上のとおり間違いありません。
　　　　　　　平成〇〇年〇〇月〇〇日
　　　　　　　（住　所）
　　　　　　　（職業・年齢）
　　　　　　　（氏　名）　　　　　　　　　　　　㊞
　　〇〇簡易裁判所　御中

〔柏森　正雄〕

Q 57

消滅時効の抗弁と請求原因についての判断の省略

　Xは、以前、Y株式会社で季節労働者として働いていたが、上司から執拗な嫌がらせを受けたため辞職した。その後、Xは、上記嫌がらせについてY社も使用者としての責任を負うとして、Y社に対し、慰謝料100万円の支払を求める訴えを提起した。Y社の訴訟代理人弁護士は、「原告（X）の請求を棄却する。請求原因事実は全部否認する。仮に被告（Y社）が使用者責任を負うとしても、上記嫌がらせのときからすでに3年が経過しており、原告の被告に対する損害賠償請求権はすでに消滅しているので、被告は、この消滅時効を援用する」との答弁書を提出しただけで、第1回口頭弁論期日には出頭しなかった。この場合、裁判所は、請求原因事実について審理することなく判決することができるかについて説明しなさい。

［1］　問題の所在

　XがY社に対し勝訴するためには、Xの主張する請求原因事実が認められ、かつ、Y社の主張する抗弁事実が認められないことが要求される。つまり、請求原因事実が認められないか、又は抗弁事実が認められるかのいずれかであれば、Xの請求は棄却される。

　そこで、本問では、裁判所は、請求原因事実の審理を省略して、同事実の成否を判断せず、又は、仮に同事実が認められるとした上で、抗弁事実が認められることを理由にXの請求を棄却する判決をすることが許されるかを問題とする。処分権主義、弁論主義、職権進行主義など民事訴訟法の骨組みを考察しながら、本問の問題点を検討する。

[2] 処分権主義及び弁論主義等の概略

(1) 処分権主義及び弁論主義

　民事訴訟では，私的自治の原則に従い，当事者が自ら望む権利関係の有無及び存否の判断を裁判所に求めて，訴えを提起することも，又は訴えを取り下げることも，当該権利関係の主体たる当事者の自由な裁量に委ねるとする処分権主義が採用される（民訴246条・261条など）。

　また，訴訟物たる権利関係の基礎及び根拠をなす事実の確定に必要な裁判資料（訴訟資料たる事実と証拠資料たる証拠）の収集を当事者の権能と責任に委ねるとする弁論主義が採用される。弁論主義を直接に規定する民事訴訟法の条文はないが，弁論主義を前提とする規定がみられる（民訴159条・179条等）。

　弁論主義から，裁判所は，口頭弁論において，当事者が訴訟物を根拠づける主要な事実を主張しない限り，仮に証拠調べ等の結果において当該事実が認められると判断し得たとしても，判決の判断の基礎に当該事実を認定することは許されない。つまり，自己に有利な法律効果を受けようとする当事者は，主張責任として，その法律効果をもたらす主要な事実を主張しない限り，当該事実の認定がなされることはないという不利益が課せられることになる。

　さらに，当事者間で当該事実に争いがある場合には，裁判所は，証拠に基づき当該事実が認められるか否かを判断する。当事者本人尋問など例外的に裁判所が職権で証拠調べをすることができる場合（民訴207条1項）を除き，原則として証拠の申出（事実を立証）をして立証するのは，当事者の権能，かつ，責任である（民訴180条）。裁判所が自らの心証（民訴247条。自由心証主義）によって当該事実につき真偽いずれとも判断がつかない場合には，当該事実は認められない。つまり，当該事実が認められることによって有利な法律効果を受けようとする当事者は，立証責任として有利な法的効果を受けられないという不利益が課せられることになる。

(2) 請求の趣旨及び原因

　処分権主義により，当事者である原告は，裁判所に訴えを提起することができ，原告が訴状を裁判所に提出することから民事訴訟は始まる。その訴状には，原告は請求の趣旨及び原因を記載しなければならない（民訴133条1項・2項）。

請求の趣旨は，請求認容の判決主文に対応し，訴訟物（訴訟の対象）に対する判断の結論を示すものであって，簡潔かつ一義的に表示することが要求される。また，請求の原因は，請求の趣旨と相俟って訴訟物たる権利義務関係を特定させ，あるいは訴訟物たる権利義務関係の有無及び存否を理由づける事実をいう。

(3) **本問へのあてはめ**

訴訟物は，XのY社に対する上司某（以下，「A」という）の不法行為に基づく使用者責任としての損害賠償請求権である（民709条・715条）。

請求の趣旨は，「Y社は，Xに対し，金100万円を支払え。」となる。この請求の趣旨のみでは，実体法上のいかなる請求権に基づくのか明示されていないので，訴訟物の特定及び理由づけが不十分である。

そこで，請求の原因として，XがY社に対し，AのXに対する不法行為に基づくY社の使用者責任としての損害賠償請求であることを補足して示さなければならない（民709条・715条）。さらに，慰謝料という損害賠償請求権が発生する（法律効果）ためには，その成立に必要な事実（法律要件）を過不足なく主張しなければならない。

本問に即して具体的にいうと，①Xが一定の権利又は法的利益を有すること（季節労働者としてY社で就労を継続し得る権利ないし法的利益），②Aの故意（又は過失）による加害行為があること（Xに対する執拗な嫌がらせなど不法行為性），③Xの損害発生の事実があること及びその数額（Y社での就労を断念せざるを得なかったこと及びその精神的損害として慰謝料100万円），④Y社のAに対する指揮監督関係があること（AはY社の従業員であること），⑤上記②のAの行為が，Y社の事業の執行についてなされたものであること（AのXに対する執拗な嫌がらせはY社の職務に関連すること）の必要かつ十分要件を満たす具体的な事実を記載しなければならない。

［3］ 職権進行主義による審理方法

(1) **審理の進め方**

民事訴訟は，職権進行主義を採用し，原則として裁判所に審理手続の進行についての決定権を与える（期日指定権＝民訴93条，訴訟指揮権＝民訴148条など）。

これは，裁判所が中立的な機関として，相対立する当事者の主張を前提に，

判決でもって原告の請求が認められるか否かを判断する（民訴250条）が，その判断過程としての審理についての権限は，弁論主義の守備範囲とは関係なく，いわば行司役として裁判所が担うのが合理的であると考えられるからである。しかし，裁判所が当事者の意見を聴いて審理に関する事項を決定する旨の規定があること（民訴168条・175条・202条2項・207条2項など），そもそも民事訴訟は当事者主義を建前としていることに鑑みると，裁判所は，当事者の意思を尊重し，適正かつ円滑な審理の実現を図るべきであろう。

(2) **当事者の訴訟行為**

裁判所は，審理の進行として，原告主張の請求原因事実に対する被告の答弁を求める。被告は答弁書等の書面を提出する（民訴161条・162条）か，又は口頭弁論期日において口頭による陳述をするか，いずれかの方法によらなければならない。ただし，簡易裁判所における特則として民事訴訟法276条（準備書面の省略），277条（続行期日における陳述擬制）がある。

被告の答弁としては，認める（自白という。民訴179条），否認する，不知（民訴159条2項），沈黙（民訴159条1項本文）の4つがある。被告が認めるか，又は沈黙する場合には，原則として請求原因事実について当事者間に争いがないとして，原告は立証の要がなく（民訴179条），裁判所は請求原因事実をそのとおり認定しなければならない。他方，被告が否認する又は知らないと答弁する場合には，当事者間で請求原因事実につき争いがあるとして，原告は請求原因事実が認められるための立証をしなければならない。

さらに，被告は，原告が主張する請求原因事実に基づく法律効果を前提としながら，その法律効果の発生を妨げ，又はそれを消滅させる目的で，別の事実を主張することができる（抗弁）。そして原告は，その抗弁事実につき認否をし，同様にしてその抗弁事実を前提にして，別の事実を主張することができる（再抗弁）。以下，再々抗弁と論理上は続くが，訴訟の実際では，大半は抗弁までの主張でとどまる。

(3) **本問へのあてはめ**

Y社は，Xの主張する請求原因事実を全部否認するが，仮に請求原因事実が認められる場合にはそのままではY社が敗訴するおそれがあるので，それに備える防御方法として，予備的に消滅時効の援用という抗弁事実を主張する必要

がある。このような抗弁の仕方は仮定的抗弁と呼ばれるが、本問のような例のほか、実務上、貸金返還請求事件で、被告は、金銭消費貸借契約に基づく貸金返還請求権（民587条）の根拠となる主要な事実の1つである金銭の授受という事実を否認した上で、予備的に弁済を主張する例がみられる。

ところで、Xが勝訴するためには、請求原因事実のすべてが認められなければならないが、そのうち、Xは、職務において上司であったAから執拗な嫌がらせを受けたという事実を立証しなければならない。立証方法としては、少なくともAの証人尋問とXの本人尋問が予想される。しかし、XとAのそれぞれの言い分が食い違うことが予想され、いわゆる水掛け論に終わる可能性が高い。そうなれば、Xとしては、利害関係を有しない第三者の証言が必要となるが、Y社内での出来事となれば、従業員以外の中立的立場に立つ第三者を証人として申請することは容易でないと予想され、Xが立証に成功することは容易ではない。他方、Y社の援用した消滅時効（民144条・145条）の抗弁事実は比較的容易に認められる。つまり、不法行為による損害賠償請求権は、被害者が損害及び加害者を知った時から3年間行使しないときは時効によって消滅する（民724条）。被害者たるXが加害者たるAによって執拗に嫌がらせを受けていた時期から起算して3年間を経過していれば、Xの慰謝料請求権は消滅時効にかかる。3年以上の期間経過は客観的に確定し得る事実なので、特段に証拠を要するものではない。

そうすると、本問のような事案では、請求原因事実の審理として証拠調べを経て、仮に請求原因事実のすべてが認められるとしても、抗弁事実が認められる可能性が高く、Xの請求は棄却されるという訴訟結果が濃厚となる。

[4] 請求原因についての審理の省略の適否

(1) 対立する見解

そこで、Xは、Y社の消滅時効の抗弁に対し、さらに再抗弁の事実（例えば民法147条の時効の中断事由など）を主張し、再抗弁の事実が認められると、Xが勝訴する可能性は残る。その際には、前提として請求原因事実が認められていないと、Xは勝訴判決を得られないので、請求原因事実の審理及び判断を省略することはできない。

しかし，Xが再抗弁の事実を主張していない場合には，裁判所は，費用と労力の訴訟経済の面から，請求原因事実に関する審理を省略して，直ちに抗弁事実の審理を経て，Xの請求を棄却する判断をすることが許されるかが問われる。

これについては，被告から仮定的抗弁が出された場合には，裁判所は，まず本来的主張について審判をなし，それが認められないときに仮定的主張について審判するのが通常であるが，法律上は，当事者が付した主張の順序に拘束されるものではない。理由として，攻撃防御方法たる事実についての判断は，判決理由中の判断であり，既判力が生じないからである。ただし，相殺の抗弁については，既判力が生じる（民訴114条2項）ので，本来的主張が認められない場合に初めて，仮定的抗弁としての相殺の事実が審判の対象となるとする考えがある（伊藤眞『民事訴訟法』〔第3版4訂版〕290頁）。

このような考え方を前提にした場合に，理論的，形式的にはやや問題があるとしても，裁判の目的である紛争の適正，妥当な解決の実現という観点からみれば，仮に原告主張の請求権が存在したとしても，結局時効消滅したことを争えなければ，請求原因の審理を行うのは理論の遊戯にすぎず，実質的な必要性がないことを理由とする見解もある（畦上英治・曹時26巻11号36頁）。

他方，裁判所は，必ず請求原因，抗弁，再抗弁と論理的順序に従って判断しなければならず，この建前は崩すべきではないとする考え方がある（司法研修所編『民事判決起案の手引』〔10訂〕58頁）。例えば，本問のような場合に，第1審で再抗弁が主張されてなくても，控訴審で再抗弁が主張されることがあり得る。その場合には，控訴審は請求原因からの審理を経なければならない。そうなると，請求原因に対する第1審の審理がなかったことになり，審級の利益を失わせる不当な結果が生じることになる。

これに対しては，前者の肯定する見解からは，控訴審で初めて再抗弁が主張されることは稀であり，そのような稀有な事例に備えて請求原因から審理してその判断をするのは現実的でない。また，控訴審に至って再抗弁が主張されても，時機に後れた攻撃防御方法として却下される（民訴157条）可能性もある。勝訴か敗訴かという裁判の目的から考えれば，理論的には問題があるにしても，原告の請求が棄却されるという結論に変わらない限り，請求原因の判断を省略しても差し支えないのではなかろうかと批判される（宮崎富士美『設例民事の実

務』〔増補改訂〕298頁)。

(2) 問題点の検討

　肯定的な見解は，いわゆる費用対効果という訴訟経済の面のみに重点を置いているように窺える。しかし，そもそも民事訴訟は当事者のためにあるという視点から再考すべきものではなかろうか。

　確かに，裁判所は，訴訟手続を進行する上で，当事者に余計な費用や労力を負担させないように配慮することは必要なことである。また，当事者は裁判で負けることは承知の上でも，相手当事者に対し，いわば嫌がらせのために訴訟をするような事案も実務上散見される。しかし，敗訴した当事者においても，裁判所に対し，訴訟の審理が適正に行われ，証拠に基づいた合理的な判断が下されることを期待し，それによって訴訟結果に納得することができるのではなかろうか。

　そうであるとすれば，当事者は，主文としての判決の結論のみならず，判決の理由中の判断にも関心が向けられ，結果的に無駄な時間や費用を掛けたとしても，むしろ適正な裁判手続を望むのではないかと考えられる。

　本問においても，Xは，結論として，本件の請求権が消滅時効にかかるとして請求棄却の判断を受けるとしても，その請求権そのものが認められるものであるのか否かに強い関心をもち，それに関する裁判所の判断を期待して，訴訟に臨んでいるかもしれない。裁判では，むろん結論は当事者の最大の関心事であるかもしれないが，訴訟の過程（プロセス）も重要であり，手続の保障は，単に口頭弁論期日の呼出しを受けるなど形式面にとどまらず，適正な審理を受けるという審理の内容にも及ぶものと考えられる。

　したがって，請求原因が認められたとしても，次の段階の抗弁が認められる結果，原告の敗訴が必定であるので，証拠調べ等を経て請求原因の成否の判断を経ることは訴訟費用と労力の無駄であると早計して，請求原因の審理を省略することは許されるべきではない。また，仮に請求原因事実は認められるというような仮定的な認定はそもそも許されるものではない。加えて，本問では，請求原因事実の審理及び事実の認定の結果，少なくとも不法行為の存在が認められない限り，その損害賠償請求権の消滅時効の起算日を確定することは困難であると考えられる。

因みに，被告は，請求原因に対しいかなる応答をするかは自由であり裁量を有しているので，自らにおいて訴訟の費用対効果の観点から，原告の再抗弁の見込みはなく，自己の勝訴見込みが高いと判断するならば，一方策として，仮定的抗弁ではなく，請求原因事実を認めるという自白した上で，抗弁を主張することで，審理の促進を図り，早期解決を求めることも可能であろう。

　いずれにしても，民事訴訟は誰のためにあるのかという原点を見据えれば，裁判所は，迅速かつ円滑な訴訟は望ましいが，訴訟の適正を保持する上で，安易な訴訟審理は極力避けるべきであろう。

〔大石　喜代一〕

Q58

賃貸借終了に伴う建物明渡請求訴訟における和解条項

　Xは，Yに対し，Yの賃料不払いを理由とする建物賃貸借契約の解除に基づき建物明渡しと，未払賃料（5ヵ月分）及び賃料相当損害金の支払を求めて提訴した。これに対し，Yは，請求原因事実をすべて認めたうえで，建物明渡しの猶予と未払賃料等の分割払いを求めた。そこで，訴訟上の和解が行われたところ，Xから，本件建物明渡しを2ヵ月間猶予すること，未払賃料には敷金を充当した上で残額を6回の分割払いとすることで了承を得るとともに，期限までに必ず本件建物を明け渡し，かつ，未払賃料を約束どおりに分割払いしてくれるのなら，契約解除日から建物明渡猶予期限までの賃料相当損害金については，支払を免除してもかまわないとの申入れがあった。この場合，どのような和解条項にするのが相当か。

[1] はじめに

　簡易裁判所に提起される建物明渡請求訴訟のほとんどは，賃料未払いを理由とする事案である。この訴訟で和解成立に至るためには，未払賃料の分割払いと猶予期限までの建物明渡しの履行をいかにして担保するかが重要となる。そのために，賃借人の資力を考慮しながら，期限の利益喪失条項や遅延損害金条項などを，条件付免除条項も交えながら定めるケースが多く，訴訟代理人の方々にも御協力いただきたいところである。そこで，少しでもそのお役に立てればとの思いから，和解条項例を示すとともに，留意したい事項をあげてみたい。

［2］ 賃貸借契約終了の条項

(1) 解除による終了を確認する場合

> 1　被告は，原告に対し，別紙物件目録記載の建物（以下「本件建物」という。）についての本件賃貸借契約が，平成○年○月○日［解除の意思表示の到達日］に，解除により終了したことを確認する。

　和解成立日以前の過去の時点において，賃貸借契約が解除により終了したことを確認する条項である。和解においては，過去の事実の確認も許される。

(2) 事由を明記して解除による終了を確認する場合

> 1　被告は，原告に対し，別紙物件目録記載の建物（以下「本件建物」という。）についての本件賃貸借契約が，平成○年○月○日［解除の意思表示の到達日］に，被告の債務不履行を理由とする解除により終了したことを確認する。
>
> 又は
>
> 1　被告は，原告に対し，別紙物件目録記載の建物（以下「本件建物」という。）についての本件賃貸借契約が，平成○年○月○日［解除の意思表示の到達日］に，被告の賃料不払いを理由とする解除により終了したことを確認する。

　賃貸借契約終了に基づく建物明渡請求の訴訟物について，終了事由のいかんにかかわらず1個であるとする一元説に立てば，理論的には，終了事由の特定は不要である。しかし，実務では，当事者が明示を望んだ場合や，賃借人の賃料不払を理由に和解条項全体の内容を厳しくしている場合には，事由を明記することもある。

(3) 和解成立日をもって合意解除する場合

> 1　原告と被告は，別紙物件目録記載の建物（以下「本件建物」という。）についての本件賃貸借契約を，本日，合意解除する。

　当事者の合意によって賃貸借契約を解除する形成条項である。

(4) 将来の期限が到来することを条件に合意解除する場合

> 1　原告と被告は，別紙物件目録記載の建物（以下「本件建物」という。）についての本件賃貸借契約を，平成○年○月○日限り，合意解除する。
>
> 又は
>
> 1　原告と被告は，別紙物件目録記載の建物（以下「本件建物」という。）についての本件賃貸借契約が，引き続き存続していることを確認する。
> 2　原告と被告は，本件賃貸借契約を，平成○年○月○日限り，合意解除する。

　実務ではあまり見られないが，合意解除の効力発生を和解成立日よりも将来の期限の到来にかからしめ，その期限が到来することによって賃貸借契約が当然に解除されることにする期限付合意解除の形成条項である。

　この期限付合意解除については，借地借家法26条及び28条の適用を排除することになるので，借地借家法30条との関係でその効力が問題となるが，最判昭31・10・9民集10巻10号1252頁は，期限付合意解除も，「他にこれを不当とする事情の認められない限り」，借地借家法30条（旧借家6条）に該当せず，有効と解しているとされている。

　条項例の2つ目は，和解成立日までに賃貸人が賃借人に対して賃貸借契約解除の意思表示を行っていた場合に，この解除をいったん失効させた上で，改めて将来の期限の到来をもって合意解除する場合である。

[3]　明渡猶予条項・明渡条項

(1) 単純な場合

> 2　原告は，被告に対し，本件建物の明渡しを，平成24年8月31日まで猶予する。
> 3　被告は，原告に対し，前項の期日限り，本件建物を明け渡す。

　3項の明渡条項で「前項の期日限り」として，2項の明渡猶予期限と同日を

もって明渡期限と記載すると，2項では，被告が占有できる期間を平成24年8月31日の満了までとしているにもかかわらず，3項では，平成24年8月31日に明渡しの強制執行の開始が可能になり，両条項に矛盾が生じることになるので，明渡猶予期限の翌日（平成24年9月1日）をもって明渡期限とするのが相当であるとの見解がある。

この見解は，確定期限を「日を以て」定めたのだから，当該日の午前0時の時点において期限が到来し，その時から遅滞の責任を負うことになるから（民412条1項），執行開始要件が備わると考えるのであろうが，これは技術的にすぎるように思う。第3項で明渡猶予期限の翌日（平成24年9月1日）限り明け渡すと記載すると，当事者に，その日に明け渡せば許されるとの誤解を与えないだろうか。当事者の意思としては，明渡猶予期限日（平成24年8月31日）の午後12時までに建物を明け渡せばよいと理解していることに疑いはないから，むしろ確定期限を「時間を以て」定めたが，和解調書上は時刻までは記載しなかったと解釈できないだろうか。

(2) 敷金返還と引換えに明け渡す場合

> 2　原告は，被告に対し，本件建物の明渡しを，平成〇年〇月〇日まで猶予する。
> 3　被告は，原告に対し，前項の期日限り，第〇項により本件賃貸借契約締結の際に被告が原告に差し入れた敷金（以下「本件敷金」という。）の返還として原告から〇万〇〇〇〇円の支払を受けるのと引き換えに，本件建物を明け渡す。

敷金返還債務と建物明渡債務との同時履行関係については，後記を参照いただきたい。

[4] 未払賃料の支払条項

(1) 単純に分割払いする場合

> 4　被告は，原告に対し，本件賃貸借契約に基づく平成〇年〇月分から平成〇年〇月分までの未払賃料として合計〇万〇〇〇〇円の支払義務があ

ることを認める。
5　被告は，原告に対し，前項の金員を，次のとおり分割して，毎月○日限り，原告方に持参又は送金して支払う。
　(1)　平成○年○月から平成○年○月まで○万○○○○円ずつ
　(2)　平成○年○月に○万○○○○円
6　被告が前項の分割金の支払を２回怠ったときは（又は「被告が前項の分割金の支払を怠り，その金額が○万円に達したときは」），被告は期限の利益を当然に失い，被告は，原告に対し，第４項の金員から既払金を控除した残額及びこれに対する期限の利益を失った日の翌日から支払済みまで年○パーセントの割合による遅延損害金を直ちに支払う。

　分割払いの期間については，賃料相当損害金の支払義務が発生する可能性があることも考慮して支払能力を検討し，かつ明渡猶予期限後における回収の確実性にも配慮して，慎重に定めるべきであろう。
　遅延損害金利率については，貸主が「業」として当該賃貸借契約を締結した場合であれば，消費者契約法９条２号所定の14.6パーセントが認められる余地がある。

(2)　分割払いを怠った場合には直ちに明け渡して遅延損害金も付加する場合

4　被告は，原告に対し，本件賃貸借契約に基づく平成○年○月分から平成○年○月分までの未払賃料として合計○万○○○○円の支払義務があることを認める。
5　被告は，原告に対し，前項の金員を，次のとおり分割して，毎月○日限り，原告方に持参又は送金して支払う。
　(1)　平成○年○月から平成○年○月まで○万○○○○円ずつ
　(2)　平成○年○月に○万○○○○円
6　被告が前項の分割金の支払を２回怠ったときは（又は「被告が前項の分割金の支払を怠り，その金額が○万円に達したときは」），
　(1)　被告は第２項の本件建物明渡猶予の期限の利益を当然に失い，被告は，原告に対し，本件建物を直ちに明け渡す。

> (2) 被告は前項の未払賃料の分割支払の期限の利益を当然に失い，被告は，原告に対し，第4項の金員から既払金を控除した残額及びこれに対する期限の利益を失った日の翌日から支払済みまで年〇パーセントの割合による遅延損害金を直ちに支払う。

　未払賃料の分割払いを怠った場合の明渡猶予の期限の利益喪失条項については，賃借人側の不利益が大きいので，付加する際は慎重な判断を要する。未払賃料の総額，賃借人の賃料の支払状況・資力，賃料相当損害金の支払義務の有無，明渡猶予期間の長短などの要素から判断されることになろう。
　明渡猶予の期限の利益を実質的に付与しているのは2項であるが，実務では，期限の利益喪失後の給付という点に着目して，「第3項の本件建物明渡猶予の期限の利益を当然に失い」と記載する例も多い。

(3) 敷金を充当する場合

> 4　被告は，原告に対し，本件賃貸借契約に基づく平成〇年〇月分から平成〇年〇月分までの未払賃料として合計〇万〇〇〇〇円の支払義務があることを認める。
> 5　原告と被告は，本件賃貸借契約締結時に被告から原告に差し入れた敷金（以下「本件敷金」という。）〇万〇〇〇〇円を，前項の金員に充当する。
> 6　被告は，原告に対し，前項による充当後の未払賃料残金〇万〇〇〇〇円を，次のとおり分割して，毎月〇日限り，原告方に持参又は送金して支払う。
> (1) 平成〇年〇月から平成〇年〇月まで〇万〇〇〇〇円ずつ
> (2) 平成〇年〇月に〇万〇〇〇〇円
> 7　被告が前項の分割金の支払を2回怠ったときは（又は「被告が前項の分割金の支払を怠り，その金額が〇万円に達したときは」），被告は期限の利益を当然に失い，被告は，原告に対し，第6項の金員から既払金を控除した残額及びこれに対する期限の利益を失った日の翌日から支払済みまで年〇パーセントの割合による遅延損害金を直ちに支払う。

敷金の金額は賃料の1～3ヵ月分くらいが通例であるところ，簡易裁判所に提起されてくる事案では，未払賃料額がそれ以上の月数に及んでいることが多い。そこで，敷金の全額を充当しても未払賃料の残額がある場合を示した。

敷金返還請求権の発生時期については，明渡時とするのが判例・通説である（最判昭48・2・2民集27巻1号80頁，最判昭49・9・2民集28巻6号1152頁）。この説からすれば，明渡猶予期間中には，敷金を未払賃料に充当する論理的必然性はない。しかし，和解では，当事者が合意するならば，もちろん可能である。

[5] 明渡猶予期間中の賃料相当損害金の支払条項

(1) 分割払いする場合

> 8　被告は，原告に対し，賃料相当損害金として，平成○年○月○日［解除日の翌日］から第2項の明渡猶予期限まで（ただし，被告が第2項の明渡猶予期限より前に本件建物を明け渡した場合は，明渡済みまで），1ヵ月○万○○○○円の割合による金員を，平成○年○月から支払済みまで，毎月○日限り，○万○○○○円ずつ（最終回は○万○○○○円以下の端数）分割して，原告方に持参又は送金して支払う。

賃借人が明渡猶予期限よりも早く明け渡した場合にも対応した条項の工夫例としては，上記のほかに，明渡猶予期間後の賃料相当損害金まで通して，「被告は，原告に対し，賃料相当損害金として，平成○年○月○日［解除日の翌日］から本件建物の明渡し済みまで，……」とする方法もあろうが，明渡猶予期間中の賃料相当損害金の支払義務を免除する場合には，明渡猶予期間中と期間後とで区別されていないと不都合であろう。また，明渡猶予期間が短い場合には，賃借人が明渡猶予期限よりも早く明け渡しても，賃料相当損害金の日割計算をしないことにして，その旨の但書を加える方法も考えられる。

(2) 免除する場合

> 8　原告は，被告に対し，本件建物についての平成○年○月○日［解除日の翌日］から第2項の明渡猶予期限までの賃料相当損害金の支払義務を免除する。

未払賃料の総額と分割払期間，賃借人の賃料の支払状況・資力，明渡猶予期間の長短，明渡後における回収の確実性などの要素から考えて，明渡猶予期間中の賃料相当損害金の支払義務の履行が見込めない場合には，これを免除することもあり得えよう。

特段の定めをしなければ，包括的な清算条項によって請求できなくなるが，明示をするために本条項を加えるほうが好ましいのではなかろうか。

(3) 条件付きで免除する場合

> 8　被告は，原告に対し，賃料相当損害金として，平成○年○月○日［解除日の翌日］から第２項の明渡猶予期限まで（ただし，被告が第２項の明渡猶予期限より前に本件建物を明け渡した場合は，明渡済みまで），１ヵ月○万○○○○円の割合による金員を，平成○年○月から支払済みまで，毎月○日限り，○万○○○○円ずつ（最終回は○万○○○○円以下の端数）分割して，原告方に持参又は送金して支払う。
> 9　次の(1)及び(2)のすべてを満たした場合は，原告は，被告に対し，前項の金員の支払義務を免除する。
>   (1)　被告が，第２項の期日限り［明渡猶予期限］，第３項により本件建物を明け渡したとき
>   (2)　被告が，第○項の分割金［未払賃料の分割金］の支払を期限の利益を失うことなく完了したとき

[6]　明渡猶予期間後の賃料相当損害金の支払条項

> 10　被告は，原告に対し，賃料相当損害金として，平成○年○月○日［明渡猶予期限の翌日］から本件建物明渡済みまで，１ヵ月○万○○○○円の割合による金員を支払う。

[7]　残置物処分の承認条項

> 11　被告は，第３項により本件建物を明け渡したときに，本件建物内に残置した動産については，その所有権を放棄し，原告がこれを自由に処分

> することに異議がない。

本条項があると，強制執行に至った場合，当該動産は民事執行法168条5項の債務者等に引き渡すべき動産から除外されることになる。

[8] 敷金返還条項

(1) 単純に返還する場合

> 12　原告は，被告に対し，本件賃貸借契約締結時に被告から原告に差し入れた敷金（以下「本件敷金」という。）の返還として○万○○○○万円の支払義務があることを認める。
> 13　原告は，被告に対し，前項の金員を，平成○年○月○日限り，被告方へ持参又は送金して支払う。

敷金返還請求権の発生時期についての明渡時説によれば，明渡前には敷金返還義務は，そもそも発生していない。しかし，賃借人が敷金返還の確実性を望んで条項の加入を強く求め，賃貸人がこれを同意した場合には，本条項を加えることも考えられよう。

(2) 明渡しと引換給付で全額を返還する場合

> 12　原告は，被告に対して，第2項の期日限り，第3項により被告から本件建物の明渡しを受けるのと引き換えに，本件敷金の返還として○万○○○○円を，被告方に持参又は送金して支払う。

建物明渡債務と敷金返還債務との間に同時履行関係を認めるかについて，最判昭49・9・2民集49巻9号2頁は，特別の約定がない限り，同時履行の関係に立たないとした。しかし，和解において，当事者が合意の上で「特別の約定」を取り決め，同時履行の関係にすることは許される。

(3) 原状回復費用と清算した残額を速やかに返還する旨の道義的義務を確認する場合

> 12　原告は，被告に対し，原状回復費用額が確定した後速やかに，本件敷

> 金の返還として，本件敷金〇万円から原状回復費用へ充当した額を控除した残金を，被告に支払うことを確約する。

[9] 清算条項

■敷金返還に関する債権債務，原状回復費用に関する債権債務に配慮する場合

> 13　原告と被告は，本和解条項の定め，敷金に関する債権債務及び原状回復に関する債権債務を除くほか，他に何らの債権債務がないことを相互に確認する。

敷金に関する債権債務及び原状回復に関する債権債務を清算の対象から除外して残すように，清算条項の記載に配慮が必要である。実務では，包括的な清算条項ではなく，「本件に関し」と加入して限定することが多く行われている。しかし，上記の条項例のように明記する方法も考えられよう。

[10] 訴訟費用負担条項

■一部の確定費用を被告負担とする場合

> 14　訴訟費用は，原告の支出した申立手数料〇〇〇〇円及び郵便切手代〇〇〇〇円の合計〇〇〇〇円を被告の負担とし，その余を各自の負担とする。
> 15　被告は，原告に対し，平成〇年〇月〇日限り，前項の〇〇〇〇円を，原告方に持参又は送金して支払う。

和解においては，訴訟費用の負担とその額を定めることができる（民訴72条）。

[11] 留意したい事項

(1) 賃借人以外の第三者も居住などしていた場合

当該第三者にも明渡しをさせなくてはならないので，原則として，訴え提起時に第三者も被告に挙げておくか，第三者を被告として別訴を提起するか，和

解時に第三者を利害関係人として和解手続に参加させる必要がある。

　しかし，賃借人の家族・使用人・その他の同居人については，いわゆる占有補助者にあたり，賃借人の指図に従って，いわばその手足となって建物内に居住しているだけで，独立した占有が認められない者であるから，別個に債務名義を要することなく，賃借人と同時に明渡しをさせることができる。

　しかし，実際には，当該第三者が占有補助者に該当するか否かは明らかでない場合もある。そこで，賃貸借契約書の同居人欄の記載に注意を払っておいて，審理中に被告に確認するよう心掛けるべきである。

(2) 目的建物の特定

　目的建物の特定は，登記簿謄本（登記事項証明書）の記載に従って，所在，家屋番号，種類，構造，床面積で特定するが，未登記の建物の場合も，この項目に準拠して特定する。

　建物の一部を対象としている場合には，土地家屋調査士などが作成した図面も添付し，対象部分に斜線を書き入れるなどして特定する。アパートなどの一室を対象としている請求では，部屋番号で特定できる場合には，それでも足りると思われるが，強制執行までに部屋番号の入れ替えなどがあった場合には執行不能となるケースもあり得るので，図面も用いて特定しておいたほうが無難であろう。

　改築や増築によって，実際の建物の状況が，登記簿謄本・固定資産評価証明・土地家屋調査士などが作成した図面などと異なる場合がある。建物の同一性が認められたり，目的建物に付合（民242条）していると認められれば，登記簿謄本に従った特定で明渡しは可能であろう。しかし，床面積等を併記するとともに，原告が自ら作成した実際の平面図を添付するなどしておくほうが無難であろう。

(3) 物置・車庫などの取扱い

　物置や車庫などについては，目的建物の従物と判断されれば，性質上，目的建物と一体をなすものとして，目的建物とともに明渡しが可能である（民87条2項）。

　従物といえるためには，①主物の常用に供するために，②主物と同一の所有に属する，③主物と独立の物を，④付属すると認められる場所に設置されてい

なければならない（民87条1項）。したがって，目的建物に近接して存在し，目的建物と一体として利用・取引されている未登記建物ならば，付属建物と認められる。例えば，物置，車庫，便所，浴室，勉強部屋などである。

[12] モデル和解条項

(1) 未払賃料・明渡猶予期間中の賃料相当損害金の支払を求めない場合

> 1 被告は，原告に対し，別紙物件目録記載の建物（以下「本件建物」という。）についての本件賃貸借契約が，平成○年○月○日［解除の意思表示の到達日］に，解除により終了したことを確認する。
> 2 原告は，被告に対し，本件建物の明渡しを，平成○年○月○日まで猶予する。
> 3 被告は，原告に対し，前項の期日限り，本件建物を明け渡す。
> 4 原告は，被告に対し，本件建物についての平成○年○月○日から平成○年○月○日［解除日］までの未払賃料及び平成○年○月○日［解除日の翌日］から第2項の明渡猶予期限までの賃料相当損害金の支払義務を免除する。
> 5 被告は，原告に対し，本件建物についての賃料相当損害金として，平成○年○月○日［明渡猶予期限の翌日］から本件建物明渡済みまで，1ヵ月○万○○○○円の割合による金員を支払う。
> 6 被告は，第3項により本件建物を明け渡したときに，本件建物内に残置した動産については，その所有権を放棄し，原告がこれを自由に処分することに異議がない。
> 7 原告は，その余の請求を放棄する。
> 8 原告と被告は，本和解条項に定めるほか，他に何らの債権債務がないことを相互に確認する。
> 9 訴訟費用は，各自の負担とする。

(2) ①未払賃料の分割払い（敷金を充当）を怠った場合は，明渡猶予と未払賃料分割払いの期限の利益を喪失するが，②猶予期限までに明け渡し，かつ未払賃料の分割払いを怠らなかった場合は，猶予期間中の賃料相当損害金の支払義務を免除する場合

1　被告は，原告に対し，別紙物件目録記載の建物（以下「本件建物」という。）についての本件賃貸借契約が，平成○年○月○日［解除の意思表示の到達日］に，解除により終了したことを確認する。
2　原告は，被告に対し，本件建物の明渡しを，平成○年○月○日まで猶予する。
3　被告は，原告に対し，前項の期日限り，本件建物を明け渡す。
4　被告は，原告に対し，本件賃貸借契約に基づく平成○年○月分から平成○年○月分までの未払賃料として合計○万○○○○円の支払義務があることを認める。
5　原告と被告は，本件賃貸借契約締結時に被告から原告に差し入れた敷金（以下「本件敷金」という。）○万○○○○円を，前項の金員に充当する。
6　被告は，原告に対し，前項による充当後の未払賃料残金○万○○○○円を，次のとおり分割して，毎月○日限り，原告方に持参又は送金して支払う。
　(1)　平成○年○月から平成○年○月まで○万○○○○円ずつ
　(2)　平成○年○月に○万○○○○円
7　被告が前項の分割金の支払を2回怠ったときは（又は「被告が前項の分割金の支払を怠り，その金額が○万円に達したときは」），
　(1)　被告は第2項の本件建物明渡猶予の期限の利益を当然に失い，被告は，原告に対し，本件建物を直ちに明け渡す。
　(2)　被告は前項の未払賃料の分割支払の期限の利益を当然に失い，被告は，原告に対し，前項の金員から既払金を控除した残額及びこれに対する期限の利益を失った日の翌日から支払済みまで年○パーセントの割合による遅延損害金を直ちに支払う。
8　被告は，原告に対し，賃料相当損害金として，平成○年○月○日［解除日の翌日］から第2項の明渡猶予期限まで（ただし，被告が第2項の明渡猶予期限より前に本件建物を明け渡した場合は，明渡済みまで），1ヵ月○万○○○○円の割合による金員を，平成○年○月から支払済みまで，毎月○日限り，○万○○○○円ずつ（最終回は○万○○○○円以下の端数）分割して，原告方に持参又は送金して支払う。

9　次の(1)及び(2)のすべてを満たした場合は，原告は，被告に対し，前項の金員の支払義務を免除する。
　(1)　被告が，第2項の期日限り，第3項により本件建物を明け渡したとき
　(2)　被告が，第6項の分割金の支払を期限の利益を失うことなく完了したとき
10　被告は，原告に対し，賃料相当損害金として，平成〇年〇月〇日〔明渡猶予期限の翌日〕から本件建物明渡済みまで，1ヵ月〇万〇〇〇〇円の割合による金員を支払う。
11　被告は，第3項により本件建物を明け渡したときに，本件建物内に残置した動産については，その所有権を放棄し，原告がこれを自由に処分することに異議がない。
12　原告は，その余の請求を放棄する。
13　原告と被告は，本件に関し，本和解条項に定めるほか，他に何らの債権債務がないことを相互に確認する。
14　訴訟費用は，各自の負担とする。

[13]　本設例の解答

例えば，モデル和解条項(2)のような和解条項が考えられよう。

〔山崎　秀司〕

第3章

民事執行法

[Q59〜60]

Q 59

取立訴訟(1)——土地管轄，取立訴訟の要件事実，和解の可否

　　XはZに対して売買代金債権（30万円）を有していたが，Zが支払わないので，債務名義を得た上で，Zに支払を催告した。Zは，自らがYに対して有している貸金債権（30万5000円）につき，その弁済日（平成23年7月20日）経過後にYから取り立てて支払うから待ってほしいと主張した。そこで，Xは待っていたが，Zはいっこうに支払わない。そこで，Xは，上記のZのYに対する貸金債権について差押命令を得，この命令はY（第三債務者）に対して同年9月1日に，Z（差押債務者）に対して同月7日に，それぞれ送達されたので，Xは，Zに対する送達後1週間の経過により，被差押債権（ZのYに対する貸金債権）につき取立権を取得した。その後，Xは，Yに対して支払を求めたが支払がなかったので，上記取立権に基づき，Yに対して取立訴訟を提起した。

　　この場合，①Xの住所地が東京都千代田区，Yの住所地が横浜市，Zの住所地がさいたま市である場合，上記の取立訴訟の管轄裁判所はどこになるか。ちなみにXは自らの売買代金債権の義務履行地は東京都であるし，Xにとって便利であるとして，東京簡裁に提起したいと考えている。

　　また，②上記①の事例で，X，Y，Zの住所地は東京都内であり，Xが東京簡裁に上記の取立訴訟を提起した場合において，Yは，第1回口頭弁論期日で，Zは平成23年7月31日にXに対して上記の売買代金債権（30万円）の返済をしたはずで，XがZに交付した領収書もZから預かっており，このような取立訴訟は，その前提条件が失われているために許されないと主張した。このようなYの主張は認められるか。

　　さらに，③上記②の取立訴訟の第2回口頭弁論期日において，Yは，10万円をまけてくれれば，残りについて2回の分割で支払いたいので，和解を希望すると主張した。このような和解は可能か。

[1] はじめに

本問における小問①の場合は、取立訴訟の土地管轄が問題になっている。すなわち、取立訴訟の土地管轄は、何を基準に決定されるのか、Xの望むように東京簡裁に取立訴訟を提起できるかという問題である（⇒[2]）。

小問②の場合は、第三債務者Yが、差押債権者Xの差押債務者Zに対する債権[*1]はすでに返済により消滅しているということを抗弁として主張しうるか、すなわち、取立訴訟の被告（第三債務者）は、債務名義に表示された原告（差押債権者）の差押債務者に対する債権の返済済みなどの事由を、抗弁として主張しうるかという点が問題になっている（⇒[3]）。

　　*1　差押債権者の差押債務者に対する債権、すなわち、取立訴訟で満足を得るべき債権のことを、以下「執行債権」という。

小問③の場合は、取立訴訟における和解において、一部免除や分割弁済の合意をすることができるかという点が問題となっている（⇒[4]）。

以下、順次、検討する。

[2] 取立訴訟と土地管轄（小問①について）

取立訴訟の土地管轄について検討する前に、取立訴訟はどのような訴訟形態か、その法的性質、訴訟物、要件事実などについて検討する。

(1) 取立訴訟はどのようなものか

(a) 取立訴訟とは、金銭の支払を目的とする債権（金銭債権）を差し押さえた差押債権者が、その債権を取り立てる（換価する）ため、第三債務者を被告として、自己への直接支払を求めて、裁判所へ提起する給付訴訟のことである（民執157条）。取立訴訟は、民事執行法上に規定されていることでも明らかなように、執行手続における争訟手続であるとともに、換価方法でもある。

すなわち、金銭債権を差し押さえた差押債権者は、差押債務者に対して差押命令が送達された日から1週間を経過したときは、その被差押債権につき取立権を取得し、被差押債権を取り立てることができる（民執155条1項）。そこで、差押債権者は、第三債務者に対して、裁判外で被差押債権につき支払を求めることになるが、第三債務者が支払を拒み、供託もしないときに、この取立訴

取立訴訟

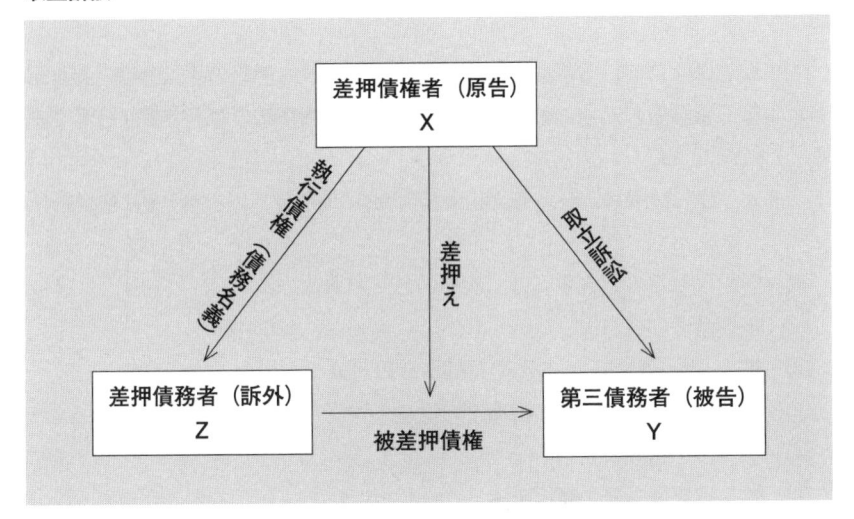

```
         差押債権者（原告）
              X
         ／    │    ＼
    執行債務名義  差押え  取立訴訟
    （会議名義）   │      ＼
       ／       │       ＼
   差押債務者（訴外） ──→ 第三債務者（被告）
       Z        被差押債権    Y
```

提起することになる[*2]。この取立訴訟の原告は，被差押債権について取立権を取得した差押債権者であり，被告は被差押債権の債務者（第三債務者）である。

　　*2　取立てのための裁判手続は，取立訴訟に限らない。督促（民訴382条）や調停（民事調停法）などの方法もとることができる。

　取立訴訟の各当事者の関係を図示すると，上図のようになる。

(b)　**取立訴訟の法的性質**　取立訴訟の法的性質については，取立権が発生すると，差押債権者に固有の実体法上の権利が発生し，差押債権者はその自己の権利を行使するものであるとする考え方（固有適格説）もある。

　しかし，取立訴訟は，本来の権利者である差押債務者の債権（被差押債権）を，第三者である差押債権者（原告）が，差押債務者に代わって，取り立てるものであり，法定された代位訴訟であると考える（法定訴訟担当説）[*3]。この法定訴訟担当説が通説の考え方であり，また，簡易裁判所に取立訴訟が提起された場合には，実務上，この法定訴訟担当説の考え方に従って処理されることが多い。

　　*3　法定訴訟担当説においても，取立訴訟の判決の既判力が差押債務者に及ぶかという問題について，既判力は，民事訴訟法115条1項2号に基づき，全面的に差押債務者に及ぶという説と，差押債務者は自分に不利な判決には拘束されないという説

に分かれる。なお，固有適格説では，取立訴訟の判決の既判力は差押債務者に及ばないとされる。

（c）取立訴訟における訴訟物及び要件事実　取立訴訟の訴訟物は，差押債務者の第三債務者に対する被差押債権である給付請求権の存否と解すべきである（法定訴訟担当説）*4。

> *4　固有適格説によれば，取立訴訟の訴訟物は，取立権によって給付を求める権利となる。

取立訴訟における要件事実は，次のとおりである。

① 差押命令の発布
② 被告（第三債務者）への①の差押命令の送達
③ 差押債務者への①の差押命令の送達
④ ③から1週間の経過
⑤ 被差押債権の発生原因事実

そして，取立訴訟における要件事実のうち，前記①ないし④の事実が取立権発生の原因事実となる。②の事実により，差押命令の効力が生じ（民執145条4項），④の事実により，取立権が発生する（民執155条1項）。法定訴訟担当説によれば，原告が差押債権者として取立権を有することは，原告適格を基礎づけるための事実として訴訟条件となる。そのため，①ないし④の事実は，裁判所の職権調査事項となり，被告がこれらの事実を争っていなくても，これらの事実を欠き取立権の発生が認められなければ，訴えを却下することになる*5。

> *5　固有適格説においても，取立訴訟の要件事実は，前記の①ないし⑤であるが，このうち①ないし④の事実は実体要件とされ，これらの事実を欠き取立権の発生が認められなければ，請求棄却をすることになる。

(2) 取立訴訟の土地管轄

(a) 本件取立訴訟の場合，その請求額は30万円であるから，事物管轄は簡易裁判所である（裁33条1項1号）。

(b) 取立訴訟は，前記のように，差押債務者の債権（被差押債権）を差押債権者（原告）が差押債務者に代わって取り立てるものである。そのため，取立訴訟の土地管轄については，差押債務者の第三債務者に対する被差押債権を基準にして決められる。本問のように，被差押債権が貸金債権である場合，貸金債

権は一般に持参債権とされ（民484条），持参債権であれば，その義務履行地は債権者の住所地となる。そして，義務履行地を基準にして土地管轄を決定すると，管轄裁判所は，義務履行地である債権者の住所地を管轄する裁判所ということになる。

なお，持参債権に対する取立訴訟につき，差押債権者が，その土地管轄に関して，金銭債権の差押債権者は第三債務者に対する取立権を取得すると規定している民事執行法155条の趣旨からすると，取立権を取得するということは，差押債権者が差押債務者の地位を承継するものであり，そのため，被差押債権が持参債権であり差押債務者の住所地が義務履行地であったとすれば，そのような地位の承継に伴って，差押債権者の住所地が義務履行地へと変更するはずであり，よって，取立権を行使する取立訴訟においては，差押債権者の住所地が義務履行地を基準とする場合の土地管轄裁判所になるべきであると主張した事案，つまり，持参債権に対して取立権を取得したことによって，義務履行地が"被差押債権の権利者（差押債務者）の住所地"から"差押債権者の住所地"へと変更したと主張した事案において，大阪高判昭58・10・7（判タ513号176頁参照）は，「債権の差押債権者が被差押債権について取立権を有する場合でも，債権そのものは差押債務者に帰属するから，本件被差押債権の債務が……持参債務であるとしても，その義務履行地は（差押債務者）の住所であって，差押債権者……の住所となるものではない。」と判示している。

（c）本問における小問①の場合，被差押債権はZのYに対する貸金債権であり，債権者Zの住所地はさいたま市であるから，義務履行地はさいたま市であり，そのため，義務履行地を基準とすると，本件取立訴訟の土地管轄はさいたま簡裁となる（民訴5条1号）。さらに，被告の普通裁判籍の所在地を基準にする場合には，本件取立訴訟の被告Yの住所地は横浜市であるから，横浜簡裁が管轄裁判所となる（民訴4条1項）。いずれにしても，本問において，差押債権者Xが望んでいる東京簡裁には土地管轄は認められないことになる。

[3] 取立訴訟の被告（第三債務者）は，債務名義に表示された執行債権について争うことができるか（小問②について）

取立訴訟の被告（第三債務者）Yは，差押債権者Xの差押債務者Zに対する執

行債権は返済により消滅しており，そのように消滅している執行債権の取立てのための取立訴訟は，許されないと主張している。

(1) 取立訴訟の被告は，債務名義に表示された執行債権について争うことができるか

取立訴訟において，被告（第三債務者）は，原告（差押債権者）の差押債務者に対する執行債権の存否又はその行使の違法性の有無（請求権の行使が権利の濫用又は信義則違反にあたるかどうかなど）について，これを争うことはできないとするのが判例，通説である。

すなわち，取立訴訟において，債務名義さえあれば，その債務名義に表示された実体上の請求権（執行債権）についての執行手続を速やかに実施しなければならず，被告（第三債務者）が，債務名義に表示された執行債権の存否について争ったり，執行債権の存在しないことは明白であるとして執行債権についての取立権の行使が権利の濫用あるいは信義則違反であると争ったりすることは許されないと解されている（最判昭45・6・11民集24巻6号509頁参照）。

理由は，次のとおりである。

確かに，債務者は実体上の請求権と一致しない債務名義に基づいて執行を受ける可能性があり，よって，その債務者に対し，債務名義に表示された実体上の請求権の存否又はその行使の違法性の有無について実質的審査を受ける機会を保障しなければならない。しかし，執行手続は簡易迅速に行われなければならず，そのため，そのような実質的審査を執行手続の中で行うことは適当でない。そこで，債務者に対する実質的審査の保障については，執行手続から切り離して，請求異議の訴えという通常の判決手続によって行うことにしている。このように債務名義の内容である実体上の請求権の存否についての争訟手続は，執行手続についての争訟手続とは峻別されて設けられている。以上によれば，執行手続である取立訴訟においては，その被告である第三債務者は，債務名義に表示された執行債権の存否又はその行使の違法性の有無について争うことはできず，それらについて争うことができるのは，請求異議の訴えにおいてであり，しかも，その訴えを提起した債務者だけということになる。要するに，取立訴訟における被告（第三債務者）は，差押債務者の請求異議事由を主張して争うことはできないのである。

(2) **本問における小問②の場合**

　本問の場合も，債務名義があるので，取立訴訟の被告（第三債務者）Yは，差押債権者Xの差押債務者Zに対する執行債権は返済により消滅していると主張したり，そのように消滅している執行債権の取立てのための取立訴訟は許されないと主張したりすることはできない。すなわち，被告（第三債務者）Yは，取立訴訟において，債務名義に表示された原告（差押債権者）Xの差押債務者Zに対する債権の返済済みなどの事由を，抗弁として主張しえないのである。

[4] 取立訴訟における訴訟上の和解（小問③について）

　取立訴訟の被告（第三債務者）Yは，第2回口頭弁論期日において，原告（差押債権者）Xに対して，一部（10万円）免除と分割（2回）弁済の和解を希望している。

(1) **取立訴訟における和解**

(a) 取立権を得た差押債権者がその取立権の実現を図る取立訴訟の場合，差押債権者が取立権を得たといっても，被差押債権を換価する権能，つまり，取立てをなしうる権能を得たものにすぎず，被差押債権自体を譲渡し，免除し，その弁済を猶予するといった処分権を得たものではない。よって，取立訴訟において，原告（差押債権者）と被告（第三債務者）の間で和解をする場合，このような取立権を逸脱するような行為，すなわち，被差押債権自体を譲渡し，免除し，その弁済を猶予するような合意をすることはできず，そのような合意をしても，その内容を差押債務者に主張することはできない（大阪地判平17・11・29判時1945号72頁参照）*6。

*6　取立訴訟において，被差押債権自体を譲渡し，免除し，その弁済を猶予するといった内容の和解をして，この効力を差押債務者に及ぼすというためには，差押債務者を利害関係人として手続に立ち会わせ，和解をする必要がある。ただし，差押債務者を手続に立ち会わせることは，実際には困難な場合が多い。

(b) しかし，取立訴訟においても，原告（差押債権者）に認められた取立権を逸脱しない範囲であれば，原告と被告（第三債務者）の間で和解をすることは可能であると考える（岡久幸治ほか編『新・裁判実務大系(26)簡易裁判所民事手続法』417頁〔中島寛〕参照）。なぜならば，取立権を逸脱しない範囲であれば，原告（差押

債権者）が被告（第三債務者）と和解をすることは，原告に認められた取立権の行使方法の1つであると解しうるからである。

したがって，原告（差押債権者）の取立権行使の範囲を制限したり，取立権行使の方法を定めたりするものであれば，和解をすることができる。例えば，被告（第三債務者）の支払能力を考慮して，原告（差押債権者）に認められた取立権を制限し，被告に分割弁済を認めたり，被告の主張や資力を考慮して，原告と被告との限りにおいて，原告が一定の譲歩（減額や条件・期限の付与などを認める）をしたりする場合である。

(2) 本問における小問③の場合

本問の取立訴訟の場合，被告Yは，原告Xに対して，一部（10万円）免除と分割（2回）弁済の和解を希望している。

そして，原告Xは，自らに認められた取立権能を逸脱しない範囲であれば和解をなしうるので，その取立権の行使方法について合意するものとして，被告Yとの間で，10万円を免除し，残りの20万円について2回の分割払いとする内容の和解をすることが可能である。

ただし，このような和解は，取立権の行使方法についての合意であり，また，差押債務者Zが利害関係人として立ち会っていない状況の下で行われたものであるから，このような合意に従って20万円の返済がなされたときには，取立ての結果として被差押債権が20万円の範囲で消滅することにはなるが，被差押債権の残り（10万5000円）については，なお，差押債務者Zの第三債務者Yに対する債権として残ることになる[*7]。

  [*7] 取立訴訟における原告（差押債権者）と被告（第三債務者）の和解の効力がこのようなものであることは，紛争の最終的解決を意図してせっかく和解をした被告の地位を不安定にするものとも解しうる。そこで，差押債務者も含めて最終的解決を図るためには，やはり，その差押債務者を利害関係人として手続に立ち会わせ，和解をすることが必要になる。しかし，この場合にも，差押債務者を立ち会わせることは，実際には困難なことが多いであろう。

〔井手　良彦〕

Q 60

取立訴訟(2)——相殺，債権譲渡の抗弁

Q59と同じ事例で，取立訴訟の第1回口頭弁論期日において，①Yが，自らに対するZの貸金債権（30万5000円）については，Aからも差押えを受けており，Xに支払うわけにはいかないと主張している。Yの主張は認められるか。

また，②Yは，自らもZに対して請負に基づく報酬請求権（40万円）を有しており，相殺をしたので，Xに支払うわけにはいかないと主張した。Yの主張は認められるか。その報酬請求権は，平成23年9月10日に，Bから譲り受けたものであった場合はどうか。また，その報酬請求権は，平成21年にYがZのために自動車修理を行ったことによるものであったが，Zの懇願に基づき，弁済期を平成23年9月20日にしていた場合はどうか。

さらに，③Yが，自らに対するZの貸金債権（30万5000円）については，Cへ譲渡されており，Cへ譲渡した旨のZからの内容証明郵便も届いており，Xに支払うわけにはいかないと主張した。Yの主張は認められるか。

[1] はじめに

本問における小問①の場合は，取立訴訟における被告（第三債務者）Yが，他に差押債権者がいるためにXへ支払をすることはできないと主張している。このような主張は認められるかが問題となる（⇒[2]）。

小問②の場合は，取立訴訟における被告（第三債務者）Yは，自らも差押債務者Zに対し請負に基づく報酬請求権（40万円）を有しており，この報酬請求権を自働債権として相殺をしたので，Xへ支払をすることはできないと主張している。このような相殺の主張（抗弁）は認められるかが問題となる。さらに，この報酬請求権（40万円）は，Yに対して差押えの効力が生じた日（Yへの差押

命令送達日）の後の日である平成23年9月10日に，Bから譲り受けたものであった場合はどうか。また，上記の報酬請求権（40万円）については，差押債務者Zと第三債務者Yの間で，弁済期を平成23年9月20日に延ばすという合意が行われていた場合はどうかという点も問題となっている（⇒[3]）。

小問③の場合は，取立訴訟における被告（第三債務者）Yが，差押債務者の自分に対する債権（被差押債権）は第三者へすでに譲渡されて，その旨の通知もあったので，Xへ支払をすることはできないと主張している。このような主張は認められるかについても問題となる（⇒[4]）。

以下，順次，検討する。

[2] 取立訴訟における他に差押債権者がいるとの主張（小問①の場合）

(1) 取立訴訟における他に差押債権者がいるとの主張

取立訴訟においても，被告（第三債務者）から原告に対していろいろの主張が行われるが，小問①の場合は，原告のほかにも，他に競合する差押債権者がいるとの主張である。

(2) 供託主文

このような主張が認められる場合，すなわち，他に競合する差押債権者がいると認定しうる場合には，被告の支払は，原告に対して直接行うわけにはいかず，供託の方法によって行うことになる。したがって，この場合の取立訴訟の主文は，供託主文となる。つまり，「被告は，原告に対し，30万円を支払え。上記の支払は供託の方法によらなければならない。」という主文になる。

なお，訴状における請求の趣旨に，供託主文の申立てがなくても，裁判所が競合する差押債権者を認定して供託主文を掲げることは問題がないとされており，反対に，原告の訴状における請求の趣旨に，供託主文の申立てがあっても，裁判所が競合する差押債権者がいないと認定して供託主文を掲げないこともできるとされている。

(3) 小問①の場合

本問の場合は，取立訴訟における被告（第三債務者）Yから他に差押債権者がいるという主張がなされた場合であるから，裁判所としては，他に競合する差

押債権者がいるかどうかを判断して、そのような差押債権者の存在を認定しうるなら、供託主文による判決をすべきであり、一方、そのような差押債権者の存在を認定しえないならば、通常の主文による判決をすることになる。

[3] 取立訴訟における相殺の抗弁（小問②の場合）

(1) 取立訴訟における相殺の抗弁

　取立訴訟とは、差押債務者の債権（被差押債権）を、第三者である差押債権者（原告）が、差押債務者に代わって、取り立てるというものであるから（法定訴訟担当説）、そのような取立訴訟の被告である第三債務者は、自らの債権者である差押債務者に対して主張しえた事項は、取立訴訟においても、これを原告に対して主張しうるとするのが原則である。

　したがって、取立訴訟の被告（第三債務者）は、差押債務者に対して有している債権を自働債権とし、差押債務者の被告自らに対する債権（被差押債権）を受働債権として相殺を行い、被差押債権の相殺による消滅をもって取立権者たる原告（差押債権者）に対し対抗することができる。ただし、上記の自働債権は差押え以前に取得したものでなければならない（民511条）。差押え以前に取得したものであれば、被告（第三債務者）は、弁済期の有無やその前後にかかわらず相殺をすることができ、その相殺に制限はない（最判昭45・6・24民集24巻6号587頁参照）。したがって、被告（第三債務者）は、相殺をしたことによる受働債権（被差押債権）の消滅を、取立権者である原告に主張しうることになる。

　なお、判例が、上記のように、差押え以前に債権（自働債権）を取得しておれば、弁済期の有無やその前後にかかわらず相殺をすることができ、その相殺に制限はないという無制限説を採用しているのは、債権者が債務者に対し債権を有するだけでなく債務を負っている場合に、自己の債権の支払を受けなくても、自己が負担する債務と差し引き計算（相殺）をすれば、実質的に自己の債権の経済的満足を受けうることになり、そのため、相殺には担保的機能が認められるところ、差押え以前に、自らが債務を負う者に対して債権（自働債権）を取得した者は、弁済期の有無やその前後にかかわらず、上記のような相殺の担保的機能を期待することになり、そのような期待は法的保護に値するので、差押えというその者に無関係な事由によってその期待を奪うことは、公平の理

念に反すると考えているからである。

(2) 小問②の場合

(a) 上記のように，本問における取立訴訟の被告（第三債務者）Yは，Xによる差押えがあっても，差押債務者Zに対して有する請負に基づく報酬請求権（40万円）を自働債権として，Zの（Yに対する）貸金債権（30万5000円）を受働債権とする相殺を行うことができ，そのような相殺による貸金債権（30万5000円）の消滅を抗弁として主張し，取立権者である原告Xに対抗しうることになる。

(b) しかし，Yが，平成23年9月10日に，BからZに対する報酬請求権（40万円）を譲り受けたという場合には，Yは，Zに対する報酬請求権（40万円）を自働債権として，Zの（Yに対する）貸金債権（30万5000円）を受働債権とする相殺をなしえないことになる。なぜならば，この場合，Yに対する差押命令は同年9月1日に送達され，その日に差押えの効力が生じており（民執145条4項），要するに，Xは同年9月1日にZの（Yに対する）貸金債権（30万5000円）を差し押さえている。そして，民法511条によれば，Yが，Zの（Yに対する）貸金債権（30万5000円）を受働債権とする相殺をなしうるのは，その債権が差し押さえられる前に，反対債権（自働債権）を取得した場合に限られているからである。

(c) また，平成23年9月1日におけるZの（Yに対する）貸金債権（30万5000円）差押え前に，Yが，Zに対する報酬請求権（40万円）を取得している場合には，Zの懇願によってその弁済期が平成23年9月20日に延ばされたとしても，Yは，そのZに対する報酬請求権（40万円）を自働債権として，Zの（Yに対する）貸金債権（30万5000円）を受働債権とする相殺をなしえ，そのような相殺による貸金債務（30万5000円）の消滅を抗弁として主張し，取立権者である原告Xに対抗しうることに変わりはない。なぜならば，差押え前に自働債権になりうる債権を取得しておれば，受働債権になりうる債権の弁済期の有無やその前後にかかわらず，相殺をなしうるからである（民511条）。

[4] 取立訴訟における被差押債権はすでに譲渡されているとの主張（小問③の場合）

(1) 取立訴訟における被差押債権はすでに譲渡されているとの主張（抗弁）

上記のように取立訴訟は，差押債務者の債権（被差押債権）を，第三者である

差押債権者（原告）が，差押債務者に代わって，取り立てるというものであるから，取立訴訟における被差押債権がすでに譲渡され，その債権における債権者が差押債務者でなくなっておれば，第三債務者は，その旨を主張して，差押債権者による取立てを拒絶することができる。

そして，上記のような債権譲渡と債権差押えの優劣は，債権譲渡の第三者への対抗要件具備（確定日付のある通知の債務者への到達など。民467条２項）の日時と債権差押命令の第三債務者へ送達された日時の先後によって決まることになる（最判昭58・10・４判時1095号95頁参照）。すなわち，債権差押命令が第三債務者へ送達された時点で，すでに，譲渡人からの債権譲渡につき確定日付のある通知が第三債務者へ送付されておれば，債権譲渡が優先し，被差押債権について，差押債務者はすでに債権者でなくなっているとして，第三債務者は，その旨を主張して，差押債権者による取立てを拒絶することができる。

(2) **小問③の場合**

本問の場合には，Yに対するZの貸金債権（30万5000円）はCへ譲渡されており，ZからのCへ譲渡した旨の内容証明郵便もYに届いているとあり，その内容証明郵便が届いた日が，XによるZの（Yに対する）貸金債権（30万5000円）の差押日である平成23年９月１日より前であれば，Cへの債権譲渡が優先することになる。この場合には，被告（第三債務者）Yは，Yに対する貸金債権（30万5000円）はすでにCに譲渡されており，Zは債権者ではないと主張して，差押債権者Xによる取立てを拒絶することができる。

他方，ZからのCへ譲渡した旨の内容証明郵便が届いた日が，XによるZの貸金債権の差押日である平成23年９月１日より後であれば，債権差押えが優先することになる。すなわち，この場合には，被告（第三債務者）Yは，Yに対する貸金債権（30万5000円）がすでにCに譲渡されていることを主張できず，よって，差押債権者Xによる取立てを拒絶することはできないことになる。

〔井手　良彦〕

第4章

利息制限法

[*Q61*]

Q 61

ヤミ金融訴訟

Xは，自宅で洋服の小売業を営む傍ら，無登録で，お金の貸付けを行っていた。Yは，Xから50万円を借り受けたが，その際，利率は年47％とされた。その後，Yが返済を遅滞することが重なったため，Xは，Yに対し，貸金支払請求の訴えを提起したが，その訴状には，利率は年18％と記載されていた。しかし，審理の中で，Yから，利率が年47％であったとの主張があった。以後，どのように審理を進めるべきか。

[1] はじめに

平成22年6月18日に改正貸金業法が完全施行されて以降，一部では，それまでの多重債務者がヤミ金融に流れているとの報道もなされているところである。このような状況を受けて，多重債務者対策を強化した改正貸金業法の緩和も検討されているようである。このように，ヤミ金融は大きな社会問題となっていることから，ヤミ金融訴訟における重要点を確認したい。その上で，簡易裁判所に提起されるヤミ金融の民事訴訟は，地方裁判所に提起されるそれとは，やや趣が異なるように思われるので，その留意点を取り上げてみたい。

[2] 平成20年判決の概要

ヤミ金融との取引については，標語的に，「利息及び遅延損害金はもちろん，残元金についても支払う必要はない。」といわれる。これは，最判平20・6・10民集62巻6号1488頁（山口組五菱会ヤミ金融事件判決）を踏まえてのことである。そこで，ヤミ金融訴訟を取り扱うにあたっては，この平成20年判決の内容を，事案も含めて正確に理解することが重要である。

(1) 事　案

被告は，ヤミ金融の組織を構築し，その統括者として，支配下にある本件各

店舗にヤミ金融業を行わせていた。原告らは，本件各店舗から，数年にわたり，年利数百％から数千％という著しく高利で借入れをし，本件各店舗に対し元利金の支払を続けてきた。

本件は，借主である原告らが，ヤミ金融組織の総括者である被告に対し，弁済として支払った金員に相当する損害を被ったとして，不法行為に基づく損害賠償の支払を求めた事案であり，本件各店舗から借主である原告らに対して貸付けとして交付された元金相当額を損益相殺として損害額から控除することの可否が争点となった。

(2) 判　旨

「反倫理的行為に該当する不法行為の被害者が，これによって損害を被るとともに，当該反倫理的行為に係る給付を受けて利益を得た場合には，同利益については，加害者からの不当利得返還請求が許されないだけでなく，被害者からの不法行為に基づく損害賠償請求において損益相殺ないし損益相殺的な調整の対象として被害者の損害額から控除することも，上記のような民法708条の趣旨に反するものとして許されないものというべきである。(中略)

これを本件についてみると，前記事実関係によれば，著しく高利の貸付けという形をとって上告人ら（著者注：借主である原告ら）から元利金等の名目で違法に金員を取得し，多大の利益を得るという反倫理的行為に該当する不法行為の手段として，本件各店舗から上告人らに対して貸付けとしての金員が交付されたというのであるから，上記の金員の交付によって上告人らが得た利益は，不法原因給付によって生じたものというべきであり，同利益を損益相殺ないし損益相殺的な調整の対象として上告人らの損害額から控除することは許されない。」

(3) 平成20年判決の着目点

平成20年判決の着目点としては，第1に，刑事事件にもなったような暴力団が組織的に関与していたこと，第2に，借主である一般市民から貸主であるヤミ金融に対する不法行為に基づく損害賠償請求という法的構成であったこと，第3に，年利が数百％から数千％という著しく高利の事案であったこと，第4に，不法行為に基づく損害賠償請求においても，民法708条の趣旨を適用して，被害者（原告）が受けた利益（貸付けとしての金員の交付を受けたことによって得た利

益）を，損益相殺ないし損益相殺的な調整の対象として，被害者の損害額から控除することも許されないとしたこと，があげられよう。

[3] 一般のヤミ金融訴訟

　平成20年判決の法理は，反倫理的行為に該当する不法行為によって不法原因給付に係る利益を被害者が得た場合に限って，損害の公平な分配を趣旨とする不法行為の例外として，被害者に二重取り（損害賠償の請求と元金相当額の不返還）を認めるものである。この法理の基礎にあるのは，ヤミ金融取引が「反倫理的行為」に該当することにあるといってよいであろう。

　したがって，ヤミ金融訴訟において最も重要となるのは，当該貸付けが「反倫理的行為」に該当するか否かの判定である。平成20年判決は，「その行為が不法原因給付に当るかどうかは，その行為の実質に即し，当時の社会生活および社会感情に照らし，真に倫理，道徳に反する醜悪なものと認められるか否かによって決せらるべきものといわなければならない」と判示した最判昭37・3・8民集16巻3号500頁の考え方を基本的に踏襲しているといえる。したがって，この観点から「反倫理的行為」該当性が判定されることになる。

　そして，当該貸付けが「反倫理的行為」に該当すると認められれば，平成20年判決に沿った判断がなされよう。

[4] 簡易裁判所におけるヤミ金融訴訟の現状

　平成20年判決の事案は，刑事事件にもなったような暴力団が組織的に関与し，かつ年利が数百％から数千％という著しく高利なものであった。

　しかし，簡易裁判所に提起されるヤミ金融の民事訴訟では，平成20年判決の事案のような反倫理性の程度の高いヤミ金融業者が関与している事件が係属することはごく稀のようである。これは，もちろん簡易裁判所には事物管轄の制限があるためでもあろうが，それ以上に，このようなヤミ金融業者は，公的な調査や捜査・摘発が及ぶのをおそれ，自らが原告となって貸金請求訴訟を提起することはまずしないし，訴訟前の段階で借主の側から地方自治体などの公的機関や弁護士に相談した旨を伝えると，あっさり手を引いてしまうことも多いからであろう。

私が聴き及んでいる簡易裁判所に実際に提起されたヤミ金融訴訟の事案では，個人経営の商売を営んでいる者が，サイドビジネス的に，やや高めの金利で金貸しを繰り返している事案が目につく。無登録で貸金を「業」として行っているという点では，ヤミ金融といえるのであろうが，平成20年判決の事案とは，やや趣を異にしているように思うのである。そこで，このようなケースを，便宜上，「準ヤミ金融」と仮称して，訴訟上で特に留意すべき事項を検討してみたい。

［5］　準ヤミ金融の「反倫理的行為」への該当性

　準ヤミ金融取引は，単純に「反倫理的行為」にあたると認定できるのだろうか。

　平成20年判決の事案は，刑事事件にもなったような暴力団が組織的に関与し，かつ年利が数百％から数千％という著しく高利なものであったことから，平成20年判決は，貸付けなどを反倫理的行為と認定した。しかし，どの程度の高金利の貸付けの場合に，同様に反倫理的行為と認定され，結果的として貸主の元本回収を拒絶できるのか，平成20年判決の判旨からは明らかではない。

　1つの考えとしては，貸金業者による貸付けに関しては，出資法5条2項に定められている刑罰を科される金利である年20％を超える貸付けがあった場合には，それは刑事罰該当貸付けになるから，民法上も公序良俗違反及び不法原因給付とされる余地がある。そこで，出資法の制限利率を超える場合には，平成20年判決の法理が及び得ると考える余地もあろう。

　しかし，他方で，前記のとおり，平成20年判決は，昭和37年判決の考え方を基本的に踏襲している。そうすると，利率だけが唯一の判断要素ではないといえる。昭和37年判決に照らして考えると，当時の社会生活レベル・社会感情・倫理観・道徳観，貸主の社会的地位，貸主の貸付業の状況，契約締結時の事情，返済過程の事情などを総合的に考慮して判断されることになると思われるが，準ヤミ金融の事案を，果たして「反倫理的行為」と認め，貸付け自体が無効であると即断できるだろうか。今後の判例の蓄積を待つほかないが，現時点では，私は否定的な立場である。

[6] 借入れの際の借主側の事情

　私が準ヤミ金融の反倫理的行為の該当性を否定的に考えるもう1つの理由として，借入れの際の借主側の事情がある。例えば，あらゆる正規の登録貸金業者から貸付けを断られた者が，準ヤミ金融に対して，高い利率でもかまわないからと執拗に貸付けを依頼し，貸付けさせたようなケースがまったくないとはいえない。特に，準ヤミ金融の事案では，貸主と借主との間に面識があって，このような事態が生じやすいように思うのである。

　では，このように，準ヤミ金融から借入れを行う際に借主側にも不法が認められる場合，どのように考えるのだろうか。1つには，当該準ヤミ金融取引が「反倫理的行為」に該当するとは判定され難くなる方向に働くだろう。2つには，仮に，平成20年判決の事案のように借主から準ヤミ金融に対する損害賠償請求訴訟の場合であれば，準ヤミ金融と借主との不法を比較して，借主（受益者）側の不法が大きいときには，民法708条但書を適用して，準ヤミ金融（給付者）から元金相当額の損益相殺の主張が認められる余地があるのではなかろうか。損益相殺が認められないとしても，少なくとも，過失相殺（民722条2項）による調整は認められるべきであろう。

　このように，準ヤミ金融の事案の中には，平成20年判決の事案のようにヤミ金融側が一方的絶対的に不法といい切れない事案が存在する可能性があるため，事案ごとの個別具体的な対応が求められるように思うのである。

[7] 訴訟進行上の留意点

(1) 請求の法的構成

　準ヤミ金融から借主に対する貸金支払請求と，借主から準ヤミ金融に対する損害賠償請求の両方が考えられよう。

　借主から準ヤミ金融に対する損害賠償請求の場合には，その訴訟中で，被告である準ヤミ金融から，元金相当額の損益相殺の主張がなされることもあり得よう。この場合は，当該貸付けが「反倫理的行為」に該当するか否か審理され，該当するならば，平成20年判決に沿った判断となり，該当しなければ，請求棄却となろう。

しかし，準ヤミ金融の事案では，貸主である準ヤミ金融から借主に対する貸金支払請求の法的構成をとることが多い。この点が，一般のヤミ金融事件の事案とは異なる。

そこで，以下では，貸金支払請求を前提に，訴訟進行上の留意点を述べたい。

(2) 利　　率

訴状の請求原因事実に書かれている利率は，利息制限法所定の制限利率である。そのため，訴訟の進行の中で，約定利率が利息制限法所定の制限利率を上回っていたことを明らかにすることが必要となってくる。この点が，準ヤミ金融訴訟の進行において難しい点であろう。

もちろん，第一次的には，被告（借主）から答弁がなされるべきである。すなわち，実際の金銭消費貸借契約の約定利率は，利息制限法所定の制限利率を超える利率であったことを，被告が主張・立証すべきであろう。

しかし，公序良俗に反する事実については，弁論主義の第1テーゼの適用はないというのが多数説であろう。したがって，裁判所も，疑義を抱いたのなら，現実の約定利率について，当事者双方に釈明を求めることが期待されると考える。

(3) ヤミ金融の見抜き方

もっとも，原告（貸主）が準ヤミ金融であるかもしれないとの疑念をもつことが前提となる。そこで，一般に，ヤミ金融の見抜き方としてあげられているものがある。もちろん，これは準ヤミ金融の事案にそのままあてはまるものではないが，参考になると思われるのであげておきたい。

(a) 携帯番号しか連絡先がない業者　　貸金業の登録を受けるためには，勧誘の際に表示する営業所の電話番号を記載した登録申請書を提出する必要がある（貸金業4条1項7号）。場所を特定できる固定電話やフリーダイヤルは認められるが，携帯電話では認められない（貸金業規3条の2第1項1号）。したがって，携帯番号しか連絡先がない業者は，無登録業者である。

(b) ダイレクトメール・FAX・電話による融資勧誘　　債務者の自宅にダイレクトメール・FAX・電話などで融資勧誘を行っている金融業者は，不正に入手した多重債務者のリストをもとにして融資勧誘を行っている。

(c) 簡単に融資を得られるかのような宣伝　　新聞の折込広告，公衆電話ボ

ックスのチラシ，スポーツ新聞，夕刊紙，雑誌などで，「審査なし，即日融資」，「借入件数多い方でも OK」，「低利切替一本化」などと簡単に融資を得られるかのように宣伝している。

(d) **計算書の不合理性** 　実際の約定利率による取引経過を，利息制限法所定の制限利率に引き直して計算して訴訟を提起してくるので，取引計算書に不合理な内容が含まれていることがある。この点は，準ヤミ金融の事案でも有用であろう。

(4) **「反倫理的行為」の該当性の判定**

昭和37年判決が示した基準を踏まえて，当該事案における個別具体的な諸事情を総合的に判断して，「反倫理的行為」に該当するか否かが判断されることになる。したがって，当事者双方は，これを根拠づける具体的事実を主張・立証することになる。主張・立証責任は被告（借主）側が負う。

(5) **紛争解決の方法**

仮に，当該貸付けが「反倫理的行為」に該当すると判定されれば，貸付け自体が無効とされ，原告である準ヤミ金融業者からの貸金支払請求は棄却される。

他方，当該貸付けが「反倫理的行為」とまでは認められないと判断された場合には，契約自体は有効としつつも，利息制限法所定の制限利率の範囲で引直し計算を行い，判決又は訴訟上の和解などの解決へと訴訟を進めるのが相当であると考える。

[8] 本設例の解答

本設例では，Yから金銭消費貸借契約の約定利率が47％であったとの主張があったことから，まず，この事実の有無を認定する必要がある。

次に，貸主の社会的地位，貸主の貸付業の状況，契約締結時の事情，返済過程の事情などを総合的に考慮して，本設例の貸付けが「反倫理的行為」に該当するか否かを審理することになる。該当すると判定されるなら，Xの請求は棄却される。他方，「反倫理的行為」とまでは認められないと判定されるならば，利息制限法所定の制限利率で引直し計算し，原告の請求が適当であれば，認容（一部認容）判決又は訴訟上の和解へと手続を進めることになろう。

〔山崎　秀司〕

第5章

消費者契約法

[*Q62〜67*]

Q 62

消費者契約における媒介者

　80歳の独居生活者Ｙは，Ａから，Ｘ株式会社の販売する健康食品を購入するよう勧誘を受けた。その際Ａは，Ｙに対し，Ｘ社・Ｙ間の売買契約成立をサポートするのが自分の仕事であると告げた。Ｙは，Ａに対し，「すでに他社から健康食品を定期的に購入しているので必要ないです。帰ってください」と断ったが，Ａは帰る様子をまったく見せず，いつまでも居座って動こうとはしなかった。時刻も午後９時30分を過ぎたことから，Ｙは，徐々に恐ろしさと不安が募り始め，Ａに帰ってもらうために仕方なく売買契約書に署名した。後日，Ｘ社は，Ｙに対し，上記売買代金の支払を求める訴えを提起した。これに対して，Ｙは，Ａの不退去を理由として，上記売買契約を取り消すと主張した。すると，Ｘ社は，当社はＡに対して売買契約の媒介を委託しているだけであって，Ａの勧誘行為方法についてまで責任をとれないから，上記売買契約の取消しは認められないと主張した。Ｘ社の主張は認められるかについて説明しなさい。

[１] 消費者契約法

(1) 背景事情

　人は自らの意思によらなければ権利を取得し又は義務を負うことはないというのが民法の基本原理である。このような自己の意思を中心に契約法を考えると，いかなる内容の契約も基本的には自由に締結することができるのが原則となる。すなわち，人は，契約締結に際し，①相手方選択の自由，②契約内容決定の自由，③契約締結の自由を有していることになる（契約自由の原則）。この契約自由の原則は，人は皆等しく合理的な判断能力を有しているということを前提にするものである。

　しかし，現代社会においては，事業が複雑化・専門化・多様化するとともに

高度に情報化しているため，消費者と事業者の間で行われる取引については，そのスタートラインから情報の保有量や交渉力について多大な格差が生ずることになる。このため，消費者と事業者との間で締結される契約について契約自由の原則をそのまま適用すると，消費者に不合理な結果を強いる事態が生ずる。

そこで，消費者契約法は，消費者と事業者との間の情報の質・量・交渉力の格差を是正して，消費者保護を図るため，契約の取消しや不当な条項の無効を主張することができる権利を消費者に認め，消費者契約から生ずるトラブルや被害を抑制することを目的としている（消契1条）。

消費者契約法は，労働契約を除いて，消費者と事業者との間で締結されるすべての消費者契約に適用があり，例外のない包括的な民事ルールとなっている点に特徴がある。

(2) 消費者

(a) 消費者の意義　消費者契約法における「消費者」とは，「個人（事業として又は事業のために契約の当事者となる場合におけるものを除く。）をいう」（消契2条1項）。要するに，「消費者」とは，事業として又は事業のために契約の当事者となる場合におけるものを除く個人のことをいう。

「事業として」とは，自己の危険と計算によって，一定の目的をもってなされる同種の行為の反復継続的遂行をいい，営利を目的としているかどうかは問わない。

したがって，営業のためだけではなく慈善事業や宗教活動も含まれる。ただし，同種の行為の反復継続的遂行が，すべて「事業として」にあたるわけではなく，あくまでも社会通念に照らして客観的に事業の遂行とみることができる程度のものをいう。また，すでに同種の行為を遂行している必要はなく，最初の行為であっても，ある期間継続する意図をもって行われたものであれば，「事業として」といえる。

なお，労働契約は，自己の危険と計算によらないで他人の指揮命令に従うものであるから，「事業として」にはあたらない。

「事業のために」とは，事業の用に供するために行うことをいう。

前述したとおり，消費者とは，事業として又は事業のために契約の当事者となる場合におけるものを除く個人のことをいうのであるから，事業を行って

いる個人であっても，事業遂行に関連しない契約を締結する場合には，「消費者」として扱われることになる。

　例えば，商店主がレジャーや家族用に車両を購入する場合は，「消費者」として契約の当事者となり，消費者契約法における「消費者」としての権利の主体になる。要するに，契約を締結した目的が事業のためか，そうではない個人的な目的かによって，「消費者」の成否が決まることになる。

　(b)　**本設問へのあてはめ**　80歳の独居生活者Yは，事業として又は事業のために健康食品の売買契約の当事者となった「個人」ではないから，「消費者」にあたる。

(3)　**事業者**

　(a)　**事業者の意義**　消費者契約法における「事業者」とは，「法人その他の団体及び事業として又は事業のために契約の当事者となる場合における個人をいう」（消契2条2項）。要するに，契約当事者のうち「消費者」を除いた者はすべて「事業者」ということになる。

　「法人」とは，法律に基づいて法律上の権利義務の主体たる地位が認められている自然人以外のものをいう。例えば，株式会社等の営利法人だけではなく非営利なNPO法人，国や地方公共団体等の公法人，宗教法人法4条に基づく宗教法人や，労働組合法11条に基づく労働組合が含まれる。

　「その他の団体」とは，民法上の組合のほか，法人格を有していない労働組合をはじめ，客観的には法人となるのに適した実態をもつ社団や財団をいう。例えば，共済会，商店会，ゴルフクラブ，学術団体，自治会，PTA，絵画サークルといった任意団体が含まれる。

　「事業として又は事業のために契約の当事者となる場合における個人」とは，「個人」のうち「消費者」にあたる場合を除いた個人をいう。

　したがって，法人その他の団体以外の個人であっても，事業として又は事業のために契約当事者となる場合には事業者にあたることになる。

　(b)　**本設問へのあてはめ**　X社は，「法人」であるから「事業者」にあたることは自明である。

(4)　**消費者契約**

　(a)　**消費者契約の意義**　消費者契約法における「消費者契約」とは，「消

費者と事業者との間で締結される契約をいう」(消契2条3項)。要するに，消費者と事業者との間で締結される契約は，すべて「消費者契約」となり，その適用除外は労働契約のみである (消契48条)。

(b) 本設問へのあてはめ　上記(2)(b)・(3)(b)で述べたとおり，Yは「消費者」であり，X社は「事業者」であるから，両者の間で締結された健康食品の売買契約は「消費者契約」にあたる。

[2] 媒介の委託を受けた第三者

(1) 媒介の意義

ところで，消費者契約法5条1項は，「前条の規定は，事業者が第三者に対し，当該事業者と消費者との間における消費者契約の締結について媒介することの委託（中略）をし，当該委託を受けた第三者（中略）が消費者に対して同条1項から3項までに規定する行為をした場合について準用する」と規定する。すなわち，媒介の委託を受けた第三者が消費者に対して不実告知等 (消契4条1項1号)，断定的判断の提供 (同項2号)，不利益事実の不告知 (消契4条2項)，困惑行為 (同条3項) を行い，その結果，消費者契約の申込み又はその承諾の意思表示をした消費者は，これを取り消すことができる。

「媒介」とは契約当事者との間で契約が成立するように各種の仲介・あっせん又は勧誘的な事務作業を行うことをいう。

(2) 本設問へのあてはめ

AがYに対してX社・Y間の売買契約成立をサポートするのが自分の仕事であると告げていること，X社がAの勧誘行為方法についてまで責任をとれないと反論しながらも，Aに対して売買契約の媒介を委任していることは認めていることからすると，Aが媒介の委託を受けた第三者にあたることは明らかである。そして，X社とYとの間の売買契約は，上記[1](4)(b)で述べたとおり，消費者契約にあたるから，Aの媒介行為については，消費者契約法5条1項が適用されることになる。

ところで，上記[2](1)で述べたとおり，消費者は，媒介の委託を受けた第三者による困惑行為の結果，消費者契約の申込み又はその承諾の意思表示をした場合には，これを取り消すことができる (消契5条1項・4条3項1号)。

この点，Yは，健康食品の購入を勧誘するAに対して，「すでに他社から健康食品を定期的に購入しているので必要ないです。帰ってください」と断り，AがYの住居から退去すべき旨の意思表示をしている。これに対して，Aは，いつまでも居座って動こうとせず，Yの居宅から退去していない。

　消費者契約法4条3項の「困惑し」とは，精神的に自由な判断がしにくくなる心理状態であり，畏怖を含む広い概念である。そして，同項1号の「退去しないこと」という行為は消費者を困惑させる行為を類型化したものであるから，通常人であれば，困惑するのが一般的である。とすると，「退去しないこと」という行為があれば，消費者は困惑したものと事実上推定されるから，Yは，Aが「退去しない」ことによって困惑したといえる。

　住居からの不退去困惑による取消権は，追認することができる時（AがYの居宅から退去し，困惑状態から解放された時）から6ヵ月，契約締結の時から5年で時効によって消滅する（消契7条1項）ため，6ヵ月，5年のどちらか早いほうの期間満了によって消滅することになる。

　したがって，取消権が時効によって消滅していない限り，Yは，X社との間で締結した健康食品の売買契約を取り消すことができる。

(3) 取消後の法律関係

　YとX社との間の健康食品の売買契約が取り消されると，双方はそれぞれ原状回復義務を負うことになる。

　したがって，Yは，X社に対して健康食品を返還しなければならず，X社は，Yに対して売買代金を返還しなければならない。そして，YとX社との間の健康食品の売買契約は双務契約であるから，双方の返還義務は同時履行の関係に立つ（民533条）。

[3] 結　　論

　以上によると，「当社はAに対して売買契約の媒介を委託しているだけであって，Aの勧誘行為方法についてまで責任をとれないから，上記売買契約の取消しは認められない」とのX社の主張は認められない。

〔西村　博一〕

Q 63 消費者契約取消後における第三者

　Xは，音楽大学入試の合格祝として，ガルネリ・デル・ジュス作のヴァイオリンを実業家の叔父から贈られた。Xは，音楽大学卒業後，金銭に窮したことから，上記ヴァイオリンを弦楽器専門店○○に買い取ってもらうことにした。Xが上記ヴァイオリンを同店に持参すると，店主のYは，Xが金銭に窮しているのを奇貨として，Xに対し，「これはガルネリ・デル・ジュス作のヴァイオリンではないので高額な買取りはできません」と告げた。Xは，弦楽器専門店の店主の言うことだから間違いないだろうと思い，仕方なく安い額で買い取らせた。なお，上記ヴァイオリンの胴体内部には，「IHS」という文字が印刷されたラベルが貼られていた（ガルネリ・デル・ジュスは，自作のヴァイオリンに「救い主」を意味する「IHS」という印刷文字のあるラベルを貼るのを常としていた）。その後，Xは，ガルネリ・デル・ジュス作であるとの権威筋の鑑定書を叔父から見せられたので，慌てて，Yに対し，不実告知を理由として上記売買契約を取り消し，その引渡しを求める訴えを提起した。これに対して，Yは，すでにZに対して上記ヴァイオリンを売ってしまったと主張した。X・Y・Z間の法律関係について説明しなさい。

[1] 消費者契約法

(1) 背景事情

　人は，契約締結に際し，①相手方選択の自由，②契約内容決定の自由，③契約締結の自由を有している（契約自由の原則）が，現代社会における事業は複雑・多様化しているため，消費者と事業者との間で行われる取引については，情報保有量や交渉力の点で格差が生ずることは否定できない。このため，契約自由の原則をそのまま適用すると，かえって消費者に不合理な結果を強いることになりかねない。

そこで、消費者契約法は、契約の取消しや不当な条項の無効を主張することができる権利を消費者に認め、消費者契約から生ずる被害等を抑制することを目的としている（消契1条。**Q62**[1](1)参照）。

(2) **消費者の意義**

消費者契約法における「消費者」とは、事業として又は事業のために契約の当事者となる場合を除く個人をいう（消契2条1項）。

「事業として」とは、営利目的の有無を問わず、自己の危険と計算によって、一定の目的をもってなされる同種の行為の反復継続的遂行をいい、「事業のために」とは、事業の用に供するために行うことをいう（**Q62**[1](2)(a)参照）。

(3) **本設問へのあてはめ**

Xは、金銭に窮し換金目的のためヴァイオリンの売買契約の当事者となったのであり、事業として又は事業のためにヴァイオリンの売買契約の当事者となった「個人」ではないから、「消費者」にあたる。

(4) **事業者の意義**

消費者契約法における「事業者」とは、①法人その他の団体、②事業として又は事業のために契約の当事者となる場合の個人をいう（消契2条2項）。要するに、契約当事者のうち「消費者」を除いた者はすべて「事業者」ということになる（**Q62**[1](3)(a)参照）。

(5) **本設問へのあてはめ**

本設問からすると、弦楽器専門店〇〇は法人でないことが窺われるものの、ストラディヴァリウスやガルネリ・デル・ジェスのような名器を演奏者から買い取る行為は、これを再販売して利益を得ることが予定されているので、社会通念に照らし客観的に事業の遂行とみることができる。そして、弦楽器専門店〇〇の店主Yは、Xからヴァイオリン買い取っているので、「事業として又は事業のために契約の当事者となる場合における個人」にあたるといえる。

したがって、Yは「事業者」にあたる。

(6) **消費者契約の意義**

労働契約を除き、消費者と事業者との間で締結される契約は、すべて消費者契約となる（消契2条3項・48条。**Q62**[1](4)(a)参照）。

(7) 本設問へのあてはめ

上記(3)・(5)で述べたとおり，Xは「消費者」であり，弦楽器専門店〇〇の店主Yは「事業者」であるから，両者の間で締結されたヴァイオリンの売買契約は「消費者契約」にあたる。

［2］ 不実告知による取消し

(1) 不実告知の意義

事業者が，「消費者契約の締結について勧誘するに際し」，消費者に対し，「重要事項について事実と異なることを告げること」により，消費者が，「当該告げられた内容が事実であるとの誤認」をし，これによって，当該消費者契約の申込み又はその承諾の意思表示をしたときは，これを取り消すことができる（消契4条1項1号）。

「重要事項」とは，①物品，権利，役務その他の当該消費者契約の目的となるものの質，用途その他の内容，又は②物品，権利，役務その他の当該消費者契約の目的となるものの対価その他の取引条件であって，かつ，③消費者の当該消費者契約を締結するか否かについての判断に通常影響を及ぼすものをいう（消契4条4項）。

「当該告げられた内容が事実であるとの誤認」とは，「事業者」の不実告知によって，「消費者」が当該告げられた内容が事実であるという認識を抱くことをいう。

上記③の「消費者の当該消費者契約を締結するか否かについての判断に通常影響を及ぼすもの」という要件は，「通常」という要件が入っているように，当該消費者契約を締結した消費者を基準にするものではなく，一般的・平均的な消費者を基準として判断されることになる。すなわち，当該告げられた事実が重要な事項として考慮するようなものであるかどうか，又は当該告げられた事実が真実であるかどうかによって当該消費者契約の申込み又は承諾を行うかどうかに影響があるようなものであるかどうか，という点について一般的・平均的消費者を基準として客観的に判断されることになる。

(2) 本設問へのあてはめ

ガルネリ・デル・ジュス作のヴァイオリンの胴体内部に「救い主」を意味す

る「IHS」の文字が印刷されたラベルが貼られているということは，弦楽器専門店〇〇の店主であるYにとって周知のことであろうし，ヴァイオリンの買取額を決定する際の基本的事項にあたるといえる。とすると，Yは，Xから本設問のヴァイオリン（以下「本件ヴァイオリン」という）を買い取るときに，それがガルネリ・デル・ジュス製作の真正ヴァイオリンであることを当然わかっていたといえる。にもかかわらず，Yは，Xに対し，本件ヴァイオリンについてガルネリ・デル・ジュスが製作したものではないと告知し，これを安価で買い取ったのであるから，一般的・平均的な消費者を基準として考えると，この消費者契約の目的となるヴァイオリンの対価（重要事項）について不実の告知をしたことになる。そして，弦楽器専門店〇〇の店主Yから，本件ヴァイオリンはガルネリ・デル・ジュス作ではないと告げられているがゆえに，Xが「告げられた内容が事実であるとの誤認」をしたといえる。

ところで，不実告知による取消権は，追認することができる時から6ヵ月，契約締結の時から5年で時効によって消滅する（消契7条1項）。

したがって，取消権が時効によって消滅していない限り，Xは，X・Y間で締結した本件ヴァイオリンの売買契約を取り消すことができる。

[3] 取消しと第三者

ところが，本件ヴァイオリンは，すでにYから第三者Zへ売却されているため，Xは，その取消しをもって第三者Zに対抗することができるかが問題となる。

(1) 消費者契約法4条5項の「第三者」の意義

消費者契約の取消しは，「これをもって善意の第三者に対抗することができない」（消契4条5項）。その意味は，民法96条3項（詐欺による意思表示の取消し）と同じである。

「第三者」とは，誤認や困惑による意思表示の当事者及びその包括承継人以外の者で，誤認や困惑によって生じた法律関係に対し，新たに別の法律原因に基づいて，誤認や困惑による意思表示の取消しを主張する者と矛盾する権利関係に立つ者であって，取消前の第三者をいう。

「善意」とは，「第三者」たる地位に立つときに，誤認や困惑による意思表示

であることを知らなかったことをいう。

「対抗することができない」とは，取消しの効果を主張することができないことをいう。

(2) 本設問へのあてはめ（X・Y・Z間の法律関係）

(a) **Zが取消前の「善意」の第三者である場合**　ZがX・Y間で締結された本件ヴァイオリンの売買契約について，Xの誤認による意思表示によって締結されたものであることを知らなかった場合，Xは，Zに対し，X・Y間で締結された本件ヴァイオリンの売買契約の取消しの効果を主張することができない。

したがって，Xは，Zに対して本件ヴァイオリンの返還を請求することができない。

この場合，Yは，本件ヴァイオリンの買取額と本件ヴァイオリンの本来の価額との差額を不当に利得していることになり，しかもその利得について悪意の受益者といえる。

したがって，Xは，Yに対し，上記差額相当額及びこれに対する支払済みまで民法所定の年5分の割合による利息の支払を請求することができる（民703条・704条）。

(b) **Zが取消前の「悪意」の第三者である場合**　ZがX・Y間で締結された本件ヴァイオリンの売買契約について，Xの誤認による意思表示によって締結されたものであることを知っていた場合，Xは，Zに対し，X・Y間で締結された本件ヴァイオリンの売買契約の取消しの効果を主張することができる。

したがって，Xは，Zに対し，本件ヴァイオリンの返還を請求することができる。

この場合，Xは，Yに対して本件ヴァイオリンの買取代金を返還しなければならない。

(c) **Zが取消後の第三者であり，Yから本件ヴァイオリンの引渡しを受けていない場合**　取消しの遡及効によって，Zは，本件ヴァイオリンについて無権利者となり，Xが本件ヴァイオリンの権利者となるのが建前であるが，これでは動産取引の安全を著しく害することになって妥当ではない。そこで，本件ヴァイオリンが，X・Y間の売買契約によっていったんYの所有に帰した事実

が存在する以上，X・Y間の売買契約の取消しによってXに所有権が復帰した後に，YがさらにZに本件ヴァイオリンを売却したことになり，これは，民法178条との関係では，あたかも，Yが本件ヴァイオリンをXとZに対し，いわゆる二重譲渡をした場合と異ならない（最判昭32・6・7民集11巻6号999頁・判タ2号59頁を各参照）から，先に本件ヴァイオリンの引渡しを受けたほうが優先することになる。なお，動産に関する物権の譲渡の対抗要件が引渡しである（民178条）ことはいうまでもない。

〔西村　博一〕

Q 64

消費者契約における約款の効力

　Y株式会社が経営する○○スポーツクラブの会員であるXは，エアロビクスの練習中に床の凸凹に足を取られて転倒し，2週間の治療を要する足首捻挫の傷害を負った。そこで，Xは，Y社に対し，治療費相当額の損害賠償を求める訴えを提起した。これに対して，Y社は，○○スポーツクラブの会則○条には，「当社は，施設における事故について一切責任を負わないものとする」と明記されているので，Xに対する損害賠償義務を負わないと主張した。Y社の主張は認められるかについて説明しなさい。

［1］　消費者契約法

(1)　背景事情

　人は，契約締結に際し，①相手方選択の自由，②契約内容決定の自由，③契約締結の自由を有している（契約自由の原則）が，現代社会における事業は複雑・多様化しているため，消費者と事業者との間で行われる取引については，情報保有量や交渉力の点で格差が生ずることは否定できない。このため，契約自由の原則をそのまま適用すると，かえって消費者に不合理な結果を強いることになりかねない。

　そこで，消費者契約法は，契約の取消しや不当な条項の無効を主張することができる権利を消費者に認め，消費者契約から生ずる被害等を抑制することを目的としている（消契1条。**Q62**［1］(1)参照）。

(2)　消費者の意義

　消費者契約法における「消費者」とは，事業として又は事業のために契約の当事者となる場合を除く個人をいう（消契2条1項）。

　「事業として」とは，営利目的の有無を問わず，自己の危険と計算によって，一定の目的をもってなされる同種の行為の反復継続的遂行をいい，「事業のた

めに」とは，事業の用に供するために行うことをいう（**Q62**[1](2)(a)参照）。

(3) **本設問へのあてはめ**

Xは，事業として又は事業のために○○スポーツクラブの会員契約の当事者となった「個人」ではないから，「消費者」にあたる。

(4) **事業者の意義**

消費者契約法における「事業者」とは，①法人その他の団体，②事業として又は事業のために契約の当事者となる場合の個人をいう（消契2条2項）。要するに，契約当事者のうち「消費者」を除いた者はすべて「事業者」ということになる（**Q62**[1](3)(a)参照）。

(5) **本設問へのあてはめ**

Y株式会社は，「法人」であるから「事業者」にあたることは明らかである。

(6) **消費者契約の意義**

消費者と事業者との間で締結される契約は，原則として，すべて消費者契約となる（消契2条3項）。適用除外は労働契約のみである（消契48条。**Q62**[1](4)(a)参照）。

(7) **本設問へのあてはめ**

上記(3)・(5)で述べたとおり，Xは「消費者」であり，Y株式会社は「事業者」であるから，両者の間で締結された○○スポーツクラブの会員契約は「消費者契約」にあたる。

[2] 消費者契約の条項の無効

(1) **免責条項無効の意義**

事業者の債務不履行によって消費者に生じた損害を賠償する責任の全部を免除する条項は，無効である（消契8条1項1号）。

「全部を免除する条項」とは，事業者が損害賠償責任を一切負わないとすることである。条項が無効になると，損害賠償責任については何の特約もなかったことになり，事業者は，民法415条，416条，419条，商法560条，577条，578条，592条等の規定に基づく損害賠償責任を負うことになる。

したがって，①事業者の債務不履行，②事業者の帰責事由（故意又は過失），③消費者の損害の発生，④債務不履行と損害との間の因果関係が認められる場

合には，事業者は，当該消費者に対する損害賠償責任を免れない。

(2) 本設問へのあてはめ

　Y株式会社は，○○スポーツクラブの経営者であるから，その安全を第一に設備等を整え，会員が安全にエアロビクスの練習を行うことができるようにする債務を負っていることになる。

　しかし，Y株式会社はその債務を履行していない（上記①の要件）のであるから，帰責事由（床の状態を点検しなかった過失）があり（上記②の要件），このため，Xは，エアロビクスの練習中に床の凸凹に足を取られて転倒し，2週間の治療を要する足首捻挫の傷害を負ったのであるから，損害が発生しており（上記③の要件），Y株式会社の債務不履行とXの被った損害との間には因果関係がある（上記④の要件）。

　ところで，Y株式会社が経営する○○スポーツクラブの会則○条には，「当社は，施設における事故について一切責任を負わないものとする」と明記されている。

　しかし，この条項は，Y株式会社が債務不履行によって消費者Xに生じた損害を賠償する責任の「全部を免除する条項」にあたる（消契8条1項1号）。

　したがって，Y株式会社は，Xに対し，民法415条，416条等の規定に基づく損害賠償責任を負う。

[3] 結　　論

　以上によると，「○○スポーツクラブの会則○条には，当社は，施設における事故について一切責任を負わないものとすると明記されているので，Xに対する損害賠償義務を負わない」とのY社の主張は認められない。

〔西村　博一〕

Q 65

敷金返還請求──敷引特約

　Xは，平成19年4月10日に，Yから，Y所有マンションの一室を賃料9万円（月額，共益費込み），敷金3ヵ月（1.5ヵ月分の敷引特約付き），賃借期間2年，自動更新規定ありの約定で賃借し，平成21年4月の段階で1回更新し，平成23年4月の段階でも更新を希望している。ところが，Xは平成22年6月ごろから賃料を滞納し始め，平成23年3月の段階では，2ヵ月分の賃料を滞納していた。そこで，Yは，Xに対し，2ヵ月分の滞納賃料の支払を請求し，その支払と平成23年4月以降は賃料2ヵ月分の滞納が生じた段階でYが賃貸借契約を解除できる旨の特約を締結しない限り更新しないと通告した。すると，Xは，敷金3ヵ月分を差し入れているので，その2ヵ月分を滞納賃料に充当することを求め，そうすれば滞納分は解消するから，賃貸借契約の更新は可能であると主張し，もし，それが認められないなら，賃貸借契約の解消（更新なし）と敷引特約は消費者契約法10条に違反し無効であるとして，敷金3ヵ月分の返還を請求した。このようなXの滞納賃料への敷金充当の主張や敷金3ヵ月分返還の請求は認められるか。

[1] はじめに

　本問の場合，賃借人Xのほうから，敷金を，滞納している2ヵ月分の賃料に充当することを求めている。このような賃借人の主張は，賃貸人の有する家賃請求権を賃借人の敷金返還請求権でもって対当額で相殺することを主張するものである。そして，このような相殺の主張が認められるためには，賃借人の敷金返還請求権が弁済期になければならない。なぜならば，相殺は，双方の債権（債務）が弁済期にあることが要件になっているからである（民505条1項）。そこで，本問の場合，賃借人Xの主張が認められるためには，Xの敷金返還請求権

が弁済期になければならず，その点から，敷金返還請求権の弁済期はどの時点か，すなわち，敷金返還請求権はどの時点で具体的に発生するのかが問題となる。

また，本問の場合，敷引特約が付されており，賃借人Xは，このような敷引特約は消費者契約法10条に違反し無効であるとして，敷金全額の返還を主張しており，このようなXの主張が認められるかも問題となる。

［2］ 敷金返還請求権の発生時期

(1) 敷金返還請求権の要件事実

(a) 敷金返還請求権の発生時期を論ずる前提として，敷金の意義や法律的性質，また，敷金返還請求権の要件事実について検討する。

(b) 敷金とは，不動産，特に家屋の賃借人が，賃貸借契約において生じる賃料その他の債務を担保するために，賃貸借契約成立の際に，あらかじめ賃貸人に交付する金銭のことである。敷金は，賃貸借契約が終了する場合には，賃借人に債務の未払いがない限り返還される。敷金の法律的性質については，判例は，停止条件付返還債務を伴う金銭所有権の移転であると考えている（最判昭48・2・2民集27巻1号80頁参照）。通説も同様である。

(c) 敷金返還請求権の要件事実は，次のとおりである。
① 賃貸借契約の成立
② ①に基づく賃貸物件の引渡し
③ ①に付随して敷金授受の合意
④ ③に基づく敷金の交付
⑤ 賃貸借契約の終了原因事実
⑥ ①の賃貸物件の返還
⑦ ⑤から⑥までの期間の賃料相当額
⑧ ②から⑤までの期間の賃料及び⑤から⑥までの期間の賃料相当額の支払
　（又はその提供）

前記のうち，①，③，④が，敷金契約の成立要件である。③の敷金契約は，①の賃貸借契約とは別個の契約であるが，従たる契約とされており（最判昭53・12・22民集32巻9号1768頁参照），賃貸借契約が成立しないと敷金契約も成立

しないので，①が成立要件となる。また，敷金契約は，敷金という担保を設定する契約であり，そこで，質権設定契約が要物契約である（民344条・362条）のと同様に，要物契約とされており，④が成立要件となる。

そして，敷金返還請求権は，賃貸借契約が終了し，賃借人が賃貸物件を明け渡した時に発生するものとされており（前掲最判昭48・2・2，最判平11・1・21民集53巻1号1頁参照），そのため，敷金返還請求権が発生するために，⑤と⑥が要件事実となる。

敷金の法律的性質については，前記のように停止条件付返還債務を伴う金銭所有権の移転とされており，敷金返還請求が認められるためには，賃借人に債務不履行がないことが停止条件となり，この停止条件の成就，つまり，債務不履行がないことの内容として，⑧が要件事実となり，その前提事実としての②と⑦についても，要件事実となる（司法研修所『民事訴訟における要件事実（第2巻）』164頁参照）。

(2) **敷金返還請求権の発生時期**

前記のように，敷金返還請求権は，賃貸借契約が終了し，賃借人が賃貸物件を明け渡した時に発生するとされている（賃貸物件明渡時説。前掲最判昭48・2・2，前掲最判平11・1・21参照）。

これに対し，敷金返還請求権は賃貸借契約終了時に発生し，敷金が当然に充当されるのは賃貸借契約存続中に生じた賃料等の債権であるという見解（賃貸借契約終了時説），あるいは，敷金返還請求権は賃貸借契約終了時に発生するが，その後賃貸物件の明渡しの時点までに生じる損害賠償（又は不当利得返還）等の債権にも敷金が充当されるという見解もある。

しかし，前記の最判昭48・2・2は，①家屋賃貸借における敷金は，賃貸借契約終了後家屋の明渡しの時点までに生じる賃料相当額の損害金債権その他賃貸借契約により賃貸人が賃借人に対して取得する一切の債権を担保するものであるとして，②敷金返還請求権は，賃貸借契約終了後家屋明渡しの時点において，それまでに生じた賃貸人の賃借人に対する一切の債権を控除しなお残額がある場合に，その残額につき具体的に発生するものである旨を判示して，賃貸物件明渡時説に立つことを明確にしている。

この賃貸物件明渡時説によれば，賃借人の賃貸物件明渡しが先履行となり，

よって，賃借人は，賃貸物件明渡しにつき敷金返還請求との同時履行（民546条・533条）を主張することはできなくなる。すなわち，賃借人は，敷金の返還を受けるまでは，賃貸物件の明渡しを拒むといった主張をなしえないことになる。

(3) 本問の場合

以上によれば，本問の場合も，賃借人Xの敷金返還請求権は，Xによる賃貸物件明渡しの時点において，それまでに賃貸借契約から生じたXの賃貸人Yに対する一切の債務を控除しなお残額がある場合に，その残額につき具体的に発生することになると解すべきことになる。すなわち，Xの敷金返還請求権は，Xによる賃貸物件明渡しの時点までは具体的に発生せず，よって，弁済期にも至っておらず，そのため，Xのように，賃貸借契約の途中において，自らの滞納家賃に敷金返還請求権を充当すること，すなわち，Xの敷金返還請求権をもってYの家賃請求権を相殺するといった主張をすることは許されないことになる。

［3］ 敷引特約の有効性

(1) 敷引特約はどのようなものか

敷引特約とは，家屋の賃貸借契約において，賃借人から敷金ないし保証金という名目で賃貸人に対して差し入れられた金員のうち，一定額ないし一定割合を賃貸人が取得し，賃貸物件明渡しの後に残額を賃借人に返還するという特約である。関西地方において多く見られる商慣習であるといわれるが，関東地方においても，たまにこのような敷引特約が締結されている場合がある。

敷引特約については，敷金の一定額ないし一定割合が単純に差し引かれるといった類型が多いが，中には，賃貸借契約の存続期間に応じて敷引額が増減するという類型もある。この後者の類型の場合，存続期間が長期になればなるほど，敷引額も多くなるというのが通例である。

敷引金については，判例や学説上，①通常損耗料（通常損耗や自然損耗についての補修費用），②空室損料（中途解約により次の入居者が入るまでの空室期間に対する補償費用），③賃料の補充や前払い（賃料を低額にしたことに対する補償費用），④礼金（賃貸借契約締結に対する礼金）といった性質があるとされており，①の通常損

耗料の性質を基本に，それに②ないし④の１つないしは複数の性質を兼ね備えていると解されることが多い。この点につき，最判平23・3・24（民集65巻2号903頁）は，「契約当事者間にその趣旨について別異に解すべき合意等のない限り，通常損耗等の補修費用を賃借人に負担させる趣旨を含むものというべきである」と判示しており，①の通常損耗料以外にどのような性質を有するかについては明らかにしていない。

(2) 敷引特約は消費者契約法10条に違反し無効か

消費者契約法は平成13年4月1日から施行されているが，本問の賃借人Xは，賃貸人Yとの間で締結している敷引特約は消費者契約法10条に違反し，無効であると主張している。そのため，本問のような敷引特約は，消費契約法10条に違反するかについて検討しなければならない。

(a) 最初に，敷引特約は消費者契約かが問題となる。この点につき，賃貸人は，一般に賃貸物件を継続的，反復的に賃貸しており，そのように事業として賃貸物件の賃貸を行っているものと認められ，よって，「事業者」に該当する（消契2条2項）。他方，賃借人は，個人として自らの住居とするために賃貸借契約を締結するものであり，よって，「消費者」に該当する（消契2条1項）。そのため，賃貸人と賃借人との間の賃貸借契約は，「事業者」と「消費者」との間で締結される契約となり，「消費者契約」に該当する（消契2条3項）。また，このような賃貸借契約に付随して締結される敷引特約も，当然に消費者契約に該当するものと考えるべきである。

(b) そして，敷引特約が消費者契約法10条に違反するかどうかについて，判例は，概略，次のような判断を示した（前掲最判平23・3・24参照）。

(イ) 消費者契約が，消費者契約法10条に違反して無効になるというためには，まず，その消費者契約が，民法等の法律の公の秩序に関しない規定，すなわち任意規定の適用による場合に比べて，消費者の権利を制限し，又は消費者の義務を加重するものでなければならない。

そして，賃貸借契約に付随する敷引特約の場合，契約当事者間に別異に解すべき合意のない限り，通常損耗等の補修費用を賃借人に負担させる趣旨を含むものというべきである。ところで，賃貸借契約の場合，賃貸物件の通常損耗や自然損耗の発生は，賃貸借契約の本質上当然に予定されており，そのため，そ

れらの通常損耗等に係る減価分の回収は，賃料の中に通常損耗等の補修費用を減価償却費や修繕費等として含ませ賃料の支払を受けることによって行われており，そこで，賃借人は，賃料さえ支払っておれば，原則上，通常損耗等についての原状回復義務を負わず，その補修費用を負担する義務も負わないはずである。そうすると，通常損耗等の補修費用を賃借人に負担させる趣旨を含む敷引特約は，任意規定の適用による場合に比べて，消費者である賃借人の義務を加重するものといいうる。

(ロ) さらに，消費者契約が，消費者契約法10条に違反して無効になるというためには，その消費者契約が信義則（民1条2項）に反して消費者（賃借人）の利益を一方的に害するようなものでなければならない。

この点につき，賃貸借契約に敷引特約が付され，敷引金額が明示されている場合には，賃借人は，賃料のほかに敷引金額を負担することを明確に認識した上で契約を締結しており，賃借人の負担につき明確に認識して合意をしたものといえる。そして，敷引特約が締結され，通常損耗等の補修費用を敷引金として賃借人に負担させる旨の合意が成立している場合には，その反面で，賃料に前記補修費用を含まないものとして賃料額が合意されているとみるのが相当であり，そのため，敷引特約によって通常損耗等の補修費用を賃借人に負担させるとしても，賃借人に二重の負担を強いるものとはいえない。さらに，敷引特約によって，通常損耗等の補修費用を賃借人に負担させることにするだけでなく，そのような補修費用として賃貸人が取得する金員を敷引金という具体的な一定額にすることは，通常損耗等の補修の要否やその費用の額をめぐる紛争を防止するといった観点から，あながち不合理なものとはいえない。以上によれば，敷引特約が直ちに信義則（民1条2項）に反して賃借人の利益を一方的に害するようなものであるとはいえない。

もっとも，賃借人は，通常，賃貸物件の通常損耗等の補修費用の額につき十分な情報を有しておらず，賃貸人との交渉で敷引特約を排除することも困難であるから，敷引金額が敷引特約を締結した趣旨からみて高額すぎる場合には，賃借人と賃貸人との間に存する情報の質及び量並びに交渉力の格差を背景に，賃借人が一方的に不利益な負担を余儀なくされたものとみるべき場合が多い。

そうすると，敷引特約における敷引金額が，賃貸物件に通常想定される通常

損耗等の補修費用の額，賃料額，また，礼金などの一時金の有無とその額などに照らし，敷引特約を締結した趣旨からみて高額すぎると評価すべき場合には，当該賃料額が近隣同種の建物の賃料相場に比べて大幅に低額であるなどの特段の事情がない限り，前記の敷引特約は，信義則（民1条2項）に反して消費者である賃借人の利益を一方的に害するようなものというしかない。

以上により，敷引金額が敷引特約を締結した趣旨からみて高額すぎる場合には，そのような敷引特約は，原則として，消費者契約法10条に違反し無効になるものと解すべきである。

(ハ) そして，前記の(イ)及び(ロ)のような見解の下，①敷引金額が，契約の経過年数，賃貸物件の場所，専有面積などに照らし，賃貸物件に通常想定される通常損耗等の補修費用の額を大きく超えるものとはいえず，②敷引金額が，契約の経過年数に応じて賃料額の2倍弱ないし3.5倍強にとどまっており*，また，③契約更新時に賃料1ヵ月相当額の更新料を支払う義務を負うほかには，礼金などの一時金を支払う義務を負っていないなどとして，敷引金額が高額にすぎると評価することはできず，そのため，当該敷引特約は消費者契約法10条に違反せず，無効とはいえないと判示した。

　　*　最判平23・3・24の事案は，敷引特約における敷引額が，賃貸借契約の存続期間に応じて増減するという類型であった。

さらに，最判平23・7・12（判時2128号33頁参照）は，前記の(イ)及び(ロ)と同様の見解の下，①契約書に敷引特約につき明記されており，賃借人は自らの金銭的負担額を明確に認識した上で契約を締結しており，②敷引金額が，賃料額の3.5倍程度にとどまっており，また，③敷引金額が，近隣同種の建物についての敷引特約における敷引金相場と比べて，大幅に高額であるとはうかがわれないなどとして，敷引金額が高額すぎると評価することはできず，そのため，当該敷引特約は消費者契約法10条に違反せず，無効とはいえないと判示している。

(3) 本問の場合

本問の場合においては，賃借人Xと賃貸人Yの賃貸借契約の経過年数は4年（平成19年4月から同23年4月まで）であるが，その期間における，賃貸物件の場所，専有面積などを踏まえた，賃貸物件（マンション一室）に通常想定される通常損

耗等の補修費用の額は明らかでなく，よって，本件の賃料額の1.5倍という敷引額が，前記の補修費用の額を大きく超えるものかどうかも明確になっておらず，また，Xが礼金や契約更新時の更新料などの一時金を支払う義務を負っていたかも明らかでなく，さらに，敷引金額が，近隣同種の建物についての敷引特約における敷引金相場と比べて，大幅に高額であったかどうかも明確になっていない。

したがって，前記のような事情を検討しなければ，一概に断定しえないのではあるが，賃貸借契約書に敷引特約及び敷引金額につき明記されており，Xは自らの金銭的負担額を明確に認識した上で契約を締結したものと解せられ，しかも，敷引金額が，賃料額の1.5倍にとどまっていることからすれば，XとYとの間の敷引特約における敷引金額が高額にすぎると評価することは困難ではないかと解せられる。そのため，XとYとの敷引特約は任意規定の適用による場合に比べ，消費者であるXの義務を加重するものではあるが，当該敷引特約が消費者契約法10条に違反することにはならず，無効とはいえないものと考えられる。そうだとすると，Xによる敷金3ヵ月分の返還の請求は認められないことになる。

さらに，本件賃貸借契約終了後，本件賃貸物件（マンション一室）の明渡しの段階で，Xの故意や過失に基づく特別損耗が存在しておれば，Yは，敷引金額とは別個に，その特別損耗についての補修費用を敷金から控除することができ，その残額につき返還すればよいことになる。

〔井手　良彦〕

Q 66

マンション管理費等請求——管理組合・管理者・管理会社の意義，管理費・修繕積立金請求の要件事実

　Aマンション管理組合は100人の区分所有者からなる団体であり（法人格は有しない），その管理規約には，管理者にX管理会社が就任するとあり，また，区分所有者は1ヵ月の管理費1万円，修繕積立金3000円を当月末日までに支払わなければならず，遅延した場合には年18％の割合による遅延損害金を合わせて支払わなければならないと規定されている。X社は，区分所有者の1人Yが管理費と修繕積立金を3年にわたって支払っていないとして，46万8000円（＝（1万円＋3000円）×12月×3年）と年18％の割合による遅延損害金の支払を求めて提訴した。これに対して，Yは，①管理費等の支払を求めて提訴するには，管理組合の集会議決が必要なところそのような議決がない，また，②遅延損害金の利率年18％については，消費者契約法9条2号に違反するもので無効であると主張している。なお，A管理組合の管理規約には，①の提訴に関して管理組合の集会議決が必要であるといった規定はない。このような場合，X社の請求は認められるか，また，Yの主張をどのように考えるべきか。

[1] はじめに

　本問の場合，マンション管理組合，管理者及び管理会社が登場しており，また，管理会社が管理者になっているので，これらの管理組合などの意義及びそれらの関係について明らかにしなければならない。

　また，Aマンションの区分所有者Yは，3年分の管理費と修繕積立金（以下「管理費等」という）を支払っていないとして，3年分の管理費等46万8000円と年18％の割合による遅延損害金の支払を求めて提訴されている。そこで，管理費等の請求の要件事実について明らかにし，また，Yは，このような提訴に

はAマンション管理組合（以下「A管理組合」という）の集会議決が必要だと主張しているので、その主張の当否について検討する。また、Yは、管理規約に規定されている遅延損害金の利率年18％について、消費者契約法9条2号に違反していると主張しているので、マンション管理費等請求権の遅延損害金の利率（年18％）が消費者契約法9条2号に抵触するかについても、検討したい。

[2] マンション管理組合、管理者及び管理会社について

(1) マンション管理組合はどのようなものか

「マンション管理組合」とは、マンション（区分所有建物）の区分所有者全員で当然に構成される団体であって、マンションの建物の管理及びその敷地と附属施設の管理を行うための団体をいう（建物の区分所有等に関する法律（以下「建物区分所有法」という）3条）。

このような管理組合は、複数の区分所有者がおれば当然に構成される団体であって、区分所有者の合意によって構成されるというものではない。このように、区分所有者全員が、建物区分所有法に従ってマンションの建物等を共同管理していくために、管理組合という1つの団体を当然に構成するのであり、管理組合の構成員でない区分所有者といった存在は許されず、よって、区分所有者が区分所有権を保有したまま管理組合から脱退するようなことも許されないことになる。

管理組合の構成員は、区分所有者の全員であって、当該マンションの一室を賃貸している賃借人がいたとしても、このような賃借人は構成員とはならない。

管理組合には、集会、規約、管理者を置くことができる（区分所有3条）。すなわち、これらの設置は必要的ではなく、任意的とされている。

管理組合は、一定の要件を充足して登記をすれば、法人となることができる（管理組合法人；区分所有47条）。

(2) 管理者、管理会社はどのようなものか

(a) 「管理者」（区分所有3条）とは、前記の管理組合の業務執行機関である。管理規約に別段の定めがない限り、集会決議によって選任され、又は、解任される（区分所有25条1項）。ただし、管理組合に必要・常設の機関というわけではなく、管理者を設置しないで管理人を置き、この者に管理を委託したり、区

分所有者自らが管理したりすることもできる。管理者の人数に制限はなく，2人以上であってもかまわない。管理規約に管理者についての定めがなく，また，集会決議で異なる内容の決議がない場合には，一般には，管理組合の代表者[*1]が当然に管理者になるものと解せられる。その一方，管理規約で定めたり，集会決議で決議したりすれば，管理者は，区分所有者である必要はなく，法人（営利法人でも可）であってもよい[*2]。

　管理者は，建物区分所有法によって認められた法定権限として，①共用部分・共有敷地・共有附属施設（以下「共用部分等」という）を保存する権限及びその義務（区分所有26条1項），②代理権，つまり，管理者の職務に関して区分所有者を代理する権限（区分所有26条2項），③共用部分等についての損害保険金の請求・受領の権限及びその義務（区分所有26条2項），④共用部分等についての損害賠償金及び不当利得返還金の請求・受領の権限及びその義務（区分所有26条2項），⑤訴訟追行権（区分所有26条4項），⑥集会招集権（区分所有34条1項），⑦管理規約に別段の定めがある場合及び集会において別段の決議をした場合を除いて，集会における議長となる権限（区分所有41条）などを有しており，さらに，管理規約や集会決議によって認められた特別権限として，⑧集会決議で決議された，建物（区分所有建物）やその敷地・附属施設の管理に関する事務を行う権限及びその義務（区分所有26条1項），⑨建物やその敷地・附属施設の管理に関する事務のうち，管理規約で管理者の職務権限と定められている行為を行う権限及びその義務（区分所有26条1項）を有している。

　前記の③に関して，共用部分等について損害保険契約をすることは共用部分等の管理に関する事項とみなされるから（区分所有18条4項・21条），集会でその保険契約をすると決議されると，管理者は全区分所有者を代理して保険契約をすることになる（区分所有26条1項・2項前段）。その一方，その保険契約に基づく保険金請求権は，共用部分等の共有持分権が各区分所有者に属するために，各区分所有者に帰属することになり，よって，管理者が保険金を一括して請求したり，一括して受領したりすることは当然にはできないことになる。しかし，保険金は共用部分等が毀損・滅失したことにより支払われるもので，その毀損・滅失を補修するために使われるべきものであるから，管理者が保険金を一括して請求したり，一括して受領したりできることが望ましく，そのために，

管理者に，共用部分等についての損害保険金の請求・受領の権限及びその義務が認められたのである。

また，前記の⑤に関して，管理者が訴訟追行権を有するためには，その訴訟が管理者の職務（前記の①，③，④，⑧，⑨など）に関するもので，区分所有者のために訴訟追行が行われ，しかも，管理規約又は集会決議により授権がなされていることが必要である（区分所有26条4項）。このうち管理規約による授権については，あらかじめ包括的に，又は，事項を限っての授権が可能であり，集会決議による授権については，個々の事件ごとに授権が行われる。また，建物区分所有法26条4項は「管理者は……原告又は被告となる」としており，これは，管理者が区分所有者のために訴訟担当の地位に就くことを意味しており，管理者が自分の名前で原告となり被告となるのであって，訴訟代理人になるわけではない。

* 1 管理組合の代表者は，理事長，代表理事，理事などと呼ばれることが多い。
* 2 設問のように，本文で説明するような管理会社が，管理者になることも可能である。

(b) 管理会社とは，分譲マンションなどの集合住宅において，管理組合から委託を受けて管理事務を行う業者（マンション管理業者）*3 であって，会社組織のものをいう。

管理組合から委託される内容は，場合によって異なるが，管理費や修繕積立金の管理，共用スペースの管理，清掃業務，建物・敷地・附属施設の保守・管理，住民同士のトラブルの仲裁などである。

なお，管理人という概念もある。管理人とは，マンション管理会社に雇用されたり（雇用の形態は，社員，嘱託，パート雇用などがある），管理組合から直接委任されたりして，現実に，施設の維持・管理を行う，例えば，それらの維持・管理に伴う事務手続を行ったり，受付業務を行ったり，清掃業務を行ったり，建物や施設の点検・検査・管理業務を行ったり，マンションでの居住者の要望・不満に対応したり，その窓口になったりする人をいう。ただし，この管理人の概念は，建物区分所有法などの法律に基づくものではない。

* 3 マンション管理業とは，①管理組合から委託を受けて，②管理事務を行う行為であって，③それを業として行うものをいい（マンションの管理の適正化の推進に関

する法律2条7号)。また，マンション管理業者とは，国土交通省における登録を受けてマンション管理業を営む者をいう（同法2条8号)。マンション管理業者は，個人であってもよい。ただし，登録を受けないで，マンション管理業を行うと罰則の適用を受ける（同法106条2号・53条)。

[3] 管理費等請求の要件事実

(1) マンション管理費・修繕積立金はどのようなものか

(a) マンション管理費とは，区分所有者全員の共有に属する，共用部分，建物の敷地若しくは共用部分以外の建物の附属施設を維持・管理するために必要な費用のことである。この管理費は，区分所有者が法律上当然に負担しなければならない費用であり，その負担割合は，原則として，区分所有者の持分に応じて決定されるが，管理規約によって別途定めることも可能である（区分所有19条)。

しかし，通常は，管理規約に，各区分所有者がこの管理費につき管理組合に対して支払義務を負うという形式で規定され，また，管理規約に，各区分所有者の管理費の負担割合も明記されることになる（標準管理規約25条参照)。

(b) 修繕積立金とは，マンションの経年劣化等に対する大修繕やマンションの環境や機能の維持・増進のために用いる積立金のことである。マンションの財産的価値を維持・増進させるための有益費という性質のものであり，管理に関する事項として建物区分所有法18条に基づく集会決議[*4]によって初めて支払義務が発生することになる。

> [*4] マンションが新築・分譲された場合，分譲業者が提示した長期修繕計画と修繕積立金について，購入契約時の書面合意によって，分譲業者からの引渡完了時点で決議があったものとするか，又は，引渡後速やかに開催される管理組合設立総会において，長期修繕計画と修繕積立金についても決議をするのが一般であり，そのような決議によって，区分所有者は，それ以降につき修繕積立金の支払義務を負担することになる。

(2) 管理費等請求の要件事実

管理費等請求の要件事実は，次のとおりである。

① 原告が，マンション管理組合など，原告適格を有する者であること

② 被告がそのマンションの区分所有者であること
③ 管理規約又は集会決議によって管理費等の支払義務が定められていること
④ ③に基づき，被告が毎月負担すべき管理費等の額とその支払期日
⑤ 管理規約又は集会決議に遅延損害金の定めがあること

[4] 管理費等請求のための提訴には，管理組合の集会議決が必要か

本問の場合，A管理組合の管理者X社が，管理費等を滞納している区分所有者Yに対して，滞納分の管理費等の支払を求めて提訴したところ，Yは，このような提訴には管理組合の集会議決が必要だと主張した。ただし，A管理組合の管理規約には，このような提訴に管理組合の集会議決が必要であるといった規定はないとのことである。

(1) 管理者が滞納区分所有者に提訴する場合

管理者が提訴するには，前記[2](2)(a)のように，集会決議か管理規約によって，管理者に授権されていることが必要である。そして，管理規約には，あらかじめ管理者が管理組合を代表し提訴しうる事項を規定して，管理者へ包括的に授権することができる。そのため，管理規約に区分所有者への管理費等の滞納分の提訴といった事項を規定し，その点を授権しておれば，管理者は集会決議がなくても，滞納区分所有者へ管理費等の滞納分の支払を求めて提訴することができる。しかし，管理規約にそのような規定がない場合には，集会決議によって授権がなければ，管理者は滞納区分所有者へ管理費等の滞納分の支払を求めて提訴することはできない[*5]。

本問の場合，A管理組合の管理規約に，管理者の滞納区分所有者への提訴について，管理組合の集会議決が必要であるといった規定はないようである。しかし，その管理規約に，滞納区分所有者への提訴につき管理者に授権しているかどうかについて必ずしも明らかでない。したがって，管理規約に，滞納区分所有者への提訴につき管理者に授権する旨が規定されておれば，管理者X社のYに対する提訴は有効である。しかし，授権する旨が規定されていなければ，管理者X社のYに対する提訴には，A管理組合の集会決議が必要になる。それ

がない以上，X社に訴訟追行権がなく，原告適格がない場合にあたり，原告適格がないのにYに対して提訴したことになって，そのような提訴は無効となる。そのため，却下を免れないことになる。

*5 管理者が提訴する場合には，裁判所に対して，①その者が管理者に選任されていることを証明する管理規約写しあるいは集会決議の議事録写しの提出が必要になり，しかも，②その者に前記のような授権がなされていることを証明する管理規約写しあるいは集会決議の議事録写しの提出が必要になる。なお，③管理者が法人である場合には，その登記簿謄本の提出も必要になる。

(2) 管理組合が滞納区分所有者に提訴する場合

区分所有者が管理費等を滞納している場合に，簡易裁判所の実務においては，管理者が原告となって提訴する事案よりは，管理組合が原告となって提訴する事案のほうが多い。そこで，本問において，A管理組合が原告となってYに対し提訴した場合を想定して，その際に，Yがこのような提訴に管理組合の集会議決が必要だと主張した場合（管理規約には，このような提訴に管理組合の集会議決が必要であるといった規定はない）についても，一応，検討しておきたい[*6]。

管理組合の形態には，いろいろな形態がある。すなわち，①法人格を有する場合（区分所有47条），②組合的性質を有する場合[*7]，また，③法人格までは有しないが，区分所有者からなる団体であって，「団体としての組織を備え，多数決の原則が行われ，構成員の変更にかかわらず団体が存続し，その組織において代表の方法，総会の運営，財産の管理等団体としての主要な点が確定している」（最判昭39・10・15民集18巻8号1671頁参照）ような団体である場合である。

簡易裁判所の実務においては，③の形態の管理組合が，自ら原告となって，提訴する場合がいちばん多いようである。このような形態の管理組合は「権利能力なき社団」と認定でき，民事訴訟法29条の訴訟当事者能力を認められるために，原告適格が認められる。そして，管理規約には，通常，区分所有者は管理組合に対し管理費等を納入しなければならないと規定されているために（標準管理規約25条参照），管理組合が前記のように原告適格を有する場合には，自らが原告となって，滞納区分所有者に対し，管理費等の滞納分の支払を求めて提訴することができることになる[*8]。

ただし，管理費等の滞納が「建物の保存に有害な行為その他建物の管理又は

使用に関し区分所有者の共同の利益に反する行為」(区分所有6条1項)に該当するると解するならば，管理費等の滞納分の支払を求めて提訴するには集会決議が必要になる(区分所有57条2項)。

　しかし，建物区分所有法6条1項における共同利益背反行為は，不当毀損行為と不当使用行為からなるとされており，そこで想定されている行為は，違法性のレベルが高く，管理規約や集会決議に明定された支払義務に単純に違反するところの管理費等の滞納とは質的相違があると考えられ，しかも，同法57条2項の集会決議が必要とされる請求も，「行為の停止」，「行為の結果の除去」，また，「予防措置」も求めるものであって，これらの請求は，滞納管理費等の支払を求める請求とは明らかな違いが認められる。したがって，「権利能力なき社団」と認定できる管理組合が，滞納区分所有者に管理費等の滞納分の支払を求めて提訴する行為については，建物区分所有法6条1項における共同利益背反行為には該当せず，よって，集会決議は必要でないものと考えるべきである[*9]。

　ただし，滞納区分所有者に管理費等の滞納分の支払を求めて提訴する行為が，共同利益背反行為(区分所有6条1項)に該当するという考え方もあるところから，簡易裁判所の実務においては，管理組合が提訴する場合に，集会決議をした上で，集会決議をしたことを明らかにするために，その議事録写しが提出されることもある。

　以上によれば，本問の場合，A管理組合がYに対し管理費等の滞納分の支払を求めて提訴した際に，Yがこの提訴には集会議決が必要であると主張したとしても，A管理組合の管理規約には，そのような提訴に管理組合の集会議決が必要であるといった規定はなく，また，管理費等の滞納は共同利益背反行為(区分所有6条1項)に該当せず，この点からも管理組合の集会議決は必要でなく，よって，そのようなYの主張に正当性はないので，裁判所は，Yの主張にかかわらず，裁判を進めることができる。

　　＊6　管理組合が提訴する場合には，裁判所に対して，①「理事長が管理組合を代表する」などの規定のある管理規約写しの提出が必要になり，しかも，②「○○○○を理事長に選任した」旨の集会決議の議事録写しの提出が必要になる。なお，③管理規約に，訴訟を提起するには，集会決議又は理事会決議が必要であると規定されて

*7　組合的性質を有する管理組合の場合に，管理費等を徴収する権限は区分所有者全員に合有的に帰属するから，滞納区分所有者にその支払を求めて提訴するには，原則として，区分所有者全員で提訴することになる。しかし，組合的性質を有する管理組合の場合にも，区分所有者は管理者を選任することができるので（区分所有3条・25条1項），実際には，管理者が提訴する場合が多いものと考えられる。

*8　建物区分所有法11条1項は「共用部分は，区分所有者全員の共有に属する」と規定しており，また，同法19条は「各共有者は，規約に別段の定めがない限りその持分に応じて，共用部分の負担に任じ……る」と規定している。そのため，各共有者は，本来，区分所有者全員に対し，共用部分の負担（管理費）を支払う義務を負うことになるはずであるが，区分所有者全員が，管理規約によって，管理組合に管理費の徴収権限を与えているものと考えられる。

*9　これに対して，管理費等を長期にわたり滞納し続けた事案につき，「管理費等を前記のとおり長期にわたり滞納し続けており，その未払管理費等は多額にのぼるのであって，被告のこのような行為は，『建物の管理に関し区分所有者の共同の利益に反する行為』（区分所有法59条1項，57条1項，6条1項）に該当する」と判示した判決がある（東京地判平17・5・13判夕1218号311頁参照）。しかし，この事案は，管理費等の不払いが34ヵ月117万7420円に達し，すでに債務名義を得て預金債権に対する差押えを申し立てたが奏功せず，強制競売を申し立てても無剰余の可能性が高いという事案であり，この判決の見解を一般化するのは相当でないと考える。

［5］　管理費等請求権の遅延損害金の利率について

　本問の場合，A管理組合の管理者X社が，管理費等を滞納している区分所有者Yに対して，滞納分の管理費等と年利18％の遅延損害金を求めて提訴したところ，Yは，管理規約に規定されている遅延損害金の利率（年18％）は，消費者契約法9条2号に違反していると主張している。

(1)　遅延損害金の利率に対する法的規制

　金銭債務の不履行による損害賠償の額は，原則として法定利率の範囲に限られており（民419条1項），ただし，約定利率が法定利率を超えるときは，約定利

率によるとされている (同項但書)。他方，債務不履行のあることを予定して損害賠償の額を予定することもでき (民420条1項前段)，その場合には，裁判所はその額を増減することができない (同項後段)。しかし，その一方で，消費者契約法9条2号は，消費者契約の遅延損害金の約定について，「年14.6パーセントの割合を乗じて計算した額を超えるもの」は「当該超える部分」は，無効であるとする。

(2) 管理規約の遅延損害金規定に対する消費者契約法9条2号の適用の有無

(a) マンションの場合において，その区分所有者，管理組合，管理規約が，それぞれ，消費者契約法の「消費者」，「事業者」，「消費者契約」に該当するならば，管理規約に消費者契約法の適用があり，管理規約における年利14.6％を超える遅延損害金の約定は，消費者契約法9条2号に抵触することになり，無効となるであろう。

(b) ところで，消費者契約法における「消費者」とは，個人 (ただし，(営利，非営利を問わず，) 事業として又は事業のために契約当事者となる場合を除く) のことである (消契2条1項)。そして，住宅用マンションにおいては，区分所有者は，事業とは関係なく，自らの住宅用として当該マンションの区分所有権を取得している場合がほとんどであろうから，一般には，前記の「消費者」に該当する。また，消費者契約法における「事業者」とは，法人その他の団体及び事業として又は事業のために契約当事者となる場合の個人のことである (消契2条2項)。そして，マンションの場合，その管理組合が法人格を有するときには前記の「法人」にあたり，法人格を有しないときには前記の「その他の団体」にあたり，いずれも「事業者」に該当するものと解しうる[*10]。

区分所有者が「消費者」に，また，管理組合が「事業者」にそれぞれ該当するとしても，管理組合における管理規約が消費者契約法における「消費者契約」に該当するかについては，問題となりうる。この点，同法の「消費者契約」とは，消費者と事業者との間の契約のことであるとされている (消契2条3項)。そして，マンションの管理規約については，区分所有者相互の取決め・規約というものであり，区分所有者と管理組合との間の契約とはいえないものと考えられる。このような考え方に従うならば，管理規約に消費者契約法

の適用はなく、そのため、管理規約に年利14.6％を超える遅延損害金の約定が規定されていたとしても、消費者契約法9条2号に抵触することにはならないことになる。

（c）本問の場合、前記のようにA管理組合の管理規約が消費者契約法における「消費者契約」でないと解すれば、管理規約に消費者契約法の適用はなく、よって、その管理規約に規定されている年利18％の遅延損害金の約定は、消費者契約法9条2号に抵触せず、無効とはならない。しかし、A管理組合の管理規約も同法における「消費者契約」であると解すれば、管理規約に消費者契約法の適用があり、そのため、その管理規約に規定されている年利18％の遅延損害金の約定は、Yの主張するように、消費者契約法9条2号に抵触することになって、年利14.6％を超える部分は無効となる。

*10 この点について、管理組合は、区分所有者全員によって当然に構成されるもので、区分所有者との関係においては「事業者」に該当しないと解しうるならば、管理組合における管理規約に消費者契約法の適用はなく、管理規約に年利14.6％を超える遅延損害金の約定が規定されていても、消費者契約法9条2号に抵触することにはならないことになる。

〔井手　良彦〕

Q 67

賃貸借契約における中途解約違約金特約の有効性

XとYは、契約期間を2年間とする建物賃貸借契約を締結し、Yは、Xから、その建物の引渡しを受けた。ところが、Yは、契約期間の途中に、都合により本件賃貸借契約を解約したい旨の申入れをした。これに対し、Xは、本件賃貸借契約には、中途解約の場合には違約金として3ヵ月分の家賃相当額を支払うことが定められているとして、Yに対し、違約金の支払を求めて提訴した。本件中途解約違約金特約は有効か。

[1] はじめに

裁判所に提訴される建物賃貸借契約に関する紛争類型の1つとして、中途解約違約金のトラブルがあげられる。そこで、本設例では、この中途解約違約金特約について取り上げてみたい。

[2] 中途解約違約金特約の法的性質など

(1) 違約金の法的性質

一般に、違約金とは、債務不履行の場合に債務者が債権者に支払うことを約束した金銭である。違約金は、賠償額の予定と推定される（民420条3項）。賠償額の予定とは、債務不履行の場合に債務者が賠償すべき額を、あらかじめ当事者間の契約で定めておくことをいう（民420条1項前段）。そして、賠償額の予定が定められると、債権者は、債務不履行の事実さえ証明すれば、損害の発生、損害額の証明をすることなく予定賠償額の請求をすることができる（大判大11・7・26民集1巻431頁）。また、賠償額については、①債務者において、実際の損害額がそれより少ないことを立証しても、減額請求をすることはできず、②債権者において、実際の損害額がそれより大きいことを立証しても増額請求できず、③裁判所も、その額を増減できない（民420条1項後段）。

もっとも，実際に定められた違約金が，いわゆる違約罰の趣旨である場合がある。この場合は，本来の債務不履行に基づく損害賠償とは別に，債権者は債務者に対して定められた賠償額の請求をすることができる。そこで，当該違約金が違約罰の趣旨である場合には，反証によって民法420条3項の推定を覆す必要がある。

(2) **中途解約違約金特約の趣旨**

　期間の定めのある建物賃貸借契約における賃借人が中途解約した場合の違約金の特約は，賃貸人が，新たな賃借人を確保するまでの間，建物を有効利用できないことによる損害を補償する趣旨で定められるものである。

(3) **中途解約違約金特約の法的性質**

　中途解約違約金特約の法的性質も，原則として，賠償額の予定と推定されることになり（民420条3項），賠償額の予定と同じ取扱いがされる。ただし，当該中途解約違約金特約が違約罰の趣旨である場合には，反証で推定を覆した上で，本来の債務不履行に基づく損害賠償とは別に請求をすることができる。

[3]　中途解約違約金特約の有効性

(1) **賠償額の予定・違約金の有効性**

　債務不履行の賠償額の予定については，前記のとおり，裁判所はその額を増減することができない（民420条1項後段）。しかし，その定めが暴利行為といえる場合には，公序良俗違反として全部又は一部が無効になると解されている。例えば，あまりに高額な賠償額の予定が定められた場合には，債務者の窮迫を利用して暴利をむさぼるものと評価され，公序良俗違反として全部又は一部が無効とされるのである。

　賠償額の予定・違約金が公序良俗違反として無効とされた裁判例としては，フランチャイズ加盟店契約につき神戸地判平4・7・20（判タ805号124頁），クリーニング取次契約につき名古屋高判昭52・11・9（判時884号69頁・判タ364号259頁），土地売買契約につき大津地判昭48・11・8（判時741号100頁）などがある。

(2) **中途解約違約金特約の有効性**

　中途解約違約金特約についても，常に有効となるわけではなく，民法90条

や消費者契約法10条の制限内において有効となると解される。この考えは，賃貸借契約に関する特約についての最近の最高裁判例（更新料特約についての最判平23・7・15民集65巻5号2269頁，敷引特約について最判平23・3・24民集65巻2号903頁）が，具体的事情に照らして高額にすぎると評価される場合には，当該特約は，信義則に反し，消費者契約法10条により無効となるとした方向性に沿うものといえる。

［4］ 中途解約違約金特約が公序良俗に反すると認められる判断基準

そこで，中途解約違約金特約が公序良俗に反すると認められる判断基準が問題となる。すなわち，中途解約違約金が高額すぎると評価されるのは，どのような場合なのかということである。

これは，具体的事情に照らして総合的に判断されることになろうが，最大の要素は，賃料額との比較，つまり，賃料の何ヵ月分に相当する額なのかということである。しかし，そのほかにも，対象物件の種類と賃貸借契約の目的，賃貸借期間の残存期間の長短，対象物件の築年数と新たな賃借人の確保の難易度，解約申入れ理由，当該賃貸借契約の賃料額と同等物件の平均的な賃料額との比較なども考慮の要素となろう。事案によっては，中途解約違約金特約締結の経緯，礼金など他の一時金の授受の有無，賃借人の経済状況が考慮されることもあると思われる。

［5］ 参考裁判例

(1) **東京地判平8・8・22**（判タ933号155頁）

本判決は，ビルを対象とした4年間の建物賃貸借契約について，解約予告日の翌日より期間満了日まで3年2ヵ月分の賃料・共益費相当額の違約金の請求に対し，次のとおり判示して，1年分に限定して一部認容した。

「以上の事実によると，解約に至った原因が被告会社側にあること，被告会社に有利な異例の契約内容になっている部分があることを考慮しても，約3年2か月分の賃料及び共益費相当額の違約金が請求可能な約定は，賃借人である被告会社に著しく不利であり，賃借人の解約の自由を極端に制約することにな

るから、その効力を全面的に認めることはできず、平成6年3月5日から1年分の賃料及び共益費相当額の限度で有効であり、その余の部分は公序良俗に反して無効と解する。」

なお、本判決は、消費者契約法施行（平成13年4月1日）前の事案である。

(2) **東京簡判平21・8・7**（裁判所ホームページ）

本判決は、居住目的の建物賃貸借契約について、賃料2ヵ月分の違約金の請求に対し、次のとおり判示して、1ヵ月分に限定して一部認容した。

「賃貸借契約において、賃借人が契約期間途中で解約する場合の違約金額をどのように設定するかは、原則として契約自由の原則にゆだねられると解される。しかし、その具体的内容が賃借人に一方的に不利益で、解約権を著しく制約する場合には、消費者契約法10条に反して無効となるか、又は同法9条1号に反して一部無効となる場合があり得ると解される。……これを本件についてみると、一般の居住用建物の賃貸借契約においては、途中解約の場合に支払うべき違約金額は賃料の1ヶ月（30日）分とする例が多数と認められ、次の入居者を獲得するまでの一般的な所要期間としても相当と認められること、被告が主張する途中解約の場合の損害内容はいずれも具体的に立証されていないこと（賃貸人が当然負担すべき必要経費とみるべき部分もある）、及び弁論の全趣旨に照らすと、解約により被告が受けることがある平均的な損害は賃料の1ヶ月分相当額であると認めるのが相当である（民事訴訟法248条）。」

[6] **本設例の解答**

本設例についても、中途解約違約金が高額すぎると評価されないかが検討される必要がある。本設例では、賃料の3ヵ月分に相当する額なので、まず、賃料との比較だけを考えると、かなり限界の事案であるが、高額すぎるとまではいえないのではなかろうか。これに、本設例の対象物件が居住目的の建物であることを前提にして、その他に、賃貸借期間の残存期間の長短、対象物件の築年数と新たな賃借人の確保の難易度、解約申入れ理由、当該賃貸借契約の賃料額と同等物件の平均的な賃料額との比較、中途解約違約金特約締結の経緯、礼金など他の一時金の授受の有無、賃借人の経済状況などを具体的に検討して、中途解約違約金が高額すぎると評価されるかを判断することになる。

高額すぎると評価された場合には，中途解約違約金特約は，民法90条や消費者契約法10条に違反し無効となる。

〔山崎　秀司〕

第6章

労働基準法

[*Q68〜72*]

Q 68

給与前払金の性質と受講費用返還条項の有効性

　X交通株式会社は，元従業員（タクシー運転手）であったYに対し，下記誓約書中の受講費用返還条項に基づいて18万円の支払を求める訴えを提起した。なお，X交通株式会社は，Yに対し，平成23年6月分の給与を前払いし，この分を本来の給与から控除していた。

　上記給与前払金は，Yが生活費の援助として事前交付金の支払を求めたものであり，署名した出金伝票には貸付金という記載がなく，給与明細書の「貸付け」欄には記載されずに「前払金」欄に記載されていた。上記受講費用は，Yの普通2種免許取得の教習の受講費用で，X社がこれを立替払いしたものである。その誓約書中には，「私は貴社の従業員となるべく普通2種免許を取得するため，○○モータースクールにおいて9日間の教習を受講します。つきましては，受講費18万円を貴社の乗務員として就業することを条件に，借用することを承諾します。返済については貴社，養成乗務員規定の免責事項によるものとし，満期を待たず退職する際には受講費全額を返済することを誓約します」との記載があった。この免責事項とは，X社の従業員として選任され，その後2年間就業すれば，受講費全額の支払義務が免除されるというものであった。しかし，Yは，上記受講後2年を経過せずに退職した。

　X社の請求に対して，Yは，①X社主張の給与前払金はYに対する貸金であるから，平成23年6月分の給与残として10万円を受領する権限を有していて，X社がYの本来の給与額から10万円を控除したことは労働基準法17条に違反する，②上記受講費用返還条項は，労働基準法16条に違反して無効であると主張した。Yの主張は認められるかについて説明しなさい。

[1] 問題の所在

本設問において、①X社がYの平成23年6月分の給与から前払金10万円を控除したことは、労働基準法17条に違反するか、②YがX社との間で交わした誓約書中の受講費用返還条項は、労働基準法16条に違反するかがそれぞれ問題となる。

[2] X社がYの本来の給与額から前払金10万円を控除したことは労働基準法17条に違反するか

(1) 非常時払い

労働基準法25条は、「使用者は、労働者が出産、疾病、災害その他厚生労働省令で定める非常の場合の費用に充てるために請求する場合においては、支払期日前であっても、既往の労働に対する賃金を支払わなければならない」と規定する。

その趣旨は、一定の事由がある場合、すでに働いた期間に対する賃金の繰上げ支払義務を使用者に負わせたことにある。

「その他厚生労働省令で定める非常の場合」とは、①労働者の収入によって生計を維持する者が出産し、疾病にかかり、又は災害を受けた場合、②労働者又はその収入によって生計を維持する者が結婚し、又は死亡した場合、③労働者又はその収入によって生計を維持する者がやむを得ない事由により、1週間以上にわたって帰郷する場合である（労基則9条）。

(2) 本設問へのあてはめ

本設問からすると、X社のYに対する事前交付金10万円（以下「本件事前交付金」という）は、Yの求めに応じ、その生活費を援助する趣旨で交付されたものであることが窺われ、労働基準法25条所定の事由による場合にはあたらないと考えられる。とすると、X社は、Yに対する給与の前払義務を負うことはないものの、雇用対策や情義からYの前払請求に応じたものといえる。

(3) 前借金相殺の禁止

労働基準法17条は、「使用者は、前借金その他労働することを条件とする前貸の債権と賃金を相殺してはならない」と規定する。その趣旨は、前借金と賃

金とを相殺することを禁止して金銭貸借関係と労働関係とを完全に分離し，もって，金銭貸借関係に基づく拘束的な身分関係を防止することにある。

ここに，相殺とは，2人がお互いに同種の目的を有する債務を負っている場合において，現実の弁済に代えて相互の債務を対当額について消滅させる行為をいい（民505条1項），当事者のどちらからでも，その一方的な意思表示によって効果が発生するものである。

「前借金」とは，労働契約の締結の際又は雇入れ後において労働することを条件として使用者から金銭を借り入れ，将来の賃金からその弁済をすることを約することをいう。

「労働することを条件とする前貸の債権」とは，将来受け取るべき賃金から分割して控除することを条件とした貸付金をいう。

労働基準法17条が直接禁止するのは使用者による一方的相殺であるが，前述した立法趣旨からすると，労働者が使用者から信頼関係に基づいて受ける金融，弁済期の繰上げ等によって拘束的な身分関係を伴わないものは，「労働することを条件とする前貸の債権」には含まれないことになる（昭和23年10月15日付け労働基準局長通達1510号，昭和63年3月14日付け労働基準局長通達150号）。

ただし，使用者と労働者間における相殺契約や，労働者による一方的相殺であっても，実質的に使用者の強制によって労働者が相殺契約を締結せざるを得なかったような場合であれば，労働基準法17条の脱法行為となる。

なお付言しておくと，労働基準法24条1項が労働組合等との書面による協定がある場合においては，「賃金の一部を控除して支払うことができる」と規定していることから，労働組合等との書面による協定がない場合においては，同法25条に基づいて，非常時払いその他の事情による賃金の一部が前払いされている金額を，支払期日の賃金から差し引くことは，労働基準法24条1項に違反する「控除」にあたるのではないかが問題となる。

しかし，前払いされた部分はすでに履行済みであり，その限りにおいて支払期日の賃金債権自体が減縮されるのであるから，前払いされた部分の残額がその支払期日に支払われる賃金総額になるとして，前払いされている金額をその支払期日の賃金から差し引くことは，労働基準法24条1項にいう「控除」にあたらないと解されている（青木宗也＝片岡曻編『労働基準法I』342頁〔金子征史〕）。

(4) 本設問へのあてはめ

　Yは，X社に対し，①Yの生活費の援助として事前交付金の支払を求めたこと，②X社の出金伝票には貸付金という記載がないこと，③本件事前交付金が給与明細書の「貸付金」欄にではなく「前払金」欄に記載されていること，④本件事前交付金の返還について利息契約は締結されていないこと，⑤YがX社に入社した当初，普通2種免許を取得していなかったことからすると，○○モータースクールにおける講習が続くことが予想され，X社に就労しないという蓋然性は小さかったといえる。

　これらの事情からすると，X社は，雇用対策や情義上，給与の前払いをしたとしても不自然ではなく，また，Yとしても，その生活費の援助として事前交付金の支払を求めていたのであり，その法的性質にまで考えが及ばなかったとしても，給与の前払いであると認識し得たであろうと考えるのが社会通念に照らして自然である。とすると，本件事前交付金の性質については，給与の支払日が繰り上げられたことによる給与前払金とみるのが相当であって，Yが主張する貸金にはあたらない。

［3］　受講費用返還条項は労働基準法16条に違反するか

(1) 労働基準法16条の意義

　労働基準法16条は，「使用者は，労働契約の不履行について違約金を定め，又は損害賠償額を予定する契約をしてはならない」と規定する。

　その趣旨は，労働契約期間の途中で労働者が転職するなど労働契約不履行の場合に，一定額の違約金を定め，又は労働契約の不履行や労働者の不法行為に対して一定額の損害賠償を支払うという制度を禁止し，もって，労働者が違約金又は賠償予定額を支払わされることをおそれて労働関係の継続を強いられることを防止することにある。

　「違約金」とは，契約不履行者がその相手方に支払うべきものと予め定められた金銭をいうが，労働契約における違約金もその性質はこれと同じであり，労働者が労働契約に基づく義務を履行しない場合に，労働者の義務として課せられるものであり，労働義務不履行があれば，実害の有無にかかわりなく，使用者は約定の違約金を取り立てることができることを定めたものをいう。

「損害賠償額を予定する契約」とは，債務不履行の場合に賠償すべき損害額を実害のいかんにかかわらず一定の金額として定めておくことをいう。

そこで，以下，労働基準法16条違反に関する判例を概観する。

(2) 労働基準法16条違反に関する判例

(a) 静岡地方裁判所昭和52年12月23日判決（労判295号60頁）　控訴人らは，会社（被控訴会社）のピアノ調律技術者養成所に研究生として入所する際，その月謝12万円を会社から借り受け，その貸与金は養成所卒業時に全額を弁済するが，会社の従業員として就業すれば退職時まで貸与金12万円の弁済が猶予される旨約した事案について，①貸与金契約は純然たる貸借契約として定められている，②労働契約とは別個の契約として締結されたものである，③養成所卒業後に会社に就職するか否かは自由であり，会社に就職すれば退職時まで貸与金12万円の弁済が猶予されていたにすぎない，④貸与額は12万円であり特に不合理な金額とはいえないと認定したうえで，「貸与金契約が存在するために1年以上にわたる労働関係の継続を不当に強要され，被控訴会社に隷属せしめられて退職の自由を不当に制限されたとまでは認め難い。してみれば，被控訴会社との貸与金契約が労働基準法16条に違反し，公序良俗に反するから無効である旨の控訴人らの抗弁は，理由がない」と判示した。

(b) 浦和地方裁判所昭和61年5月30日判決（労判489号85頁）　美容師見習について，勝手わがままな言動で会社側に迷惑をかけた場合には，技術指導の講習手数料として入社時に遡り1ヵ月について4万円（月利3％）を支払う旨約した事案において，従業員に対する指導の実態等を認定したうえで，「一般の新入社員教育とさしたる逕庭はなく（中略）しかも，本件契約が講習手数料の支払義務を従業員に課することにより，その自由意思を拘束して退職の自由を奪う性格を有することが明らかであるから，結局，本件契約は，労働基準法第16条に違反する無効なものである」と判示した。

(c) 東京地方裁判所平成9年5月26日判決（労判717号14頁）　社員留学制度に基づいて留学費を会社が負担し，帰国後，一定期間を経ず特別な理由なく退職する場合には，留学に際し支払った一切の費用を返却する旨約した事案について，①留学生への応募は業務命令に基づくものではない，②留学先大学院・学部の選択は本人の自由意思に任されていた，③留学先での学位取得は当該社

員にとって勤務継続のいかんにかかわらず有益な経験, 資格となると認定したうえで,「本件留学制度による留学を業務と見ることはできず, その留学費用を原告が負担するか被告が負担するかについては, 労働契約とは別に, 当事者間の契約によって定めることができるものというべきである。(中略)少なくとも本件で原告が請求している学費については, 被告が一定期間原告に勤務した場合には返還債務を免除する旨の特約付き金銭消費貸借契約が成立していると解するのが相当である。(中略)留学費用返還債務は労働契約の不履行によって生じるものではなく, 労基法16条が禁止する違約金の定め, 損害賠償額の予定には該当せず, 同条に違反しない」と判示した。

上記(a)ないし(c)の判例によると, 労働基準法16条違反となるかどうかは, 詰まるところ, 事実認定の問題に帰着することになるが, 特に, 研修等が使用者の業務命令に基づくものであるか, 従業員に付与する援助金が消費貸借であるか, 立替金であるか, その弁済方法を定めているかなどの観点から考え, 当該契約が労働関係の継続を不当に強要するものであるかどうかを総合的に判断することになろう。

(3) **本設問へのあてはめ**

Yが普通2種免許を取得することは, X社の業務に従事するうえで必須の資格であり, その資格取得のための○○モータースクールにおける教習は, X社の業務と具体的関連性を有するものであるといえる。

しかし, 翻って考えると, 普通2種免許はY個人に付与されるものであって, X社のようなタクシー業を業とする会社に在籍していなければ取得することができないものではないし, また, 普通2種免許を取得してしまえば, X社を退職してもその資格を利用することができる実益があることからすると, 普通2種免許の取得費用は, 本来的にはYが負担すべきものであるといえる。

ところで, YのX社に対する誓約書中には,「私は貴社の従業員となるべく普通2種免許を取得するため, ○○モータースクールにおいて9日間の教習を受講します。つきましては, 受講費18万円を貴社の乗務員として就業することを条件に, 借用することを承諾します。返済については貴社, 養成乗務員規定の免責事項によるものとし, 満期を待たず退職する際には受講費全額を返済することを誓約します」との記載がある。

上記受講費用返還条項によって返還すべき金額が18万円にすぎないことからすると、その支払を免責されるための就労期間が2年であったことをもって、Yの自由な意思を不当に拘束し労働関係の継続を強要するものであるとはいえない。とすると、上記受講費用返還条項は、Yに対し、X社への労働の継続を強要するための違約金を定めた約定とはいえないから、労働基準法16条に違反しない。

したがって、X社は、Yに対し、上記受講費用返還条項に基づいて、受講費用18万円の返還を請求することができる。

[4] 結 論

以上によると、①X社主張の給与前払金はYに対する貸金であるから、平成23年6月分の給与残として10万円を受領する権限を有していて、X社がYの本来の給与額から10万円を控除したことは労働基準法17条に違反する、②上記受講費用返還条項は、労働基準法16条に違反して無効である、とのYの主張はいずれも認められない。

〔西村　博一〕

Q 69

賃金・時間外手当請求(1)——相殺の可否，管理職の時間外手当

　Xは，Y社が○○駅前に設置した携帯電話販売店○○駅前店の店長をしていたが，Y社の販売方針に従えなくなったとして，平成22年8月31日付けで退職した。Xは最終1ヵ月分の賃金（8月分）41万1050円と時間外手当7万2184円の合計48万3234円及びこれらに対する退職日の翌日である平成22年9月1日から年14.6％の割合による遅延損害金の支払を請求している。これに対し，Y社は，Xは会社の備品を勝手に処分し20万円の損害を与えており，また，Y社の計算ミスにより7月分の給与の支払に3万円の過払いが生じており（この過払いについてはXも認めている），それらの合計金額23万円は当然に差し引かれるべきであって，さらに，Xは管理職であり，管理職手当を支給しており，時間外手当の請求は認められず，しかも，時間外手当における時間計算において，販売店でY社支給の制服を着用したり，その制服から私服に着替えたりするための時間（毎日20分間×22日間）が含まれており，時間外手当の計算方法に間違いがあると主張している。このような場合，Xの請求は認められるか。

　なお，Xの8月分の賃金41万1050円の内訳は，①基本給30万円，②管理職手当1万5000円，③通勤手当3万4550円，④家族手当2万4000円（妻1万円，子供1人目8000円，子供2人目6000円），⑤住宅手当3万7500円である。また，Xの主張する時間外勤務時間は，30.25時間であり，さらに，Y社の1ヵ月当たりの所定労働時間は165時間であって，出退勤時間はタイムカードで管理されている。

[1] はじめに

　本問の場合，Y社の社員であったXは，退職月（平成22年8月）の賃金41万1050円，時間外手当7万2184円及びそれらの遅延損害金の支払を請求してい

る。そのため、賃金請求権及びその遅延損害金請求権の要件事実、時間外手当請求権の要件事実、さらには、時間外手当の計算方法について検討しなければならない（⇒[2]）。

前記のようなXの請求に対して、Y社は、Xが在籍中に会社の備品を勝手に処分して20万円の損害を被ったとして、その20万円の相殺を、また、Y社の計算ミスにより7月（前月）分の給与に3万円の過払いがあったとして、その3万円の相殺を主張している。そこで、Xの賃金請求に対して、このようなY社の相殺の主張は認められるかが問題となる（⇒[3]）。

次に、Y社は、Xは管理職であって、管理職手当を支給しており、時間外手当の請求は認められないと主張しているので、このような主張の当否も問題となる（⇒[4]）。

さらに、Y社は、時間外手当における時間計算において、Xが、販売店で制服を着たり脱いだりする時間（毎日20分間）を入れるのは認められないと主張しており、このような制服を着たり脱いだりする時間、すなわち、業務準備行為を行う時間を、勤務時間外の勤務の時間に入れることの可否が問題となる（⇒[5]）。

以下、順次、検討する。

［2］ 賃金請求権・その遅延損害金請求権の要件事実、時間外手当請求権の要件事実、その計算方法

(1) 賃金請求権・その遅延損害金請求権の要件事実

賃金請求権の要件事実は、次のとおりである。
① 労働者と使用者が労働契約を締結したこと
② 請求にかかる賃金額の合意
③ 請求に対応する期間につき労働義務を履行したこと

前記③に関して、民法624条1項は、賃金の支払時期について後払いの原則を定めているところから、労働者が、賃金を請求するには、労働義務を履行したことを主張しなければならない。

賃金債権の遅延損害金を請求するためには、さらに、次の事実を主張しなければならない（遅延損害金請求権の要件事実）。

④　弁済期が経過したこと
⑤　損害の発生とその数額

　前記④に関して，賃金においては，賃金の支払日が弁済期にあたり，支払日の定めがない場合には，締日が弁済期にあたる（民624条2項）。

　前記⑤に関して，使用者が商人である場合，商人が労働者と締結する労働契約は，反証のない限り，その営業のためにするものと推定され，当該契約に基づき商人である使用者が労働者に対して負担する賃金債務の遅延損害金の利率は，商行為によって生じた債務に関するものとして商事法定利率（年6分）によるべきである（最判昭51・7・9判時819号91頁参照）。そこで，労働者は，未払賃金に対して年6％の割合による遅延損害金の支払を請求することができる。

　また，退職労働者に対する賃金をその退職日（退職後に支払期日が到来する賃金については，その支払期日）まで支払わなかった場合には，その労働者は，当該退職日（退職後に支払期日が到来する賃金については，その支払期日）の翌日から支払を受ける日までの期間について，未払賃金に対し年14.6％の割合による遅延損害金の支払を請求することができる（賃金の支払の確保等に関する法律（以下「賃金支払確保法」という）6条1項）。そして，この14.6％の割合による遅延損害金は，退職労働者に限って認められるものであるから，労働者がこの14.6％の割合による遅延損害金を主張するには，退職，つまり，労働契約の終了事由（合意解約，解約告知，解雇など）を主張しておくことが必要になる。

　なお，賃金支払確保法における「賃金」は，労働基準法11条における「賃金」のことであるとされており（賃確2条1項），そのため，①労働の対償として，②使用者から支払われるものであれば，賃金支払確保法6条1項の「賃金」に該当する。そして，労働契約や就業規則などにおいて支給すること及び支給基準が明確に定められており，かつ，労働に関連して支給されるものは，広く「賃金」に該当するとされており，したがって，労働契約における基本給，賞与などの一時金，時間外手当，管理職手当，通勤手当，家族手当，住居手当なども「賃金」（賃確2条1項）に該当することになる。

(2)　時間外手当請求権の要件事実

　時間外手当請求権は，労働契約に基づく賃金請求権の一種であり，よって，その要件事実は，基本的に，労働契約に基づく賃金請求権の要件事実と同一と

いうことになる。

時間外手当請求権の要件事実は、次のとおりである。
① 労働者と使用者が労働契約を締結したこと
② 労働契約における時間外労働についての合意内容
③ 請求に対応する期間の時間外につき労働義務を履行したこと

前記③に関して、時間外手当の場合も、賃金請求の場合と同様に、時間外手当を請求する労働者のほうが、時間外について労働義務を履行したことを主張・立証しなければならない。そして、後記[5]のように、業務準備行為を行った時間が時間外労働を行った時間にあたるかが問題になるような場合には、労働者のほうで、その業務準備行為の具体的内容、行われた場所や状況、業務との関連性などにつき、それらを根拠づける事実について具体的に主張して、その業務準備行為が、（時間外とはいえ）使用者の指揮命令の下で行われていたことを明らかにしなければならない（指揮命令下説）。

(3) 時間外手当の計算方法

(a) 時間外手当は、基本的に、次のような手順で計算することになる。
① 1ヵ月の賃金手当総額（A）を計算する。
② 月の所定労働時間（B）[*1]を計算する。
③ 1時間当たりの賃金（C）を計算する（$C = A \div B$）。
④ 時間外労働時間（D）を計算する。
⑤ 時間外手当を計算する（$= C \times D \times (1 + 割増率)$）。

(b) 時間外手当の時間単価の基礎となる賃金手当（A）　労働基準法37条5項及び同項の厚生労働省令（労基則21条）によれば、この時間外手当の時間単価の基礎となる賃金手当（A）、すなわち、割増賃金の基礎となる賃金の中には下記の手当等は含まれないことになる[*2]。

・家族手当（労基37条5項）
・通勤手当（同条5項）
・別居手当（労基則21条1号）
・子女教育手当（同条2号）
・住宅手当（同条3号）
・臨時に支払われた賃金（同条4号）

・1ヵ月を超える期間ごとに支払われる賃金（同条5号）

設問の場合，Xの8月分の賃金は41万1050円であり，その内訳は，①基本給30万円，②管理職手当1万5000円，③通勤手当3万4550円，④家族手当2万4000円（妻1万円，子供1人目8000円，子供2人目6000円），⑤住宅手当3万7500円とのことであるが，前記によれば，時間外手当の時間単価の基礎となる賃金手当（A）の中に，③，④及び⑤を含められず，時間外手当の時間単価の基礎となる賃金手当（A）は，①と②だけとなり，その合計は31万5000円である。②の管理職手当も，毎月支払われるものは，「通常の労働時間又は労働日の賃金」（労基37条1項）に該当する。

(c) 労働1時間当たりの単価　設問の場合，Xの1ヵ月当たりの所定労働時間（B）は，165時間とのことである。

よって，Xの場合，労働1時間当たりの単価（C）は，1909円となる。

〔計算式〕

・31万5000円÷165時間＝1909円

(d) 時間外労働時間　設問の場合，Xの時間外労働時間（D）は，30.25時間とのことである。

(e) 時間外手当　時間外労働の割増率は，次のとおりである。

① 原則は，25％以上（労基37条1項，労働基準法第37条第1項の時間外及び休日の割増賃金に係る率の最低限度を定める政令（以下「割増賃金令」という））[*3]

② ①の時間外労働と深夜労働（午後10時から午前5時までの労働）が重なるときは，50％以上（労基則20条1項）

③ 休日労働の場合は，35％以上（労基37条1項，割増賃金令）

④ 休日労働と深夜労働が重なるときは，60％以上（労基則20条2項）

そして，設問の場合，Xは休日労働をしたとか深夜労働をしたといった主張をしていないので，原則の割増率25％を適用して時間外手当を計算すると，下記の計算式のとおり，Xの時間外手当は7万2184円となる。よって，Xの時間外労働時間（D）が30.25時間と認定されるならば，XはY社に対し，時間外手当として，この7万2184円を請求しうることになる。

〔計算式〕

・1909円×30.25時間×(1＋0.25)＝7万2184円

＊1　所定労働時間とは，労働者と使用者との間の労働契約上の労働時間のことであり，労働契約上あるいは就業規則に記載された始業時刻から終業時刻までの時間から休憩時間を差し引いた時間ということになる。

＊2　家族手当，通勤手当，別居手当，子女教育手当及び住宅手当は，労働内容やその量と無関係に支給され，労働者の個人的事情で変わってくるものであるために，時間外手当の時間単価の基礎となる賃金手当（割増賃金の基礎となる賃金）から除外された。また，臨時に支払われた賃金と1ヵ月を超える期間ごとに支払われる賃金が除外されたのは，それらを含めると，計算技術上の困難が生じるためであるとされている。

＊3　平成22年4月1日施行の労働基準法改正により，1ヵ月60時間を超える時間外労働については，その超えた時間の割増率について，25％以上から50％以上に引き上げられることになった（労基37条1項但書）。これは，長時間労働を抑制しようとする趣旨である。ただし，当分の間，一定の中小事業主の事業については，適用されないことになっている（労基138条）。

［3］　賃金請求権に対する相殺

Y社は，Xが会社の備品を勝手に処分したという不法行為により20万円の損害を被ったとして，また，Y社の計算ミスにより前月分の給与に3万円の過払いがあったとして，それぞれ20万円と3万円の相殺を主張しているが，このような相殺は賃金の全額支払の原則に抵触しないかが問題となる。

(1)　賃金の全額支払の原則

賃金については，労働者に対して，全額が支払わなければならない（労基24条1項）。賃金は，労働者の生活を支える唯一の生計の手段であるから，使用者は，履行期が到来している賃金について，その全額を労働者に支払わなくてはならず，使用者が控除することを許さないとする原則である[4]。

＊4　賃金支払の原則には，次のようなものがある。

①　賃金の通貨支払の原則（労基24条1項）

賃金は，通貨で支払わなければならないというものである。

②　賃金の直接支払の原則（労基24条1項）

賃金は，直接労働者に支払わなければならないというものである。

③ 賃金の全額支払の原則（労基24条1項）

前記のとおり。

④ 賃金の月1回以上，一定期日支払の原則（労基24条2項）

賃金は，毎月1回以上，一定期日を定めて支払わなければならないというものである。

(2) 賃金債権を受働債権とする相殺の禁止

使用者が労働者に対して有する債権を自働債権とし，労働者の賃金債権を受働債権とする相殺は，実質上，労働者の唯一の生計の手段を奪う結果となり，労働者の生活を不安定にさせ，前記の賃金の全額支払の原則に反することになり，原則として許されない。使用者の有する債権が，たとえ労働者の債務不履行に基づくものであっても（最判昭31・11・2民集10巻11号1413頁参照），労働者の不法行為に基づくものであっても（最判昭36・5・31民集15巻5号1482頁参照），変わりはないとされている。

しかしながら，使用者が労働者に対して有する債権を自働債権とし，労働者の賃金債権を受働債権とする相殺が，まったく許されないというものではなく，例外として許される場合もあり，その許される場合とは，過払賃金分を翌月以降の賃金から控除する場合である（調整的相殺）。この点につき，判例は，賃金過払いによる不当利得返還請求権を自働債権とし，その後に支払われる賃金の支払請求権を受働債権とする相殺は，過払いのあった時期と賃金の清算調整の実を失わない程度に合理的に接着した時期においてなされ，かつ，あらかじめ労働者に予告されるとかその額が多額にわたらないとか，労働者の経済生活の安定を脅かすおそれのないものであるときには，労働基準法24条1項の賃金全額支払の原則に違反しないと判示している（最判昭44・12・18民集23巻12号2495頁参照）[5]。

*5 前記のような調整的相殺のほかに，労働者の同意を得て相殺によって賃金を控除することは，その同意が労働者の完全な自由意思に基づく場合には，賃金全額支払の原則に反しないとされている（最判平2・11・26民集44巻8号1085頁（ただし，退職金の場合）参照）。

(3) 本問の場合

本問の場合，Y社は，Xに対してその不法行為に基づく20万円の損害賠償

請求権を有するとしても，前記のように，不法行為に基づく損害賠償請求権を自働債権としXの賃金請求権を受動債権として相殺をすることは許されない。よって，Y社は，20万円の損害賠償請求権をもって，Xの賃金請求権を相殺することは許されないことになる。

他方，賃金の過払金については，前記のように，過払いの時期と賃金の清算調整の実を失わない程度に合理的に接着した時期で，かつ，あらかじめ労働者に予告するとかその額が多額でない等，労働者の経済生活の安定を脅かすおそれがないときは，相殺も許されるものと解すべきである。そこで，本問の場合は，過払いの時期は前月であり，金額も3万円で，Xの経済生活の安定を脅かすおそれがあるとまではいえないものと思われ，よって，Y社は，3万円をもって，Xの賃金請求権を相殺することができるものと考える。

[4] 時間外手当と管理職

Y社は，Xは管理職手当を支給している管理職であって，時間外手当の請求は認められないと主張（抗弁）している。

(1) 管理職とは

労働基準法は，管理監督者について，労働時間，休憩及び休日に関する規制が適用除外になると規定しており（労基41条2号），したがって，この管理監督者であれば，残業代を支払わなくてもよい。Y社は，Xはこのような管理監督者に該当すると主張しているものと思われる。

このような管理監督者（労基41条2号）とは，ひと言でいうと，労働条件の決定その他労務管理について，経営者と一体的立場にあるような者で，名称にとらわれず，実態に即して判断すべきものとされている（昭和22年9月13日発基17号）。裁判においては，次のような要件を具体的に判定して，管理監督者に該当するかどうかを決定している。

① 出退勤や勤務時間について，就業規則等の厳格な規制を受けず，自由裁量に委ねられていること。

② 採用や配置，部下に対する人事考課，給与決定などにつき，独自の人事決定権を有しているとか，会社の労務管理の方針決定に参画し，労務管理上の指揮監督権限を有するとか，会社の機密事項に関与するなど，経営者

と一体的立場に立って勤務をしていること。
　③　残業手当が支給されない代わりに，管理職手当とか役職手当などが支給され，その地位にふさわしい待遇が与えられていること（昭和63年3月14日発基150号）。

(2) 本問の場合

　本問の場合も，Xについて，前記(1)の①ないし③のような要件を充足しているかを具体的に判定して，管理監督者に該当するかどうかを決定しなければならないが，管理職手当を支給しているとしても，Xについて，前記(1)の①ないし③の要件を充足していると判断することは困難であろう。よって，Y社の前記のような主張は認められないものと思われる。

［5］　時間外手当と業務準備行為

　Y社は，Xが販売店で制服を着たり脱いだりする時間（毎日20分間），すなわち，業務準備行為を行う時間は，勤務時間外の勤務の時間，要するに，労働基準法上の労働時間に該当しないと主張している。

(1) 業務準備行為を行う時間は，労働基準法上の労働時間に該当するか

　労働基準法上の労働時間の意義については，判例は，「労働基準法32条の労働時間とは，労働者が使用者の指揮命令下に置かれている時間をいい，右の労働時間に該当するか否かは，労働者の行為が使用者の指揮命令下に置かれたものと評価することができるか否かにより客観的に定まるものであって，労働契約，就業規則，労働協約等の定めのいかんにより決定されるべきものではないと解するのが相当である。そして，労働者が，就業を命じられた業務の準備行為等を事業所内において行うことを使用者から義務付けられ，又はこれを余儀なくされたときは，当該行為を所定労働時間外において行うものとされている場合であっても，当該行為は，特段の事情のない限り，使用者の指揮命令下に置かれたものと評価することができ，当該行為に要した時間は，それが社会通念上必要と認められるものである限り，労働基準法の労働時間に該当すると解される。」と判示して（最判平12・3・9民集54巻3号801頁参照），いわゆる指揮命令下説を採用することを明らかにした。そして，指揮命令下説が厚生労働省の行政解釈でもあり，また，通説でもある。

(2) 本問の場合

本問の場合，Xは，Y社の携帯電話販売店〇〇駅前店に入店し，タイムカードを打刻し，それから，店内で私服から制服に着替え，業務に従事し，そして，勤務時間終了後に，店内で制服から私服に着替え，タイムカードを打刻して，店外に出ていたものと思われ，店内で制服を着たり脱いだりする時間（毎日20分間）は，確かに，タイムカードで把握される出退勤時間内に入っていた。しかし，Xは，Y社から，携帯電話販売店〇〇駅前店における業務は制服で行うように義務づけられていたものと解され，よって，Xの店内で制服を着たり脱いだりする行為も，携帯電話販売店〇〇駅前店内において行うことをY社から義務づけられ，又はこれを余儀なくされたものと考えられるので，そのような行為は，Y社の指揮命令下に置かれていたものと評価することができ，また，そのような行為は1日20分間であり，所要時間としての相当性も認められ，しかも，社会通念上の必要性も認められるところから，労働基準法上の労働時間に該当するものと考えるべきである。よって，Xが販売店で制服を着たり脱いだりする時間（毎日20分間）は，勤務時間外の勤務の時間にあたるものとして，時間外手当の支給の対象になるものと解すべきである。

そのため，この点についてのY社の主張，つまり，Xが販売店で制服を着たり脱いだりする時間（毎日20分間）は労働基準法上の労働時間に該当しないという主張は認められない。

〔井手　良彦〕

Q 70

賃金・時間外手当請求(2)——定額残業制の可否

　Xは，Y社が経営している学習塾の講師をしていたが，Y社の教育・指導方針に従うことができなくなったとして，平成22年8月31日付けで退職した。Xは最終1ヵ月分の賃金（8月分）と8月に行った20時間の時間外勤務についての時間外手当を請求したいと考えている。ところで，XとY社との雇用契約には，①「賃金——月収23万5000円（残業10時間を含む）」，②「契約日以外の就業及び1日8時間を超える就業は時間外割増賃金を支払う」，③「時間外労働——時間外手当時給1400円」と定められており，また，Y社は，④所定労働時間は1ヵ月165時間であり，⑤賃金欄の「（残業10時間を含む）」とは，賃金（月収）の中に残業10時間分1万4000円（＝時間外手当時給1400円×10時間）を含む趣旨であると主張している。さらに，Y社は，平成22年8月については，Xに対し残業を一切命じなかったし，また，退勤時間経過後は，Xは他の塾講師と雑談をして過ごしており，残業をまったく行っておらず，時間外手当は認められないと主張している。これに対し，Xは，退勤時間経過後も塾講師としての職務を行っており，そのことはY社も認識していたはずであり，また，他の塾講師と話をしていたのは，退職の前の引継ぎのためであったと主張している。なお，Xの出退勤時間はタイムカードで管理されている。このような状況の下で，Xの時間外手当の請求は認められるか。

[1] はじめに

　本問の場合，Y社はいわゆる定額残業制を採用していると考えられるが，このような定額残業制を採用することは許されるか，また，許されるとして，本問のようなX－Y社間の労働契約の規定の下で，時間外手当をどのように計算するべきかが問題となる（⇒[2]）。

さらに，Y社はXに対して残業を命じていない，あるいは，Xは残業をしていないと主張しているが，このような主張の当否が問題となる（⇒[3]）。
以下，順次，検討する。

[2] 定額残業制について

(1) 定額残業制（定額残業手当制度）はどのようなものか

定額残業制（定額残業手当制度）とは，残業手当（時間外手当）を定額で支給するという制度であり，①残業手当を，他の賃金と区別して定額で支給する場合，また，②本問のように，残業手当を，基本給に組み込んで支給する場合がある。労働者が，残業手当を請求する場合に，使用者が前記のような定額残業制を採用していると主張する場合があり，この場合には，このような使用者の主張が抗弁になりうるかが問題となる。

(2) 残業手当を，他の賃金と区別して定額で支給する場合

労働基準法は，時間外労働等に対して，同法37条における計算方法によった時間外手当（すなわち，労働基準法上支払うべき割増賃金額）を支給するように規制している。そこで，定額残業制であっても，そこで定められた定額の残業手当が労働基準法上支払うべき割増賃金額を超えている場合には，労働基準法37条の規制に違反していることにはならない。

そこで，使用者が，残業手当を他の賃金と明確に区別して定額で支給したと主張している場合には，そのように支給された定額部分が労働基準法上支払うべき割増賃金額を超えるかどうかを判定することになる。すなわち，支給された定額部分と労働基準法上支払うべき割増賃金額を比較して，前者のほうが多額な場合は，同法37条違反という問題は生じず，使用者のそのような主張は全部抗弁になりうる（よって，労働者の残業手当の請求は認められないことになる）。しかし，後者のほうが多額な場合は，その超過部分は同法37条の規制に違反することになり，使用者は，労働者の残業手当の請求に対して，その超過部分を支払わなければならない（そのため，使用者の前記のような主張は一部抗弁にしかならないことになる）。

(3) 残業手当を，基本給に組み込んで支給する場合

この場合には，残業手当部分が基本給から明確に区別できるかが問題になり，

明確に区別できるならば，前記(2)と同様に取り扱うことになる（最判昭63・7・14労判523号6頁参照）。すなわち，明確に区別できる残業手当部分と労働基準法上支払うべき割増賃金額を比較して，前者のほうが多額な場合は，同法37条違反という問題は生じない。しかし，後者のほうが多額な場合は，その超過部分は同法37条の規制に違反することになり，使用者は，その超過部分を支払わなければならないことになる。

(4) 本問の場合

(a) 本問の場合は，残業手当を，基本給に組み込んで支給する場合である。そして，XとY社との雇用契約には，①「賃金——月収23万5000円（残業10時間を含む）」，②「契約日以外の就業及び1日8時間を超える就業は時間外割増賃金を支払う」，③「時間外労働——時間外手当時給1400円」と定められており，また，Y社は，④所定労働時間は1ヵ月165時間であったとのことである。

(b) そこで，Y社の場合，残業時間分を含まない毎月の基本給を「a」とすると，所定労働時間が165時間であり，残業部分は2割5分増しの支給であるから（労基37条1項，労働基準法第37条第1項の時間外及び休日の割増賃金に係る率の最低限度を定める政令），「残業10時間」についての労働基準法上支払うべき割増賃金額の計算式は，「a÷165」が所定労働時間1時間当たりの基本給となるので，「(a÷165)×(1+0.25)×10」となる。

そのため，Y社における「賃金——月収23万5000円（残業10時間を含む）」についても，前記によれば，「235,000＝a＋〔(a÷165)×(1+0.25)×10〕」の計算式で表されることになる。そこで，aを計算すると，a＝21万8450円となる。したがって，「残業10時間」分は，1万6550円（＝235,000－218,450）となり，残業1時間であると1655円（＝16,550÷10）となる。

Y社の場合，「時間外労働——時間外手当時給1400円」と定められているようであるが，労働基準法上支払うべき割増賃金額の計算式から逆算していくと，時間外手当時給については，前記のように「1655円」で計算しなければならない。

以上のように考えれば，Y社の場合の雇用契約における「月収23万5000円（残業10時間を含む）」によっても，残業手当部分を基本給から区別して計算できることになり，しかも，時間外手当時給を「1655円」とすれば，労働基準

法上支払うべき割増賃金額となるので、労働基準法37条違反という問題は生じないことになる。よって、本問における「月収23万5000円（残業10時間を含む）」というような約定についても、時間外手当時給を1655円とすれば、違法とはいえないことになる。

そこで、Xは、平成22年8月には時間外勤務を20時間行ったとのことであり、雇用契約に「賃金――月収23万5000円（残業10時間を含む）」とあるので、Y社に対して、時間外勤務の20時間から基本給に含まれている10時間を控除し、残りの10時間分の時間外手当1万6550円（＝1655×10）について、8月分の給料23万5000円とともに請求しうることになる。

[3] 使用者による時間外勤務を命じていない、あるいは、残業をしていないとの主張について

Y社は、平成22年8月については、Xに対して残業を命じなかったとか、退勤時間経過後は、Xは他の塾講師と雑談をして過ごしており、残業を行っていなかったと主張している。

(1) **Y社のような主張、その位置づけ、それに対する考え方**

(a) 労働者が時間外手当を請求する場合に、請求に対応する期間の時間外につき労働義務を履行したことの主張立証責任は、労働者側にある。よって、前記のY社の主張のような、使用者は残業を命じていないとか、労働者は残業を行っていないという主張は、労働者の時間外につき労働義務を履行したという主張に対して、否認をしたものと解せられる。このように使用者が否認をした場合、労働者は、使用者が否認をした部分について、労働義務を履行したことを立証しなければならない。そのため、労働者は、その時間外で行っていた行為・事務の具体的内容、行われた場所や時刻、また、その状況、行った理由、業務との関連性などにつき、それらを根拠づける事実について具体的に主張・立証して、時間外においても労働義務を履行したことを立証しなければならない。

(b) ところで、労働基準法は、賃金全額支払の原則を採用し（労基24条1項）、しかも、時間外労働や休日労働について厳格な規制を行っており、これらの点からすれば、使用者の側にも労働者の労働時間を適正に管理する義務があるも

のと解すべきである。そして、例えば、使用者がタイムカード・システムを採用し、タイムカードで出退勤時間を管理していたという場合は、使用者が前記の労働時間管理義務を果たすためであったと考えられる。

　前記のように、使用者がタイムカード・システムを採用していた場合には、使用者は、タイムカードによって、各労働者の出勤時間と退勤時間を把握でき、そのため、時間外労働を命じていないのに、労働者の出勤時間が始業時刻のかなり前であったり、退勤時間が終業時刻をかなり超えていたりしており、しかも、そのような状態が継続している場合には、速やかにその労働者に適正な出退勤を促したり、そのように指導したりすることもできたはずであり、むしろ、そのような促しや指導をすべきであった。しかるに、出勤時間が始業時刻のかなり前であるとか、退勤時間が終業時刻をかなり超える状態が継続しているのに、前記のような指導等をしないで放置していたという場合には、出勤時間から退勤時間までの間、労働者は労働義務を履行すべき場所（勤務場所、例えば、工場内、事業所内、営業所内、店内など）におり、使用者はいつでも指揮命令を下しうる状況にあったことをも考慮するならば、使用者が明示的に残業を命じていないとしても、実態として、使用者の黙示の指揮命令によって、労働者は、使用者に拘束され、その指揮命令下で労務を提供していたと解することができる。よって、そのような時間も労働時間に該当し、そのため、正規の労働時間を超過しておれば、残業時間にあたるものと考えるべきである。

　そのため、使用者が、タイムカードによって把握できる出勤時間から退勤時間までの間の時間に、労働（残業）を命じていないとか、労働（残業）をしていないと主張するのであれば、そのような主張をするだけでは十分ではなく、そのような主張を裏づけうる、それなりの具体的な反証を提出することが必要になる。

(2) **本問の場合**

(a) Y社はタイムカード・システムを採用しており、Xの出退勤時間もタイムカードで管理されていた。本問の場合、そのようなタイムカードの打刻の結果、8月の時間外勤務の時間が20時間であったものと認められる。

　そして、Y社はXのタイムカードによって、その退勤時間を知ることができたはずであり、しかも、Y社もXの労働時間につき適正管理義務を有していた

のであるから，時間外労働を命じていないのであれば，終業時刻後速やかに退勤するように促したり，指導したりすることができたはずであり，さらに，そのような促しや指導をすべきであった。設問からは，そのような指導等を行っていたとは認められず，むしろ，放置しており放置した結果，8月の時間外勤務が20時間になったものと窺われる。そのため，Y社は，労働時間管理義務に違反したものと考えられ，この義務に違反して，Xに労働を提供させてその成果だけを無償で取得することになる事態は許されないものと解せられる。

さらに，そのような合計20時間については，そもそも，XはY社の事務所におり，Y社はいつでもXに指揮命令を下しうる状況にあったのであるから，そのことをも考慮するならば，Xは，実質的にY社に拘束されて，その指揮命令下で労務を提供していたものと考えることができる。

以上によれば，前記のような合計20時間については，労働時間にあたり，正規の労働時間を超過するものと解せられるので残業時間に該当する。よって，Xはこの20時間について時間外手当の請求をなしうるものと考える。

(b) ところで，Y社は，平成22年8月については，Xに対して残業を一切命じなかったと主張しているが，そのような主張は，前記(a)によれば到底認められない主張であると思われる。

さらに，Y社は，退勤時間経過後は，Xは他の塾講師と雑談をして過ごしており，残業をまったく行っていないと主張しているが，このような主張についても，具体的な反証の提出を伴うものでない限り，認められないものと思われる。

〔井手　良彦〕

Q 71　退職金請求

(1) Xは，10年と6ヵ月間勤めたY社を，平成23年6月30日付けで退職した。XはY社に退職金を請求しようと考えている。Y社の就業規則の退職金規程には，退職金について，①「勤務期間＝a年b月（1月未満の期間は切り捨て）の場合，退職金＝退職時の基本給×(a×0.5＋b/12×0.5)を支給する。」，②「懲戒解雇の場合には退職金を支給しない。」と定められている。Y社は，退職後にXに懲戒解雇事由が判明したとして，退職金の支給を拒んでいる。Xによる退職金の請求は認められるか。なお，Xの退職時の基本給は，35万円であった。

(2) また，退職金規程に，③「懲戒解雇事由が判明した場合にも退職金を支給しない。」と定められている場合はどうか。

(3) さらに，上記の②とか③の規定がなかった場合はどうか。

[1]　はじめに

　本問の場合，Xは，Y社を平成23年6月30日に退職し，Y社に対して退職金を請求しようと考えているとあり，そのため，退職金の法的性質や退職金請求権の要件事実について検討しなければならない（⇒[2]）。

　さらに，本問においては，Xの退職金請求に対し，Y社は，退職後にXに懲戒解雇事由が判明したとして，退職金の支給を拒んでいるが，就業規則の退職金規程に「懲戒解雇の場合には退職金を支給しない。」と定められている場合に，このようなY社における退職金の支給拒絶は認められるか（小問(1)），また，就業規則の退職金規程に「懲戒解雇事由が判明した場合にも退職金を支給しない。」と定められている場合はどうか（小問(2)），さらには，就業規則の退職金規程に前記のような規定がない場合はどうか（小問(3)）について，問題となっている（⇒[3]）。

以下，順次，検討する。

[2] 退職金の法的性質，退職金請求権の要件事実

(1) 退職金の法的性質

退職金とは，労働契約の終了に際して，使用者から労働者に支払われる一時金のことである。

その法的性質については，労働基準法11条の賃金の後払いとみる見解，また，恩恵あるいは功労報酬とみる見解などがあるが，就業規則の性質を有する退職金規程（労基89条3号の2）により，支給することや支給基準が定められ，使用者に支払が義務づけられている場合[*1]には，賃金の性質を有し，原則として，賃金に関する規定が適用される（労基11条）[*2]。

> [*1] 就業規則の性質を有する退職金規程や労働契約等に退職金の項目がなく，その支給基準が規定されていなくても，退職金の支払が慣行として確立しており，支給基準についても定まっているような場合には，退職金の支払が労働契約の内容とされ，法律上の請求権として退職金請求権が認められる。
>
> [*2] ただし，退職金の支払時期については，退職金規程に規定がある限り，賃金についての労働基準法24条は適用されず，退職金規程の規定に従って支払えばよい。退職金の遅延損害金の起算日については，退職金規程に定めがあればそれに従い，ない場合には期限の定めのない債務となり，催告の日の翌日となる。この点，賃金の遅延損害金の起算日が，賃金支払日の翌日（支払日の定めがないときには，締日の翌日となる（民624条2項））とされるのと区別される。また，退職金の遅延損害金の利率については，使用者が商人であれば商事法定利率となる（年利6％）。賃金の支払の確保等に関する法律6条（年利14.6％）は適用されない。さらに，退職金債権の消滅時効については，時効期間が5年であり，賃金債権の時効期間が2年とされているのと区別される（労基115条）。

(2) 退職金請求権の要件事実

退職金請求権の要件事実は，以下のとおりである。

① 雇用契約の成立
② 退職金支払の合意又は慣行
③ 退職金算定の基準に関する合意又は慣行

④ ③に対応する退職金額算定の基礎となる事実
⑤ 原告が退職したこと

[3] 使用者による退職金を支給しないとの主張（抗弁）

Xの退職金請求に対し，Y社は，退職後にXに懲戒解雇事由が判明したとして，退職金の支給を拒んでいる。Y社のこのような主張は，Xの退職金請求に対して，抗弁ということになる。

(1) 就業規則の退職金規程に「懲戒解雇の場合には退職金を支給しない。」と定められている場合

(a) 就業規則の退職金規程に「懲戒解雇の場合には退職金を支給しない。」との規定がある場合には，このような規定も一応有効であると解すべきであり，ただし，この規定における「懲戒解雇の場合」とは，有効な懲戒解雇がなされた場合であると解すべきである。したがって，労働者が普通退職をしている場合には，普通退職した後に遡及的に懲戒解雇とすることはできないので，この場合には，この規定によって退職金を支給しないとすることはできない。

しかも，「懲戒解雇の場合」であっても，退職金は賃金の後払いという法的性質を有しているので，この規定を全面的に適用することはできず，よって，限定解釈をすべきである。すなわち，懲戒解雇が有効な場合であっても，この規定により退職金全額を不支給にできるのは，退職までの勤続の功労を抹消するほどの著しい背信的行為があった場合に限定され，一方，勤続の功労を減殺する程度の背信的行為があったにすぎない場合には，退職金を減額しうるにすぎないものと解すべきである（東京地判平6・6・28労判655号17頁，東京高判平15・12・11判時1853号145頁参照）。

(b) 本問の場合は，XはY社をすでに普通退職している場合であるから，就業規則の退職金規程に「懲戒解雇の場合には退職金を支給しない。」と定められているにすぎない場合には，Y社は，この規定をもって退職金を支給しないと主張したり，その減額を主張したりすることはできないことになる。

(2) 就業規則の退職金規程に「懲戒解雇事由が判明した場合にも退職金を支給しない。」と定められている場合

(a) 次に，就業規則の退職金規程に「懲戒解雇事由が判明した場合にも退職

金を支給しない。」との規定がある場合には，このような規定も一応有効であると解すべきであり（東京地判平7・12・12労判688号33頁参照），ただし，この規定が有効であるとしても，前記のように限定解釈をすべきである。すなわち，懲戒解雇事由が存在する場合であっても，この規定で退職金全額を不支給にできるのは，退職までの勤続の功労を抹消するほどの著しい背信的行為があった場合に限定され，一方，勤続の功労を減殺する程度の背信的行為があったにすぎない場合には，退職金を減額しうるにすぎないものと解すべきである。

(b) 本問の場合，Y社は，退職後にXに懲戒解雇事由が判明したと主張して，退職金の支給を拒んでいるが，懲戒解雇事由がどのようなものであるかは明らかでない。そこで，Y社に懲戒解雇事由がどのようなものであるかを具体的に主張・立証させて，それが，退職までの勤続の功労を抹消するほどの著しい背信的行為があったといえる場合には，Y社の退職金不支給の主張は認められるが，一方，勤続の功労を減殺する程度の背信的行為にすぎない場合には，Y社の退職金不支給の主張は一部しか認められないことになり，減額後の退職金については支払う必要がある。また，勤続の功労を減殺する程度の背信的行為にまで至っていない場合には，Y社の退職金不支給の主張は認められず，退職金全額を支払う必要がある。

(3) 就業規則の退職金規程に前記(1)や(2)のような規定がない場合

(a) さらに，就業規則の退職金規程に前記(1)や(2)のような規定がない場合には，退職金を支給しないとしたり，減額するとしたりすることは許されないものと考える。なぜならば，賃金の後払いという法的性質を有する退職金について，明示的な根拠もないのに，不支給や減額にすることはできないと解すべきだからである。

ただし，極めて例外的な場合ではあるが，退職までの勤続の功労をいっさい抹消するほどの極めて著しい背信的行為がある場合[*3]には，労働者の退職金請求に対して，使用者が，抗弁として，権利の濫用を主張する余地がありうるのではないかと考える。

(b) 本問の場合，Y社は，退職後にXに懲戒解雇事由が判明したと主張して，退職金の支給を拒んでいるが，就業規則の退職金規程に前記(1)や(2)のような規定がない場合であるから，Xの退職金請求が権利の濫用と認められる場合を除

いては，Y社の主張は認められないことになる。すなわち，Y社に懲戒解雇事由がどのようなものであるかを具体的に主張・立証させて，それが，退職までの勤続の功労をいっさい抹消するほどの極めて著しい背信的行為であったかどうかを判定し，それが肯定されない以上，Y社の主張は認められず，Xに対し退職金全額を支払わなければならないことになる。

　＊3　在職中に会社の多額の金銭を横領し，その事実を秘匿したまま，会社の調査にもいっさい協力せずに退職し，穴埋めもないため，会社に多額の金銭的損害を被らせているような場合が考えられる。

〔井手　良彦〕

Q72 解雇予告手当

　Xは，Y社に平成22年5月10日から勤め始めたが，同23年5月25日に，Y社の代表者から業績悪化による事業の縮小を理由に5月末日付けでの解雇を申しつけられた。その当時，Xの基本給は30万円，通勤手当3万4550円，家族手当2万4000円（妻1万円，子供1人目8000円，子供2人目6000円），住宅手当3万7500円であり，毎月10日締め，当月20日払いの方法がとられていた。Xは突然の解雇であり，納得できないとして，解雇予告手当，その遅延損害金，さらには，労働基準法114条の付加金を請求しようと考えている。Xはどのような請求をなしうるか。他方，Y社はXには会社の窮状を十分に訴えたところ，事業縮小の方針を理解してくれ，平成23年5月末日付けで辞職する旨の申出がなされたものであって，任意退社であると主張している。

[1] はじめに

　本問の場合，Xは，平成23年5月25日に，勤めていたY社から同月末日付けでの解雇を申し渡されたが，そのような解雇には納得できないとして，Y社に対し，解雇予告手当，その遅延損害金，また，労働基準法114条の付加金を請求しようと考えているとある。そこで，解雇予告手当とは何か（定義），その要件事実が問題となり（⇒[2]），また，解雇予告手当の計算方法やその遅延損害金（起算日，利率）についても問題となる（⇒[3]）。さらには，労働基準法114条の付加金についても検討しなければならない（⇒[4]）。

　他方，Y社は，Xから平成23年5月末日付けで辞職する旨の申出がなされたもので，任意退社であると主張している。そのため，このようなY社による任意退社という主張について，その法的性質をどのように考えるべきか（理由付き否認か抗弁か）についても，検討しなければならない（⇒[5]）。

［2］ 解雇予告手当の定義，要件事実

(1) 解雇予告手当はどのようなものか

　使用者は，労働者を解雇するには，少なくとも30日前に解雇予告をしなければならず，30日前に解雇予告をしない場合には，30日分以上の平均賃金を，予告手当として支払わなければならない（労基20条1項）。これは，解雇が労働者の生計のための唯一の手段を奪うものであるから，突然の解雇によって生じる労働者の生活上の支障を少しでも緩和するために，解雇をするには30日の予告期間を設けるか，あるいは，予告手当として，30日分以上の平均賃金を支払わせることにしたのである[1,2]。

　上記の予告手当のことを，解雇予告手当という。この解雇予告手当は，実質上，解雇される労働者が次の仕事を探す間の生活を保障するためのものといいうる。

　　[1]　解雇予告手当の額が「30日分以上」と規定されているのは（労基20条1項），解雇予告は「少なくとも30日前に」しなければならないと規定されているのに対応させるためであり，そのため，法律上は，解雇予告手当として最低30日分の平均賃金を支払えば足りると解されている。

　　[2]　使用者が，30日前の解雇予告をせず，また，解雇予告手当を支払わず解雇をした場合における解雇の効力について，判例は，即時解雇の効力は生じないが，使用者が即時解雇に固執する趣旨でない限り，解雇通告後に30日間の期間が経過したとき，あるいは，解雇通告後に解雇予告手当を支払ったときには，そのいずれかの時から解雇の効力が生じるとしている（最判昭35・3・11民集14巻3号403頁，相対的無効説）。このような相対的無効説によれば，解雇予告手当を支払わない場合には，雇用契約は使用者の解雇通告後30日の経過後に終了となり，又は，解雇予告手当を支払ったが平均賃金30日分に満たない場合には，満たない範囲で雇用契約が伸びることになり，よって，解雇無効を理由とした賃金請求訴訟においては，前記の30日間あるいは雇用契約が伸びる範囲で，賃金請求が一部認容されることになる。

　そして，予告期間をまったくおかない場合の解雇予告手当の額は，平均賃金の30日分である。他方，30日に満たない予告期間をおいたときは，解雇予告

手当の額は，予告期間の日数分が控除される。例えば，予告期間が10日間あれば，解雇予告手当の額は，残りの20日分の平均賃金額であり，予告期間が20日間あれば，解雇予告手当の額は，残りの10日分の平均賃金額である。これは，予告から解雇までの期間（予告期間）は，従前の労働契約が継続しており，その間は賃金が支給されるので，解雇予告手当として請求しうるのは，賃金が支給される日数分を控除した残日数分の平均賃金であると解しうるからである（労基20条2項参照）。

(2) 解雇予告手当の要件事実

解雇予告手当の要件事実は，
① 雇用契約の成立
② 使用者が解雇の意思表示を行ったこと及びその時期
③ 原告の1日当たりの平均賃金額

である。

［3］ 解雇予告手当の計算方法・遅延損害金

(1) 解雇予告手当の計算方法

解雇予告手当は，次の計算式で算出される。

> 解雇予告手当＝（賃金の総額÷平均賃金計算期間の総日数）×（30日－解雇予告日の翌日から解雇日までの日数）

(2) 賃金の総額

(a) 前記(1)の解雇予告手当の計算式における「賃金の総額」とは，「算定すべき事由」の発生した日以前3ヵ月間に，労働者に支払われた賃金の総額のことである（労基12条1項本文）。

「賃金の総額」の中には，労働基準法11条所定の賃金（基本給のほか，歩合給，家族手当，通勤手当，精皆勤手当，割増賃金，住宅手当など）が含まれる。しかし，臨時に支払われた賃金（例えば，結婚手当，入院見舞金など）や3ヵ月を超える期間ごとに支払われる賃金（例えば，年2回支給されるボーナスなど）などは含まれない（労基12条4項）。もし，これらを含めると，平均賃金計算期間に，これらが支給

された月が入る場合と入らない場合とで平均賃金額に極端な高低差が生じることになり，妥当でないと考えられたからである。なお，賃金の一部に未払いがあった場合にも，解雇日までに債権として確定している場合には，その部分も含めて「賃金の総額」を算定することになる。

　(b)　本問におけるＸの場合，①基本給30万円，②通勤手当３万4550円，③家族手当２万4000円（妻１万円，子供１人目8000円，子供２人目6000円），④住宅手当３万7500円である。よって，「賃金の総額」は，39万6050円（＝①30万円＋②３万4550円＋③２万4000円＋④３万7500円）の３ヵ月分118万8150円（＝39万6050円×３ヵ月）となる。

(3)　平均賃金

　(a)　平均賃金とは，前記(1)の解雇予告手当の計算式における「賃金の総額÷平均賃金計算期間の総日数」によって算出される金額のことである。

　(b)　「平均賃金計算期間の総日数」とは，「算定すべき事由」の発生した日以前３ヵ月間の総日数のことである（労基12条１項本文）。この総日数については，実働日数ではなく，暦計算による日数によって算定することになる。

　(イ)　賃金締切日がない場合には，「算定すべき事由」は，即日解雇のときには解雇となり，解雇予告があったときには解雇予告となる。期間計算における初日不算入の原則により，解雇日や解雇予告日は算入しないので（民140条本文），「平均賃金計算期間の総日数」は，"解雇日の前日"や"解雇予告日の前日"から遡って３ヵ月の総日数ということになる。

　(ロ)　賃金締切日がある場合は，直前の賃金締切日から起算するので（労基12条２項），即日解雇のときには解雇日の直前の賃金締切日から，解雇予告があったときには解雇予告日の直前の賃金締切日から，それぞれ起算することになる。そして，この場合の期間計算においては，「直前の賃金締切日」，すなわち，解雇日（あるいは解雇予告日）よりも過去の日が起算日となっており，この「直前の賃金締切日」については午前零時から始まっていると解しうるから，その賃金締切日を含めて算入することになる（民140条但書）。そこで，「平均賃金計算期間の総日数」は，"解雇日の直前の賃金締切日"や"解雇予告日の直前の賃金締切日"から遡って３ヵ月の総日数ということになる。

　(ハ)　雇入れから３ヵ月未満で解雇された場合は，「平均賃金計算期間の総日

数」は，雇入れ後の期間とする（労基12条6項）。この場合には，全雇入れ期間が3ヵ月もなく，そのため，労働基準法12条1項本文のような計算方法をとりえないからである。この場合には，賃金締切日があっても，取扱いは変わらないとされている。

(c) 本問の場合，前記(2)(b)のようにXの「賃金の総額」は，118万8150円（＝39万6050円×3ヵ月）である。

また，Xは，Y社の代表者から，平成23年5月25日に同月末日付けの解雇を申し渡され，賃金締切日は毎月10日であったから，Xについては，①解雇予告日（平成23年5月25日）の直前の賃金締切日は平成23年5月10日となり，②「平均賃金計算期間の総日数」は，その賃金締切日から起算して遡った3ヵ月間であるから，"平成23年2月11日から同年5月10日まで"となり，89日となる[*3]。したがって，Xの平均賃金は，1万3350円（＝118万8150円÷89日）となる。

そして，本問の場合，解雇予告日が平成23年5月25日であり，解雇日が同月31日の場合であって，その間の6日間は労働契約が継続しており，その間は賃金が支給されることになるので，解雇予告手当は30日からその6日分を控除した残日数分の平均賃金である。そこで，前記(1)の計算式にあてはめると，解雇予告手当は，32万0400円（＝〔39万6050円×3ヵ月÷89日〕×〔30日－6日〕＝〔Xの平均賃金1万3350円〕×24日）となる。

なお，前記の計算において，端数が出る場合には，50銭未満の端数については切り捨て，50銭以上1円未満の端数については1円とする端数処理を行うことになる（通貨の単位及び貨幣の発行等に関する法律3条）。

　　*3　もし，本問において，賃金締切日がなかったとしたら，①解雇予告日が平成23年5月25日であるから，②「算定すべき事由」の発生した日は，①と同じ日となる。そして，③「平均賃金計算期間の総日数」は，初日（平成23年5月25日）不算入の原則によって，"解雇予告日の前日"から遡って3ヵ月の総日数ということになるので，"平成23年2月25日から同年5月24日まで"となり，89日となる。

(4) 解雇予告手当の遅延損害金（起算日，利率）

(a) 解雇予告手当は，解雇日までに支払われるべきものであるから，解雇日の翌日に遅滞に陥り，よって，解雇予告手当については，解雇日の翌日から遅延損害金を請求することができる。

また，解雇予告手当は，雇用契約に基づき当然に発生するものではなく法律が特に認めたものであって，商行為性があるとはいえないから，遅延損害金の利率は，民法所定年5分の割合になる（民404条）。

　(b)　本問の場合，Xは，Y社に対し，前記の解雇予告手当32万0400円に対する解雇日（平成23年5月31日）の翌日である平成23年6月1日から支払済みまで，年5分の割合による遅延損害金を請求しうることになる。

［4］　労働基準法114条の付加金

(1)　付加金はどのようなものか

　労働基準法114条は，解雇予告手当等の支払義務に違反した使用者に対し，裁判所が，労働者の請求により，未払金と同一額の付加金の支払を命ずることができるとしている[*4]。すなわち，この付加金は，労働基準法によって設けられた使用者に対する制裁金であって，解雇予告手当等の支払義務についての不履行を防止するため，使用者が解雇予告手当等の支払義務に違反した場合に，労働者の請求により，裁判所が判決によって使用者に対し支払を命ずるものである（福岡地判昭47・1・31労判146号36頁参照）。

　このような付加金の支払義務については，裁判所が判決によって支払を命じ，これが確定することにより初めて発生する（最判昭50・7・17判時783号128頁参照）。したがって，使用者に解雇予告手当等の支払義務に違反する事実があっても，付加金支払義務が発生する前に，使用者が相当する金額を支払い，使用者の支払義務違反の状況が消滅した後においては，労働者は付加金の支払請求をすることはできない。

　　　＊4　付加金請求ができるのは，解雇予告手当（労基20条），休業手当（同26条），割増賃金（同37条）及び有給休暇期間中の賃金（同39条7項）の各不払いの場合である（同114条）。

(2)　付加金請求の要件事実，付加金の内容

　(a)　解雇予告手当に関して付加金を請求する場合には，請求しようとする者（原告）は，解雇予告手当の要件事実（［2］(2)参照）を主張しておけば足りる。

　(b)　付加金の要件を充足していたとしても，付加金の支払を命ずるかどうかは裁判所の裁量とされている。したがって，裁判所は，付加金という制裁を課

することが相当でない特段の事情があれば，使用者に対し付加金の支払を命じないことができる。例えば，付加金請求の裁判において，使用者側の事実のとらえ方や法律解釈は採用されず，そのため労働基準法違反とされることにはなったが，使用者側の事実のとらえ方や法律解釈を前提とすれば必ずしも労働基準法違反とはいえず，労働基準法違反が多分に見解の相違に由来するというような場合には，このような特段の事情があるといえるであろう。

(c) 裁判所は，付加金を減額して支払を命ずることができるかについては，労働基準法114条が「これと同一額の付加金の支払を命ずることができる」と規定しており，この明文から否定すべきであるとする考え方もある。しかし，裁判所の裁量で付加金の支払を一切命じないことも可能なのであるから，上記(b)のような事情を総合的に考慮して，減額した付加金の支払を命ずることもできるものと考える（京都地判平4・2・4労判606号24頁参照）。

(3) 付加金の遅延損害金

付加金に対する遅延損害金は，付加金の支払を命ずる判決が確定した日の翌日から発生する（前掲最判昭50・7・17参照）。したがって，付加金の支払を命ずる判決に仮執行宣言を付することはできない。

付加金の遅延損害金の利率は，民法所定年5分の割合になる（民404条）。なぜならば，付加金は，雇用契約に基づき当然に発生するものではなく，労働基準法による使用者の支払義務についての違反に対して，裁判所が使用者に対し命ずることによって発生する義務であり，商行為性があるとはいえず，よって，付加金についての遅延損害金の利率は，民法所定年5分の割合になるものと解すべきだからである。

(4) 本問の場合

本問の場合も，裁判所は，付加金を課することが相当でない特段の事情がなければ，Y社に対し，前記の解雇予告手当32万0400円のほか，原則としてこれと同額の付加金，また，この付加金の支払を命ずる判決が確定した日の翌日から支払済みまで付加金に対する年5分の割合による遅延損害金の支払を命ずることができる。

[5] 使用者による労働者は任意退社したとの主張

Xは，Y社の代表者から解雇を申し渡されたと主張しており，他方，Y社は，Xは任意退社したと主張している。

(1) 任意退社したとの主張

労働者が解雇予告手当を請求するために，裁判所に訴えを提起した場合に，使用者から当該労働者は任意に退職した，あるいは，合意退職であったという主張がなされることが多い。

このような主張については，労働者の保護の必要性という見地から抗弁という考え方もある。しかし，このような主張の内容は，解雇予告手当についての要件事実②の「使用者が解雇の意思表示を行ったこと」（前記[2](2)）と両立しないものであり，このように両立しない事実を主張して要件事実②を否定するものと解せられ，よって，使用者による要件事実②に対する否認（理由付き否認，積極否認）であると考える。

したがって，このような主張が使用者からなされた場合には，労働者は，使用者が解雇の意思表示を行ったことを立証しなければならない。そのため，労働者は，使用者から解雇が言い渡された時の状況，使用者と交渉がもたれている場合には，その交渉時の状況，交渉時に使用者や使用者側が述べた内容，交渉後の状況などを明らかにしたり，解雇の際に交付された書面など（解雇通知書など）を提出したりして，使用者が解雇の意思表示を行ったことを立証しなければならない。

本問の場合も，Xは上記の状況や事情などを証拠調べの際に直接供述したり，陳述書に記載して提出したり，証人に供述してもらったりなどして，Y社の代表者により解雇の意思表示が行われたことを立証しなければならない。

(2) その他の主張（抗弁）

労働者が解雇予告手当を請求するために，裁判所に訴えを提起した場合に，使用者から主張されるものとしては，①使用者の解雇の意思表示は，30日の予告期間をおいて行っていること，②天災事変その他やむを得ない事由のために事業の継続が不可能になったことによる解雇であること（労基20条1項但書），③労働者の責めに帰すべき事由に基づく解雇であること（同項但書），④労働基

準法21条各号における適用除外の者であること（労基21条），⑤消滅時効にかかっていること（労基115条）などがある。

①については，30日以上の予告期間をおいた場合には，解雇予告手当金請求権は発生せず（労基20条1項），このような主張は，使用者の抗弁にあたる。なお，30日未満の予告期間しかおかなかった場合には，解雇予告手当の支払が必要になるが，その予告期間分は解雇予告手当が控除される（前記[2](1)参照）*5。

* 5　雇入れ後3ヵ月未満で解雇された場合に，東京簡裁では，使用者の30日に満たない解雇予告の有無にかかわらず，平均賃金30日分の解雇予告手当を請求しうるという取扱いをしている。

②や③の事実があれば，予告期間をおかず，即時解雇が可能であり，よって，これらの事実は，労働者の解雇予告手当金請求に対する使用者の抗弁となる。しかし，②や③の事実については，労働基準監督署長の認定が必要になる（労基20条3項・19条2項）。ただし，この認定を受けても，客観的に②や③の事実がなければ，即時解雇は有効にならず，他方，認定が受けられなかったとしても，客観的に②や③の事実があれば，即時解雇は有効になる。その意味で，労働基準監督署長の認定の有無は，この抗弁の成否とは直接関係しないといいうる。

なお，③の「労働者の責めに帰すべき事由に基づく解雇」とは，即時解雇されてもやむを得ないと考えられるほどに重大な職務違反行為や背信的行為があった場合を指し，懲戒解雇事由とは必ずしも一致しないとされている。

④のうち，労働基準法21条4号の「試の使用期間中の者」，つまり，本採用決定前の試験的使用期間中の労働者であるとの主張は，比較的多くみられる主張である。このような試用期間中の者であれば，予告期間をおかず，即時解雇が可能であるから，労働者の解雇予告手当金請求に対する使用者の抗弁となる。これに対して，試用期間中の者であっても，14日を超えて引き続き使用されるに至った場合には解雇予告制度（労基20条）が適用されるので（昭和24年5月14日基収1498号），14日を超えて引き続き使用されるに至った者であるという労働者の主張が，再抗弁となる。

⑤の消滅時効期間は2年であり（労基115条），この主張も，労働者の解雇予告手当金請求に対する使用者の抗弁となる。

〔井手　良彦〕

第7章

破産法・民事再生法

[Q73〜75]

Q73

訴訟継続中における破産・再生手続開始決定

Xが貸金業者Y株式会社に対し，過払金の返還を求める訴えを提起したところ，その訴訟係属中に，①Y社が○○地方裁判所から破産手続開始決定又は再生手続開始決定を受けた場合，また，これとは反対に，②Xが○○地方裁判所から破産手続開始決定又は再生手続開始決定を受けた場合，上記訴訟手続はそれぞれどうなるかについて説明しなさい。

[1] 問題の所在

(1) 破産手続開始決定又は再生手続開始決定と訴訟手続の中断

破産手続開始決定は支払不能等の状態にある債務者の財産等の清算手続を開始する決定であり（破1条・30条），再生手続開始決定は，経済的に窮境にある債務者について，裁判所の監督の下で債権者との民事上の権利関係を調整して債務者の事業又は経済生活の再生を図る手続を開始する決定である（民再1条・33条）。訴訟当事者の一方について，このような決定がされた場合は，原則として，当事者の財産上の管理処分権限を裁判所の監督下に置く必要があり，法律上訴訟行為をすることができない事由（障害）が発生したものとして訴訟手続を中断し，その者又はこれに代わる者が訴訟行為をできるまでの間，訴訟手続の進行を停止してその当事者の利益を保護する必要がある。

(2) 破産手続開始決定と民事再生手続開始決定の異同

訴訟当事者についての破産手続開始決定は，原則として訴訟の中断事由となる（破44条1項）。

これに対し，民事再生手続は，債務者による自主再建型の倒産手続であることから，再生手続開始の決定がされても，再生債務者が業務遂行権と財産の管理処分権を保持し続けるのを原則とするため（民再38条1項），破産，会社更生など他の倒産手続において認められている手続開始決定の効力のうち，再生手

続開始決定の効力からは除外されているものがあるなど，手続構造の違いがある。また，一般の民事再生手続（設例との関係では，Y社が再生手続開始決定を受けた場合）と小規模個人再生手続（設例との関係では，Xが小規模個人再生手続開始決定を受けた場合）との間でも，手続の簡易性についての違いがある。

［2］ 訴訟手続中の当事者の破産と訴訟手続の関係

(1) 各種訴訟と破産手続との関係

係属中の訴訟の当事者について破産手続開始の決定があった場合は，その決定と同時に効力が生じ（破30条2項），破産者の積極・消極の財産は破産財団に帰属して，原則として破産財団に属する財産の管理処分権限は破産管財人に移転することになる（破78条1項）。そして，①破産手続開始後に債務者がした破産財団に属する財産に関してした法律行為を，破産手続の関係においては一律に無効とする効力（破47条），②破産手続開始後にその事実を知らないで破産者に対してした弁済の効力（破50条）が認められ，③破産財団に関する訴訟の当事者適格も破産管財人に移転し，訴訟手続は中断することになる（破44条1項）。破産財団に関する訴訟は，破産財団に属する財産（積極財産）に関するものと，破産債権（消極財産）に関するものに分けられる。

(2) 破産債権（消極財産）に関する訴訟

これは設例でいえば，Xが貸金業者Y社を被告として提起する過払金返還請求訴訟において，Y社について破産手続開始決定があった場合である。この場合，係属していた訴訟は中断するが，それは破産債権について個別の権利行使が禁止され，債権者は破産財団から破産手続によって弁済を受けることができるにすぎないから，破産者との間で訴訟を続行する必要がなくなるためである。ただし，他の中断事由と異なり訴訟の当然承継が生じるわけではなく，債権調査期日における調査結果を待つことになる。すなわち，債権者から破産債権の届出があり，破産裁判所による破産債権の調査・確定手続が行われ（破115条以下），債権調査期日に破産管財人又は届出をした破産債権者から異議が述べられなかった場合には，その債権は届出どおりに確定し，又は異議を述べた場合においても，破産債権査定決定に不服を述べなかった場合，あるいは破産債権査定異議の訴えによって訴訟手続で破産債権額等が確定された場合には，裁判

所書記官が記載した破産債権者表は，破産債権者の全員に対して確定判決と同一の効力を有し（破124条1項・2項・3項・131条），中断していた訴訟はその目的を達することになるから，当然に終了することになる（なお，訴訟がその目的を達したことにより訴えの利益を欠くに至ることから，訴えを却下すべきとする考え方もあり得るであろう）。

これに対し，届け出られた破産債権について破産管財人又は他の債権者から異議が述べられた場合は，一次的には，裁判所が決定手続で破産債権の額等を判断し（破産債権査定決定），その判断に不服のある場合に限って訴訟手続（破産債権査定異議の訴え）により確定することになる（破125条・126条）。すでに訴訟が係属している場合は，中断していた訴訟は債権確定訴訟に切り替えられ，異議者と破産債権者に当事者適格が生じ，受継手続が必要になる（破127条・129条）。このように破産手続開始の決定の段階では当事者適格者が不明又は不存在で，訴訟手続は不安定な状態が続くことになる。

(3) 破産財団に属すべき財産（積極財産）に関する訴訟

これは設例でいえば，Xが貸金業者Y社を被告として提起する過払金返還請求訴訟において，Xについて破産手続開始決定があった場合である。この場合には，破産者の有する一切の財産は破産財団に帰属することとなり，以後破産財団に属する財産の管理処分権は破産者から破産管財人に移り（破78条1項），破産財団に関する訴訟については，破産管財人が当事者となる（破80条）。また，すでに係属していた訴訟手続は中断し（破44条1項・45条），原則として破産管財人が受継するが，受継申立ては相手方からもでき（破44条2項，民訴126条），破産管財人は相手方からの受継申立てを拒絶できない。そして，双方から受継申立てがない場合においても，裁判所は，職権で続行命令を発することもできる（民訴129条）。

(4) 破産手続の解止（破産手続の終了）と同時破産廃止

(a) 破産解止（破産手続の終了） 破産解止（破産手続の終了）とは，破産手続廃止決定（破216条1項・217条・218条），破産手続開始決定の取消決定（破33条3項），破産手続終結決定（破220条1項）がなされる場合である。

前記(2)で触れた他の債権者から異議が述べられた場合に，異議者による受継があるまでに破産手続が終了（＝破産解止）したときは，破産者は当然訴訟手

続を受継することとなり（破44条6項），異議者による受継後に破産手続が終了（＝破産解止）になれば，訴訟は再び中断し，破産者が受継しなければならない（破44条4項・5項）。

　(b) 同時破産廃止　同時破産廃止とは，破産手続開始決定と同時に，破産財団をもって破産手続の費用を支弁するのに不足すると認める場合には，開始決定後の破産手続（例えば，破産管財人の選任や債権者等への通知，破産債権の調査確定等）を行わず，破産手続を将来に向かって廃止することである（破216条1項）。破産手続廃止の決定に対しては，即時抗告をすることができる（破216条4項）。この同時破産廃止決定が行われた場合の訴訟手続の中断については，以下のような議論がある。

　すなわち，破産手続開始決定は，その確定を待たずに決定の時から直ちに効力を生じるが（破30条2項），破産手続廃止の決定に対しては即時抗告ができ（破216条4項），即時抗告期間は裁判の公告が効力を生じた日から2週間経過後となり（破9条・10条），その期間内に即時抗告があると，同時破産廃止決定が取り消される可能性もある。したがって，その間は訴訟手続は中断していると解すべきであるとの見解（中断説。木納敏和「同時破産廃止及び免責決定と破産債権行使をめぐる諸問題」判タ885号20頁）である。

　これに対し，非中断説の見解は以下のとおりである。破産手続開始決定があると，破産債権は破産手続によらなければ行使することができなくなるが（破100条），これは破産管財人を選任し，所定の手続を経て，破産債権者に対して破産手続参加の機会を保障するためであり，訴訟が中断する理由はそこにある。しかし，同時破産廃止の場合には破産手続は解止し，破産管財人が選任された場合と違って，破産手続開始決定以後の手続が実施されないから，訴訟手続を中断させる実質的な理由は存在せず，債権者の個別的権利行使は禁止されないというべきである。また，即時抗告により同時破産廃止決定が取り消されたとしても，裁判所はその時点で破産管財人を選任し，債権届出期間等を定めるなどの手続を進めればよく，その時点で破産債権に関する訴訟は中断することになると考えればよい。したがって，同時破産廃止の場合には，訴訟手続は結局中断しない（秋山幹男ほか『コンメンタール民事訴訟法Ⅱ』495頁）。

　破産制度及び同時破産廃止決定の趣旨に照らして，非中断説が妥当ではない

かと解される。

(5) 破産免責との関係

(a) 免責の対象となった債務については、債務としては消滅しないが、責任が免除され（破253条1項）、自然債務として存続すると解されている（通説・判例）。したがって、免責決定確定後に、免責の対象となった債務について訴訟を提起しても請求棄却となり、強制的実現を図ることはできない。

(b) 免責許可決定は確定しなければその効力を生じない（破252条7項）とされていることから、同時破産廃止の決定が確定してから免責決定確定までの間にされた強制執行による破産債権者への弁済について、不当利得ではないかとの議論があり、不当利得にならないとの判断が示されていた（最判平2・3・20民集44巻2号416頁・判タ725号59頁・判時1345号68頁）。これを受けて、貸金業者等によっては、これら債務者に対する訴訟を提起し、債権の回収を図ろうとする事例もみられた。この点、平成17年施行の現行破産法は、債務者の破産手続開始の申立てがあった場合には、原則として当該申立てと同時に免責許可の申立てをしたものとみなされ（破248条4項）、免責許可の申立てと破産手続の終了で強制執行等をすることができなくなり（破249条1項）、さらに免責許可の決定が確定したときは、同項により中止した破産債権に基づく強制執行等の手続は効力が失われることとされた（破249条2項）。平成17年の破産法改正前は、破産を申し立てた債務者の訴訟代理人が、免責決定確定まで持ち込むため訴訟手続を引き延ばすかのようなことがみられたが、引き延ばしの意味はなくなった。

[3] 訴訟手続中の当事者の民事再生と訴訟手続の関係

(1) 再生手続開始による訴訟手続の中断

(a) 民事再生手続は、債務者による自主再建型の倒産手続であることから、再生手続開始の決定がされても、再生債務者が業務遂行権と財産の管理処分権を保持し続けるのを原則とするため（民再38条1項）、他の倒産手続において認められている開始決定の効力のうち、管理処分権が債務者から管財人に移転することとの関係で当然発生するとされる、①手続開始後に債務者がした破産財団に属する財産ないし更生会社財産に関してした法律行為を、破産手続ないし更生手続の関係においては一律に無効とする効力（破47条、会更54条）、②手続

開始後に再生債務者に対してした弁済の効力（破50条, 会更57条）はいずれも認められず，再生手続開始決定自体の効力としては，再生債権に関する訴訟手続を中断する効力（破44条1項, 会更52条）のみを認めている（民再40条）。したがって，再生債務者の財産関係の訴訟手続であっても，再生債権に関するもの以外の訴訟（例えば，所有権に基づく特定物の引渡請求権，再生債務者の財産の帰属に関する訴訟などがある）に対する中断の効力は，再生手続開始決定の効力とはされておらず，管理命令の効力とされている（民再67条2項前段）。

(b) 再生債権については，破産手続（破100条）や会社更生手続の場合（会更47条）と同様に，個別的な権利行使が禁止され，再生手続開始後は再生計画の定めによらなければ弁済を受けることができないとされており（民再85条1項），他方，再生手続上も，別途，再生債権の実体的確定を目的とする債権の調査・確定手続が用意されているため（民再99条以下），再生債権の確定は再生手続上の債権調査・確定手続に委ねられることになる。このため，再生債務者の財産関係の訴訟手続のうち，再生債務者との間ですでに係属している再生債権に関する訴訟手続については，そのまま続行する必要性が失われ，再生手続上の債権調査の結果が出るまでの間は，訴訟手続を一時停止しておくのが合理的であるから，当該訴訟手続は当然に中断するものとされている（民再40条1項）。しかし，小規模個人再生手続開始（民再221条以下）の場合は，債権の実体的確定がされないから，再生債権に関する訴訟手続は中断しない（民再238条による民再40条の適用除外）。

(2) **再生開始手続によって中断した訴訟手続の帰趨**

(a) 再生債権として確定した場合

(イ) 中断状態の継続　　中断した再生債権に関する訴訟の目的債権について，債権者から裁判所が定めた届出期間内に何らの届出もなく（民再94条1項），異議がなかったときは，その債権の内容又は議決権の額が確定し（民再104条1項），この調査結果について裁判所書記官が再生債権者表に記載すると（同条2項），その記載は再生債権者全員に対して確定判決と同一の効力を有することになる（同条3項）。

しかし，この確定した再生債権の「額」は，あくまで再生計画案確定までの再生手続の進行過程における権利行使（議決権の行使）の基準になるにすぎず，

この段階で再生債権者表を債務名義として強制執行をすることはできない。したがって，この段階では未だ債権者の目的が達せられたものとはいえないため，当該訴訟が当然に終了するものとして処理することは困難であり，中断状態は解消されず，その後の再生計画案の決議・認可に向けた再生手続の進行を待つことになり，中断状態は継続されるものと考えられる（これに対し，破産手続における確定債権の債権者表への記載（破124条3項）は，配当の基礎となるもので，破産終結後にこの債権表を債務名義として強制執行を行うことは可能であり，これにより債権者の当該訴訟の目的は達せられ，本案判決を受ける利益がなくなるから，中断している訴訟は当然に終了するものと解されている）。

(ロ) 訴訟手続の当然終了

（ⅰ）再生計画認可決定の確定　再生計画認可決定が確定すると，再生債権者の権利は計画の定めに従って変更されることになる（民再179条1項）。再生計画の条項が裁判所書記官によって再生債権者表に記載された場合は（民再180条1項），確定判決と同一の効力を有し（同条2項），再生債権者はこの再生債権者表を債務名義として強制執行することができるとされている（同条3項）。したがって，債権者にとっては，再生計画認可決定の確定により，中断していた訴訟はその目的が達せられたことになるので，当然終了するものと解される。なお，小規模個人再生では，再生債権者の権利は一般的基準に従って変更されるが（民再232条2項・156条），再生債権を実体的に確定する手続がないので，再生債権者表による強制執行はできない（民再238条による民再180条の適用除外）。

再生債権者表の記載に関連して，最判平23・3・1判タ1347号98頁・判時2114号52頁は，債権者一覧表に記載がなく届出もない再生債権である過払金返還請求権について，請求があれば再生債権の確定を行った上で，届出があった再生債権と同じ条件で弁済する旨を定める再生計画の認可決定が確定することにより，上記過払金返還請求権は，再生計画による権利の変更の一般的基準に従い変更され，その再生債権者は，訴訟等において過払金返還請求権を有していたこと及びその額が確定されることを条件に，上記のとおり変更されたところに従って，その支払を受けられるとした。

小規模個人再生では，再生計画認可決定が確定しても訴訟手続は中断しないので（民再238条による民再40条の適用除外），審理を続け判決をすることもできる

が，再生計画の内容に従った判決をすべきかどうか議論がある。再生計画は，再生債務者の経済生活の再生を図るために債務額を確定し，弁済計画を立て認可したものであり，その決定は尊重されるべきであるとして，再生計画の内容に従った判決をすべきとする確定説の立場が妥当であろう（岡久幸治ほか『簡易裁判所民事手続法』194頁〔堀田文雄〕）。

　　(ii) 再生計画不認可決定の確定等　　この場合は，再生債権者にとっては，もはや再生計画に基づいて弁済を受け得る途が完全に遮断されることになり，このような再生債権者に対して，改めて債務名義の取得を求めるのは酷である。そこで，このような再生債権者の労力を省くための便宜的措置として，確定した債権についての再生債権者表の記載が，再生債務者に対して確定判決と同一の効力を有することとし（民再185条1項。なお民再104条3項参照），再生債権者はこれを債務名義として強制執行をすることができるとした（民再185条2項）。したがって，この場合も，債権者にとっては結果的に中断していた訴訟の目的は達せられたことになるので，当該訴訟手続は当然終了するものと解される。同様の理由で，再生計画取消しの決定が確定した場合（民再189条8項），再生計画の履行完了前に再生債務者について破産手続開始の決定がされた場合（民再190条2項），及び再生計画認可決定の確定前に再生手続廃止決定が確定した場合（民再195条7項）にも，再生計画により変更された再生債権は原状に復し，訴訟手続は当然に終了すると解される。

　　(b) 再生債権に対し異議等があった場合

　　(イ) 無名義債権の場合　　債権調査において，再生債権の内容について再生債務者等が認めず，又は他の届出再生債権者が異議を述べたとき，当該再生債権を有する再生債権者は，その債権が無名義債権（執行力ある債務名義や終局判決を有しない債権）である場合には，決定手続である「査定の裁判」（民再105条）とその裁判に不服がある場合の「異議の訴え」（民再106条）という2段階の手続を経て当該債権の確定を図る必要がある。

　　しかし，再生手続開始当時，すでに当該債権について訴訟が係属している場合には，当該訴訟を利用することが合理的であるため，再生債権者が債権の確定を図るためには，異議者等の全員を相手方として，調査期間の末日から1ヵ月以内に，中断中の訴訟手続につき受継の申立てをしなければならない（民再

107条1項・2項・105条2項。なお，民再111条）。

　(ロ)　有名義債権の場合　　異議等のある再生債権が有名義債権（執行力ある債務名義や終局判決のある債権）である場合には，異議者等が主体となって，異議等を述べられた再生債権者を相手方として，再生債務者がその有名義債権者に対してすることのできる訴訟手続によってのみ異議を主張できる（民再109条1項）。

　この場合も，前記(イ)と同様の趣旨により，再生手続開始当時，すでに再生債権について訴訟が係属している場合には，異議者等は，異議のある再生債権者を相手方として，調査期間の末日から1ヵ月以内に，中断中の訴訟手続につき受継の申立てをしなければならない（民再109条2項・3項・105条2項）。

(c)　簡易再生決定又は同意再生決定が確定した場合
　(イ)　債権届出期間経過後，調査期間経過前に簡易再生の決定（民再211条1項）があった場合には，再生債権の調査及び確定の手続は省略され，直ちに再生計画案についての決議へと進むことになる。したがって，簡易再生決定が確定した場合には，もはや当該訴訟を中断させておかなければならない必要性は消滅するので，再生債務者等が当該訴訟手続を受継すべきことになり，相手方からも受継の申立てをすることができる（民再213条5項）。

　(ロ)　前記(イ)と同様に，同意再生決定（民再217条1項）が確定した場合も，再生債権の調査及び確定の手続は将来的に行われないことに確定するため，再生手続の開始によって中断している再生債権に関する訴訟手続は再生債務者等が受継すべきことになる（民再219条2項・213条5項）。

(d)　再生手続の終了による受継　　再生債権に関する訴訟手続が中断している場合でも，前記の受継があるまでに当該再生手続自体が終了した場合には，それ以上訴訟手続を停止しておく理由がないので，再生債務者は当然に訴訟手続を受継することになる（民再40条2項・107条1項・109条2項・213条5項）。したがって，この場合は，再生債務者からの受継申立て及び受継決定を要することなく，当然に中断状態が解消され，再生債務者を当事者として訴訟が続行されることになる。

(3)　**管理命令の発令等による訴訟手続の中断・受継**
　裁判所は，再生債務者（法人である場合に限られる）による財産の管理又は処分が失当であるときなど，再生債務者の事業の再生のために特に必要があると認

めるときは，利害関係人の申立て又は職権により，開始決定と同時に又はその決定の後に，再生債務者の業務及び財産に関して管財人による管理を命ずることができる（民再64条1項）。

(a) 再生手続開始決定と同時に管理命令が発令された場合　管理命令が発せられた場合は，再生債務者の財産の管理処分権は再生債務者から管財人に移転するため（民再66条），係属中の訴訟手続が再生債務者の財産関係のもので，再生債務者が当事者である限り，管財人が当事者適格を有することになり，当然に中断することになる（民再67条1項・2項前段）。

再生債務者の財産関係の訴訟手続のうち，「再生債権に関する訴訟」については，再生手続開始決定の効力として中断するものとされているため（民再40条1項），管理命令が開始決定と同時に発令された場合に，管理命令自体の効力として中断するのは，再生債務者の財産関係の訴訟手続のうち，再生債権に関しない訴訟手続ということになる。

この場合，管財人自身が受継の申立てをすることができるのは当然であるが，相手方からも受継の申立てをすることができる（民再67条3項）。

(b) 再生手続開始の決定後に管理命令が発令された場合

(イ) 再生手続開始前から係属していた訴訟手続の中断・受継

(ⅰ) 再生債権に関しない訴訟　再生債務者の財産関係の訴訟手続のうち，再生債権に関しないものが管理命令の発令によって中断することになり（民再67条2項前段），管財人又は相手方から受継の申立てをすることができる（同条3項）。

(ⅱ) 再生債権に関する訴訟　再生手続の開始前から係属していた再生債権に関する訴訟は，再生手続開始の決定により中断し（民再40条1項），その後に行われた再生債権の調査・確定手続において異議が出され，当該訴訟手続が民事再生法107条1項（無名義債権の場合）又は民事再生法109条2項（有名義債権の場合）に基づいてそれぞれ受継された場合には，債権確定訴訟として進行し得ることになる。そして，この訴訟手続の進行中に管理命令が発令され，かつ，再生債務者がその訴訟の当事者であった場合は，再び中断することになる（民再67条2項前段）。

(ロ) 再生手続開始後に提起された訴訟手続の中断・受継

(i) 再生債権（無名義債権）の査定の裁判に対する異議訴訟　訴訟手続は当然に中断し（民再67条2項前段），管財人が受継しなければならない（同条4項）。この場合にも，管財人及びその相手方のいずれからも受継の申立てがない場合には，裁判所が職権で中断を解消するため，管財人に対して訴訟手続の続行命令（民訴129条）を発令することができる。

　(ii) 再生債権（有名義債権）に対する異議等を主張する訴訟　訴訟手続は当然に中断し（民再67条2項前段），管財人が受継しなければならない（同条4項）。続行命令については，前記(i)と同様である。

(c) 再生手続の終了による訴訟手続の中断・受継

(イ) 受継前の手続の終了　管理命令の発令による訴訟手続の中断が生じた場合に，前記(i)及び(ii)による受継があるまでに当該再生手続自体が終了した場合には，それ以上訴訟手続を停止しておく理由はないため，再生債務者からの受継申立て及び決定を要せず，再生債務者は当然に訴訟手続を受継する（民再68条1項）。

(ロ) 受継後の手続の終了　前記(i)及び(ii)による受継があった後に，当該再生手続自体が終了した場合には，再び管財人から再生債務者への当事者適格の変動が生じるため，当該訴訟手続は中断する（民再68条2項）。中断した訴訟は再生債務者が受継しなければならないが，相手方にも受継の申立権が認められている（同条3項）。

(d) 管理命令の取消しによる訴訟手続の中断・受継

(イ) 受継前の管理命令の取消し　管理命令の発令による訴訟手続の中断が生じた場合に，前記(i)及び(ii)による受継があるまでに，管理命令を取り消す旨の決定が確定したときは，それ以上訴訟手続を停止しておく理由はないため，再生債務者からの受継申立て及び決定を要することなく，再生債務者は当然に訴訟手続を受継することになる（民再68条4項・1項）。

(ロ) 受継後の管理命令の取消し　前記(i)及び(ii)による受継があった後に，管理命令を取り消す旨の決定が確定したときは，再び管財人から再生債務者への当事者適格の変動が生じるため，当該訴訟手続は中断する（民再68条1項）。中断した訴訟は再生債務者が受継しなければならないが，相手方にも受継の申立権が認められている（同条3項）。

〔藤岡　謙三〕

Q 74　請負人の破産

　Xは，A建設株式会社との間で，Xの住宅を代金2100万円で建設する旨の請負契約を締結した。ところが，建設途中にA社は，○○地方裁判所から破産手続開始決定を受け，その破産管財人としてZが選任された。この時点までに，Xは，工事代金として1600万円を支払っていたが，A社による建築工事のほうは6割の完成度（出来高1260万円分）であった。Xは，Zに対し，破産法53条2項に基づいて，請負契約の解除をするか，又は債務の履行を請求する（すなわち請負契約を維持する）かの選択を求めたが，Zは確答しなかった。そこで，Xは，同項によってZが請負契約の解除をしたものとみなして，過払金340万円の返還について同法54条2項の財団債権として請求する訴えを提起した。Xの請求は認められるかについて説明しなさい。

[1]　問題の所在

　請負人の破産の場合において，双方未履行の双務契約関係の処理についての規定である破産法53条1項，平成16年改正前破産法（以下，同年改正前破産法について「旧破産法」という）59条を適用して双方未履行契約関係を処理するとした場合，2つの議論が生じる。1つは，請負契約に破産法53条1項（旧破産法59条）が適用されるのかという問題であり，もう1つは，破産法53条1項（旧破産法59条）が適用されて解除が選択された場合の，既履行部分の処理に関する問題である。

[2]　破産法53条1項（旧破産法59条）の適用の可否

(1)　**破産法53条1項（旧破産法59条）と64条の関係**
　破産法53条1項（旧破産法59条）の適用対象となる契約とは，破産管財人の管

理処分権が及ぶ契約である必要があるところ（竹下守夫編『大コンメンタール破産法』（青林書院）207頁〔松下淳一〕），請負契約が破産法53条（旧破産法59条）の適用を受けるかという点については，見解が分かれるところがあった。また，請負人が破産した場合に関していえば，旧破産法64条が破産管財人による仕事の完成ないし代替性のある仕事について第三者に行わせることを許容し（以下「介入権」という），介入権が行使された場合に報酬債権が破産財団に属すると規定しており，かかる規定をどのように捉えるのかという点については，やはり，旧破産法59条の理解によって捉え方が異なっていた。

(2) 学 説

(a) 適用否定説　かつての通説は，請負人が破産した場合に，旧破産法59条の適用はないと考えられてきた。したがって，請負契約は，破産者との関係においては破産手続外で存続するが，旧破産法64条の介入権を行使することによって，破産管財人は請負契約を破産財団に取り込むことができるとされた。

(b) 二分説　請負契約の内容によって，旧破産法59条の適用を受けるか否かを決する説である。いかなる場合に適用を受けるかについては，さらに説が分かれるが，破産者自身の行為を必要とする場合以外に適用を肯定する説，破産者の個人的労務の提供を内容とするとき以外に適用を肯定する説，財産の清算を必要とする場合に適用を肯定する説がある。いずれの説によっても，旧破産法64条の介入権は，59条の適用が否定される場合に行使されるとするのが一般的理解であるが，59条が適用されても履行が選択された場合の履行方法を定めたものであるとの説もある。

(c) 適用肯定説　請負人が破産した場合に，常に旧破産法59条が適用されるとする説である。この場合，旧破産法64条は，59条が適用されて履行が選択された場合の履行方法を定めたものであると考えられる。

(3) 請負契約像と破産法53条1項（旧破産法59条）

上記のような請負契約における旧破産法59条の適用の可否に関する議論は，念頭に置く請負契約像がどのようなものによるかによるところが大きい。伝統的ないし古典的な個人職人の例を念頭に置くと，仕事に代替性がないか，破産者（＝請負人）以外の者によって完成することができない性質のものである以上，全面否定説に傾きやすいが，近時は会社組織等による，代替性がある請負

契約が念頭に置かれることから，二分説ないし全面適用説によるのが妥当であろう（山本和彦『倒産法概説』（弘文堂）199頁）。判例も，旧破産法59条が「当該請負契約の目的である仕事が破産者以外の者において完成することのできない性質のものであるため，破産管財人において破産者の債務の履行を選択する余地のないときでない限り」請負契約に適用される（最〔1小〕判昭62・11・26民集41巻8号1585頁）として，全面否定説をとった原判決を破棄している。

(4) **旧破産法64条の問題点**

このように，請負契約について旧破産法59条が適用されるかという点については，少なくとも全面否定説が妥当性を欠くものとなったことは明らかであるとして，旧破産法64条の趣旨をどのように捉えるかについては，やはり，説が分かれる上に，そもそも，請負契約について旧破産法59条の適用が全面否定されるという見解がとられない以上，あえて旧破産法64条を置く意義が不明である上に，必要性に疑問があり，かえって混乱を招く規定であると批判されていた。

(5) **法 改 正**

以上のような経緯を踏まえ，平成16年改正破産法は，旧破産法64条を削除した。なお，破産法53条1項の規定が適用される請負契約の類型を明確にするため，同条の適用される請負契約の範囲を明文化することが検討されたが，個人か法人かで区別する見解，雇用契約と同様に個人の労務提供を内容とするか否かで区別する見解，清算の要否によって決する見解など，二分説の中でもその基準について議論が分かれること，上記昭和62年判決のいう「破産者以外の者において完成することのできない性質」，「非代替性」の意義が必ずしも明確でなく，この段階で明確な基準を立法することは困難であるとして，見送られた（山本・前掲200頁）。したがって，いかなる類型の請負契約について，破産法53条1項の適用があるかについては，なお議論が残っている。

しかしながら，前記のとおり，近時は会社組織等による，代替性がある請負契約が念頭に置かれることが多いことからして，請負人が破産した場合に破産法53条1項の適用が否定される事例というのは，稀であるというべきである。

[3] 解除が選択された場合の処理

(1) 破産法53条1項の適用と双方未履行契約関係の処理

前記のとおり，請負人が破産した場合の請負契約の処理に関しては，原則として，破産法53条1項の規定に従った処理がなされるものであるが，解除が選択された場合，既履行部分について解除の効力が及ぶのかという問題がある。この問題は，さらに2つに分けることができ，1つは，解除による原状回復はいかなる範囲に及ぶのかという点であり，もう1つは，注文者が請負人に支払った前渡金について，いかなる地位に基づき権利行使をすることができるかという点である。

(2) 解除による原状回復の及ぶ範囲

1つ目の問題である，解除による原状回復の及ぶ範囲であるが，一般に，民法541条に基づく注文者による請負契約の解除については，請負工事が可分であって，既履行部分につき当事者が利益を有するときは，すでに完成した部分を除き，未完成部分についてのみ請負契約を解除しうるとされている（大判昭7・4・30民集11巻780頁）ことに対応して，解除の効力は，未履行部分に限られると解されている（瀬戸正義・昭和62年度最高裁判所判例解説民事篇719頁）。

(3) 出来高分の報酬相当額を超える前渡金についての原状回復関係

2つ目の問題である，出来高分の報酬相当額を超える前渡金についての原状回復関係であるが，財団債権として行使できるとする見解と，破産債権として行使できるにすぎないとする見解とがある。

財団債権とする説は，仮に履行が選択された場合，破産者の相手方（＝注文者）は，完成された請負目的物について引渡しを受けることができることとの均衡，破産管財人に法定の解除権が付与されていることとの均衡から，解除がされた場合にも破産者の相手方を保護する必要があるというものである。判例も，そのように考える理由を明らかにしているわけではないが，結論において同様に解している（前掲〔1小〕判昭62・11・26）。

一方，出来高分の報酬相当額を超える前渡金については，破産債権として行使できるにすぎないと考える説もある。この説は，破産法53条1項の趣旨について，双方が原状回復義務を負い，同時履行関係にある場合を保護する点に

あるとした上で，そのような関係にない前渡金返還請求権については，破産法53条1項の適用を受けないと考えるものである。

　平成16年改正破産法54条2項は，破産者の相手方が行使できる権利が財団債権とされる場合について，特段の限定をしていない。この点については，上記論争を踏まえ，限定づけを行うことが検討事項の1つとされたが，今後なお検討すべき課題であるとして，明文化は見送られた。いずれにせよ，実務上の処理は，前渡金は財団債権であるという理解に基づいて手続が進められているから，ここでもそれに従った検討を行うこととする。

［4］　設問の検討

(1)　事案の概要

　本問は，A建設株式会社と注文者Xとの間で締結された建築請負契約（以下「本件契約」という）に基づき，Xが請負代金として，1600万円を支払い，A社が工事に着手していたところ（出来高1260万円分），A社につき破産手続開始決定がなされたため，Xは，出来高分を超える前渡金340万円の返還を求めたというものである。

(2)　破産法53条1項の適用の可否

　まず，前記のとおり，請負契約の目的である仕事が破産者以外の者において完成することのできない性質のものであるため，破産管財人において破産者の債務の履行を選択する余地のないときでない限り，請負契約にも破産法53条1項の適用がある。そして，本問における請負人は株式会社であり，一般に会社組織による建築請負契約について，請負人（＝破産者）以外の者による債務の履行を選択する余地がないという事態は考えにくいことからして，本件契約については，破産法53条1項の適用があるというべきである。

(3)　破産法53条1項に基づく処理

　その上で，Xが請求する340万円は，A社の出来高分を超える前渡金であり，これについては財団債権として行使することができる。

(4)　結　　論

　したがって，Xの請求は認められることになる。

[5] 注文者の破産

(1) 注文者の破産と解除権

本事例とは異なり，注文者が破産した場合の注文者と請負人との双方未履行契約関係について，概略を検討する。

まず，注文者が破産した場合，破産管財人のみならず，破産者の相手方である請負人も解除権を有する（民642条1項前段）。また，双方に解除権が認められていることに対応して，解除を選択するか履行を選択するかの催告権についても，双方に認められている（破53条3項）。

(2) 解除が選択された場合の処理

解除が選択された場合，請負人の既履行部分の報酬債権等は破産債権（破2条5項）となる。一方，既履行部分の結果（目的物引渡請求権等）は破産財団に属する（最判昭53・6・23金法875号29頁）。

(3) 履行が選択された場合の処理

履行が選択された場合，請負人の報酬債権は財団債権となる（破148条1項7号，東京地判平12・2・24金判1092号22頁）。その範囲について，破産手続開始前の仕事に相当する部分に限られるのか，破産手続開始後の仕事に相当する部分も含むのかは，見解が対立している（山本・前掲203頁）。

〔西村　彬〕

Q 75 賃貸人の破産と管財人の解除権

　A株式会社は，その所有土地をYに対し，建物所有を目的とする約定で賃貸した。なお，上記借地権について地上権・土地賃借権の登記はなく，また，上記建物には借地借家法10条1項でいう登記がなされておらず，未登記のままであった。その後A社は，○○地方裁判所から破産手続開始決定を受け，その破産管財人としてXが選任された。そこで，Xは，Yに対し，破産法53条1項に基づいて上記賃貸借契約を解除したうえで，上記建物収去・土地明渡しを求める訴えを提起した。Xの請求は認められるかについて説明しなさい。

[1] 問題の所在

(1) 双方未履行の双務契約関係の処理

　破産法は，双方未履行の双務契約関係の処理について，破産管財人に対し，同契約の解除を行うか，履行を行うかの選択権を与えている（破53条1項，平成16年改正前破産法（以下，同年改正前破産法について「旧破」という）59条）。

　かかる規定の制度趣旨は，破産手続の清算処理に関する一般原則の規定をそのまま適用した場合の不合理さを解消する点に重点を置いている。すなわち，仮に破産法に双方未履行契約についての特則がなければ，破産者の相手方は，破産財団に属する権利について，破産管財人に対して完全な履行を求められるのに対し，相手方が有する権利は，原則として破産債権（破2条5項）となり，破産財団からの割合的満足しか受けられないこととなり，相手方にとって酷な結果となる。そこで，そのような結果を防ぎ，破産管財人に履行か解除かの選択権を認めて破産財団の利益を守るとともに，履行が選択された場合に破産者の相手方の有する権利を財団債権に格上げし，解除が選択された場合には原状回復請求権を取戻権ないし財団債権として，双務契約の対価的均衡を維持する点に，破産法53条1項（旧破59条）の意義があるのである（かかる考え方は，

従来の一般的見解として支持されてきたものであるところ，近時，これとは別に，破産者の相手方の権利は破産財団の利益のための対価であるからこそ，財団債権として保護されるとする新たな見解が主張されている（水元宏典「破産及び会社更生における未履行双務契約法理の目的（二・完）」法学志林93巻3号87～88頁）が，少なくとも本設問との関係で大きな論点となるわけではないから，この見解に関する検討は割愛することとする）。

(2) 賃貸借契約と双方未履行契約関係の処理

かような制度趣旨をもとに，賃貸借契約の類型において破産法53条1項（旧破59条）をそのまま適用するとなると，破産管財人から解除が選択された場合は，賃貸人の破産であれば，解除自体を争うことは，履行するか解除するかの選択権が破産管財人にある以上，原則としてできないこととなろう。

このように，破産管財人の解除権を制限して，賃借人の使用収益権・居住権を保護することができないかという点に注目した場合，破産法53条1項が破産管財人による解除権を認めている以上，解除権の選択がなされた場合は，別段の規定がない限り，賃借人の使用収益権・居住権は一方的に奪われる結果を防ぐことはできないようにも思える。実際，平成16年改正前破産法の下では，賃貸人が破産した場合の賃貸借契約の処理については，民法ないし破産法に特別の規定がなかったため，破産法59条の規定に従い，破産管財人は解除権を行使することができると解されていた（ただし，後記(4)のとおり，破産者の相手方（＝賃借人）の使用収益権・居住権に対して一定の保護が与えられる解釈がなされていた）。

(3) 賃貸借契約関係の処理に関する問題点

もっとも，このように解すると，借地借家法が定める賃借人保護の趣旨を没却することとなる。すなわち，同法によれば，賃貸人からの解約申入れは，正当事由がある場合に限定される（借地権につき，借地借家6条，建物賃貸借契約につき，借地借家28条）など，賃貸人からの解約申入れが制限されているにもかかわらず，賃貸人に対する破産手続が開始されたという，賃借人にとって何ら責めに帰すべき事由がないにもかかわらず，破産管財人からの解除を認めてしまうと，賃借人の使用収益権等を不当に奪う結果となり，借地借家法の趣旨に反する結果となるのである（竹下守夫『大コンメンタール破産法』（青林書院）229～230頁〔三木浩一〕）。また，平成16年改正前（以下，同年改正前のものを「旧」とする）民法621条，617条によれば，賃借人の破産の場合には，一定期間賃借権が失われない（土

地賃借権につき1年，建物賃借権につき3ヵ月）のに対し，賃貸人の破産の場合には，破産管財人による解除の意思表示によって，賃借人は直ちに賃借目的物の使用収益権を失うこととなり，賃借人の破産の場合の取扱いとの間で均衡を欠いていたのである。

(4) 学　説

このような点を踏まえ，学説は，賃貸借契約について，破産法53条（旧59条）の適用を否定する説，賃借人が対抗要件を備えた場合に破産法53条（旧59条）の適用を排除する説等，破産管財人の解除権を否定ないし制限して賃借人の保護を図ろうとする見解が多数を占めていた（三木・前掲230頁）。このような考え方の根底には，前記旧民法621条の実質的不合理さとともに，そもそも旧民法621条は，明文上，賃借人の破産の場合に賃貸人に解除権を認めながら，賃貸人の破産については明確な規定をおいていないことから，賃貸人の破産の場合に破産管財人からの解除を認めないのが立法者意思ではないかというものがあった。

また，判例も，賃貸人が破産した場合に旧破産法59条の適用を否定して破産管財人からの解除を認めないとしたものがあった（東京高判昭36・5・31下民集12巻5号1246頁）。しかし，旧破産法59条の解釈については，必ずしも統一的な見解が存在しているとはいえない状況であった。

[２] 破産法56条の創設

(1) 法 改 正

以上のような問題点を踏まえ，平成16年改正破産法は，賃貸借契約等，目的物の使用収益を目的とする契約類型においては，相手方が第三者対抗要件を備えている場合には，旧破産法59条（破53条）の規定は適用しないこととした（破56条1項）。すなわち，同規定を賃貸借契約において適用するとすれば，土地賃貸借契約については，土地に賃借権設定登記，地上権設定登記，同土地上の建物の所有権移転登記（ただし，建物所有を目的とする賃貸借契約に限る）がそれぞれ経由されている場合，建物賃貸借契約については，建物に賃借権設定登記が経由されている場合ないし同建物の引渡しを受けている場合，破産管財人からの解除は否定されることとなる。

なお，破産法56条1項は，第三者対抗要件を備えている賃借権等は，要保護性が高く，賃貸人等が破産した場合であっても保護が図られるべきであるとの考え方から，破産法53条の適用を排除した規定である。したがって，破産法56条1項は，破産管財人と賃借人との関係を対抗関係と捉えた上で，破産管財人が解除権を行使できるか否かを決するというものではなく，あくまで第三者対抗要件を備えた賃借人等につき，要保護性が高いという考え方から，第三者対抗要件を要求しているのである。したがって，同規定にいう対抗要件は，権利保護資格要件として捉えるのが正しい理解となる（三木・前掲230頁）。

(2) **その他の契約類型と破産法53条1項**

破産法56条1項は，その他，使用収益を目的とする権利であって，対抗要件を備えている権利一般に保護の範囲を拡大しており，ライセンス契約等がその例にあたる。

［3］ 設例の検討

(1) **設例の概要**

本設例は，A株式会社が所有する土地をYに賃借したところ，A株式会社について破産手続開始決定がなされてXが破産管財人に選任されたというものであり，賃貸人の破産の場合の双方未履行契約関係が問題となる。

(2) **破産法56条1項の適用の可否**

Yは，A株式会社から賃借した土地上に建物を建築したものであるが，同土地について，地上権・土地賃借権設定登記は経由されておらず，同建物の所有権移転登記も経由されていない。すなわち，Yは，第三者対抗要件を備えておらず，破産法56条1項の適用を受けないこととなる。

(3) **結　論**

したがって，Yは，Xに対し，土地賃貸借契約解除の効力を争うことができない結果，Xによる，建物収去・土地明渡請求を免れることはできない。すなわち，Xの請求は認められることとなるのである。

[4] 実務上の取扱い

(1) 破産法53条が適用される場合

設例のように，土地賃貸借契約において土地賃借人が対抗要件を備えていない場合，すなわち，破産法53条の適用により破産管財人が解除権を行使できる場合，破産管財人は，破産財団の増殖にとって最良の選択は何かという観点から，履行ないし解除の選択を行うこととなる。

(2) 破産法56条が適用される場合

設例と異なり，土地賃貸借契約において土地賃借人が対抗要件を備えている場合，すなわち，破産法56条1項の適用により破産管財人が解除権を行使できない場合，破産管財人は，履行を選択するしかないことになる。すなわち，破産管財人は，履行を選択して土地の管理を継続していくとともに，同土地を売却するか，破産財団から放棄するという方法がとられるであろう。なお，同土地が売却された場合，対抗要件を備えた賃借人は，新所有者に対して賃借権を対抗できることは論を俟たない。

(3) 破産手続開始決定と借地借家法の正当事由

賃貸人が破産した場合における賃貸借契約関係の処理に関連して，賃貸人につき破産手続開始決定がなされた事実をもって，借地借家法上の正当事由にあたるかという問題がある。この点については，破産という偶発的事情の責任を賃借人に転嫁されるいわれはないこと等から，正当事由にあたらないとされている（東京高判昭31・7・18下民集7巻7号1947頁，大阪地判昭53・3・17金判555号23頁）。これらの判例は，旧破産法時代のものであるが，破産法56条が新たに制定されて賃借人の保護が図られた趣旨からして，これらの判例の論理は，現在も当然のごとく正当性を有するものであろう。

[5] 賃借人の破産の場合

(1) 概　要

以上は，設例に従って賃貸人が破産した場合における双方未履行の双務契約関係について検討してきたが，以下では，賃借人が破産した場合の同関係について，検討することとする。

(2) 旧民法621条の適用

旧民法621条は，賃借人が破産した場合，賃貸人及び破産管財人のいずれからでも賃貸借契約を解除することができると規定していたが，やはり，賃借人保護の観点等から，同規定をそのまま適用することには批判が多かった。そこで，通説・判例は，同規定による解約申入れにあたっては，借地借家法上の正当事由が必要であると解し（最判昭48・10・30民集27巻9号1289頁），これによって賃借人の保護を図っていた。

(3) 法改正

その後，平成16年改正破産法の制定によって民法621条は削除され，賃借人が破産した場合の双方未履行契約関係は，破産法53条の一般原則に従って処理されることとなった。すなわち，破産管財人は，破産者の有する賃借権の保護と破産財団の増殖の観点から，履行ないし解除の選択をすることとなった。

(4) 事 例

設例と同じように，土地賃貸借契約が締結されている場合を前提に，賃借人が破産した場合の契約関係の処理について検討するに，一般に高い価値を有するとされる借地権について，解除権を行使すると破産財団の増殖にとって不当な影響を与えることとなる場合が多いことから，履行を選択した上で，借地権の譲渡を目指し，破産財団の増殖を図ることになろう（もちろん，具体的事案によっては，解除を選択することもありうる）。

〔西村　彬〕

第8章

会社更生法

[Q76]

Q 76　会社更生法による失権の効果

　貸金業者Ｙ株式会社は，平成12年5月19日，○○地方裁判所に会社更生手続開始の申立てをし，平成12年6月30日に更生手続開始決定を，平成13年1月31日に更生計画認可決定を受けていたところ，Ｘは，Ｙ社に対し，Ｙ社との間の金銭消費貸借契約に基づいてした弁済（その取引期間は平成8年1月31日から平成19年9月30日までであった）について，平成18年法律第155号による改正前の利息制限法1条1項所定の利息の制限額を超えて利息として支払われた部分を元本に充当すると過払いが生じているとして過払金140万円の返還を求める訴えを提起した。これに対して，Ｙ社は，Ｘ主張の過払金返還請求権のうち平成12年6月30日以前に生じた過払金の返還請求権は，Ｙ社の更生手続開始前の原因に基づいて生じた財産上の債権であるから更生債権にあたり，上記更生計画認可決定によって失権したと主張した。そこで，Ｘは，Ｙ社の上記失権の主張は信義則に反して許されないと主張した。Ｘの主張は認められるかについて説明しなさい。

［1］　問題の所在

　更生債権者がその権利を行使するには裁判所が定めた届出期間内に債権届出をして，更生手続に参加しなければならず（会更138条，平成14法律第154号による改正前の会社更生法（以下「旧会社更生法」（略語では「旧会更」）という）125条），更生計画の認可決定があったとき，更生会社は，すべての更生債権等についてその責任を免れる（会更204条，旧会更241条）。

　そこで，本設問において，①過払金返還請求権は更生債権（会更2条8項，旧会更102条）にあたるか，②仮にこれが肯定されるとして，過払金返還請求権について，更生債権者が上記届出期間内にその届出をしなかった場合，更生会社

のする更生計画の認可決定による失権の主張が信義則に反するかが問題となる。

[2] 更生手続開始決定前の過払金返還請求権の更生債権該当性

神戸地方裁判所平成20年2月13日判決（判時2002号132頁・金判1352号24頁）は，過払金充当合意のある継続的な金銭消費貸借取引について，「取引が継続される限り，過払金の額も増えたり減ったりすることは当然であるところ，この過払金の返還債権の個数も，貸金債権と同様に1個であり，貸付と弁済が繰り返されることにより，過払金返還債権の額も変動し，これが確定するのは，基本契約が終了した時点（新たな借入も弁済もしないことが確定した時点）であるということになる」としたうえで，過払金返還請求権は，取引終了時までいわば潜在的な権利にすぎないというべきであると判示した。

この見解によると，過払金充当合意のある継続的な金銭消費貸借取引において，更生手続開始決定前に過払金が生じていたとしても，その取引が，更生手続開始決定の後に終了した場合であれば，その過払金返還請求権は更生債権にあたらないことになる。

しかし，判例の大勢は，更生手続開始決定前の過払金返還請求権は，その決定前の取引に基づいて発生した財産上の請求権であり，更生債権にあたるとしている（大阪地判平20・8・27金判1303号14頁など多数）。

一例を挙げると，東京地方裁判所平成20年11月20日判決（判例秘書ID番号06332537）は，「不当利得返還請求権は，法律上の原因のない利得とこれに対応する損失が生じたときに直ちに確定的に発生するものであるし，会社更生手続は，経済的窮境にある株式会社について，更生計画を策定し，これを遂行することにより事業の維持，更生を図る手続であって，その目的を達成するために，更生債権については様々な規定が置かれていて，更生計画認可決定があったときは，計画の定め又は旧会社更生法の規定によって認められた権利を除き，更生会社はすべての更生債権についてその責めを免れ（旧会社更生法241条），更生債権者の権利は計画の定めに従って変更されるものとされている（旧会社更生法242条1項）から」更生手続開始決定の日の前と後とで債権債務関係が同一であるとはいうことはできないとして，更生手続開始決定前に発生した過払金返還請求権は，更生債権にあたると判示している。

[3] 更生計画認可決定による失権の主張は信義則に反するか

　更生手続開始決定前に発生した過払金返還請求権が更生債権にあたるとすれば，更生会社のする，更生計画の認可決定によってその過払金債権が失権したとの主張は，信義則に反するかが問題となる。

　この失権の主張が信義則に反するかについて，従前は，下記(a)ないし(c)の判例に見られるように，肯定するものと否定するものとに分かれていたが，下記(d)の最高裁判例が現れて決着した。

　(a)　熊本地方裁判所平成20年3月13日判決（裁判集未登載）　一般の顧客が過払金債権を更生債権として届け出ることは，事実上極めて困難であったこと，更生会社がこれに乗じて更生手続を終結させたことなどの事情を指摘したうえで，「過払金債権について，一定の更生債権と同様に，その所定の期間内に債権届出がなかったことをもって全面的な免責を主張することは，前記のような過払金債権の特質や被告の対応などに照らせば，信義にもとるものと言わざるを得ない」として，一般更生債権の弁済率54.298％の範囲内で更生会社の失権の主張を排斥した。

　(b)　大阪地方裁判所平成20年8月27日判決（判タ1278号326頁・判時2021号85頁・金法1853号70頁・金判1303号14頁）　旧会社更生法は，更生債権者に債権届出を促すための措置をとるべき義務について規定していないこと，破産者又は再生債務者がその存在を知りながら債権者名簿・認否書に記載しなかった債権について免責的効果を否定する破産法253条1項6号，民事再生法181条1項3号と同趣旨の規定が，旧会社更生法には存在しないことからすると，管財人が，過払金債権者に対して債権届出を促すような措置を講じなかったことをもって，更正手続開始決定前の取引に基づいて発生した過払金返還請求権の失権を主張することが，信義則違反にあたるとはいえないとしたうえで，「保全管理人・管財人は，過払金債権者が多数存在し，更生債権として届出をする必要があることを認識していながら，過払金債権者を含むカード会員に対して特に手続をとる必要がない旨を黙示的に告知したということができ，被控訴人において，過払金債権者が債権届出をしなかったことをもって過払金返還請求権が全面的に失権したと主張することは信義則に反するものであって，許されない

というべきである」と判示した。

　(c)　前掲東京地方裁判所平成20年11月20日判決　　被告（更生会社）としては，個々の借主に対して過払いとなったことの通知義務や，原告に対して更生債権の届出を促す義務があるとは解されず，被告において，原告に対する過払金返還債務が発生していたことを具体的かつ現実に認識していたと認めるべき証拠もなく，また，更生手続開始決定は公告され，被告の会社更生手続については全国紙によって報道されていて，実際にも債権届出をした過払金債権者がいるとしたうえで，「本件更生手続において，原告が債権届出をする機会は与えられていたというべきであり，原告による更生債権の届出がおよそ期待できなかったとまでいうことはできないと解され，他方で，被告において債権届出の機会を積極的に阻害したというような経緯も窺うことはできないのであって，これらの事情を総合すると，債権届出をしなかったことにより失権効を受けるとしてもやむを得ないというべきである。このことは，窮地にはあるが再建の見込みのある株式会社について，その存続，再建を目的として，債権者，株主等多数の利害関係人の利害を調整しつつ，画一的確定的処理を目指す会社更生法の趣旨に照らし，やむを得ないことというべきであって，本件においては，失権を認めることが信義則に反することになるような特段の事情は見い出し難いというべきである」と判示した。

　(d)　最高裁判所平成21年12月4日判決　（判タ1323号92頁・金判1333号26頁）「更生計画認可の決定があったときは，更生計画の定め又は法律の規定によって認められた権利を除き，更生会社がすべての更生債権につきその責めを免れるということ（以下「失権」という。）は，更生手続の根本原則であり，平成14年法律第154号による改正前の会社更生法（以下「旧会社更生法」という。）においては，更生会社の側において，届出がされていない更生債権があることを知っていた場合であっても，法律の規定によって認められた権利を除き，当該更生債権は失権するものとされており，また，更生債権者の側において，その責めに帰すことができない事由により届出期間内に届出をすることができず，追完もできなかった更生債権についても，当然に失権するものとされていた。以上のような旧会社更生法の規定の内容等に照らすと，同法は，届出のない更生債権につき失権の例外を認めることが，更生計画に従った会社の再建に重大な影響

を与えるものであることから，更生計画に定めのない債権についての失権効を確実なものとして，更生手続につき迅速かつ画一的な処理をすべきこととしたということができる。

　そうすると，管財人等が，被上告人の顧客の中には，過払金返還請求権を有する者が多数いる可能性があることを認識し，あるいは容易に認識することができたか否かにかかわらず，本件更生手続において，顧客に対し，過払金返還請求権が発生している可能性があることや更生債権の届出をしないと失権することにつき注意を促すような措置を特に講じなかったからといって，被上告人による更生債権が失権したとの主張が許されないとすることは，旧会社更生法の予定するところではなく，これらの事情が存在したことをもって，被上告人による同主張が信義則に反するとか，権利の濫用に当たるということはできないというべきである。そして，このことは，過払金返還請求権の発生についての上告人らの認識如何によって左右されるものではない」と判示した。

[4]　本設問へのあてはめ

　上記[2]で述べた判例の大勢や，上記[3](d)で述べた最高裁判所判例を前提にして本設問へあてはめる。

　貸金業者Y株式会社は，平成12年6月30日，更生手続開始決定を受けたのであるから，その決定の日以前に発生したXの過払金返還請求権は，更生債権（旧会更102条）となる。その後，Y社は，平成13年1月31日，更生計画認可決定を受けたのであるから，平成12年6月30日以前に発生したXの過払金返還請求権は失権することとなる（旧会更241条）。そして，旧会社更生法は，失権の主張が許されないとすることを予定していないのであるから，Y社による失権の主張が信義則に反して許されないとはいえない。

　以上によると，Y社の失権の主張は信義則に反し許されない，とのXの主張は，認められない。

〔西村　博一〕

第9章

建物の区分所有等に関する法律

[Q77〜79]

Q 77

ペット飼育禁止請求等

　建物の区分所有等に関する法律3条所定のX管理組合は、その規約において、小鳥及び魚類以外の動物を飼育することを禁止していた。にもかかわらず、これに反して、住宅及び共用部分において犬猫を飼育する者が存在していたことから、X管理組合は、総会において、当時犬猫を飼育中の者によって構成されるペットクラブを設立させ、そのクラブの自主管理の下で、当時飼育中の犬猫一代に限ってその飼育を認める規約（以下「本件規約」という）を設定しこれを決議した。しかるに、上記決議に基づくペットクラブの発足後、その構成員ではないYらがそれぞれの自宅内で犬を飼育し始めた。X管理組合は、Yらに対し、犬の飼育を中止するよう申し入れたが、Yらはこの要請を拒否し、その後も犬の飼育を継続している。
　そこで、X管理組合は、Yらに対し、犬の飼育の禁止を求めるとともに、Yらがその要請を拒否して犬の飼育を継続したため、X管理組合が弁護士に依頼して調停の申立てをせざるを得なかったことがX管理組合に対する不法行為を構成するとして、60万円の損害賠償（着手金27万円、諸費用3万円、成功報酬金30万円）を求める調停の申立てをした。これに対し、Yらは、本件規約の効力はペットクラブの構成員に及ばないのであるから、ペットクラブの構成員とそれ以外の者とを区別する合理的根拠がない以上、平等原則に反し、その効力は認められないと主張した。Yらの主張は認められるかについて説明しなさい。

---

[1] 問題の所在

　本設問においては、①調停の申立て（以下「本件調停の申立て」という）をしたX管理組合に当事者適格があるか、②当時飼育中の犬猫一代に限ってその飼育を認めるとの本件規約の効力はどうなるか、③弁護士費用は、本件規約に違反

するYらの犬飼育行為による損害といえるかがそれぞれ問題となる。

［2］ 当事者適格

(1) 区分所有法における定め方

　建物の区分所有等に関する法律（以下「区分所有法」という）上，訴訟の当事者となるべき者が法定されている場合がある。すなわち，区分所有者が区分所有法6条1項所定の「共同の利益に反する行為」をした場合には，①他の区分所有者の全員又は管理組合法人は，集会の決議によって，その行為の差止請求訴訟を提起することができる（区分所有57条1項・2項），②管理者又は集会において指定された区分所有者は，集会の決議に基づいて差止請求訴訟を提起することができる（区分所有25条・26条・57条3項）。ここにいう訴訟とは，仮処分の申立てや調停の申立てをも含む広い概念である。

　しかし，上記差止請求訴訟は，規約に基づく場合をも含めて規定されたものではないことに留意する必要がある。

　したがって，法人化していないX管理組合は，Yらに対し，区分所有法57条に基づいて犬の飼育禁止を求めることができない。

　ところで，区分所有法上，管理組合法人という用語は存在するが，管理組合という用語は存在しない。同法3条は，「区分所有者は，全員で，建物並びにその敷地及び附属施設の管理を行うための団体を構成し，この法律の定めるところにより，集会を開き，規約を定め，及び管理者を置くことができる」と規定しており，ここにいう「管理を行うための団体」が管理組合と称されているものである。管理組合は，管理組合法人として法人格を取得しているものもあるが，多くの管理組合は，法人格を取得していない。

(2) 規約違反と管理組合の当事者適格をめぐる判例

　そこで，本件調停の申立てについて，X管理組合に当事者適格が認められるかが問題となる。

　管理組合は，区分所有建物及び敷地等を管理する団体として，建物・敷地・附属施設の管理や使用に関する区分所有者相互間の事項について規約を定めることができ（区分所有3条），区分所有建物の管理について，規約に定められた権利を有し，義務を負うと解されているが，念のため，管理組合の当事者適格

に関する判例を概観してみると，下記のとおりとなる。

(a) 東京地方裁判所平成6年3月31日判決（判時1519号101頁）　原告（管理組合）が被告に対し，犬の飼育禁止と弁護士費用相当額の損害賠償を求めた事案について，裁判所は，「原告は，区分所有法3条に定める団体として設立された管理組合であり，○○管理組合規約を有し，規約に基づき全組合員が構成する総会で役員が選任される，民訴法46条（著者注：現行民訴法29条）の法人に非ざる社団である」旨判示した。

(b) 東京地方裁判所平成8年7月5日判決（判時1585号43頁）　原告（管理組合）が被告に対し，犬の飼育禁止と弁護士費用相当額の損害賠償を求めた事案において，被告は，その飼育禁止請求が区分所有法57条に基づくものであるとしたうえで，同条3項によると，訴訟追行権を有する者は，「管理者又は集会において指定された区分所有者」と規定されており，権利能力なき社団である原告には訴訟追行権は付与されていない，と本案前の主張をした。これに対して，裁判所は，「（原告の主張する）本件犬の差止め請求は，区分所有法57条に基づく請求ではなく，本件規約上の義務に違反する行為に対する差止め請求であるところ，本件規約は原告と被告との直接の法律関係を定めるものであって，原告は本件請求に係る権利の主体である。したがって，原告は民訴法46条（著者注：現行民訴法29条）の規定に基づき，自己の名において訴訟を提起することができる」と判示した。以上によると，管理組合は，規約上の権利義務をめぐる調停の申立てについて当事者適格を有することになる。

(3) 本設問へのあてはめ

X管理組合は，区分所有法3条に定める団体として設立された管理組合であること，当時飼育中の犬猫一代に限ってその飼育を認める，本件規約を決議していること，本件規約は，X管理組合とYらとの間の直接の法律関係を定めるものであること，本件調停の申立ては，本件規約上の義務に違反する飼育行為について，その禁止と弁護士費用相当額の損害賠償を請求したものであることがそれぞれ認められる。

したがって，X管理組合は，Yらに対する犬の飼育禁止及び損害賠償を求める調停について当事者適格を有しているといえるから，自己の名において調停の申立てをすることができる。

[3] 本件規約の効力

(1) 区分所有法30条1項所定の「規約」の意義

　区分所有者の共同の利益に反する行為は当然に禁止される（区分所有6条1項）が，紛争を未然に防止する観点から，いかなる行為が共同の利益に反する行為とし禁止されるのかについて，あらかじめ区分所有者間で合意を形成しておくことが望ましい。

　こうした趣旨から，区分所有法30条1項は，「建物又はその敷地若しくは附属施設の管理又は使用に関する区分所有者相互間の事項は，この法律に定めるもののほか，規約で定めることができる」と規定し，建物の維持管理及び区分所有者相互の円滑な共同生活を維持するために，区分所有者に対し，自主的な規約制定権を認めたのである。

　「建物」とは，一棟の建物（マンション）全体を意味し，専有部分をも含むと解されていることから，専有部分の管理又は使用に係る事項についても規約で定めることができる。

　しかし，専有部分は，それぞれの区分所有者が自由に管理・使用できるものであるから，専有部分について規約で定めることが可能な事項は，区分所有者相互間における専有部分の管理又は使用を調整するために必要な事項に限定されると解されている

　マンションにおけるペットの飼育は，マンション全体の円滑な共同生活を害する原因となり得るものであるから，区分所有者相互間における専有部分の使用を調整するために必要な事項にあたるといえるから，区分所有法30条1項に基づいて，これに関する規約を定めることができることになる。

　規約の内容については，区分所有建物の実情に応じて，区分所有者らの裁量によって定めることができ，ペットの飼育を一切禁止する規約や，小動物以外のペットなど一定の範囲のペットの飼育を禁止する規約や，ペットの飼育自体を禁止することなくその飼育方法を規制する規約など，さまざまな規定を設けることができる。

　規約は，自主的に区分所有者らが区分所有者ら相互間の事項を規定し，もって団体的な規制を行いつつ区分所有建物の最も適切な管理を遂行しようとする

理念に立つものである。このため，規約事項を広範囲に認め，区分所有者らの専有部分の使用制限に関する事項であっても，使用による弊害，制限の程度などの事情からして，必要性や合理性が認められる場合には，特段の事情がない限り，制限を規定する規約は有効であると解されている。

規約を設定する場合には，区分所有者及び議決権の各4分の3以上の多数による集会の決議が必要であり，ペットの飼育に関する規約についても，この手続によることが必要となる（区分所有31条1項）。

ところで，区分所有法31条1項第2文は，「規約の設定，変更又は廃止が一部の区分所有者の権利に特別の影響を及ぼすべきときは，その承諾を得なければならない」と規定している。そこで，この規定が，本件規約の制定について適用されるのかが問題となる。

「区分所有者の権利に特別の影響を及ぼすとき」とは，飼主の身体的障害を補完する意味をもつ盲導犬のように，その動物の存在自体が飼主の日常生活や生存にとって不可欠な意味を有する場合等をいう。

これについては，「控訴人一家の本件犬の飼育はあくまでもペットとしてのものであり，本件犬の飼育が控訴人の長男にとって自閉症の治療効果があって（控訴人は入居当初このことを管理組合に強調していた），専門治療上必要であるとか，本件犬が控訴人の家族の生活・生存にとって客観的に必要不可欠の存在であるなどの特段の事情があることを認めるに足りる証拠はない」と判示した判例（東京高判平6・8・4高民集47巻2号141頁・判時1509号71頁）が参考になる。

(2) 本設問へのあてはめ

Yらは，本件規約成立後に犬の飼育を始めた区分所有者であるから，飼育中の犬猫一代に限ってその飼育が認められるペットクラブの構成員とはなり得ない。また，Yらの行う犬の飼育が，その日常生活や生存にとって不可欠なものであることを窺わせる事情については，本設問において窺われないから，本件規約をもってYの権利に「特別の影響を及ぼすとき」（区分所有31条1項）にあたるとはいえない。とすると，ペットクラブの構成員とそれ以外の者とを区別することは平等原則に反し，本件規約の効力は認められない旨のYらの主張は，認められない。

[4] 弁護士費用

(1) 弁護士費用は不法行為と相当因果関係に立つ損害といえるか

　最高裁昭和44年2月27日判決（民集23巻2号441頁）は，「弁護士費用は訴訟費用に含まれていないのであるが，（中略）相手方の故意又は過失によって自己の権利を侵害された者が損害賠償義務者たる相手方から容易にその履行を受け得ないため，自己の権利擁護上，訴を提起することを余儀なくされた場合においては，（中略）その弁護士費用は，事案の難易，請求額，認容された額その他諸般の事情を斟酌して相当と認められる額の範囲内のものに限り，右不法行為と相当因果関係に立つ損害というべきである」と判示している。この理は調停であっても同じである。

　この最高裁判所判例に依拠して，①東京地方裁判所平成4年10月22日判決（判時1455号130頁），②東京地方裁判所平成6年3月31日判決（判時1519号101頁），③東京地方裁判所平成8年7月5日（判時1585号43頁）は，いずれも，管理組合の規定に違反して犬を飼育し続けている行為は，区分所有者の共同の利益に反する違法な行為であり，管理組合をして共同生活維持のために金銭的負担を伴う訴え提起を余儀なくされたものであって，不法行為を構成するとしたうえで，弁護士費用を不法行為と相当因果関係に立つ損害として認めている。

(2) 本設問へのあてはめ

　Yらは，犬を飼育することが本件規約に違反することを知りながら，飼育禁止を求めるX管理組合の要請を拒否して犬の飼育を継続しており，これは，区分所有者の共同の利益に反する違法な行為といえるから不法行為を構成する。そして，X管理組合をして，区分所有者の共同生活維持のため金銭的負担を伴う本件調停の申立てを余儀なくさせたものであるから，上記(1)掲記の判例によると，損害賠償60万円（着手金27万円，諸費用3万円，成功報酬金30万円）の請求は，本件事案の難易，請求額，その他諸般の事情を斟酌して相当と認められる額の範囲内のものに限り，Yらの不法行為と相当因果関係に立つ損害となる。

〔西村　博一〕

Q 78

マンション管理費等請求(1)——許可代理人の可否，管理費等請求権の消滅時効，滞納管理費の相続

　Xマンション管理組合は100人の区分所有者からなる団体であり（法人格は有しない），その管理規約には，管理費1ヵ月1万円，修繕積立金1ヵ月3000円で，区分所有者は，当月分を毎月末日までに支払わなければならず，遅延した場合には年5％の割合による遅延損害金も合わせて支払わなければならないと規定されている。X組合は，区分所有者の1人Yが管理費と修繕積立金を6年にわたって滞納しているとして，93万6000円（＝（1万円＋3000円）×12月×6年）と年5％の割合による遅延損害金の支払を求めて○○簡易裁判所に提訴した。その際，X組合は，委託している管理会社の社員Aが最も事情に精通しているとしてこのAをX組合の代理人として許可されたい旨の代理人許可申請もしている。これに対して，Yは，①X組合の請求については消滅時効が完成しているので，これを援用する，また，②Yは競売により当該マンションを落札したもので，滞納部分のうち5年8ヵ月分（88万4000円）は前の区分所有者が滞納したものであって，Yがこの部分を支払ういわれはない，あるいは，③当該マンションは被相続人から相続したもので，滞納部分のうち5年8ヵ月分（88万4000円）は被相続人の下での滞納であり，また，相続人としてYのほかZ（相続分は各1/2）もいるので，Zに対しても全体の半分は請求してもらいたいと主張している。このような場合，X組合の請求は認められるか。Yの主張をどのように考えるべきか。

[1] はじめに

　本問の場合，Xマンション管理組合（以下「X組合」という）は，区分所有者Yが6年間の管理費と修繕積立金（以下「管理費等」という）を滞納しているとし

て，滞納分93万6000円とその遅延損害金の支払を求めて○○簡易裁判所に提訴した。その際，X組合は，管理会社の社員AをX組合の許可代理人にしたいとして代理人許可申請もしている。そこで，管理会社の社員をマンション管理組合（原告）の代理人として許可しうるかが問題となる（⇒[2]）。

本問における小問①の場合，Yは，X組合の請求に対して消滅時効を主張している。そのため，管理費等の請求権に対する消滅時効について，検討しなければならない（⇒[4]）。

また，本問における小問②の場合，Yは，当該マンションを競売により取得しており，管理費等についての滞納分の一部は前の区分所有者が滞納したもので，この部分は支払ういわれはないと主張している。そのため，マンションの特定承継人は，前の区分所有者の管理費等についての滞納部分についても負担しなければならないかという問題が生じ，この点も検討しなければならない（⇒[5]）。

さらに，本問における小問③の場合，Yは，当該マンションは相続したものであり，管理費等についての滞納分の一部は被相続人が滞納したもので，また，相続人はYとZ（相続分は各1/2）であるから，Zに対しても請求してもらいたいと主張している。そのため，管理費等についての滞納が被相続人の下で発生していた場合に，複数の相続人がいる場合に，それぞれの相続人の負担はどのようになるか，また，マンション管理組合は相続人に対してどのような請求をなしうるかが問題となる（⇒[6]）。

以下，順次，検討する。

[2] 管理会社の社員は，マンション管理組合の許可代理人になりうるか

本問におけるX組合は，Yに対して，管理費等の支払を求めて○○簡易裁判所へ提訴した際，管理会社の社員AをX組合の許可代理人にしたいとして代理人許可申請をしている。

(1) 簡易裁判所の許可代理人制度

簡易裁判所においては，国民にいちばん身近な裁判所として，一般に，軽微な事件を簡易，迅速に処理することが要請されており，このような簡易裁判所

の特質が考慮されて，簡易裁判所においては，弁護士以外にも，一定の要件を備えた司法書士（「認定司法書士」といわれる；司法書士法3条1項6号イ），さらには，弁護士や認定司法書士以外の者も，裁判所の許可を得て訴訟代理人になることができる（民訴54条1項但書）。

(2) **管理会社の社員がマンション管理組合の許可代理人になることの可否**

そこで，マンション管理組合が訴訟当事者になる場合，例えば，マンション管理組合が原告となって，区分所有者を被告にして，滞納管理費等を訴求する場合に，管理会社の社員が，裁判所の許可を得てマンション管理組合の訴訟代理人になることができるかが問題となる。

この点については，弁護士法72条（非弁活動の禁止）との関係が問題となり，同条はいわゆる三百代言の出現やその跋扈を防止するということを意図しており，管理会社の社員がマンション管理組合の許可代理人になることを認めても，実質上，上記のような弁護士法72条の立法趣旨に違反しないこと，また，マンションの管理費等の徴収事務は，実際には管理会社の社員が行っており，その社員が最も事情に精通していることなどを理由に，肯定する見解もある。

しかしながら，管理会社の社員がマンション管理組合の許可代理人になると，形式的には，弁護士法72条に抵触しているようにみられるし，さらには，管理会社は業務として訴訟事件に関与することになり，また，そのように訴訟事件に関与したことによる報酬を，管理会社に支払われる管理委託料のなかで支給されているとも解しうるので，業務性や報酬性の点からも，弁護士法72条に違反するおそれがあり，そのため，簡易裁判所における実務では，どちらかというと否定説による取扱いのほうが多数のように思われる。

(3) **本問の場合**

許可代理人に関する許可申請があった場合には，訴訟法上の裁判所が許可するかどうかを判断することになるが，どちらかというと否定説による取扱いのほうが多いという簡易裁判所における実務に従うならば，管理会社の社員AがX組合の許可代理人として許可される可能性は少ないものと考えられる。この場合には，X組合の理事長が，管理会社の社員Aのサポートを受けながら，訴訟を追行することになるであろう。

［3］ 管理費等請求の要件事実

管理費等請求の要件事実については，Q66［3］(2)を参照されたい。

［4］ 管理費等請求権の消滅時効

本問における小問①の場合，X組合が，Yに対して管理費等の支払を求めて提訴したところ，Yは消滅時効を主張した。

(1) 管理費等の請求権に対する消滅時効

管理費等の請求権に対する消滅時効に関して，最高裁は，「管理費等の債権は，……管理規約の規定に基づいて，区分所有者に対して発生するものであり，その具体的な額は総会の決議によって確定し，月ごとに所定の方法で支払われるものである。このような本件の管理費等の債権は，基本権たる定期金債権から派生する支分権として，民法169条所定の債権に当たるものというべきである。その具体的な額が共用部分等の管理に要する費用の増減に伴い，総会の決議により増減することがあるとしても，そのことは，上記の結論を左右するものではない。」と判示した（最判平16・4・23民集58巻4号959頁参照）。

すなわち，管理規約に，管理組合が区分所有者に対し管理費等に係る債権を有すると規定しており，しかも，具体的な管理費等は月ごとに支払われると規定しているときには，たとえ，管理費等の額が毎年総会決議によって決められ増減することがあるとしても，管理規約が，基本権たる定期金債権としての管理費等に係る債権を規定するものであり，月々支払うべき具体的な管理権等債権については，この基本権たる定期金債権から派生する支分権にあたると解すべきものとした。

そのため，月々の具体的な管理費等請求権については，民法169条によって，5年間の短期消滅時効にかかることになる。

(2) 本問の場合

本問における小問①の場合，区分所有者Yは管理費等を6年にわたって滞納しているとあり，そのため，滞納時から5年を超える部分については，X組合が有効な時効中断方法をとっていないならば，時効が成立し消滅している可能性がある（民169条）。

[5] マンションの特定承継人は，前の区分所有者の管理費等についての滞納部分につき負担することになるか

本問における小問②の場合，Yは，当該マンションを競売により取得しており，管理費等の滞納分の一部は前の区分所有者が滞納したもので，この部分は支払ういわれはないと主張している。

(1) 建物の区分所有等に関する法律8条

この点について，建物の区分所有等に関する法律（以下「建物区分所有法」という）8条は，同法7条に規定する債権については，債務者たる区分所有者の特定承継人に対しても，請求を行うことができる旨を規定している。

建物区分所有法7条に規定する債権とは，①区分所有者が，共用部分，建物の敷地，共用部分以外の建物の附属施設につき，他の区分所有者に対して有する債権，②区分所有者が，管理規約又は集会決議に基づき，他の区分所有者に対して有する債権，また，③管理者や管理組合法人が，その職務などを行うにつき，区分所有者に対して有する債権である。具体的には，管理費，修繕積立金，組合費，公租公課の立替えによって生じた債権，共用部分等に対して行われた不法行為によって生じた損害賠償請求権，また，管理者や管理組合法人が有する債権として，管理費用前払請求権，費用償還請求権（民649条・650条）などが，この債権に含まれる[*1]。

この建物区分所有法8条は，前の区分所有者が管理費等を滞納したまま，区分所有権を譲渡したなどにより区分所有者の交代が行われた場合には，前の区分所有者から回収を図ることは事実上困難であるため，特定承継人がそのような滞納分の債務を承継するものとして[*2]，管理組合などは，特定承継人に対しても，その滞納分を請求しうることとし，適正な管理に必要な管理費等債権のいっそうの保護を図ろうとしたものである。

そして，不動産競売における競落人も，建物区分所有法8条における特定承継人に含まれるとされている（東京地判平9・6・26判時1634号94頁参照）。

建物区分所有法8条によれば，債務者たる区分所有者，つまり，前の区分所有者が，このような債務を負っていることを特定承継人に説明していたとか，特定承継人がそのような事実を知っていたとかを問わず，特定承継人に債務が

承継されることになる*3。

*1 これらの債権については，債務者（たる区分所有者）の区分所有権及び建物に備え付けられた動産に付される先取特権によって担保されることになる（区分所有7条）。

*2 特定承継人が前の区分所有者の滞納した管理費等債務を承継する場合にも，前の区分所有者の滞納した管理費等債務は消滅しない。特定承継人は前の区分所有者のそのような債務を重畳的に引き受けたものと解すべきだからである。そして，特定承継人と前の区分所有者の各債務は，不真正連帯債務の関係に立つ。

*3 前の区分所有者が管理費等を滞納している場合に，競売にかけられた場合には，競売手続において作成される物件明細書や現況調査報告書の中に，さらには評価書の中にも，その滞納の事実や滞納額が記載されるのが通常である。競落人になろうとする者は，これらを見て，不測の損害を被らないように注意を払う必要がある。

(2) **本問の場合**

本問における小問②の場合，競落人Yは，X組合が請求している93万6000円の管理費等請求権のうち，88万4000円は前の区分所有者が滞納したもので，この部分は支払ういわれはないと主張している。しかし，建物区分所有法8条によれば，そのようなYの主張は認められず，X組合の請求がすべて認容されることになる。すなわち，Yは，前の区分所有者が滞納した88万4000円及びその遅延損害金についても，X組合に支払わなければならない。

なお，Yが，X組合に上記の88万4000円及びその遅延損害金を支払った場合には，前の区分所有者にこの部分を全額求償しうるものと考える。なぜならば，建物区分所有法8条によれば，特定承継人も前の区分所有者の滞納分を承継するが，特定承継人の責任は当該区分所有者に比べて二次的，補完的なものであり，当該区分所有者が全額負担すべきものであって，特定承継人には負担部分はないと解することが相当だからである（東京高判平17・3・30判時1915号32頁参照）。

[6] 被相続人が滞納した管理費等に対する相続人への請求について

本問における小問③の場合，Yは，当該マンションを相続しており，管理費

等の滞納分の一部は被相続人が滞納したものであって，また，相続人としてZもいるから，Zに対しても請求されたいと主張している。

(1) 相続人（複数）がマンションの区分所有権を相続した場合

相続人（複数）が，被相続人からマンションの区分所有権を相続した場合*4に，被相続人がマンション管理費等を滞納しておれば，そのような滞納分も，相続人（複数）が相続することになる。

そのように相続人（複数）が相続した場合，マンション管理費等債務は，滞納分も相続後に発生する分もすべて，共同賃借人の賃料支払債務の場合と同様，不可分債務（民430条）となり，よって，各相続人は，管理費等債務の全額について支払義務を負うことになる。

ところで，建物区分所有法19条は「持分に応じて……負担に任じ」と規定している。しかし，これは，区分所有者の有する専有部分の床面積の割合に応じて（区分所有14条），共用部分に対する区分所有者相互間の負担割合を定める規定であって，専有部分が共有の場合のその共有者には適用されない。また，民法253条1項は「各共有者は，その持分に応じ，管理の費用を支払い，その他共有物に関する負担を負う。」と規定している。しかし，これは，共有者の間の内部関係を定める規定であって，管理組合（第三者）に対する関係においては適用されない。

* 4　相続人（複数）が相続財産を相続した場合について，民法898条は「相続人が数人あるときは，相続財産は，その共有に属する。」と規定する。そして，判例は，この「共有」を民法249条以下の「共有」であると解している（最判昭30・5・31民集9巻6号793頁参照）。しかし，相続人（複数）が相続財産を共同所有する形態を「共有」ではなく，「合有」とみる見解もある。合有とは，複数の共同所有者が共同目的達成のために団体を組織し，共同で目的物を所有する形態であり，共同所有者の各人は，持分権を有するが，持分権の自由な譲渡，処分及び分割請求ができないとされている。

(2) 本問の場合

以上によれば，本問における小問③の場合も，Yは，被相続人の下での滞納分88万4000円を含めて，X組合が訴求している93万6000円全額について，支払義務を負い，もう1人の相続人Zに対しても全体の半分は請求してもらいた

いという主張は認められないことになる。

〔井手　良彦〕

Q 79

マンション管理費等請求(2)——管理組合の管理不十分を理由とする支払拒絶の可否

　Ｘマンション管理組合は100人の区分所有者からなる団体であり（法人格は有しない），その管理規約には，管理費1ヵ月1万円，修繕積立金1ヵ月3000円で，区分所有者は，当月分を毎月末日までに支払わなければならず，遅延した場合には年5％の割合による遅延損害金と違約金として滞納分回収に要した弁護士費用も合わせて支払わなければならないと規定されている。区分所有者の1人Ｙは管理費と修繕積立金を3年にわたって滞納していたところ，Ｘ組合は，弁護士に依頼して，このＹに対し管理費等の滞納分46万8000円（＝(1万円＋3000円)×12月×3年）と年5％の割合による遅延損害金及び弁護士費用5万円の支払を求めて提訴した。これに対して，Ｙは，①Ｘ組合は，階段，廊下，エレベーターなどの共用部分の清掃を十分に行わないし，階段等の電灯が切れてもそのままにしていることが多く，Ｙが善処を求めてもいっこうに改善されず，マンション管理の義務を全うしていないから，管理費の支払には応じられない，あるいは，②マンションの壁や天井部分から染み込んできた水分によって，Ｙのマンション一室が水浸しになり，その補修工事に45万円かかったので，この45万円のＸ組合に対する補修工事費返還請求権を自働債権とし管理費等の滞納分46万8000円の債務を受働債権とする相殺を行ったと主張している。このような場合，Ｘ組合の請求は認められるか。Ｙの主張をどのように考えるべきか。

[1] はじめに

　本問の場合，Ｘマンション管理組合（以下「Ｘ組合」という）は，区分所有者Ｙが3年分の管理費と修繕積立金（以下「管理費等」という）を滞納しているとして，弁護士に依頼して，Ｙに対し管理費等の滞納分46万8000円とその遅延損

害金，さらに，弁護士費用5万円の支払を求めて提訴した。

　そこで，まず，管理規約に，管理費等の滞納区分所有者は「違約金として滞納分回収に要した弁護士費用も……支払わなければならない」と規定されている場合において，弁護士に依頼して滞納管理費等につき回収を行った場合に，管理組合は滞納区分所有者に対し弁護士費用についても請求しうるかという点が，問題になる（⇒[3]）。

　また，本問における小問①の場合，区分所有者Yは，X組合の管理行為が不十分なために，管理費を支払わないと主張している。そこで，区分所有者は，管理組合の管理行為が不十分なことを主張して，管理費の支払を拒むことはできるかという点が，問題になる（⇒[4]）。

　さらに，本問における小問②の場合，区分所有者Yは，マンションの壁や天井部分から染み込んできた水分によってYのマンション一室が水浸しになった，つまり，X組合が管理しているマンション共用部分の瑕疵によって損害を被ったとして，この損害についての賠償請求権（補修工事費返還請求権）を自働債権とし，X組合の滞納管理費等支払請求権を受働債権とする相殺を主張している。そのため，区分所有者は，管理組合の管理に関する瑕疵によって補修費を支出した場合に，この補修費返還請求権をもって，滞納管理費等支払請求権を相殺することはできるかという点も，問題になる（⇒[5]）。

　以下，順次，検討する。

[2]　管理費等請求の要件事実

　管理費等請求の要件事実については，**Q66**[3](2)を参照されたい。

[3]　滞納管理費等の回収に要した弁護士費用について

　本問の場合，X組合は，弁護士に依頼して，Yに対し管理費等の滞納分とその遅延損害金の支払を求めて提訴したが，管理規約に，滞納区分所有者は「違約金として滞納分回収に要した弁護士費用も……支払わなければならない」と規定されているとして，弁護士費用についても請求している。

(1)　**弁護士に滞納管理費等の回収を依頼した場合に，滞納区分所有者に**

対して，違約金として弁護士費用も請求しうるか

(a) 管理規約に違約金として弁護士費用を請求できる旨の規定がなく，また，集会で違約金として弁護士費用を請求できる旨の決議もない場合。

この場合には，滞納管理費等の回収を弁護士に依頼した場合であっても，滞納区分所有者に違約金として弁護士費用を請求することはできない。

なぜならば，民事訴訟法61条は，訴訟費用について，原則上，敗訴者が負担するとしており，かつ，その訴訟費用の内容・内訳などにつき民事訴訟費用等に関する法律において定めているが，弁護士費用は訴訟費用とはされていない。しかも，民法419条1項は，金銭債務の不履行に基づく損害賠償は，原則として，法定金利の範囲に限られるとしており，弁護士費用までは及ばないという趣旨である。そのため，管理規約の定めや集会決議がない場合には，滞納区分所有者に違約金として弁護士費用を負担させるだけの根拠を見出せないからである。

(b) それでは，管理規約に違約金として弁護士費用を請求できる旨の規定がある場合，又は，集会で違約金として弁護士費用を請求できる旨の決議をしていた場合に，そのような管理規約又は集会決議を根拠に，滞納区分所有者に対し違約金として弁護士費用を請求することはできないであろうか。

この点については，肯定説と否定説の両説がある。

すなわち，否定説に立つ見解として，管理規約に違約金として弁護士費用を請求できる旨の規定がなく，また，集会で違約金として弁護士費用を請求できる旨の決議もされていなかったが，提訴にあたって，集会で違約金として弁護士費用を請求できる旨の決議がされたという事案について，「特定の組合員に対して，その意に反して一方的に義務なき負担を課し，あるいは，他の組合員に比して不公正な負担を課するような決議は，集会が決議できる範囲を超えたものとして無効というべきである。」。そして，債務不履行に基づく弁護士費用相当額の損害賠償を負担させる集会決議はこれにあたる旨を判示して，滞納区分所有者に違約金として弁護士費用相当額を請求することはできないとした判例がある（東京高判平7・6・14判タ895号139頁参照）。

これに対して，区分所有者が管理費等を滞納すれば，管理組合はその滞納区分所有者に管理費等の支払を請求しなければならず，その場合に，事案によっ

ては，弁護士に依頼する必要性が生じる場合も十分に想定され，弁護士に依頼すれば相応の弁護士費用がかかるのであるから，その費用負担を違約金として管理規約に定めることには合理性が認められ，しかも，そのように管理規約に定めることは，建物の区分所有等に関する法律（以下「建物区分所有法」という）の趣旨に反するものではないとして，管理組合が滞納区分所有者に管理費等の支払を請求する場合に，管理規約や集会決議[*1]において，違約金として弁護士費用を請求できる旨を定めておれば，滞納区分所有者に違約金として弁護士費用を請求することができるとする見解（肯定説）もある（東京簡判平20・3・25裁判所ホームページ，岡久幸治ほか編『新裁判実務大系(26)簡易裁判所民事手続法』424頁〔今岡毅〕参照）。なお，標準管理規約60条2項は，管理組合が滞納区分所有者に対し管理費等の支払を請求する場合に，弁護士費用についても請求できる旨を規定している。よって，標準管理規約は，肯定説を前提にしているものと考えられる。

　　＊1　管理規約に違約金として弁護士費用を請求できる旨の規定がない場合に，肯定説をとり，管理組合が滞納区分所有者に管理費等の支払を求めて提訴する際に，集会決議によって違約金として弁護士費用を請求できる旨の決定をするについては，当該滞納区分所有者に特別の義務を負担させる点を考慮し，管理規約の変更の場合（区分所有31条1項）と同様に，通常決議ではなく，特別決議によるべきものと考える。

　ところで，肯定説に立つ場合には，弁護士費用のどの範囲までを請求できるのかという問題も生じる。この点，不法行為に基づく損害賠償請求権の場合に準じて，滞納管理費等の1割程度にすべきであるという見解がある。他方，弁護士費用の負担は滞納区分所有者も属する管理組合に対する負担であって，管理費等の滞納を抑制する機能も有しており，不法行為の場合とは異なるとして，ある程度高額であっても許容されるとする見解もあり，この点も見解が分かれている。

　(c)　本問の場合，管理規約に，滞納区分所有者は「違約金として滞納分回収に要した弁護士費用も……支払わなければならない」と規定されている場合であり，X組合は，この管理規約に基づき，滞納管理費等46万8000円と遅延損害金のほか，弁護士費用5万円についても支払を求めて提訴している。そして，

前記(b)における肯定説の立場に立てば，この5万円の弁護士費用の請求についても許されるであろう。しかし，否定説の立場に立てば，この5万円の弁護士費用の請求については許されないことになる。

[4] 管理組合の管理行為が不十分なことを，管理費支払請求に対する抗弁とすることの可否

本問の場合，区分所有者Yは，X組合の管理行為が不十分なために，管理費を支払わないと主張している。

(1) Yの主張の法的意味

前記のYの主張につき，これを法的にどのような抗弁と解すべきかについて，Yの主張をもう少し補充させるためにYに対して釈明をすべき場合もあろうが，要するに，Yは，X組合主張の管理費の支払義務を認めた上で，X組合の管理義務の履行が十分でないため，その管理義務の履行の十分でない部分を履行するまで，自分の管理費支払義務の履行につき拒絶することを主張しているものと思われる。よって，Yは同時履行の抗弁（民533条本文）を主張しているものと解すべきである。

したがって，本問の場合は，管理組合の管理義務の履行が十分でない場合に，区分所有者は，管理組合に対して，管理義務の履行が十分でない部分を履行せよ，その履行のあるまでは，自らの管理費支払義務の履行を拒絶するといった同時履行の抗弁権を主張しうるかという点が，問題になっている。

(2) 管理組合による管理義務の履行と区分所有者の管理費支払義務の履行は同時履行の関係に立つか

この点，管理組合による管理義務の履行と区分所有者の管理費支払義務の履行は対価関係にあるから，両者の各義務は同時履行の関係に立つとして，区分所有者に同時履行の抗弁権の主張を認めてよいようにも思える。

しかしながら，①管理組合がまったく管理義務を履行しない場合はともかく，管理義務の一部は履行しているという場合には，区分所有者は管理費全額の支払拒絶をなしうるわけではないと考えられるし，他方，区分所有者が，管理義務の履行が十分でない部分に対応する管理費の額に限って，支払を拒絶するとしても，その額を算定することは困難であり，そのため，同時履行の関係に立

つ管理費の範囲を特定できないことになる。さらに，②管理義務の履行と管理費支払義務の履行とは引換給付の関係にあるとは考えられず，しかも，③管理費支払義務の履行期については，確定期限払いであり，他方，管理義務の履行が十分でない部分を履行すべき義務，すなわち，共用部分における清掃が十分でない部分を清掃するとか，切れた電灯を取り替えるとか，善処を求められた点を善処するといった義務は，必要が生じた際に履行すればよく，履行期は不確定といいうるから，両者の履行期が同時であるとはいえない（民533条但書）。

以上により，管理組合による管理義務の履行と区分所有者の管理費支払義務の履行が同時履行の関係に立つとは考えられない。したがって，管理組合の管理義務の履行が十分でないとしても，区分所有者は，管理組合に対して，管理義務の履行が十分でない部分を履行せよ，その履行のあるまでは，自らの管理費支払義務の履行を拒絶するといった同時履行の抗弁権を主張しえない。すなわち，そのような主張をしても，抗弁として成り立たないのである。

本問の場合も，Yは，X組合の管理義務の履行が十分でないとして，その管理義務の履行の十分でない部分につき管理義務を履行せよ，そのような履行があるまで，自分の管理費支払義務の履行についても拒絶するといった主張をなしえないものと考える。

[5] 管理組合に対する補修費返還請求権をもって，滞納管理費等支払請求権を相殺するとの主張（相殺の抗弁）の可否

本問の場合，区分所有者Yは，X組合が管理しているマンション共用部分の瑕疵によって損害を被ったとして，この損害の賠償請求権（補修費返還請求権）を自働債権とし，X組合の滞納管理費等支払請求権を受働債権とする相殺を主張している。このようなYの相殺の主張は許されるか。

(1) 建物区分所有法9条

ところで，建物区分所有法9条は，「建物の設置又は保存に瑕疵があることにより他人に損害が生じたときは，その瑕疵は，共用部分の設置又は保存にあるものと推定する。」と規定しており，その瑕疵が特定の専有部分の設置又は保存にあることが証明されない限り，区分所有者全員が賠償責任を負うことにしている。

そもそも，工作物の瑕疵によって損害を被った場合，その被害者は，損害賠償を請求する際に瑕疵の存在する場所を特定し，損害賠償義務者を確定しなければならない。しかし，マンションなどの区分所有建物の場合，その瑕疵が建物のどこにあるか不明な場合が多く，瑕疵の存在する場所を特定することは困難である。そこで，瑕疵の存在する場所が明らかでない場合に，その瑕疵は共用部分に存在するものと推定することにして，被害者の立証の軽減を図ろうという趣旨で，建物区分所有法9条が設けられた。しかも，この規定は，瑕疵の存在場所は明確だが，そこが専有部分か共用部分か不明な場合にも，共用部分であると推定する趣旨である。

そして，「瑕疵」とは，その物がその種類に応じて本来備えていなければならない性質や設備を欠いていることをいい，瑕疵がその物の製造・建設当時から存在する場合が「設置の瑕疵」であり，瑕疵が製造・建設後の維持・管理の際に生じた場合が「保存の瑕疵」である。

(2) 管理組合が共用部分を管理している場合の建物区分所有法9条に基づく損害賠償義務の主体

前記の建物区分所有法9条によれば，マンション（区分所有建物）に瑕疵がある場合には，その瑕疵が特定の専有部分の設置又は保存にあることが証明されない限り，その瑕疵は共用部分に存在するものと推定され，よって，区分所有者全員が損害賠償義務を負うことになる。

(a) そして，区分所有者の団体（区分所有3条），つまり，管理組合がマンションの共用部分を管理している場合で，その管理組合が法人格を有する場合においては，管理組合法人が被害者に対し第一次的に損害賠償義務を負い，管理組合法人の財産で損害賠償債務を完済できないときに，区分所有者が損害賠償義務を負うことになる（区分所有53条1項）。

(b) しかし，管理組合がマンションの共用部分を管理している場合で，その管理組合が法人格なき社団であった場合[*2]において，このような法人格なき社団である管理組合が，被害者に対して，損害賠償義務を負うかどうかについては，説が分かれている。

この点につき，マンションの共用部分における瑕疵によって損害が生じた場合に，被害者に対して損害賠償義務を負うのは，区分所有者全員であって，区

分所有者全員が不真正連帯債務という形で賠償義務を負い，管理組合は損害賠償義務を負わないという見解がある。

これに対して，この場合には，法人格なき社団であるが，区分所有者と独立した存在と認められる管理組合が，共用部分を管理する義務を負っていたのであり，管理組合も占有者としての責任を負い，区分所有者全員が被害者に対し損害賠償義務を負うだけでなく，管理組合も被害者に対して損害賠償義務を負うという見解もある（水本浩ほか編『基本法コンメンタール・マンション法』〔第3版〕28頁〔内田勝一〕参照）。

*2　管理組合が法人格なき社団であると認められるためには，区分所有者からなる団体が，「団体としての組織を備え，多数決の原則が行われ，構成員の変更にかかわらず団体が存続し，その組織において代表の方法，総会の運営，財産の管理等団体としての主要な点が確定している」（最判昭39・10・15民集18巻8号1671頁）ことが必要である。

(3)　被害者が滞納区分所有者であった場合，その者の損害賠償請求権と滞納管理費等支払債務の相殺の可否

(a)　管理組合管理のマンション共用部分の瑕疵によって損害を被った区分所有者が，自らの損害賠償請求権をもって，管理組合の滞納管理費等支払請求に対して相殺を主張した場合に，そのような相殺の主張については，前記(2)における，管理組合が法人格を有する場合，さらに，法人格なき社団である管理組合も被害者に対して損害賠償義務を負うという見解においては，被害者（＝区分所有者）が管理組合に対して損害賠償請求権を有することになるので，管理組合のこの者に対する滞納管理費等支払請求権と相殺の余地が生じることになる。よって，区分所有者の相殺の抗弁が認められるものと考えられる。

(b)　これに対し，法人格なき社団である管理組合は被害者に対して損害賠償義務を負わないという見解においては，被害者（＝区分所有者）が管理組合に対して損害賠償請求権を有することはなく，よって，管理組合のこの者に対する滞納管理費等支払請求権と相殺の余地はない。したがって，区分所有者の相殺の抗弁は認められないことになる。

(c)　本問の場合，X組合は法人格を有しないというのであるから，X組合が法人格なき社団である場合，すなわち，X組合が「団体としての組織を備え，

多数決の原則が行われ，構成員の変更にかかわらず団体が存続し，その組織において代表の方法，総会の運営，財産の管理等団体としての主要な点が確定している」場合においては，法人格なき社団である管理組合は被害者に対して損害賠償義務を負うという見解に立てば，Yの相殺の主張（抗弁）が認められ，他方，法人格なき社団である管理組合は被害者に対して損害賠償義務を負わないという見解に立てば，Yの相殺の主張（抗弁）は認められないことになる。

〔井手　良彦〕

第10章

電子消費者契約及び電子承諾通知に関する民法の特例に関する法律

[Q80]

Q80 電子消費者契約における意思表示の錯誤

Yは、衣服をインターネットネット販売するウェブサイト（X社が運営）を閲覧していた際、パソコンの操作を誤って「注文」ボタンをクリックしてしまった。後日、X社から、商品が送付されてきた上、代金請求をされたので、Yは、これを拒否した。そこで、X社は、Yに対し、売買代金の支払を求めて提訴した。X社の請求は認められるか。

［1］ はじめに

簡易裁判所では、インターネットを利用した電子商取引に関する訴訟が提起されることは、現時点では、それほど多くはない。しかし、インターネットを利用した電子商取引に関しては、特別法の整備もされてきている。そこで、注意喚起の意味を込めて、ここでは、いわゆるネットショッピングについて、単純な紛争類型である消費者が操作ミスをした場合を取り上げてみたい。

［2］ ネットショッピングの流れと法律上の位置づけ

(1) ネットショッピングの流れ

ネットショッピングは、次の流れで行われる。

① ネットショップ（事業者）が、商品情報をサイト上に掲載する。

② サイトを見た消費者は、欲しい商品について、注文操作を行うウェブ画面に進み（「ショッピングカートに入れる。」と呼ばれている）、そのウェブ画面上で、商品名、個数、申込者の住所・氏名、連絡先のメールアドレスなどの必要事項を入力し、これを送信する。

③ ネットショップは、在庫を確認して、問題がなければ、消費者に対して、サイト上の表示やメール送信などの方法で、売買を承諾する旨を通知する。

(2) ネットショッピングの各段階の法律上の位置づけ

①の商品情報の掲載は，申込みを促す行為（申込みの誘引）にすぎず，申込みの意思表示ではない。②の購入に関する必要事項の入力・送信は，申込みの意思表示と評価される。③の通知が，承諾の意思表示と評価される。

[3] ネットショッピングの成立時期（電子消費者契約の成立時期）

ネットショッピングが③の段階に至ると，当事者双方の意思の合致を認めることができるので，この時点で売買契約が成立する。売買契約が成立すれば，消費者は代金を支払う義務を，ネットショップは商品を引き渡す義務を，それぞれ負うことになる。

もっとも，ネットショッピングにおいては，この売買成立時期について，より詳細に検討する必要がある。

(1) 承諾通知の発信時か到達時か

売買が成立する時期は，③の通知を発信した時点なのか到達した時点なのか。

民法では，隔地者間の契約は，承諾の意思表示が発せられたときに成立すると規定されている（民526条）。しかし，電子メール等の電子的方式による契約の承諾通知（以下「電子承諾通知」という）は，通常は，極めて短時間で相手方に到達する。そこで，電子消費者契約及び電子承諾通知に関する民法の特例に関する法律（以下「電子消費者契約法」という）4条は，隔地者間の契約において承諾通知が電子メール等の電子的方式で行われる場合には，当該契約は，電子承諾通知が到達した時に成立することとした。したがって，ネットショッピングでは，③の通知が消費者に到達した時点で，売買契約が成立することになる。

これにより，例えば，消費者が，ある商品の購入申込みを，インターネットを通じてAネットショップに対して行ったものの，Aネットショップから承諾の返事が来なかったため，別のBネットショップと商品購入契約を結んだところ，当該商品がAネットショップから送られてきてしまったという場合には，電子消費者契約法4条により，消費者とAネットショップとの間には契約が成立していないことになり，消費者は，Aネットショップには商品代金を支払う必要がないことになる。

なお，承諾の意思表示と混同しやすいものとして，「注文受領・確認の通

知」がある。この通知は，ネットショップが注文を確かに受けとった旨を消費者に伝えるものにすぎず，承諾の意思表示ではない。しかし，通知の文言が曖昧だと，消費者が承諾の意思表示と誤解するおそれがあり，売買成立時期が不明確になって紛争の原因になる。この場合には，例えば，「本メールは受信確認メールであり，承諾通知ではありません。在庫を確認の上，受注が可能な場合には改めて正式な承諾通知をお送りします。」などと，注文受領・確認の通知が，消費者の目からみて承諾の意思表示でないことがわかる内容であったか否かが問題となる。

(2) 「到達」の意義

③の通知が消費者に到達した時点で売買契約が成立することになるが，ここにいう「到達」の意義については，民法には明文の規定がない。

一般に，意思表示の到達とは，相手方が意思表示を了知し得べき客観的状態が生じたことを意味すると解されている。言い換えれば，意思表示が相手方の支配圏内におかれたことをいう（最判昭36・4・20民集15巻4号774頁，最判昭43・12・17民集22巻13号2998頁）。

そこで，電子承認通知の到達時期についても，相手方が電子承諾通知にかかる情報を記録した電磁的記録にアクセス可能となった時期をもって到達したものと解される。電子メールによって電子承諾通知が送信された場合は，通知にかかる情報が受信者（消費者）の使用する情報通信機器（メールサーバー）中のメールボックスに読み取り可能な状態で記録された時点と解される。メールサーバーに情報が記録されればよく，消費者が実際にメールを読む必要はない。ネットショッピングの場合には，多くは消費者が連絡先のメールアドレスを伝えることで電子承諾通知を受領するメールサーバーを指定しているので，この場合にあたる。

消費者が指定したメールサーバーが故障していたために電子承諾通知の情報がメールサーバーに記録されなかった場合は，消費者がアクセスできない以上，電子承諾通知は到達しなかったものと解される。他方，電子承諾通知の情報がいったんメールサーバーに記録された後にシステム障害などの何らかの事情で消失した場合は，電子承諾通知の情報が記録された時点で電子承諾通知は到達しているものと解される。

(3) 「読み取り可能な状態」の意義

次に,「読み取り可能な状態」とは,どのような状態のことを意味するのか。

送信された承諾通知が文字化けにより解読できなかった場合や消費者が有していない特殊なアプリケーションソフトによって作成されたファイルであるために見読することができない場合には,原則として,承諾通知は不到達と解される。消費者の責任においてその情報を見読するためのアプリケーションなどを入手しなければならないとすることは相当ではないので,消費者が見読可能な方法で情報を送信する責任は,原則として,承諾者(ネットショップ)にあると考えられるからである。

(4) ウェブ画面を通じて承諾通知が発信される場合

ネットショッピングの場合,ウェブ画面上を通じて申込みがなされるが,承諾もウェブ画面でなされることがある。すなわち,消費者のウェブ画面に,承諾した旨又は契約が成立した旨が自動的に表示されるシステムが利用される場合である。

このようにウェブ画面を通じて承諾通知が発信された場合も,意思表示の到達の意義については,電子メールを利用した承諾通知の到達時期と同様に,消費者が意思表示を了知し得べき客観的状態が生じた時点と考えるのが相当である。

具体的には,消費者のモニター画面上に承諾通知が表示された時点と解される。そして,承諾通知が画面上に表示されていれば足り,消費者がそれを現認したか否かは承諾通知の到達の有無には影響しない。他方,通信障害などのトラブルにより消費者のモニター画面に承諾通知が表示されなかった場合には,原則として,承諾通知は不到達と解される。

[4] 消費者の操作ミスなどの救済(電子消費者契約における錯誤無効の特例措置)

消費者が,ウェブ画面上に表示されている手続に従って契約の申込みを行う際に,意図しない申込みや意図と異なる内容の申込みを行ってしまうことがある。これらの場合について,電子消費者契約法3条は,ネットショップが消費者に対して申込みを行う意思や申込みの内容について確認を求める措置を講じ

た場合か，消費者自らが申込みを行う意思や申込みの内容についての確認の機会が不要である旨の意思を表明した場合でない限り，民法95条但書の規定は適用されず，消費者は，重過失があっても，意図しない契約の申込みや意図と異なる申込みの意思表示につき錯誤による無効を主張することができるとする。

(1) 消費者の操作ミスの例

意図しない申込みとは，例えば，まったく申込みを行う意思がないにもかかわらず，操作を誤って申込みを行ってしまったような場合である。キャンセルボタンと思って押したが，有料の契約の申込みボタンだった場合などがあげられよう。

意図と異なる内容の申込みとは，例えば，操作を誤って求めていたものと異なる内容を入力してしまったにもかかわらず，それを訂正しないままに，内心の意思と異なる内容の申込みであると表示から推断される表示行為を行ってしまったような場合である。1個のつもりが11個と入力して申込みボタンを押した場合などがあげられよう。

これら以外にどのようなケースが電子消費者契約法3条の対象となるかについては，今後の判例の蓄積を待つ必要があろう。

(2) 「確認を求める措置」の意義

電子消費者契約法3条但書は，ネットショップが消費者に対して申込みを行う意思や申込内容について画面上「確認を求める措置」を講じた場合には，電子消費者契約法3条本文の適用はなく，ネットショップは，民法95条但書の規定により，消費者に意図しない申込みや意図と異なる申込みをしたことについて重大な過失があることを主張することができる旨を定める。

この「確認を求める措置」としては，申込みを行う意思の有無及び入力した申込内容について，消費者に実質的に確認を求めていると判断し得る措置になっている必要がある。具体的には，①注文の申込み意思表示画面に，申込みを確定するためのボタンが配されているか，②申込みを確定する前に，申込内容を確認・訂正できる仕組みとなっているか，③注文の申込みをする前に，最終的な申込内容が表示されて，その内容を確認できるような仕組みとなっているか，④最終的な表示内容が誤っていた場合には，再度，訂正できる仕組みになっているか，⑤申込みを確定するボタンを押さない限り，注文の申込みが成立

しないような仕組みになっているか，⑥当該ボタンをクリックすると申込みになることが明記されているか，などの観点から総合的に判断されることになろう。

(3) 「意思の表明」の意義

電子消費者契約法3条但書は，消費者自らが前記「確認を求める措置」を要しない旨の意思を表明した場合は，電子消費者契約法3条本文の適用はなく，ネットショップは，民法95条但書の規定により，消費者に意図しない申込みや意図と異なる申込みをしたことについて重大な過失があることを主張することができる旨も定める。

この「意思の表明」とは，消費者がその自主的な判断により，自ら積極的に確認措置の提供が必要でないことをネットショップに明らかにするとの趣旨である。

そして，「意思の表明」にあたるか否かの認定は，慎重になされるべきである。消費者が確認措置を要しないとは望んでいないにもかかわらず，ネットショップによってそれに同意するよう強制されたり，意図的に誘導されたりしたような場合は，ここでいう消費者の意思の表明にはあたらない。例えば，確認措置を講じていないネットショップが，一方的に「確認措置を要しない旨同意したものとみなす。」としているような場合や，「確認措置を必要としない旨表明いたします。」というボタンをクリックしなければ商品を購入できないような場合は，ここでいう消費者の意思の表明にはあたらない。

(4) インターネット・オークションへの電子消費者契約法3条の適用の可否

インターネットネットを利用した電子商取引の中には，事業者がサイトを提供しているだけで，個人が売手となって一定の商品を出品し，サイト上でこれを見て購入を希望する個人消費者が購入を申し込むといういわゆる「インターネット・オークション」という形態がある。

このインターネット・オークションには，電子消費者契約法3条の適用はないと解される。電子消費者契約法3条の対象となる電子消費者契約とは，事業者と消費者の間で締結されるいわゆるB (business) to C (consumer) 取引である。これは，電子消費者契約法が電子消費取引における事業者と消費者との立

場の違いに着目して制定されたものだからである。C to C 取引であるインターネット・オークションにおいては，取引当事者（出品者と落札者）は対等な立場にあり，出品者と落札者との間の売買契約については，原則として消費者契約法3条の適用はないものと解される。

[5] ネットショッピングと特定商取引法

(1) ネットショッピングに対する特定商取引法の規制の可否

特定商取引に関する法律（以下「特定商取引法」という）上，「通信販売」とは，事業者が，「郵便その他の主務省令で定める方法により売買契約又は役務提供契約の申込みを受けて行う商品若しくは指定権利の販売又は役務の提供であって電話勧誘販売に該当しないものをいう」と定義されている（特商2条2項）。

ここにいう「その他の主務省令で定める方法」とは，郵便・信書便，電話機・ファクシミリ装置・その他の通信機器又は情報処理の用に供する機器を利用する方法，電報，預金又は貯金の口座に対する払込みの方法のことをいい（特商規2条），「通信機器又は情報処理機器の用に供する機器を利用する方法」には，携帯電話やパソコンを利用したインターネット取引も含まれる。

したがって，ホームページ上やメール通信で商品等を広告して売買するネットショッピングは，ほとんどの場合，特定商取引法の「通信販売」に該当し，同法の規制に服することになる。

(2) 特定商取引法による顧客の意思に反して契約の申込みをさせようとする行為の禁止

インターネットによる取引では，注文を行う際に，入力ミス，クリックミスなども生じやすく，データの伝達障害，データの脆弱性，なりすましの可能性など，インターネットによる取引特有の問題点がある。

そこで，特定商取引法は，事業者に対し，電子商取引において，①顧客が契約の申込みとなるコンピュータ操作を行う際に，それが契約の申込みとなることを容易に認識できるように表示していないこと（特商規16条1項1号），②顧客が，契約の申込みとなるコンピュータ操作を行う際に，申込内容を容易に確認及び訂正できるようにしていないこと（特商規16条1項2号）を禁じている。

これを受けて，経済産業省は「インターネット通販における『意に反して契

約の申込みをさせようとする行為』に係るガイドライン」を公表し，「顧客の意思に反して契約の申込みをさせようとする行為」の具体的内容を定めている。

(3) インターネット・オークションへの特定商取引法の適用の可否

特定商取引法は，消費者・事業者間の取引を規制対象としているが，インターネット・オークションの出品者が，事業者でない場合でも，出品を反復・継続している場合は事業者として特定商取引法の規制対象となるとしている。

なお，経済産業省は，「インターネット・オークションにおける『販売業者』に係るガイドライン」を公表している。

［6］ 電子消費者契約法3条に関する訴訟物と要件事実

電子消費者契約法3条に関する訴訟物と要件事実，すなわち，本設例のように，ネットショップが売買代金の支払を請求するのに対し，消費者が操作ミスを主張する事案における訴訟物と要件事実を整理すると，次のようになるであろう。

訴訟物
　　売買契約に基づく代金支払請求権
請求原因事実
　　①売買契約が締結されたこと
抗弁（錯誤無効）
　　②売買契約の申込みの意思表示を行う意思がなかったこと
　　又は
　　②売買契約の申込みの意思表示と異なる内容の意思表示を行う意思があったこと
再抗弁（消費者の重過失）
　　③消費者の意思表示の錯誤について重大な過失があったこと
再々抗弁（電子消費者契約法3条本文の主張）
　　④原告が事業者であること
　　⑤被告が消費者であること
　　⑥当該売買契約が，コンピュータ・システム（情報処理組織）を介して締結されたこと
再々々抗弁（電子消費者契約法3条但書の主張）

> ⑦事業者が，電磁的方法によりその画像面を介して，消費者の意思の有無について確認を求める措置を講じたこと
> 又は
> ⑦消費者から，このような確認を求める措置を講ずる必要がない旨の意思の表明があったこと

[7] 本設例の解答

　X社からの売買代金請求に対して，Yは，電子消費者契約法3条本文に基づく売買契約の錯誤無効の主張をすることになろう。これに対して，X社は，電子消費者契約法3条但書に基づいてウェブサイト画面上で最終意思確認を求める措置をとっていたと反論することになろう。そこで，当該ウェブサイトの最終意思確認画面の仕組みを検討することになる。その結果，事業者が，電磁的方法によりその画像面を介して消費者の意思の有無について確認を求める措置を講じたと認められれば，X社の請求は認められることになる。

〔山崎　秀司〕

第11章

民事訴訟Q&A100

事件の受付

Q1 裁判所の事件受付係が訴状等の受付にあたって当事者等にする指示は，いかなる効力を有するか。

訴状等の提出は当事者等の責任と権限で行うものであり，たとえ裁判所の受付事務の一環として何らかの指示があったとしても，当事者の判断の参考資料となるにとどまり，法的な効力は生じない。

訴　　え

Q2 共有地についての境界確定の訴えは固有必要的共同訴訟か。

固有必要的共同訴訟である（最判昭46・12・9民集25巻9号1457頁）。

Q3 訴えの提起が違法な行為となるのはどのような場合か。

応訴者にとって，不当な経済的・精神的負担を強いられる結果を招くような訴えの提起は違法とされることがある。

Q4 土地所有権に基づいてする建物共有者に対する建物収去・土地明渡請求訴訟は必要的共同訴訟か。

必要的共同訴訟ではない（最判昭43・3・15民集22巻3号607頁）。

Q5 銀行に対する預金債権及び証券会社に対する預託金債権を相続した相続人は，自己の相続分について，遺産分割協議前で，共同相続人全員の同意がなくても，銀行及び証券会社に対し，その払戻し及び返還を請求することができるか。

自己の相続分について可分債権の行使として単独で払戻し・返還請求ができる（最判昭29・4・8民集8巻4号819頁，東京地判平7・9・14民集1569号81頁など）。

〔Q1～5／梶村　太市〕

Q6 不動産の共有者は，当該不動産を単独で占有できる権原がないのにこれを単独で占有している他の共有者に対し，自己の持分割合に応じて，占有部分に係る賃料相当額の不当利得金ないし損害賠償金の支払を請求することができるか。

設問における共有者数は明らかでないが，考察の便宜上，甲と乙の共有者がいる場合を想定する（その他の共有者がいる場合も理論上は同様である）。設問は，共有者甲と乙の相互間に生じた法律関係が問題になる場合である。

そこで，仮に乙が「当該不動産を単独で占有できる権原がないのにこれを単独で占有している他の共有者」であるとした場合，甲は，乙に対して，自己の持分割合（一般には，その持分割合は相等しいものと推定されるが，持分の登記ある不動産については登記簿の示すところによる。民250条，不登27条3号・59条4号参照）に応じて，占有部分に係る賃料相当額の不当利得金ないし損害賠償金の支払を請求することができるかであるが，結論としては肯定すべきであろう。その理由は，乙は正当な権原なく甲の所有権を侵害しているからである。つまり，共有の法的性質は，一個の所有権を数人が量的に分有するものと解されるから（ただし反対説もある），共有内部の関係においても，共有者は他の共有者に対して，通常の所有権者が主張しうるすべての行為をなしえるからである。設問においても，甲は，当該不動産を全面的に支配できる権利（量的に制限されながらも）を有するのである。したがって甲は，乙に対して，共有権の妨害を受けたものとして，持分に応じて発生した損害の賠償を求めることができる（民198条参照）。もっとも，妨害の排除という形式で乙に対する共有物の明渡しを求めることができるかについて，判例は当然にはできないとしている（最判昭41・5・19民集20巻5号1947頁参照）。なお，近時の判例によれば「共有者間の合意により共有者の1人が共有物を単独で使用する旨を定めた場合には」，その合意が変更されるまでの間は，共有物を単独で使用することができるから，その場合の「使用による利益について他の共有者に対して不当利得返還義務を負わない」旨を判示している（最判平10・2・26民集52巻1号1200頁）。

Q7 共有者全員を貸主とする建物使用貸借契約が終了した場合，貸主たる各共有者は，総貸主のために建物全部の明渡しを請求することができるか。

設問のテーマは，共有者全員が共有物（建物）の貸主として法的主体とな

っている場合，その一部の共有者が，単独で，契約の相手方に対して，いかなる範囲の権利行使可能性を有するかである。ここでも，問題を単純に具体化するため，甲・乙・丙が共有者として建物を共有し，これを丁に対して使用貸借している場合（民593条参照）を想定して考察する。

　民法252条によれば，共有物の変更を伴わない管理に関する事項（管理行為）のうち，①保存行為については各共有者が単独で行うことができるとしており（同条但書），その他の②利用行為，③改良行為については各共有者の持分の価格の過半数（頭数ではない）によって行うこととされている。

　保存行為とは，共有物の現状維持を図る行為である。例えば(i)共有建物の修繕などが典型的事例である。また，(ii)甲・乙の共有登記ある共有建物について第三者丁が無断で自己名義に所有権移転登記をした場合に，甲は単独で丁名義の登記について抹消登記を求めることも保存行為にあたる。判例によれば(iii)共有地の不法占有者に対する妨害排除や明渡請求も保存行為であるとしている（最判昭31・5・10民集10巻5号487頁）。

　設問の共有建物につき，その持分が甲・乙・丙について各3分の1ずつであるとした場合，建物の貸借は「物」を利用する行為にほかならないから，利用行為に該当するものと解される。したがって，丁に対して建物使用貸借契約解除の意思表示をするのであれば，それは民法252条の管理行為となって持分の価格（持分と同義）に従い，その過半数によりなすべきことになる（最判昭29・3・12民集8巻3号696頁。同昭39・2・25民集18巻2号329頁）。

　設問によれば当該建物につき，使用貸借契約がすでに終了した場合であるので，上記の丁は，貸主たる甲・乙・丙の各共有者にとり，建物の不法占有者に該当するものと思われる。したがって，上記保存行為に該当するであろうから，貸主たる各共有者（甲・乙・丙）は，不法占有者（丁）に対して，貸主全員のために，単独で，建物全部の明渡しを請求することができるものと解される。

Q8 不動産共有者の1人は，共有不動産について実体上の権利を有しないのに持分移転登記を経由している者に対し，その持分移転登記の抹消登記手続を請求することができるか。

　設問の事例においては，一部の共有者（以下「乙」という）が他の共有者（以下「甲」という）の共有持分について，実体上の権利を有しないのに持分

移転登記を経由しているとしている。
　ところで，持分移転登記の抹消登記手続を請求する権利は「登記請求権」とされ，実体的な権利者でない乙のために持分移転登記がなされている場合に，他の共有者である甲は実体上の権利に基づいて登記簿上の持分移転登記の抹消登記手続を請求する登記請求権を有すると解される。そして，乙が任意にその義務に応じない場合は，管轄裁判所に宛て，乙に対する「持分移転登記の抹消登記手続請求」の訴えを提起することになる。
　この場合の甲の登記請求権は，甲の持分権（それは所有権にほかならない）に基づくものであるから，乙のためになされている持分移転登記は甲のかかる権利を妨害するものにほかならず，物権的請求権の行使となり，その請求権は消滅時効にかからないものとなろう。

Q9 共同相続人の，1人の単独名義でなされた所有権移転登記に対して，他の共有者は，その登記の全部抹消登記手続を請求することができるか。

　共同相続人の1人（乙）が単独名義で不動産の所有権移転登記を経由した場合，他の共同相続人（甲）は，乙の取得した登記の全部抹消登記手続の請求をすることはできず，甲の持分についての一部抹消（更正）登記手続を求めるにすぎないものと解される。
　相続を受ける者（相続人）が複数人の場合は共同相続の形態が生ずる。その場合の相続は，各相続人について民法249条以下に規定する「共有」と同じ性質のものであり（最判昭30・5・31民集9巻6号793頁），各相続人（共有者）は，その持分に応じた権利を行使することになる（民249条）。判例も「相続財産に属する不動産につき単独所有権移転の登記をした共同相続人中の一部の者（乙）並びにその者から移転登記を受けた第三者に対して，他の共同相続人（甲）が請求できるのは登記の全部抹消登記ではなく，甲の持分についてのみの一部抹消（更正）登記である」とする旨の判示をしている（最判昭38・2・22民集17巻1号235頁）。

Q10 共同相続人の一部から遺産を構成する特定不動産の共有持分権を譲り受けた第三者が，共有関係解消のためにとるべき裁判手続は何か。

　相続を受ける者（相続人）が複数人の場合は共同相続の形態が生じ，その

場合の遺産に関する所有関係は民法249条以下に規定する「共有」と同じ性質のものであるとするのが判例の立場である（最判昭30・5・31民集9巻6号793頁）。

したがって，共同相続人の一部から遺産を構成する特定不動産の共有持分権を譲り受けた第三者（甲）が共有関係を解消するとすれば，民法256条以下の規定により共同相続人（乙など）に対して「共有物の分割請求権」を行使することができる。設問においては裁判手続を問うものであるから，同法258条に準拠してその分割を管轄裁判所に請求（遺産分割審判手続によるべきでないとするのが判例である。最判昭50・11・7民集29巻10号1525頁）することになるが，この分割請求権の法的性質は形成権であり，消滅時効にもかからないと解されている。

もっとも，各共有者は「5年を超えない期間は分割をしない」旨の特約をすることができるとされ（民256条1項。特約の更新につき同条2項），その特約の効果は当該持分の譲受人にも承継されよう。したがって，このような特約が存する場合は，仮に上記甲が乙などに対して分割請求の訴えを提起した訴訟において，乙などから「分割禁止特約」の存在を抗弁として主張されるであろう。設問の場合は，遺産の内容が特定不動産とあるから，当該特約は登記しなければ対抗力がないものと考える（旧不登39条の2参照）。

〔Q6〜10／石田　賢一〕

Q11　主たる債務者と連帯保証人とを共同被告とする訴訟は必要的共同訴訟か。

必要的共同訴訟にあたらない（最判昭27・12・2民集6巻12号1255頁・判タ27号52頁）。

Q12　競落によって不動産を取得した者及びその者から当該不動産を買い受けた者に対する所有権取得登記の抹消登記手続請求訴訟は必要的共同訴訟か。

抵当権実行による競売手続において競落によって不動産を取得した者及びその者からその不動産を買い受けた者を共同被告としてその不動産の所有権者として抵当権の効力を否定する者から各所有権取得登記の抹消を求める訴えは，訴訟の目的が共同訴訟人の全員について合一にのみ確定すべき場合に

あたらない（最判昭29・9・17民集8巻9号1635頁・判タ45号26頁・判時37号11頁）ので必要的共同訴訟ではない。

Q13　順次なされた所有権移転登記の中間取得者のみを被告とする抹消登記手続請求訴訟は許されるか。

　　順次なされた所有権移転登記の中間取得者のみを被告とし，その被告からさらに移転登記を受けた者を共同被告としない抹消登記手続請求も許される（最判昭36・6・6民集15巻6号1523頁・判タ121号45頁）。

Q14　固有必要的共同訴訟人の1人について法定代理権の欠缺があった場合，その判決及び訴訟手続の効力はどのようになるか。

　　当該訴訟についてなされた判決及び訴訟手続は全部違法となる（大判昭15・9・18民集19巻19号1635頁）。

Q15　不動産の買主がその売主の共同相続人に対し，売買を原因として，当該不動産について所有権移転登記手続を求める訴訟は必要的共同訴訟か。

　　必要的共同訴訟ではない（最判昭26・12・1民集15巻11号2865頁）。

Q16　共有者各自単独で共有物の所有権確認訴訟を提起することができるか。

　　共有者全員においてすることを要する（大判大5・6・13民録22輯1200頁）。

Q17　建物明渡請求訴訟の係属中に原告が死亡した場合，一部の共同相続人による訴訟追行は適法か。

　　原告の死亡によって共同相続人が承継取得した被告に対する建物明渡請求権は，いずれも不可分債権に属し，共同相続人は各自その明渡しを請求することができるから，必要的共同訴訟にはならない（最判昭44・7・24裁判集民事96号381頁・判時567号51頁）。

第11章　民事訴訟Q＆A100

Q18　売買によって共有物の所有権を取得した者が、売主である共有者に対して目的物の引渡しを求める訴訟は必要的共同訴訟によらなければならないか。

売買によって共有物の所有権を取得した者が、売主たる共有者に対して目的物の引渡しを請求する訴えは必要的共同訴訟ではない（大判大12・2・23民集2巻127頁）。

Q19　死者を被告と表示した訴えを提起した場合の帰趨はどうなるか。

死者を被告として表示して訴えを提起した場合においても、その死者の相続人は当然その訴えの被告となる（大判昭11・3・11民集15巻12号977頁）。

Q20　本訴の原告以外の第三者を原告とともに反訴被告とすることができるか。

本訴の原告とともにするにせよ、本訴の原告でない第三者を反訴の被告とすることは、本訴において審理されない事項に審理が及ぶこともある等を考慮すると、その第三者が異議なく応訴したときはともかくとして、これを許すべきでないと解するのが相当である（福岡地小倉支判昭46・5・28判タ266号245頁）。

Q21　補正可能な訴状の欠缺の限度とはどの程度のことをいうのか。

訴状として提出された書面が訴状の体をなさず、裁判所に対する私信ないし陳情の類としか認められないようなものは、訴状記載要件欠缺の問題ではなく、これを補正する余地はない（東京地判昭34・3・12下民集10巻3号471頁・判タ92号69頁・判時184号22頁）。

Q22　口頭弁論開始後における訴状却下命令は適法か。

違法であり、判決をもって訴えを却下すべきである（東京高決昭37・7・27東高民時報13巻7号120頁）。

Q23　賃借人が、建物賃貸借契約継続中に、賃貸人に対し、敷金返還請求権の存在確認を求める訴えは、確認の利益があるといえるか。

> 建物賃貸借契約継続中に，賃借人が賃貸人に対し，敷金返還請求権の存在確認を求める訴えは，その内容がその賃貸借契約終了後建物の明渡しがされたときにおいて，それまでに生じた敷金の被担保債権を控除しなお残額あることを条件とする権利の確認を求めるものであり，賃貸人が賃借人の敷金交付の事実を争って敷金返還義務を負わないと主張しているときは，確認の利益がある（最判平11・1・21民集53巻1号1頁・判タ995号73頁・判時1236号19頁）。

Q24 土地の共有者のうちに境界確定の訴えを提起することに同調しない者がいる場合，その余の共有者がその同調しない者を被告として境界確定の訴えを提起することは許されるか。

> 許される（最判平11・11・9民集53巻8号1421頁・判タ1021号128頁・判時1699号79頁）。

Q25 賃借人の共同相続人に対する賃借権確認訴訟は必要的共同訴訟か。

> 不動産の賃借人が賃貸人の相続人に対して賃借権の確認を求める訴訟は，相続人が数人あるときでも必要的共同訴訟ではない（最判昭45・5・22民集24巻5号415頁・判タ249号152頁・判時594号65頁）。

Q26 手形金請求の訴えの提起によって原因債権の消滅時効は中断するか。

> 債務の支払のために手形の交付を受けた債権者が債務者に対して手形金請求の訴えを提起したときは，原因債権についても時効中断の効力を生ずる（最判昭62・10・16民集41巻7号1497頁・判タ653号81頁・判時1256号25頁）。

当 事 者

Q27 預託金会員制のゴルフクラブは民事訴訟法29条にいう「法人でない社団」にあたるか。

預託金会員制のゴルフクラブにおいて，多数決の原則が行われ，構成員の変更にかかわらず団体そのものが存続し，規約により代表の方法，総会の運営等が定められていること，同クラブには，固定資産又は基本的財産は存しないが，団体として内部的に運営され対外的にも活動するのに必要な収入の仕組みが確保され，かつ，規約に基づいて収支を管理する体制も備わっていること，同クラブが，ゴルフ場経営会社との間でゴルフ場の経営等に関する協約書を調印し，同会社や会員個人とは別個の独立した存在としての社会的実体を有していることなどの事情の下においては，上記クラブは，民事訴訟法29条にいう「法人でない社団」にあたる（最判平14・6・7民集56巻5号899頁・判タ1095号105頁・判時1789号68頁）。

Q28 民法936条1項による相続財産管理人が選任されている場合，誰が相続財産に関する訴訟の当事者適格を有するのか。

　民法936条1項の規定によって相続財産管理人が選任された場合において，相続財産に関する訴訟については，相続人が当事者適格を有し，相続財産管理人は相続人全員の法定代理人として訴訟に関与するものであって，相続財産管理人としての資格では当事者適格を有しない（最判昭47・11・9民集26巻9号1566頁・判タ286号219頁・判時689号71頁）。

Q29 給付の訴えにおいて原告適格を有する者は誰か。

　給付の訴えにおいては，自らがその給付を請求する権利を有すると主張する者に原告適格があるというべきである（最判平23・2・15判タ1345号129頁）。

訴訟代理人

Q30 訴訟における支配人の地位はいかなるものか。

　支配人は，主人（現行商法21条1項にいう「商人」）の営業に関する訴訟について訴訟代理人たることを得るにとどまり，その当事者たる適格を有しない（大判昭6・10・10民集10巻10号859頁）。

Q31　弁護士法72条に違反する支配人の訴訟行為は有効か。

　支配人に選任されその旨の登記がされていても，それが弁護士法72条の規定を潜脱することを目的とした脱法行為と認められるときは，その者は法令によって裁判上の行為をなす代理人たることを得ず，単に弁護士たる訴訟代理人に代理権限がなかった場合のように追完追認によってこれを有効とすることはできない（札幌高判昭40・3・4高民集18巻2号174頁・判タ175号131頁・判時416号67頁）。

Q32　弁護士法25条1号違反の訴訟行為について相手方が無効を主張することが許されない場合はあり得るか。

　弁護士法25条1号違反の訴訟行為であっても，相手方がこれを知り又は知り得たにもかかわらず異議を述べることなく訴訟手続を進行させ，第2審の口頭弁論が終結したときは，相手方は，後日に至りその無効を主張することは許されないものと解するのが相当である（最判昭38・10・30民集17巻9号1266頁・判タ155号169頁・判時352号6頁）。

Q33　代理権限が印刷されている1年以前に作成された委任状は有効か。

　代理委任状に不動文字で代理権限が印刷されており，かつ，1年以前の作成にかかるものであっても，常に当事者がこれによる意思がなかったものと解することはできない（東京高判昭30・10・4高民集8巻7号526頁・判時70号8頁）。

Q34　簡易裁判所の許可を得て訴訟代理人となるには訴訟能力が必要か。

　民事訴訟法54条1項但書は，裁判所が適任と認めて許可した以上，その者が法律上訴訟能力を有しない場合といえども訴訟代理人として訴訟行為をすることを妨げないとする法意であると解するのが相当であるから，簡易裁判所では，法律上訴訟能力を有しない者であっても裁判所の許可を得て訴訟代理人となることを妨げられない（最判昭7・9・17民集11巻1979頁）。

Q35 契約に基づく請求権について訴訟上の和解をすることの委任を受けた弁護士が，同契約の債務不履行に基づく損害賠償請求権について和解をすることの具体的委任を受けていなくても，訴訟上の和解において損害賠償請求権を含めて和解をする権限を有するか。

　建物の利用に関する契約に基づいて甲請求権と同契約の債務不履行に基づく損害賠償請求権である乙請求権とが同一建物の利用に関して同一当事者間に生じた一連の紛争に起因するものであるという事情の下においては，甲請求権について訴訟上の和解をすることの委任を受けた弁護士は，乙請求権について和解をすることの具体的委任を受けていなくても，上記訴訟上の和解において，乙請求権を含めて和解をする権限を有する（最判平12・3・24民集54巻3号1126頁・判タ1027号101頁・判時1708号110頁）。

Q36 当事者から復代理人選任の特別授権を受けた訴訟代理人が選任した復代理人は当事者の代理人か。

　当事者から復代理人選任の特別授権を受けた訴訟代理人が選任した復代理人は，当事者の代理人であり，その訴訟行為の効果は，直接本人に帰属する（最判昭45・3・17民集24巻3号139頁・判タ247号171頁・判時590号43頁）。

Q37 訴えの取下げの特別委任を欠いて訴えの一部取下げがあった場合，その取下げ部分はどうなるか。

　民事訴訟法81条2項2号の特別委任を受けていなかった原告の訴訟代理人が，請求の一部を取り下げても，その取下げの部分はなおその裁判所に係属している（最判昭37・7・5民集9巻9号1012頁）。

管　轄

Q38 民事訴訟法上の住所認定の基準は何か。

　民事訴訟法上の住所は，当事者の意思いかんにかかわらず，その者の全生活を客観的に観察して，その者が現実に常住し，実質的な生活活動を営み，

訴訟書類を受領し得る場所についてこれを定めるべきである（東京高判昭42・10・26判時507号34頁）。

Q39 専属的な合意管轄がある場合に，債務者の普通裁判籍所在地の簡易裁判所に対して支払督促の申立てがあり，それが異議申立てによって通常訴訟に移行した場合，上記合意の帰趨はどうなるか。

特定の裁判所を管轄裁判所とする専属的な管轄の合意がなされている事件について，債権者（原告）が通常の訴訟提起に先立ち，上記合意による専属的な管轄裁判所とは異なる債務者（被告）の住所地を管轄する裁判所に支払命令（現行民事訴訟法では「支払督促」）の申立てをしても，上記合意の効力は失われないから，その後，支払命令に対する債務者の異議申立てによって通常訴訟に移行した場合には，事件を専属的な合意による管轄裁判所に移送すべきである（高松高決昭49・12・4判タ322号16頁・判時775号140頁）。

Q40 管轄の合意は1個の書面でしなければならないか。

当事者が合意をもって管轄裁判所を定めるには書面をもってすることを要するが，その合意は必ずしも1個の書面に表記されることを要せず，申込みと承諾とが各別の書面をもってなされることを妨げない（大判大10・3・15民録27輯434頁）。

Q41 管轄違いに基づく移送決定後その確定前に，原裁判所を管轄裁判所とする旨の合意がなされた場合，この合意によって原裁判所に管轄権が生じるか。

管轄違いに基づく移送決定後その確定前に当事者間で原裁判所を管轄裁判所とする旨の適法な合意をなした場合には，訴えの提起の時に遡って原裁判所に管轄権が生ずる（東京高決昭42・10・6下民集18・19巻10号983頁・判時501号73頁）。

Q42 口頭弁論期日において管轄の合意がなされた場合，民事訴訟法11条2項所定の書面を要するか。

当事者双方が口頭弁論期日に出頭し，法廷において管轄の合意をなし，これが口頭論調書に記載された場合には，民事訴訟法11条2項の書面を要しないと解すべきである（秋田地大館支判昭50・10・2判タ334号291頁）。

訴　　額

Q43 一定金額を超える債務の不存在確認請求の訴額はいくらか。

　貸金債務に関する一定金額を超える債務の存在しない旨の確認請求は，当該貸金債権額から上記一定金額を控除した残債務額についての不存在の確認を求めるものである（最判昭40・9・17民集19巻6号1533頁・判タ183号99頁・判時425号29頁）。

Q44 執行異議訴訟における訴額はいくらか。

　具体的執行の排除を求める執行の目的物の価格によって算定すべきであって，公正証書記載の債権額によるべきでない（大判大6・11・5民録23輯1724頁・東京高決昭30・3・23判タ49号64頁）。

Q45 新聞に謝罪広告の掲載を求める請求の訴訟物の価額は何によって算定すべきか。

　特定の新聞紙に紙面，部分，体裁，内容等を指定して謝罪広告の掲載を求める請求の訴訟物の価額は，その新聞広告掲載に要する通常の費用によって算定すべきである（最判昭33・8・8民集12巻12号1921頁）。

Q46 調停事件終了前に提起された訴えについて民事訴訟費用法5条1項の適用はあるか。

　民事調停法19条，民事訴訟用印紙法4条の2（現行民事訴訟費用法5条）によって調停の申立の手数料と同額の印紙を貼用したものとみなされる訴えは，調停申立人が調停事件終了後所定の期間内に提起した訴えに限るのであって，

調停申立人が調停事件終了前に調停申立てと競合的に提起した訴えはこれにあたらない（最判昭47・12・26判タ722号62頁）。

移　　送

Q47 移送を受けた簡易裁判所から事件を地方裁判所へ再移送することはできるか。

第一次移送と再移送の各移送理由が異なれば，再移送することができる（東京高決昭47・10・25判タ289号331頁）。

裁判官の忌避

Q48 補助参加人に裁判官忌避の申立権が認められる場合があるか。

補助参加人も，自己に関する固有の事由すなわち自己と裁判官との間に存する裁判の公正を妨げる事情のあることを理由とするときは，主たる当事者が忌避権を喪失せず，かつその意思に反しない限り忌避の申立てをなし得る（名古屋高決昭50・11・26判時815号62頁）。

Q49 弁護士出身の裁判官が，任官前，単に一方当事者の顧問弁護士事務所に所属していたこと，あるいは弁護士として当該事件と無関係な法律事務を取り扱ったことがあることをもって忌避事由となるか。

単に一方当事者の顧問弁護士事務所に所属する弁護士であったこと，あるいは弁護士として当該事件と無関係な法律事務を取り扱ったことがあることから直ちに裁判官について裁判の公正を妨げるべき事情があるものとはいえない（東京地決平7・11・29判タ901号254頁）。

送　　達

Q50 受送達者あての訴訟関係書類の交付を受けた同居者等と受送達者との間に，その訴訟に関して事実上の利害関係の対立がある場合，上記書類の補充送達は有効か。

受送達者あての訴訟関係書類の交付を受けた民事訴訟法106条1項所定の同居者等と受送達者との間に，その訴訟に関して事実上の利害関係の対立があるにすぎない場合には，当該同居者等に対して上記書類を交付することによって，受送達者に対する補充送達の効力が生ずる（最決平19・3・20民集61巻2号586頁・判タ1242号127頁・判時1971号125頁）。

Q51　物上保証人所有の不動産を目的とする競売の開始決定の債務者への送達が，債務者の所在が不明であるため公示送達された場合，被担保債権について消滅時効の中断の効力が生じるのはいつか。

　民事訴訟法111条の規定による掲示を始めた日から2週間を経過した時に，被担保債権について消滅時効の中断の効力が生ずる（最決平14・10・25民集56巻8号1942頁・判タ1111号133頁・判時1808号65頁）。

Q52　不適法なことが明らかであって，当事者のその後の訴訟活動によって訴えを適法とすることがまったく期待できない訴えについて，口頭弁論を経ないまま訴えを却下するか又は控訴を棄却する場合，被告に対して訴状若しくは控訴状又は判決正本を送達することを要するか。

　訴状において被告とされている者に対し，訴状若しくは控訴状又は判決正本を送達することを要しない（最判平8・5・28裁判集民事179号95頁・判タ910号268頁・判時1172号191頁）。

Q53　名宛人以外の者に交付された判決正本の送達は有効か。

　判決正本が郵便局配達員の過誤によって名宛人以外の者に交付されたとしても，その後，名宛人に到達した時に有効な送達があったといえる（最判昭38・4・12民集17巻3号468頁・判タ147号76頁・判時341号28頁）。

既 判 力

Q54 賃金の仮払いを命ずる仮処分の執行に係る仮払金の返還請求訴訟において，仮処分債権者が，本案訴訟で訴求中の賃金債権を自働債権とする相殺の抗弁を提出することは許されるか。

仮処分債権者が本案訴訟で訴求中の賃金債権を自働債権とする相殺の抗弁を提出することは許されない（最判昭63・3・15民集42巻3号170頁・判タ684号176頁・判時1297号39頁）。

Q55 金銭債権の数量的一部請求訴訟で敗訴した原告が残部請求の訴えを提起することは許されるか。

特段の事情がない限り，信義則に反して許されない（最判平10・6・12民集52巻4号1147頁・判タ980号90頁・判時1644号126頁）。なお，一部請求と既判力の関係につき最判昭37・8・10民集16巻8号1720頁参照）。

Q56 訴訟上の相殺の抗弁に対し，訴訟上の相殺を再抗弁として主張することは許されるか。

許されない（最判平10・4・30民集52巻3号930頁・判タ977号48頁・判時1637号3頁）。

Q57 別訴において一部請求している債権の残部を自働債権とする相殺の抗弁は許されるか。

1個の債権の一部についてのみ判決を求める旨を明示して訴えを提起している場合において，当該債権の残部を自働債権として他の訴訟において相殺の抗弁を主張することは，債権の分割行使をすることが訴訟上の権利の濫用にあたるなど特段の事情の存しない限り，許される（最判平10・6・30民集52巻4号1255頁・判タ979号97頁・判時1644号109頁）。

Q58 別訴において訴訟物となっている債権を自働債権とする相殺の抗弁は許されるか。

係属中の別訴において訴訟物となっている債権を自働債権として他の訴訟において相殺の抗弁を主張することは許されない（最判平3・12・17民集45巻9号1435頁・金判906号3頁・金法1332号40頁）。

Q59 特定の金銭債権の一部請求訴訟において相殺の抗弁に理由がある場合，判決主文の認定額はどのようになるか。

当該債権の総額を確定し，その額から自働債権の額を控除した残存額を算定した上，請求額が残存額の範囲内であるときは請求の全額を，残存額を超えるときは残存額の限度でこれを認容すべきである（最判平6・11・22民集48巻7号1355頁・判時1135号189頁）。

Q60 反訴請求債権を自働債権とし本訴請求債権を受働債権とする相殺の抗弁は許されるか。

本訴及び反訴が係属中に，反訴原告が，反訴請求債権を自働債権とし，本訴請求債権を受働債権として相殺の抗弁を主張することは，異なる意思表示をしない限り，反訴を，反訴請求債権について本訴において相殺の自働債権として既判力ある判断が示された場合には，その部分を反訴請求しない趣旨の予備的反訴に変更するものとして許される（最判平18・4・14民集60巻4号1497頁・判タ1209号83頁・判時1931号40頁）。

訴えの変更

Q61 訴状送達前における被告の変更は許されるか。

許される（福岡地判昭34・10・19下民集10巻10号2199頁）。

Q62 被告の応訴後に訴状記載の被告の表示等を他の実在する別異のものに訂正することは許されるか。

当初A会社を被告として訴えを提起し，その訴状が被告に送達され，同被

告から答弁書が提出されるに及んで，訴状訂正願と題する書面を提出し，被告をB会社と訂正するほか，被告の住所，代表者の表示をも，これに照応するように訂正したものであるが，上記新旧両被告は相互に何らの関係もなく，しかもともに実在する別異の人格者であるから，特に当初の訴状に新被告を相手方とする趣旨が判然と認められない以上，上記訂正によって当事者の変更をきたすから許されない（大阪高判昭29・10・26下民集5巻10号1787頁）。

Q63　請求の趣旨の減縮の性質は何か。

訴えの一部取下げにすぎず，請求の変更にあたらない（最判昭27・12・25民集6巻12号1255頁）。

Q64　訴えの交換的変更による新訴に異議なく応訴した場合，旧訴の取下げについても同意したといえるか。

旧訴の取下げについて暗黙の同意をしたものと解するのが相当である（最判昭41・1・21民集20巻1号94頁・判タ188号113頁・判時440号35頁）。

呼出し

Q65　口頭弁論期日に出頭しなかった当事者に対する判決言渡期日の告知は効力を有するか。

当事者の一方が適式な呼出しを受けながら口頭弁論期日に出頭しない場合には，裁判所が口頭弁論を終結し，裁判長が判決言渡期日を指定してこれを当事者に告知したときは，その告知は，在廷しない当事者に対してもその効力を有する（最判昭23・5・18民集2巻5号115頁）。

中断及び中止

Q66　限定承認をした相続人に訴訟手続の受継義務があるか。

訴訟当事者の一方が死亡したとき，その家督相続人（現行民法の相続人）

は，限定承認をした場合といえども訴訟手続を受継する義務がある（大決昭6・8・8民集10巻10号792頁）。

Q67 連帯債務者の1人が死亡しその相続人が数人ある場合，相続人らの承継の範囲はどうなるか。

相続人らは，被相続人の債務の分割されたものを承継し，各自その承継した範囲において，本来の債務者とともに連帯債務者となる（最判昭34・6・19民集13巻6号757頁・判時190号23頁）。

□頭弁論

Q68 裁判長のした弁論終結の宣言に対して民事訴訟法150条による異議を述べることは許されるか。

民事訴訟法129条（現行民事訴訟法150条）による異議を述べることはできない（大阪高決昭34・7・14下民集10巻7号1496頁）。

Q69 終結した口頭弁論を再開しないことが違法とされるのはどのような場合か。

裁判所の弁論再開の裁量権も絶対無制限のものではなく，弁論を再開して当事者にさらに攻撃防御の方法を提出する機会を与えることが明らかに民事訴訟における手続的正義の要求するところであると認められる特段の事由があれば，裁判所は弁論を再開すべきである。無権代理を理由とする本人からの抹消登記請求訴訟において，原審の口頭弁論終結前に無権代理人が本人を相続したことにつき被告は善意・無過失であり，上記主張は判決の結果に影響を及ぼす可能性のある重要な攻撃防御方法ということができ，さらに後訴では既判力によって排斥される関係にあるという事実関係がある場合には，弁論を再開しなかった原審は違法である（最判昭56・9・24民集35巻6号1088頁・判タ453号66頁・判時1019号68頁）。

証　　拠

Q70　訴訟において会社を代表しない代表取締役を証人として尋問することは適法か。

> 証人として尋問すべきであるから適法である（最判昭27・2・22民集6巻2号279頁・判タ19号57頁）。

Q71　補助参加人を証人として尋問することは適法か。

> 補助参加人をその訴訟において証拠方法として尋問するには，証人尋問の手続によるべきであるから，適法である（福岡高決昭28・10・30下民集4巻10号1578頁）。

Q72　証拠調べ後に書証の申出を撤回することは許されるか。

> 書証の用に供された文書は，書証の申出にともなう提出の際に証拠調べが終わり，証拠原因を形成する資格を得るのであるから，事後におけるその撤回は，自由心証の原則上なるべく制限されるべきであり，少なくとも相手方の同意を必要とする（東京地判昭48・6・27ジュリ569号7頁）。

Q73　補助事実に対する自白の撤回は許されるか。

> 書証の成立の真正についての自白は裁判所を拘束しないから，その撤回は許される（最判昭52・4・15民集31巻3号371頁・判タ352号180頁・判時857号7頁）。

Q74　調査嘱託の結果を証拠とするにはどのような方法をとればよいのか。

> 調査嘱託によって得られた回答書などを証拠とするには弁論において提示して当事者に意見陳述の機会を与えれば足り，当事者の援用を必要としない（最判昭45・3・26民集24巻3号165頁・判タ248号114頁・判時591号66頁）。

第11章　民事訴訟Ｑ＆Ａ100　*647*

Q75　「衝突，接触その他偶然な事故」及び「被保険自動車の盗難」を保険事故として規定している家庭用総合自動車保険約款に基づいて，上記盗難にあたる保険事故が発生したとして車両保険の支払を請求する場合，事故の偶発性に係る事実として何を主張立証すれば足りるのか。

　「被保険者以外の者が被保検者の占有に係る被保険自動車をその所在場所から持ち去ったこと」という外形的な事実を主張，立証すれば足り，被保険自動車の持ち去りが被保検者の意思に基づかないものであることを主張，立証すべき責任を負わない（最判平19・4・17民集61巻3号1026頁・判タ1242号104頁・判時1970号32頁）。

Q76　災害補償共済規約が「被共済者が急激かつ偶然の外来の事故で身体に傷害を受けたこと」を補償費の支払事由と定めている場合，補償費の支払を請求する者は，被共済者の傷害が同人の疾病を原因として生じたものでないことの主張立証責任を負うか。

　災害補償共済規約が「被共済者が急激かつ偶然の外来の事故で身体に傷害を受けたこと」を補償費の支払事由と定め，これとは別に「被共済者の疾病によって生じた傷害については補償費を支払わない」との規定を置いている場合，補償費の支払を請求する者は，被共済者の身体の外部からの作用による事故と被共済者の傷害との間に相当因果関係があることを主張，立証すれば足り，上記疾病が被共済者の疾病の原因として生じたものでないことを主張，立証すべき責任を負わない（最判平19・7・6民集61巻5号1955頁・判タ1251号148頁・判時1984号108頁）。

Q77　生命保険に付加された災害割増特約における災害死亡保険金の支払事由を不慮の事故による死亡とする約款に基づいて災害死亡保険金の支払を請求する場合に，被保険者の死亡が自殺によるものかどうかが不明であるとき，免責事由について立証責任を負う保険者と保険事故について立証責任を負う保険金請求者のいずれが死亡原因についての立証責任を負うのか。

　設問の約款に基づいて災害死亡保険金の支払を請求する者は，発生した事故が偶発的な事故であることについて主張，立証すべき責任を負う。なぜな

ら，設問の約款に基づく災害死亡保険金の支払事由は，不慮の事故とされているのであるから，発生した事故が偶発的な事故であることが保険金請求権の成立要件であるというべきであるのみならず，そのように解さなければ，保険金の不正請求が容易となるおそれが増大する結果，保険制度の健全性を阻害し，ひいては誠実な保険加入者の利益を損なうおそれがあるからである（最判平13・4・20民集55巻3号682頁・判タ1061号65頁・判時1751号163頁）。

Q78　準消費貸借契約における旧債務の存否に関する立証責任は誰が負うのか。

準消費貸借契約において，旧債務の不存在を事由としてその契約の効力を争う者は，旧債務の不存在の事実を立証する責任を負う（最判昭43・2・16民集22巻2号217頁・判タ219号81頁・判時506号29頁）。

Q79　無断転貸を背信的行為と認めるに足りないとする特段の事情の存否に関する主張立証責任は誰が負うのか。

無断転貸を背信的行為と認めるに足りない特段の事情は，その存在を賃借人において主張立証すべきである（最判昭41・1・27民集20巻1号136頁・判タ188号114頁・判時440号32頁）。

Q80　金銭の交付によって生じた不当利得の利益が存在しないことの主張立証責任は誰が負うのか。

不当利得返還請求権の消滅を主張する者が，主張立証すべきである（最判平3・11・19民集45巻8号1209頁・判タ772号126頁・判時1404号30頁）。

Q81　保険料分割払約款におけるいわゆる保険休止状態の発生による保険金支払義務の消滅及び保険休止状態の解消による保険金支払義務の再発生についての主張立証責任は誰が負うのか。

保険料を分割払いとする保険契約に適用される約款における第2回目以降の分割保険料の支払を払込期日後1ヵ月以上遅滞したときはその払込期日後に生じた事故について保険金を支払わない旨の条項については，その遅滞に

よって保険会社が保険金支払義務を負わなくなった状態（保険休止状態）の発生による保険金支払義務の消滅を主張する者は，保険休止状態の発生時期及びそれ以後に保険事故が発生したことを主張立証すべき責任を負い，保険休止状態の解消による保険金支払義務の再発生を主張する者は，保険休止状態の解消時期及びそれ以後に保険事故が発生したことを主張立証すべき責任を負う（最判平9・10・17民集51巻9号3905頁・判タ958号108頁・判時1621号146頁）。

書　証

Q82 証拠調べの必要性を欠くことを理由として文書提出命令の申立てを却下する決定に対し，不服の申立てをすることは許されるか。

証拠調べの必要性があることを理由として独立に不服の申立てをすることはできない（最判平12・3・10民集54巻3号1073頁・判タ1027号103頁・判時1708号115頁）。

Q83 書証申出の目的で文書の原本を裁判所に郵送する行為は書証の提出といえるか。

書証申出の目的で文書の原本を裁判所に郵送するだけでは，書証の提出とはいえない（最判昭37・9・21民集16巻9号2052頁・判タ138号54頁・判時316号17頁）。

弁論の更新

Q84 弁論の更新手続に関する違法が治癒される場合はあり得るか。

弁論の更新手続を懈怠した瑕疵があったとしても，その後，弁論の更新手続が行われれば，その瑕疵はおのずから補正されたものと解される（最判昭37・4・30裁判集民事60号345頁）。

判　決

Q85 手形に保証の趣旨で裏書をした者が原因債務について保証したものと推認するのが相当とされる事例とはどのような場合か。

> 甲が乙から3回にわたって金銭を借り受けた場合に，丙が，乙とは旧知の仲でその貸借の紹介者であり，その貸借の都度，甲に同行して乙と直接会い，その場において，乙の求めに応じ，甲振出の約束手形に保証の趣旨で裏書をして乙に交付し，甲の支払拒絶後は，上記3回目の貸金の弁済を求める乙の強い意向に沿う行動をとるなどの事情があるときは，丙は，他に特段の事情がない限り，乙に対し，上記3回目の貸金債務について保証をしたものと推認するのが相当である（最判平2・9・27民集44巻6号1007頁・判夕761号162頁・判時1388号137頁）。

訴えの取下げ

Q86 株式会社に各自会社を代表する代表取締役が2名いる場合，1人の代表取締役が会社を代表して提起した訴えを，他の代表取締役において取り下げることはできるか。

> 他の代表取締役において取り下げることは妨げられない。仮にその取下げがその代表権に加えられた会社内部の制限に違反してなされたとしても無効とはならない（福岡高判昭32・10・26高民集10巻9号497頁・判時135号3740頁）。

Q87 必要的共同訴訟の場合に一部の被告のみについて訴えを取り下げることは許されるか。

> 一部の被告のみについて訴えの取下げをすることは許されない（東京高判昭34・2・21判時184号20頁）。

Q88 被告が本案の答弁に先立ち訴えを不適法として本案前の却下の裁判を求めている場合において，原告から訴えの取下げがあったとき，被告の同意なくして訴訟終了の効果が生じるか。

> 原告が裁判所に対して訴えの取下げの意思表示を提出することによって，直ちに訴え取下げ，訴訟終了の効果を生じ，被告の同意を要しないものと解すべきである（山形地鶴岡支判昭49・9・27判時765号98頁）。

Q89 訴え取下げに対する同意を拒絶した後，その拒絶を撤回し，改めて同意することは許されるか。

> 訴えの取下げに対して同意を拒絶したときは，訴えの取下げは無効と確定し，その後その拒絶を撤回し改めて同意しても，その訴え取下げは効力を生じない（最判昭37・4・6民集16巻4号686頁）。

〔Q11〜89／西村　博一〕

控　訴

Q90 訴えの利益がないとして原告の請求が排斥された場合，被告からの控訴申立ては適法か。

> 原審において訴えの利益がないとして原告の請求が排斥された場合，被告は，訴訟物に対する実体的判断を求める利益を有するから，被告からの控訴申立ては適法である（最判昭40・3・19民集19巻2号484頁）。

Q91 仮執行の宣言の裁判に対して独立して控訴をすることができるか。

> 仮執行の宣言の裁判は，付帯請求に対する裁判であり，同裁判のみを目的として控訴を提起することはできない以上，仮執行宣言の裁判に対して独立して控訴することはできない（東京高判昭31・4・26高民集9巻4号231頁）。

Q92 いわゆる類似必要的共同訴訟において共同訴訟人の1人が上訴した場合，他の共同訴訟人にも上訴の効力が生ずるか。

> 類似必要的共同訴訟においては，共同訴訟人の1人の訴訟行為が全員の利益においてのみ効力を有するという，合一確定の利益が要求される（民訴62

条1項）点について，固有必要的共同訴訟と異なるところはない以上，類似必要的共同訴訟において共同訴訟人の1人が上訴した場合，その効力は，他の共同訴訟人にも及ぶ（札幌高判昭40・2・27高民集18巻2号162頁）。

Q93 必要的共同訴訟において自己の控訴期間が経過した者であっても，他の共同訴訟人の控訴期間が残っている場合には，自ら控訴を提起することができるか。

　必要的共同訴訟において，共同訴訟人の1人がした訴訟行為の効力が全員の利益においてのみ効力を生じるとした民事訴訟法40条1項の規定の趣旨は，訴訟の合一確定の必要から規定されたものであり，それ以上に共同訴訟人を有利に扱う趣旨ではないと解されるところ，ある共同訴訟人が自己の控訴期間を経過した場合，自ら控訴期間を懈怠した共同訴訟人の保護を図る合理的理由は見出し難いし，他の共同訴訟人が適法な控訴を提起すればその効力は控訴期間を経過した共同訴訟人にも及び，共同訴訟人全員が控訴を提起しなかったときは，全員に判決確定の効力が及ぶのであり，いずれにしても合一確定の要請に反する結果とはならない。

　したがって，必要的共同訴訟における共同訴訟人について自己の控訴期間が経過した場合，他の共同訴訟人の控訴期間が残っているからといって，自ら適法な控訴を提起することはできない（名古屋高判昭63・10・31高民集41巻3号139頁）。

Q94 控訴の特別委任を受けた一審訴訟代理人の控訴審における権限はどの範囲まで及ぶか。

　一審訴訟代理人が，ある事件について通常の訴訟委任のほか，控訴の特別委任を受けた場合，当該事件につき，控訴審において付帯控訴をなし，かつ，訴えを変更して請求の拡張をする訴訟代理権を有すると解される（最〔2小〕判昭43・11・15裁判集民事93号315頁）。

Q95 差戻後における前控訴審の訴訟代理人の権限はどの範囲まで及ぶか。

　差戻前控訴審において委任を受けた訴訟代理人は，差戻後控訴審において委任を受けていなくとも，訴訟行為をすることができる（大判大9・2・9

民録26輯40頁)。

Q96　追加判決があった場合における控訴期間の起算日はいつか。

　　最初の判決と追加判決がある場合の控訴期間の起算日について，追加判決が送達された日をもって起算日とする，大正15年法律第61号改正前民事訴訟法400条3項が削除された立法経緯等からして，控訴の起算日は，最初の判決と追加判決とで各別に進行する（東京高判昭27・4・26下民集3巻4号589頁）。

Q97　更正決定があった場合における控訴期間の起算日はいつか。

　　更正決定は，判決中の計算違い・誤記等の明白な誤りがある場合に，これを判決時に遡って更正するものであるから，更正決定があった場合の控訴期間の起算日は，判決が送達された日である（大決大6・10・24民録23輯1601頁）。

Q98　民事訴訟法110条3項によって判決が公示送達された場合における控訴期間の起算日はいつか。

　　民事訴訟法110条3項による公示送達の効力は，掲示を始めた日の翌日に効力を有する（民訴112条1項但書）から，民事訴訟法110条3項によって判決が公示送達された場合における控訴期間の起算日は，掲示を始めた日の翌日である（大阪高判昭34・2・17判時183号35頁）。

執行停止

Q99　仮執行宣言付判決対する上訴に伴い担保を立てさせて強制執行停止等がされた後，担保提供者である債務者が破産手続開始決定を受けた場合，担保事由が消滅したといえるか。

　　仮執行宣言付判決に対する上訴に伴い担保を立てさせて強制執行の停止又はすでにした執行処分の取消し（以下「強制執行停止等」という）がされた場

合において，民事訴訟法400条2項の準用する同法79条1項にいう「担保の事由が消滅したこと」とは，その後の訴訟手続において担保提供者の勝訴判決が確定した場合等，担保供与の必要性が消滅した場合をいうところ，仮執行宣言付判決に対して上訴に伴う強制執行停止等がされた後，債務者が破産手続開始決定を受けた場合には，仮執行が同決定時までに終了していなかったとの事情がない限り，債権者は損害を被るおそれがある（仮執行が破産手続開始決定時までに終了していない場合，破産法42条2項本文により，仮執行はその効力を失い，破産債権者は破産債権としてのみ，債権を行使できるにすぎない）。

したがって，仮執行宣言付判決に対する上訴に伴い強制執行停止等がなされた場合，担保提供者が破産手続開始決定を受けたとしても，その一事をもって，「担保の事由が消滅したこと」とはいえない（最判平13・12・13民集55巻7号1546頁）。

再審

Q100 受送達者宛の訴訟関係書類の交付を受けた同居者等がその訴訟に関して事実上の利害関係の対立がある受送達者に対して上記書類を交付しなかったため受送達者が訴訟を提起されていることを知らないまま判決がされたときには，民事訴訟法338条1項3号所定の再審事由があるといえるか。

受送達者宛の訴訟書類の交付を受けた同居者等がその訴訟に関して事実上の利害関係の対立がある受送達者に対して上記書類を交付しなかったため受送達者が訴訟を提起されていることを知らないまま判決がされたときには，受送達者は，その訴訟手続に関与する機会を与えられていたことにはならないという意味で，当事者の代理人として訴訟行為をした者が代理権を欠いた場合と別異に扱う理由はないから，民事訴訟法338条1項3号の再審事由があるというべきである（最判平19・3・20民集61巻2号586頁）。

〔Q&A90～100／西村　彬〕

事項索引

あ

青 本 …………284, 287
赤い本 …………284, 287
悪意の受益者の推定……194
明渡猶予期間
　——後の賃料相当損害金の
　　支払条項…………440
　——中の賃料相当損害金の
　　支払条項…………439
明渡猶予条項・明渡条項
　………………………435
アジャスター……………277

い

慰謝料……………………287
移送決定…………………638
一時使用のための建物賃貸借
　………………………128
一部無効…………………115
　——説……………………188
一定金額を超える債務の不存
　在確認請求の訴額……639
違約金……………………508
遺留分権利者からの価額弁償
　相当額支払請求訴訟
　………………………365
遺留分侵害額の算定方法
　………………………371
因果関係…………………261

う

請負契約…………………180
請負人の瑕疵担保責任…182
訴 え
　——の交換的変更……644
　——の取下げ……650, 651
　——の取下げの特別委任
　………………………637

え

ATM 伝票（領収書兼取引明
　細書）のサンプル……201
ＬＰガス供給設備及び消費設
　備………………………39
援用説……………………123

か

解雇予告手当……………544
価額弁償額の算定方法…371
価額弁償請求権…………363
格落ち……………………270
隠れた瑕疵………………107
瑕疵修補請求権…………182
瑕疵担保責任……………107
過 失……………………260
過失相殺…………263, 382
　——率……………………382
過失割合…………………383
家団的承継説……………123
楽器演奏の差止請求の可否
　………………………306
過払金充当合意…………582
管轄合意条項の有効性…340
管轄の合意………………638
間接占有者
　——と直接占有者の責任の
　　競合………………258
　——と民法718条1項本文
　　の占有者との関係…255
勧誘による外観責任……228
管理会社…………………500
管理組合の当事者適格…590
管理者……………………498
管理職……………………529
管理人……………………500
管理費等請求権
　——の消滅時効………598
　——の遅延損害金……505

き

危険責任の法理…………244
期限の利益
　——の再度付与………12
　——の放棄……………86
期限の利益喪失
　——特約 …………11, 186
　——の宥恕………………12
　——の猶予………………12
既判力……………………405
忌避事由…………………640
切替契約…………………224
切替え処理………………222
休業損害…………………285
休車損……………………278
求償権制限………………245
境界確定の訴え…………634
競合的管轄の合意………319
供託主文…………………458
業務準備行為……………530
共有者が被告となる受働訴訟
　………………………348
共有の法的性質…………628
共有物の分割請求権……631
許可代理人制度…………596
居住権説…………………123
金貸金融…………………113

く

区分所有者の特定承継人
　………………………599

け

経済的全損………………264
原因債権の消滅時効……634
原告適格…………………635
検索の抗弁権……………49
原始的一部不能論………108
原状回復費用……………172
　——借主負担特約……174

権利移転の付記登記 …… 31
権利濫用の禁止 ………… 8

こ

故　意 ………………… 260
合意管轄 ……………… 327
合意退職 ……………… 550
公示送達 ………… 357, 641
公序良俗違反 ……… 8, 111
　　──による無効 …… 210
更新前の賃貸借契約と更新後
　の賃貸借契約の同一性
　……………………………… 71
更新料 ………………… 167
更生手続開始決定前の過払金
　返還請求権 ………… 582
交付送達 ……………… 357
試の使用期間中の者 … 551
固有必要的共同訴訟 … 627
　　──の判断基準 …… 347

さ

再移送 ………………… 640
債権譲渡登記
　　──制度 …………… 77
　　──の登記事項 …… 78
催　告
　契約解除のための──
　　…………………………… 99
　付遅滞のための── … 99
　　──の抗弁権 ……… 49
催告期間 ………………… 97
再生手続開始決定 …… 555
裁判官忌避の申立権 … 640
裁判上の和解
　　……… 407, 408, 410, 412
債務の承認 …………… 63
債務不履行責任 ……… 106
差額説 ………………… 261
差置送達 ……………… 357
差止請求 ……………… 295
残業手当 ……………… 533
残置物処分の承認条項 … 440
残部請求の訴え ……… 642

し

時間外手当 …………… 533
　　──請求権 ……… 524
敷　金 ………………… 490
　　──の承継 ……… 163
敷金償却特約 ………… 174
敷金返還条項 ………… 441
敷金返還請求権 ……… 490
　　──の存在確認を求める訴
　　え …………………… 633
敷引特約 ……………… 492
指揮命令下説 ………… 530
事業譲渡 ……………… 215
　　──と過払金返還債務の承
　　継 …………………… 215
時　効
　　──の援用 ……… 65
　　──の中断 ……… 63
時効援用権の喪失 …… 65
時効中断効 …………… 58
時効利益の放棄 ……… 64
仕事の完成 …………… 180
死者を被告と表示した訴え
　……………………………… 633
事情変更による和解契約の解
　除 ……………………… 212
自然債務 ……………… 69
執行異議訴訟における訴額
　……………………………… 639
執行債権 ……………… 454
支払の任意性 ………… 187
私文書の真正な成立の推定
　……………………………… 376
借家契約の更新 ……… 135
謝罪広告の掲載を求める請求
　の訴訟物の価額 …… 639
ジャーナル …………… 204
受遺者等からの価額弁償すべ
　き額の確定を求める訴え
　……………………………… 367
集会議決 ……………… 502
就業場所送達 ………… 356
住所認定の基準 ……… 638
修繕積立金 …………… 501
受益の意思表示 ……… 228

主張立証責任 …… 647, 648
主登記名義人 ………… 32
受忍限度に関する要件事実
　……………………………… 24
受忍限度論 …… 23, 297, 305
準ヤミ金融 …………… 468
使用者責任 …………… 244
証　人 ………………… 646
消費者契約
　　──の条項の無効 … 487
　　──法 …………… 475
消費者の操作ミスなどの救済
　……………………………… 618
消滅時効の中断の効力 … 641
消滅における附従性 …… 57
書証の提出 …………… 649
所定労働時間 ………… 525
書面尋問 ……………… 415
白地手形の成立要件 … 399
白地補充権 …………… 401
信義誠実の原則 ………… 8

せ

生活妨害型紛争
　……………………… 19, 294, 303
請求の絶対効 ………… 59
清算結了 ……………… 360
清算条項 ……………… 442
正当事由 …… 128, 129, 136
成立における附従性 …… 57
専属的合意管轄 … 318, 319
占有補助説 …………… 123

そ

素因減額 ……………… 264
相　殺 ……… 459, 527, 608
　　──の効果 ……… 84
　　──の抗弁 … 642, 643
　　──の遡及効 …… 84
相殺適状 ………… 83, 88
相　続 ………………… 600
相続預金債権の帰属態様
　……………………………… 310
双務契約 ……………… 94
　　──の解除 ……… 94
訴状却下命令 ………… 633

訴訟上の和解……………637
訴訟手続
　　──の受継義務………644
　　──の中断……………555
訴訟における支配人の地位
　　………………………635
訴訟費用負担条項………442
損益相殺…………………262

た

第三者のためにする契約
　　………………………228
代車損……………………274
退職金……………………539
立退料……………………137

ち

中途解約違約金特約……508
　　──の有効性…………509
懲戒解雇…………………540
調整的相殺………………528
調停調書…………………406
賃金支払の原則…………527
賃金請求権………………523
賃金全額支払の原則
　　…………………527, 535
賃金の総額………………545
賃借権確認訴訟…………634
賃貸借契約終了時説……491
賃貸借契約終了の条項…434
賃貸物件明渡時説………491
賃料債権の性質…………117

つ

通常共同訴訟……………336
通常損耗 ……………144, 158
　　──補修特約 …144, 159

て

出会送達…………………357
定額残業制………………533
停止条件付契約解除の意思表
　　示………………………100
電子承諾通知……………616
電子消費者契約法………616
電子データ ………387, 394

登記請求権………………630
同時審判共同訴訟………339
同時履行の抗弁（権）
　　……………………94, 607
動物占有者
　　──と管理者の関係…254
　　──の不法行為責任…253
特段の事情 ………190, 195
特定物……………………106
特別損耗 ……………144, 158
特別代理人………………360
土地管轄…………………452
取立権……………………450
取立訴訟 ……………450, 458
取引終了時相殺適状説
　　……………………85, 91

な

内縁の妻の居住権………122
内容における附従性…… 57

に

任意退社…………………550
認識不要説………………187

ね

ネットショッピング……615
　　──と特定商取引法…621
　　──の成立時期………616

は

媒介の委託を受けた第三者
　　………………………478
賠償額の予定……………508
背信的行為 ………130, 132
ハウスクリーニング特約
　　………………………150
破産手続開始決定………555
判決言渡期日の告知……644
判決正本の送達…………641
反転方式…………………234
反倫理的行為……………466

ひ

被告の変更………………643
非常時払い………………516
必要的共同訴訟…………336
非弁活動の禁止…………597
評価損……………………269

ふ

付加金……………………548
付加的管轄の合意………319
付記登記名義人………… 32
復元書面…………………204
複数の者が共有・共用してい
　　る印章…………………377
復代理人…………………637
付　合…………………… 40
不実告知…………………482
附従性…………………… 57
物権的請求権と受忍限度論
　　………………………… 23
物権的妨害排除請求権
　　………………………… 20
物権的妨害予防請求権
　　………………………… 20
物的損害に関する慰謝料
　　………………………266
物理的全損………………265
不特定概念……………… 5
不特定物…………………106
不法行為…………………260
付郵便送達………………357
分別の利益……………… 52

へ

平均賃金…………………546
ペット飼育
　　──禁止………………589
　　──承認特約…………173
　　──の差止請求………299
ペット礼金………………176
弁護士費用 ………594, 604
弁済の提供……………… 94
弁論主義………………4, 426
弁論の更新手続…………650

ほ

法人でない社団…………634
法定更新 …………135, 170
冒頭ゼロ計算……………230
暴利行為…………………113
補充送達…………356, 640
保証債務……………48, 57
　　——の随伴性…………54
　　——の附従性…………54
　　——の補充性…………49
保証連帯…………………49
補助事実に対する自白の撤回
　………………………646
補正可能な訴状の欠缺の限度
　………………………633

ま

前借金相殺の禁止………516
マンション管理組合……498
マンション管理費………501

み

未払賃料の支払条項……436

む

無償配管の慣行………… 40
無断改装…………………129
無断賃借権譲渡…………132
無断転貸…………………132
無断用途変更……………129
むち打ち症………………290

や

ヤミ金融…………………465

り

履行不能…………………102
立証責任…………648, 649

れ

連帯保証………………… 48

ろ

労働時間管理義務………536

わ

和　解……………………455
和解契約における錯誤…206

■編者

梶 村 太 市
　　　常葉大学法学部教授・弁護士

石 田 賢 一
　　　元小樽簡易裁判所判事・法律事務所特別顧問

西 村 博 一
　　　宇治簡易裁判所判事

事例解説　簡裁民事訴訟Ｑ＆Ａ

2013年4月2日　初版第1刷印刷
2013年4月12日　初版第1刷発行

編　者　梶　村　太　市
　　　　石　田　賢　一
　　　　西　村　博　一
発行者　逸　見　慎　一

発行所　東京都文京区　株式　青林書院
　　　　本郷6丁目4－7　会社
　　　　振替口座　00110-9-16920　電話03(3815)5897～8　郵便番号113-0033
　　　　ホームページ☞ http://www.seirin.co.jp

印刷／星野精版印刷㈱　落丁・乱丁本はお取替え致します。
©2013　梶村＝石田＝西村
Printed in Japan

ISBN 978-4-417-01592-5

JCOPY 〈㈳出版者著作権管理機構　委託出版物〉
本書の無断複写は著作権法上での例外を除き禁じられています。複写される場合は、そのつど事前に、㈳出版者著作権管理機構（電話 03-3513-6969、FAX 03-3513-6979、e-mail: info@jcopy.or.jp）の許諾を得てください。